光 緒
嘉興府志

第五冊

[清] 許瑤光　修　吳仰賢　等纂

嘉興市地方志編纂室　編校

上海古籍出版社

嘉興府志卷六十六

〔列女三〕

列女烈婦下

平湖縣

明

陸姜妻俞氏 嘉靖丙辰倭寇至,將逼其居。夫適外出,俞亟渡河,深不可涉。夫弟與僕欲援以手,俞厲聲曰:"死即死耳,手焉可執?"竟溺死。

毛文光妻沈氏 遇倭寇,投水死。

馬維金妻趙氏 年二十夫亡,欲絕粒以殉。翁告以有孤在,乃少進食。姑病,籲天請以身代。姑竟不起,子亦殀,遂不食卒。

張一鵬妻趙氏 年十六適張。夫業賈淮楚間,得疾歸。病革,與趙訣曰:"吾死,慎勿更嫁服賈者。"趙哽咽不能語,自指其心與其幼兒者三。夫死,子亦隨殀。趙雉經死。

毛徵妻楊氏 年十八適毛。三年夫亡,翁姑以家貧微諷易志,即縊死。

楊某妻顧氏 割股療夫。夫喪,三年畢,遂絕粒死。

過明堂妻陸氏 年三十一夫亡,越四十九日,自縊死。

生員俞王言妻馬氏 年二十一,合巹未幾,夫亡,哀毀,絕粒三閱月卒。

蔣元瑛妻鍾氏 嫁未浹歲,夫亡。葬有期,請於翁姑,作生壙,姑不許。及葬前夕投環死。

王學古妻徐氏 明末避兵虹霓堰,被執不屈死。

生員俞光翼妻陸氏 明末兵亂被俘,不屈死。懷有幼兒,遠尸而啼,猶吮乳不置。奉詔旌表。

董學屺妻劉氏 年十六,避兵鍾鎮,遇兵艎於途,劉躍入水。夫悲痛,亦赴水死。

劉苑妻張氏、沈煌妻張氏 俱年未三十夫亡,不食死。

林泓妻沈氏、林某妻徐氏 俱避兵逃竄,沈被創死,徐攜幼女溺水死。

生員俞醒妻陸氏、欽亮妻徐氏 遇兵俞家帶,同赴水死。

馬楊氏、馬陳氏 居李墩,兵驅之,登舟投河死。明晨,與馬慕南孫婦陳氏二屍浮出。

生員楊春綠妻吳氏 城被兵,欲汙之。吳以手攫兵面,兵以刀斫兩手去。罵不絕,乃割其舌,復以鎗刺之,遂斃,時年二十。

生員陳銘妻戚氏 避難吳匯,兵執其夫。戚號呼出救。兵曰:"爾從我,當釋爾夫。"戚遂揮手,令其夫去。俟去遠,乃隨行至一小橋,自投于水。兵怒,以鎗攅殺之。

陸宏錦妻盛氏 兵至慧華庵側,投于河,身被數鎗死。

費孟韜妻馮氏 與母孫遇兵,並投松風港。夫以手拯之,曰:"不欲全我節耶?"遂溺死,時年二十九。

奚允佳妻李氏 聞兵變,預縫衣襟,刺一人字於臂以爲誌。兵至,投水死。

馮某妻陳氏　　遇兵變，母女被獲，陳不從，遂殺其母，曰：“爾如之。”陳曰：“寧死如母。”兵連斫七刀而斃。

石天球妻查氏　　遇兵變，與姑同避棘中。姑目瞀，頃之問曰：“兵過否？”婦急掩其口，兵聞聲搜得之，查與之角時，兵不挾刃，持挺擊之，查終不屈，久而始斃。

程青子妻彭氏　　年十九，懷娠三月。兵至大陸匯，投河死。

監生趙志寀妾岳氏　　名綠雲。年二十，志寀亡。遣之嫁，弗肯。遇兵不屈，被創死。子婦陸亦投水死。

周士馨妻郭氏　　乙酉遇兵，與夫同被執。郭誆以取所藏金帛得脫，遽躍入水死。

貢生張豹烈妻俞氏　　丙戌五月，兵剿寇猝至，俞與妯娌匿竹叢中，被兵執。俞攀樹呼曰：“若不速殺我，終奈我何？”兵怒斫一刀。即撲于地，呼痛者再，遂絕。趙韓爲立《傳》。

生員倪遷繼妻陳氏　　乙酉遇兵，投糖餅橋下死。夫不忍，亦投水死。

曹季臨妻蔡氏　　年二十五遭兵難，攜幼子投日暉漾死。

沈元圭妻顧氏　　乙酉兵下，躍入井中。兵以綆鈎出，仰天大哭，誓不辱。兵以刀環築之，顧曰：“吾以頸血濺若刃矣。”兵怒，連斫數刀，死，時年二十九。

監生馮伯禮繼妻查氏　　夫試京兆，卒于外。柩歸，查以頭觸之，血被面。值火災，延至寢所。查曰：“我今得死所矣。”子洪業急負出，竟不食卒。

推官陸燦妻孫氏，妾王氏　　崇禎十一年，大兵下濟南，燦與張秉文等同守城。城破，孫與王及子几同死者三十七人。

生員金鐸妻某氏　　兵至，將赴水，爲鈎挽起。某乘間齩兵一指碎，血如雨，且哭且詈曰：“願以吾頸償爾指，足矣。”兵以刀剮死。

林鴻妻沈氏　　兵至，奮身赴水。兵循髮牽出，乘其防懈，復投水。兵大怒，沈被數創死。

生員孫鍔妻俞氏　　兵至，訛傳夫死。俞痛哭，恐爲兵辱，亟赴水死。

國　朝

李子佳妻陳氏　　夫亡，殉命。康熙五十四年旌。

生員卜錢熀妻楊氏　　年二十三適卜，踰年而寡。即欲自裁，祖姑沈、姑錢力阻之。楊泣曰：“新婦罹此大故，願相從地下。大人有諸叔奉養，新婦死亦瞑目矣。”姑知其志不可奪，防伺甚密，寢食與俱。元旦，護者偶疏，闔戶自經，距夫死九十四日。殁後六年，族人以其姪鳳城爲錢熀後。

孫文炳妻何氏　　年二十五夫亡，將以身殉，姑趙覺而潛爲備。月餘，乘間投環死。以上乾隆二十五年旌。

監生陸銘鐘妻屈氏　　年三十五，夫以悼兒病歿。上無舅姑，下無子女，誓以身殉。父元瀛時唁之，屈恐傷父心，痛哭稍止，手檢夫所服故衣與兒橋年，屬之焚。復親自扃篋笥，示若無他意者。退而語老嫗曰：“爲我製新鞋，吾將從夫以行。”嫗愚，不解其故。少間，闔戶自經死，距夫死纔一日。族人議以銘鐘從子升泰渭熊爲嗣。乾隆二十七年旌。

貢生胡世棠繼妻鄭氏　　秀水鄭士球女。年三十歸胡，三載夫亡，無子，乃立夫從子德虹爲嗣。登樓自縊，家人救之弗及，時乾隆二十九年五月十六日也，距夫死纔一日。是年題旌。

監生張恃天妻姚氏　　金山姚清賢女。年二十四歸張，未一載寡。遺娠彌月數日而子生，泣告姑曰：“新婦心已死，無力哺兒。然呱呱者冢嗣所延，願典嫁衣，傭乳嫗以育之，新婦死亦瞑矣。”姑察其志，遷守之。會夫大殮，乘間自經死。乾隆三十五年旌。

莊西成妻郁氏　　鄰人魏二圖奸不遂，瞯西成他出，持刀潛入，連斫被傷，數日而死，並殺其子。乾隆三十九年旌。

汪南谷妻顧氏　　夫逋朱貞官錢，貞官昏夜排闥辱罵。顧恥受穢言，次日自縊死，時乾隆四十四年二月十七日也,年二十七。是年題旌。

李載華妻徐氏　幼讀《女孝經》《女誡》,能通大義,善事父母。年十七歸李。李與徐皆蘭溪右族,轉徙當湖。于歸時,姑陶疾,已瀕危,未幾死。踰年舅明遠又死。徐自傷不得侍養,盡出衣餙營殯殮。夫哀毀成疾,不一載亦死。徐年二十,飲泣撫孤,踰時孤又殤。徐託族人返葬三喪于蘭溪祖墓。康熙乙未清明日,哭奠其夫,闔戶自經死。陸奎勳有《傳》。

王爾榮妻吳氏　夫負金陸客銅價,客往索,詬罵備至。吳慎,自縊死,時順治庚寅也。知縣劉秉鈞表曰"帷薄干城"。

沈敬山妻施氏　九歲撫于外祖沈思椿,十七贅敬山,六年而寡。思椿貧且有癃疾,欲施改適,施不從。久之思椿益貧,密擇富兒受聘,隣人洩其言,施遂服滷死。時康熙己酉三月也。

陸定徵妻曹氏　定徵爲清獻公子。曹年二十一適陸,以賢淑聞。甫一載夫亡,誓以身殉,竟不食死,距夫歿四十七日。越二十餘年,夫姪申昌生,乃立爲後。申昌妻程氏,年十七寡。遺子壽甫襁褓,尋殤。清獻家故貧,至是日益凋落。程苦志勵節,父憫其貧,與田十五畝,俾給朝夕。年五十卒。

清溪烈婦　年近二十,隣有鰥者瞯其室無人,踰牆欲姦之。婦力抗不從,鰥以手扼其喉死。令往相驗,屍之一手猶緊護下衣,鰥亦在人叢中,顏色沮喪。一訊吐實,寘之于法。

生員沈昌祚妻鄭氏　夫亡,哀號欲殉,父母勸止之。踰月不食,數日死。

顧紹武妻李氏　年及筓,適顧。未幾夫病,奉侍湯藥,凡數月目不交睫。比卒,哀號欲殉。翁姑慰以善言,爲立繼授產。泣曰:"吾從夫死,義也,焉用此爲?"母氏苦勸,亦不聽。竟絕粒死。

陸其昀妻嚴氏　年十九夫亡,慟哭一晝夜,將自刎。舅姑防勸甚密,乃絕粒七日死,時康熙乙亥正月也。巡撫綫一信、學使顏光敔並表其閭。

蔡永仲妻陳氏　年二十八夫亡,子甫三齡。陳矢志撫孤,迎母同居。會有妄人犯以非禮之言,陳聞之憤甚,曰:"我不即死者,以藐孤在耳。今受侮若此,何生爲?"泣一日夜,以子託母,自經死。

陸天榮妻柳氏　年二十二夫亡,守志撫孤。未幾,孤復殤,長號數日,不食死,時雍正壬子二月也。

盛理中妻項氏　農家女,年三十七歸盛。事姑以孝。夫病療劇,項侍奉湯藥,累月不倦。已而卒,時年四十七,無子。痛哭誓死,姑勸之嫁。是年八月二十三日經死。

鈕九觀妻葉氏　年二十五夫亡,無子。夫兄以家貧諷之改適,葉痛哭一日,兩眶血涔涔下,晚遂自經。邑令方以恭給額曰"烈節維風"。

陸魯巖妻姚氏　年二十八夫亡,家貧,作苦,議立嗣以延夫祀。眾以其貧,莫肯爲後。姚痛悼,絕粒死。

孫秀芳妻汪氏　幼失父母,家貧,攜幼弟依叔母,曉夜紡織,以供朝夕。愛弟倍至,後其弟溺死,汪慟哭,累日不食。年二十二歸孫,越五載夫亡,子女皆殤。汪晝夜哭泣,誓以身殉,然絕不作激烈狀。徐鬻簪珥,以營窀穸。既葬,遂服滷死,距夫死纔七十九日。

劉仲達妻陸氏　年二十七夫亡,子二:長大中,六齡;次大本,甫生。陸抱孤泣曰:"天如不絕劉氏,偷生旦夕以活此藐孤。"及服闋,謂二子曰:"爾輩今能自就口食,幸自愛,我將從爾父于地下。"至夜自縊死,年二十九。

監生王棠妻朱氏　年十七適王。事姑許盡孝。越十五年夫亡,無子,一慟幾絕,數次投環,姑密防之,得不死。會中元節前三日,夜起祭奠其夫。少間,廚下寂然,姑即起視,已自經死。

生員俞中泰妻何氏　年二十六夫亡,無子,慟哭自矢。舅姑慰諭之,立夫從子世葉爲嗣。一夕自經死,年三十四。

俞南洲妻顧氏　南洲家素貧,授童蒙書以自給。及亡,遇歲祲,無所得食。有欲奪其志者,抱幼子赴水,隣人救之,餽以麥飯,竟不食死。時年二十九。

陳品松繼妻顧氏　年二十四夫亡,號泣累日。撫前子女,不啻所生。服將闋,女年十六,字萬氏爲養媳。子年十二,亦令往從人習業。一夕,鄰里聞悲泣不止,明日叩門不應,啟視之,則已投環死矣,年二十六,時丁亥十月二十四日也。

張時茂妻朱氏　婚六載夫亡,遺孤又殤,遂自經,年二十七。

汪大榮妻胡氏　夫業木工,家貧。胡勤鍼黹,佐夫孝養舅姑。舅姑歿,家益貧。未幾,夫病且革,謂曰:"我死,父母既没,又無子女,爾年少無依,不如更適人。"胡悲咽不能語,但以手指心而已。比卒,慟絕者屢日,惟食粃糠,夜則臥柩側者三年。服闋,盡典衣飾,葬其舅姑及夫。既葬歸,痛哭竟夜。翼明,投水死,時年三十,里人哀之。

陸德勝妻陳氏　德勝耕田中,遇旋風暴卒。陳方懷姙,慟哭竟日,遂自經死。

程德瀚妻王氏　年二十二歸程,不期年夫暴亡。王方歸寧,聞訃奔喪。撫屍痛哭畢,即入廚下服滷卒,乾隆二十一年五月二十六日也。

包某妻張氏　哭夫喪明,自經以殉,乾隆丙午六月事也。

陶法三妻張氏　夫病革,不能言,淚涔涔下。張許以死殉,目遂瞑。張即于屍側自縊,死年止二十六。

朱瀚妻郭氏　年二十六瀚殁,氏方懷孕,冀得一子以延夫祀。未幾生女,大失望,月餘服滷死。嘉慶十一年旌。

胡庭桂妻沈氏　年二十三庭桂殁,無子。氏閉户投繯,家人驚救得甦。踰年爲夫營葬畢,託病絕粒死。道光十年旌。

烈婦林氏　嫁乍浦顧大。大,故無賴。而姑復淫悍。或悅女殊色,以餅金餌姑及夫。女矢志不從,再三求死不得,卒受炮烙死,年二十三,時嘉慶甲子正月晦日也。死後,衆口喧傳,邑令路君廉其狀,抵大罪如律。陳謨、丁子復均有《傳》,遠近士人紀其事者甚衆。

張景賢妻朱氏　年三十一夫亡,撫遺孤文耀。次年,文耀痘殤。氏痛哭,自經死。

海城知縣沈學詩妾周氏　學詩以勞瘁殁于任,周氏慟哭,絕粒數日卒。

徐金宣妻龔氏　夫亡,持服三年,厝夫畢,闔户自經死。

費甫燮繼妻葉氏　夫亡,椎心嘔血不止。以其子大埔屬夫弟。疾亟,慟哭,呼故夫而卒,距夫死纔三十九日。

倪錫蕃妻高氏　年二十二夫亡,慟哭幾絕,旋卒,距夫死纔百有餘日。

毛某妻錢氏　早歲夫亡,誓不再嫁。姑欲奪其志,自投水死。

何鳴盛妻黃氏　年二十七夫亡,無子,衹一女尚幼。欲自經,姑曲慰之。一日奠其夫畢,閉户投繯死。

辜之駿妻高氏　年二十四夫亡,無子。氏屢欲自裁,姑與母苦慰之。越二載,喪畢,乘間投繯死,年二十六,時道光甲午冬日也。　　以上于《志》。

周念劬妻馬氏　念劬客閩,得暴疾卒。訃至,氏號泣數日,投環死。時嘉慶二十年十一月十一日也,年三十一。

顧榮卿妻彭氏　二十七歲,夫患痼疾,氏侍奉湯藥數月。及病篤,氏絕粒數日,私藏洋藥,誓以身殉。夫殁,即仰藥死。

生員沈寶篆妻黃氏　監生鳳洲女。嫁,盡婦道,尤孝事姑。會夫通陸姓錢,陸率衆威逼,氏恐危夫驚姑,竟撬子女躍水以殉家難,時道光甲午十一月初六也,年三十歲。咸豐三年旌。

五品銜布政司理問胡乃柏繼妻張氏　二十八歲夫亡,慟哭失聲,淚盡赤,絕粒以殉。著有《餞月樓詩稿》。同治十二年旌。

朱承均妻徐氏　二十三歲歸朱,半載而夫亡,氏仰藥以殉。

姚金錫妻殷氏　生員潤身女。二十一歲歸姚,琴瑟静好,誓同生死。不二載,金錫嬰痼疾卒,氏號慟絕粒,期以身殉。父母舅姑慰諭之,婢媼周防不離左右。久之,乘間服滷,哇而蘇。又得間,竟自經死。時咸豐三年十一月二十三日也。距夫死僅五閱月耳,卒年二十三,無子女。

計永發妻屈氏　　年未三十夫亡,無子,痛不欲生。家人防之嚴,不果。逾月後,防稍疏,乘間自經死。咸豐戊、己年間事也。

沈六妻周氏　　幼失怙恃,育於舅氏。年十九歸沈。夫好博,家資罄盡,屢使周貸於舅。舅亦時賙之。猶不足,一夕復逼之,周義不可從。六憤憤出,旣歸,周已自經死。六欲其遺衣,仍往賭博。舅爲之殯,年二十歲,咸豐三年事也。

知府徐元錫繼妻秦氏　　江蘇金匱人,浙紹批驗所大使繼昌女。繼昌在浙殉難,秦聞信,悲慟欲絕,然以事夫爲重,不敢輕身。至同治庚午,元錫亡,秦哀毀逾常,諭嗣子福詒等以後事,即仰藥死,年四十三。

儒童黃雲樓妻計氏　　咸豐辛酉,氏年二十三,賊至奔逃,家人失散。夫因驚恐病卒,氏誓不獨生。潛服毒,得救不死。嗣聞姑及兄嫂避難所在,因往依之。同治二年,郡縣克復。回里後,即請諸姑爲夫立後,奉夫柩葬于祖塋側。語其戚曰:"我志已畢,九京瞑目矣。"遂服毒死,時同治四年八月初九日也,年二十七。

王文英妻辜氏　　恩貢辜典女,二十歲歸王。恪遵婦道,夫病篤,竭力侍奉,日夜祈禱,願減己算以益夫,卒不效。即於夫死之日服毒卒,年二十五。

鄒楚楠妻王氏　　王泰瑛女,二十三歲歸鄒。家貧,勤十指以助夫。夫亡,無子,氏即仰藥以殉,年三十。

監生許朗亭妻高氏　　夫亡,越十一日卒。

萬某妻沈氏　　夫亡,氏視殮送殯畢,即仰藥以殉。

張維賢妻俞氏　　二十三歲歸張,越二十七日夫亡。氏欲殉,未得間,遂臥不起。無子,族衆爭。繼以獄破家,而屋又火于盜。僦屋東湖濱,招魂爲位,大哭,嘔血死,時光緒元年六月十七日也,年二十四。

監生張文籠繼妻孫氏　　事姑孝,撫前氏子如己出,教養兼至。夫病,不解帶者累月,夫卒,痛不欲生,絕食十日死。

儒童徐書卿妻某氏　　于歸後數月夫亡,氏越一日死。

朱煦妻顧氏　　夫以瘵疾亡,氏哀慟,屢欲身殉。姑密防之月餘,卒自經死,年二十八。

何邦基妻黃氏　　二十五歲歸何,逾年夫亡,無子,誓以身殉。翁姑勸慰之,黃曰:"既失所天,必不獨生。奉侍甘旨,有夫弟在也。"未一月,自經死。

生員周廷模妻紀氏　　生員金聲女,歸周,生二子:汝煐、佩珊。夫死于客。聞訃,絕食死,年二十九。

陳步墀妻沙氏　　二十二歲夫亡,沙即投繯,救之得甦。越七日,不食死。

薛菊山妻賈氏　　生員敦良女。夫亡,將葬而粵匪至,比寇肅清,氏積針紝資,至同治三年籌葬。菊山父曾暱一蕩婦,使取其資不得,中以蜚語。氏聞之,即先仰藥,至菊山父居,言己之所以遲夫未亡者,知夫棺之無能葬也。今若此,速死以明心耳。言已,藥發,遂死,年三十二,同治三年九月十二日事。以上夫亡殉節。

生員劉若金妻顧氏

范德明妻施氏

陳某氏

沈顧氏　　以上道光壬寅殉難,已旌。

從九品孟惟寅妻吳氏　　以下殉粵匪難。

從九品張熙妻周氏

國子監典籍錢寶瑚媳朱氏

布理問陸以梅妻節婦孫氏

員外郎孫蘭谷妻何氏

候選訓導孫應龔妻馮氏、女高孫氏

從九品孫蘭生妻陳氏

從九品張國寶妻戈氏

候選聖廟賁奏廳方鑣妻沈氏

翰林院待詔徐以鏡妻顧氏、妾林氏

鹽運同周安清妻潘氏

從九品方鑰妻朱氏

從九品馬鼎聲妻郭氏

從九品徐兆灃妻朱氏

兵馬司吏目屈仁麟妻金氏

五品銜朱方地妻節婦沈氏

縣丞徐以鏡庶母金氏

從九品李純萊聘妻方氏

從九品楊湘妻吳氏

舉人孫錦妻錢氏

監生何翔鳳妾有姑

監生張槐妻沈氏、妾徐氏

監生孫燾妻節婦朱氏

監生沃昌宗妻王氏

周咸妻張氏

附生顧恩培妻張氏

劉錫熊妻屠氏

監生郭奉基妻周氏

監生趙琴齋妻任氏

監生陳朝熙妻顧氏

增生劉丕烈妻范氏

生員潘敬熙妻黃氏

生員吳煐妻高氏

生員劉釗妻包氏、妹沈劉氏

監生徐維鏞妻張氏

監生徐應濤繼妻陳氏

監生徐蘭堦妾金氏

廩生周恭先妻洪氏

監生姜鍛妻節婦胡氏

監生何翔鳳妻劉氏

監生宋恒鎮妻許氏

監生楊淦妻徐氏

監生方鏞妻陸氏

監生陸本信妻鮑氏

監生石廷棟母陳氏

妻陳氏生員高人俊妻孫氏

生員施汝福妻徐氏

生員江龍瑞妻鮑氏、子一

生員吳振儀妻劉氏

王大堃繼妻張氏

沈楨妻郭氏

陸裕昌妻張氏

殳柏榮妻陸氏

沈域妻顧氏

張鎔妻孫氏

方再耕妻孫氏

陳壽元妻朱氏

徐施氏

徐汝雲妻黃氏

陶大勝聘妻朱氏

章功蔭母蔣氏、妻高氏

沈勝元妻闕氏

錢應魁妻張氏

胡以鈺妻沈氏

李宗廉聘妻顧氏

馮賜嘉妻王氏

陸鳳池妻屈氏

曹雲湘妻何氏

奚景樹妻屈氏

沈兆瀛妻曹氏

支大鏽妻施氏

程秉忠妻楊氏

袁光燿妻皇甫氏

陳光熙妻趙氏

馬壽珍妻闕氏

李少雲妻馬氏

李廛仙妻陸氏

陸文妻邱氏

張坤妻高氏

王似山妻劉氏

陳士傑妻高氏

鮑金湘妻陸氏

屈仰山妻陸氏

錢萬選妻蔡氏

陳秋泉妻羅氏

張錢氏

胡德芳妻節婦李氏

胡耀奎妻張氏

徐汝霈妻倪氏

錢那保母項氏、媳時氏

王大昌妻朱氏、子一

蘇老龍妻闕氏

高夏氏

高范氏

錢陶氏

費俊民妻陸氏

柳萬良妻龐氏

徐大俶妻陸氏

張闕氏

俞笙五妻倪氏

戴少亭妻蔣氏

錢大官妻韓氏

徐三觀妻張氏

姚山妻陸氏

陸森妻張氏

李金和妻姜氏

周陸氏

周柴氏

石安氏

嚴五柏妻黃氏

成玉明妻吳氏

陸培觀妻闕氏

俞七觀聘妻謝氏

嚴二觀妻顧氏

方恒補妻節婦徐氏

錢喜觀妻闕氏

彭小二觀妻周氏

張大觀母闕氏

張德隆妻孫氏

俞來增妻包氏

陸慶和妻周氏

唐鳳鳴妻施氏

方有觀妻莊氏

陳三鬍子妻朱氏

廖城妻陳氏

李二觀妻錢氏

李三寶妻方氏

張虎觀妻蕭氏

方興祥妻沈氏

俞小八妻劉氏

蔡福壽妻馬氏

徐壬三母周氏

徐金壽妻楊氏

楊大觀妻陳氏

楊和觀妻徐氏

富龍觀妻朱氏

吳開源妻鄭氏

顧寶全妻張氏

馬六觀妻朱氏

曹關勝妻陳氏

馬愛元妻陳氏

馬五觀妻張氏

吳東序女蘭珍

馮璠妻褚氏

吳喜觀妻唐氏

李悅山妻曹氏

孟老印妻沈氏

趙瑞生妻沈氏

徐珍觀妻倪氏

姜皾觀妻沈氏

沈三觀妻朱氏

張二觀妻金氏

吳大觀妻沈氏

金三觀妻陸氏

施興大觀妻湯氏

畢珍福妻周氏

俞章福妻劉氏

吳餘慶妻呂氏

楊龍觀妻鄭氏

金財觀妻楊氏

徐珍觀妻闕氏

徐大觀妻王氏

張繼恭妻徐氏

徐春觀妻朱氏

畢增壽妻陸氏

張念耕妻陸氏

陳大觀妻許氏

林太時妻楊氏

朱德清妻沈氏

成三壽妻戈氏

朱同仁妻陸氏

郭大觀妻沈氏

江聽泉妻沈氏

陸五十觀妻張氏

孫堯光妻奚氏

山壽林妻盛氏

錢忠坤妻盛氏

顧建元妻史氏

張禮培妻王氏

朱圖山妻俞氏

趙金和妻張氏

俞春潮妻姚氏

倪關大妻闕氏

毛八俶妻闕氏

張德壽妻王氏

阮大觀妻何氏

陸七觀妻沈氏

金八湘妻闕氏

顧勤禄妻陸氏

吳沈氏

徐大觀妻陳氏

趙壽俶妻李氏

徐成隆母周氏

毛六湘妻馬氏

陸松亭母丁氏

徐茂昌妻金氏

潘大觀妻俞氏

潘金觀妻俞氏

費大觀妻沈氏

顧大觀妻蔣氏

顧二觀妻宋氏

俞壽觀妻楊氏

沈貞觀妻姚氏

吳上達妻張氏

魏漢春妻劉氏

沈全氏

朱慕亭妻陳氏

錢七大妻周氏

沈仁焙妻屠氏

全半農妻陳氏

沈寶賢妻胡氏

王二觀妻童氏

施呂氏

施大觀妻金氏

程寶經妻節婦周氏

錢毛三觀妻闕氏

童佩宏妻邱氏

周李氏

屈振圻妻龔氏

屈欽清妻符氏

金春和妻陸氏

馮保觀妻施氏

馮二觀妻施氏

馮二官妻顧氏

沈二觀妻方氏

黃悌觀母沈氏

錢九觀妻周氏

戈龍觀妻闕氏

吳錦風聘妻張氏

周大觀妻曹氏

沈大觀妻曹氏

錢張氏

李大觀妻褚氏

沈鑒齋妻顧氏

沈念俶妻李氏

沈大觀妻顧氏

沈小五觀妻顧氏

張秉初妻陸氏

李二觀妻張氏

姚五觀妻高氏

陸兆章妻沈氏

盛山氏

王大觀妻陸氏

金春林妻王氏

李培觀母沈氏

劉二觀妻何氏

張肇昌妻節婦金氏

俞三元母張氏

張大觀妻陸氏

沈琴訪妻徐氏

徐老全妻朱氏

陸維城妻潘氏

魏德義妻馮氏

張竹春妻鮑氏、女一

趙鴻飛妻闞氏

顧八觀妻楊氏

闞寶勝妻顧氏、子一

張富元妻胡氏

蕭二觀妻李氏

徐皲桂妻蕭氏

徐小八觀妻周氏

胡八觀妻闞氏

顧闞氏、子一

錢訪舟妻節婦周氏、嫂紀氏

周銀觀妻錢氏,弟寶林妻姚氏、關和妻潘氏

李楨祖母闞氏、妻節婦許氏

俞小漁妻孫氏、子一

張萬觀妻朱氏

張闕氏、子一

沈鉞如母蔣氏、媳胡氏

沈金鏞母陳氏、妻朱氏

全肖熙媳翁氏

趙興觀妻蔣氏

何之鼎聘妻張氏

費均和妻錢氏

葉辰樞妻陳氏

朱枋母節婦陳氏

張瑞母馬氏

程寶賢妻節婦周氏

周汝霖妻節婦紀氏、姊錢周氏

崔竈俶妻金氏

朱德清妻沈氏

孫阿悌妻韓氏

毛勝和妻湯氏

沈六佰妻吳氏

蔡壽元妻陳氏

錢老桂妻陳氏

劉新妻戴氏

馬吉人妻李氏

周咸和妻張氏

羅壽昌妻陸氏

劉藝甫妻鄭氏

戴煬妻韓氏

劉鴻達妻節婦丁氏

朱金堦妻陸氏

王三毛聘妻謝氏

朱兆龍妻陸氏

江懷仁妻孫氏

朱三官妻高氏

沈寶林妻包氏

魏蓮甫妻王氏

沈寶賢妻胡氏

徐炳八妻姚氏

張兆坤妻陸氏

方勤長妻徐氏

陸壽元妻朱氏

蔣兆鏞妻金氏

馮柳橋妻蕭氏

林士梅妻周氏

王德奎妻劉氏

陸四佾妻富氏

蕭登墀妻王氏

金勝林妻毛氏

湯勝海妻節婦陳氏

平少山妻陳氏

陸錦齋妻仲氏

王仁山妻羅氏

邵松溪妻張氏

王大昌妻朱氏

鄭寶和妻郭氏

宋阿悌妻吳氏

金永旋妻屠氏

俞硯香妻馮氏

朱炳卿妻陳氏

戈爲松妻顧氏

朱鴻緒妻杜氏

陸壽興妻黃氏

陸大司務妻薛氏

吳錦楓妻張氏

謝采廷妻闕氏

曹二俶妻張氏

李大佾妻陸氏

沈龍佾妻葉氏

吳用人妻闕氏

徐大佾妻張氏

曹大佾妻張氏

王二湘妻張氏

張四佾妻闕氏

陳友蘭妻陸氏

沈蘭峰妻節婦葉氏

陸菊舟妻何氏

張介珍妻顧氏

李四佰妻夏氏

沈樸齋妻顧氏

陸草呈妻顧氏

湯小俶妻汪氏

陸大湘妻郁氏

王大俶妻沈氏

李二佰妻朱氏

陳大佰妻朱氏

高金佰妻華氏

韓介福妻何氏

鍾四佰妻徐氏

張德盛妻毛氏

徐三泉妻陸氏

過雨春聘妻邵氏

蔣瑞高妻王氏

楊玉林妻陳氏

徐錦鱗妻沈氏

韓應昌妻胡氏

陳菊舟媳王氏

王義佰妻張氏

朱五妻程氏

孫雪仁妻闕氏

毛添佰妻闕氏

顧介佰妻潘氏

張芥舟妻闕氏

李四佰妻夏氏

王老泉女南姑

余老順女杏姑

金玉麟妻屠氏

居鴻遠妻王氏

王三佰妻陳氏

陸四福妻徐氏

丁三佰妻李氏

湯春羅妻陸氏

鄔張氏

陸仲氏

陶永源妻金氏

金張氏

康金氏

方許氏

徐祝氏

劉鄒氏

劉毛氏

顧雲泉妻錢氏

賴邦憲妻陳氏

蕭觀生妻王氏

蕭達三妻王氏

王裕隆妻戚氏

夏陳氏

戎寶林妻節婦陸氏

黃佩山妻屈氏

張鼎衡妻楊氏

孫義妻闕氏

孫魁龍妻毛氏

金二觀妻孫氏

朱六佰妻屈氏

金掌林妻錢氏

俞七佰聘妻謝氏

陸家珍妻徐氏

廖宗萱妻李氏

倪五福妻廖氏

沈雅亭妻何氏

沈欽廷妻朱氏

沈正洪妻郭氏

董煌妻曾氏

莫四佰妻金氏

張月橋妻周氏

董二佰妻沈氏

顧寶全妻張氏

馬愛元妻陳氏

馬二佰妻陳氏

楊桂佰妻陳氏

曹闊勝妻陳氏

郭大倌妻張氏

謝八倌妻沈氏

陳四倌妻葛氏

施金元妻闕氏

沈大倌妻闕氏

金七倌妻時氏

朱同仁妻陸氏

胡八觀妻何氏

朱龍妻沈氏

胡雙喜妻馮氏

沈勝元妻毛氏

鄭夢蘭妻楊氏

馬四倌妻周氏

姜噭倌妻沈氏

姜大倌妻沈氏

林泰士妻楊氏

曾景嗣妻趙氏

施元旗妻何氏

費四福妻湯氏

沈玉林妻王氏

吳三倌妻鄭氏

徐仁壽妻蕭氏

徐仁安妻周氏

蕭金倌妻章氏

鄭光熙妻金氏

楊德勝妻方氏

楊毛德妻胡氏

沈天祥妻闕氏

黃闊壽妻闕氏

彭天喜妻戴氏

張杏村母沈氏

淩大鶴母黃氏

俞闊福妻費氏

張二倌妻周氏

張品山妻汪氏

馬大五妻張氏

曹洽霖妻何氏

高得德妻沈氏

曹銘妻陸氏

高雲巖妻孟氏

張富元妻胡氏

沈勝元妻毛氏

陳六湘妻俞氏

李八壽母張氏

張阿祥妻闞氏

吳硯北媳屠氏

馮褚氏

金振元妻陸氏

倪三福妻吳氏

金春潮妻姚氏

張三倌妻錢氏

徐柳橋妻周氏

李文鏞妻顧氏

蕭粿谷妻林氏

徐阿悌妻李氏

尚繼三妻魏氏

鄭士龍妻蔡氏

蕭珍福妻鄧氏

沈元順妻徐氏

葉書城妻吳氏

陶漢之妻節婦朱氏

崔柳亭妻張氏

衛德松妻楊氏

沈楚其妻徐氏

俞懷忠妻孫氏

應彩麟妻張氏

俞懷慈妻孫氏、子一

徐闞林妻鍾氏

陳濟堂妻闞氏

朱永斯妻葉氏

吳五倌妻張氏

胡仁富妻李氏

張乾元妻王氏

毛菱浦妻顧氏

邱瑞興妻張氏

馬配勝聘妻陸氏

程平齋妻楊氏

朱大倌妻金氏

李金和妻姜氏

過玉堂妻朱氏

曹治霖妻何氏

俞瘦山妻節婦方氏

方馨山妻黃氏

丁胡氏

嚴雨田妻孫氏

馬樹萱妻張氏

邵春田妻鍾氏

李學才妻許氏

沈震三妻朱氏

張四倌妻朱氏

俞榮卿妻陸氏

方竹雲妻金氏

金曉春妻裴氏

陳立山妻周氏

費龍倌妻劉氏

姚三倌妻程氏

徐世澄妻孫氏

吳二福妻王氏

金五俶妻錢氏

毛金和妻王氏

林九倌妻謝氏

張永林妻蕭氏

李香山妻沈氏

張元英妻繆氏

陳姚福妻闕氏

陳陸氏

沈仁焙妻屠氏

杜星第妻俞氏

沈南莊妻吳氏

陸杏齋妻胡氏

朱協堂妻沈氏

陳吏衡妻錢氏

許榮盛妻王氏

葉福堂妻陶氏

鍾亦山妻節婦王氏

顧大倌妻吳氏

項德修繼妻張氏

張笑山妻倪氏

張坤妻高氏

陸蕉亭妻邵氏

沈樹培妻高氏

陳壽元妻朱氏

姚銘妻徐氏

陸培倌妻闕氏

李文英妻方氏

李三義妻沈氏

郭登如妻陳氏

范全倌妻王氏

范老虎妻陶氏

馮四福妻闕氏

李照周妻節婦陸氏

陸思齋妻吳氏

郭連福母沈氏

郭連喜妻屠氏

都錢氏

彭林福妻闕氏

潘世久妻沈氏

陸星璧妻李氏

宋大倌妻林氏

陶芸軒妻俞氏

吳蓉溪聘妻王氏

楊大倌妻周氏

莊四大妻李氏

張錦林妻胡氏

葉志唐妻節婦王氏

施燮妻節婦鄭氏

沈漢榮妻郁氏

陳錫疇妻楊氏

李廷幹妻周氏

吳達英妻馮氏

于大林妻張氏

徐雨嘉妻姚氏

謝大倌妻丁氏

李銓文妻周氏

黃小悌妻費氏

費春元妻彭氏

戈維熊妻徐氏

朱金墀妻陳氏、妾張氏

金春林妻王氏、嬸闕氏

賴三倌妻朱氏

鮑書齋妻陸氏

陳文卿妻高氏

湯景卿妻陸氏

馬文炳妻周氏

王松英妻唐氏

張清和妻錢氏、女龍姑

周老蘭妻闕氏

陸四俶妻劉氏

何大倌妻李氏

屈仰山妻陸氏

程雲溪妻張氏

韓泰來妻朱氏

韓介福妻何氏

陳秋泉妻羅氏

高龍倌妻范氏

錢寶林妻陶氏

李少雲妻馬氏、弟媳陸氏

陸鞠洲妻何氏

江熊吉妻周氏

屠七倌妻曹氏

董小山妻闕氏

蕭二倌妻黃氏

張大妻金氏

陳大湘妻俞氏

周同仁妻陸氏

朱淡峰妻楊氏

阮珊亭妻馬氏

高龍倌妻范氏

洪五德妻俞氏、媳王氏

李四倌妻羅氏

沈三福妻李氏

王益三妻潘氏

林賞雲妻沈氏

居寶和妻徐氏

高雙金妻朱氏

徐秀章妻胡氏

屈振圻妻龔氏、媳巫氏

李泰來妻顧氏

郭左賢妻陸氏

劉維熊妻盛氏

潘老壽養媳彭氏

陸芝山妻鄭氏

戈宗楠妻盛氏

沈汝明妻羅氏

曹景春妻節婦陸氏

媳節婦潘氏

周和倌妻顧氏

費廣興妻陸氏

俞瘦山妻方氏

蕭觀生妻王氏

張老二妻胡氏

郭小大妻張氏

馮瑞芳妻蕭氏

陸八俶妻倪氏

劉國章妻馬氏

王裕龍妻戚氏

屠增祥母謝氏

馮鏡亭妻吳氏

陳明齋妻何氏

張文淮妻王氏

顧馥松妻蔡氏

侯荷裳妻闕氏

張朱氏

廖炳文妻賴氏

張大觀妻繆氏

楊堯璧妻顧氏

金仁壽妻馬氏

李蕊生妻節孝陳氏

梅仁壽妻節孝沈氏

吳四福妻錢氏

沈樹培妻高氏

何福疇母沈氏

何萃玉妹程何氏

江聽泉妻沈氏

張月橋妻周氏

楊念修僕婦石安氏

何大亨妻節婦顧氏

何大塈繼妻張氏

馮履祥妻王氏

程明齋妻楊氏

張宗海妻邱氏

姚崇德妻沈氏

王忞親繼妻顧氏

陳東方妻俞氏

黃世貞妻朱氏

方琴章妻徐氏

沈錫薇妻陳氏

周孚先妻呂氏

潘老壽女二寶姑

戴沈氏

劉青照妻節婦沈氏

張文淮妻節婦王氏

蔣瑞高妻節婦王氏

沈學周妻節婦郭氏

符進英妻節婦方氏

馮莅堂妻節婦麗氏

梅仁壽妻節婦沈氏

符金桐妻節婦方氏

金松堂妻張氏

方同山妻許氏

徐桂觀妻祝氏

徐六觀妻闕氏

鄔淩雲妻張氏

陸松壽妻仲氏

王四佾妻湯氏

董星堂妻曾氏

葉榕妻程氏

沈學周妻郭氏

蔡梁氏

曹張氏

陸志賢妻薛氏

姜少瀛妻孫氏

劉對山妻鄒氏、媳毛氏

俞瘦山妻節婦方氏

李致福妻顧氏

屈義田妻黃氏

康伴梅妻金氏

王松亭母湯氏

陳四美妻黃氏

朱張氏

姚繼賢妻屈氏

姚祥鳴妻曹氏

朱家杶嫂蔣氏、妻倪氏、子一

張老金妻方氏

李九佾妻居氏

張大佾妻繆氏

李老虎妻倪氏

呂阿萬妻沈氏

沈四佾妻陳氏

張楊富妻倪氏

張錦林妻胡氏

周九佾妻倪氏

李長寶林妻馬氏、媳許氏

包麟鶴妻張氏

唐敘觀母蔣氏

錢永林妻謝氏

王南亭妻朱氏

張金圻妻潘氏

沈富元妻張氏

陸吟樵妻宋氏

王松亭媳李氏

監生錢炳妻丁氏

婢阿彩　　以上見《忠義錄》，已旌。

戴世倌妻蔣氏

顧林氏

王吳氏

從九品盛金釗妻張氏

盛金鑑繼妻倪氏　　以上採訪。

補錄　　李杏春妻許氏　　馬某女寶姑　　陶柳江妻平氏　　張少山妻陸氏　　庠生柯汝淵妻馮氏　　陸錫山妾七姐　　貢生吳秋坪妻張氏　　生員朱松軒媳史氏　　沈烜妻張氏　　張辰元妻黃氏　　江綠湖妻沈氏　　馬雪巖妻畢氏　　沈曉峰妻陳氏，媳節婦朱氏，子一　　顧秋圃妹貞女三姑　　夏紫裳女某姑

清溪橋婦　　康熙甲午，婦年近二十，鄰有鱷者瞷其家無人，踰垣欲姦之。婦力抗不從，鱷恐事露，以手扼其喉死。翌日報官檢驗，一手猶堅持下衣。拘兇，身挈家遁矣。正緝訪聞，忽歸至棺所。獲，訊成獄，惜婦姓氏無傳之者。重出。

姚金錫妻殷氏　　嫁踰年，金錫患癇疾卒。以頭觸牀，見血，衆持之，防之。勉進飲食。越百日祭，父母慰諭，召至家，曉以大義，毋速死，遣之歸。節值冬至，家人設奠靈筵，氏哀號。少息，竊至竈觚，服鹽滷，嘔吐，得不死。佯爲疲倦狀，入牀，紿嫗出户，急閉關，投繯死。顧廣譽撰《傳》。

陸氏　　本良家女，被匪誘至乍浦湯山，迫爲妓。婦號泣不從，鴇母橫加鞭撻，適夜靜無人，潛至湯山下小海池，投水死。于《志》。

何邦基妻黃氏　　全公亭人，結褵一載，邦基瘵瘰死。黃年二十有六，悲號大慟，未一月自經死。

林萬興妻孫氏　　明經橡樵女孫。適林歲餘，萬興死，子無依，母憐年少，欲奪其志。氏以死誓，又載餘，嘔血死。

戈某妻徐氏　　戈業木棉。咸豐庚申，賊猝至，因棄子於野，挈二女投河自盡。

顧恩培妻張氏　　美姿容，有志操，佐夫謀米薪。侍姑節孝吳氏不離寢。歿，鬻簪珥，供喪費。庚申避難新帶鎮，賊驟躪，氏趣夫行，曰：“俱死無益。”恩培裹□不忍去，氏頓足作怒態。乃首北行，薄暮又還。氏已遷避臨河一小屋，與鄰嫗方晚餐，顧見夫即色變撤箸。翼日賊至，爭驚竄，不相顧。比賊退，夫還，見氏立於水如植。有繩繫其衣，得不隨潮汐去。顧廣譽撰《傳》。

錢訪舟妻周氏　　全公亭人。年二十五寡，無子。紡織自給數載。後歸依母家，與寡嫂紀、從女三姑同居。咸豐十一年三月九日乍浦失守，里閈駭散。氏與嫂、三姑相約死難，誓無異志。四月二日賊至，三人同赴水死。

乍浦駐防烈婦

左營鑲白旗全安妻汪依氏

左營鑲白旗剛安妾陸氏

左營鑲藍旗濃依佈妻瓜勒嘉氏

左營鑲黃旗委署前鋒清柱母什恰勒氏、姊全氏

左營正黃旗揆德母汪堅氏

右營正紅旗委署前鋒校順興母葉爾根覺羅氏

右營鑲藍旗壽全母楊依氏

右營鑲藍旗多囉訥母張依氏

右營鑲藍旗委署前鋒靈恒母瓜勒嘉氏

左營鑲白旗順強妻伊爾根覺羅氏，媳索卓囉氏

左營正白旗佛爾國春妻王氏

左營正白旗清成妻汪氏

右營正白旗百春妻呼理哩氏

右營鑲藍旗碩隆烏妻塔塔拉氏，媳卓嘉氏

右營鑲藍旗順玉妻高嘉氏

左營正白旗喀通阿妻達氏

左營正紅旗哈善阿妻塔喇氏

左營鑲白旗防禦克星額妻瓜勒嘉氏

左營鑲白旗罕查妻赫舍哩氏

左營鑲藍旗委署前鋒德哩奮妻傅察氏

左營鑲藍旗額□佈妻赫車氏

右營鑲黃旗雙揆妻楊氏

右營正黃旗佐領果仁佈妻塔塔拉氏

右營正藍旗靈善妻陳依氏

右營鑲藍旗領催候補筆帖式玉衡妻蘇嘉氏，媳葉爾根覺羅氏

右營鑲藍旗防禦慶玉妻郎依氏

右營鑲藍旗敷呢雅罕妻王依氏

左營正白旗彩山女　以下烈女。

右營鑲藍旗福勝女

右營鑲藍旗防禦慶玉孫女

右營正黃旗佐領果仁佈長女稱姑，次女榮姑

右營鑲黃旗雙揆女

左營鑲藍旗委署前鋒德哩奮女

右營鑲藍旗碩隆烏女

右營正白旗百春女　以上道光壬寅殉難，已旌。

石門縣

元

吳守正妻禹氏　名淑靖，字素清。紹興人，至元十六年徙家崇德之石門。嘗從容謂守正曰："方今群盜蜂起，

萬一不測,妾惟有死而已。"是年夏,盜陷崇德。淑靖倉皇攜八歲女登舟以避,有盜數輩奔入其舟,將犯淑靖,乃抱幼女投河死。　案《檇李詩繫》:名淑靜,字素靖,會稽人,寓崇德石門鎮。元季苗獠之亂,亟與夫操舟以遁。苗及之,叱,淑靜度不免,遂抱幼女投水死。明日得尸,僵立如生,藁葬其地。守正入越,亦死兵間。遺孤昂無依,去金華山中爲僧,後歸廬墓,榜曰"白雲先隴"。鎮人表爲貞母阡。徐一夔有《記》。

明

方瑄妻沈氏　名淑寧。海鹽人。年十九歸方,十八日而寡。家貧,依其母,母潛許人。沈覺之,紿母出,自經死。楊循吉有《傳》。

匄烈婦　湖州人,莫詳其姓氏。正德庚午,湖大饑,婦與姑及夫乞食石門市。有殊色,市人爭欲挑之。與之食,與財,俱不顧。寓東高橋上。伺夫與姑不至,及三日,聚觀者益衆,婦乃從橋躍入水中死。

何鶴齡妻蔡氏　夫行不義,兩家父母議改婚,蔡誓死不從。既婚,輒泣諫,憤懣就經,翁姑覺而解之。翁死,蔡罄衣資治喪。夫迫蔡改行,蔡度不免,沐浴整衣自經死。事聞,詔旌。

朱貴妻范氏　倭犯境,夫妻走避,猝與倭遇。倭揮刃殺貴,范厲聲奮臂抓倭面,倭怒,剖其腹,罵不絕口死。

吳鷥妻戴氏　年二十五被倭執,將污之,以死力拒,身被數刃死。

姚菊香　聞倭至,言笑自若。衆唶之,菊香曰:"若輩第怕死耳,死何怕之有?"及倭至,抱其子,自沉于河。數日尸浮水面,母子相抱如生。

陸道宏妻朱氏　年二十七,抱三歲遺腹兒匿一樓,爲倭所獲。劫之行,朱紿倭令抱其孤,下樓投井死。

徐玉峰妻蔡氏　明末巨寇劫掠鎮中,蔡奔避不及,寇驅之至祇樹庵,大罵不屈。寇以刀剜其胸,舍之去,未幾卒。里人曹開裕有《記》。

祝守道妻姚氏　事姑盡孝。守道家臨運河,明末亂,兵猝至,倉皇出門,追逼者將及。路旁有池,遂奮身躍入死。子文彥上其事于學使者,給額表之。

國　朝

曹乾妻湯氏　年二十三夫亡。事舅姑以孝。舅姑歿,哭泣盡哀。比葬畢,湯煢煢無倚,自縊而死。乾隆十六年旌。

馬毓奎妻王氏　年二十一歸馬,僅二載夫亡,無子,即自縊死。乾隆二十七年旌。

吳蘭先妻張氏　年二十二夫亡,撫遺孤成立。孝養姑嫜,喪葬既畢,一日服滷死。乾隆四十一年旌。

王煒妻方氏　年二十三,夫被累客亡,柩歸,遂自縊死。

張某妻張氏　張時忠之子婦。夫亡,子殀,翁令他適,張誓不從。已而,翁令惡少脅之登舟,張乘間赴水死。事聞,實惡少于法。以上嘉慶二年旌。

夏承啟妻周氏　順治丙戌,周被兵掠,將逼污之。堅拒不從,罵不絕口。兵怒,脅以刃,罵愈屬,兵殺之。

俞文表妻傅氏　嫁俞七年,夫亡。誓以身殉,親戚勸之。傅曰:"我若有子,死則負夫。今無子,夫兄弟四人止一子,并無可繼。不死何待?"殮之夕,哭絕,復蘇,至曉自經死。年二十有五。

呂懿緒妻徐氏　夫負文名,以攻苦病瘵,徐知其不起,先抱其子,屬翁姑善撫之。夫病革,遂服滷死。

呂懿業妻戴氏　夫亡,戴哀慟曰:"我即死,誰爲之服我?"姑緩之。服闋,遂吞耳環以死。

沈福緣妻朱氏　年二十二適沈,未半載夫亡,日夜號泣,誓以死殉。翁與族人以將立嗣子慰之。踰月餘,朱念近族無可繼者,遂閉戶自縊以死。

魏烈婦　玉溪鎮魏鬼頭之母。順治初,爲遊卒所掠,欲犯之,婦罵不絕口。卒怒,縛之桑樹,以刀斫其腹死。

烈婦真氏　失其夫之姓。夫亡，事姑孝，撫小叔及二女，以紡織度日。康熙庚戌、辛亥間，遭水旱蝗災，真刻苦持家，心力交瘁。一日自經于夫柩旁，密縫其衣，不露寸膚。俞長策爲之作《傳》。

沈某妻陳氏　玉溪鎮人。夫亡，即自縊死。

陳瑞璜妻魏氏　魏耀周女，玉溪鎮人。適陳四載，夫亡，慟絕而蘇。泣拜舅姑曰："夫死，婦當奉養。然有兄公伯如在，無憂也。"遂服滷死。時年二十二。

李萬青妻蔡氏　年二十四夫亡，孝事姑，遭火災，蔡扶姑出戶，旋伏夫柩旁死。火滅，人見其手掖柩焉。

千總姚純錫妻朱氏　夫官衢州協，卒于官。朱無舅姑、子女，扶柩歸里，絕粒以殉。

姚爾鍠妻沈氏　明經瀛標之姪女。幼失怙恃，育於明經之家，字于明經之内姪。年二十結縭，甫一載，夫亡，氏誓不欲生。比含殮畢，即投繯自盡，聞者傷之。

卜錫麟妻范氏　年二十七夫亡，慟絕，復蘇，暗托遺孤於姒娌，即隨夫死。一時雙柩並出，觀者莫不稱其烈志。

葉步雲妻周氏　平日事舅姑以孝聞。步雲於道光十九年七月間患腫疾，氏衣不解帶者數月，泣血籲天，願以身代。及夫卒于十一月二十三日酉時，二十四日辰時即自縊以殉，相距纔六時耳。卒年三十一。

張某妻唐氏

監生徐耀妻胡氏　夫亡，殉節。　　以上于《志》。

陳嘉穀繼妻王氏　二十七歲夫亡，勉營喪葬，事竣後，吞金以殉。

章振芳妻俞氏　二十三歲夫亡，治喪畢，自經死。

監生魏成楷妻劉氏　二十五歲夫亡，視含殮畢，服滷以殉。

廩生錢撫辰繼妻邱氏　二十八歲夫亡，四日，仰藥死，時咸豐六年七月二十五日也。知縣馬桂林爲給"節烈維風"額。咸豐七年，巡撫晏端書具題。

蔡福申妻陸氏　二十一歲夫亡，治喪畢，閉門不出，啟視之，雙淚涔涔，面青色。問所苦，不答。初，夫患痢劇，醫謂罌粟膏可止。至戚中有餉之者，檢視所餘，已無矣。知爲所餌，急救莫及，距夫亡一日耳。知縣余麗元給以"貞烈可風"額。以上夫亡殉節。

主事徐寶謙媳沈氏　以下殉粵匪難。

從九品田薈華妻蔡氏

附監生吳文植妻范氏

監生吳琪妾劉氏

監生張元慶妻姜氏

監生田之琅妻沈氏

監生沈如桐妻梁氏

生員胡鼎亨妻葉氏

生員孫垣妻吳氏

生員田之琮妻孫氏、嫂沈氏

監生沈湘妾梁氏

顧銓繼妻沈氏

田蒼華妻蔡氏

尤順元妻孫氏

徐文瀾妻姚氏

馬宣恭妻蔡氏

田永康妻沈氏

姚坤妻金氏

凌鶴巢妻沈氏

范尚珍妻凌氏

汪慶豐妻王氏

劉永成妻妻李氏

傅茂春妻李氏

陳明良妾徐氏

沈延玉妻李氏

徐啟發妻曹氏

顧鼎謨繼妻蔡氏

顧鼎魁妻沈氏

鍾桂妻徐氏

都印峰妻徐氏

閔懷忠繼妻聞氏

沈應濤妻朱氏

陳賜福妻盛氏

呂和壎妻王氏

鍾江妻許氏

田福謙妻徐氏、子一

陳秋瀚妻胡氏、子一

屠坤玉妻楊氏

田之瀾妻葉氏

張景松妻陳氏、子一

胡煾妻徐氏、子一

邵景雲妻陸氏

沈茂如妻平氏

許太和母費氏

沈姜中妻朱氏

丁汝爲妻周氏

丁汝豪妻節婦程氏

王福來妻朱氏

錢裕峰繼母沈氏

湯勝華妻汪氏

蔣亦高妻高氏

徐德龍妻楊氏

錢聚德妻蔣氏

鍾崙峰妻闕氏

錢建成妻顧氏

沈發源妻姚氏

包雙慶母孫氏

馬文榮妻魏氏

費士相妻袁氏

沈漢順母費氏

錢協和母朱氏

邱岳林妻楊氏

史大榮媳陳氏

張景松妻沈氏

徐鳳年母曹氏

吳惠楠妻陸氏

費學洙妻沈氏

邱文韜妻節婦朱氏

李德源妻徐氏

蔣奇昌母王氏

顧永源妻沈氏

陸在文祖母朱氏

陸時行繼妻謝氏

詹鳴竹妻沈氏

羅鳴昭叔祖母章氏

張榮環妻節婦陳氏

沈時周妻鍾氏

俞丙三妻吳氏

潘仁安妻李氏

姚舜卿妻倪氏

李寶三妻闕氏

錢乘銓妻王氏

羅有昌母陳氏

沈文高妻沈氏

姚秀忠母朱氏

朱聚才妻沈氏

沈萬金妻李氏

朱萬年妻葉氏

邱永和妻沈氏

李寶山妻李氏

王國良妻沈氏

何國方妻沈氏

何元昌妻湯氏

沈萬全妻王氏

潘友章妻闕氏

石寶倫母林氏

李陳氏

朱俞氏

朱陳氏

吳沈氏

王金氏

勞顧氏

費蔡氏

王沈氏

姚姜氏

楊章氏

富李氏

費狄氏

沈王氏

鍾呂氏

張沈氏

康顧氏

郭錢氏

范吳氏

章葉氏

閔許氏

鍾宋氏

朱秦氏

朱沈氏

方朱氏

徐王氏

范沈氏

邱周氏

夏沈氏

何朱氏

成湯氏

李徐氏

鄭金氏

曹孫氏

周葛氏

范蔣氏

周姚氏

馬陳氏

鍾吳氏

吳沈氏

范沈氏

朱闕氏

徐李氏

沈宋氏

邵姚氏

陳孫氏

林章氏

沈陳氏

鍾王氏

郁章氏

沈呂氏

陳殷氏

成陳氏

陳周氏

趙沈氏

蔡劉氏

沈陳氏

張闕氏

徐王氏

沈王氏

胡李氏

彭顧氏

張張氏

戴馮氏

張穆氏

呂王氏

倪高氏

張楊氏

姚許氏

徐闞氏

姚吳氏

姚紀氏

王許氏

章陸氏

章鍾氏

徐范氏

徐張氏

徐張氏

孫李氏

孫王氏

朱王氏

沈孫氏

孫黃氏

孫郁氏

朱吳氏

王俞氏

沈陳氏

陳盛氏

陸湯氏

朱陸氏

魏蘭生媳節婦朱氏

王如松妻楊氏

談福麟妻倪氏

錢商金妻費氏

王國昌妻沈氏

沈夏氏

馬俞氏

俞范氏

盛卜氏

徐鍾氏

郭闞氏

沈富氏

顧錢氏

張森布妻朱氏、媳朱氏

潘鶴其妻李氏

陳沈氏

姚有豐妻邱氏

田之潤妻葉氏

孫映辰妻費氏、嫂吳氏

鍾秀妻節婦徐氏

鍾桂妻節婦徐氏　　以上見《忠義錄》,已旌。

生員胡涵海妻范氏

生員胡萃瑛妻梁氏

陳明良妻徐氏

職員胡向榮妻姚氏

生員勞光憲妻葉氏

職員勞恭讓妻陳氏

孫辰映妻費氏

監生錢思熙妻沈氏

增生吳鱧吉聘妻汪氏

監生鍾傳薪聘妻沈氏

李掌模妻胡氏

生員沈錫坤妻田氏

徐乃秋妻勞氏

鹽知事凌茂松妻胡氏

生員徐文藻聘妻曹氏

何某妻陳氏,孫一

生員胡鼎亨繼妻費氏

生員曹堃妻朱氏

從九品勞恭謙妻陳氏、子寶生、女蘭生　　以上採訪。

桐鄉縣

明

濮彥仁妾龐氏、唐氏　　洪武初,籍濮氏家,官收其產,二人義不辱,俱自經死。

鮑文化妻濮氏　　年二十四夫亡,兄欲奪其志,密縫周身衣裳,投河死。詔旌其墓。

朱廉妻茅氏　　年十八夫病,婚未成婦。未幾夫亡,翁姑欲奪其志,勿動。詬厲之,饑餒之,勿動。哀毀而卒,或曰縊焉。

生員鍾鴻是妻高氏　　年十九夫亡,誓不獨生。姑再三慰勉,服未闋,絕粒死。

陸堯煥妻張氏　　海寧張珮女。珮賈于青鎮,贅陸爲壻。婚六日,珮遊楚中,越十有四日夫亡。氏即躍入河,鄰人救之起。逾年,聞父亡于楚,女即投繯死。死之日,胸繫繡囊,刻檀爲夫像,藏其中。

朱烈婦　　夫某死,遺一女,方孩。惡少吳某逼朱轉嫁邱某。朱度無可免,遂抱女逆投入井死。

陸某妻張氏　適陸一年,夫亡。逾三年,母思改嫁之。釋服之夕,哭盡哀,自縊死。崇禎癸未年事。

國　朝

董大銘妻沈氏　夫通徐茂華錢米,茂華來索,適沈獨處,欲污之,抓傷沈臂,沈不甘辱,遂自縊。雍正十一年旌。

吳維莘妻張氏　年二十三夫亡,含殮畢,越五日,闔戶自經死。乾隆五年旌。

嚴師顏妻沈氏　年二十六夫亡,絕粒七日死,庚寅七月事。乾隆三十五年旌。

金鑠妻周氏　夫病篤,周籲天請代,顙破流血。病終不起,周慟絕,既甦,服滷死,年二十四。嘉慶三年旌。

鄭允澳妻徐氏　年十六歸鄭。夫病篤,臨歿,以家無子屬徐改適。徐號泣不從。已而父母哀其無依,微諷之。即嚴妝服毒以殞,年止二十八。

歸慧卿妻王氏　年二十一夫亡,無子,次日即投繯死。二棺並發,觀者無不泣下。郡守潘世奇爲之《傳》。

生員徐浤妾嚴氏　名巧桃。年二十二浤死,無子。正室丁善病,嚴奉侍湯藥,數年不倦。及丁歿,盡出所有,營葬兩棺。絕粒七日死,時年二十五。

桂某妻吳氏　桂育奇子婦。適桂未市月,夫亡,無子。紡績奉姑。姑歿,或勸更適。氏曰:「吾所以未死者,爲姑在耳。」姑既葬,遂自縊死。

張嘉瑾繼妻王氏　夫亡,設像事之。遺孤殀,王悲哀自縊死。張嘉墝子鴻奇妻皇甫氏,婚甫兩月寡,哀毀損一目,後小祥,竟絕粒死。鴻奇弟鴻來妻戴氏,未廟見而寡,家人以應後者嗣之,數歲又殤,遂投繯死。

姚應鶴妻金氏　夫亡,衆逼金嫁。金投繯,鄰嫗解之得免。匿母家,衆威脅如故。及歸,則娶船已泊河下,因乞靈前一別,衆許之。入室,將周身衣服縫紉而出,拊棺長號,至橋投河,抱橋柱而死,時順治丙戌六月也。

王元愷妻鍾氏　年二十四夫亡,無子,止二女。越五年,嗣子鑣始生。忽一日泣別其姑,且戒其女,潛縊于夫之柩側,時康熙庚申夏也,年三十有五。邑人俞長策有《傳》。

生員馮秉鈞妻凌氏　夫亡,視含殮畢,即欲死殉。姑及小叔防之,不得猝死,乃絕粒九日死,時雍正乙巳也。

吳炎妻張氏　夫以事株累坐死,張例編戍。至齊化門,仰藥噴血,遂絕于車,藁葬道左,時人哀之。

高大文妻魏氏　打鐘浜人。年二十夫亡,安厝夫柩畢,潛赴殯所,投水死,距夫死僅三日云。

烈婦潘氏　年十八適村農某。未逾年夫亡,蓋棺畢,即扃門自縊。或云大吳村人,邑令蔡可遠、邑人馮司寇景夏俱往弔之。

姚某妻周氏　姚燦子婦。婚五月,夫以病瘵亡,日夜悲憤死,距夫喪十餘日,年止二十二,遠近悲之。

吳召南妻嚴氏　清風鄉人。年三十二,適吳僅八月夫亡,號慟,絕粒,旋即投繯死。

盛佩蓮妻徐氏　年十九夫亡,三年喪畢,投河死。越二十餘日,獲尸如生。

徐玉峰妻蔡氏　玉溪鎮人。順治己酉土寇起,婦被獲,罵甚。賊怒,刳腹抽腸,挂樹而去,翌日氣絕。

沈家模妻羅氏　夫亡,以死自誓。家人防禦甚密,越四十九日,乘間自縊死。

沈大嵩繼妻黃氏　事繼姑孝。夫病篤,瀝血書,禱于神請代。卒不起,悲號三晝夜,服滷死,年二十八。

金棠妻沈氏　年二十九夫亡,舅姑欲爲立繼授產,泣曰:「吾焉用此爲?」遂自縊死,時乾隆五十九年。

茅某妻黃氏　翁與姑無辜繫獄,婦抱幼女,以髮繫頸死。

徐某妻某氏　徐偉長家婦,夫亡,父欲議嫁,服滷死。

陸某妻張氏　成婚時,夫以病篤,張預縫其內衣。夫亡,即服滷死。

吳烈婦　吳遠公孫婦。夫亡,夜半雉經死,里人率私錢助葬陡門塘。

沈載錫妻項氏　年三十夫亡,無子,服滷死。

張玉文妻夏氏　年十九成婚,三月夫亡,夏即絕粒。姑勸之,志終不移,竟服滷死。

邱成信妻張氏　年十九婚,二旬夫暴亡,無子。逾年,翁令改嫁,遂自縊。

張偉妻王氏　夫亡,請于翁姑,立從子鳳岐爲嗣。次日投繯死,年二十六,嘉慶三年八月事。

沈鳳池妻鄭氏　年二十六夫亡,翁又歿,遂絕粒死,時年二十九。

沈企高妻沈氏　年二十六夫亡,嗣子在襁褓,善病,甫議婚,又歿。沈嘆曰:"吾今可以死矣。"遂絕粒,死年三十七。

金紹豐妻陳氏　夫故,絕粒,僅延七日殉節,年二十八。嘉慶七年旌。

蔣敘珍妻陸氏　夫故後,姑欲遣嫁,自經死,年二十五。嘉慶十九年旌。

生員張召棠妻徐氏　夫故,投繯殉節,年三十八。嘉慶二十五年旌。

未入流潘慶泰妻錢氏　夫在福建省寓病故,聞訃,烈志殉節,年三十四。道光元年旌。

施蔚文妻沈氏　夫故,殉節,年二十三。道光五年旌。

蕭承忠妻陳氏　夫故,絕食而死,年二十七。道光七年旌。

張載枋妻陸氏　夫故,服滷殉節,年二十二。道光九年旌。

陳聖元妻張氏　夫故,服滷殉節,年一十九。道光十六年旌。

鄭繼芬妻茅氏　夫故,投繯以殉,年二十四。道光十八年旌。

徐垠妻沈氏　年二十六夫故,服滷以殉,急救之,獲蘇,然腸胃受醮,奄奄半載而歿。

沈岐德妻潘氏　年二十七夫故,無子,族人欲奪其志,氏號泣三日,雉經而死。

莊廷選妻陸氏　廷選病苦難支,乘其爲炊,扃戶自縊。陸氏痛不獨生,即投繯殞命,時年二十九。

陳元昌妻郭氏　結縭兩月,元昌病亡。氏欲以身殉,姑力止之。越數日,闔牖自縊。

沈如江妻楊氏　年二十三夫故,氏視殮畢,即吞金圈一隻,未死,又服滷而死。

徐元斌妻戴氏　年二十一夫故,絕粒數日而死。

邱陳訓妻張氏　年二十一歸邱,不數月夫溺死,氏投繯自盡,距夫死纔六日。

施繼元妻錢氏　年十八歸施。正兩月夫故,痛不欲生,以防護嚴乃已。撫姪四周爲嗣,教育至于成人,因言:"我前所以不即死者,以嗣子未成立故耳。今四周已長,我將從夫于地下矣。"遂投繯自盡,年三十三。

徐質文妻戴氏　年二十二,夫亡,哀號七晝夜,吞金自絕。

金愛堂妻沈氏　年二十三夫亡,氏投繯自盡。

李日煜妻沈氏　年二十九夫卒,子章培甫四歲,氏呼搶殞絕。越四日,章培又殞,聞者莫不傷之。

嚴國隆聘妻徐氏　幼爲養媳,年十九,國隆疽發背[1]。氏縫衣裙,以帕覆面出,沈谿中。

徐起敬妻徐氏　年十七適徐,甫二月夫亡,氏多方尋死,咸以救免,乘間服滷死。

嚴光鼎妻周氏　婚甫四十日,夫卒,視殮後闔戶自縊。遇救獲甦。值中元節,乘間投繯死。

程樠妻施氏　年二十八夫故,誓不欲生,遂絕粒而死。

陳瑞璜妻魏氏　夫亡,氏泣拜舅姑曰:"夫死,婦當奉養,然有兄公伯姒在,無憂也。婦願遂己志焉。"俄服滷死。合葬之日,有異鳥集墓門,哀鳴不已,里人比之"鴛鴦冢"云。

莊有梁妻陸氏　二十九歲夫亡,無子。家赤貧,氏曰;"夫死,焉用生?"遂自經死。

卞某妻盧氏　二十歲適卞。越六年夫亡,氏誓以身殉。家人防護之,卒乘間自經死,距夫死十二日,時道光丙午二月六日也。

許世勳妻潘氏　十九歲適許。越四載夫亡,氏哀毀骨立,凡十有七日。舉俗忌回煞之祭畢,沐浴衣,斬衰,投縊死,道光二十四年六月十一日事。

　　金咸熙妻張氏　二十歲,夫力學遘疾卒,氏誓以死殉。祖翁及舅姑泣勸之,乃含哀成服。服闋之日,送靈位于戶外烈燄中,氏越火即死,時道光十五年也。

　　婁勝天妻蔣氏　二十四歲夫亡,誓以身殉,防之密,甫百日而自縊,時道光十三年八月也。

　　盛茂成妻顏氏　十七歲適顏,越六載而夫亡,投繯死,距夫亡四十日,咸豐六年事。

　　張某妻徐氏　刑部郎中桓之母也。桓生數歲而父歿,氏泣謂其娣汪曰:"撫孤與死孰難?"汪曰:"死易耳,撫孤難。"于是抱兒屬汪曰:"娣請爲其難者。"哭泣數日而死。

　　皇甫金繼妻張氏　父千里有《傳》。氏勤儉,得翁姑歡。前室遺一子曰溶,氏生子曰瀚,撫之無少異。金素患肝疾,一作晝夜唫吘不已。氏奉事惟謹,靧沐、餐飲皆廢。道光二十九年冬,金丁父憂,越歲三月,以毀卒。氏絕食誓殉。母來唁之,稍稍進漿糜,籍金所遺書卷、服餼示其兄裕衆、夫弟鏐銳。十二日,謂溶、瀚曰:"兒各自愛,無以我爲念。"語訖,暴卒,距金死凡九日。檢其奩,失金環二,則吞服之矣。事父孝,至是殉夫甚烈,鄉人私謚曰孝烈。　　以上夫亡殉節。

　　　　職員陸費榕妻俞氏

　　　　附生蕭儒班妻徐氏

　　　　舉人陳中元母李氏

　　　　監生倪鳳翔妾陳氏、媳朱氏

　　　　監生沈熙咸妻岳氏

　　　　生員李日燦妻節婦張氏

　　　　生員李鳳沼繼妻張氏

　　　　歲貢生鍾賢禄繼妻節婦虞氏

　　　　監生沈寶檀妻畢氏

　　　　監生陸文衡妻節婦沈氏,媳張氏、管氏、李氏

　　　　監生沈蘭巖妻柴氏

　　　　監生丁博生妻節婦沈氏

　　　　監生徐樹春妻沈氏

　　　　監生張肇基妾徐氏

　　　　生員沈國榮妻毛氏

　　　　生員孔廣智妻鄭氏

　　　　生員丁烉煌媳張氏

　　　　生員徐開發妻柴氏

　　　　歲貢生朱立誠繼妻楊氏

　　　　監生沈賜珍妻胡氏

　　　　監生丁繹鑣妻張氏

　　　　監生朱懷誠妻徐氏

　　　　監生董銘妻陳氏

　　　　生員潘耀文妻錢氏

　　　　張福林妻毛氏

　　　　曹選樓妻朱氏

于星橋妻朱氏

高魯封妻茅氏

葛坤妻沈氏

錢豫妻俞氏

莊震楊妻沈氏

王廷章妻蘇氏

程正安妻朱氏

葛世銓妻王氏

鍾履旋妻張氏

胡秀堂妻金氏

姚樹峰妻唐氏

尤瑞風妻胡氏

陸壎妻楊氏

戴卓群妻施氏

王君義妻費氏

王承顯妻趙氏

彭應楇妻姚氏

夏吉齋妻皇甫氏

顏樹嘉妻沈氏

沈驥生妻朱氏

朱櫻妻徐氏

曹仁安妻朱氏

沈瑞偕妻曹氏

周履安妻楊氏

韋作松妻錢氏、子一

錢榮福母陸氏

費周氏

柳朱氏

高渭秀女李高氏

王遂良妻曹氏

沈吳氏

周蘅薌媳吳氏

高吳氏

岳陳氏

鍾管氏

朱右箴妻程氏

畢徐氏

王張氏

張徐氏

沈家駒妻陳氏

徐松筠妻闞氏

岳高氏

王汪氏

高配天妻周氏

王春元妻俞氏

王鳳岐妻張氏

葉應奎妻曹氏

濮王氏

陳姚氏

陳顧氏

曹尚文妻施氏

錢世元養媳沈氏

沈永恒妻潘氏

陸文衡妻節婦沈氏

于玉林妻張氏

朱省三母吳氏

許陳氏

強壽隆妻闞氏

魏岳氏

張陸氏

張朱氏

孫恕妻錢氏

吳振興妻柏氏

時瑞之妻朱氏

蔡孝臣妻節孝婦朱氏

錢瑞麟妻陳氏

鍾應廷妻姜氏

翁椿榮媳錢氏

錢鄭氏

胡振周妻陳氏

丁繹鑣妻張氏

張樞妻楊氏

錢珊瑁妻沈氏

潘魁妻錢氏

潘琭妻錢氏

錢岐山妻李氏

朱生成妻沈氏

沈爾運妻黃氏

沈爾遜妻王氏

沈禮賢妻節婦鄭氏

潘繼發妻鍾氏

沈茂乾妻李氏

鄭鳳喈妻孔氏

鄭天山妻吳氏

沈鳳林妻邱氏

沈瑞芝妻陳氏

沈德興妻吳氏

陸懷明妻山氏

王耿堂母陳氏

董甫章母郭氏

沈聿修妻李氏

王劍亭妻張氏

金冶爲妻周氏

王蓮生妻竺氏

陶勝昌妻張氏

羅心角妻錢氏

沈紹良妻徐氏

朱漢章妻闕氏

戴元發妻沈氏

顧茂嘉母吳氏

陸聖階妻吳氏

錢聖如媳山氏

陶汝佩妻王氏

張樹璋繼妻鄭氏

徐進才妻沈氏

吳斯渭妻沈氏

丁博生妻沈氏

沈進朝妻王氏

沈顏氏

彭如峰妻徐氏

施茂松妻范氏

徐鶴年妻許氏

潘珏妻蔣氏

吳春橋妻勞氏

皇甫陞妻高氏

莫如潮妻邱氏

文雲林妻徐氏

高秀麒妻姚氏

高永發妻錢氏

沈有麒妻朱氏

王士昭妻潘氏

朱聚璜妻姚氏

錢佩天妻金氏

戴某妻皇甫氏

嚴天申繼妻程氏

沈維新母費氏

李聖武妻闕氏

高寶懷妻錢氏

鄭鑒妻張氏

陳祖福妻徐氏

沈茂松妻劉氏

張金才妻王氏

戴寶祥妻沈氏

顏永順妻吳氏

沈成氏

王賦梅妻沈氏

姚景章媳張氏

黃冠忠媳顧氏

姚寶琛妻許氏

周應才妻陸氏

夏吉齋妻皇甫氏　　重出。

王吉齋妻皇甫氏

顏尹香妻湯氏

嚴秀珠妻陳氏

孔雲階妻沈氏

李漢良妻朱氏

沈鳳春母李氏

趙士魁妻湯氏

蔣雲衢母董氏

蔣趙氏

吳寶廷媳趙氏

徐二妻章氏

沈秀峰媳朱氏

魏興周妻計氏

沈茂才妻徐氏

徐渭東妻錢氏

許福田妻張氏

董鴻發妻姚氏

徐君發妻趙氏

徐君春妻沈氏

陸陞階妻王氏

蔣大有妻潘氏

邱士魁妻朱氏

陳大仁妻文氏

張忠雅媳馮氏

莫如椿妻潘氏

沈關龍妻周氏

朱南發妻沈氏

沈玉成妻王氏

陳大奎妻金氏

魏愛堂妻朱氏

陳泰來妻鈕氏

董應才妻邵氏

錢發年妻繆氏

錢徐氏

戴鎬妻陸氏

莊富全妻董氏

施堯廷妻許氏

高應德妻徐氏

高佩千妻文氏

錢正和妻林氏

戴正和妻林氏

戴守寶妻江氏

沈永茂妻朱氏

戴芸圃媳施氏

戴亦桐媳張氏

錢兆穆妻趙氏

沈世隆妻謝氏

潘阿龍妻張氏

許嘉麟妻徐氏

莊尚文妻於氏

沈新祖妻闕氏

沈福成妻闕氏

錢周林妻潘氏

吳德源養媳沈氏

孔昭和妻鄔氏

高瑞生妻陳氏

莊傳忠妻徐氏

吳美周妻楊氏

朱佩璜妻沈氏

朱有成妻姚氏

莊瑞芳母闕氏

沈闕氏

陳永和妻顏氏

沈貴隆妻韓氏

沈仁奎妻王氏

吳介福妻鈕氏

王聘三媳沈氏

沈景高妻闕氏

沈福泉妻楊氏

戴順山妻周氏

黃茂德祖母闕氏

朱進其妻沈氏

顏興發妻姚氏

趙懷發妻沈氏

湯揆方妻吳氏

媳錢氏

王朱氏

陸張氏,媳沈氏

徐又新妻張氏、子一

柏兆祥妻周氏

王富林妻范氏

高順安妻陳氏

朱品仁妻董氏

朱介榮妻謝氏

朱元源妻闕氏、子一

沈玉麟妻徐氏、媳張氏

沈玉庭妻蔣氏

沈志林母闕氏

程楚江妻孔氏

彭聖山妻潘氏

范進英妻沈氏

孔廣甡母沈氏、媳楊氏

陸世榮妻沈氏

顏永德妻吳氏

吳漢章妻李氏

顧勝昌妻闕氏

張慶堃妻黃氏

陳安奇妻姚氏

沈美珠妻潘氏、媳顧氏

曹渶妻葛氏

潘繼發妻鍾氏　　重出。

馮峻妻王氏

陳嘉穀妻李氏

汪坦妻蔡氏

徐禹高繼妻節婦沈氏

顧嘉平母俞氏

徐朱氏

周本仁妻李氏

周友松妻胡氏

張福林妻節孝毛氏　　重出。

朱根山妻節孝莊氏

湯五卯妻某氏

徐樹藩女朱徐氏

李秋亨妻朱氏

蔡孝成妻朱氏

周子臺妻張氏

曹仁安妻朱氏

岳昭溥妻宋氏

袁馨周母章氏、妻章氏

沈穗生妻曹氏

夏朱氏

章祖松妻陳氏

章祖柏妻張氏

鈕八愚妻張氏

章壽庭妻丁氏

朱右箴妻程氏　　重出。

畢容泉妻徐氏

陸光斗妻沈氏

陸雨亭妻李氏

沈鑰聘妻吳氏

錢玉範妻沈氏

朱士珏媳徐氏

李秋亭妻朱氏

朱逢慶妻傅氏

沈金廷妻蔣氏

朱純陞妻徐氏

黃兆林妻顧氏

沈阿貴妻闕氏

沈福膺妻朱氏

強壽龍繼妻節婦沈氏

陸嘉穀妻李氏

濮義仁妻某氏

周友松妻胡氏

王富林妻范氏　　重出。

高順安妻陳氏

沈文黿妻湯氏

吳振興妻柏氏　　重出。

高配天妻周氏　　重出。

張關鳳妻歐氏

王張氏

王汪氏

高士約媳吳氏

徐松筠妻馬氏

魏岳氏

葉應奎妻曹氏　　重出。

濮王氏　　重出。

王春元妻俞氏　　重出。

王鳳岐妻張氏　　重出。

王米氏　　重出。

曹尚文妻施氏

朱品仁妻董氏　　重出。

朱介榮妻謝氏　　重出。

畢容泉妻徐氏、子一　　重出。

陳福壽妻顧氏

陸張氏媳沈氏

朱元元妻某氏、子一

顧炳昇妻陳氏

岳陳氏媳高氏

王上九妻張氏

曹選樓妻朱氏　　重出。

曹紳妻陸氏

沈佩齋妻吳氏

錢艮山妻董氏

徐慶華母沈氏

李秉孝妻張氏

沈禮賢妻鄭氏

金冶妻周氏

張樹樟繼妻鄭氏　　以上見《忠義録》,已旌。　　重出。

朱兆熊妻王氏

監生鄒惇裕妻叐氏

歲貢鍾賢録繼妻節婦虞氏、孫一　　以上見《梅涇節孝録》,未旌。

徐椿妻吳氏

毛粹鈚妻陳氏　　以上採訪。

補録

徐王鳳妻陸氏　　十七歲婚,一月夫亡,氏慟哭幾絶,飲食俱廢。守服三年,咸豐十一年自經死,年二十。

騎尉史建恭妻某氏　　史,維揚人,寄居石涇,以武舉教習,從學者濟濟。一日,史他出,有某者艷氏美,乘其曉妝,突前戲之。氏怒,投梳于地。遂起反關,自縊死。某有力,欺史客故,雖鳴于官,卒未究。

陸某妻某氏　　氏名雲春,生員叐澄之婢。適陸,農家子也。生一子,未彌月而殤。未幾夫又亡,氏年纔三十,夫兄利其少,欲嫁之,知其性烈,密不以聞。氏偵知之,持刀刺喉,爲隣婦救免。自知不可以留,泣拜于夫柩前,翦髮自誓。適官橋廟爲尼,現年五十餘。

徐如漳妻顔氏　　三十三歲夫亡,無子,日夕慟哭,死而復甦者再。家衹寡姑,防閒稍弛,即服藥死,計去夫死日僅數日耳。

金鑠妻周氏　先是鑠世父可圻無子，鑠後之。鑠本生父昶以家業中微，遊幕府。弟鑰幼，鑠在鄉塾爲童子師，以修脯供菽水，氏出鍼黹之餘佐夫，事兩舅一姑。可圻歿，喪葬如禮。無何，鑠病瘵，奉湯藥惟謹，既劇，泣禱宗祠，顙破流血，而鑠竟不可瘳。死之日，婦先乘間服滷死，嘉慶二年閏六月十一日事也，年二十有四，無子。已旌，秦瀛撰《記》。

增生鄭以嘉繼妻葉氏　歸安太學生履祥女，居新塍閭松里。同治甲子春，聞鎮團潰，遣諸孫，僅留老嫗侍，及一姪孫女在焉。賊初以其耄也忽傷，忽來一悍賊，索銀錢，遂遇害。并舉火焚其廬，老嫗遁而走。其姪孫女者，孝廉鳳鏘女，前桐鄉教諭、紹興程希濂孫婦，夫名祖善，僑居於桐，被擄不歸。女歸依母家，目瞽不能行。賊猝至，乃侍葉於家，賊亦以瞽也不傷，其後火作，併死。

諸生馮秉鈞妻凌氏　年二十七歸秉鈞，歷八年秉鈞歿。氏視夫含殮畢，從容語姑曰：“養、繼嗣事，有叔在。”言未畢，聲淚俱下，不能罄，託病不食，越七日竟卒。

【校注】

[1] 國隆疽發背：光緒《桐鄉縣志》卷十八《列女下·烈女》：“嚴國隆聘妻徐氏　幼爲養媳。年十九未婚。國隆疽發背死，氏縫衣裙，以帕覆面出，沈溪中。”本《志》“國隆疽發背”後脫“死”字。

《忠義録》所載嘉興府屬殉難婦女：

兵部員外郎汪如瀾妻李氏

布政司理問姚星垣母沈氏

江蘇府照磨汪德炳妻陸氏

從九品潘增女大姑

户部員外郎唐潮姪女大姑

州同銜王世緒妻車氏

世襲雲騎尉章嘉瑞祖母錢氏、媳金氏

湖北襄陽縣知縣賞綬之妻金氏、子大官、女大姑

直隸州州判吳英妻程氏

直隸州州判陶劉照女肖娥

慶元縣教諭丙子科舉人吕榮華媳龔氏

象山縣訓導丁大椿女韻芬姑

候選訓導馬福椿妻蔡氏

議敘八品盛善廉妻沈氏

江蘇婁縣主簿孫榮壽妾黄氏

從九品沈河繼妻范氏

從九品金勵清妻戴氏、子啟猷、妹秀姑

從九品吳益妻王氏

從九品陳鍾書妾夏氏、媳丁氏、女佩蘭

從九品鍾文炯妻湯氏、子毓先、女大姑

恩貢楊傅霖妻章氏、女九姑

廩生姚景憲妻鄭氏

廩生史豫貞妻繆氏、女五姑

廩生王庭鎔妻閔氏，女瑛吉、琬吉

廩生朱少廉妻高氏

廩生程光熊女大姑

增生莊丙烈妻高氏、子蕭

增生朱福申妻沈氏、子餘慶、女桂林

增生李釗妻趙氏、子濂、媳殷氏、女七姑

增生沈晉蕃繼妻吳氏

廩生史致中妻倪氏、女九姑

生員陸伊勳妻羅氏、女二姑

生員汪培妻朱氏，女文娟、桂秋

生員顧聲濤妻蔡氏

生員許汝珍妻蔡氏

生員吳江妻許氏

舉人陳中元妹鄭陳氏

生員徐寅清妻洪氏

生員朱廣熙妻沈氏、子大官、女大姑

生員陶謙元妻孫氏

生員朱鳳翔妻錢氏

生員皇甫鏐妻胡氏、女桂姑

生員沈慶申妻管氏

生員吳寅槎妻朱氏、媳艾氏、子大官

生員浦鴻鈞妻沈氏

生員盧懋銓妻昌氏

生員沈崇恩母朱氏、妻何氏

生員沈丙戌妻周氏

生員曹坤妻朱氏

生員田之琮妻孫氏

生員曹澄瀚妹大姑

監生武廷模妻何氏，媳查氏、錢氏，孫女二姑

監生張邦械妻程氏

監生張四海妻朱氏

監生沈錫爵妻張氏

監生王子淵女大姑

監生錢鍔媳顧氏

監生馬履剛妻張氏

監生鄒勳妻孫氏

監生楊桂妻施氏

監生王遂良妻曹氏

監生曹畫堂女蘭姑

監生金應佳妻葛氏

監生俞壽莊妻周氏、姪女玉姑

監生沈敬熙母李氏

監生王維祚女董王氏

監生沈如桐妾梁氏

監生朱載焉妻汪氏、妹桂姑

武生姚鴻照妻袁氏、妻母袁陳氏

武生葛桂林母吳氏

武生朱寶珍妻沈氏

國子監典籍吳洽繼妻盧氏

從九品李烱齋妻趙氏

舉人高梅谿妻闕氏、壻朱廉、女朱高氏

增貢沈保壽女鍾沈氏

貢生鄒翊祚姪女九姑

貢生鄒樸夫妻陸氏

附貢章奎勳妻蔡氏，子葆塘、葆燈

歲貢汪世檀妻金氏

廩生殳增妻錢氏、子鎬

廩生陸文海嫂節婦錢氏、女寶琇

廩生吳錦標妻朱氏

生員沈錫坤妻田氏

生員程經畬妻李氏

生員沈躍鱗女范沈氏

生員沈振鱗女錢沈氏

生員沈小登女羅沈氏、子大官

生員朱昌潤妻王氏、子保徵、女麟姑

生員馬梅羹妻陸氏

生員吳嘉賓女錦雲姑

生員陶贊宸妻徐氏

生員姚炳母節孝王氏

生員曹金鎔女廉姑

監生沈人鶚妻鍾氏

監生鍾枋妻胡氏

監生姚宗可妻黃氏

監生勞慧堂女徐勞氏

監生胡焜妻嚴氏

監生俞世辰妾齊氏

監生馬江妻袁氏

監生黃鑑女七姑

監生沈原復妾顧氏

同知吳公弼妾闕氏

布政司經歷時仁敷女十五姑

陵縣知縣金濤妹戴金氏

開化縣教諭鄭鳳鏘女貞寶

候選訓導陸元模妻朱氏

縣丞周爾坎繼妻陳氏

縣丞吳大鏞女二姑

從九品溫錫綸母賞氏,媳賞氏、周氏,孫女幼姑

從九品徐謙尊妻李氏

從九品錢敬銘妻何氏

從九品沈既馨妻屠氏

從九品沈椿女玉英

從九品陳應本祖母龔氏

從九品沈鳳洲女大姑

獲鹿縣典史沈慶和妻張氏

江蘇典史李椿壽母夏氏、母舅夏錦雲、母姨朱夏氏、妻弟張錫亨

拔貢生吳學浚妻嚴氏

廩貢生謝江妻孫氏

附貢生俞樟繼妻郁氏

貢生吳銘新女五姑、嫂顧氏

廩生朱榮恩妻高氏、子大官、女大姑

廩生謝洙妻費氏

廩生高慶颺妻吳氏

廩生陶景煒女小姑

廩生吳廷襄妻張氏

增生張琛繼妻戈氏

生員趙鵬飛妻馮氏

生員朱元標妻張氏

生員孫福魁妻石氏

生員徐蘭妻陸氏孫女美珍

生員沈周基妻徐氏

生員查潤身妻馮氏

生員吳楣妻顧氏

生員吳鞏清繼妻陳氏

生員胡秉均妻馬氏、子沛生

生員顧際泰妾李氏

生員盧恂如妹緣香女中姑

生員張文炳女進姑

生員范邦義妻節婦陳氏、僕婦張嫗

生員袁耀姊邵袁氏

生員金鴻鑒女二姑

生員沈圻妻姚氏、弟國光、弟媳談氏

生員沈坤女三姑

生員沈光撫妻魏氏、子書賢

生員沈國榮妻毛氏

生員奚景桂女四姑

生員汪蓮瀾女七姑

生員卜葆鈞女五姑

生員李銘勳妻沈氏

生員魏福辰母闕氏

生員朱春林妻龔氏

生員徐金錫女巧姑

生員馮賜昌繼妻邵氏、妹幼姑

生員徐元琛妻陸氏、妻嫂陸王氏、妻妹湯陸氏

生員謝昌烈女大姑

生員徐登雲妻金氏

生員徐錦文女佩姑

生員陳家麟妻王氏

生員陳家龍女隱芳、信芳、品芳

生員陶源湧繼妻平氏

生員夏慶霓女保姑

生員潘景炎妻陸氏

生員王鼎奎母虞氏

生員徐汝駿母曹氏、子肖亭

生員徐載坤妾趙玉壺

生員時保之妻葉氏

生員孔廣智妻鄭氏

生員沈沂妻溫氏

監生徐幼三妻朱氏

監生戴陳燦妻汪氏、子綱、媳陳氏

監生朱景熙繼妻吳氏

監生李掔連妻吳氏

監生彭又珊妻俞氏

監生彭秋山妻徐氏

監生朱煃妻顧氏

監生潘雙橋妻湯氏、子勝高、姪全坤

監生王希顏女林王氏

監生胡稱觥女時姑

監生褚璋妻蔣氏

監生姚生妻節婦鄒氏

監生黃紹良女三姑

監生時溱女文貞姑

監生徐東垣妻黃氏

監生鄭伯紹妾朱氏、婢女阿四

監生張斂妻陳氏

監生張鈿妻蒯氏

監生張槐妻沈氏、妾節婦闕氏

監生陸本信妻鮑氏

監生張升恒妻周氏

監生姚士英妻邱氏

監生金稼軒妻吳氏

監生顧河鼇女懷姑

監生史溥妻朱氏

監生馬巽山女大姑

監生徐筠軒妻邵氏

監生楊逸樵女大姑

監生鄒嘉楨女紫仙姑

監生吳文初妾節婦孫氏

監生顧秋泉妻吳氏

監生吳堯松繼妻陸氏

監生王士發妻吳氏

監生沈烜妻張氏

監生俞彪繼妻曹氏

監生朱維榮妻劉氏

監生鍾銓妻張氏

監生陸文梓妾節婦馮氏

監生沈鼎鏞妻節婦金氏

監生李來安妻顧氏、子照官

監生王萬清妻徐氏

監生皇甫鍾彥女六娜

監生朱懷誠妻徐氏

監生張肇基妾徐氏

監生沈嶼雲妻張氏、子益清

武生黃雲安女紫姑

武生沈懋燮妻葉氏、女五寶

武生施晉妻馬氏

武生錢大勳妻陳氏

武生顧謹齋妻史氏

武生陸垣妻趙氏、子大官

武生王少鹿妻張氏

武生黃宗海女眷姑

武生王某妻闕氏

生員李葆元子四觀、女秉姑

生員朱鋐妻節婦胡氏、女順姑

生員沈祥和母顧氏

生員汪泳妻節婦曹氏

生員許如鈖妻節婦范氏

監生朱濤妻王氏

監生朱大昭妻方氏

監生鍾含章聘妻沈氏貞姑

武生姚升高妻孫氏

候選訓導張國楨女七二姑

增生盛師泌妻金氏,子道權、道樞、道榮、道森,弟淮堂,姪楷

從九品高廷燕繼妻梅氏、女大姑

增生徐石麟母陸氏,媳張氏,孫宗德、宗禮,孫女美珍

生員姚東升妻沈氏

歸安縣教諭沈沛霖繼妻闕氏

從九品史久仁祖母陸氏、叔祖母陸氏

衛千總陸攀桂妻黃氏

把總蔣錦椿母陳氏,媳張氏,孫貴寶、貴慶,孫女三寶

生員朱文治妻史氏

監生楊世清妻金氏

縣丞許樹椅妻尚氏

生員徐志澄妻黃氏，女芹仙、義保

監生沈見齋繼妻顧氏

知縣陳二璋妻楊氏

即選訓導陳鶴翔繼妻程氏

鹽知事楊志清妻謝氏

豐縣縣丞張承勳妻章氏

奔牛司巡檢錢勳妻袁氏

吉林伊通河司巡檢謝調梅妻周氏

把總武生徐振燾妻姚氏

從九品江如圭繼妻計氏

從九品王際泰妻金氏

從九品曹錫瓏弟婦朱氏、姪裕清

附貢生陳燮元妻朱氏

增生羅燦然媳魏氏，子明德、令德

增生章賜綬妻張氏

生員孫如洋妻俞氏，子維條、維楫

生員陳炘妻張氏

生員浦士申妻支氏

生員沈夢辰妻陳氏

生員周國柱妻金氏

生員徐權妻胡氏

生員張理妻魏氏

生員錢惇元母柯氏、孫鍾泰、曾孫松生

生員虞光祚妻朱氏

監生陳安卿妻胡氏、女巽娟

監生江柟妻周氏媳周氏、孫女三姑

監生周斯盛妻呂氏

監生孫凝九妻朱氏

監生丁均妻陳氏

監生鄒南浦妻孫氏、子順寶

監生錢生妻唐氏、女三姑

監生黃金濤妻鄒氏、女瑞保

監生邵錡妻錢氏

監生施銘妻沈氏

監生戴瑞鍾妻錢氏

監生鄒春如妻王氏

監生陳椿妻馬氏

監生彭啟宸妻張氏

監生張福昌妻彭氏、子大官

武生周鯤池妻余氏

武生丁寶山母張氏

武生包銓妻張氏

布政司經歷梅慶瀾妻王氏

八品銜高維埙妻徐氏

從九品陳墉妻吳氏

增生鄭以嘉繼妻葉氏、孫女程鄭氏

生員徐瑞麟母汪氏

監生孫應忠繼妻孔氏

監生趙煒妾陳氏，子家城、家堡，女九姑

從九品朱少溪聘妻金氏

監生戴聲六妻金氏

監生曹輔華妻陸氏

從九品葉壽祺聘妻沈四姑

嘉興府志卷六十七

〔列女四〕

列女節婦

嘉興縣上

元

王忽都帖木兒妾陳氏　二十二歲王殁，生子伯牙兀歹，甫六歲，篤志守節，撫育孤子成立。至順二年，告襲父職，陳封封邱縣君。至正間旌。

糜正妻張氏　二十六歲夫亡，矢志不二。孝養舅姑，教二子爲儒。

錢子順妻俞氏　年三十五生一子。甫三歲，夫亡。父與姑欲奪其志，俞號痛誓死，卒終其節。

明

李用仁妻王氏　二十二歲夫亡，遺一子，長，娶張氏。子復夭，與婦紡織苦守。

徐有慶妻沈氏　嫁不數歲夫亡，教妾子本高成名。

胡皆妻朱氏　二十一歲夫亡，守節至七十七卒。

高霽妻常氏　二十一歲歸高，九月夫亡。常祖母隋，節婦也，因扁其堂曰"繼節"。鞠其夫弟之子爲後。

嚴顯忠妻黄氏　夫亡，子允昌甫五歲，黄大痛，牽允昌至露柱前，持刃斫柱以痕計其軀，哀號曰："吾不即死，恐絶嚴嗣耳。"口授以書，允昌每見柱痕流淚，力學有成，爲福清令。年六十七。

張渚妻沈氏、應辰妻金氏　張九韶母也。沈二十八歲撫孤守制。後倭寇焚掠，會翁有疾，天反風滅火，翁疾甚，籲天請代。姑病血蠱，澣滌必親。年八十有二，見其孫應宿登賢書。次孫應辰妻金氏，二十二歲寡，守節至六十四年卒。

周元圻妻胡氏　二十二歲夫亡，撫三歲孤之仁，教之成名。奉養舅姑，營葬三喪，守節三十餘年卒。

李儒鯨妻王氏，有堂妻周氏　姑婦守制，王年九十，周年七十，卒，有司表曰"一門雙節"。

狄守賢妻戚氏　二十歲夫亡，翁姑年老，弗忍死殉，母陳病，割股和藥療之。

宗大統妻徐氏　夫亡，翁姑年俱八十，遺孤未週，徐紡績以給薪水，苦節四十年。知縣顏欲章表之。

生員高鵬妻錢氏　二十七歲夫亡，守節四十八年。嘉靖間旌。

生員姚浙妻郭氏　十九歲夫亡，哭淚流血，剪髮置夫棺中，躬營葬事。

萬有妻郭氏　二十歲寡，家貧子立。屢被旌表。

馬瑶妻姜氏　二十七歲夫亡，無子，遂絶食旬日，親屬勸之，稍食果實，終不粒食。獨處小樓，垂三十餘年。邑令黄訓表其樓曰"甘節"。

郡庠生高俸妻馬氏　瑶之女姪也。夫亡，守節六十年。

王受左妻顧氏　二十歲夫亡，寒暑紡績，置田百畝，授次房叔天民。奉祀、守節五十三年。

生員攺大經妻巢氏　二十七歲夫亡,自縊,姑呕救,得不死。買書教子,紡績養姑,苦節五十餘年。

鄒浩妻程氏　二十五歲夫亡,甘貧苦守,撫二歲孤國儒登進士。嘉靖間旌。

許子華妻殷氏　十七歲夫亡,慟欲自絕,姑以方娠泣止之。紡織膳姑,年六十餘卒。

許燦妻張氏　十九歲歸許,甫年餘,夫亡,悲號幾殞。更逢荒亂,脫簪珥,躬紡織,以供舅姑。撫前子應遹如己出。遺腹生子。應遹以行誼重於時。年七十三卒。

嚴泰妻周氏　十七歲歸泰,四月夫亡。貧不能給,或勸之再適。忿然曰:"女無二夫。"即截髮自誓,斂迹一室。年六十。

包志妻楊氏　夫游太學,卒於京邸。遺子二:節,五歲;孝,二歲。日撫以泣,且嚴勗之。二子相繼舉進士,官御史。節以直道忤時,戍邊徼,母曰:"以忠得罪,榮亦多矣。"居常儉素,氂居四十年,悉屏珠翠。受封時,嘗一御命服,而哀不自禁,即置不服。

舉人倪雰妻邵氏,霆妻李氏,深妻樂氏　邵與樂,年二十三夫亡,李二十九夫亡。俱守制以壽終。有司扁曰"三節"。

張禎妻莫氏　二十八歲夫亡,孤方一歲,歸依於母。母欲奪其志,潛求自盡乃止。守節四十年,教其子鳳岐城[1]進士。

郁鑾妻王氏　二十九歲夫亡,撫孤應元登科,年六十六卒。

生員嚴從愛妻朱氏,其法妻許氏　朱綬之女也。二十二歲夫亡,哀毀骨立。嗣子其法娶婦許氏,年二十七寡,姑婦縈縈守節四十餘年。

嚴從裕繼妻蔡氏　二十三歲夫亡,絕粒求盡,姑力解之。子渙,娶婦後夫婦相繼卒。蔡復撫兩孫,年七十四卒。奉詔建坊。

吳邦章妻高氏,邦翊妻徐氏　高早寡,無子,預置一櫬,誓不二,苦節七十年。夫弟邦翊妻徐氏,少寡,守節五十餘年。

洪紹基妻項氏　十九歲夫亡,嗣子復殤。項哀痛遘疾,幾不起。萬曆間詔舉節義,其父欲以事聞,項力謝曰:"我豈以博名耶?"年六十八卒。

賀時保妻沈氏　十八歲夫亡,苦守三十八年,邑令鄭振先表之。

屠巽妻沈氏　十八歲寡,守節終其身。

生員曹邦彥妻俞氏　適曹九載,夫亡。子大田方三歲。兵荒頻仍,事姑撫孤,備嘗茶苦。既而子婦夭,大田不再娶。俞以大母、母、三孫,年六十七卒。事聞,詔旌。

孫世俊妻何氏　夫亡,生子廣祚未週。會歲祲,姑令改適,即憤激投河,尋就縊,俱以救免。守節四十年。

卜舜年妻沈氏　二十五歲夫亡,苦志撫孤,至八十九卒。

屠德徵妻莫氏　夫亡,子詔恩甫三齡。家貧,紡績自食。夫之執友包汴、項元淇憐其困,欲助之田,堅卻不受。督學薛應旂令縣官歲給粟、帛,包、項兩人仍助田十五畝。年七十三卒。邑令范捐俸以資喪葬。

生員孫宏志妻項氏　二十四歲夫亡,撫遺孤,事舅姑,族黨無間言。年五十一卒。邑令陸獻明給"貞風勁節"額。

徐恭妾陸氏　恭亡,生子甫週。陸勤紡織,以事其姑。訓子爲諸生。年八十餘卒。

王昶妻陸氏　尚書陸完姊。二十六歲夫亡,撫三孤,教以義方。長子化,中書;次子憲,鎮撫。知府劉鏜旌之。

潘有道妻姚氏　家貧守節,訓子事姑。被旌。

徐兆先妻夏氏　二十六歲夫亡,上奉孀姑,下撫孤兒。食貧甘淡,無怨心。或諷以再醮,謝而不答,茶苦終其身,年四十八卒。崇禎十年,邑令羅炌表其閭曰"心對鏡天"。

許屏寅妻陸氏　二十三歲夫亡，撫子養姑，至六十三卒。推官楊表其閭。

生員周萬象妻沈氏　夫亡，遺孤二歲。翁七旬，事之孝。訓子允彰登賢書。年八十卒。詔旌其門。

陸萬程繼妻朱氏，媳嚴氏　朱二十二歲夫亡，撫育遺孤。婦嚴氏二十五歲寡，子如砥甫五歲，守節四十年。年俱七十一卒。邑令羅炌表之。

周君用妻諸氏　二十四歲夫亡，訓孤宏毅，嚴而有法，嫁娶子女，周恤族黨，無不合禮。守節三十六年。

監生沈漸鴻妻曹氏　十九歲夫亡，矢志殉節，閉戶自縊，舅姑力勸之，嗣夫弟之子愈以奉大宗。奉養舅姑，喪葬盡禮。年五十四卒。

王道浦妻唐氏　夫亡，孝事翁姑，訓子及孫，苦節四十餘年卒。

屠明讖妻褚氏　夫負儁才。家貧，以母喪未葬，三十不娶。褚父勳重其義，以女歸焉。夫亡，褚年二十三，遺孤燦甫週，矢志守節。年六十七卒。崇禎間旌。

生員朱國泰妻王氏　二十一歲夫亡，紡織養姑，生死盡禮，守節四十餘年。

生員蕭韶妻夏氏　三十歲夫亡，教子師魯成立。知縣湯齊表之。

萬寧妻張氏　十七歲夫亡，撫子邦和，以醫名世。苦節五十五年，巡撫左光先奏旌。

徐行遠妾仲氏　一十九歲行遠死，撫孤世溶成立。守節三十年。崇禎間旌。

馬秦川妻孫氏　二十五歲夫亡，身歷凶荒，備嘗茶苦。守節五十三年卒。曾孫壽毅成進士。

生員孫仍芳妻陸氏　成婚三日夫亡，立誓從死。以翁姑年邁，竭盡孝道，喪葬成禮。以夫從子謀爲賢而立之。守節四十五年。邑令林聞表之。

徐世濂妻陸氏　夫早亡，哭夫成疾。嫁時粧奩，屏不服御，以布素終，所啖惟菜粥，并不及鹽豉。苦節三十四年。子肇啓，崇禎副榜，遭難死。

宋承武妻鄭氏　夫病篤，割股以進。夫亡，哀毀骨立，以苦節卒。御史梁表其閭。

周鏡妻沈氏　二十八歲夫亡，子兆清生甫三月，撫之成立。苦節三十五年。

沈元道妻陸氏　二十四歲夫亡，撫孤延嗣，守節四十年。邑令羅以"節凜冰霜"額表其門。

沈元鍈妻邱氏　夫亡，孝事舅姑。撫子萬春、萬芳、萬榮，俱成立。守節以卒。

陳嘉訓妻馬氏　夫亡，撫孤成名，守節三十六年。

庠生邱明妻周氏

俞光妻沈氏

生員朱繼善妻俞氏

徐禹妻張氏

吳應山妻許氏

姜地妻屠氏

高尚仁妻常氏

賀道立妻項氏

胡文孔妻陳氏

沈懋德妻常氏

吳中俊妻范氏

倪文和妻王氏

金惟秋妻張氏

項儒亨妻鍾氏

翁仲初繼妻浦氏

高倬妻姜氏

項從先妾錢氏

某妻高氏　以上向無事實，僅列姓氏，今仍之。

于韶妻王氏　名淑安，平湖孫固外孫女，歸于。家頗落，未廟見，韶已病風。閉室守疾，奉侍湯藥半載。韶卒，誓不再適。宗族憐其無嗣，以舅之幼子繼之，則固之孫也。辛勤撫育，守節二十餘年。

徐萬鍾妻沈氏　平湖沈若愚女，適徐三月夫亡，沈年十八，守節四十二年卒。

生員顧臺妻毛氏　家貧守節，學使屠義英表之。

沈氏　夫游中州，客亡。沈貧苦自守，歿而暴棺。邑令蔡肇慶憫其無後，捐俸營葬，作詩挽之。

金應元妻徐氏　婚二載夫亡，徐欲自經，姑、嫂防衛得免，守節五十年。大吏奏聞建坊。

皇甫恩妻張氏　十九歲夫亡，守節六十七年。

胡應祈妻周氏　二十九歲夫亡，連遭翁姑喪，拮據殯殮，家無立錐，教子思成名，苦節二十五年卒。

屠啟元妻劉氏　十八歲成婚，十月夫亡，守節以終，有司給"天付完節"額表之。

監生郁莘妻陶氏　二十三歲夫亡，一女五齡，翁姑年老，奉養以終，守節三十五年。

朱國賢妻倪氏　二十一歲夫以哭父亡，倪屢欲自經，姑密防之。時太翁尚在，勉供甘旨，以苦節卒。

黃賓妻沈氏　二十歲夫亡，力任女紅，謀甘旨以養孀姑。年逾六十卒。

石維岑妻孫氏　二十二歲夫亡，遺孤世英纔三歲，教誨成立，守節終其身。

參政項德楨妾郭氏　二十六歲德楨亡，遺孤聲國甫七歲，事嫡屠恭人如母，足不履閫外者十一年。一日謂聲國曰："吾忍須臾死，不即從府君地下者，爲汝未成人耳。汝今年十七，能讀書，吾復何戀耶？"遂逝，年三十六。聲國，崇禎進士。

陳三洲妻吳氏　夫亡，膳姑撫子。邑令范文若表其門。

王國賢妻陶氏　二十九歲夫亡，鞠育遺孤，苦守四十餘年。

高氏　夫徐被殺，號哭愬冤，抵仇於罪，守節四十餘年卒。

朱文朝妻秦氏　名廣聰，二十九歲夫亡，家貧，事病姑盡孝，撫四歲孤素臣成立，爲諸生。年八十一卒。

江起鯨繼妻屠氏　夫亡，子皋甫六歲。起鯨前妻有三子加以非禮，屠惟飲泣而已。皋力學成名，事母至孝，母病，籲天請代。力行善事，常糶粟以賑貧者。皋子溥，順治戊子領鄉薦；浤，成明經。

邱某妻韓氏　主事邱履嘉之叔母，天啟四年旌。

王某妻吳氏　知縣王先甲之母。崇禎十三年先甲具疏，陳母苦節，奉詔建坊。

監生屠景孫妻盛氏　婚四十日夫亡，撫嗣子，守節四十餘年。

生員沈士麒妻項氏　婚一載夫亡。翁郡守中英，歷任中外。項操家政，上事太翁、太姑，甘旨無缺。亡何，太翁與翁相繼去世，項撫孤閩泰成立。以上二人，巡按左光先奏旌。

王子元妻胡氏　夫早亡，孝事翁姑，撫孤成立，邑令陸表曰"苦節振世"。海鹽令鄭表曰"節烈甚風"。

進士董嗣昭妻李氏　嗣昭未除官，卒於京邸。李長齋奉佛，以終其身。天啟間旌。

周宏選妻王氏　夫早亡，矢志守節。時同里李文廉母何氏、諸生屠爌母褚氏皆旌，周貧不能達有司，王翃作《沁園春》詞以表之。

周某妻康氏　夫亡，子之諒僅百日。及長，事母孝，以工奕有聲，曾孫覽予繼之。年八十卒。

蔭生岳沖妻沈氏　二十一歲夫亡,遺孤杖又殀,時遭兵燹,艱苦備嘗,守節三十五年。

李枳妻何氏　三十一歲夫亡,撫八月孤成立,守節踰四十年,撫、按給二額曰"操比冰霜"、"大節凜如"表之。

生員李嗣馨妻曹氏　二十歲夫亡,孝事舅姑,撫孤琦成立,守節四十餘年。

沈漣妻仲氏　夫亡,持家勤儉,克守先業。崇禎十五年,撫、學二憲給帖表之。

【校注】
　　[1] 城:據文意,是"成"之誤。

國　朝

贈尚書杜薥妻曹氏　十八歲夫亡,事舅姑,教子。甘旨饘粥之資,取辦十指。以孫臻貴得封。康熙十七年旌。

生員朱夢李妻沈氏　十七歲適朱,三月夫亡,闔戶自經,以救免。奉舅姑盡孝。夫弟生女甫襁褓,連喪父母,沈收養之,長,爲擇嫁。守節三十八年卒。康熙三十六年旌。

張允昌妻章氏　二十一歲夫亡,子林生甫數月。守節四十餘年。

孫日杏妻屠氏　二十三歲夫亡,事姑盡孝,撫子成立。夫弟舜生早世,娣貧不能自存,屠邀與同爨,爲其二子婚娶。守節五十年卒。以上康熙四十二年旌。

生員吳鯤妻徐氏　二十八歲夫亡,誓志勵節,撫五齡孤焕成立。辛苦持門户,不失舊業。年七十三卒。康熙四十五年旌。

蔣宏遠《節孝祠册》作永江。妻江氏　二十九歲夫亡,家貧,舅鬻膏藥以自給。江撫三歲孤,嚴慈交盡。守節四十四年。

范本榮妻謝氏　二十九歲夫亡,二子臻、琯俱幼。謝絕食嘔血,强起撫孤,事媚姑甚孝,守節三十二年以上。雍正五年旌。

副貢王拔妻沈氏　夫有才名,以中副榜,憤懣成疾而亡。沈年二十六,痛夫齎志不售,集所遺詩文,名曰《石愚堂藁》,梓以行世。守節五十六年。

王掄妻謝氏　二十九歲夫亡,止遺一女,與姒沈其撫之,守節四十三年。

錢正妻葉氏　二十九歲夫亡,繼夫從子爲後,遺腹生子,撫之俱成立。事媚姑盡孝。守節三十七年。

曹洪生妻張氏　二十九歲夫亡,紡績撫二幼孤,拮據安葬三世。守節三十四年。　以上雍正六年旌。

龔維賢妻阮氏　二十九歲夫亡,家貧,事媚姑孝,撫二子成立。守節三十九年。

貢生沈平格《浙江通志》作生格。妻俞氏　二十五歲夫亡,事兩世媚姑,生死盡禮,撫孤廷宜,勤劬備至。守節三十二年。

曹福年妻袁氏　二十二歲夫亡,夫爲伯氏後,而本生無子。袁以一身事兩媚姑,俱克盡孝。撫孤銑,長娶婦,生三孫。袁命案序承祧,宗黨咸稱之。守節三十九年。

唐文燿妻包氏　二十九歲夫亡,兩世未葬,包力營窀穸,并以其夫附焉。撫二子成立。守節四十一年。　以上雍正八年旌。

楊時苗妻吳氏,義方妻倪氏　吳氏二十二歲夫亡,遺孤義方僅三齡,辛勤撫訓,長娶倪氏,年二十四寡,無子,繼夫之從孫廷元爲子。吳守節四十年,倪守節三十一年。

生員盛本枏妻傅氏　二十二歲夫亡,舅姑老,二子幼。上事下撫,備極勞瘁。守節三十九年。　以上雍正九年旌。

馮啟繼妻沈氏　　二十八歲夫亡,事舅姑,生養死葬盡禮。撫前妻女及己生二子昺、昇,教養備至。後昺成進士。守節二十九年。

監生沈徵妻王氏　　二十三歲夫亡,絕食幾死。事舅姑孝,教子宗昌成立。守節三十一年卒。

陳大同妻胡氏　　二十三歲夫亡,訓遺腹子學聖甚嚴,事翁左衾以孝,守節三十四年。　　以上雍正十年旌。

俞光耀妻沈氏　　十八歲適俞,甫十月夫亡,遺腹生子,撫教有成,事舅姑以孝。性好施與,凡郡中育嬰、同善諸會,無不捐貲普濟。守節三十三年。

宋子安妻曹氏　　二十六歲夫亡,姑先卒,曹即鬻產葬舅姑及夫,并穿己壙。教二子以義方。父母沒,遺二幼弟,曹俱撫之成立。守節二十七年。

生員錢豐妻李氏　　二十九歲夫亡,未幾姑亦卒,祖翁及翁又相繼卒,李竭力營喪葬。撫二子饘粥之貲,半出十指,有姪幼孤,李復撫之。守節三十三年。　　以上雍正十二年旌。

徐賓藩妻金氏　　二十五歲夫亡,遺孤甫七歲。金事舅姑孝。舅病,侍湯藥五載,無惰容。孤長,令其貿遷有無,以給衣食。學使李給“德湛冰壺”額。守節十七年卒。

張德元妻顧氏　　二十四歲夫亡,絕粒五六日,截髮毀容。紡績自給,教子維綱成立。守節五十二年。

沈榮陞繼妻周氏,妾周氏　　二十五歲夫亡,無子。其妾亦周氏,年十九遺一子,二人共撫之,閨門整肅,俱守節三十二年卒。

沈翰培妻周氏　　二十一歲夫亡,遺孤未晬。爲夫營葬,即穿己壙於旁。舅姑歿,哀毀逾禮,教子義方。守節三十一年。以上雍正十三年旌。

監生王六符妻韓氏　　二十八歲夫亡,哭踊暈仆,折傷其足。夫易簀時,以未置祭田爲憾,韓早夜辛勤,積置腴田二十畝,留爲公產。弟御宸少孤,爲延師訓之,與子志達俱成立。守節四十餘年。

生員曾郊妻李氏　　二十六歲夫亡,斷髮絕粒,幾以身殉。舅姑相繼去世,哭至嘔血。守節三十三年。

王元禧妻韓氏　　二十八歲夫亡,無子,立從子爲嗣。守節三十八年。

馮敬栻妻湯氏　　二十五歲夫亡,孝奉翁姑,訓遺孤林讀書爲諸生。苦節三十年。

范聖宣繼妻沈氏

張玉文妻王氏　　夫亡,守節。孫肄建宗祠於梅里,以奉祀焉。

馬君祥妻鍾氏　　二十五歲夫亡,守節三十五年。

生員馬迴瀾繼妻陳氏

監生胡廷樞妻李氏　　二十八歲夫亡,撫孤維翰,竭盡心力。翁姑歿,喪殯從厚。守節三十三年。

陳士錡妻周氏　　二十九歲夫亡,子寅未晬。翁姑歿,致哀盡禮,守節四十七年。寅補諸生。

監生莊其瀾妻江氏　　二十六歲夫亡,敬事兩姑,訓飭孤子甚嚴。一生勞瘁,力疾營葬兩世遺柩而卒。守節十五年。

陳枚詹妻姜氏　　二十九歲夫亡,守節二十五年。

生員戚維峻妻鍾氏

蒯廷鑑妻沈氏

胡士榮妻徐氏　　二十二歲夫亡,守節二十六年。

沈維仁繼妻凌氏、妾高氏　　康熙初,有盜夜入室,執維仁,以刀加頸,凌奮出奪刀,手臂俱傷。妾高助之,脫夫於難。次年夫亡,凌年三十,高年二十。家被火,將及停棺之屋。兩人率二孤應祺、應臨伏棺痛哭,反風火熄,屋不燬。守節皆四十餘年。

學政曾王孫妾傅氏　　二十七歲王孫亡,欲死殉,戚旌慰之。孀居五十六年。以上乾隆元年旌。

沈悦泉妻朱氏　二十九歲夫亡，善事舅姑，守節三十六年。子玉暘有孝名。

監生李源妻朱氏　二十一歲夫亡，撫夫從子言志，延師訓之，守節二十四年。

生員黃杵臼妻浦氏　二十歲夫亡，即自經，爲小姑救免。嗣子大勳早殁，與其婦相依，守節六十四年。

黃大勳妻周氏　十九歲夫亡，無子，撫夫從子學基爲嗣。家貧甚，與嫠姑浦相依，事本生翁姑亦謹。守節四十五年。

葉揆繼妻程氏　二十九歲夫亡，拮據殯殮。二子長，從舅氏陳廷煒受業，學乃進。守節三十六年。

黃留基妻范氏　二十三歲夫亡，守節十九年。

鄭雲瑞妻汪氏

莫公集妻夏氏

周浦妻孟氏

勞而智妻吳氏　二十七歲夫亡，撫孤瑞成立。守節四十九年。

盛翰臣妻沈氏　二十七歲夫亡。沈十三齡時母病危，刲股以進。姑患腿癰，以口吸膿而愈。守節四十一年。

周御傅妻汪氏　二十四歲夫亡，守節三十年。

金瑟瓚妻勵氏　二十五歲夫亡，守節三十六年。

馮溶妻殷氏

婁璜妻陳氏

徐容臣妻錢氏　十八歲夫亡，遺孤英奇、英表俱幼。錢奉繼姑，鞠孤子，守節四十二年。

生員李如蘭妻方氏　二十七歲夫亡，撫子燦及庶子燁俱成立，守節四十六年。

吳晉濤妻夏氏　夫亡，家貧，有覬之者，卻不受。子光達，以孝聞。守節五十餘年。

監生盛重　《節孝祠册》作王望。妾張氏　名繡，年未二十重死，老主母令改適，不從。又數年，母欲其別嫁，終不爲動。既而嗣子續祖及孫必大皆早世，嫡室張氏年至八十五卒，繡獨居紡績。有兄鄉居，其嫂來探之，極相得，然終不一至其家。以上乾隆二年旌。

朱松年妻呂氏　二十八歲夫亡。姑病，割股煎湯以進。姑殁，翁亦繼殁。有地，鄰欺寡搆釁，欲逼呂嫁，呂激烈誓死。學使何剖雪之。

生員王士宏妻曹氏　二十九歲夫亡，守節十七年。

周公遜妻俞氏　公遜名昰，仗義獲罪。俞年二十餘，守志以終。

陸廷翼妻繆氏　二十七歲夫亡，守節五十三年。

王漢褒繼妻陸氏

湯紀綱繼妻石氏

支威遠妻張氏

梅雲賓妻陳氏

王聖與妻張氏　二十八歲夫亡，守節四十二年。

尤貞憲妻韓氏　二十二歲夫亡，遺孤殤於痘。復撫夫從子成立。守節三十二年。

陸欽彥妻蔣氏　以上乾隆三年旌。

陳諧妻張氏　二十五歲夫亡，子掌綸生甫七月，撫育成立，守節二十四年。

監生王元震妻李氏　三十歲夫亡，撫孤矢志，守節四十九年。

楊萬鍾繼妻朱氏　二十二歲夫亡，撫子啟元及前子世楨成立，家貧，辛勤紡績，營葬數世遺棺。守節四十年。

王子偉妻徐氏　　夫亡,遺負數百金,徐日夜紡績償之。事姑盡孝。守節四十餘年。

王心耘妻張氏　　二十八歲夫亡。疾革時,張割股以進,不效。訓孤家榦讀書爲善。守節三十九年。巡撫盧表其門曰"松貞篤節"。

王秉銓妻周氏　　二十三歲夫亡,遺孤又殁,與姒張守節三十餘年。

李明遠繼妻沈氏　　年二十三婚,甫七月夫亡。撫前妻幼子,愛護靡已,咸以賢母稱之。守節三十年。

浦尚瞻妻鄒氏　　二十二歲夫亡,逾二月而遺腹生,撫育及長,稍有過失,即警教之。守節三十六年。

王元晃妻蔣氏　　二十四歲夫亡。蔣幼喪母,繼母馮待之少恩。蔣曲盡孝敬,馮亦感動。及適王,以賢孝稱。守節三十七年。

生員孫衡世妻包氏　　二十九歲夫亡,寡姑年逾七旬,遺孤尚未彌月,包艱辛勞苦,莫可言狀。未幾子殁,乃撫夫兄之子永年爲後。守節三十八年。

姜介眉妻蔣氏

范大忠妻潘氏

吳禹臣　　《吳氏族譜》名晉錫。妻朱氏　　夫亡,子洪、孫元林亦早殀。朱氏撫孤兩世,艱苦備嘗。

黃谷宸妻江氏

鞏一林妻繆氏

薛麟書妻吳氏　　二十九歲夫亡,守節四十二年。

鍾羽皇　　《採訪册》作起鳳。妻章氏

沈宏妻馮氏

生員程一焕妻陳氏　　夫赴省試,殁於杭。陳年二十二,聞訃,閉户以裙帶自經,爲家人救免。旬日柩至,以頭觸棺求死。時懷妊已六月,舅姑慰諭之,越四月生子傳光,撫訓成立。守節二十四年。

吳天益妻張氏　　夫亡,孝養邁姑,教子彥文以醫名於時。

錢煒妻周氏

張靜庵妻沈氏

關麟瑞妻周氏　　二十六歲夫亡,無子,撫育夫之從子成立。勤紡績,孝翁姑。守節二十九年。

州同知金之樞妾陸氏　　之樞亡,奉養老主母,撫育幼子,不遺餘力。守節至五十三卒。以上乾隆四年旌。

金開雯妻俞氏　　二十七歲夫亡,事姑盡孝,爲嗣氏朝麟延師課讀。守節二十年。

沈二最妻厲氏　　二十五歲夫亡,姑病,奉侍湯藥,不解帶者九十餘日。姑亡,盡哀盡禮。苦節五十年。

王震妻陳氏　　震爲王庭次子,成婚後即隨父任之廣州,時因道梗,留寓南康,病亡。陳年十八,翁憐其少,欲嫁之。陳斷髮毀容,誓不再適。守節三十二年。

金玉倫妻李氏　　十九歲夫亡,撫遺腹子文山成立。文山娶徐氏,夫婦盡孝。年七十餘卒。李有姊適朱,亦以節著。

顧元春《梅里志》作少文。妻王氏　　王庭曾孫女,二十六歲夫亡,撫子繡虎成立。守節五十三年。

費其淵妻宋氏　　二十歲夫亡,遺孤大年甫二歲,茹荼撫養。事翁姑以孝聞。

曹起鳳妻陳氏　　十九歲夫亡,守節五十二年。

郭右元妻沈氏

徐永隆妻毛氏

許宏遠妻李氏　　二十二歲夫亡,守節三十六年。

懷鼎臣妻石氏　　二十八歲夫亡,守節四十年。

徐斌南妻曹氏

鄭聖章妻程氏

鄧元璜妻周氏

杜百持妻張氏

吳洪芳妻戴氏　　二十四歲夫亡,紡織養姑。守節三十年。　　考《浙江通志》、吳《府志》俱載吳戴氏,入《秀水》。

施光射妻朱氏

監生屠錫綬妻錢氏,兆濂妻李氏　　錢二十四歲夫亡,無子。孝養老姑,撫夫從子兆濂方成立而歿,同其婦李氏矢志守節三十四年。

李耕餘妻張氏　　夫亡,無子。立夫之從子超宗爲後,時以讀書敦行勉之。

馮星槎妻王氏　　十九歲夫亡,守節三十餘年。　　以上乾隆五年旌。

孫陞榮妻任氏,祈斌繼妻胡氏　　任二十三歲夫亡,撫夫從子士宏爲嗣。胡年二十五亦寡,撫前妻馮遺孤士毅及孫南金成立。任守節五十一年,胡守節二十七年,稱“一門雙節”。

陳坊琦妻朱氏　　二十六歲夫亡,無子。撫夫從子爲後。守節三十一年。夫弟坊珠妻亦以節著。

生員沈晉侯　學册名穀。　妻倪氏　　二十八歲夫亡,遺孤三,俱幼。及長,樹蘭、樹萱著名庠序。年七十,學使顏光敩給額“禾中士”。贈詩有《松筠集》,曾王孫撰《像贊》。苦節三十一年。

監生湯奕清妻曹氏,承宗妻曹氏　　二十二歲成婚,六十日夫亡。遺腹生子承宗,長娶曹氏,亦早寡,同守苦節。

張茂德妻吳氏　　二十九歲夫亡,家中落。吳紡績以佐薪水,奉事翁姑,克盡孝養。

陳書雲妻蕭氏　　二十三歲夫亡。翁疾篤,蕭割股投藥,疾頓愈。撫二孤既長,一病亡,一客死。孀姑寡婦,煢煢無依。守節五十八年。

陸基妻江氏　　二十九歲夫亡,守節二十年。

汪汝翼妻姚氏　　夫亡,撫孤錫元,矢苦守節。

生員陳鏡妻吳氏　　案:鏡係秀水人,見《陳氏家譜》。事蹟亦無考。

錢有蒼妻孫氏

張振坤妻于氏

倪繼鳳妻周氏

馮允和妻江氏

沈善勝妻淩氏　　二十九歲夫亡,守節三十一年。

金如梁妻盛氏

呂公裕妻盛氏　　見《浙江通志》,事蹟無考。

生員錢杞妻陸氏

生員錢峰妻任氏　　二十九歲夫亡,生子汝鼎,年甫四齡,撫育成立。守節二十三年。　　案:錢任氏亦載《海鹽續圖經》。

沈允師妻龔氏

吳士泰妻朱氏

高羽皇妻范氏

蕭煥文妻徐氏　　以上乾隆六年旌。

生員周昶妻陸氏　　二十六歲夫亡，無子。立夫從子清源爲嗣。守節四十一年。族姪侍御陸清獻公稱爲女宗云。

顧蕃圃妻張氏　　二十八歲夫亡，姑繼歿，父母又見背，張經營喪葬，靡不盡力。撫夫從子淇爲嗣。守節十七年。

戴源乾妻朱氏　　二十歲夫亡，遺孤能毅僅四月餘，以養以教，俾克成立。守節四十八年。

黃錫宸妻郭氏　　二十六歲夫亡，孝奉老姑。有姪女早喪母，郭即撫之，視同己出。

唐國祚妻郭氏　　二十五歲夫亡，孝事翁姑。姑歿，以哭泣過甚，兩目成疾。初，郭育於兄嫂，受父所撥蕩地十畝，將嫁之前，悉以讓兄嫂。聞者俱爲感歎。守節三十五年。

沙殿威妻楊氏　　二十三歲夫亡，止一子，九歲殤，楊號泣求死。既而曰：「守節一也，有子則甜而易，無子則苦而難，天既困余以苦，余亦甘爲其難。」由是閉户深潛，日勤女紅以自給。守節三十一年。

張覲揚妻朱氏

鄭繼典妻倪氏

祝齡修妻周氏

陳遜修妻陸氏

陳之模妻路氏　　案：《秀水旌册》有陳文模妻路氏，未知是一人否？書以俟考。

施本定妻萬氏　　二十八歲夫亡，子炯甫三歲，長爲邑廩生。翁姑年俱七十，奉事不怠。萬年六十三卒。　　以上乾隆七年旌。

沈樹芝　《節孝祠册》作鶴巢。妻徐氏　　二十七歲夫亡，守節三十三年。

王用賓妻魯氏　　十九歲夫亡，生子纔十三日，撫之成立。家逼市，樓數十年未嘗啟窗一視。年八十六。

俞秀昌妻顧氏　　二十八歲夫亡，守節四十一年。

陸瑞麟繼妻鄧氏

繆慈明妻鄭氏　　二十八歲夫亡，守節十八年。

馮學海妻莊氏

金佩成妻朱氏

章錫皇妻孫氏

陸廣安妻沈氏

田培英妻胡氏　　二十二歲夫亡，守節三十八年。

曹世瞻妻陶氏　　二十一歲夫亡，守節三十一年。以上乾隆八年旌。

徐一心妻姚氏

郡庠生曹昂妻沈氏

方廷侯妻徐氏

陳國相妻高氏

顧履仁《節孝祠册》作昌臣。妻沈氏

陳誕先妻葉氏　　二十四歲夫亡，無子。翁姑早歿，撫夫弟東明成立。守節三十三年。

錢達妻周氏　　二十二歲婚，一載夫亡，守節三十年。

張佩妻朱氏　　以上乾隆九年旌。

徐東郊妻高氏　　二十八歲夫亡，遺二孤玉增、鼎鋐，高每夜一燈，紡紗課讀，咸謂節母善教云。

吳君昇妻陸氏

高憶山妻姜氏

錢觀德妻曹氏

沈雲祥妻張氏　　二十八歲夫亡，守節三十四年。

金振玉妻徐氏　　以上乾隆十年旌。

李思垣妻許氏　　二十七歲夫亡，撫遺腹子成立。翁年老，奉事以孝聞。苦節四十九年。

姚純所妻王氏　　十九歲夫亡，撫遺腹子成立。苦節六十三年。邑令張給“維貞則壽”額。

錢序賓妻曹氏　　十八歲夫亡，投井數次，俱爲翁姑救免。守節四十一年。學使王蘭生給“盡孝全貞”額。

夏彥耆妻項氏　　二十五歲夫亡，撫孤成立。守節六十四年。

陸兆鼇妻丁氏

金粲妻陳氏

吳琮妻張氏

顧禹疇妻錢氏

貢生錢是式妾鄭氏　　二十五歲是式亡，撫孤塤箎，克繼先業。守節五十三年卒。

錢棣妻梁氏

侍衛許雲龍妻孫氏

江宏朝妻潘氏　　成婚四載夫亡，紡績自給，撫幼孤君素成立。年六十七卒。

方象坤妻趙氏

徐巨衡妻陶氏

懷懋昭妻李氏

沈天韓妻張氏

沈季虞妻夏氏

項其章妻陳氏

孫濟航妻徐氏

吳友韓妻戚氏

濮允昇妻柴氏　　十八歲夫亡，守節六十七年。　　以上乾隆十一年旌。

李道衡　　案《李氏族譜》名鑑。妻沈氏，泰妻方氏　　沈十八歲婚，一載夫亡，截髮毀容，樓居五十餘年。年七十五卒。夫弟泰妻方氏，成婚五月夫亡，方年十九，撫幼叔焕宇成立。七十二歲卒。

李廷綸妻許氏　　二十九歲夫亡，守節四十二年。

王浣石妻繆氏　　繆師伋女。夫亡，翁與繼姑謀改適，繆欲自盡，乃止。服闋後，繆恐再迫，遂歸於繆。後翁姑歿，奔赴哀，喪葬盡禮，年七十一卒。

許昊山妻鄭氏　　二十九歲夫亡，無子。撫夫從子恒昌爲嗣，守節三十九年。

都世埏妻繆氏

朱維周妻吳氏

姚禮園妻鍾氏　　二十三歲夫亡，子廷蘭纔二歲，稍長就傅，以女紅所積爲修脯資。守節三十年卒。

董廷遠妻范氏

樊璉妻周氏　　以上乾隆十二年旌。

盧上偉妻吳氏　　二十二歲夫亡，無子。撫夫從子廷縉爲嗣。守節三十三年。

董維翰妻許氏

朱岐昭妻包氏

陸汝翼妻唐氏

錢蓉復妻金氏　　二十歲夫亡，撫孤德茂。守節三十四年。

俞彩　案《節孝祠册》作聲菴。妻朱氏　　二十五歲夫亡，守節四十一年。

厲天慧妻于氏　　以上乾隆十三年旌。

吳發祥妻甄氏　　婚五月夫亡，年六十餘卒。

錢國榮妻許氏

陳奠侯妻沈氏

湯子正妻韓氏　　以上乾隆十四年旌。

李蓉房妻沈氏　　二十八歲夫亡，子雋未晬，沈一慟幾絶。事姑孝，訓雋續學，以繼先業。守節三十餘年。

沈西安妻顧氏　　二十三歲夫亡，遺腹生子成章，守節三十九年。

徐雲從妻劉氏　　以上乾隆十五年旌。

屠溱妻莊氏　乾隆十六年旌。

錢釬妻丁氏　　二十九歲夫亡，撫夫庶弟敬直至長，貧無以娶，鬻住屋，爲之娶婦。後敬直客外，病革，泣謂其僕曰：“我死于此已矣，所憾者不能終養我嫂耳。”其僕歸以告丁，丁一痛不起。年七十九卒。乾隆十八年旌。

徐志妻淩氏，士鶴妻某氏　　淩二十五歲夫亡，孝養老姑，撫繼子士鶴，恩勤備至。士鶴早世，淩偕其婦守節四十七年。乾隆十九年旌。

徐鳴玉妻金氏　乾隆二十年旌。

徐元標妻郭氏　　二十三歲夫亡，絶粒誓死，以腹有遺孕，乃復進食。越四歲，子殤。撫從子洪爲嗣。室中被火，郭負姑以出，俄而反風滅火，人以爲孝感云。守節三十八年。

楊功懋妻沈氏　　以上乾隆二十一年旌。

濮榮妻沈氏　乾隆二十二年旌。

仲子政妻王氏　　二十六歲夫亡。夫在日，貿易爲業。王將遺貲三十兩生息以膳翁姑，更竭力紡績以補不足。翁姑得以娛老，皆王力也。

呂肇勳妻錢氏　　以上乾隆二十三年旌。

蔡慕韓妻彭氏　　二十七歲夫亡。事姑聞氏盡孝。訓孤玉山業儒，建山力穡，咸能守分。諸戚有貴者屢以清俸貽彭。彭曰：“詔祿，所以養廉也。未亡人何敢濫竊？”卻之不納。其耿介如此。守節四十九年。

潘維新妻楊氏　　以上乾隆二十四年旌。

陳蕃高妻包氏　　二十三歲夫亡，二子甫在襁褓。家貧，不能延師，凡經書句讀，親自指授，常令讀書機側，二子咸得成立。守節三十九年。乾隆二十五年旌。

梅廷璋妻唐氏　　二十八歲夫亡。翁先卒，兄公繼夫而逝。唐勤苦持家，事姑甚謹，訓遺孤機讀書爲諸生。守節三十三年。

徐聲鋐妻倪氏　　以上乾隆二十六年旌。

生員屠冲妻孫氏　二十五歲夫亡，子彬僅三歲。孫勺飲不入口，或疑其將以身殉。孫毅然曰："翁姑在，何敢死？"後數年，連遭舅姑喪，拮據殯葬，心力交瘁。守節五十二年。

糜用霖妻楊氏　二十七歲夫亡，孝養老姑，撫二孤成立。

監生湯承宗妻曹氏　二十九歲夫亡。姑亦曹氏，早寡。姑疾不起，慟哭失聲。撫子紹馨慈嚴兼備。守節二十九年。

生員顧大業妻沈氏　二十九歲夫亡，引刃欲自裁。老嫗魏馮氏見而奪之，傷右手食指。撫夫從孫天祐成立，年八十一卒。　以上乾隆二十七年旌。

徐呂望妻金氏　二十一歲婚，三月夫亡。媚姑在堂，出紡績所積以佐甘旨。又爲夫弟脯修之資。

監生汪汝明繼妻陳氏　二十八歲夫亡，撫孤安國與元配所遺諸女無異。翁姑營葬後，以夫穴附於旁曰："三棺入土，吾志畢矣。"守節三十三年。

生員姜士熊《節孝祠册》作渭師。妻萬氏　二十八歲夫亡，守節四十二年。　以上乾隆三十二年旌。

張用宗妻竇氏　二十五歲夫亡，子廷發生纔數月。姑年老，竇雖甚貧，必進甘旨。守節三十七年。

顧廷麟妻李氏　二十五歲夫亡，撫一孤女，紡織以給。守節四十二年。　以上乾隆三十三年旌。

贈修職郎吳兆麟妻陸氏　二十五歲夫亡，長子基五齡，次子坤尚幼。躬親撫育，俱得成立。守節四十四年。乾隆三十五年旌。

監生徐宏妻沈氏　二十九歲夫亡。未逾月，翁疾，沈晝夜奉侍，籲天請代。未幾，翁卒。事嫡庶兩姑甚謹。兩姑歿，沈一身孑然。適有兄女歸吳姓者亦早寡，邀與同居織紡，守節三十六年。乾隆三十六年旌。

朱御六妻陳氏　二十九歲夫亡。閱三月，遺腹子家慶生，陳自奉儉約，有甘旨必供堂上。翁姑歿，經營喪事，無不盡禮。守節三十一年。

范世英妻施氏　二十八歲夫亡，撫遺腹子焕成立。翁姑早歿，每遇嘗新，必以薦，其孝思純篤如此。守節四十一年。

聞汝珩妻徐氏　夫亡，徐泣血誓死，時遺孕在身已三月矣。及生子國棟，遂節哀。撫孤紡織以終。　以上乾隆三十七年旌。

李行恕妻陳氏　二十四歲夫亡，姑早歿。事翁光映至孝。夫服除後，獨居一樓，日勤女紅以助薪水。立夫從子腴爲後。守節三十六年。

監生鄭天錫妻錢氏，鶴鳴妻屠氏　錢二十七歲夫亡，遺腹子鶴鳴早逝。錢與子婦屠氏相依守節三十三年。

壽夢蘭妻婁氏　二十三歲夫亡。姑患目眚，婁以舌津潤之，數月復明。夫之從子允溥自幼撫之，踰於己出。守節三十三年。

朱景雲妻錢氏　二十四歲夫亡。生子茂干方七十日。既長，爲之納婦。適當嬪葬翁姑之後，拮據支辦，克成婚禮，人咸稱之。守節四十七年。　以上乾隆三十八年旌。

莊俊傑妻丁氏　二十四歲夫亡，撫孤大啟成立。處姒娌間，情誼甚篤。守節三十五年。

莊濟之妻范氏　二十三歲夫亡，姑猶在堂，范與伯姒丁奉侍，俱以孝著。姑歿，共勤喪葬。嗣子容光早殤，丁復繼以次孫念詒。守節三十四年。

贈儒林郎陸汝嘉妻顧氏　二十三歲夫亡，翁姑年邁，遺孤榛尚幼。仰事俯育，竭盡心力。守節四十六年。孫振燦由舍選，貤贈安人。

監生錢治妻陸氏　二十五歲夫亡，絕粒數日。侍姑金氏病，數載無倦。子天植既長，娶婦，以家事委之。長齋繡佛，以終其身。

郭岐山繼妻張氏　以上乾隆三十九年旌。

杜永芳妻陳氏　二十八歲夫亡,姑孀居,奉侍二十餘年不怠。撫孤嗣宗。守節三十六年。

江來儀妻陸氏　二十七歲夫亡。夫疾篤時,陸割左股煎湯代藥,疾終不起。遺孤德煥甫三歲,撫之成立。守節四十四年。

施國瑞妻蔣氏　二十二歲夫亡,憑棺痛絕。家赤貧,媚姑歿,措辦棺衾,不遺餘力。撫夫弟憲撰之子上廉爲後。守節三十九年。

陸朝佐妻沈氏　二十四歲夫亡,子痘殤。沈哭之,雙目流血。庶姑歿時,沈正抱病,猶強自支持,拮據棺殮。相距不一年卒。苦節三十一年。

陸寶崖妻吳氏　二十二歲夫亡,晝夜紡織,供翁姑甘旨。娣沈亦寡,吳待之如同胞。女弟姑歿,吳勞瘁致疾。執娣手泣曰:"我不克事翁及庶姑矣。汝知我意,幸善視之。"言訖而卒。　以上乾隆四十年旌。

張運中妻沈氏　乾隆四十一年旌。

倪松巖妻宓氏　二十八歲夫亡,撫夫從子錫里爲諸生。翁姑早喪,松巖賴伯父母撫恤,宓侍奉之,一如翁姑。孝養無缺。

楊天德妻吳氏

范璋妻李氏　以上乾隆四十二年旌。

監生張恒繼妻王氏　歸張一載夫亡。姑曹氏年老,前子錫、鎮俱幼。王紡織不報,膳姑育子,守節三十餘年。孫廷濟,戊午解元。

張孝琰妻朱氏　二十六歲夫亡,次年遺腹生男,朱撫而泣曰:"有以報我夫矣。"及長,負米遠遊,家聲不墜。守節四十五年。

生員鄭倬妻姚氏　二十六歲夫亡,遺一子一女。翁歿,遺小叔小姑五人。未幾姚所生子殤,以夫從子錫祚爲嗣,完婚嫁,葬先柩。守節五十年。

周履本妻徐氏

張景揚妻王氏　二十歲夫亡,守節五十五年。

監生沈飛熊妻李氏　二十八歲夫亡,事繼姑以孝。遺孤其園、錦堂,修脯之貲,出女紅佐之。守節三十年。以上乾隆四十三年旌。

監生顧大惠妻屠氏　二十一歲夫亡,長孤學禮三歲,次學詩方姙。屠孝奉翁姑,撫訓二子,俱入成均。守節三十四年。乾隆四十四年旌。

監生李恒九妻吳氏　二十三歲夫亡,無子,擇長房子世棟撫之。性閑靜,雖至戚罕見之。守節三十一年。

俞景安妻濮氏

監生鮑爾爵妻吳氏　二十九歲夫亡,長子謙早殀,次光遠,次晉,俱成立。吳奉父母、翁姑至孝。守節三十二年。以上乾隆四十五年旌。

金世榮妻屠氏　二十二歲夫亡,夫弟子本忠甫三齡,屠撫之成立。守節四十年。乾隆四十六年旌。

蔣松亭妻沈氏　十七歲夫亡,孝事老姑,撫遺腹子念貞,備歷艱苦。守節三十四年。

李若愚妻張氏　二十六歲夫亡,晝夜紡績,以養姑育子。已常枵腹,禦寒止衣敗絮,苦節四十八年。

徐東山妻周氏　二十四歲夫亡,撫孤洪耀,守節三十年。

葉荊山妻劉氏　夫亡,紡織自給,以苦節終。

陳御山妻金氏　二十一歲婚,九月夫亡,撫遺腹子世昌成立,守節五十五年。

徐之彥妻姚氏　二十五歲夫亡,守節四十九年。

陳文修妻張氏　二十二歲夫疾篤,割股以進,夫終不起。張投環飲滷,俱以救免。越三月,遺腹生子士璉,茹茶撫育,得以成立。守節三十一年。　以上乾隆四十七年旌。

管蘭階妻丁氏　二十八歲夫亡,撫一子兩女成立,營葬三世。守節三十七年。

姚邦傑妻王氏　二十五歲夫亡,無子,撫夫兄之子爲後。守節四十四年。

顧光祖妻杜氏　二十六歲夫亡,翁姑年老,竭力孝養。守節三十一年以上。乾隆四十八年旌。

生員姚琮繼妻朱氏,生員蕃錫妻某氏　朱二十七歲夫亡,撫前妻蕃錫爲諸生,早殁。朱偕子婦矢志撫孫。守節三十一年。乾隆四十九年旌。

監生周介千妻褚氏　二十四歲夫亡,越四月,遺腹生子永年,撫育成立。守節六十一年。

俞在明妻舒氏　二十四歲夫亡,撫孤雲華。守節五十年。　以上乾隆五十年旌。

葉向榮妻陳氏　二十四歲夫亡,翁姑相繼殁,陳事太姑王克盡孝養。撫孤繩武成立。守節四十一年。

監生薛亘千妻于氏　二十五歲夫亡,無子,以夫從子陛榮爲嗣。孝事其姑至二十九年不息。守節三十三年。

湯學相妻夏氏　二十二歲夫亡,慟絕而甦者再。時繼姑在堂,孝敬甚篤。撫大弟學模之子太章爲後。守節三十四年。

徐玉符妻張氏　二十三歲夫亡,生子廣林僅七日,哭淚以血。家赤貧,事翁姑必進甘旨。已而相繼殁,殯葬如禮。守節五十一年。

沈大銓妻崔氏　二十三歲夫亡,無子。以從子浚爲嗣,未幾又殀。崔日事紡績,營葬三棺。守節三十二年。以上乾隆五十一年旌。

吳坤六妻錢氏　二十五歲夫亡,無子,止二女。以從子德賢爲嗣。守節五十一年。

張旭昭妻曹氏　二十七歲夫亡,營葬翁姑及夫,撫週歲孤兆康成立。守節三十一年。

陳履剛妻馮氏　二十七歲夫亡,事翁姑至孝。子甫十齡,以痘殤,乃立族子張淏爲後。守節三十五年。

曹錦堂妻周氏　二十七歲夫亡,事翁姑孝養備摯。撫二子仁榮、仁頤成立。守節三十二年。　以上乾隆五十二年旌。

張超倫妻李氏　二十四歲夫亡,姑先卒,翁不繼娶。李事祖姑及翁甚孝。撫夫弟之子茂宰踰於己出。守節三十八年。乾隆五十三年旌。

姚畊心妻王氏　二十七歲夫亡。事翁孝,撫孤金聲,乾隆庚寅舉人,王之食報不爽也。守節四十一年。

姚洽中妻俞氏　二十三歲夫亡,翁姑年老,奉侍唯謹。撫嗣子宗翰成立。守節三十七年。

監生褚鳳儀妻莊氏　二十七歲夫亡,痛絕者再。妾夏氏遺腹生子懷世,視如己出,教養成立。守節四十三年。

馮雲幹妻虞氏,敬之妻姜氏　虞二十三歲夫亡,虞誓以死殉,翁姑再三慰諭乃止。越五月遺腹生子敬之,辛勤撫育,長娶姜氏,生孫克堅,而敬之病殁。虞與寡媳矢志守節三十八年。

沈大鏞妻高氏　二十一歲夫亡,事翁及繼姑以孝。越三月,翁殁,殯殮之費,竭力營辦。子洙,名列成均。子殁,高撫孫。守節四十八年。

監生黃光榴妻沈氏　二十歲夫亡,事翁以孝。子熙早殁,以從子即塈爲後。守節四十一年。

監生馬永安繼妻徐氏　二十七歲夫亡,一慟幾絕,強起撫孤時傑,以至成立。家貧,營葬翁姑及夫柩,悉出自十指。守節二十六年。　以上乾隆五十四年旌。

沈大思妻陳氏　二十七歲夫亡,子寶塤五歲,撫育有成。翁姑及夫之柩,悉拮據卜葬。守節二十九年。

莫樹德妻王氏　二十九歲夫亡,越三月遺腹生子懼,撫訓有成。營葬翁姑及夫。守節三十四年。

金濟成妻馬氏　二十歲夫亡,遺孤杰未週。奉姑孝,姑殁,哭泣盡哀。治家勤儉,戚族有以乏告者,必勉力周之。守節五十二年。

徐天錫妻鄭氏　二十六歲夫亡，孝事嫡姑，甘旨無缺。撫嗣子元廷成立。守節三十五年。

張時御妻謝氏　二十六歲夫亡，遺腹生子，又殤。乃撫從子文江為後。守節四十年。

金有璜繼妻楊氏　二十五歲夫亡，遺娠生女，嗣子葉甫四齡，撫之成立。守節三十三年。

監生金潤妻馮氏　二十八歲夫亡，事姑盡孝。訓子應枚讀書，為諸生。苦節三十一年。　以上乾隆五十五年旌。

楊漢俊妻湯氏　婚三十七日夫亡，湯年二十二。遺腹生子泰來，撫育成立。家業中落，湯早夜紡織，至老不倦。守節四十九年。

王用舟繼妻劉氏　二十一歲夫亡，子恩以痘殤。以夫從兄凝之子大順為嗣。守節三十七年。　以上乾隆五十六年旌。

沈鑄言妻李氏　李潮偕女。二十五歲夫亡，無子。立夫兄祖惠之子為嗣，勗以讀書成立。守節四十年。

顧鼎仁妻楊氏　二十四歲夫亡，無子。有一鄰媼諷之，楊即持剪刀裁其指，媼竄去。以夫弟之子霄甫三歲，撫以為後，訓導有法。翁姑相繼歿，楊支辦喪事如禮。守節三十八年。

吳與參妻邱氏　十九歲適吳，踰年夫亡，無子。繼族子星海為嗣，及長，娶周氏，繼娶高氏，生一孫而星海歿。邱同寡媳紡績度日，守節三十七年。

生員胡拱辰妻沈氏　二十八歲夫亡，止遺二女。撫嗣子世宜成立。營葬翁姑及繼姑，克殫心力。守節三十四年。　以上乾隆五十七年旌。

莊榕妻屠氏　二十三歲夫亡，日勤女紅，孝養翁與繼姑，撫遺腹子承基成立。守節四十五年。

張國棟妻程氏　二十八歲夫亡，孝事老姑，撫孤亨成立。守節四十三年。以上乾隆五十八年旌。

邵昌麟繼妻周氏　二十八歲夫亡。家貧，勤鍼黹以養翁姑。撫三子，長子嗣翰與弟同親，甚友愛，為督課。守節二十三年。

監生徐世勳妻何氏　二十八歲夫亡，生一女二子。長早世，遺孫大洪僅半載，何撫育之，及長，為諸生。守節三十七年。

吳元浩妻楊氏　二十七歲夫亡，遺一女三歲，子樑僅四十日，楊號泣絕粒，賴姑周氏曲慰之，撫樑成立。守節三十六年。

朱寶山妻邵氏　二十一歲夫亡，撫孤心畬成立。營葬數棺。守節三十年以上。乾隆五十九年旌。

曹榮元妻沈氏　二十八歲夫亡，撫子永裕，教育兼至。長娶萬氏，生孫言繒、言綬，而永裕病歿。沈偕寡媳矢志守節五十一年。

生員王俊妻屠氏　二十一歲夫亡，絕粒二日，念翁年老，強起理喪事。撫夫弟鎔之子濤如己出。守節三十五年。

李曉亭妻姜氏　二十四歲夫亡，無子，撫嗣子培芝成立，娶婦張氏，生三孫傳宗、傳福、傳桂，姜亦撫訓之。守節四十二年。

李容三妻張氏　二十六歲夫亡，遺腹生子源錫，辛勤鞠育。守節四十一年。

王肇奇妻汝氏　二十七歲夫亡，汝乘間赴井，以救免。遺孤潤甫八歲，嚴訓不稍姑息。守節四十四年。

王肇誠妻張氏　二十四歲夫亡，翁師周年老，敬事不衰。撫子淮成立。守節六十年。

張逢吉妻嚴氏　二十三歲夫亡，無子，遺一女又殤。撫夫弟之子寅為後。守節三十五年。

王庭槐妻夏氏　二十七歲夫亡，時翁喪未小祥，姑老而病，遺孤煮生纔數月，夏事姑撫孤，竭盡心力。守節三十一年。

夏光祖妻魏氏　二十一歲夫亡，繼姑老病，魏奉湯藥，經年不倦。姑歿，鬻衣，節以殮。子蛟甫長，訓之讀書成立。守節二十六年。　以上乾隆六十年旌。

褚雲軒妻倪氏　二十八歲夫亡,遺子振輝,教養並至。守節十八年。

鄒全顯妻羅氏　二十九歲夫亡,事翁及繼姑以孝。撫二齡嗣子昭洽,備極勤劬。守節五十年。

生員徐元愷妾姚氏　二十九歲元愷亡,事嫡沈甚謹。撫孤成立。守節四十四年。　以上嘉慶元年旌。

王廣仁繼妻沈氏,廣倫妻吳氏　二氏,娣娌也。沈二十五歲夫亡,無子。吳二十九歲夫亡,有二子信、義,以信爲廣仁後,鞠育備至。二子俱得成立。沈守節二十四年,吳守節三十七年。

王聲遠妻蕭氏　二十七歲夫患時癘甚劇,蕭割股療之,終不起。未幾,一子又殤。姑已年邁。立夫兄方獻之子朝佐爲後。家貧,紡織以給薪水。守節三十七年。

貢生李旦華妻王氏。二十九歲夫病篤,割股以進,終不起。訓子遇孫,不事姑息。守節三十一年。

蕭質夫妻嚴氏　二十歲夫居父喪,哀毀絕粒,十日而死。嚴慟哭至暈絕者再。有一子,三歲又殤。爰立從子學忠爲嗣。守節三十六年。

沈德秀妻金氏　二十歲夫亡,撫遺孤大魁成立。姑臥病在牀,鄰人火發,金負姑抱子以出,旋以勞瘁卒。守節十六年。

金立威妻王氏　二十一歲夫亡,無子。撫嗣子孝鑑成立。守節二十二年。

張星潢妻邵氏　二十三歲夫亡,遺孤爾焆又夭。撫夫兄子爾熾成立。侍病姑李甚孝。守節三十一年。

章巽嚴妻許氏　二十一歲夫亡,孝事其翁。子琪殤于痘。撫從子瑚爲後。守節三十三年。　以上嘉慶二年旌。

生員錢濬妻程氏　二十七歲夫亡,生子楷甫八歲。親自督課,得以成名。奉姑至孝,戚黨稱之。以楷貴封恭人。守節三十一年。

王鑣繼妻胡氏　二十九歲夫亡,無子,止一女。撫夫弟之子宗正踰於己出。事翁孝,翁歿,與姑柩俱安窆歾,并以夫附焉。守節三十二年。

朱有芳妻石氏　二十二歲夫亡,止一女。事姑盡婦道,訓夫弟之子錦玉以義方。守節四十九年。

方鼎元妻王氏　二十六歲夫亡,誓以絕粒殉。翁姑諭以撫孤爲重,始強進饘粥。撫子克猷有成。克猷歿,復撫孫啟泰。守節四十九年。

金裕哲妻魏氏　二十八歲夫亡,無子。以夫弟之子運科爲嗣,愛護倍至。守節三十二年。

濮沅妻姚氏　二十八歲夫亡,止一女。痛不欲生。姑泣慰之,撫夫弟之子樑爲嗣。姑病,割股以療。守節二十四年。

監生胡秀巖繼妻孫氏　二十七歲夫亡,卜葬翁姑及夫之柩。撫嗣子振基成立。母年老,孫迎養於家。時以孝稱。守節二十一年。　以上嘉慶三年旌。

濮秉恒妻周氏　二十九歲夫亡,遺孤僅百日,撫育成立。事姑孝。姑歿,盡哀盡禮。守節二十七年卒。

周景山妻周氏,元壽妻某氏　二十七歲夫亡,次年翁歿,周與姑措辦殯殮。翁遺命以次房長子元壽爲嗣,長,妻某氏。元壽又亡,周偕其婦撫孫芬遠。守節四十三年。

徐峻天妻孫氏　婚一月夫亡,孫十九歲。撫夫兄之子心傳爲嗣。守節三十九年。

沈清妻祝氏　二十八歲夫亡。事姑孝,姑歿,拮據殯葬。撫嗣子學易成立。守節三十四年。

俞星章妻江氏　十九歲夫亡,遺孤坤甫未及百日。及長,親督課之。姑病久痢,江割股以進,人稱其孝。守節三十二年。

許隰耕妻馮氏　二十五歲夫亡。家貧,力營喪葬。撫孤聲遠。守節二十六年。

姚禧繼妻張氏　二十七歲夫亡。孝事老翁,撫前妻楊子女踰於己出。守節三十一年。

張世楷妻顧氏　二十四歲夫亡，撫子衍葛，愛護備至。守節三十四年。

監生金煌妻周氏　二十二歲夫亡，毀容矢志。孝事老翁，撫遺腹子官保成立。守節二十七年。

監生馬照妻曹氏　二十八歲夫亡，痛哭嘔血。家貧，積紡績貲以營葬兩世。撫育子女，寬嚴並濟。守節四十一年。

生員徐愈妻沈氏　二十九歲夫亡，訓孤廷銓、廷錫力學。守節四十二年。

沈宸蛟妻陳氏　二十八歲夫亡，無子，止一女尚幼。事姑甚孝，撫嗣子守樸不辭勞瘁。守節六十年。

周鶴書妻徐氏　二十九歲夫亡，撫孤光先成立。事祖姑湯、姑潘甚孝。守節二十九年。

監生陳世榮妻張氏　二十二歲婚，未二月夫亡，痛不欲生。老姑勸慰之，即以夫弟書銓之子爲後。未幾又殤，復立書銓次子印傳，課之讀書。守節三十六年。

金德聰繼妻姜氏　二十九年夫亡，奉侍翁姑，曲盡孝敬。課嗣子蘭讀書，爲諸生。守節三十四年。

知縣金祖端妾魯氏　二十八歲祖端歿於泰興縣任，扶櫬南歸。遺孤葵尚在襁褓，伶仃孤苦，依婿李淦家，撫諸外孫，不恤勞瘁。守節三十二年。

徐必達妾柴氏　二十九歲必達亡，事繼姑金盡孝。金歿，克盡喪禮。繼室孫多病，柴躬侍藥餌。及歿，一力支持門戶，撫子成立。有二孫，長鎔，爲諸生；次銘，亦讀書自立，得柴之教居多云。　　以上嘉慶四年旌。

沈培增妻朱氏　二十七歲夫亡，無子。夫弟之子天裕生甫七日而娣歿，朱撫之如己出。守節三十年。

金筠妻徐氏　十七歲適金，甫四月，夫罹羸疾亡。徐慟哭，淚盡繼血，誓欲身殉。翁姑曲諭之，乃止。翁病，籲天請代。翁歿，支辦喪窆，人稱其賢。徐無子，以夫弟塏之長子錫純爲後。純早世，復以塏次子錫爵繼之。未幾徐染時疾卒，年四十六。

邵學禮妻金氏　二十二歲夫亡，孝事老姑，撫孤成立。旌年五十一。　　以上嘉慶五年旌。

朱紹周妻曹氏　二十八歲夫亡，止生兩女，長五齡，次遺腹生。撫育勤苦，奉事舅姑，苦節四十一年。

陸載妻方氏

崔沛妻陸氏

徐朝圻妻高氏

張璧妻朱氏

沈文相妻張氏

金大表妻李氏

高嶧桐妻張氏

沈冑梁繼妻錢氏

戴裔伯妻沈氏

馮家范妻湯氏

王臼妻陳氏

呂敦叙妻蕭氏

呂寧園妻盛氏

范天柱妻潘氏

孫漣妻徐氏

吳雯妻虞氏　十七歲適吳，六月夫亡。虞以死自誓，深居一室，雖至戚罕覯其面。守節十五年，家人立祠於白苎都。

張發侯妻史氏　十九歲夫亡，子甫二齡。力勤紡織，養姑哺孤，飢寒迫身，未嘗求人。年四十七。

沈茂祖妻黃氏　二十四歲夫亡，孝事舅姑，撫其子成立。年七十四卒。巡撫王元曦[1]表其門。

成學舜妻吳氏　二十五歲夫亡，撫兩孤成立。苦節五十年。

生員錢奇英妻繆氏　二十二歲夫亡，侍奉翁姑，紡織以給朝夕。懼錢氏之不祀，勸翁納妾陸，生子音昭，後以音昭子王徹爲嗣。繆有一女，贅姚祖發爲壻，生子元微、元端。已而壻女皆亡。又撫二外孫成立。繆患病，元微割股以救，卒不起。年六十三。

徐輝妻王氏　王庭女。二十歲歸徐，甫二月遭翁忠可喪。夫哀毀，越三月歿。王誓死者再。既而撫一子，以延夫嗣。奉姑數十年，姒娣相聚，從不露齒，當事表之。

朱舜文妻沈氏　二十九歲夫亡，終身勤儉，教子耕讀，孝事舅姑。守節三十餘年。

蔣旦妻陳氏　二十歲夫亡，止一女。事姑教女，擇壻萬璟成秀士。守節三十年。

吳友青妻錢氏　二十歲夫亡，撫嗣子成立。守節四十三年。

高孝成妻沈氏　舉人沈端女。十六歲夫亡，勤苦操家，族黨賢之。無子，撫從子端始爲嗣。守節七十年。

王禹嘉妻周氏　名文英。十九歲夫亡，無子，守制父家，紡績勤苦，孝事鰥父暨祖父母。撫育弟之子女。邑令樊咸修以"賈姊庚弟"額表之。

生員王坊妻姚氏　夫早亡，完嗣子婚配。守節三十餘年。學使周清源表之。

生員高淶妻邵氏　夫亡，孝事病姑。守節四十四年。子百撰以武進士任守備，貤封恭人。

生員姚功遠妻顧氏　十九歲夫亡，無子，苦志守節。年五十三。

陳坊珠妻王氏　二十九歲夫亡，守節二十九年。

生員顧宏銓妻褚氏　二十四歲夫亡，無子。翁命以異母幼弟爲嗣。翁亡，褚謂兄弟之倫不可奪，仍正其序。鄉黨稱其知禮。守節五十年。

陳贊王妻吳氏　二十七歲夫亡，教子成立。守節三十二年。

鄒雲鼇妻沈氏，洙妻胡氏　沈二十九歲夫亡，教子琛及孫允昌，俱游庠。苦節三十五年。曾孫洙妻胡氏二十六歲寡，冰霜之操，歷世不替。學使王掞表其門。

鄒雲騏妻曹氏　二十九歲夫亡，子埏方在褓褓，教之成立，爲諸生。事姑以孝聞。守節三十年。

宗迪功妻梅氏　三十三歲夫亡。家貧，無子。兄明宇欲迎歸，梅因姑老，不忍離，生死盡孝。里鄰稱之。

生員姚絃奏妻郭氏　夫有才名，早亡，郭年二十八。奉姑孝養，喪葬盡禮。守節二十五年。

生員蔣標妻王氏　二十三歲夫亡，哀毀幾絕，侍養媚姑，撫孤鳳起游泮。年六十三。學使張表其門。

于登封妻金氏　二十四歲夫亡，止一女。將所受分産悉歸大宗，獨處小樓。孝事舅姑。年六十五。

生員徐鳴玉妻金氏　二十九歲夫亡。生子遵義甫半齡。及長，中丁酉副榜。守節四十餘年。

沈彥芬妻姚氏　二十七歲夫亡，教子撫女，備極艱辛。年四十七。

生員曹泳妻陸氏　夫早亡，撫孤，治家甚肅，好鬪恤鄰里。時群盜剽掠，過陸門，戒不敢犯。年五十三。

生員洪爾節妻陸氏　夫疾篤，顧陸曰："汝年少無子，吾死可再適。"陸方進藥，即以甌擲地曰："苟懷異心，有如此甌。"夫亡，哀毀踰節，年七十三。

生員張世枝妻馮氏，生員焜妻陳氏　馮二十歲夫亡，生子焜僅彌月，哭泣流血，瀕死者再。教子入泮，後又歿。同婦陳氏苦節相守，課孫學璟讀書成名。學使顏光斅表之。

生員沈時英繼妻馬氏　二十八歲夫亡，訓子騏，模俱成名。有司以"風高孟母"表其閭。

吳思宰妻丁氏　婚四載夫亡，課子焜讀書成名。苦節四十餘年，學使王掞表其閭。

程邦道妻俞氏　二十九歲夫客於楚亡。子天錫、祖錫俱幼，伶仃孤苦，紡織爲生。守節三十九年。

生員胡鼎蕭妻郁氏　二十六歲夫亡,生一子舜年甫三歲。夫病篤時曾割股和藥,卒不效。強起撫孤,孝事翁姑。苦節三十二年。

生員戴煜新妻王氏　二十四歲夫亡,遺子甫彌月。王痛哭三日,勺水不入。姑吾氏泣慰之,乃起就食。歲饑,晝夜紡績,饘粥事姑。姑將死,伏枕謝者再。王幾慟絕,教子騰遂游庠,亦以孝聞。守節三十三年。

劉玉絃妻張氏　三十歲夫亡,矢志撫孤,備嘗艱苦。年六十三。

生員徐復振妻邱氏　二十七歲夫亡,無子,依姪邱覯德以居。年五十八。

王三妻某氏　逸其姓。三十歲夫亡,家貧,無子,矢志不嫁。撫夫弟之女爲女,刺繡自給。女長,嫁之。更撫其妹。年七十餘,人呼爲王三孃云。

監生李熙妻高氏　舉人高以正女。三十歲夫亡,守節四十五年。

徐遴妻屠氏　二十五歲夫亡,遺腹生一女,適生員李玨。家貧,事舅姑以孝聞。年六十。

王埴妻周氏　生員周元美女。三十歲夫亡,無子。通賦積欠,皆紡紝以償。母家憐其貧,將授以田舍,使移居,周誓守舊宅,堅不肯歸。苦節四十年。

知縣吳奕俊妾馬氏　奕俊令海豐,馬生子大受,甫兩月而寡。絕無宦橐,隨嫡金氏,間關五十里[2],扶櫬回家,撫其子成立,人稱雙節。

朱士清妻曹氏　二十二歲夫亡,無子。事姑至孝。躬勤紡織,以佐甘旨。年六十七。學使彭始搏表其門。

徐敏公妻翁氏　二十五歲夫亡,止一女,適張元鈞。相依以老,守節四十五年。

李瑞禎妻駱氏　二十二歲夫亡,翁姑相繼歿,拮據以完喪葬。撫二歲孤天培成名。守節六十餘年,學使彭表之。

生員蔡珩妻錢氏　夫讀書齋志,早亡,無子,撫從子爲嗣,事姑至孝。守節三十餘年。

吳天柱妻屠氏　二十八歲夫亡,撫從子承烈成立。守節三十五年。孫女甫笄,適杜繩其,五月寡,哀毀不半年卒,亦以節著。

張惠妻葛氏　十八歲夫亡,訓孤成祖入泮。翁姑去世,葛亦相繼卒,守節三十三年。

顧再問妻張氏　二十歲夫亡,無子,繼從子鳳爲後,紡織自給。守節四十餘年。鳳補諸生。

徐燦日妻迮氏,生員元旆妻喬氏　迮十八歲夫亡,子元旆爲諸生,娶喬,亦十八歲而寡。迮年七十,喬年五十三。

項維時妻高氏　三十歲夫亡,子女俱歿,苦節三十餘年。孫女適陸,年甫十八亦寡,守節以終。

陸項氏　維時孫女也。十八歲夫亡,守節以終。

生員李峻妻錢氏　二十五歲夫亡,事姑盡孝,撫繼子開旭備極劬勞。

生員程琮妻陶氏　夫亡,無子,甘貧矢守,苦節五十六年。

毛穉登妻朱氏　婚甫六月夫亡,舅姑年邁,孝養備至。守節四十年。

姜西雕妻毛氏　穉登遺腹女也。早寡,無子,守節三十年。

黃兆熊妻陸氏　二十九歲夫亡,太翁、翁姑俱在堂,陸竭盡孝養。姑先歿,遺幼叔與己子,同撫成立。

周伯元妻沈氏　二十九歲夫亡,斷髮矢志,守節五十三年。

沈介山妻馮氏　二十八歲夫亡,家貧,孝事舅姑,苦節五十年。

周侍川繼妻李氏　二十七歲夫亡,家無擔石,矢志不移。年九十六卒。邑令爲文弔其墓。

生員趙采妻陸氏　二十六歲夫亡,無子,棄物毀容,矢志以終。

陳國英妻杜氏　二十七歲夫亡,平時嚬笑不苟,能以禮法嫻其子女。年六十三。有女文姑,以貞烈著。

郭亮鴻妻王氏　二十六歲夫亡,孝事舅姑。守節五十餘年。

生員鄒平妻沈氏　夫亡守節，訓子成立。

楊振先妻張氏　二十歲夫亡，守節三十五年。

生員黃源倬妻朱氏　二十五歲夫亡，子必復方三齡，撫之成立。

王奕封妻馬氏　二十四歲夫亡，舅姑先歿，依兄馬存廬，教子勤學，復殀。苦節五十七年。

張振之妻吳氏　二十四歲夫亡，撫從子成立。守節五十七年。

朱叔禮妻張氏　夫亡，外侮疊至，堅志苦守。撫子昌辰、曒辰成立。守節四十年。

徐君輔妻周氏　二十歲夫亡，以紡織自給，守節五十年。

訓導錢燾妻史氏，妾朱氏　史十八歲夫亡，同妾朱撫孤，事翁姑最孝。人稱雙節。

沈延祚妻吳氏

朱茂峰妻陸氏

宗雲秀妻鄺氏

張佩妻朱氏

張文祖妻金氏

沈德元妻顧氏

鄒洙妻胡氏　以上見《浙江通志》，事蹟無考。

生員平章妻萬氏　十九歲夫亡，苦守養姑。姑卒，夫妹歸沈亦寡，迎養之。守節四十餘年，人稱雙節。

平沈氏　少寡，守節。

狄佐唐妻賈氏　二十九歲夫亡。鄉居罹盜，執賈拷金，子來玉號奔請代。賊兩釋之。守節四十餘年。

生員宗彝甫妻俞氏　夫早亡，子殀。苦守四十七年。

生員鄒重崍妻徐氏　二十四歲夫亡，矢志撫孤，苦節三十餘年。

金文英妻談氏　二十歲夫亡，刺繡自給，守節五十一年。巡按表其閭。

張亨妻單氏　夫亡，力撐門户，撫嗣子成立。鹹使李表之。

舉人謝岳鏌妾錢氏　年二十四岳鏌亡，子珠樹方在襁褓，撫育成立。守節四十餘年。

沈自醇妻翁氏　二十九歲夫亡，撫二孫成立。守節四十五年。

王大觀妻沈氏　大彭里人，二十一歲夫亡，養姑撫子。守節四十年。

生員沈之琦妻吳氏　三十歲夫亡，訓子成立。守節二十三年。

周之屏妻陳氏　夫亡，事舅姑盡禮，撫育二孤。守節三十餘年。

聞嘉評妾楊氏　二十一歲嘉評亡，苦節五十餘年。知縣梁沖霄表之。

金殿鼎妻屠氏　未三十歲夫亡，子女伶仃，婚嫁畢，奉佛二十七年卒。

仲某妻高氏　貢生仲大勳子婦。二十一歲夫亡，守節七十餘年。御史王給匾表之。

縣丞顧徐祚妻陳氏，妾張氏　陳夫亡，同妾張氏撫三歲孤成立。年八十卒。知府許焕表之。

生員王永謨妻吳氏　二十五歲夫亡，守節二十五年。

包瑞卿妻王氏　十九歲夫亡，撫遺腹一女。守節三十年。

朱維清妻陸氏　二十七歲夫亡，以《孝經》《小學》課其子女。守節四十餘年。

吕顯祖妻徐氏，媳朱氏　顯祖亡，與子婦朱氏孀居，苦持門户，守節三十餘年。

顧文相妻徐氏　永豐里人。二十三歲夫亡，敬事老翁，撫養遺孤。年七十三。

姜紹芳妻錢氏　二十一歲夫亡，力養舅姑，教子遊庠。守節五十六年。學使許表之。

宗餘饉妻仲氏　宗貧甚，愧不能娶，屬另字。仲誓死無二志，年踰三十始歸宗，志操皎然，人咸稱之。

宗文達妻徐氏　三十歲夫亡，撫孤成立。

沈杰妻包氏　三十歲夫亡，守節四十四年。

王夢斗繼妻陸氏　二十九歲夫亡，子璠方彌月。時土寇起倉猝中，值翁病歿，喪葬成禮。年六十三。

戴長繼妻姚氏　夫亡教子，樹德成立。守節四十年。

沈瑤妻潘氏　二十一歲夫亡，家貧荼苦，撫三歲孤成立。

許嘉誥妻姬氏　姚處士士舜有《傳》。

給事中沈士茂妾王氏　年未三十士茂亡。依壻徐士澂居，性端重，訓諸甥女甚嚴。年八十六。

周錫綵妻姚氏　二十五歲夫亡，撫孤守節四十餘年。

陸憲章妻馬氏　二十五歲夫亡，守節四十年，御史李以額表之。

生員盛翊妻高氏　十六歲婚未及脊夫亡，高哀毀不欲生，縞衣茹素以自誓。叔母孫即高姨母，素著賢行，撫高如己女。時往依焉。孫歿，高鬱鬱成疾。年四十一。

沈雲來妻徐氏　二十一歲夫亡，無子。餓旬日不死，撫從子拓垣。守節五十年。學使王給"巾幗流芳"額。

包㭰芳妻沈氏　歸包八年，夫亡，孤世燦繾八齡，撫字二十年，娶韓氏，生孫而寡，同守苦節，以終其身。

姚彥倫妻丁氏　二十九歲夫亡，撫從子知三成立。長娶王氏，二十亦寡，日夜紡織，以事姑。知三子禹濱妻徐氏二十二歲又寡。丁守節四十四年，王守節五十餘年。

張恒山妻吳氏　二十八歲夫亡，守節六十二年。

姚景賢妻王氏　二十歲夫亡，守節五十年。

顧筼友妻姚氏　二十四歲夫亡，子明也妻張氏，年二十六亦寡。婦姑相依，苦節以終。

姚庭翼妻周氏　二十歲夫亡，守節五十三年。

金榜書妻吳氏　夫亡無子，撫嗣子世德，長娶屠氏，亦早寡守志，荼苦終身。

張思默妻沈氏　二十九歲夫亡，守節三十年。

施大倫妻姚氏　二十三歲夫亡，守節三十五年。

胡景垣妻姚氏　二十七歲夫亡，守節三十三年。

顧有恒妻張氏　十九歲夫亡，守節四十一年。

生員張自牧妻朱氏　二十八歲夫亡，守節五十三年。

范聖衡妻胡氏　二十八歲夫亡，守節五十四年。

生員王咸臨妻沈氏　二十七歲夫亡，守節七十年。

王留青妻時氏　二十六歲夫亡，守節六十年。

王裕昆妻莫氏　十六歲適王，十八歲夫亡，守節十一年。學使給"瑤池冰雪"額。

王元英妻魯氏　二十九歲夫亡，守節三十四年。

王紹光妻孫氏　二十八歲夫亡，守節三十五年。

陸受茲妻沈氏　二十五歲受茲亡，無子。有諷其改適者，沈曰："吾雖不讀書，然聞婦人從一而終，越禮之事不願為也。"守節五十五年。

張軼群妻李氏　二十二歲夫亡，守節三十三年。

朱洵中妻楊氏　二十六歲夫亡，守節四十五年。

金夏重妻劉氏　二十二歲夫亡，守節五十餘年。

劉南渠妻李氏　二十二歲夫亡,守節三十一年。

陶世寧妻謝氏

吳以德妻張氏

李鄂妻王氏　夫亡,守節三十年。

李忠妻張氏　二十六歲夫亡,守節五十七年。

李鳳陽妻胡氏　三十歲夫亡,家極貧,或勸攜孤擇所適。胡益毀容操作,易粟爨糜歠之。後稍自給,將娶婦而子殤。胡晨夕撫棺哭,旋卒,年五十有二。鄉人咸稱爲貞婦慈母云。

貢生李天一妻繆氏　繆泳女。婉靜有家法。二十歲夫亡,痛不欲生,姑慰諭之乃止。事姑盡孝。

鹽院李陳常妾周氏　陳常歿於官,周二十四歲,撫子宗智,克嗣先業。守節三十六年。

知府李宗渭妾王氏　宗渭病篤,割股和藥以進。及歿,王二十六歲,矢志守節,年七十。

李學圃妻張氏

李銘復妻張氏　十九歲夫亡,無子。翁繼歿,拮据喪葬,與姑相依,克盡孝道。年五十。

生員李如玉妻錢氏　二十一歲夫亡,父母憐其少,餂以言,輒欲自戕,居恒獨處一室,戚黨罕見其面,年七十一。

馬賓祥妻鄒氏　三十歲夫亡,遺孤慶臻四齡,教養成立。守節三十七年。康熙間,傅方伯澤淵表其閭。雍正初,陸太常昭琦暨邑令湯友信均以額表之。

生員李尚鑑繼妻馮氏　二十五歲夫亡,撫訓二孤。年八十八。

監生李顯宗妻朱氏　二十三歲夫亡,誓守苦節。年八十一。

江承模妻姚氏　二十九歲夫亡,撫孤成立,茹素終身,守節二十年。

王石山妻周氏　二十九歲夫亡,孝事翁姑,守節五十二年。

方鼎元妻王氏　二十六歲夫亡,侍養翁姑,經營喪葬,年七十五。

黃瑜妻胡氏　二十四歲夫亡,矢志撫孤,守節二十年。

呂荃妻章氏　十八歲適呂,半載夫亡,遺腹生子文遇。家貧無依,紡織自養。年七十五。

徐天石妻吳氏　十九歲夫亡,操作勤苦,以養翁姑,守節二十四年。

生員徐經畬妻張氏　二十五歲夫亡,侍奉翁姑,撫孤育女,守節二十七年。

葛陳萊妻史氏　二十歲適葛,甫三月夫亡,遺娠子亦早死。煢煢荼苦,守節六十年。

監生姚江徹妻陳氏　二十五歲夫亡,事翁姑甚孝,教子壽曾中副榜,守節二十五年。

吳人和妻殳氏　二十六歲夫亡,撫孤欽文成立,孝事媌姑。年四十三。

褚學巖妻陸氏　二十八歲夫亡,家貧無子。紡織奉姑,姑病,願以身代。年七十五。

陸耀宗妻吳氏　二十八歲夫亡,撫嗣子慎齋,及娶婦,相繼逝。吳一生勤苦至六十六卒,守節四十年。

張建侯妻吳氏　二十九歲夫亡,事姑三十年,始終不懈,守節四十二年。

周寶儒妻梅氏　二十三歲夫亡,撫嗣子振西成立,守節四十三年。

李義有妻褚氏　二十九歲夫亡,守節四十九年。

盧翰陞妻陸氏　二十七歲夫亡,守節三十一年。

姜壽官妻朱氏　二十九歲夫亡,守節二十二年。

顧映薇妻吳氏　二十三歲甫婚。夫暴亡,有諷其歸母家者,不從。事姑孝,撫娣之子如己出。年四十九。

張甫田妻王氏　二十六歲夫亡,守節十六年。

盛錫璋妻朱氏　二十二歲夫亡，撫孤娶婦，子亦亡，同婦撫孫廷璋，又殀，痛哭數月，目成瞽。年六十九。

黃學乾妻支氏　二十四歲夫亡，事翁姑孝，撫夫從子永基。守節三十二年。

監生吳炎妻曹氏　三十歲夫亡，兩子尚幼，延師課讀，不以貧乏廢業。守節四十三年。

褚宏昭妻戴氏　二十六歲夫亡，無子。守節四十七年。

陸景巖妻葉氏　二十三歲夫亡，無子。守節四十五年。

程維新妻張氏　二十歲夫亡，撫遺腹子養卿成立。守節五十二年。

王明揚妻石氏　三十歲夫亡，守節三十八年。

浦文昇妻吳氏　二十八歲夫亡，無子，撫夫從子濬爲嗣。守節三十五年。

費東巖妻曹氏　二十一歲夫亡，無子。翁客游於燕，姑目雙瞽，曹紡織侍養，孝敬備至。年七十卒。

貢生壻金煜繼妻曾氏　二十七歲夫亡。遺三子，長九齡，次溶、江俱幼，悉心撫育。親戚中有施某氏、成某氏俱嫠居，貧苦善養以終。守節四十八年。

奚漢瑞妻蔣氏　二十九歲夫亡。撫育三子成立。守節五十五年。

生員陳宗實妻何氏　二十四歲夫亡，守節四十年。平湖陳嗣龍書“勁節扶風”額以表之。

陳宗寶妻程氏　二十九歲夫亡，守節二十九年。

王依陶妻朱氏　二十九歲夫亡，撫夫從子大鼇。守節二十五年。

沈大德妻陸氏　二十三歲適沈，甫五月夫亡，守節四十年。

于昌言妻潘氏　二十八歲夫亡，絕粒三日，其母、弟灌以粥湯得蘇。守節五十年。

潘尚文妻黃氏　二十七歲夫亡，姑繼歿，撫幼叔成立。守節四十六年。

柏松巖妻王氏　二十八歲夫亡。家貧，紡織養姑。姑歿，拮據殯葬。守節四十五年。

楊思九妻吳氏　二十四歲夫亡。撫夫從子時會成立。守節四十五年。

端士妻王氏　三十歲夫亡，生子德音甫三月。織作奉姑。年九十六。

金綸繼妻鍾氏　二十四歲夫亡，撫夫從子勤補爲嗣，教養兼備。守節四十六年。

吳不群妻周氏　十九歲夫亡，遺腹子殤，撫夫從子汾爲嗣。年五十二。

洪佩玉妻王氏　二十一歲夫亡，無子。家貧，時苦凍餓，績紡不輟。夫叔思正憫其孤苦，養膳之。年五十。

金巨鱗妻馮氏　二十五歲夫亡，無子。撫夫從子啟賢爲嗣。守節四十一年。

張南軒妻姚氏　十四歲婚，一月夫溺死，姚痛絕復蘇者再。尋叠遭翁姑喪，竭蹶支辦。守節三十九年。

董世樑妻姚氏　三十歲夫亡。家貧，無子。以哀痛致疾，越九年卒。

錢始璜繼妻周氏　二十六歲夫亡，撫孤思治成立。守節三十三年。

張翮妻金氏　二十六歲夫亡，遺孤彙征甫三歲，鞠育成立。守節三十一年。

杜元章妻陳氏　二十八歲夫亡，訓孤士俊讀書，補諸生。守節二十六年。

王尚卿繼妻金氏　二十六歲夫亡，撫孤漢臣。守節三十六年。

徐燦皋妻朱氏　二十七歲夫亡，止一女。事姑孝，日進甘旨，而以粗糲自奉。守節四十二年。

陳世德妻張氏　二十二歲夫亡，無子。事翁姑盡孝。守節三十六年。

生員車枚琛妻汪氏　三十歲夫亡。孝事翁姑，撫孤成立。守節三十九年。

監生車椿佩妻顧氏、妾李氏　夫亡時顧二十八歲，李二十二歲，俱無子。撫夫從子學謙爲嗣，矢志如一。顧守節二十五年，李守節二十七年。

莊羽音妻王氏　三十歲夫亡，無子。歸依母家。守節三十六年。

沈大川妻徐氏　　十九歲夫亡,遺孤二月。家貧無依,紡織度日。守節十六年。

倪維嵩妻李氏　　三十歲夫亡,撫三子成立。女紅所入,悉償積逋。并贖先世遺田數畝,然以勞瘁致損兩目。年四十四。

姜廷岳妻祝氏　　十九歲夫亡,遺娠生子,撫育成立。守節五十二年。

馮聚功妻陸氏　　二十九歲夫亡,守節三十四年。

張光也妻李氏　　二十三歲夫亡,遺孤僅週歲日,勤女紅,撫以成立。年七十。

生員馬恂如妻蔣氏,玉階妻鍾氏　　蔣三十歲夫亡。遺孤玉階弱冠即抱痿症,娶鍾氏,扶掖成婚。鍾性貞靜,奉姑甚孝,亦三十而寡。姑七十一歿,苦節三十九年。鍾悲慟過甚,兩目漸盲。守節二十九年。

董名世妻馬氏　　二十三歲夫亡,守節三十七年。

沈朗懷妻楊氏　　二十一歲婚,七月夫亡,無子。守節以終。

魏舒千妻張氏　　二十八歲夫亡,撫遺娠子孝先。守節五十年。

高尊先妻王氏　　二十四歲夫亡,撫遺娠子保林。守節三十四年。

監生朱枋妻許氏　　二十九歲夫亡,矢志撫孤。守節四十九年。

生員朱宏基妻周氏　　二十七歲夫亡,撫孤成立。守節三十五年。

胡順昌妻陳氏　　二十八歲夫亡,守節二十九年。

顧樹蘭妻黃氏　　二十一歲夫亡。孝事寡姑,撫夫從子爲嗣。守節四十年。

吳祐妻沈氏　　二十九歲夫亡。夫病篤時,割股作糜以進。及歿,哀慟幾絕。苦節二十二年。

沈廷璧妻施氏　　三十歲夫亡,守節四十七年。

黃泰和妻錢氏　　二十四歲夫亡,守節五十八年。

陸汝夒妻石氏　　二十四歲夫亡,無子。日勤女紅,以養翁姑。守節四十九年。

陸汝茂妻倪氏　　二十四歲夫亡,無子,撫夫從子承錫爲嗣。守節四十二年。

陳體元妻李氏　　二十五歲夫亡,即棄幼女,服鹽汁,家人救免。以苦節卒。

馮補君繼妻許氏　　二十六歲夫亡,家貧無子,守節三十八年。

胡定國妻陶氏　　二十一歲歸陶,踰年夫亡,無子。翁姑貧老,紡織爲活。守節六十年。

陳聚元妻錢氏　　二十九歲夫亡,守節六十四年。

陳維倬妻張氏　　二十八歲夫亡,守節二十四年。

王遠升繼妻孫氏　　二十六歲夫亡,守節三十三年。

生員胡斗光妻姚氏　　二十八歲夫亡。紡織膳姑,給二子衣食。守節四十六年。

方東表妻崔氏　　二十六歲夫亡,守節二十八年。

沈大德妻姚氏　　二十九歲夫亡,營葬翁姑,撫育孤子。

監生馮覲揚妻杜氏　　三十歲夫亡,守節三十年。

鄧聚三妻李氏　　二十七歲夫亡,撫週歲孤成立。守節四十七年。

崔晴巖妻徐氏　　二十五歲夫亡,守節二十三年。

沈敦素妻王氏　　二十九歲夫亡,撫二孤成立。守節三十九年。

顧震妻朱氏　　二十一歲夫亡。事夫之祖父母及母盡孝,撫孤以慈。守節十五年。

王能豫妻沈氏　　二十九歲夫亡,撫育遺孤,守節四十四年。

王鑌妻朱氏　　二十九歲夫亡,無子,守節四十一年。

范廷璋妻俞氏　　三十歲夫亡,守節二十四年。

馬質均妻富氏　　二十五歲夫亡。姑早殁,侍老翁病不稍懈。及卒,哭泣失明。富之葬夫也,或阻之。翁欲鳴諸官,富曰:"皆我墳鄰,何忍傷諸?"里人感愧,卒得安葬。守節二十六年。

王廣文妻夏氏　　二十二歲夫亡,親戚奪其志。夏乃歸依母家,撫孤策名成立,守節三十九年。

陳調元妻吳氏　　二十九歲夫亡,撫從子大烈爲嗣,守節四十九年。

丁灝亭妻許氏　　二十八歲夫亡,守節四十年。

王道坤妻鄭氏　　二十五歲夫亡,家貧,無子,守節四十七年。

金均妾毛氏,聲繼妻高氏　　毛二十二歲均亡。生子不育。嫡子聲繼妻高氏二十八歲而寡,一女甫三齡,前子女四人皆幼,高與庶姑互相撫育,訓子鼎潤讀書成立。毛六十三歲,高七十六歲,各守苦節四十餘年。

麗斌瑞妻金氏　　十八歲夫亡,守節六十一年。

俞序賢妻金氏　　二十九歲夫亡,守節四十三年。

程友山妻王氏　　二十七歲夫亡,撫遺腹子撰章,守節五十二年。

吳金蘭妻戴氏　　二十九歲夫亡,紡織以事翁姑,撫孤成立,守節三十七年。

俞萬程妻施氏　　二十二歲夫亡,撫嗣子文煥,守節三十四年。

朱南仲妻曹氏,一峰妻鄒氏　　曹二十六歲夫亡。遺孤一峰僅四歲,長娶鄒氏,三十亦寡,遺孤大椿六歲。祖姑楊患疽毒,鄒奉湯藥,踰年不倦。曹守節二十三年,鄒守節二十年。

楊士芳妻潘氏　　二十八歲夫亡,撫孤永通。守節五十二年。

馬遠威妻張氏　　二十三歲夫亡,守節四十三年。

【校注】

　　[1] 按:光緒《嘉興縣志》卷二十九《節婦一》"沈茂祖妻黃氏"條亦作"巡撫王元曦表其門"。乾隆《披縣志》卷四《人物·政治》:"王元曦,字伯馭。順治壬辰第進士,選庶常,改御史,巡按浙江。浙壤接八閩,時海寇跳梁,爲民患,元曦招攜解散,境內獲安。章奏條教,一泚筆灑灑數千言,皆手自削稿。還朝,晉鴻臚寺卿,旋授山西巡撫,未抵任所,以疾卒,年三十九。"雍正《浙江通志》卷一二一《職官十一·巡按御史》:"王元曦,山東人。順治壬辰進士。十三年任。"故"巡撫"是"巡按"之誤。

　　[2] 按:乾隆《海豐縣志》卷□:《秩官·知縣》:"吳奕俊　順治八年任,浙江人。"從廣東海豐回浙江嘉興,無論走內河,還是走海路,絕不可能只有"五十里"。疑里程有誤,抑或千五百里差近。

嘉興府志卷六十八

〔列女五〕

列女節婦

嘉興縣中

國 朝

監生鍾惟序妻朱氏　二十九歲夫亡，守節四十二年。

生員胡東昇妻莊氏　十九歲夫亡，守節二十二年。學使周給"芳流幽畹"額。

徐峻天妻孫氏　十九歲夫亡，翁姑微餂之，孫大哭曰："我寧死，不忍也。"家貧，紡織供甘旨，守節四十年。

孫銓妻汪氏　二十二歲適孫。夫疾，謹奉湯藥，每夜祝天請代。及亡，汪年二十八，慟不欲生。念孀姑無依，勉起奉侍，族郙咸以賢孝稱之。

張方行妻李氏，恭行妻李氏　娣姒也。如二十二歲夫亡，無子，事翁姑以孝聞。夫弟恭行妻李氏，二十四歲亦寡，有一子。各守節二十八年。

韓鑑盈妻李氏　二十七歲夫亡，無子，止二女，撫從孫尚友爲夫後。守節四十五年。王飛捷有《傳》。

施永哲繼妻屠氏　二十六歲夫亡，撫前子成立。守節四十年。

沈某妻鄭氏　二十二歲夫亡，副將實誠表其閭。

顧耀廷妻萬氏，徐常妻邱氏，夏珍妻陸氏　萬十八歲夫亡，遺腹生子明甫，撫以成立。守節四十八年，邑令高表其閭。孫徐常娶邱氏，亦早寡，撫孤夏珍，教養兼備，學使鄧給"書臺畫荻"額。夏珍有瘵疾，娶陸氏，成婚兩月而亡，陸年二十五，撫從子金濟爲嗣，守節三十七年。

生員許重珍妻孫氏　夫亡，孝養舅姑。子築岩有介節，客於燕。乃依姪終老，年八十八。

陳曰銘妻王氏　二十六歲適陳，數月夫亡，守節四十五年。

某學安妻徐氏　二十五歲夫亡，舅姑逼其他適，乃依母家守志。舅姑歿，哀毀盡禮。撫夫從子漢佐爲後。年五十五。

李占瀛妻姜氏　二十六歲夫亡，子鏑僅二歲。孝事翁姑，并周急親黨。守節四十年。

沈天聚妻周氏，二十九歲夫亡，紡織奉姑。姑歿，或以無子勸之嫁，志終不移。嘗冬月衣絺衣操作，勿以爲苦。年六十六。

監生顧文謨妻卜氏　二十九歲夫亡，遺孤就塾，拮據具修脯。守節四十八年。

沈元愷妻張氏　十九歲婚，六月夫亡。供老翁甘旨。翁歿，爲夫立嗣。守節三十一年。

沈永明妻湯氏　二十四歲夫亡，凡夫附棺之具，湯爲猝辦，并償夫宿逋。守節四十四年。

黃本調妻袁氏　二十七歲夫亡，獨居一樓，人罕見其面。守節四十三年。

施秉忠妻計氏　二十九歲夫亡，遺孤褓褓，饔飧莫給，每日煮麭以充饑餓。守節三十六年。

鄒秉恒妻郁氏　二十六歲夫亡，撫夫從子大爲，備極勤苦。守節五十年。

沈思安妻徐氏　二十六歲夫亡,止生一女,依母家紡織度日。葬夫嫁女,出自十指。

曹柱臣妻何氏　二十三歲夫亡,撫夫從子成立,拮據婚娶,年五十九。

王紫祥妻錢氏　二十八歲夫亡,撫夫從子爲嗣,守節四十餘年。

許照妻李氏　二十七歲夫亡,守節四十二年。

王重璋妻張氏　二十四歲夫亡,無子,守節五十九年。

生員徐淵妻陳氏　夫聰穎過人,而賦質羸弱[1],以攻工咯血死。陳二十八歲,無子,守節三十年。

沈太乾妻章氏　二十五歲夫亡,即自縊,姑急救得免。年六十一。

陸錫珩妻錢氏　二十五歲夫亡,守節十七年。

生員陸溶妻沈氏　二十歲夫亡,家貧,籌燈紡織,寒暑勿輟。守節三十六年。

劉維通妻周氏　劉係處州衛運丁,寄居邑之北板坊。周年二十三夫亡,撫夫從子肇魁。守節三十年。

吳光明妻倪氏　二十八歲夫亡,撫孤子偉。守節四十二年。

吳煒妻陸氏　二十六歲夫亡,撫孤大埈。守節十九年。

朱德興妻沈氏　二十五歲夫亡,事寡姑,撫稺叔,訓孤子,艱辛備歷。守節四十五年。

董孔傳妻錢氏　二十九歲夫亡,守節四十八年。

馬永源妻顧氏　二十九歲夫亡,守節五十一年。

朱昌仕妻吳氏　二十七歲夫亡,事翁以孝,撫嗣子成立。守節十五年。

監生盛文元妻沈氏　二十七歲夫亡,性好施。乙亥歲饑,命子兆熊、兆龍買米周鄉里。年九十二。

州同錢德揚妻張氏　二十四歲夫亡,守節四十八年。

朱錦雲妻張氏　二十五歲夫亡,守節三十年。

張悅堂繼妻徐氏　二十五歲夫亡。夫病篤時,徐吞錢求死,翁姑以藥救之。年八十。

劉庭鍾妻鄭氏,妾曹氏　鄭夫亡,事本生媚姑,克盡賢孝。學使王書“矢志栢舟”額給之。妾曹氏二十九歲寡,與嫡爭欲死殉,見者莫不墮淚。年六十六。

曹大本妻俞氏　二十九歲夫亡,守節五十一年。

王又通妻張氏　二十九歲夫亡,守節二十一年。

錢駿發妻王氏　三十歲夫亡,守節三十四年。

監生鄭元堡繼妻張氏　二十八歲夫亡,孝事尊嫜,撫幼子成立。守節四十一年。

李建中妻嚴氏　二十六歲夫亡,守節二十五年。

計有年妻周氏　二十六歲夫亡,遺一子,甫婚,旋歿,無戚族,又無立錐之地。年七十六以苦節終。

姚思珍妻衛氏,硯齋妻魏氏　衛二十一歲夫亡,拮據喪葬,撫夫從子硯齋,又早世,婦魏氏時二十六歲。兩世媚居,荼苦最甚。魏旌年五十六,衛守節五十五年。

舉人沈城繼妻于氏　二十九歲夫亡,撫嗣子銘成立,守節三十六年。

監生鄭明霞妻富氏　二十五歲夫亡,撫育兩孤成立,守節四十八年。

陳福三妻顧氏,世昌妻邱氏　顧早寡,撫遺腹子世昌,長娶邱氏,亦寡,無子,撫嗣子國泰成立。

吳士俊妻李氏　二十九歲夫亡,止遺一女。姑性卞急,李婉曲盡孝。訓嗣子世奇成立。苦節三十年。

糜篆玉妻劉氏　二十三歲婚,未幣月夫亡。誓不欲生,念祖姑高年,姑嫠居臥病,無人侍養,乃忍淚含哀,晝夜操作,以佐甘旨。祖姑守志五十餘載,劉命嗣子掌衡請旌建坊。後掌衡以瘵疾不起,劉無所歸,歿于弟劉良臻家。苦節五十年。

譚孚遠妻潘氏　二十六歲夫亡,生子君楫甫十月,辛勤撫育。守節五十年。

沈廷翰妻顧氏　二十七歲夫亡,痛哭流血,雙目幾瞽。家貧,紡紗養姑,育嗣子。守節四十八年。

沈餘慶妻謝氏　二十四歲夫亡,翁姑早歿,夫弟僅十齡,遺孤俱幼,後患痘危,謝焚香禱天,痘竟起。守節五十三年。

江燦妻屈氏　二十七歲夫亡,家貧,翁老,甘旨無缺。撫子墉堃成立,學使賨給"筠節松心"額。守節二十四年。

孫廷魁妻顔氏　二十六歲夫亡。翁姑病,禱天願以身代。及歿,殯殮合禮。守節四十年。

鄭某妻徐氏　二十五歲夫亡,舅姑屢逼之嫁,徐乃依棲母家。撫夫從子浩然爲子。年六十二。

通判莊倫妻褚氏　二十七歲夫歿於京邸,銜哀忍死,孝事舅姑,撫育繼嗣。守節十七年。

姚思能妻張氏　二十六歲夫亡,撫夫從子爲嗣。翁年老,生養死葬,竭蹷支辦。年八十一。

陶維翰妻謝氏　二十三歲夫亡,無子,撫夫從子爲後。守節五十二年。

項敏思妻沈氏　二十一歲夫亡,無子,依棲母家。守節六十年。

徐某妻夏氏　横涇里人,二十七歲夫亡,無子,誓不再適。守節六十二年。

萬瀛洲妻倪氏　二十六歲夫亡,撫育兩孤,守節五十二年。

嚴覲光妻徐氏　二十九歲夫亡,撫子兆恒成立,苦節六十一年。

楊士偉妻程氏　二十一歲夫亡,生一子。家貧無依,紡織自養,苦節四十年。

高明農妻徐氏　二十九歲夫亡,無子,依夫從子敬威,紡織度日,苦節三十六年。

戴源端妻張氏　二十八歲夫亡,守節二十三年。

生員戴源吉繼妻丁氏　二十六歲夫亡,無子,守節五十年。

屠兆基妻沈氏　二十二歲夫亡,無子,翁姑相繼歿,拮据安葬,一身孑然。覓鄰媪爲伴,縫衣度日,苦節六十三年。

沈關通妻殷氏　二十九歲夫亡,貧甚,有勸再適者,誓死不從。撫二孤,又歿,乃撫嗣孤。苦節五十年。

史如筠妻鍾氏　夫習技墜馬死,鍾二十四歲,無子,以夫從子爲嗣。事翁姑以孝。守節三十九年。

嚴有王妻高氏　二十三歲夫亡,撫子孔昭成婚,後又殀,守節六十六年。見孫成立,少慰苦志云。

錢維章妻崔氏　二十四歲夫亡,遺孤方百日。孝事孀姑,忘其荼苦。守節三十一年。

楊天行妻張氏,媳某氏　張二十六歲夫亡,遺孤甚幼,比長,溺水死,張偕婦撫幼孫,事老姑。守節四十八年。

楊成之妻蔡氏　二十九歲夫亡,一子不育,屢欲從死。賴翁勸免,乃撫夫從子爲嗣。守節三十五年。

生員沈圭璋妻卜氏　性純孝,十齡時侍父疾如成人。及歸沈,孝事翁姑。二十七歲夫亡,撫嗣子熙成立。守節六十三年。

生員錢晉錫繼妻張氏　二十六歲夫亡,子玉成甫晬。張奉翁撫孤,竭盡心力。守節三十餘年。

吴心友繼妻倪氏　二十八歲夫亡,無子,煢煢孑立,苦節四十七年。

監生李詩妻金氏　二十九歲夫亡,教子若愚成立,守節三十九年。

金學洙妻高氏　二十七歲夫亡,守節二十五年。

陳容舒妻黄氏　二十八歲夫亡,守節二十四年。

鄭季園妻汪氏　二十二歲夫亡,撫孤成立,守節五十八年。

林宇春繼妻沈氏　二十三歲夫亡,撫遺腹子自源,備嘗荼苦。守節十六年。

施于政妻俞氏　二十八歲夫亡，無子，事老翁盡孝，撫繼嗣成立。守節三十四年。

施遇震妻潘氏　二十歲夫亡，奉嗣老翁至九十餘，生養死葬，靡不盡禮。守節五十年。

沈炘妻陳氏　二十九歲夫亡，守節四十四年。

陶又臻妻盛氏　二十八歲夫亡，遺孤又殀，守節十六年。

沈錫圭妻朱氏　二十三歲夫亡，子某業賈，恂恂有士行。守節四十一年。

倪介石妻徐氏　十九歲適倪，未期月夫亡，撫夫幼弟成立。守節六十四年。

徐武成妻嚴氏　二十六歲夫以救兄失足墮河死。母江氏老而無子，疾篤，嚴禱天願減己壽益母算。姑患癱瘓，奉侍十三年無倦色。年六十九。

王穎懷妻朱氏　十八歲夫亡，撫遺腹子應麟成立。年五十二。

沈德隆妻陳氏　二十一歲夫亡，事翁撫孤，力勤紡織。守節二十一年。

施其天妻陳氏　二十七歲夫亡，遺孤早世，復撫幼孫。守節三十一年。

徐士貴妻姚氏　二十一歲適徐，夫患臌垂絕，姚取刀截去左手無名指一節，示無異志。夫亡，勤紡織，事翁姑甚孝。翁病，割股以進。姑病，復割股，奉侍湯藥十五載不倦。守節三十年。

范安泰妻王氏　二十七歲夫亡，無子，以夫從子之戊爲嗣，未幾殀折，王悲傷彌月殁。守節五十年。

鄭天祥妻高氏　二十一歲夫亡，無子，撫夫從子振乾爲嗣。守節四十四年。

張鼎之妻吳氏　二十歲夫亡，遺腹子又殤。孝事翁姑，以夫從子加禄爲嗣，守節四十一年。

馬錫祺妻沈氏　二十五歲夫亡，無子，撫夫從子學波爲嗣。守節四十八年。

潘殿英妻俞氏　二十八歲夫亡，撫孤學乾成立。守節二十一年。

王芳蕙妻蔣氏，錫永妻陳氏　蔣二十歲夫亡，遺孤錫永甫五十日，教養成立，娶婦陳氏，二十八亦寡，遺二孤泰、浦俱幼。陳遵姑之訓，茹荼撫育。蔣守節四十九年。陳旌年七十一。

濮祖垣妻馮氏　二十六歲夫亡，守節四十七年。

濮廷鑒妻吳氏　二十九歲夫亡，守節三十年。

濮錦妻范氏　二十歲夫亡，婚僅四十五日。工吟咏。著有《鵑紅集》。守節十三年。

濮廷墉妻倪氏　二十五歲夫亡，遺孤鎔甫四齡。後遇痘危，倪號於宗祠，願以身代，夜夢廷墉以手撫鎔，痘乃起。及長，娶婦汪氏，忽相繼殁。遺子女五人，倪又爲鞠育，艱辛萬狀。年七十八。

陳壽昌妻唐氏　二十六歲夫亡，無子，以從子繼伯爲嗣，守節二十八年。

汪超容妻陸氏　二十八歲夫亡，撫子椿遠成立，守節三十七年。

邵啟君繼妻周氏　二十七歲適邵，婚四十五日夫亡。姑令再醮，周號泣覓死，屢救乃止。姑殁，周歸母家，竭盡孝養。守節三十一年。

高思艱妻馮氏　二十八歲夫亡，守節二十三年。

高達三妻王氏　二十八歲夫亡，守節三十六年。

孫永高妻周氏　雄雞橋人。二十八歲夫亡，無子，族人屢逼之嫁，誓死不從，紡織自給，年五十六。

邵念祖妻徐氏　二十六歲夫亡，遺姙孿生一子一女。徐力勤操作，以事寡姑，撫子繹堂，苦節二十年。

吳文潮妻屠氏　二十八歲夫亡，守節。

錢衍妻顧氏　二十一歲夫亡，撫孤之棟成立。

監生姜文騏妻翟氏　二十六歲夫亡，撫兄之子璪成立，守節三十六年。

程德純妻韓氏　二十八歲夫亡，守節四十年。

何世杰妻金氏　二十五歲夫亡，守節四十七年。

生員褚銓妻李氏、妾毛氏　夫亡時，李二十五歲，毛十九歲，均無所出。嗣子選，教之讀書成立。李守節五十七年，毛守節四十年。

戴本周妻陸氏，昌齡妻某氏　本周病篤，陸割股作糜以進，病稍痊。舉子昌齡甫三月，夫亡，陸二十一歲，哀號慟絕者數次。昌齡又早殀，陸率其婦撫遺孫。守節二十六年。

王景岩妻沈氏　二十九歲夫亡，家貧，鍼黹度日，撫孤成立。守節三十年。

高祥百妻婁氏　三十歲夫亡，家酷貧，婁飽糠粃，奉姑以甘旨。撫六齡孤成立。苦節二十五年。

胡蒼廷妻嚴氏　二十四歲夫亡，守節三十六年。

曹聖安妻富氏　二十八歲夫亡，守節二十六年。

姚汝賢妻儲氏　汝賢力學工詩，得瘵疾，儲禱於神，願以身代。夫亡，儲二十七歲，誓以身殉，翁姑慰諭乃止。後撫從子延齡爲嗣，以苦節終。

王嘉士妻吳氏　三十歲夫亡，守節二十五年。

聞志祖妻朱氏　二十二歲夫亡，守節二十六年。

沈天文妻吳氏　二十七歲夫亡，撫孤國宗。守節四十年。

顧大德妻朱氏　二十七歲夫亡。繼姑朱未婚守貞，克盡孝敬。撫子開疆成立。年七十。

監生吳維墉妻袁氏　二十九歲夫亡，夫患疾，時親奉湯藥，并爲割股。守節三十三年。

何履高妻姬氏　二十九歲夫亡，孝事翁姑。守節四十九年。

何滄柱妻袁氏　二十八歲夫亡，營葬翁姑。守節四十七年。

何簡霞妻張氏　二十九歲夫亡，事翁姑，郵孤子。守節五十二年。

何興揆妻趙氏　二十五歲夫亡，守節二十五年。

何思周妻周氏　二十八歲夫亡，守節四十三年。

張緼彪妻伍氏　二十四歲夫亡，守節六十二年。

葉兆芳妻顧氏　二十二歲夫亡，守節四十年。

王振先妻葉氏　二十六歲夫亡，守節十八年。

闕聖祥妻王氏，妾黃氏　王二十三歲夫亡，妾黃氏時二十歲，同矢苦志。王年四十四，黃年四十一。

李苪房妻張氏　苪房負才不遇，放浪於酒，以致病。張盡典簪珥供藥餌。夫殁，遺孤振緒十齡，張晝夜操作，訓課成立，以書法知名。守節四十四年。

吳敏求妻李氏　歸吳氏，翁節民爲松江守，姑已殁。敏求以應試殁京邸，李二十九歲。翁罷官，家計日落，孝養無缺。一子殀折，煢煢無依。勤女紅以自給。年七十餘。

生員吳登妻方氏　二十三歲適吳。夫幕游福建，殁于泉州。訃至，方幾不欲生，事孀姑盡孝。旅櫬歸，即安窀穸。立夫弟之子永臯爲後。守節四十年。

生員楊漢杰妻吳氏　十九歲適楊，二十六歲夫亡，止一女，在襁褓。時未有應繼者。家苦貧，依其弟四坤以居。撫女及笄，適秀水諸生吳鈞，以賢淑聞。吳年六十。

李復初妻王氏　三十歲夫亡，撫嗣子蟠華成立。年八十一。

章兆熊妻周氏　二十三夫亡，家貧，措葬翁姑及夫，撫周晬之孤成立。守節五十餘年。

生員錢一青妾沈氏　二十五歲一青殀，守節五十年。

顧繡虎妾陸氏　繡虎早亡，無子，孝事寡姑。年七十餘。

沈獻存妾楊氏　　十八歲適獻存。獻存歿，楊年二十七，撫子昌鏞成立，爲諸生。年九十。

監生李光暎妾陳氏　　十八歲適李。二十四光暎歿，生三女，教有閨範。年七十七。

生員楊爲裘妾周氏，艮妻沈氏　　周二十七歲爲裘死，嫡先歿，遺子四人，長漢、籌已成立，謙、益俱幼。周子艮尚在襁褓。一門穉弱，俱藉撫育。姑年老，奉侍甚謹。姑歿，有諷之再適者，周齧一指拒之。後艮又病歿，與其婦沈氏相依爲命。年六十七。

陳修遠妾王氏　　二十八歲修遠死，王守節四十八年。

知縣沈祖惠妾丁氏　　二十八歲祖惠以瘋病亡，或勸之嫁，則曰：「我去，誰事主母，誰撫嗣孫耶？」及嗣孫卒，復撫曾孫三人，紡織度日。守節三十七年。

監生褚鳳儀妾夏氏　　二十一歲鳳儀死，遺腹生子懷世，同嫡莊氏撫之。年五十三。

張介倫妾盛氏　　二十二歲介倫亡，守節三十年。

監生高金標妾浦氏　　二十五歲金標死，孤挺然尚幼，浦苦志撫孤，足不踰閫。年七十五。

褚河妾曹氏　　二十二歲河死，撫嫡子讀書成立。年七十九。

沈珏妾虞氏　　二十歲珏死，守節五十二年。

沈昭妾顧氏　　二十七歲昭歿，守節三十五年。

職員李原妾林氏　　二十九歲原歿，守節三十年。

江有容妾周氏　　二十六歲有容歿，遺孤四齡，茹茶撫之。年五十六。

載世然[2]妾袁氏　　二十二歲世然歿，無子，登一小樓，衣縞茹齋，日誦佛號數萬。

州同江灝妾姜氏　　二十歲灝歿，勤紡織，育孤子。守節四十一年。

貢生李三才妻張氏　　二十九歲夫亡，張以哀痛致疾，越十年卒。

顧天錫妻王氏　　二十歲夫亡，守節四十年。

監生陳雲錦妻吳氏　　二十二歲婚，五月夫亡，無子，撫夫弟之子煥文爲後。守節五十一年。

貢生陶又侃妾陳氏　　二十四歲又侃亡，守節四十七年。

王竹君妻朱氏　　三十歲夫亡，撫嗣子虞韶成立。事姑十五年，孝，無間言。年五十。

閔端妻陸氏　　夫亡，守節四十餘年。

監生馮之忠妻徐氏　　二十九歲夫亡，撫夫兄之亨子紳，爲諸生，守節四十五年。

湯軼恒妻張氏　　二十九歲夫亡，無子，鍼黹度日，守節三十六年。

王大忠妻褚氏　　二十三歲婚，越五載夫亡，絕粒誓死。翁姑曲慰之，乃強起。撫孤蘭蓀，弱冠而歿。復撫嗣子克興成立。翁目失明，奉事甚謹。守節三十餘年。

監生鄭祖謙妻李氏　　二十八歲夫亡，撫孤裕桂林成立。守節二十九年。

朱紹周妻曹氏　　二十八歲夫亡，止生兩女，長五齡，次遺腹生，撫育勤苦，奉事舅姑。苦節四十一年。

金文埰妻鍾氏　　二十九歲夫亡，撫二齡孤成立。

監生王元龍妻李氏　　元龍性豪邁，不事生產，李日營鍼黹以供養。元龍亡，李二十九歲。元龍生前所逋負，次第以償，曰：「毋使死者負疚也。」某年大水，李居濱河，水浸及之。李謂：「我未亡人，果淹水死亦願也。」已而，他屋皆傾頹，李之居獨無恙。乾隆辛巳十月二日夜半，李樓居未寢，樓下不戒於火，梯爲火所斷，人爭呼，勸其從樓躍下，不從，竟焚死。次日啟瓦礫，得屍，衣履結束甚固。

李師懃妻查氏，麒妻某氏　　查三十歲夫亡，遺子麒又早卒，與婦日夜紡織以食。旌年七十。

石天祿妻俞氏　　硤涇村田家女。二十四歲夫亡，無子，以夫兄天培次子麒爲後。旌年六十四。

平兆龍妻顧氏　二十二歲夫亡,痛絕者數四。姑年老,甘旨之奉,皆出自十指。旌年五十四。

畢履泰妻周氏　二十六歲夫亡,撫夫兄之子鳴和爲嗣。旌年八十五。

湯學光妻方氏　二十八歲夫亡,旌年八十五。

顧明德妻葉氏　十六歲夫亡,撫孤氃成立。旌年五十五。

監生汪廷佐妻徐氏　三十歲夫亡,旌年六十七。

湯耀昌妻邱氏　二十三歲夫亡,子殀,孝養舅姑。旌年六十五。

孫仁祖妻懷氏　十九歲夫亡,撫從子天瑞。旌年五十四。

生員蕭馨妻盛氏　二十七歲夫亡,訓孤國瑞以義方。翁姑年老,紡織奉養。旌年六十五。

戴復初妻戚氏　二十八歲夫亡,家貧,操作不少休。一子早歿,遺三孫,偕其婦撫之。旌年六十九。

生員金應枚妻馮氏　二十九歲夫亡,投繯服滷,俱救免。撫從子烆爲嗣。祖塋無產,馮捐置祭田五十畝。旌年五十三。

周虦梁妻吳氏　二十歲夫亡,將絕粒以殉,翁姑慰以立嗣,勉進勺水。侍奉翁姑甚孝。旌年五十六。

陳景芳妻顧氏,媳盛氏　顧二十三歲夫亡,遺孤四齡,撫育長大,娶盛氏,二十六亦寡,孫又殀。人稱雙節。

張蒼賢妻羅氏　二十九歲夫亡,家極貧,朝夕操作,積賣布錢,營兩世葬。旌年七十五。

李伯球妻陸氏　二十五歲夫亡,遺孤未晬。家貧,事姑盡孝。旌年五十五。

監生李元均繼妻夏氏　二十六歲夫亡,旌年六十。

生員李元坤妻張氏　二十五歲夫亡,撫三孤成立。旌年八十一。

陳序思妻張氏　二十二歲夫亡,有二子,其一遺腹生,撫之成立。旌年七十三。

陳晉妻李氏,章妻丁氏　李二十五歲夫亡,撫孤章,長而嗜學,入泮後以咯血早卒。遺孫一,與婦丁氏共撫之。

生員陳泗傳繼妻金氏　二十九歲夫亡,遺孤甫周,事翁孝敬,姒娣無間言。

王乙書妻朱氏　二十八歲夫亡,上奉翁姑,下撫三子,教養兼至。旌年七十六。

胡元復妻陶氏　二十二歲夫亡,旌年七十五。

沈鍾妻朱氏　二十四歲夫亡,勤苦持家,撫嗣子成立。旌年六十二。

屠永齡妻徐氏　二十八歲夫亡,孝媚姑,育孤子。旌年五十七。

倪錫鯤妻張氏　二十四歲夫亡,撫孤洪承成立。旌年六十三。

吳漢濱妻王氏　二十五歲夫亡。旌年五十八。

王維光妻胡氏　二十歲夫亡,無子。力作以事舅姑,養葬靡不盡禮。旌年五十六。

生員陳芬亭妻崔氏　二十九歲夫亡,事姑孝,訓子嚴。旌年五十九。

張筿洲妻陳氏　二十三歲夫亡,撫子女成立。旌年六十六。

張慎高妻李氏　二十九歲夫亡,無子,依母家,紡績自給。旌年六十四。

胡仲韜妻顧氏　二十八歲夫亡,撫夫兄子仁曾,又早歿,荼苦一身。旌年五十七。

李煐妻金氏　二十七歲夫亡,撫嗣子成立。旌年五十四。

監生葛崑妻王氏　二十七歲夫亡,營葬翁姑,延師課子。旌年五十六。

張鳳儀妻朱氏　二十九歲夫亡,事翁盡孝,撫嗣子用行成立。旌年六十二。

監生范廷宣繼妻朱氏　二十八歲夫亡,孝事舅姑,鞠育嗣子。年六十四。

生員吳嘉績妻施氏　嘉績力學能文,遭兄喪,哀痛成疾而亡。施二十九歲,遺孤汝珍甫三載,含辛茹荼,勖以讀父之書。旌年六十一。

陳商賢妻鄭氏　二十六歲夫亡,子方百日,教養成立。旌年六十四。

金雅頌妻劉氏　二十一歲夫亡,家貧,女紅度日。事舅姑以孝稱。旌年六十四。

周南庚妻浦氏　二十四歲夫亡,子殀,撫育一女。旌年五十二。

張邦耀妻王氏　二十四歲夫亡,旌年五十三。

監生李宗漢妻彭氏　二十六歲夫亡,撫孤鵬飛成立。旌年八十歲。

呂應元妻董氏　二十二歲夫亡。旌年五十二。

唐維垣妻張氏　二十九歲夫亡。旌年五十九。

陳德黃妻唐氏　三十歲夫亡。旌年七十一。

支楞亨妻史氏　二十五歲夫亡,閱十日遺腹生子大復,茹茶撫之。翁飛年老,奉事盡孝。經理家政,咸得其宜。旌年七十三。

陸晴川妻支氏　二十六歲夫亡,痛不欲生,引刃自刎,姑力救始免。旌年五十七。

陸乾飛妻徐氏　二十九歲夫亡,無子。撫夫從子雲亭爲後。事姑二十五載,定省無間。旌年六十。

孫天瀛妻高氏　二十三歲夫亡。旌年五十四。

姚樹琪繼妻金氏　二十七歲夫亡,遺孤尚在襁褓,撫前子純如己出。旌年四十七。

金惟青妻蔣氏　二十三歲夫亡,姑患癱痀,侍奉三年,無倦色。旌年五十六。

陳思仁妻姜氏　二十四歲婚,八月夫亡。撫繼嗣鈞,督責甚嚴。旌年六十。

吳亦坡妻張氏　二十一歲夫亡。家貧,拮據含殮。攜週歲孤珩,依插母家,紡織度日。旌年六十。

吳翼珠妻金氏　二十三歲夫亡,撫夫從子嗣伯成立。旌年六十六。

顧瑞龍妻陳氏　二十七歲夫亡,撫孤紹箕、紹裘成立。姑先歿,事翁三十餘年,頗盡孝敬。旌年八十四。

聞人銓妻高氏　十九歲夫亡,奉事祖姑及翁姑,撫夫兄子爲嗣。旌年四十九。

李廷標妻鞏氏　三十歲夫亡,旌年七十一。

張蒼玉妻褚氏　十八歲夫亡,家貧,無子,紡織自給。旌年四十九。

生員徐士鳳繼妻陸氏　二十八歲夫亡,孝事媚姑,撫育繼嗣。旌年六十二。

馮元彪妻吳氏　二十九歲夫亡。夫患痼疾,割股進之,不效。旌年六十二。

龔元德繼妻顧氏　二十四歲適龔,甫二月夫亡。艱苦矢守,旌年五十四。

金鞱妻沈氏　二十六歲夫亡,遺孤元貞甫一歲,教訓成立。旌年四十七。

俞汝驥妻孫氏　二十四歲夫亡,事翁姑竭盡孝敬,課子世業爲生員。旌年五十七。

張維梅妻金氏　二十六歲夫亡,事翁姑孝,撫嗣子有恩。旌年七十三。

生員倪錫蛟妻嚴氏　二十三歲夫亡,旌年六十六。

倪任遠妻周氏　二十八歲夫亡,營葬翁姑,撫育孤女。旌年六十九。

吳用昭妻俞氏　二十七歲夫亡,旌年六十八。

沈光暄妻陳氏　二十二歲夫亡,遺孤早世,撫孫成立。旌年五十。

沈魯元妻王氏　二十一歲夫亡,旌年六十五。

高晉賢妻楊氏　二十九歲夫亡,事姑撫孤。旌年七十六。

陳明周妻田氏　二十九歲夫亡,一子早殤。旌年六十四。

朱蘊山妻歸氏　二十五歲夫亡,遺孤大震未滿百日。翁早歿,事姑十餘載,克盡婦道。旌年五十六。

楊興宗妻蕭氏　　二十七歲夫亡,孝事翁姑,歿後力營殯葬。旌年五十八。

陳立蒼妻孫氏　　二十五歲夫亡,旌年五十七。

許國昌妻趙氏　　二十二歲夫亡,撫遺腹子世奇成立。旌年六十七。

孫樹至妻岳氏　　二十七歲夫亡,旌年七十八。

張方來妻王氏　　二十七歲夫亡,旌年五十六。

張建安妻唐氏　　二十六歲夫亡,旌年六十。

監生高天申妻顧氏　　二十六歲夫亡,旌年四十八。

徐陳範繼妻莊氏　　二十八歲夫亡,孝事繼姑,撫夫從子鈴如己出。旌年五十八。

沈文遠妻某氏　　二十九歲夫亡,孝養老翁。旌年七十一。

沈大基妻陳氏　　十九歲夫亡,撫遺腹子鋐成立。旌年五十六。

沈鈞妻屠氏　　二十七歲夫亡,有二子早殤,撫孫應祚成立。旌年六十二。

沈錫齡妻蔣氏　　三十歲夫亡,撫孤潤成立。旌年五十五。

吳御瞻妻金氏　　二十五歲夫亡,家貧,無子。旌年八十八。

俞新如妻錢氏　　二十五歲夫亡。旌年八十一。

陸汝蓁妻錢氏　　二十七歲夫亡,孝奉老姑。旌年六十六。

孫含質妻曹氏　　二十六歲夫亡,撫孤安潤成立。旌年五十九。

舉人吳士鏡繼妻鄭氏　　二十九歲夫亡。旌年五十四。

吳建山妻馬氏　　二十九歲夫亡,撫孤凝章,及長,娶婦,相繼而逝,遺一孫有基,馬教養之。旌年六十。

史秉良妻馮氏　　二十三歲夫亡,事老翁,撫嗣子,紡織不輟。旌年六十二。

陶琬妻姚氏　　二十二歲夫亡,孝事孀姑。旌年六十三。

施時行妻徐氏　　二十四歲夫亡,事孤盡孝,訓孤元鼎、元鐘,俱爲諸生。旌年六十三。

陶薦周妻王氏　　二十歲適陶,未幾夫亡。姑繼歿,殯奠盡禮。旌年五十四。

監生吳越千妻張氏,祥明妻湯氏　　張二十二歲夫亡,遺孤祥明生甫六月,以老姑在堂,不忍死殉。課祥明甚嚴,長娶湯氏,婚未半載亦寡,湯二十歲,無子,撫他姓子虞昌爲後。張旌年七十,湯旌年四十九。

沈旦王妻吳氏　　二十二歲夫亡,撫夫從子成立。旌年八十。

陳已成妻朱氏,文蔚妻某氏　　朱三十歲夫亡,子文蔚僅三齡,教之成立。甫娶又歿,婦姑勤紡織以給。旌年六十三。

金汝銘妻李氏　　二十五歲夫亡,撫夫從子爲嗣。旌年六十八。

胡世永妻李氏　　十九歲夫亡,旌年四十九。

馬計增妻陳氏　　二十三歲夫亡,無子,家極貧,父母欲嫁之,陳矢志堅貞,晝夜[3]紡織自給。旌年七十七。

陳起鳳妻淩氏　　二十五歲夫亡,旌年六十四。

宗德孚妻孫氏　　二十九歲夫亡,旌年五十八。

金良玉妻孫氏　　二十七歲夫亡,旌年五十六。

錢含珠妻杜氏　　十九歲夫亡,旌年五十六。

王啟人妻秦氏　　十九歲夫亡,旌年七十二。

周嘉麟妻金氏　　二十七歲夫亡,孝奉孀姑,撫育孤子。旌年六十七。

金學衷妻賀氏　　二十九歲夫亡,撫二子一女成立。旌年七十二。

沈建名妻張氏　二十八歲夫亡。旌年七十八。

李虞賢妻王氏　二十三歲夫亡，撫遺腹子成立。事衰姑四十載，孝敬如一日。旌年六十三。

鄭時高妻姚氏　十九歲適鄭，逾年夫亡。翁姑俱逝，煢煢孑立。旌年六十七。

楊天章妻徐氏　二十二歲夫亡，事姑撫孤。旌年七十三。

楊天柱妻樊氏　二十二歲夫亡，遺孤早世，樊堅苦矢志，操作不輟。旌年五十三。

生員吳邦杰妻陳氏　二十九歲夫亡，嗣子不娶而卒。依弟陳檀以居。旌年六十八。

徐渭濱妻戴氏　二十五歲夫亡，撫夫從子雲翔爲嗣。翁歿，喪葬盡禮。旌年五十四。

周本仁妻姚氏,本義繼妻高氏,本禮妻李氏　姚二十歲夫亡，勤勞積儉，敬奉翁姑，撫夫從子志熙爲嗣。夫弟本義繼妻高氏，年二十九亦寡，遺孤又殀。翁姑在堂，敬進甘旨。夫季弟本禮妻李氏，二十七亦寡，兩子俱殀。以本禮從子南爲嗣。姚守節四十二年，高旌年七十九，李旌年六十七，人稱"一門三節"。

朱積雲妻徐氏　二十五歲夫亡，無子，撫夫兄子組綬爲嗣。事姑沈克盡婦道。旌年六十四。

朱秉智妾司氏,昌俊妻謝氏　司十八歲適朱，二十九歲秉智歿，撫立從子昌俊爲嗣。嫡室周有癇症，教育昌俊皆司之力。比長，娶謝氏。昌俊亦患癇症，與嫡母相繼歿，謝年二十六，與司拮據兩喪。司旌年七十六，謝旌年六十四。

黃大原妻繆氏　十九歲適黃，未及一載夫亡，無子，撫夫從子寄香爲嗣。旌年四十七。

沈忠吾妻孫氏　二十七歲夫亡，生子甫週，父母以其貧乏諷之，孫誓不從，紡織以養舅姑。旌年五十八。

徐嘉錫妻陸費氏　二十四歲婚，越五月夫亡。旌年五十六。

文光妻鍾氏　二十四歲夫亡。旌年七十六。

張在中妻楊氏　二十一歲夫亡。旌年七十六。

蔣德興妻徐氏　二十八歲夫亡。旌年五十七。

潘聖龍妻沈氏　二十七歲夫亡，撫孤延樞，辛勤操作。旌年五十。

洪錫章妻車氏,妾張氏　車二十餘歲夫亡，時妾張氏甫二十歲。生一子楷，方及週，二人同撫之。車旌年六十二，張旌年四十三。

魯錦堂妻顧氏　婚五月夫亡，時顧二十二歲，撫遺腹子廷璋成立。旌年六十七。

朱成美妻王氏　二十八歲夫亡，旌年五十二。

沈憲宗妻曹氏　二十八歲夫亡，旌年五十二。

張洪昇妻顧氏　二十七歲夫亡，旌年七十二。

陳宏綬妻宓氏　二十八歲夫亡，旌年五十六。

錢含光妻許氏　三十歲夫亡，旌年七十八。

祝健爲妻懷氏　二十九歲夫亡，旌年五十七。

陳聖明妻錢氏　二十六歲夫亡，旌年五十六。

孫天瀛妻高氏　二十三歲夫亡，旌年五十四。

梁奕蘭妻李氏　二十七歲夫亡，紡織事姑，撫二子成立。旌年五十四。

岳世隆妻嚴氏　夫戍山左，歿於戍所，時嚴三十歲。旌年八十四。

王元魁妻倪氏　三十歲夫亡，旌年六十二。

高秉文妻王氏　三十歲夫亡，旌年五十。

吳紹鳳妻姚氏　二十八歲夫亡，子殀，事孀姑以孝。旌年五十五。

謝滄周妻張氏　二十四歲夫亡，遺孤九月。張勤紡織，以養翁姑。遺孤亦得成立。旌年六十。

張永貞妻蔡氏　二十五歲夫亡，生子釗甫三十八日。及長，課之讀，紡績相伴，往往達旦。旌年五十九。

陸韶典妻吳氏　二十三歲夫亡，無子，孝奉翁姑。旌年六十三。

周天佐妻婁氏　二十五歲夫亡，閱數月遺腹德華生。翁姑年老，婁紡織以供菽水。旌年六十七。

王仁方妻沈氏，硯亭妻戚氏　沈十九歲適王。甫二載夫亡，遺孤澧四十九日，又殤。矢志守節，備歷艱苦。夫弟硯亭妻戚氏，二十一歲夫亡，無子，與姒沈並守孀居，同撫夫弟錫永次子成立。沈旌年六十六，戚旌年六十五。

伍開元妻陳氏　二十四歲夫亡，遺孤思嚴甫週。孝事翁姑。思嚴既長，病歿。復撫諸孫。旌年七十六。

王本良妻趙氏　十九歲適王，三載夫亡，矢志撫孤。事姑克孝。旌年六十一。

毛彥倫妻陳氏　十七歲婚，五月夫亡，無子，旌年四十四。

張振遠妻胡氏　二十歲夫亡，旌年五十一。

湯紹元妻錢氏　二十五歲夫亡，家貧，以十指爲生計。旌年五十七。

楊培田妻朱氏　二十六歲夫亡，訓遺孤辰讀書，不稍姑息。旌年五十八。

馬殿臣妻胡氏　二十八歲夫亡，旌年六十。

章心學妻朱氏　二十三歲夫亡，孝事舅姑。旌年五十四。

陳漣妻陸氏　二十九歲夫亡，撫二女，俱早殀，孑身苦守。旌年七十四。

吳嘉霖妾夏氏　二十八歲嘉霖亡，一子又殀。勸正室李氏爲嘉霖立後。旌年六十一。

趙賓王妾王氏　新行鎮人。二十八歲賓王亡，與嫡朱矢志奉事老翁。旌年六十一。

監生徐維祺妾王氏　二十二歲維祺亡，生一女甫數月，辛勤撫之。旌年六十二。

陳鳳翥妾林氏　十九歲適陳。二十七鳳翥亡。旌年五十六。

監生陳近賢妾卞氏　二十四歲近賢亡，遺女二齡。旌年五十一。

監生姚浚妾徐氏　二十七歲浚亡，事嫡盡敬。子婦相繼殀，孫亦早殤。旌年五十九。

監生高世鼇妾李氏　十八歲鼇亡，遺腹子又殤。李謹事嫡，勤習女工。旌年四十二。

施廷柱妾李氏，起鳳妾饒氏　李二十八歲廷柱亡，遺孤承祖、承立。旌年七十三。廷柱從子起鳳妾饒氏，福建邵武貧家女，幼喪父母，依於舅氏家。十六歲遭舅喪，無以殮，饒請鬻身以供喪費。起鳳客閩，因納之。抵禾，生一子，百日殤。越八載，年二十四起鳳卒於閩，聞訃痛絕，矢志靡他。旌年五十二。

黃文彬妻沈氏　二十五歲夫亡。旌年六十一。

生員錢鼎妻王氏　二十七歲夫亡。旌年四十九。

張九妻趙氏　十七歲適張。二十三夫亡，子又殀，族人欲奪其志，趙以死誓乃止。旌年五十四。

楊艮妻沈氏　二十四歲夫亡，遺孤品甫一齡，沈與庶姑周共撫之。刻苦讀書，弱冠以暴疾卒。乃立夫兄謙次子蟾爲嗣。旌年五十七。

生員厲廉隅妾章氏　二十二歲廉隅亡，矢志苦節。旌年七十六。

張大占妻王氏　二十歲夫亡。旌年六十七。以上伊《志》。　于《志》案：《桑弢甫集》有嘉興節婦唐某氏，請學使給額，文云“以十年之畫荻，得二子之游庠”。惜佚其姓氏，姑存以俟考。　以上旌年俱錄伊《志》，原文係嘉慶五年。

生員徐元旂妻喬氏

李鑑妻沈氏

舉人馮登啟妻沈氏

生員張焜妻陳氏

杜繩其妻吳氏

王望盛妻張氏

張珮妻朱氏

馮家範妻湯氏

劉士隆妻范氏

范天柱妻潘氏

呂敦敘妻蕭氏

沈容昭妻金氏

姚知三妻王氏

顧廣廷妻徐氏

張鳳儀妻鄭氏

張璧妻朱氏

蔣在人妻鄒氏

吳守頤妻張氏

汪昌城妻陳氏

朱茂峰妻陸氏

庠生姚心耕繼妻王氏

朱錦成妻張氏

崔沛妻陸氏

錢嵩年妻張氏

沈德元妻顧氏

監生沈殼妻倪氏

沈思衡妻崔氏

金紹裘妻王氏

沈胄梁繼妻錢氏

馬繼墉妻鍾氏

吳超臺妻王氏

監生呂肇燾妻錢氏

郁廷用妻高氏

莊楯妻徐氏

沈德源妻朱氏

胡信冒妻郭氏

吳與泰妻邱氏

金大表妻李氏

顧子明妻張氏

張元素妻沈氏

俞元勳妻蔡氏

姜西雝妻毛氏

包世燦妻韓氏

莊如松妻徐氏

庠生陳璜妻方氏

沈錫麟繼妻蔣氏

俞鎔妻莫氏

葛芝妻鈕氏　　以上事實及旌年月俱無考。

杜慰章妻錢氏　　二十八歲夫亡，守節三十年。旌年五十八。

監生吳莘伯妻戴氏　　二十七歲夫亡，無子，撫夫姪爲嗣。守節四十六年。

監生吳尹中妻張氏　　二十六歲夫亡，撫遺腹子成立。子先母故。張氏守節五十年。

史德三妻吳氏　　二十七歲夫亡，家貧，無子。苦節五十年。

金衛英妻徐氏　　十七歲婚，五月夫亡，守節二十九年。

黃瑜妻胡氏　　二十四歲夫亡，撫孤，守節十九年。

馬水原妻顧氏　　二十九歲夫亡，守節五十三年。　　以上嘉慶五年旌。

朱廷元妻徐氏　　二十五歲夫亡，矢志苦節四十一年。

李慎徽妻俞氏　　二十三歲夫亡，守節三十年。　　嘉慶六年旌。

濮廷鏞妻倪氏　　二十五歲夫亡，守節五十三年。嘉慶七年旌。

沈冠吾妻蔣氏　　二十六歲夫亡，守節三十年。

陶維翰妻謝氏　　二十五歲夫亡，守節五十年。

高遇龍妻王氏　　二十七歲夫亡，撫孤，守節三十一年。

施昌益妻徐氏　　二十四歲夫亡，守節四十二年。　　以上嘉慶八年旌。

張大中妻蔡氏　　二十七歲夫亡，守節三十二年。

張淵妻沈氏　　二十八歲夫亡，守節二十二年。　　以上嘉慶九年旌。

褚鈞妻姚氏　　二十八歲夫亡守，節三十一年。

高志鵬妻史氏　　二十三歲夫亡，守節四十一年。

吳書藻妻徐氏　　二十六歲夫亡，撫孤守節五十一年。

沈懷遠妻馬氏　　二十六歲夫亡，守節三十七年。

汪作霖妻陳氏　　二十六歲夫亡，守節六十五年。

錢立恒妻陳氏　　二十歲夫亡，守節三十四年。

生員金三錫妻徐氏　　二十九歲夫亡，守節五十一年。　　以上嘉慶十年旌。

李祖聃妻何氏　　二十九歲夫亡，守節五十一年。

張舜和妻鄭氏　　二十歲夫亡，撫孤，守節三十一年。

姚祥璜妻楊氏　　二十四歲夫亡，撫孤。守節三十年。　　以上嘉慶十二年旌。

于耀曾妻郁氏　　二十三歲夫亡，守節三十五年。

謝璉妻褚氏　　二十二歲夫亡，守節二十年。

陳鴻逵妻謝氏　　二十四歲夫亡，守節三十年。

監生王如綸妻李氏　　二十五歲夫亡,守節二十二年。　　以上嘉慶十三年旌。

生員王瑩妻朱氏　　二十九歲夫亡,守節四十八年。

陸廣堂妻徐氏　　二十九歲夫亡,守節三十四年。

于錫祚繼妻張氏　　二十四歲夫亡,家貧,藉紡績以度日。守節二十年。清潔之操,遠近戚族咸稱之。

生員項映藜妻錢氏　　二十四歲夫亡,守節三十三年。

生員褚順之妻胡氏　　二十七歲夫亡,守節三十五年。

朱景雲妻張氏　　二十六歲夫亡,守節三十年。

朱友三妻沈氏　　二十一歲夫亡,守節七十三年。

生員徐逢佳妻邵氏　　二十九歲夫亡,守節三十八年。　　以上嘉慶十四年旌。

錢岱妻崔氏　　二十四歲夫亡,守節三十二年。

莫鴻寶妻高氏　　二十八歲夫亡,守節三十二年。

沈懷清妻胡氏　　二十五歲夫亡,守節三十四年。

李朗妻陸氏　　二十九歲夫亡,守節二十七年。

生員陸振熿妻褚氏　　二十五歲夫亡,撫孤,守節二十四年。

沈震遠妻曹氏　　二十九歲夫亡,撫孤,守節三十二年。

金成龍妻祁氏　　十九歲夫亡,撫孤,守節四十三年。

邱之溥妻周氏　　二十六歲夫亡,撫孤。守節三十一年。　　以上嘉慶十五年旌。

曹其誠妻王氏　　二十八歲夫亡,守節三十九年。

監生朱琪妻褚氏　　二十三歲夫亡,守節三十八年。

陸卓明妻張氏　　二十一歲夫亡,撫孤。守節二十一年。

生員朱邦禮妻沈氏　　二十六歲夫亡,慟絕復蘇。守節三十一年。　　以上嘉慶十六年旌。

生員周全繼妻王氏　　二十三歲夫亡,守節四十六年。嘉慶十七年旌。

倪志瀦妻吳氏　　二十五歲夫亡,守節二十年。

朱世瞻妻沈氏　　二十二歲夫亡,守節七十一年。

朱聞聲妻朱氏　　二十八歲夫亡,守節四十一年。

楊濟川妻徐氏　　二十八歲夫亡,守節二十三年。

姚江宰妻屠氏　　二十歲夫亡,撫孤,守節三十二年。

主簿姚江春妻朱氏　　二十九歲夫亡,撫孤,守節二十九年。

監生沈逵鴻妻陸氏,妾滕氏　　陸二十九歲夫亡,撫孤,守節二十六年。妾滕氏撫孤,守節二十四年。

監生陳浩妻彭氏　　二十六歲夫亡,撫孤守節四十三年。

謝鈞妻王氏　　二十四歲夫亡,撫棺欲殉,眾力勸止。保孤,守節四十三年。　　以上嘉慶十八年旌。

胡世培繼妻顧氏　　二十九歲夫亡,撫孤,守節二十五年。

王士明妻俞氏　　二十七歲夫亡,撫孤,守節二十八年。

生員朱茂堂妻范氏　　二十二歲夫亡,撫孤,守節二十九年。

監生湯紹馨妻屠氏　　二十八歲夫亡,撫孤,守節四十五年。

胡元隆妻濮氏　　二十九歲夫亡,撫孤,守節三十四年。

呂廷獻妻錢氏　　二十八歲夫亡,撫孤,守節四十二年。

呂銘妻吳氏　二十歲夫亡,撫嗣,守節十六年。

呂荃妻章氏　十八歲夫亡,撫孤,守節五十八年。

州同陳贊皇妾金氏　二十八歲贊皇亡,撫孤,守節五十四年。

顧佩金妻俞氏　二十七歲夫亡,撫嗣,守節三十四年。

江夔尊妻沈氏　二十七歲夫亡,撫孤,守節二十八年。

吳銓妻張氏　二十七歲夫亡,撫嗣,守節二十年。　以上嘉慶十九年旌。

李恒昭妾倪氏　二十五歲恒昭亡,撫孤,守節六十六年。

李明備繼妻吳氏　二十四歲夫亡,撫孤,守節二十八年。

監生潘鎬繼妻曹氏　二十九歲夫亡,撫嗣,守節二十九年。　以上嘉慶二十年旌。

楊效南妻沈氏　二十八歲夫亡,守節二十五年。

沈思仁妻歐氏　二十七歲夫亡,撫嗣,守節二十八年。

倪錫璉繼妻何氏　二十九歲夫亡,撫嗣,守節三十一年。

楊閑中妻富氏　二十六歲夫亡,撫嗣,守節四十三年。

柴藹吉妻蕭氏　三十歲夫亡,撫孤,守節二十二年。

許廷元妻蕭氏　十八歲夫亡,撫嗣,守節三十年。

吳祐妻沈氏　二十九歲夫亡,撫孤,守節二十二年。

俞秀村妻蔡氏　三十歲夫亡,撫孤,守節三十四年。

監生王紹曾妻范氏　二十八歲夫亡,撫孤,守節三十四年。

戴本周妻陸氏　二十一歲夫亡,撫嗣,守節四十二年。

于掄元妻沈氏　三十歲夫亡,撫孤,守節四十二年。

吳楚英繼妻王氏　二十九歲夫亡,撫孤,守節三十三年。

趙鴻妻朱氏　二十九歲夫亡。撫孤,守節二十四年。

廩生李震妻沈氏　二十七歲夫亡,守節三十三年。

陸昌齡妻錢氏　二十二歲夫亡,守節五十六年。

汪寶輪妻陳氏　二十六歲夫亡,守節三十四年。

張寶典妻鍾氏　二十一歲夫亡,欲以死殉,衆勸之,强起。守節三十九年。　以上嘉慶二十一年旌。

盛躍天妻吳氏　二十六歲夫亡,撫孤,守節三十年。

監生張世俊妻錢氏　三十歲夫亡,撫孤,守節二十九年。

章寶傳妻朱氏　二十八歲夫亡,撫孤,守節四十年。

金慎熙妻孫氏　二十五歲夫亡,守節二十年。

陳某妻劉氏

湯某妻錢氏

王麒林妻衛氏　二十九歲夫亡,撫孤,守節四十四年。　以上嘉慶二十二年旌。

許國正妻王氏　二十一歲夫亡,撫孤,守節五十六年。

陸士榮妻吳氏　二十九歲夫亡,撫孤,守節三十三年。

王仁方妻沈氏　十八歲夫亡,撫嗣孫,守節六十六年。

監生衛沈光妻徐氏　二十一歲夫亡,撫嗣,守節三十年。

周亶生妻陳氏　二十四歲夫亡,撫孤,守節三十九年。

監生吳晉康妻莫氏　二十一歲夫亡,撫孤,守節四十五年。

金載揚妻錢氏　二十三歲夫亡,撫嗣,守節三十三年。　以上嘉慶二十三年旌。

汪樹俊妻吳氏　二十九歲夫亡,慟絕復蘇,保孤,守節二十二年,遠近戚族無不敬其清操。

宋昭麟妻屠氏　二十四歲夫亡,撫孤,守節二十九年。

吳欽妻曹氏　二十七歲夫亡,撫孤,守節十六年。

王硯亭妻戚氏　二十一歲夫亡,撫孤,守節六十三年。

武生張彪妻金氏　二十七歲夫亡,撫孤,守節三十年。

陸元麟繼妻楊氏　二十五歲夫亡,撫孤,守節五十一年。

戴鼎元妻范氏,十九歲夫亡,撫孤,守節四十一年。

高世黿妻沈氏,三十三歲夫亡,撫孤,守節三十年。

生員施朝佐妾李氏　二十九歲朝佐亡,矢志不貳,盡心撫孤,守節二十五年。

徐光遠妻張氏　二十四歲夫亡,守節六十二年。

監生陳琦妾沈氏　二十八歲琦亡,守節三十八年。

監生祖芳九妻楊氏　二十九歲夫亡,守節四十四年。

監生蕭其璋妻孫氏　二十九歲夫亡,守節三十一年。

監生金克成妻王氏　二十八歲夫亡,守節二十五年。

監生張世毅妻陳氏　二十八歲夫亡,守節二十九年。

監生沈寶傳妻胡氏　二十九歲夫亡,守節三十九年。

邱之瀛妻朱氏　二十歲夫亡,守節三十二年。

王驥妻徐氏　二十六歲夫亡,守節二十九年。　以上嘉慶二十四年旌。

鄭惟治妻周氏　二十八歲夫亡,守節三十八年。

增生徐士鳳繼妻陸氏　二十八歲夫亡,守節四十六年。

監生馬佾妻吳氏　二十六歲夫亡,孝事耄姑[4],歿後,藉紡績以營喪葬。撫二子成立。守節三十六年。巡撫陳以"篤節可風"表其閭。

陸寶書妻陸氏　二十二歲夫亡,守節二十七年。

程良校妻章氏　二十四歲夫亡,守節三十三年。

監生謝寶玉妻高氏　二十三歲夫亡,守節三十四年。

監生謝繼昌妾周氏　二十四歲繼昌亡,守節六十三年。

監生謝又安妻呂氏　二十七歲夫亡,守節三十一年。

丁世鳳妻朱氏　二十六歲夫亡,撫孤,守節三十一年。

洪源妾張氏　二十二歲洪源亡,撫孤,守節二十二年。

錢紹宗妻倪氏　二十三歲夫亡,撫嗣,守節三十六年。

杭松望妻范氏　二十六歲夫亡,撫嗣,守節四十五年。

杭嘉琦妻范氏　二十三歲夫亡,撫孤,守節六十二年。

范文煜妻陶氏　二十六歲夫亡,撫孤,守節三十五年。

陸覲天妻沈氏　二十九歲夫亡,撫孤,守節三十年。

生員沈清漣妻孫氏　三十歲夫亡，撫孤，守節三十四年。

張衍疇妻沈氏　二十二歲夫亡，撫孤，守節三十二年。

吳元貞妻曹氏　三十歲夫亡，撫棺以不貳自矢，鞠育遺孤，守節四十三年。家貧，惟日夜紡績以度日。

毛之遂妻沈氏　二十七歲夫亡，撫孤，守節三十九年。

盧汝揆妻倪氏　二十八年夫亡，撫孤，守節三十六年。

監生吳璉妾顧氏　二十八歲璉亡，撫孤，守節四十四年。

曹安瀾妻李氏　二十九歲夫亡，撫孤，守節三十三年。

監生郁維錡妾姜氏　三十歲維錡亡，撫孤，守節二十七年。

楊煥章妻劉氏　二十三歲夫亡，撫孤，守節三十八年。

鮑殿書妻范氏　二十九歲夫亡，撫孤，守節五十六年。

陸汝夔妻石氏　二十三歲夫亡，撫嗣，守節四十九年。

陸汝茂妻倪氏　二十二歲夫亡，撫嗣，守節四十二年。

王萬英妻金氏　二十九歲夫亡，撫孤，守節五十二年。

葉鳴山妻王氏　二十七歲夫亡，撫孤，守節十七年。

程宮桂妻葉氏　二十二歲夫亡，撫孤，守節三十八年。　以上嘉慶二十五年旌。

黃亮恭妻許氏　二十五歲夫亡，撫孤，守節三十八年。

李鑰繼妻殳氏　三十歲夫亡，撫孤，守節三十七年。

楊樹春妻陳氏　三十歲夫亡，撫孤，守節三十五年。

吳師杰妻王氏　二十四歲夫亡，撫孤，守節三十四年。

甄天壽妻夏氏　二十一歲夫亡，撫嗣，守節三十年。

孫志鎬妻沈氏　二十一歲夫亡，撫嗣，守節二十九年。

莊葵妻張氏　二十一歲夫亡，守節四十一年。

沈奎妻屠氏　二十六歲夫亡，撫孤，守節三十一年。　以上道光元年旌。

沈裕妻戴氏　二十七歲夫亡，守節三十年。

王鳳其妻聞氏　十九歲夫亡，撫孤，守節十九年。

胡文珍妻姚氏　三十歲夫亡，撫孤，守節四十三年。

沈可堡妻陳氏　二十五歲夫亡，撫孤，守節四十年。

王覲揚妻張氏　二十二歲夫亡，撫孤，守節四十九年。

許樂川妻唐氏　二十三歲夫亡，撫孤，守節二十七年。

王周楨妻萬氏　二十二歲夫亡，撫孤，守節十八年。

監生張士微妻沈氏　二十五歲夫亡，撫嗣，守節十六年。

朱不凡妻徐氏　二十五歲夫亡，撫孤，守節三十五年。

錢成安妻錢氏　二十九歲夫亡，撫孤，守節五十四年。

胡霽芳妻陳氏　二十一歲夫亡，撫嗣，守節四十六年。

胡步青妻沈氏　二十三歲夫亡，守節二十八年。

胡守鏞妻錢氏　二十五歲夫亡，撫孤，守節十六年。

朱浩川妻計氏　二十一歲夫亡，撫嗣，守節三十六年。

徐寅初妻嚴氏　二十歲夫亡,撫嗣,守節三十三年。

萬廷桂妻金氏　二十八歲夫亡,撫孤,守節四十年。

俞璋妻朱氏　二十九歲夫亡,撫孤,守節二十八年。

張尚濂妻劉氏　二十七歲夫亡,撫孤,守節四十一年。

張可亭繼妻喻氏　二十八歲夫亡,撫嗣,守節三十六年。

沈錦堂妻張氏　二十八歲夫亡,撫孤,守節五十二年。

萬洪楠妻盛氏　二十八歲夫亡,撫嗣,守節二十三年,以上道光二年旌。

包蓉城妻曹氏　二十三歲夫亡,守節二十五年。

張維綱繼妻徐氏　二十五歲夫亡,撫嗣,守節五十六年。

宓建恒妻甄氏　三十歲夫亡,撫孤,守節四十五年。

宓耀祖妻周氏　二十八歲夫亡,撫孤,守節三十五年。

繆維三妾蔣氏　二十六歲維三亡,撫孤,守節四十二年。

沈璂繼妻楊氏　二十四歲夫亡,撫嗣,守節三十八年。

王懋麟妻胡氏

馬玉階妻鍾氏　三十歲夫亡,撫從子以承嗣,守節二十八年。姑蔣並旌。

許潤蒼妻王氏　二十六歲夫亡,撫孤,守節三十六年。

顏含光妻于氏　二十五歲夫亡,撫孤,守節四十一年。

顏肇周妻張氏　二十八歲夫亡,撫孤,守節二十七年。

胡敦書妻金氏　二十五歲夫亡,撫孤,守節四十八年。

張啓元妻浦氏　二十八歲夫亡,撫孤,守節三十七年。

褚端妻戴氏　二十二歲夫亡,撫嗣,守節四十年。

沈學麟妻吳氏　二十九歲夫亡,撫孤,守節三十二年。

顧邦憲妻吳氏　二十三歲夫亡,撫孤,守節四十九年。

顧錦堂妻張氏　二十六歲夫亡,撫孤,守節三十一年。　以上道光三年旌。

監生徐本大妻吳氏　二十四歲夫亡,守節。旌年五十二。

吳祈黃妻郭氏　二十八歲夫亡,守節三十九年。

生員楊煥妻吳氏　二十四歲夫亡,撫嗣,守節四十年。

陸惠倫妻李氏　二十八歲夫亡,撫孤,守節三十四年。

生員陳璜妻高氏　二十九歲夫亡,撫嗣,守節四十四年。

莊鈴妻姜氏　二十四歲夫亡,撫嗣,守節三十六年。

王萬林妻陶氏　二十四歲夫亡,撫嗣,守節四十二年。

平紹馮妻錢氏　二十七歲夫亡,撫嗣,守節四十三年。

葉振揚妻顧氏　二十一歲夫亡,撫嗣,守節三十一年。

汪大楞妻姚氏　二十五歲夫亡,撫嗣,守節四十一年。

王振林妻沈氏　二十六歲夫亡,撫孤,守節五十六年。

朱星垣妻于氏　二十三歲夫亡,撫嗣,守節四十年。

屠紹榮妻劉氏　二十六歲夫亡,撫嗣,守節三十七年。

生員楊潮泰妻尹氏　二十九歲夫亡,撫嗣,守節四十二年。

汪秀章妻張氏　二十九歲夫亡,撫嗣,守節二十年。

監生尹上珍妾岳氏　二十九歲上珍亡,撫孤,守節五十五年。

監生陸鰲妻陳氏　二十六歲夫亡,撫嗣,守節三十二年。

程振書妻徐氏　二十八歲夫亡,撫嗣,守節四十年。

李耿光妻沈氏　二十二歲夫亡,撫孤,守節四十七年。

編修金蓉妾陸氏　二十九歲蓉亡,撫嗣,守節四十三年。

胡世永妻李氏　二十歲夫亡,撫孤,守節五十三年。

潘御章妻曹氏　二十九歲夫亡,撫孤,守節四十六年。

潘殿英妻俞氏　三十歲夫亡,撫嗣,守節十七年。

張崑河妻婁氏　二十八歲夫亡,撫孤,守節三十二年。

葉希仁妻馬氏　二十一歲夫亡,撫嗣,守節二十一年。

監生沈濂繼妻任氏　二十八歲夫亡,撫嗣,守節十七年。

劉鳴玉妻孫氏　二十八歲夫亡,撫孤,守節二十七年。

薛敬宗妻王氏　二十六歲夫亡,撫孤,守節二十年。

莊恕妻陸氏　二十二歲夫亡,撫嗣,守節二十四年。

徐樹周妻蘇氏　二十五歲夫亡,撫孤,守節三十年。

包炯繼妻沈氏　二十八歲夫亡,撫嗣,守節三十一年。

監生張衍麓妻周氏　二十二歲夫亡,撫嗣,守節三十年。

監生葉以昌妻薛氏　二十九歲夫亡,撫孤,守節四十五年。

監生錢純祖繼妻金氏　二十九歲夫亡,撫孤,守節二十一年。　以上道光四年旌。

尤晉蕃妻鄭氏　二十三歲夫亡,遺腹子長齡撫育成立。孝事尊嫜,歿後,喪葬盡禮。守節三十三年。

沈士華妻陸氏　二十歲夫亡,守節三十年。

俞昌鑑妻顧氏　三十歲夫亡,守節三十二年。

沈又奇妻戴氏　三十歲夫亡,守節二十二年。

徐昌年妻曹氏　三十二歲夫亡,守節三十一年。

徐亮功妻湯氏　二十八歲夫亡,守節五十八年。

郭裕昆妻謝氏　二十五歲夫亡,守節三十年。

顧大德妻朱氏　二十七歲夫亡,守節四十四年。

王重璋妻張氏　二十三歲夫亡,守節六十年。

冷聖元妻鮑氏　二十五歲夫亡,守節六十四年。

朱暢妻卜氏　三十歲夫亡,守節五十四年。

黃錦榮妻平氏　三十歲夫亡,守節十八年。

楊仁壽妻吳氏　二十五歲夫亡,守節四十五年。

徐志遂妻淩氏　二十三歲夫亡,守節六十一年。

張學濟繼妻沈氏　二十六歲夫亡,守節三十三年。

袁秀峰妻朱氏　二十七歲夫亡,守節二十六年。

朱振言妻戴氏　二十五歲夫亡,撫嗣,守節四十一年。

監生沈德言妻郭氏　二十六歲夫亡,撫孤,守節十七年。

魏炳妻夏氏　三十歲夫亡,撫嗣,守節五十七年。

邱象玉妻馮氏　二十五歲夫亡,撫孤,守節四十二年。

曹其銷妻徐氏　二十九歲夫亡,撫嗣,守節三十八年。

李椿廷妻伍氏　二十五歲夫亡,撫孤,守節十五年。

朱國機妻陸氏　二十九歲夫亡,撫孤,守節十六年。

蔡廷相繼妻吳氏　二十九歲夫亡,撫嗣,守節三十年。

監生魏紹洪妾潘氏　二十九歲紹洪亡,撫嗣,守節二十一年。

胡敬持妻郭氏　二十九歲夫亡,撫孤,守節四十五年。

監生徐周發妻黃氏　二十二歲夫亡,撫嗣,守節三十年。

施起鳳妾饒氏　二十四歲起鳳亡,撫嗣,守節四十二年。

顧錦章妻徐氏　二十五歲夫亡,撫嗣,守節三十九年。

車鑑安妻朱氏　二十六歲夫亡,撫嗣,守節三十三年。　以上道光五年旌。

監生孫南金妻唐氏　二十九歲夫亡,撫孤,守節五十七年。

殷宗仁妻馬氏　二十七歲夫亡,撫孤,守節四十年。

沈會嘉妻楊氏　二十九歲夫亡,撫孤,守節四十三年。

監生汪沾妾戚氏　二十五歲沾亡,撫嗣,守節四十四年。

職監李福慶妻趙氏　二十二歲夫亡,撫孤,守節四十四年。

職監汪溶妾姚氏　十九歲溶亡,撫嗣,守節三十一年。

邱光森妻王氏　二十六歲夫亡,撫孤,守節二十八年。

鄭玉山妻沈氏　二十八歲夫亡,撫孤,守節四十一年。

張潤身妻顧氏　三十歲夫亡,撫孤,守節三十七年。

舉人李蘭妻鄭氏　二十七歲夫亡,撫孤,守節四十四年。

監生沈錦妾戴氏　二十九歲錦亡,撫嗣,守節五十二年。

王秀恒繼妻陳氏　二十四歲夫亡,撫孤,守節二十九年。

生員沈昌祚妻葛氏　二十六歲夫亡,撫孤,守節二十八年。

王正爲妻胡氏　二十歲夫亡,守節三十二年。

全延芳妻張氏　二十二歲夫亡,守節三十六年。

王丹成妻徐氏　三十歲夫亡,守節四十三年。

楊芳安妻朱氏　三十歲夫亡,守節二十二年。

李清華繼妻張氏　二十六歲夫亡,守節四十四年。　以上道光六年旌。

俞崑揚妻莫氏　二十一歲夫亡,撫嗣,守節十九年。

姚關敘妻黃氏　二十四歲夫亡,撫孤,守節三十一年。

葉倫璋妻倪氏　二十三歲夫亡,撫孤,守節四十年。

徐應祥妻金氏　二十二歲夫亡,撫嗣,守節七十年。

方裕昆妻唐氏　二十九歲夫亡,撫嗣,守節十三年。

謝霖妻陳氏　二十三歲夫亡,撫嗣,守節二十七年。

施應魁妻孔氏　二十九歲夫亡,撫孤,守節五十四年。

職監夏竟天妻郁氏　三十歲夫亡,撫孤,守節二十七年。

魏紹溶妾彭氏　二十八歲紹溶亡,撫嗣,守節二十二年。

胡繼修妻倪氏　二十九歲夫亡,撫孤,守節四十三年。

陸煒妻張氏　三十歲夫亡,守節十四年。

丁士榮妻尹氏　二十五歲夫亡,守節二十五年。

監生徐之枚妻王氏　二十六歲夫亡,守節二十四年。

監生陳堂妾吳氏　二十八歲堂亡,守節三十三年。

吳焕章妻沈氏　三十歲夫亡,守節二十七年。

監生朱維馨妻翁氏　二十六歲夫亡,守節十二年。

呂允階妻陳氏　二十八歲夫亡,守節三十八年。

吳星海妻高氏　二十三歲夫亡,守節三十七年。

褚容照妻王氏　二十二歲夫亡,守節四十四年。

張時庵妻戴氏　二十三歲夫亡,守節三十二年。

生員朱維城妻錢氏　二十九歲夫亡,守節三十三年。

許本立妻張氏　三十歲夫亡,守節五十一年。

陳書林妻陳氏　二十九歲夫亡,守節二十三年。

監生莊瑗妻伍氏　二十六歲夫亡,守節三十年。

程士林妻王氏　二十二歲夫亡,守節二十七年。

許惠堂妻施氏　二十八歲夫亡,守節二十五年。

監生孫祖臺繼妻于氏　二十五歲夫亡,守節三十六年。　以上道光七年旌。

金文焕妻陸氏　二十九歲夫亡,撫孤,守節四十二年。

貢生姚壽曾妻鄭氏　二十九歲夫亡,撫棺慟絕,復甦。保孤,守節三十五年。

李西明妻卜氏　二十七歲夫亡,守節三十一年。

宗橐金妻方氏　三十歲夫亡,守節三十五年。

郁建周妻高氏　三十歲夫亡,守節三十七年。

生員方世桂妻陸氏　二十六歲夫亡,守節二十六年。　以上道光八年旌。

金永山妻沈氏　二十九歲夫亡,撫孤,守節五十五年。

高維焜妻徐氏　三十歲夫亡,守節三十六年。

陳潮妻楊氏　二十九歲夫亡,撫孤,守節二十五年。

胡琢成繼妻顧氏　二十五歲夫亡,撫孤,守節四十年。

婁學均繼妻項氏　二十七歲夫亡,撫孤,守節三十一年。

同知吳鑌妾逢氏　二十八歲鑌亡,守節三十八年。

何陳禧妻周氏　二十四歲夫亡,撫孤,守節十二年。

何啟玟妻陳氏　十八歲夫亡,守節十八年。

王應天妻杜氏　二十七歲夫亡,守節二十五年。

沈坤妻陳氏　二十七歲夫亡,守節二十八年。

張坤妻陳氏　二十六歲夫亡,守節二十五年。

徐鳴華妻方氏　二十三歲夫亡,守節三十二年。

胡永昌妻范氏　二十七歲夫亡,守節二十五年。

羅維城妻吳氏　二十八歲夫亡,守節四十四年。

張漢繼妻金氏　二十九歲夫亡,守節二十五年。

蒯振藩妻張氏　二十六歲夫亡,守節三十二年。

項廷懷妻潘氏　三十歲夫亡,守節二十七年。

知縣錢汝器妾關氏　二十一歲汝器亡,守節四十八年。

孫綱尚妻賈氏　二十九歲夫亡,守節三十五年。

張嘉樂妻顧氏　二十七歲夫亡,守節四十九年。

謝銓妻張氏　二十七歲夫亡,守節三十一年。

生員胡華祝妻沈氏　二十六歲夫亡,守節五十七年。

陸煃妻張氏　二十二歲夫亡,守節四十年。

李大奎妻卜氏　二十七歲夫亡,守節三十一年。　　以上道光九年旌。

生員何逸巖妾劉氏　二十一歲逸巖亡,撫孤,守節三十五年。

莊逢嘉妾施氏　二十九歲逢嘉亡,撫孤,守節二十四年。

曹大本妻郭氏　二十四歲夫亡,撫孤,守節三十九年。

周叶韶妻韓氏　十九歲夫亡,撫孤,守節三十一年。

梅學濂妻濮氏　二十二歲夫亡,撫孤,守節三十二年。

王世德妻沈氏　二十三歲夫亡,撫孤,守節十六年。

顧遇王妾葉氏　二十九歲遇王亡,撫孤,守節二十四年。

生員陸琳妻許氏　二十六歲夫亡,撫孤,守節三十四年。

陳綱懷妻陸氏　二十二歲夫亡,撫孤,守節三十二年。

唐勝高妻吳氏　二十歲夫亡,撫孤,守節三十六年。

監生沈鳳錫妾張氏　二十七歲鳳錫亡,撫孤,守節二十三年。

畢向榮妻沈氏　二十三歲夫亡,撫嗣,守節二十七年。

朱紹祖繼妻蔡氏　三十歲夫亡,撫孤,守節四十九年。

沈壽祺妻汪氏　二十九歲夫亡,撫孤,守節三十八年。

沈介詒妻吳氏　二十九歲夫亡,撫孤,守節二十七年。

周合倉妻巢氏　二十七歲夫亡,撫孤,守節四十七年。

生員董承偉妻張氏　二十九歲夫亡,撫孤,守節三十八年。

程溙妻周氏　二十九歲夫亡,撫孤,守節三十六年。

甄雷妻龔氏　二十六歲夫亡,撫孤,守節四十四年。

楊嘉安妻吳氏　二十二歲夫亡,守節三十八年。

孫維仁妻經氏　三十歲夫亡,守節十三年。

生員閔朝珍妻王氏　二十七歲夫亡,守節三十六年。

生員楊虯繼妻許氏　二十九歲夫亡,守節二十四年。　　以上道光十年旌。

朱振新妻顧氏　二十六歲夫亡,撫孤,守節三十五年。

朱休裳妻胡氏　二十九歲夫亡,撫孤,守節四十三年。

陳韶九妻管氏　二十九歲夫亡,撫孤,守節三十五年。

馮樹安妻王氏　二十八歲夫亡,撫孤,守節三十六年。

魯興祖妻相氏　二十九歲夫亡,撫嗣,守節二十七年。

蘇萬榮妻嚴氏　二十九歲夫亡,撫孤,守節二十八年。

張汝穀妻嚴氏　二十八歲夫亡,撫嗣,守節四十年。

張汝玉妻謝氏　三十九歲夫亡,撫嗣,守節三十七年。

呂雲章妻高氏　二十三歲夫亡,撫嗣,守節三十年。

監生王焯妻沈氏　二十歲夫亡,撫嗣,守節三十五年。

何鳴岐妻岳氏　二十三歲夫亡,撫嗣,守節四十八年。

馮登善妻仲氏　二十五歲夫亡,撫嗣,守節十一年。

許炳瑞妻葉氏　二十一歲夫亡,守節四十年。

潘渭川妻吳氏　二十七歲夫亡,守節二十九年。

高蔭秩妻懷氏　二十二歲夫亡,守節三十四年。

胡炳橚妻蕭氏　二十六歲夫亡,守節五十年。

監生俞鵬起妻姚氏　二十八歲夫亡,守節三十三年。

沈爾塤妻楊氏　十九歲夫亡,守節四十七年。

許蘭妻吳氏　二十二歲夫亡,守節四十二年。

胡瀛海妻徐氏　二十八歲夫亡,守節二十二年。

孫貢九妻張氏　二十五歲夫亡,守節五十年。

高沫妻孟氏　二十歲夫亡,守節二十一年。　　以上道光十一年旌。

王以燝妻陳氏　二十八歲夫亡,撫嗣,守節二十三年。

盛柳坪妻范氏　二十八歲夫亡,撫孤,守節四十一年。

李泰山妻沈氏　二十八歲夫亡,撫孤,守節四十四年。

楊漢臣妻褚氏　二十八歲夫亡,撫嗣,守節四十三年。

淩端山妻宗氏　二十九歲夫亡,撫孤,守節二十二年。

徐坤榮妻沈氏　二十五歲夫亡,撫孤,守節二十八年。

周鳳高妻姚氏　三十歲夫亡,撫孤,守節二十二年。

崔潮妻姜氏　二十歲夫亡,撫孤,守節四十一年。

汪天芳妻吳氏　三十歲夫亡,撫孤,守節二十八年。

王聖言妻高氏　二十三歲夫亡,撫孤,守節三十五年。

顧應忠妻鄭氏　二十歲夫亡,撫孤,守節三十七年。

吳元桂妻陳氏　三十歲夫亡,撫孤,守節二十三年。

王大猷妻周氏　二十八歲夫亡,撫棺慟絕,復蘇。保孤,守節四十七年。

林天祥妻徐氏　三十歲夫亡,守節三十五年。

唐濱來妻魏氏　十九歲夫亡,守節三十九年。

戴廣林妻錢氏　二十四歲夫亡,守節三十四年。

盛履祥妻金氏　二十八歲夫亡,守節二十九年。

朱庚西妻鄭氏　十九歲夫亡,守節二十一年。

汪其新妻沈氏　二十七歲夫亡,守節三十年。

汪旦之妻姚氏　二十六歲夫亡,守節四十二年。

陳玉樹妻吳氏　二十六歲夫亡,守節三十三年。以上道光十二年旌。

沈啟藩繼妻吳氏　二十五歲夫亡,撫嗣,守節十六年。

州同俞純可繼妻田氏　三十歲夫亡,撫孤,守節二十七年。

周嘉麟妻金氏　二十七歲夫亡,撫孤,守節四十九年。

監生汪協倉妻沈氏　二十八歲夫亡,撫孤,守節四十六年。

張樂妻蒯氏　二十三歲夫亡,撫孤,守節二十八年。

朱振廷妻程氏　二十五歲夫亡,撫嗣,守節二十七年。

朱志英妻錢氏　二十四歲夫亡,撫嗣,守節三十年。

俞禮安妻張氏　二十一歲夫亡,撫孤,守節三十五年。

趙茂東妻張氏　二十歲夫亡,撫孤,守節五十六年。

屠俊高妻潘氏　二十三歲夫亡,撫孤,守節三十三年。

劉廷錫妻楊氏　二十四歲夫亡,撫嗣,守節三十二年。

劉廷鑑妻魏氏　三十歲夫亡,撫孤,守節二十五年。

潘麟祥繼妻陶氏　三十歲夫亡,撫孤,守節四十五年。

潘秉敬妾沈氏　二十九歲秉敬亡,撫孤,守節二十九年。

胡慶賢妻唐氏　二十一歲夫亡,撫嗣,守節三十一年。

茅大成妻康氏　二十一歲夫亡,撫嗣,守節三十五年。

朱榮堂妻陸氏　三十歲夫亡,撫孤,守節三十三年。

沈起龍妻夏氏　二十九歲夫亡,守節十六年。

鄭起藩妻馮氏　三十歲夫亡,守節二十年。

顧天林妻施氏　三十歲夫亡,守節二十三年。

曹應仁妻徐氏　二十五歲夫亡,守節二十六年。

嚴世榮妻笪氏　二十五歲夫亡,守節十五年。

朱應懷妻范氏　二十八歲夫亡,守節二十五年。

謝新高妻屠氏　二十七歲夫亡,守節二十六年。

金邦寧妻吳氏　三十歲夫亡,守節四十六年。

楊學禮妻鈕氏妾許氏　鈕二十六歲,許二十三歲,學禮亡,各守節三十年。

徐如陵妻孫氏　二十三歲夫亡,守節三十一年。

俞召棠妻方氏　二十七歲夫亡,守節二十九年。

沈蔭川妻王氏　二十五歲夫亡,守節四十四年。

殷在璣妻于氏　二十五歲夫亡,守節四十一年。

宋景佳妻麗氏　二十三歲夫亡,守節二十四年。

許兆麟妻宗氏　二十一歲夫亡,守節三十二年。

黄有章妻盛氏　一十九歲夫亡,守節三十四年。

監生葉鋐妻胡氏　二十八歲夫亡,守節四十六年。

沈駕鼇妻章氏　二十九歲夫亡,守節三十三年。

邵學禮妻施氏　二十七歲夫亡,守節十二年。　以上道光十三年旌。

胡坤妻李氏　二十二歲夫亡,撫孤,守節四十年。

周文珍妻蔣氏　二十二歲夫亡,撫嗣,守節三十八年。

何烜妻錢氏　二十九歲夫亡,撫嗣,守節三十年。

何玉墀妻李氏　二十九歲夫亡,守節十六年。

章錦文繼妻朱氏　二十八歲夫亡,撫嗣,守節四十年。

監生姜廷侯妻陳氏。二十九歲夫亡,撫孤,守節三十四年。

徐作霖妻戈氏　二十三歲夫亡,撫孤,守節四十四年。

胡潮江妻何氏　二十一歲夫亡,撫孤,守節五十四年。

淩惠芳妻倪氏　二十七歲夫亡,撫孤,守節四十六年。

張鳳池妻劉氏　二十三歲夫亡,撫孤,守節四十八年。

沈琳妻吳氏　二十一歲夫亡,撫嗣,守節三十九年。

殳茂榮妻沈氏　三十八歲夫亡,撫嗣,守節二十六年。

武舉沈榮妻吳氏　二十五歲夫亡,撫孤,守節十三年。

楊錫鳳妻陸氏　二十七歲夫亡,撫孤,守節三十七年。

姚宗周妾居氏　二十五歲宗周亡,守節四十六年。

吳培元妻朱氏　二十三歲夫亡,守節十年。

金左肩妻楊氏　二十九歲夫亡,撫孤,守節三十一年。

徐廣培妻王氏　二十六歲夫亡,撫孤,守節四十三年。

謝鳳鳴妾陳氏　十九歲鳳鳴亡,守節五十五年。

沈西江妻陸氏　二十二歲夫亡,守節四十五年。

監生楊景孫妻俞氏　二十八歲夫亡,守節二十三年。

王蘊滋妻陳氏　二十九歲夫亡,守節二十七年。

高宇升妻曹氏　二十一歲夫亡,守節三十三年。

徐敵前妻陸氏　二十九歲夫亡,守節三十年。

張元晉妻陸氏　二十四歲夫亡,守節二十五年。

蘇萬年妻王氏　二十八歲夫亡,守節三十年。

沈玉堂妻吕氏　二十九歲夫亡,守節四十七年。

邵廷樞妻曹氏　二十三歲夫亡,守節三十七年。

陸鏞妻馬氏　三十歲夫亡,守節二十四年。

沈鎬妻夏氏　二十九歲夫亡,守節三十二年。

錢隴遂妻徐氏　十三歲未婚過門,夫亡,矢志守貞,苦節五十二年。　以上道光十四年旌。

胡光照妻莫氏　　二十六歲夫亡,撫孤,守節三十八年。

項邦玉妻茅氏　　二十四歲夫亡,撫孤,守節四十六年。

孫雲亭妻吳氏　　二十四歲夫亡,守節二十六年。

丁鳳高妻張氏　　二十七歲夫亡,撫孤,守節二十四年。

張泰華妻黃氏　　二十三歲夫亡,撫孤,守節二十七年。

張臨川妻顧氏　　三十歲夫亡,撫孤,守節二十一年。

王元均妻陸氏　　二十四歲夫亡,撫嗣,守節二十三年。

魯榮椿妻鄒氏　　二十八歲夫亡,撫孤,守節三十一年。

金漢明妻曹氏　　二十九歲夫亡,撫孤,守節三十六年。

昌日如妻金氏　　二十一歲夫亡,撫孤,守節四十年。

張含輝妻唐氏　　二十九歲夫亡,守節五十二年。

懷南有妻居氏　　二十六歲夫亡,撫孤,守節三十六年。

楊景昌妻計氏　　二十歲夫亡,撫嗣,守節十六年。

姜泰安妻吳氏　　二十二歲夫亡,撫孤,守節二十五年。

殷有璣妻于氏　　二十四歲夫亡,撫嗣,守節三十年。

生員曹銘妻吳氏　　二十歲夫亡,撫嗣,守節三十三年。

朱瑞妻汪氏　　二十五歲夫亡,撫孤,守節三十九年。

張春溶妻沈氏　　二十二歲夫亡,守節三十二年。

趙汝明妻王氏　　二十四歲夫亡,撫孤,守節四十四年。

俞玉如妻張氏　　二十二歲夫亡,撫孤,守節三十四年。

張君超妻陳氏　　二十八歲夫亡,守節三十四年。

俞良美妻邵氏　　二十一歲夫亡,撫嗣,守節二十二年。

周時秀妻葉氏　　三十歲夫亡,守節二十一年。

沈德昭妻劉氏　　二十八歲夫亡,守節三十三年。

吳文龍妻陸氏　　三十歲夫亡,守節四十一年。

吳文奎妻張氏　　三十歲夫亡,守節三十年。　　以上道光十五年旌。

郭大生妻錢氏　　二十四歲夫亡,守節四十三年。

張昌壽妻錢氏　　二十六歲夫亡,守節二十七年。

監生鄒熊妻唐氏　　二十四歲夫亡,守節三十八年。

監生徐維禮繼妻高氏　　二十歲夫亡,撫孤,守節三十二年。

張大成妻孫氏　　二十二歲夫亡,守節六十年。

王永坤妻鮑氏　　二十八歲夫亡,撫嗣,守節十四年。

廩生楊康成繼妻夏氏　　三十歲夫亡,撫孤,守節三十年。

張瀾妻屠氏　　二十歲夫亡,守節二十五年。

監生金鯤妾夏氏　　二十九歲鯤亡,守節二十二年。

周大有繼妻沈氏　　三十歲夫亡,守節三十二年。

金選華妻昌氏　　二十六歲夫亡,守節三十八年。

監生吳堅妻姚氏　二十三歲夫亡,守節三十三年。　以上道光十六年旌。

吳錫祺妻倪氏　二十七歲夫亡,撫嗣,守節三十五年。

張禹山妻顧氏　二十五歲夫亡,撫孤,守節三十八年。

顧慶華妻范氏　二十一歲夫亡,撫嗣,守節五十三年。

生員沈見堯妻陳氏　三十歲夫亡,撫孤,守節三十年。

郁景澧妻胡氏　三十歲夫亡,撫嗣,守節三十一年。

吳裕昆妻馮氏　二十九歲夫亡,守節二十八年。

監生陸鈞繼妻馮氏　三十歲夫亡,撫孤,守節五十五年。

謝永錫妻周氏　二十八歲夫亡,撫孤,守節四十一年。

監生湯大恒繼妻張氏　三十歲夫亡,撫孤,守節三十五年。

監生戴夑妻朱氏　二十五歲夫亡,撫孤,守節十五年。

莫坤揚妻吳氏　二十八歲夫亡,守節三十八年。

黃均六妻戴氏　二十九歲夫亡,守節二十六年。

吳成龍妻張氏　二十歲夫亡,守節三十一年。

吳閔麟妻俞氏　二十歲夫亡,守節四十七年。

王榛妻莫氏　二十六歲夫亡,守節十二年。

孫學禮妻陳氏　二十一歲夫亡,守節十二年。

顧筠妻朱氏　二十八歲夫亡,守節三十九年。

馬應鍾妻鍾氏　二十八歲夫亡,守節。旌年五十二。

唐世榮妻王氏　二十九歲夫亡,守節。旌年五十九。

錢升元妻沈氏　二十七歲夫亡,守節。旌年五十九。

夏鳴臯妻張氏　二十七歲夫亡,守節。旌年五十八。

王思祖妻胡氏　二十一歲夫亡,撫嗣,守節。旌年四十九。

沈琮妻章氏　二十八歲夫亡,守節。旌年五十三。

生員胡金妻金氏　二十九歲夫亡,守節四十年。

章新培妻郭氏　二十五歲夫亡,守節。旌年五十八。

卜承鏗妻宣氏　二十八歲夫亡,守節。旌年五十二。

仇聖千妻林氏　二十九歲夫亡,守節四十五年。

孟秀峰妻龔氏　二十九歲夫亡,守節。旌年五十九。

沈調燭妻章氏　二十七歲夫亡,守節。旌年五十八。

賀焄妻祖氏　二十三歲夫亡,守節。旌年五十七。

姜用章妻金氏　二十五歲夫亡,守節。旌年五十六。　以上道光十七年旌。

周豫章妻徐氏,煥章妻顧氏　顧二十九歲夫亡,撫孤,守節二十一年。徐無事實可考。人稱雙節。

楊學富繼妻濮氏　二十一歲夫亡,撫嗣,守節三十一年。

盛寶璵妻張氏　二十六歲夫亡,撫孤,守節三十六年。

何有忠妻王氏　二十七歲夫亡,撫孤,守節三十三年。

馮光祚妻姜氏　二十二歲夫亡,守節二十年。

懷鳴高妻李氏　二十九歲夫亡,守節四十年。

張瑚妻褚氏　二十一歲夫亡,守節五十八年。

卞文元妻潘氏　二十七歲夫亡,守節二十八年。

賈德林妻吳氏　二十九歲夫亡,守節二十三年。

楊學震妻鈕氏　二十九歲夫亡,守節。旌年六十二。

姚舜傳妻朱氏　三十歲夫亡,守節。旌年六十三。

監生俞晨妻金氏　二十三歲夫亡,守節。旌年五十一。

嚴汝霖妻王氏　二十四歲夫亡,守節。旌年五十。　以上道光十八年旌。

張昌科妻錢氏　二十三歲夫亡,撫孤,守節三十一年。

張景堂妻石氏　三十歲夫亡,撫孤,守節二十七年。

張聲洪妻周氏　二十二歲夫亡,守節二十八年。

姚世鑑妾朱氏　二十三歲世鑑亡,撫孤,守節三十六年。

王畿爲妾奚氏　十八歲畿爲亡,撫孤,守節三十四年。

朱儀吉妻屠氏　二十九歲夫亡,撫孤,守節二十九年。

楊錦堂妻韓氏　二十三歲夫亡,守節五十四年。

州同朱湘妾周氏　二十八歲湘亡,撫孤,守節二十三年。

朱繡章妻袁氏　二十四歲夫亡,守節二十八年。

朱麟滄妻錢氏　二十六歲夫亡,守節二十四年。

胡元吉妻曹氏　二十歲夫亡,守節二十七年。

孫寶賢妻何氏　二十四歲夫亡,守節三十三年。

生員王應槐妻黃氏　二十四歲夫亡,守節二十八年。

沈福泉妻朱氏　十八歲夫亡,守節十五年。

生員繆聯奎妻沈氏　三十歲夫亡,守節。旌年五十三。

陳振高妾彭氏　二十歲振高亡,守節。旌年五十一。

潘世烈繼妻周氏　二十歲夫亡,守節。旌年五十三。

李灝妻朱氏　二十五歲夫亡,撫嗣,又殤。守節三十二年。

王秉初妻徐氏　二十四歲夫亡,守節。旌年七十五。

孫志鉞妻吳氏　二十四歲夫亡,守節。旌年五十五。

朱鼎繼妻謝氏　二十三歲夫亡,守節二十八年。

江蔚若妻徐氏　二十九歲夫亡,守節。旌年五十一。

施天衡妻吳氏　三十歲夫亡,守節。旌年七十。

生員張震亨妻沈氏　二十二歲夫亡,守節。旌年五十七。

周日柈妻顧氏　二十七歲夫亡,守節。旌年七十三。

徐進山妻殷氏　二十三歲夫亡,守節。旌年五十一。

李龍長妻朱氏　二十五歲夫亡,守節。旌年五十七。

孫禹肱妻章氏　二十六歲夫亡,守節。旌年五十七。

徐泰基妻金氏　二十三歲夫亡,守節。旌年五十一。

沈大年妻陸氏　二十四歲夫亡,守節。旌年六十八。

沈文年繼妻張氏　二十六歲夫亡,守節。旌年六十五。

楊自堂妻張氏　二十一歲夫亡,守節。旌年四十四。

楊振聲妻陳氏　二十九歲夫亡,守節。旌年六十三。

知縣黃本誠妾李氏　二十歲本誠亡,守節。旌年七十二。

生員徐邦彥妻李氏　二十七歲夫亡,守節。旌年六十五。

王鋆繼妻夏氏　三十歲夫亡,守節。旌年六十。

蕭允升繼妻陳氏　二十九歲夫亡,守節五十三年。

監生張學沐妻陸氏　二十九歲夫亡,守節二十九年。　以上道光十九年旌。

俞應忠繼妻吳氏　二十四歲夫亡,現年四十二。

【校注】

　　[1] 賦質贏弱：據文意,是"賦質羸弱"之誤。

　　[2] 載世然：光緒《嘉興縣志》卷二十九《節婦一》:"戴世然妾袁氏,年二十二世然歿,無子。登一小樓,衣縞茹齋,日誦佛號數萬,守節以終。""載世然"是"戴世然"之誤。

　　[3] 晝夜：據文意,是"晝夜"之誤。

　　[4] 髦姑：據文意,是"耄姑"之誤。下同。

嘉興府志卷六十九

〔列女六〕

列女節婦

嘉興縣下

顧惠邦妻吳氏

職員金孝本妻陳氏

葛洪南妻盛氏

王猷妻屠氏

盧正邦妻朱氏

張士鳳妻陸氏

程培齋妻徐氏

莊憲妻陳氏

沈濟妻王氏

蔣永江妻江氏

監生汪毓葵妻屠氏

顧廷麒妻李氏

陳明言妻張氏

吳星海妻方氏

庠生莊應南妻屠氏

馮某妻王氏

監生湯建殷妻錢氏

監生沈杓攜妻龔氏

沈穀妻淩氏

徐光遠繼妻張氏

監生陸煥妻張氏

車鑑妻朱氏

吳士堂妻殷氏

貢生陸廷榕妻沈氏

吳鈞妻張氏

庠生李如蘭妻方氏

劉廣載繼妻洪氏　以上事實無考。

監生陸義至妻周氏　二十六歲夫亡,守節十五年。

夏御天妻鄭氏　二十七歲夫亡,守節二十四年。

夏樹德繼妻董氏　二十二歲夫亡,守節四十三年。

鄭粵初妻魏氏　二十八歲夫亡,守節四十四年。

朱應清妻戴氏　二十二歲夫亡,撫遺腹子伯壎,以鍼黹工爲讀書貲,長游庠。苦節三十年。

王學海妻姚氏　二十四歲夫亡,守節二十二年。

李乾瑞妻包氏　二十八歲夫亡,守節三十八年。

王在田妻胡氏　三十歲夫亡,守節三十六年。

翟時可妻湯氏　二十九歲夫亡,守節五十八年。

仲廷獻妻沈氏　二十八歲夫亡,守節四十四年。

熊德明妻徐氏　二十六歲夫亡,守節五十四年。

朱玉林妻陸氏　二十八歲夫亡,守節三十一年。

姚大經妻朱氏　二十八歲夫亡,守節二十四年。

陸泰周妻蒯氏　二十八歲夫亡,守節三十一年。

朱永泰妻陳氏　二十三歲夫亡,守節四十四年。

陳茂忠妻杜氏　二十九歲夫亡,守節三十六年。

孫敘恒妻陳氏　二十二歲夫亡,守節五十七年。

徐舜昭妻朱氏　二十五歲夫亡,守節二十五年。

吳益三妻陳氏　二十四歲夫亡,守節二十三年。

王立三妻沈氏　二十八歲夫亡,守節二十五年。

項斗秀妻汪氏　二十一歲夫亡,守節二十年。

姚寅天妻徐氏　二十六歲夫亡,守節四十五年。

高晉賢妻楊氏　二十八歲夫亡,守節五十八年。

沈德榮妻謝氏　三十歲夫亡,守節三十五年。

姚念哉妻翁氏　二十九歲夫亡,守節三十五年。

沈敘發妻沈氏　二十八歲夫亡,守節四十三年。

嚴承謙妻李氏　二十三歲夫亡,守節二十九年。

周殷六妻沈氏　二十四歲夫亡,守節四十六年。

陳岷川妻李氏　二十六歲夫亡,守節二十年。

凌允文妻趙氏　二十八歲夫亡,守節四十四年。

姬仲藩妻呂氏　三十歲夫亡,守節二十八年。

謝鳳英妻鄭氏　二十四歲夫亡,守節五十四年。

方廷顯妻周氏　十八歲夫亡,守節六十八年。

沈得榮妻徐氏　二十九歲夫亡,守節二十年。

汪平之妾陳氏　二十九歲平之亡,守節五十九年。

錢正芳妻朱氏　二十五歲夫亡,守節二十七年。

戴茂林妻沈氏　二十歲夫亡,守節旌年三十六。

周南高妻吳氏　三十歲夫亡,守節二十二年。

倪永林妻顧氏　三十歲夫亡,守節三十三年。

張星揚妻王氏　三十歲夫亡,守節二十七年。

徐漢皆妻周氏　二十九歲夫亡,守節二十二年。

蒯明玉妻莫氏　二十八歲夫亡,守節三十五年。

毛洪培妻許氏　二十九歲夫亡,守節三十八年。

陳永祥妻楊氏　三十歲夫亡,守節二十四年。

沈玉鶯妻沈氏　二十四歲夫亡,守節三十一年。

俞世貴妻陳氏　二十歲夫亡,守節二十三年。

褚瑞生妻戴氏　二十一歲夫亡,守節五十七年。

吳裕坤妻馮氏　三十歲夫亡,守節二十四年。

沈載倫妻周氏　三十歲夫亡,守節三十五年。

陳完璞妻沈氏　二十九歲夫亡,守節二十九年。

李秉乾妻程氏　二十九歲夫亡,守節四十七年。

徐紹堂妻吳氏　二十八歲夫亡,守節二十年。

張振麟妻趙氏　三十歲夫亡,守節二十一年。

孫東暘妻汪氏　三十歲夫亡,守節二十一年。

沈榮瞻妻陸氏　二十九歲夫亡,守節五十六年。

沈筋叶妻楊氏　十八歲夫亡,守節五十三年。

徐汝春妻沈氏　三十歲夫亡,守節二十七年。

沈達夫妻屠氏　二十七歲夫亡,守節二十五年。

鄭理卿妻殷氏　二十一歲夫亡,守節二十年。

戴其三妻倪氏　三十歲夫亡,守節五十一年。

廩生莊既勤妻吳氏　二十九歲夫亡,守節三十六年。

周漢榮妻石氏　二十二歲夫亡,守節三十一年。

計洪武妻林氏　二十九歲夫亡,守節四十三年。

張天龍妻盧氏　三十歲夫亡,守節五十二年。

徐舜華妻沈氏　二十四歲夫亡,守節三十六年。

孫煥章妻鍾氏　二十五歲夫亡,守節二十二年。

沈士奎妻胡氏　二十七歲夫亡,守節二十三年。

沈廷貴妻周氏　二十九歲夫亡,守節二十三年。

于世昌妻謝氏　三十歲夫亡,守節二十三年。

金勝衡妻吳氏　二十四歲夫亡,守節二十二年。

夏禮燁妻趙氏　三十歲夫亡,守節二十一年。

孫景堂妻吳氏　二十九歲夫亡,守節二十年。

沈可亭妻吳氏　二十八歲夫亡,守節二十一年。

錢才元妻俞氏　二十九歲夫亡,守節二十九年。

山玉坤妻孫氏　二十九歲夫亡,守節二十年。

王忠應妻周氏　三十歲夫亡,守節三十六年。

懷天爵妻朱氏　二十八歲夫亡,守節四十八年。

韓天龍妻沈氏　二十六歲夫亡,守節二十年。

謝順元妻湯氏　二十一歲夫亡,守節三十年。

庠生岳五聲妻顧氏　青年守節,孝事翁姑,苦志數十年。

張宗璜妻吳氏　十九歲夫亡,守節四十一年。

胡洪妻濮氏　二十四歲夫亡,守節二十九年。

倪兆祺妻沈氏　二十歲夫亡,守節四十九年。

舉人濮鰲妻陳氏　謹執婦道,孝養翁姑。夫歿,撫子娶婦,以耕桑苦守二十餘年。

岳廷橚妻周氏　青年守志,知書明禮。撫夫弟廷枋長子昭塏,早歲游庠。年五十三。

沈春喬妻王氏　二十一歲夫亡,遺腹子殤。撫夫兄子爲嗣。道光十五年中秋夕,火起,一家七命同斃,觀者皆下淚。守節八年。

庠生凌雲繼妻沈氏　二十歲夫亡,守節十餘年。

董鳳岐妻沈氏　二十八歲夫亡,守節五十三年。

黃甫廷妻朱氏　二十三歲夫亡,守節五十二年。

郁嘉玉妻黃氏　三十歲夫亡,守節三十四年。

岳樟妻嚴氏　二十六歲夫亡,守節三十三年。

盛三多妻何氏　夫亡,無子,絕粒幾死。遵舅姑諭,稍進饘粥。撫嗣。旌年五十二。

俞文奎妻岳氏　青年守節,撫孤成立。旌年四十七。

楊宗啟妻朱氏　二十九歲夫亡,守節。旌年四十三。

岳鴻瑞妾李氏　二十八歲鴻瑞亡,守節。旌年四十二。

李關福妻沈氏　二十餘歲夫亡,撫孤,與孀居娣婦耕耘織紝,同事衰翁,並勵冰操。旌年四十二。

李某妻陳氏,陳娣某氏　二十餘歲夫亡,撫遺腹子。躬耕織紝,與孀居姒婦奉事衰翁,一門雙節。旌年四十一。

沈學祥妻王氏　二十八歲夫亡,守節二十年。

戴士魁妻鄒氏　二十一歲夫亡,苦節二十年。

監生包鈺妻張氏　二十六歲夫亡,守節二十二年。

庠生戴春林妻周氏　青年守節,撫姪光犖爲嗣。苦志四十年。

監生金福增妾朱氏　二十五歲夫亡,止二女,誓不他適。守二十三年[1]。

朱生瑝繼妻趙氏　二十六歲夫亡,守節四十二年。

趙林妻韓氏　二十四歲夫亡,守節三十七年。

胡洙妻沈氏　二十歲夫亡,撫遺腹子成立。守節二十一年。

朱飛熊妻周氏　二十九歲婚,七十日夫亡。守節五十四年。

監生朱銘妻繆氏　二十六歲夫亡,守節。旌年五十一。

張學濂妻唐氏　二十四歲夫亡。旌年四十五。

顧聚典妻金氏　十七歲夫亡,守節二十一年。

陳德純妻邱氏　十八歲夫亡,守節五十四年。

陳雲妻朱氏　二十七歲夫亡,守節二十年。

朱濤妻顧氏　二十八歲夫亡,守節二十年。

吳大年妻楊氏　二十七歲夫亡,撫子繩祖成立。守節五十二年。

吳繩祖妻章氏　二十歲夫亡,守節。旌年六十歲。一門雙節。

朱世煒妻楊氏　二十九歲夫亡,無子。撫夫從兄子桂林兼祧承祀。苦節二十二年。

王秉衡妻陳氏　二十二歲秉衡亡,撫孤鼇成立。守節二十三年。

王俊三妻沈氏　十八歲夫亡,撫夫兄次子金仲成立。守節四十六年。

葉紀文妻戴氏　二十三歲夫亡,守節二十一年。

陸耕懷妻宋氏　二十九歲夫亡,撫夫兄子志洋爲嗣。守節二十三年。

庠生孫本植妻吳氏　二十四歲夫亡,守節二十三年。

戎鶴巢妻郭氏　二十六歲夫亡,守節二十年。

郭銇妻鈕氏　二十八歲夫亡,守節十九年。

王啟元妻宣氏　二十九歲夫亡,守節二十九年。

陸文思妻夏氏　二十七歲夫亡,守節三十八年。

陳文友妻徐氏　二十三歲婚,四十五日夫亡,撫孤。守節二十八年。

金萱妻楊氏　二十二歲夫亡,守節三十八年。

吳韶聞繼妻朱氏　二十九歲夫亡,守節四十二年。

方靜安妻倪氏　十九歲婚,二載夫亡,撫孤秀高成立。守節三十八年。

方秀高妻張氏　二十六歲夫亡,守節。旌年三十九。稱一門雙節。

張棟妻徐氏　二十二歲夫亡,守節二十四年。

葉文彬妻陳氏　二十九歲夫亡,守節二十八年。

莫天爵妻阮氏　二十五歲夫亡,守節五十三年。

監生湯世龍妻程氏　二十七歲夫亡,守節二十三年。

王朝宗妻姚氏　二十四歲夫亡,守節二十一年。

屠廣良妻王氏　二十五歲夫亡,守節二十九年。

王翰周妻屠氏　二十六歲夫亡,守節二十七年。

監生屠允成妻于氏　二十三歲夫亡,守節三十五年。

馮紹增妻于氏　二十七歲夫亡,守節二十六年。

生員葉芬妻沈氏　二十四歲夫亡,守節二十六年。

馬錫祥妻張氏　二十九歲夫亡,守節二十一年。

于陞黼妻周氏　二十六歲夫亡,守節二十三年。

監生王彝亭繼妻張氏　三十歲夫亡,守節二十一年。

于韶鳴妻程氏　二十四歲夫亡,守節二十七年。

于琢淳妻王氏　二十六歲夫亡,守節二十三年。

于榮春妻蔣氏　二十九歲夫亡,守節二十四年。

陳與權妻殷氏　二十八歲夫亡,守節二十三年。

屠紹聞妻吳氏　十七歲夫亡,守節二十年。

盧紹夔妻陳氏　二十四歲夫亡,守節四十九年。

監生朱蕃綸妻陳氏　二十八歲夫亡,守節三十一年。

府庠生虞坤繼妻楊氏　二十九歲夫亡,守節三十年。

章韞芳妻吳氏　二十九歲夫亡,守節四十五年。

宣豫堂繼妻沈氏　二十九歲夫亡,守節三十七年。

陸躋堂妻高氏　二十五歲夫亡,守節二十五年。

金本固妻吳氏　二十九歲夫亡,守節四十年。

沈玉音妻周氏　三十三歲夫亡,守節五十八年。

邵昌麟繼妻周氏　二十八歲夫亡,守節四十年。

朱桂芳妻陸氏　二十三歲夫亡,守節三十年。

周世森妻余氏　二十八歲夫亡,撫兄子光熊爲嗣,督課不少姑息,勤理家務,守節三十八年。

周國維繼妻陸氏　二十七歲夫亡,守節二十七年。

徐廣元妻陸氏　二十一歲夫亡,守節三十一年。

葉永懷妻沈氏　二十二歲夫亡,守節二十三年。

張泰元妻高氏　二十二歲夫亡,守節五十三年。

馮闇三妻盛氏　二十二歲夫亡,守節二十四年。

沈南林妻張氏　二十六歲夫亡,守節五十一年。

沈品成妻張氏　二十八歲夫亡,撫姪爾梅兼祧。力勤至死,苦節四十七年。

沈文瀾妻嚴氏　三十歲夫亡,撫孤成立,守節三十八年。一門三節。

沈萬年妻駱氏　三十歲夫亡,守節六十四年,立姪爲嗣。氏有一女秀姑,字平邑顧玉如,中年又寡,復撫外孫天錫,教之游庠。

張鳳鳴妻張氏　二十八歲夫亡,守節三十六年。

孔懷春妻方氏　二十六歲夫亡,守節五十五年。

顧巽義妻陸氏　十七歲婚,半載夫亡,無子,族無可繼。家貧,紡績度日,坐臥一小樓。嘉慶乙亥歲臘,被鄰火延焚死,年七十五。

朱大永妻徐氏　二十八歲夫亡,撫姪成立,守節三十六年。

張有容妻馮氏　二十六歲夫亡,守節四十五年。

童霖妻陸氏　二十四歲夫亡,守節四十四年。

馮某妾沈氏,馮濤妻王氏　沈三十歲寡,矢志守節,與王氏伴侍嫡室,奉湯藥。姑歿,能喪祭盡禮。守節四十六年。王二十七歲夫亡,無子,欲以死殉。因念姑張氏病患痺發,臥牀數年,義不忍捨,守節二十九年。一門雙節。

戈本桓妻全氏　二十七歲夫亡,守節四十年。

彭城妻潘氏　二十三歲夫亡,守節三十年。

陸端仁妻何氏　二十二歲夫亡,守節三十二年。

胡學程妻張氏　二十二歲婚,月餘夫亡,撫夫姪恒爲嗣。事媚姑盡禮。守節三十二年。

胡學濂妻沈氏　二十八歲夫亡,苦節二十一年。一門雙節。

生員錢清妻馬氏　二十九歲夫亡,守節四十八年。

吳景安妻萬氏　　二十九歲夫亡,守節三十年。

鍾景心妻何氏　　二十九歲夫亡,守節四十三年。

陸培孫妾侯氏　　二十一歲培孫亡,撫孤成立,守節三十五年。

盛潮妻朱氏　　二十五歲夫亡,守節四十一年。

徐慎餘妻吳氏　　二十九歲夫亡,守節十六年。

徐承熙妻沈氏　　二十四歲夫亡,守節八年。

章珩妻王氏　　二十五歲夫亡,守節二十六年。

章陞陞妻莊氏　　二十四歲夫亡,守節四十一年。

張卿妾程氏　　二十四歲卿亡,嫡室朱生子人宿甫七齡,程夙夜紡績助嫡,上奉翁姑,下撫幼孤,後人宿及婦翁氏又歿,孫文憲甫十六歲,程教養成立。守節五十一年。

金元貞妻朱氏　　二十五歲夫亡,守節三十一年。

邱松妻高氏　　二十三歲夫亡,守節三十九年。

生員彭時英妻梅氏　　二十八歲夫亡,守節二十九年。

生員王謙繼妻褚氏　　三十歲夫亡,守節五十六年。

監生徐曰楷繼妻張氏　　二十六歲夫亡,守節二十四年。

葛澂妻朱氏　　三十歲夫亡,守節三十四年。

沈戴份妻周氏　　二十四歲夫亡,守節二十七年。

徐王壽妻胡氏　　二十二歲夫亡,守節二十七年。

陸茂秀妻高氏　　二十四歲夫亡,守節三十六年。

徐文隆妻張氏　　二十七歲夫亡,守節三十二年。

閔士龍妻金氏　　二十歲婚,甫四月夫亡,金哀痛迫切。撫姪繼善成立。守節三十年。

金大翔繼妻朱氏　　二十五歲夫亡,守節二十六年。

金曰剛妻王氏　　二十九歲夫亡,守節二十二年。

金大均妻王氏　　二十四歲夫亡,守節十七年。

監生金三品妾孫氏　　二十九歲三品亡,守節三十年。

孫可珍妻黃氏　　二十九歲夫亡,守節三十六年。

高漁妻盧氏　　二十三歲夫亡,守節四十一年。

周屺瞻妻徐氏　　二十一歲夫亡,守節四十年。

朱若和妻王氏　　二十歲夫亡,苦節二十四年。

宋善繼妻高氏　　二十八歲夫亡,守節三十七年。

王樹珍妻高氏　　二十六歲夫亡,守節三十一年。

金曙升妻張氏　　二十七歲夫亡,守節三十七年。

朱杏村妻張氏　　二十四歲夫亡,守節四十五年。

吳安邦妻周氏　　三十歲夫亡,苦節四十一年。

方文嘉繼妻許氏　　三十歲夫亡,守節四十二年。

胡懷德妻洪氏　　二十七歲夫亡,守節四十九年。

顧翰飛妻戴氏　　二十四歲夫亡,守節四十八年。

夏廷珍妻任氏　　二十二歲夫亡,守節六十五年。

鄭天麒繼妻李氏　　二十九歲夫亡,守節五十八年。

俞協倉妻梅氏　　二十五歲夫亡,守節三十二年。

周寅禄妻鍾氏　　二十六歲夫亡,守節三十年。

徐海陽妻王氏　　二十二歲夫亡守,節三十九年。

周廷貴妻張氏　　二十二歲夫亡,守節五十四年。

周渭濱妻鍾氏　　二十八歲夫亡,守節四十八年。

職監沈清藻妻金氏　　三十歲夫病篤,割股和藥,卒不起,守節四十年。

張珊妻王氏　　二十六歲夫亡,守節四十六年。

凌永林妻金氏　　三十歲夫亡,守節二十六年。

朱振威妻仲氏　　二十九歲夫亡,守節三十二年。

監生王施安妻賈氏　　二十九歲夫亡,守節二十六年。

朱鐪妻周氏　　二十九歲夫亡,守節三十餘年。

生員彭國憲妻戴氏　　二十歲夫亡,守節二十一年。

庠生孫嘉棟妻鄭氏　　二十歲夫亡,守節三十八年。

監生湯鼎元妻馮氏　　二十二歲夫亡,守節五十餘年。

顧映徽妻吳氏　　徽抱病婚,即於是夕亡,吳二十四歲,矢志不嫁,守節二十四年。

汪麟標妻吕氏　　二十一歲夫亡,守節二十年。

陳熊妻馮氏　　二十三歲夫亡,苦節三十四年。

胡臨臺妾吳氏　　二十二歲臨臺亡,守節五十三年。

胡慶宜繼妻崔氏　　二十五歲夫亡,無子,近族無可立嗣子,立矢志,守節三十八年。

沈道亨妻楊氏　　二十二歲婚,未四月夫亡,誓以死殉。念夫未立嗣,乃茹荼撫姪爲後。守節二十四年。

沈鳳池妻李氏　　二十歲夫亡,守節三十年。

顧成九妻姜氏　　二十三歲夫亡,守節三十二年。

沈志清妻賈氏　　二十三歲夫亡,守節二十六年。

曹永良妻朱氏　　二十二歲夫亡,守節二十一年。

沈永芳妻吳氏　　二十八歲夫亡,守節三十五年。

監生陸韻和妻莊氏　　二十五歲夫亡,撫孤成立。守節三十三年。

生員倪淮妻張氏　　三十歲夫亡,守節二十二年。

沈福泉妻朱氏　　二十歲夫亡,撫育二孤,守節十五年。

陳汝蓮妾周氏　　二十歲夫亡,撫孤成立。旌年五十七。

吳忠芳妻姚氏　　二十三歲夫亡,旌年五十四。

邑庠生錢松妻楊氏　　三十歲夫亡,撫孤晉入泮。旌年五十。

監生王熙妻錢氏　　二十九歲夫亡,撫孤成立。旌年五十二。

倪志梅妻何氏　　三十歲夫亡,旌年五十一。

倪廷椿妻濮氏　　三十歲夫亡,旌年五十二。

貢生胡樴妻蕭氏　　三十三歲夫亡,撫子錫及孫青選俱入泮。道光十六年,詳請撫憲富給予匾額。

陸張氏　二十歲夫亡,旌年七十五。

俞陳氏　二十八歲夫亡,旌年五十。

倪錫桂繼妻張氏　三十歲夫亡,撫孤成立。旌年五十五。

山秋齋妻沈氏　二十九歲夫亡,旌年五十七。

張涅妻錢氏　二十九歲夫亡,守節。旌年六十一。

褚百川妻沈氏　二十五歲夫亡,守節三十七年。

府庠生陸許梧妻壽氏　二十九歲夫亡,守節,旌年五十六。

朱石湖妻王氏　十九歲夫亡,守節二十四年。

高鈦妻鮑氏　二十二歲夫亡,守節二十四年。

監生陸禮耕繼妻陳氏　三十歲夫亡,守節四十年。

監生陸静溪妻莊氏　二十五歲夫亡,守節三十八年。

李文垣妻周氏　二十六歲夫亡,撫孤。苦節二十八年。

張肇發妻葛氏　二十歲夫亡,守節五十三年。

許秉聞妻虞氏　二十七歲夫亡,守節五十四年。

沈延福妻程氏　二十三歲夫亡,守節三十二年。

沈延禄妻吴氏　二十六歲夫亡,守節二十九年。

生員梅思忠妻陸氏　二十九歲夫亡,守節四十一年。

倪振坤妻高氏　二十四歲夫亡,守節十八年。

監生賈如琳妻吴氏　三十歲夫亡,守節。旌年四十六。

張雲昭妻吴氏　二十二歲夫亡,守節三十四年。

吴廷玉妻沈氏　二十八歲夫亡,守節十九年。

金禹九妻淩氏　二十八歲夫亡,守節三十三年。

莊憲繼妻陳氏　二十六歲夫亡。撫夫兄子辰成立,入泮,兼祧。守節三十年。

沈錫仁妻陳氏　三十四歲夫亡,守節二十一年。

李榮椿妻方氏　三十六歲夫亡,守節三十四年。

王猷妻屠氏

毛廷川妻諸氏　二十二歲夫亡,守節二十八年。

錢錦元妻吕氏　二十三歲夫亡,守節十六年。

王永山繼妻吴氏　二十九歲夫亡,守節五十四年。

沈德淵妻吴氏　二十八歲夫亡,守節四十七年。

徐秉初妻王氏　二十一歲夫亡,守節五十四年。

監生沈慶齡妻浦氏　三十歲夫亡,守節二十七年。

張焕錫妻盛氏　二十九歲夫亡,紡績撫孤。旌年五十三。

張廷堦妻劉氏　二十八歲夫亡,旌年四十九。

錢德賢妻秦氏　二十六歲夫亡,撫子祥麟,苦節三十二年。

張維煒妻梅氏　二十七歲夫亡,守節二十八年。

金邦凝妻吴氏　二十九歲夫亡,撫姪教養,守節五十餘年。

朱明遠妻羅氏　　二十九歲夫亡,守節三十三年。

朱聖鈺妻談氏　　二十四歲夫亡,守節三十六年。

陳世英妻顧氏　　二十歲夫亡,守節四十四年。

庠生李嗣馨妻曹氏　　二十歲夫亡,撫孤,守節四十三年。

庠生金枚臣妻汪氏　　二十六歲夫亡,守節五十四年。

李明文妻馮氏　　二十歲夫亡,守節五十二年。

李明良妻張氏　　二十九歲夫亡,撫子成立。守節三十一年。

褚瑞妻張氏　　十八歲夫亡,撫子成立。守節二十年。

戴源端妻張氏　　二十八歲夫亡,守節二十四年。

李應鳳妻陳氏　　二十五歲夫亡,撫子廷桂成立。守節三十二年。

吳永昭妻方氏　　二十五歲夫亡,守節四十九年。

錢俶畝妻顧氏　　二十七歲夫亡,撫子成立。守節十六年。

庠生金子岡妻李氏　　十九歲夫亡,撫子巨璞成立。守節五十九年。

鹽使李陳常妾周氏　　二十四歲陳常歿於官,撫子宗智克成先業。守節三十六年。

張仲賢妻殳氏　　二十九歲夫亡,無子。孝事翁姑,以夫弟子爲後。守節四十三年。

庠生蔣鎔妻周氏　　三十歲夫亡,遺孤甫三齡。家貧,翁姑年老,孝養無虧。撫子成立。守節四十六年。

沈思安妻徐氏　　二十六歲夫亡,止一女,依母家。勤紡績以葬夫,嫁女後,立夫姪爲嗣。守節二十七年。

馮天池妻張氏　　三十一歲夫亡,苦節三十二年。

金巨璞妻張氏　　二十五歲夫亡,事寡姑李盡孝,撫子成立。與姑共勵冰霜,一門雙節,守節五十九年。

鍾綸言妻張氏　　二十九歲夫亡,撫嗣子成立。守節二十一年。

監生李日知妻蔡氏　　三十一歲夫亡,遺子綸,撫之成立。苦節四十八年。

葉兆芳妻顧氏　　十九歲夫亡,守節四十三年。

殳益三妻戴氏　　二十九歲夫亡,守節四十七年。

馮存雅妻蔣氏　　二十七歲夫亡,守節二十六年。

程光祖妻王氏　　二十八歲夫亡,撫子成立。守節四十二年。

監生王翼蒼妻褚氏　　二十六歲夫亡,守節三十七年。

庠生史應侯妻張氏　　二十二歲夫亡,守節三十一年。

陸鴻儒繼妻馬氏　　二十七歲夫亡,守節四十六年。

丁灝亭妻許氏　　二十九歲夫亡,拮據度日,撫子成立。守節四十年。

錢維章妻崔氏　　二十四歲夫亡,遺孤方百日。孝事孀姑,備嘗茶苦,撫子成立。守節三十一年。

祝爾載妻董氏　　二十四歲夫亡,無所依,歸母家,茶苦終身,守節六十年。

何履高妻姬氏　　二十七歲夫亡,事孀姑盡孝,守節五十年。

馮殿桓妻殷氏　　庠生揆臣女。二十九歲夫亡,守節五十年。

吳起鳳妻徐氏　　二十三歲適吳,甫十八日夫亡,哀傷成疾,越十年卒。

陳駕滄妻陳氏　　二十一歲夫亡,守節十九年。

監生錢服耕妻王氏　　二十八歲夫亡,守節三十四年。

胡元芳妻杜氏　　二十五歲夫亡,撫子成立。守節二十六年。

監生王幹亭妻朱氏　　二十八歲夫亡,守節四十一年。

陳尚安妻曹氏　　二十九歲夫亡,卒年一百歲,守節七十一年。

張玉山妻孫氏　　二十七歲夫亡,守節六十一年。

程友三妻王氏　　二十三歲夫亡,遺腹生子,撫之成立。守節五十六年。

監生孔傳荃妻吳氏　　二十三歲夫亡,撫子成立。守節三十六年。

錢始璜繼妻周氏　　二十六歲夫亡,撫子成立。守節三十三年。

何思陶妻李氏　　二十八歲夫亡,孝事舅姑,撫子成立。守節三十年。

州同銜陳嘉謨妾金氏　　二十八歲嘉謨歿,矢志靡它,守節五十二年。

王思贊妻盛氏　　二十五歲夫亡,守節十四年。

陸天倫妻張氏　　三十歲夫亡,守節四十年。

王蘭芝妻謝氏　　二十七歲夫亡,生三子,仲、季相繼殤,有欲奪其志者,誓死不從。紡績,寒暑靡間,撫長子成立。守節二十一年。

王振先妻葉氏　　二十六歲夫亡,守節十八年。

陳公千妻徐氏　　二十八歲夫亡,撫子成立。守節六十二年。

姚思珍妻衛氏,媳魏氏　　衛二十一歲夫亡,無子,嗣夫從子,自襁褓撫之。以紡績供翁姑甘旨,及歿,盡典釵珥勸葬。子婚後又妖,與婦魏氏矢志不二,備極茶苦,守節五十五年。

監生徐林葵妾郁氏　　二十六歲林葵歿,撫子成立。守節二十年卒。

王廷選妻褚氏　　二十五歲夫亡,守節三十五年。

監生沈蓼懷妻陸氏　　十九歲夫亡,守節五十六年。

李遇襄妻林氏　　二十四歲夫亡,守節四十九年。

朱可均繼妻陳氏　　二十六歲夫亡,守節四十一年。

庠生顧卿妻陳氏　　二十八歲夫亡,踰年翁歿,喪葬盡禮,撫子成立。守節二十年。

劉瑞璧妻徐氏　　二十三歲夫亡,茹蘗終身,苦節三十六年。

庠生顧與耕繼妻徐氏,媳陳氏　　徐三十一歲夫亡,撫襁褓遺子成立,又卒,與寡媳陳氏堅貞共勵,苦節三十二年。

吳尹中妻張氏　　二十七歲夫亡,遺腹生子,甫成立,又妖。守節五十年。

庠生陳兆餘繼妻孫氏　　三十歲夫亡,守節二十五年。

俞廷槐妻顧氏　　二十八歲夫亡,守節二十三年。

監生李光暎妾陳氏　　二十四歲光暎歿。生三女,日勤鍼黹,教有閨範。守節五十五年。

陳曰銘妻王氏　　二十四歲歸陳,八月夫亡,無子。以夫從子爲嗣,撫之成立。守節四十四年。

崔元焰妻徐氏　　二十五歲夫亡,守節二十二年。

陳佐遇妻周氏　　二十九歲夫亡,守節三十七年。

沈朝珩繼妻王氏　　三十歲夫亡,撫子士通、士英俱成立。守節三十三年。

於彩文妻徐氏　　二十一歲夫亡,勤勞紡績,撫子成立。守節五十一年。

監生馮光祚妻姜氏　　三十二歲夫亡,撫遺孤成立。守節二十年。

高佐朝妻張氏　　三十歲夫亡,守節二十七年。

監生徐源龍妾周氏　　二十九歲源龍歿,守節五十七年。

周廷楷妻朱氏　　二十九歲夫亡,撫二子皆成立。守節五十二年。

陳保承妻尤氏　　十九歲婚,未一月夫亡,守節十五年。

沈南國妻鄭氏　　二十五歲夫亡,無子,歸依母家,守節三十年。

俞仕順妻錢氏　　二十六歲夫亡,事姑,養葬盡禮,撫子成立。守節五十九年。

程仁德妻韓氏　　二十八歲夫亡,守節四十年。

葉均祖妻梁氏　　二十九歲夫亡,守節三十四年。

陸天雲妻周氏　　三十三歲夫亡,守節五十七年。

杜卓田妻楊氏　　二十九歲夫亡,遺孤方十月,撫之成立。守節四十五年。

周渭南妻沈氏　　二十八歲夫亡,撫孤應奎,教之學,早歲列庠。守節五十六年。

陳靜賢妻鄭氏　　十九歲夫亡,守節四十一年。

監生周紫庵妻繆氏　　三十歲夫亡,無子,嗣夫姪為後。守節三十六年。

沈大乾妻莊氏　　二十六歲夫亡,即自縊,姑急救得不死,守節三十三年。

嚴端尚妻王氏　　二十七歲夫亡,守節五十年。

監生張恭行妻李氏　　二十四歲夫亡,撫子敦書成立,與姒方行妻李氏並守節二十八年。

庠生胡元恒妻杜氏　　二十五歲夫亡,哀毀欲殉,翁姑勸止之。撫子,婚娶後又卒,乃撫兩孫成立。守節五十八年。

庠生戴源吉繼妻丁氏　　二十六歲夫亡,守節五十年。

庠生張秉樞妻伍氏　　二十八歲夫亡,無子,事舅姑盡孝,撫嗣子成立。守節五十八年。

庠生蔣醴泉妾潘氏　　三十歲醴泉歿,子蕃枝甫三齡。家貧,勤鬻績。以教育,早入庠。守節十五年。

褚錦綸妾姚氏　　二十五歲錦綸歿,守節五十九年。

沈應龍妻何氏　　二十五歲夫亡,撫子成立。守節三十二年。

鄭從和妻張氏　　二十八歲夫亡,守節四十三年。

監生沈咸亨妻胡氏　　三十三歲夫亡,無子,撫夫從子為嗣,備極勞瘁。苦節二十四年。

經歷李原妾林氏　　三十二歲原亡,苦節二十七年。

李宁妻王氏　　三十六歲夫亡,遺孤又殀,以夫弟子蟠華為後。甘貧守志,苦節五十一年。

金瑚妻劉氏　　二十一歲夫亡,孝事舅姑,撫子成立。守節六十三年。

監生繆培廷妻李氏　　三十歲夫亡,守節四十七年。

周翼亭繼妻朱氏　　二十八歲夫亡,守節三十四年。

沈學文妻姚氏　　二十九歲夫亡,守節三十六年。

潘廷照妻胡氏　　二十六歲夫亡,無子,撫嗣子成立。守節四十四年。

庠生姚義為妻馮氏　　二十九歲夫亡,撫子成立。守節六十年。

程乾初妻章氏　　二十七歲夫亡,無子,守節五十四年。

王維榮妻何氏　　二十歲夫亡,無子,繼姪為嗣,守節三十四年。

胡心元妻姚氏　　二十八歲夫亡,守節五十四年。

張士斌繼妻陸氏　　三十歲夫亡,撫子成立。守節五十四年。

葉茂千妻王氏　　十九歲夫亡,守節三十一年。

監生顧安期妻陳氏　　二十七歲夫亡,痛不欲生,念寡姑徐已耄,子穉,强進飲食。及二子成婚後又俱殀,三世孀居,縈苦相弔。守節二十八年。

張書賢聘妻杜氏　十一歲爲養媳,夫久病,未成婚。夫亡,女二十四歲,誓死不改適。翁姑憐其志,爲之立嗣,守貞三十年。

知州劉清蓮妻馮氏　二十七歲夫亡,歸依母家,守節二十一年。

庠生李錦中妻王氏　二十五歲夫亡,嗣夫弟子爲後,守節四十五年。

陸德咸妻聞氏　二十九歲夫亡,守節三十三年。

秦用生妻何氏　三十歲夫亡,守節四十九年。

海昌查綑妻李氏　綑贅於梅里李氏,遂家焉。氏三十歲寡,子將婚而歿,繼姪爲嗣,守節三十二年。

顧奉璋妻褚氏　二十一歲夫亡,無子。太姑與姑俱早寡,守志。褚嗣子於襁褓中,仰事俯育,備嘗艱苦,守節十五年。

張聚妻繆氏　二十一歲夫亡,守節四十五年。

庠生胡大鏞繼妻陳氏　二十八歲夫亡,守節二十八年。

何廷楷妻孫氏　三十一歲夫遠游客死,遺子甫七歲,撫之成立。苦節四十一年。

周端雲妻伍氏　二十三歲婚,數月夫亡。翁憐其少,勸他適,即絕粒欲殉。親族交慰之,翁爲繼二子,俱撫之成立。守節四十七年。

金如虹妻張氏　二十三歲夫亡,守節四十年。

曹學田妻王氏　二十九歲夫亡,守節五十五年。

杜坤山妻俞氏　二十七歲夫亡,守節三十五年。

王載常妻朱氏　二十九歲夫亡,守節十五年。

張肇雲繼妻陳氏　三十一歲夫亡,撫子成立。苦節十七年。

何斯敏妻丁氏　三十三歲夫亡,無子。家貧,紡績以給。撫姪爲後。守節二十一年。

舉人吳學韓妻張氏　二十九歲夫亡,守節三十六年。

庠生沈紀書妻徐氏　二十六歲夫亡,踰年舅姑相繼歿,喪葬盡禮,守節四十七年。

金立成繼妻杜氏　二十歲夫亡,遺孤甫八月,及前室子,俱撫之成立。守節十年。

龔永芳妻沈氏　二十八歲夫亡,撫子成立。守節三十八年。

楊武千妻李氏　二十六歲夫亡,守節五十二年。

李遇賢妻王氏　二十三歲夫亡,守節四十八年。

陳天友妻徐氏　三十二歲夫亡,遺一子一女。家赤貧,甑無粒米,氏號泣昏絕,親戚各佽助,爲夫殮。子就塾,逾冠又殤。徐慟絕於地,爲人救甦。日茹粗糲,身無完衣,雖飢寒逼迫,終無怨尤,苦節四十四年。

杜裕堂妻吳氏　二十九歲夫亡,撫子成立。守節二十九年。

曹大中妻戴氏　三十歲夫亡,守節四十五年。

杜炳妻錢氏　二十九歲夫亡,遺一子。家貧,依戚族以居,後子成立,終養於家。守節三十四年。

錢文玉妻徐氏　二十三歲夫亡,撫子成立。守節四十六年。

馬安國妻陳氏　二十五歲夫亡,守節四十五年。

王廷璋繼妻李氏　二十五歲夫亡,守節四十六年。

王德乾妻何氏　三十歲夫亡,守節三十五年。

章宏遠妻陸氏　二十八歲夫亡,撫養二子成立。守節四十年。

姚汝賢妻儲氏　二十七歲夫亡,守節三十年。

錢如松妾戴氏　二十七歲如松亡,撫嫡子成立。守節四十五年。

王啟人妻秦氏　二十歲夫亡,守節七十年。

庠生陳瑞妻王氏　三十二歲夫亡,撫遺腹子秀,早游庠,旋殀折。寡媳弱孫,劬育備至。苦節五十年。

庠生金易妻何氏　三十四歲夫亡,事舅姑極孝。家貧,勤女紅以奉甘旨。子爾梅僅三齡,教養入庠序。年六十卒。巡撫陳以“勵志如金”額獎之。

王克昌妻秦氏　十九歲婚,未兩月夫亡。貧無室廬,依親戚家,以紡績自給。守節六十年。

張誠妻陳氏　二十三歲夫亡,事姑盡孝,撫之成立。守節四十年。

陳大川妻王氏　二十一歲夫亡,守節四十年。

馮大年妻沈氏　二十九歲夫亡,守節四十年。

楊龍妻鄭氏　二十七歲夫亡,守節四十年。

鄭天衢妻胡氏　三十八歲夫亡,守節四十年。

王家相妻孫氏　二十三歲夫亡,守節四十年。

錢均山妻錢氏　二十九歲夫亡,守節四十年。

李如賓妻胡氏　二十三歲夫亡,守節四十年。

張慎高妻李氏　三十歲夫亡,無子。歸依母家,紡績自給,繼姪爲嗣,守節四十年。

汪松廷妻朱氏　三十歲夫亡,守節三十年。

馮峻妻戴氏　三十歲夫亡,無子。家貧,以十指所入供甘旨,嗣姪爲後,守節二十年。

倪紹周妻沈氏　二十三歲夫亡,無子。孑然一身,茹素飲藥,守節四十年。

朱義遵妻葉氏　二十六歲夫亡,守節四十年。

沈亮侯妻錢氏　二十六歲夫亡,守節四十年。

吳承載妻徐氏　二十九歲夫亡,守節三十年。

胡獻之妻葉氏　二十三歲夫亡。家貧,止一女。越歲歸依母家,後賃居獨處,以紡績自給。守節四十年。

曹其誠妻王氏　二十八歲夫亡,遺腹生子,撫之成立。守節三十年。

金明光妻張氏　十四歲爲養媳,二十四歲夫亡。無子,家無擔石,操作度日,守節三十三年。

朱配堂繼妻李氏　二十四歲夫亡,撫遺腹子成立。守節三十七年。

沈維新妻錢氏　二十七歲夫亡,事舅姑孝。無子,以夫從子爲後。守節三十五年。

張賜福妻周氏　二十一歲夫亡,家貧,紡績自給,守節二十五年。

陳元龍妾姚氏　二十一歲元龍歿,子尚在襁褓,撫之成立。守節四十一年。

庠生錢鼎妻王氏　二十七歲夫亡,守節四十四年。

李麒妻甘氏　三十五歲夫客死廉州,無子,依夫從弟爲活,茕居困悴。年七十,苦節三十五年。

監生姜文麒妻翟氏　二十六歲夫亡,無子,撫大兄子潮爲後。守節三十六年。

史德三妻吳氏　二十七歲夫亡,家貧,無子,茶苦終身,守節五十年。

張蒼顏妻羅氏　二十九歲夫亡,家極貧,朝夕紡績,積賣布錢營兩世葬。守節四十餘年。

陳璀妻張氏　二十四歲夫亡,無子,以夫從子爲嗣。守節三十餘年。

王世邁妻葉氏　二十一歲夫亡,無子。姑年七十餘,奉待極孝,朝夕供膳,出自十指。守節十年。

監生仲元吉妻李氏　二十四歲夫亡,守節十五年。

李公良妻張氏　二十六歲夫亡,守節五十七年。

陳修遠繼妻黃氏　二十八歲夫亡,守節四十八年。

張介倫妾盛氏　二十二歲介倫亡,守節三十年。

李鄂妻王氏　夫早亡,無子,以夫從兄子為後。守節數十年。

徐長發妻毛氏　二十一歲夫亡,守節三十二年。

沈大山妻沈氏　二十四歲夫亡,守節四十三年。

監生胡萬程妻胡氏　二十三歲夫亡,撫夫兄子為後。守節四十年。

馮我周妻殳氏　二十九歲夫亡,守節三十年。

鄭玉鉉妻陳氏　十八歲夫亡,守節三十一年。

姚文毓妻魏氏　二十六歲夫亡,無子。孝事媋姑衛氏,日勤鍼指自給,撫夫從子為嗣。守節三十一年。

沈鍾秀妻梁氏　二十八歲夫亡,守節三十年。

王敘賓妻黃氏　二十八歲夫亡,守節三十一年。

王守先妻錢氏　二十九歲夫亡,守節三十年。

監生張宗發妻吳氏　三十歲夫亡,守節三十一年。

張慎行妻方氏　二十三歲夫亡,守節三十年。

王桓妻孫氏　二十七歲夫亡,撫子成立。守節三十餘年。

曹鼎魁妻崔氏　二十八歲夫亡,守節三十一年。

沈允迪妻王氏　二十八歲夫亡,守節三十年。

李文煥妻湯氏　二十九歲夫亡,撫子成立。守節三十年。

薛庭耀妻馬氏　二十三歲夫亡,守節三十一年。

監生沈咸和妻王氏　二十九歲夫亡,無子,撫夫從子為後。守節三十年。

殳有仁妻陸氏　二十九歲夫亡,守節三十一年。

樊必祥妻陳氏　二十五歲夫亡,守節三十一年。

曹秀山妻周氏　二十六歲夫亡,守節三十年。

王三甫妻韓氏　二十七歲夫亡,無子,以夫從子為嗣。守節三十餘年。

監生錢蘭裔妻朱氏　二十九歲夫亡,守節三十一年。

褚元愷妻黃氏　二十三歲夫亡,撫子成立。守節三十年。

張聖山妻何氏　二十三歲夫亡,事姑孝,撫三子成立。守節三十餘年。

于新甫妻倪氏　二十四歲夫亡,守節三十年。

朱壽田妻孫氏　二十二歲于歸,五月夫亡,家徒壁立,孑然一身,守節三十餘年。

監生張道益妾張氏　二十三歲道益亡,守節三十年。

李培正妻任氏　二十二歲夫亡,無子,嗣夫從子為後。守節四十四年。

金士鳳妻鄭氏　二十二歲夫亡,守節三十一年。

胡兆昌妻王氏　二十六歲夫亡,守節三十餘年。

舉人許宣猷妻查氏　二十六歲夫亡,守節三十餘年。

周孔嘉妻孫氏　二十三歲夫亡,撫子成立。守節三十年。

胡貢祿妻何氏　二十三歲夫亡,守節三十一年。

陸敬夫妻沈氏　十九歲夫亡,守節三十年。

朱元貞妻張氏　二十一歲夫亡,守節三十年。

許廷元妻朱氏　二十四歲夫亡,家貧,紡績度日,守節三十一年。

高憲章妻許氏　二十三歲夫亡,守節二十八年。

李輔廷妻王氏　三十歲夫亡,守節三十餘年。

莊國球妻張氏　二十九歲夫亡,守節三十一年。

徐詳妻楊氏　二十九歲夫亡,撫子成立。守節三十年。

沈榮立妻顧氏　二十九歲夫亡,守節十年。

金士求妻孫氏　二十五歲夫亡,守節十一年。

陳勳妻馮氏　二十二歲夫亡。家貧甚,紡績以謀朝夕。兩世舅姑俱在堂,侍奉能得其歡。撫遺腹子成立。守節二十八年。

監生李翰妾羅氏　貴筑人,二十五歲夫亡,衹一女,撫育嗣子成立。守節三十六年。

庠生張昌科妻錢氏　二十三歲夫亡,遺子僅數月又殤,錢痛不欲生,姑慰許以夫兄子爲嗣。貧無資産,常依母氏於禾中。事翁姑極孝,歲時必來省侍,親奉甘旨,人皆稱歎之。

李蓮妻殳氏　二十三歲夫亡,止一女,以夫姪孫某爲後。家苦貧,藉女紅以自給,老年族鄰始稍資贍之。守節五十四年。

戴培因妻汪氏　三十歲夫亡,事翁盡孝,能先意承志。家貧,恒勤鍼黹以給。守節二十五年。

徐九如妻王氏　二十三歲夫亡,止一女,晝夜紡績以給,寒暑不輟。守節二十一年。

蔣通泉妻徐氏　三十歲夫亡,依夫兄佐理家事,處姒娌甚和睦。撫姪榆蔭成立。守節二十五年。

孫寶賢妻何氏　婚三載,何二十二歲夫亡。奉事翁始[2],能盡孝道。無子,以夫姪黃鍾爲嗣。年五十六。

庠生王步雲妻孫氏,監生凌雲妻孫氏　姒三十歲夫亡,撫育二子維鏐、維鈞成立。長維鏐出嗣爲大宗後。步雲弟凌雲妻孫氏,年十四,母病篤,曾割股和藥以進,病旋愈。歸王後,年亦三十而寡,撫孤維鏞,教以讀書成立。娣姒雍陸,同居共爨,無間言。

沈柏妻俞氏　二十三歲夫亡,無子,以夫弟子昇爲後,煢煢孑立,守節三十四年。

王有文妻王氏　三十歲夫亡,撫姪爲嗣。守節四十八年。

朱沛堂妻李氏　二十四歲夫亡,撫子成立,又殀。家貧茹藥,紡績自給,守節五十三年。

金家珍妻蔣氏　二十五歲夫亡,撫孤、孫教養備至,終身縞素,守節五十三年。

蔡兆驥妻丁氏　二十二歲夫亡,撫姪爲嗣。舅姑相繼歿,家貧,喪葬盡禮。以紡績自給,守節三十五年。

蔣玉妻姚氏　二十四歲夫亡,無子,事翁姑曲盡孝道。撫姪爲嗣,又殤。翁姑繼歿,喪葬盡禮,荼苦備嘗。守節三十一年。

孫志元妻沈氏　二十歲夫亡,無子,亦無繼嗣。家貧甚,藉紡績以葬舅姑,老益窮苦。守節六十二年。

孫秉乾妻王氏　二十六歲夫亡,撫孤成立。守節三十六年。

庠生朱墨林妻繆氏　三十歲夫亡,家素貧,遺子柏方二歲,撫之成立。守節二十三年。

錢仲華妻韓氏　二十五歲夫亡,撫子延齡,教養成立。守節三十七年。

董士福妻陸氏　二十九歲夫亡,無子。煢煢孤苦,矢志不移,守節三十九年。

監生陳鳳藻妻陸氏,椿妻陸氏　姑三十歲夫亡,以從子椿爲後,又殀。與寡媳陸氏共勵冰霜,守節三十七年。

邑廩生史大勳妻孫氏　三十歲夫亡,止二女,撫嫁極勞。以夫姪庠生致中兼祧,年五十二卒。

謝桐春妻李氏　二十二歲夫亡,止一女。事生姑盡孝,撫嗣成立。守節三十年。

王路遵妻沈氏,媳某氏　沈二十三歲夫亡,止一女。事翁姑孝,撫嗣成立,又卒。與寡媳操作以給,守節十二年。

梁信元妻鄭氏　二十四歲夫亡,事姑盡孝,子二,早殤,未有繼家。苦貧,恒紡績以自給,守節二十一年。

李汝金妻王氏　二十九歲夫亡,守節三十一年。

王心儻妻李氏　三十歲夫亡,守節二十六年。

馮克禮妻王氏　三十歲夫亡,子女俱無,煢煢矢志,守節二十二年。

姚含經妻林氏　三十歲夫亡,上奉邁翁,下撫子女,備嘗茶苦,守節五十八年。

沈坤發妻鄭氏　二十九歲夫亡,茹荼飲蘗,守節三十年。

曹永良妻朱氏　二十二歲夫亡,茹荼飲蘗,守節三十年。

顧通妻陳氏　二十四歲夫亡,守節二十六年。

郡庠生汪容繼妻潘氏　青年守志,撫孤成立。守節四十八年。

吳起鳳妻徐氏　二十三歲適吳,十四月夫亡,撫十八日孤兒,守節十年,三十四歲以鬱疾卒。

葉潮妻戴氏　二十一歲夫亡,守節二十一年。

監生周型芳繼妻張氏　二十八歲夫亡,守節一十五年。

陳邦華妻陸氏　二十歲夫亡,旌年七十九。

濮謙四妻張氏　二十九歲夫亡,旌年七十。

孫耀宗妻朱氏　二十五歲夫亡,旌年五十九。

沈啟孫妻蕭氏　二十九歲夫亡,旌年五十三。

王庭昌妻徐氏　二十五歲夫亡,旌年六十四。

王元良妻崔氏　二十七歲夫亡,旌年六十六。

沈錡妻張氏　二十七歲夫亡,旌年五十一。

周德千妻孫氏　二十七歲夫亡,旌年五十九。

徐永昌妻潘氏　三十歲夫亡,旌年六十一。

監生畢蟾桂妻鍾氏　二十九歲夫亡,旌年五十三。

朱廷楷妻沈氏　二十歲夫亡,旌年五十。

戴兆煜妻金氏　二十三歲夫亡,守節三十一年。

戴仁政妻何氏　二十九歲夫亡,守節十五年。

沈昌業妻謝氏　二十一歲夫亡,撫孤成立。守節三十九年。

沈天爵妻陳氏　二十六歲夫亡,守節三十二年。

孫鳴繼妻蔡氏　二十三歲夫亡,撫嗣成立。守節四十年。

衢州訓導張慶漣妾章氏　二十九歲慶漣亡,守節三十八年。

沈鈺妻盛氏　二十歲夫亡,守節三十二年。

王士奎妻俞氏　二十八歲夫亡,守節四十五年。

陳玉妻沈氏　二十九歲夫亡,守節三十一年。

周城妻陳氏　三十歲夫亡,守節二十三年。

監生張萬和妻朱氏　　二十九歲夫亡,守節三十四年。

朱天鈺妻駱氏　　二十八歲夫亡,守節三十一年。

浦紹華妻繆氏　　二十八歲夫亡,守節。旌年六十。

劉敏元妻祝氏　　二十七歲夫亡,守節。旌年五十九。

生員吳鮑新妻虞氏　　二十七歲夫亡,守節二十一年。

山振威妻沈氏　　二十二歲夫亡,撫孤鴻成立。守節三十八年。

馬應琳妻吳氏　　二十五歲夫亡,守節二十二年。

張學淳妻唐氏　　二十七歲夫亡,守節五十四年。

何崑采妻錢氏　　二十五歲夫亡,守節二十二年。

倪鼎元妻錢氏　　二十五歲夫亡,守節三十六年。

徐之松妻殳氏　　二十二歲夫亡,守節四十二年。

甄長冠妻甄氏　　二十九歲夫亡,撫嗣,苦節四十三年。

沈仲賢妻郭氏　　二十二歲夫亡,撫嗣,守節二十三年。

宣廷揚妻陸氏　　二十三歲夫亡,守節二十五年。

蔡如璋妻任氏　　二十八歲夫亡,守節二十二年。

蔡如璜妻陸氏　　二十九歲夫亡,守節二十二年。

縣丞錢世繩妻李氏　　二十歲夫亡,守節。旌年五十六。

侍讀學士錢福胙妾孫氏　　二十五歲福胙亡,守節四十年。以嫡子儀吉官貤封宜人。

雲南學政錢開仕妾韓氏、汪氏　　開仕視學滇南,韓以事主母留京邸,閱三年而寡。時韓二十三歲,汪侍開仕疾,刲股和藥以進。年二十一而寡,與韓共守節四十年。

顧玉奇妻蕭氏　　二十六歲夫亡,撫遺孤,守節二十五年。

錢嵩巖繼妻金氏　　二十八歲夫亡,無子,苦志守節,撫育四女,操持家務,勞苦成疾,未及三載而歿。

周士璉妾殷氏　　二十六歲士璉亡,守節五十三年。

朱芬繼妻陳氏　　二十九歲夫亡,撫孤綢成立。守節二十二年。

監生陸光黿妻陳氏　　三十歲夫亡,撫長子廷琛入邑庠,次子廷珍成立,守節二十一年。

顧振賢妻沈氏　　二十六歲夫亡,撫嗣,守節四十四年。

張士明妻盛氏　　二十三歲夫亡,撫孤,守節。旌年五十七。

朱士豪妻宣氏　　二十一歲夫亡,守節二十五年。

楊士良妻朱氏　　二十七歲夫亡,無子,兩次立嗣不育。苦節四十七年。

陸龍田妻王氏　　二十七歲夫亡,守節四十七年。

朱兆奇妻邱氏　　二十九歲夫亡,守節三十二年。

沈鼎妾周氏　　二十五歲鼎亡,守節三十一年。

貢生金錫爵妻曹氏　　二十九歲夫亡,守節二十二年。

平紀妻張氏　　二十七歲夫亡,守節三十二年。

殷嘉祉妻戴氏　　二十七歲夫亡,守節。旌年四十五。

吳運青妻虞氏　　二十二歲夫亡,守節。旌年五十六。

沈安齋妻葛氏　　二十五歲夫亡,守節。

吳禹川妻邱氏　三十歲夫亡,守節。

張卓雲妻金氏　三十歲夫亡,守節三十五年。

莊蘊叨妻姜氏　二十五歲夫亡,守節五十四年。

平祥榮妻錢氏　二十七歲夫亡,守節五十三年。

邱蔭齋妻王氏　二十五歲夫亡,守節四十二年。

沈大鎧妻崔氏　二十二歲夫亡,撫嗣,守節五十六年。

沈浚妻胡氏　二十二歲夫亡,守節五十年。

潘莘耕妻周氏　三十歲夫亡,守節。旌年六十二。

姚金年妻章氏　二十六歲夫亡,守節五十七年。

譚孚爵妻計氏　二十七歲夫亡,守節五十二年。

唐文郁妻孫氏　二十七歲寡,孝舅姑,性樂善,捐建石橋,人德之,稱節孝橋。撫姪成立。守節四十四年。

吳維翰妻仲氏　二十一歲夫亡,守節二十一年。

馬京芳妻王氏　三十五歲夫亡,事孤子廷賢。守節四十年。

馬廷賢妻沈氏　二十二歲夫亡,無子,事姑盡孝,守節五十三年。

張鼎元妻秦氏　婚三載夫亡,氏二十三歲。偕貞女二姑,以鍼黹所入葬舅姑。撫孤三十餘年。旌年五十三。

張浩繼妻沈氏　二十五歲夫亡,守節三十三年。

呂天敘妻沈氏　二十二歲夫亡,守節三十七年。

朱應和妻姚氏　二十八歲夫亡,守節二十八年。

俞坤元妻陸氏　二十六歲夫亡,守節三十年。

于彥昇妻施氏　二十四歲夫亡,守節三十七年。

丁一枝妻楊氏　夫素有疾,家貧,氏以紡績爲夫醫藥資。及歿,氏二十九,子甫四齡,至十八又殀,氏更悲鬱,仍勤操作自給,守節二十九年。

夏士松妻王氏　二十二歲夫亡,事翁姑及太翁盡孝。夫歿,痛不欲生,鬱鬱半載餘卒。

王仁秀妻徐氏　三十歲夫亡,守節,撫孤成立。旌年六十一。

俞鳴佩妻陶氏　二十六歲夫亡,守節二十七年。

生員胡雲楣妻謝氏　二十九歲夫亡,守節四十三年。

監生何繼福繼妻徐氏,陳禧妻周氏　二十三歲婚。數載夫患急症亡,慟絕,復蘇。孝事媼姑,撫二子成立。守節二十六年。道光己亥詳請給區,與陳禧妻周氏,人稱"一門雙節"。嘉善黃安濤爲撰《何家二節婦傳》。

蔣廷秀妻鍾氏　二十九歲夫亡,旌年五十九。

何品咸妻陳氏　三十六歲夫亡,事翁姑孝,撫遺孤成立。守節五十一年。旌年五十八。

劉華載妻吳氏　二十六歲夫亡,撫子成立。守節五十八年。

劉文德妻張氏　二十八歲夫亡,旌年五十四。

陸康圻妻殷氏　二十九歲夫亡,守節。旌年五十歲。

邵忠明妻梁氏　三十歲夫亡,撫孤成立。旌年六十六。

監生王澄妻徐氏　三十歲夫亡,撫繼子人杰成立。苦節四十二年。

監生唐世勳妻楊氏　二十九歲夫亡,撫嗣允恭成立。旌年四十九。

王錫章妻萬氏　二十八歲夫亡,撫孤成立。旌年四十七。

鄭紹書妻馬氏　二十歲夫亡,守節四十一年。

謝學泗妻陸氏　二十二歲夫亡,撫嗣成立。旌年五十三。

胡南山妻張氏　二十四歲夫亡,守節。旌年五十一。

劉庸哉繼妻洪氏

王蔣氏

王方氏

呂盛氏

繆印和妻陳氏

顧俊堂妻張氏

葛廷桂妻金氏

莫俞氏

俞士堂妻沈氏

莊梧妻施氏

汪陳氏

貢生陸楯妻吳氏

貢生朱素存繼妻沈氏

庠生陸蔭嘉妻許氏

徐天錦妻鄭氏

監生顧天惠妻屠氏

王槐堂妻萬氏

俞昌鑑妻顧氏

庠生顧天錫妻黃氏

金潛文妻魏氏

董維翰妻許氏

程漢妻周氏

李大忠妻馬氏

朱蘊隆繼妻沈氏

邵之溥妻周氏

邵宏遠妻李氏

莫永齡妻俞氏

董亭書妻沈氏

董其琛妻馬氏

王昌齡妻方氏

朱復亨妻陸氏

宣戴千妻洪氏

監生吳俊良妻袁氏

葉振遠妻夏氏　以上事實俱無考。以上于《志》。

監生陳禮堂繼妻吳氏　　二十九歲夫亡，撫孤，守節十七年。道光二十年旌。

黃蘭舟妻顧氏　　二十九歲夫亡，撫孤，守節二十五年。

倪連元妻楊氏　　二十二歲夫亡，撫孤，守節三十二年。

朱桂芳妻陸氏　　十九歲夫亡，撫孤，守節二十六年。

吳尚德妻俞氏　　三十七歲夫亡，撫孤，守節三十六年。

計龍輔妻俞氏　　二十九歲夫亡，撫孤，守節五十一年。

包茂榮妻翁氏　　二十八歲夫亡，撫孤，守節三十九年。

生員金冀妻楊氏　　二十二歲夫亡，守節。旌年六十二。

王順山妻李氏　　二十五歲夫亡，守節。旌年七十。

周德升妻金氏　　二十八歲夫亡，守節。旌年五十八。

沈品山妻孔氏　　二十九歲夫亡，守節。旌年七十八。

高琪妻楊氏　　二十九歲夫亡，守節。旌年六十五。

俞懷良妻龔氏　　二十七歲夫亡，守節。旌年六十六。

吳心怡妻王氏　　十九歲夫亡，守節四十年。

儒童江愷妻沈氏　　二十八歲夫亡，守節四十年。

監生王澄妻徐氏　　三十歲夫亡，守節四十二年。

徐廣元妻陸氏　　二十歲夫亡，守節三十一年。

沈惠春妻陸氏　　二十一歲夫亡，守節四十五年。

生員梅聿修妻朱氏　　二十九歲夫亡，守節五十六年。

監生陸義至妻周氏　　二十六歲夫亡，守節十五年。

儒童施殿英妻懷氏　　二十三歲夫亡，守節二十四年。

顧玉奇妻蕭氏　　二十六歲夫亡，守節二十五年。

戴世界妻何氏　　二十九歲夫亡，守節十五年。　　以上道光二十一年旌。

儒童陳雲妻朱氏　　二十九歲夫亡，守節。旌年五十一。

朱濤妻顧氏　　二十八歲夫亡，守節。旌年五十一。

郭汝雷妻陳氏　　二十三歲夫亡，守節。旌年五十三。

儒童陳文友妻徐氏　　二十三歲夫亡，守節。旌年五十九。

浦紹華妻繆氏　　二十九歲夫亡，守節。旌年六十二。

于士貴妻施氏　　二十六歲夫亡，守節。旌年六十四。

生員虞坤繼妻楊氏　　三十歲夫亡，守節。旌年六十一。

儒童蔣廷秀妻鍾氏　　二十七歲夫亡，守節。旌年六十三。

吳運青妻虞氏　　二十二歲夫亡，守節。旌年五十八。

沈明標妻陸氏　　二十九歲夫亡，守節。旌年六十六。

王士金妻俞氏　　二十九歲夫亡，守節。旌年七十五。

陸大年妻張氏　　二十六歲夫亡，守節。旌年六十五。

儒童張純儒妻楊氏　　二十一歲夫亡，守節。旌年五十六。

監生王凌雲妻孫氏　　三十歲夫亡，守節。旌年五十三。

鄭天祺繼妻李氏　二十九歲夫亡,守節五十三年。

徐德純妻邱氏　十八歲夫亡,守節五十四年。

何崑來妻錢氏　二十四歲夫亡,守節二十四年。

儒童陳槐廷妻武氏　二十一歲夫亡,守節二十四年。

胡景瀾妻范氏　二十二歲夫亡,守節二十六年。

儒童于秉倫妻顏氏　二十三歲夫亡,守節五十一年。

許汝誠妻周氏　二十一歲夫亡,守節三十二年。

儒童莊憲繼妻陳氏　二十六歲夫亡,守節三十年。

郭維天妻姜氏　十九歲夫亡,守節四十五年。

崔秀章妻朱氏　二十四歲夫亡,守節三十二年。

金永淮妻徐氏　二十二歲夫亡,守節三十四年。

沈文章妻丁氏　二十三歲夫亡,守節十二年。

王慶麟妻費氏　二十九歲夫亡,守節二十五年。　以上道光二十二年旌。

朱振威妻仲氏　二十八歲夫亡,守節。旌年六十三。

監生沈咸安妻金氏　二十七歲夫亡,守節。旌年六十。　以上道光二十三年旌。

潘聿修妻王氏　二十八歲夫亡,守節。旌年七十。

錢士楷妻項氏　三十歲夫亡,守節。旌年五十七。

儒童俞世榮妻陳氏　二十二歲夫亡,守節。旌年五十二。

吳安邦妻周氏　三十歲夫亡,守節。旌年七十五。

陸嵩年妻張氏　二十九歲夫亡,守節。旌年七十九。

廩生曹士銓妻沈氏　二十四歲夫亡,守節。旌年五十八。

儒童徐寅妻王氏　三十歲夫亡,守節。旌年七十。

楊秉章妻陸氏　二十九歲夫亡,守節。旌年五十六。

監生王敬安妻錢氏　二十九歲夫亡,守節。旌年五十一。

儒童蔣肇堂妻錢氏　二十九歲夫亡,守節。旌年五十三。

屠雲和妻錢氏　二十九歲夫亡,守節。旌年五十五。

吳繩祖妻章氏　二十一歲夫亡,守節。旌年六十四。

朱學成繼妻唐氏　二十九歲夫亡,守節。旌年五十四。

監生顧季英妻陸氏　二十七歲夫亡,守節。旌年五十四。

周振發妻金氏　二十九歲夫亡,守節。旌年六十一。

儒童沈際昌妻張氏　三十歲夫亡,守節。旌年五十五。

王翰周妻屠氏　二十五歲夫亡,守節。旌年五十六。

趙林妻韓氏　二十四歲夫亡,守節。旌年六十四。

沈如淵妻李氏　二十五歲夫亡,守節。旌年五十一。

張爲棟妻徐氏　二十四歲夫亡,守節。旌年五十一。

監生沈慶齡妻浦氏　三十歲夫亡,守節。旌年六十。

顧廷魁妻馮氏　二十六歲夫亡,守節。旌年五十四。

唐文郁妻孫氏　　二十七歲夫亡,守節。旌年七十二。

職監徐正洪妾黃氏　　三十歲正洪亡,守節四十九年。

儒童盛輔堂妻談氏　　二十八歲夫亡,守節五十年。

附貢金書田繼妻朱氏　　二十二歲夫亡,守節二十八年。

沈松山妻姚氏　　二十五歲夫亡,守節三十三年。

沈仲賢妻郭氏　　二十三歲夫亡,守節二十三年。

陳耀章妻嚴氏　　二十三歲夫亡,守節三十九年。

繆爔繼妻王氏　　二十六歲夫亡,守節十八年。

陳錫九妻楊氏　　二十九歲夫亡,守節二十六年。

監生錢煜妻董氏　　二十八歲夫亡,守節五十五年。

監生朱珹妻金氏　　二十三歲夫亡,守節二十一年。

儒童朱生煌繼妻趙氏　　二十六歲夫亡,守節四十三年。

監生車天保繼妻閔氏　　二十六歲夫亡,守節三十一年。

周沛滄妻徐氏　　二十一歲夫亡,守節四十一年。　　以上道光二十四年旌。

千總沈澧蘭妻王氏　　二十六歲夫亡,守節。旌年五十七。

范承祖妻陳氏　　二十六歲夫亡,守節。旌年六十一。

儒童周玉台繼妻王氏　　二十七歲夫亡,守節。旌年五十一。

金大翔妻朱氏　　二十六歲夫亡,守節。旌年五十八。

顧春榮妻唐氏　　二十五歲夫亡,守節。旌年五十四。

沈體乾妻朱氏　　二十四歲夫亡,守節。旌年七十六。

金進吾妾孫氏　　三十九歲進吾亡,守節。旌年六十六。

戚德如妻錢氏　　二十九歲夫亡,守節。旌年五十六。

儒童駱秉倫妻張氏　　二十二歲夫亡,守節十六年。

沈翰忠妻仲氏　　二十二歲夫亡,守節四十二年。

鍾玉英妻顧氏　　三十歲夫亡,守節三十九年。

儒童沈竹山妻顧氏　　三十歲夫亡,守節十六年。

李上元妻沈氏　　三十歲夫亡,守節十八年。

盛廉揚妻富氏　　二十三歲夫亡,守節四十九年。

儒童金咸章妻王氏　　二十六歲夫亡,守節十六年。　　以上道光二十五年旌。

儒童張學潮妻唐氏　　二十歲夫亡,守節。旌年五十二。

生員錢松原妻孫氏　　二十九歲夫亡,守節。旌年五十八。

監生金福增妾朱氏　　二十四歲福增亡,守節。旌年五十四。　　以上道光二十六年旌。

監生朱銘妻繆氏　　二十五歲夫亡,守節三十七年。道光二十七年旌。

周型妻蕭氏

程德禄妻陸氏　　二十八歲夫亡,旌年五十。　　以上道二十八年旌[3]。

馮瑞妻金氏　　二十八歲夫亡,守節。旌年五十二。道光三十年旌。

儒童嚴朱本繼妻陳氏　　二十六歲夫亡,撫子朱點讀書成名,子女婚嫁,悉出自鍼黹之資。事翁姑盡孝。現年七十七。

鄭紹震妻曹氏　二十歲夫亡,守節三十年。　以上咸豐元年旌。

監生劉廷鍾妻鄭氏　二十八歲夫亡,守節。旌年五十六。咸豐二年旌。

增廣生許恩泰妻姚氏　二十三歲夫亡,撫孤成立。守節三十六年。咸豐六年旌。

監生畢含芳繼妻鍾氏　二十七歲夫亡,守節。旌年六十五。

儒童張尚濂妻劉氏　二十七歲夫亡,守節四十一年。

萬洪楠妻盛氏　二十八歲夫亡,守節二十二年。

萬廷桂妻金氏　二十八歲夫亡,守節四十一年。

監生張世徵妻沈氏　二十五歲夫亡,守節十六年。

儒童俞璋妻朱氏　二十九歲夫亡,守節二十九年。

儒童朱浩川妻計氏　二十一歲夫亡,守節三十六年。

儒童胡文珍妻姚氏　三十歲夫亡,守節四十三年。

儒童王覲揚妻張氏　二十三歲夫亡,守節四十八年。

吳孟賢妻沈氏　十八歲夫亡,守節。

儒童許樂川妻唐氏　二十三歲夫亡,守節二十七年。　以上咸豐七年旌。

職員金慶瀾妻吳氏　十七歲夫亡,守節。旌年六十九。

姚聖年繼妻章氏　二十六歲夫亡,守節五十八年。

儒童胡守鏞妻錢氏　二十五歲夫亡,守節十六年。

儒童王鳳其妻聞氏　十九歲夫亡,守節二十年。

儒童王周楨妻萬氏　二十二歲夫亡,守節十八年。

胡霽芳妻陳氏　二十一歲夫亡,守節四十七年。

監生沈世坤妻劉氏　二十九歲夫亡,紡績積資,營葬翁姑。守節四十年。

周寶玉妻吳氏　二十六歲夫亡,守節二十四年。

儒童張世瑞妻吳氏　二十九歲夫亡,撫嗣,守節三十一年。

廩生朱茂堂妻范氏　二十二歲夫亡,撫嗣,守節三十年。

孔順龍妻王氏　二十三歲夫亡,撫孤,守節二十年。

孔振玉妻徐氏　二十七歲夫亡,撫孤,守節五十四年。

宋鳳喈妻毛氏　二十三歲夫亡,守節二十九年。

朱石和妻王氏　二十歲夫亡,撫孤,守節三十四年。

李棠妻沈氏　二十九歲夫亡,撫嗣,守節十四年。

胡聿修妻顧氏　二十七歲夫亡,撫孤,守節六十四年。

附生查世璈妻盛氏　二十八歲夫亡,撫孤,守節三十二年。

庠生葛澂妻朱氏　二十九歲夫亡,撫孤,守節三十五年。

孫可珍妻黃氏　二十四歲夫亡,守節六十一年。

王維禄妻朱氏　二十七歲夫亡,撫孤,守節三十年。

方靜巖妻倪氏　二十二歲夫亡,撫孤,守節二十九年。

胡容川妻周氏　二十六歲夫亡,撫嗣,守節三十五年。

胡含章妻徐氏　二十九歲夫亡，撫孤，守節三十一年。
胡巨堂妻周氏　三十歲夫亡，守節二十四年。
方菊村妻沈氏　二十五歲夫亡，撫孤，守節十三年。
張葇瑚妻韓氏　二十歲夫亡，撫孤，守節十年。
庠生屠堯雲妻曹氏　二十九歲夫亡，守節十年。
儒童張瑩妻査氏。二十九歲夫亡，撫嗣，守節十一年。
王源妻周氏　二十六歲夫亡，撫孤，守節三十一年。
儒童鄭紹巽妻曹氏　二十四歲夫亡，守節三十一年。
胡秉仁妻沈氏　二十六歲夫亡，撫孤，守節三十五年。
儒童王可行妻楊氏　二十六歲夫亡，撫孤，守節三十七年。
儒童王耀廷妻宗氏　二十二歲夫亡，撫孤，守節十二年。
黄鎮周妻干氏　二十四歲夫亡，撫孤，守節十八年。
周輿仁妻徐氏　二十一歲夫亡，撫孤，守節五十一年。
庠生朱淳妻鄒氏　二十九歲夫亡，撫孤，守節二十三年。
儒童伍紹棠妻周氏　二十三歲夫亡，撫孤，守節五十四年。
監生朱鍇妻周氏　三十歲夫亡，撫孤，守節三十年。
儒童王臣福妻周氏　二十二歲夫亡，撫孤，守節十六年。
王克信妻金氏　二十四歲夫亡，撫嗣，守節二十一年。
儒童王志信繼妻朱氏　二十九歲夫亡，撫嗣，守節二十三年。
庠生湯國賓妻方氏　二十歲夫亡，撫孤，守節六十四年。
監生胡耀宗妻沈氏　二十六歲夫亡，守節三十五年。
儒童湯世龍妻程氏　二十三歲夫亡，撫孤，守節四十年。
徐燾妻黄氏　二十八歲夫亡，撫嗣，守節二十年。
徐炳妻程氏　二十三歲夫亡，撫嗣，守節十二年。
儒童盛紳妻陸氏　二十六歲夫亡，守節。旌年五十。
吴光專妻邱氏　二十七歲夫亡，撫嗣，守節。旌年五十。
儒童曹鴻榜妻章氏　二十八歲夫亡，守節。旌年五十一。
徐敏庭妻全氏　三十歲夫亡，撫嗣，守節。旌年六十一。
屠御庭妻陸氏　二十五歲夫亡，撫孤，守節。旌年七十七。
王德忠妻周氏　二十九歲夫亡，守節。旌年六十六。
朱掄元妾方氏　二十五歲掄元亡，撫孤，守節。旌年七十七。
監生董汝璋繼妻沈氏　二十九歲夫亡，撫孤，守節。旌年五十四。
儒童胡宗濤妻韓氏　二十六歲夫亡，守節。旌年五十一。
鄔家琭繼妻姚氏　二十八歲夫亡，守節。旌年五十。
監生徐汝濬妻戴氏　二十九歲夫亡，守節。旌年五十。
沈銘妻張氏　二十九歲夫亡，撫孤，守節。旌年五十五。
監生張震妻葛氏　二十八歲夫亡，撫孤，守節。旌年五十一。

方秀高妻張氏　二十五歲夫亡,守節。旌年五十七。

盛景楣妻王氏　二十七歲夫亡,守節。旌年六十。

沈昌期妻屠氏　二十三歲夫亡,守節。旌年五十。

金東園妻孫氏　二十九歲夫亡,撫孤,守節。旌年六十一。

儒童金湯選繼妻陳氏　二十八歲夫亡,撫孤,守節。旌年五十九。

杭會林妻湯氏　十九歲夫亡,守節。旌年六十四。

顧廷柱妻沈氏　二十七歲夫亡,守節。旌年五十二。

倪振繼妻高氏　二十四歲夫亡,守節。旌年五十九。

金大森妻高氏　二十六歲夫亡,守節。旌年五十五。

王景潮妻俞氏　二十九歲夫亡,撫嗣,守節。旌年五十九。

儒童戴暻妻沈氏　二十六歲夫亡,撫孤,守節。旌年六十。

陳炳章妻謝氏　二十二歲夫亡,撫孤,守節。旌年五十六。

何培元妻周氏　二十六歲夫亡,守節。旌年七十二。

何桂堂妻李氏　二十二歲夫亡,撫孤,守節。旌年五十三。

儒童張季麟妻姚氏　二十二歲夫亡,撫孤,守節。旌年五十三。

馮克禮妻陸氏　三十歲夫亡,撫孤,守節。旌年六十九。

李壽彭妻金氏　二十歲夫亡,撫孤,守節。旌年五十四。

張寶麟妻金氏　二十五歲夫亡,撫孤,守節。旌年六十一。

黃階玉繼妻金氏　二十五歲夫亡,撫孤,守節。旌年六十三。

黃永凝妻沈氏　二十一歲夫亡,守節。旌年六十二。

千總沈澧蘭繼妻黃氏　二十八歲夫亡,撫孤,守節。旌年八十。

徐惇九妻陸氏　三十歲夫亡,撫孤,守節。旌年六十六。

陸乾行妻朱氏　二十八歲夫亡,守節。旌年六十四。

馮汝璉繼妻張氏　二十八歲夫亡,撫孤,守節。旌年六十。

陳國豪妻陸氏　二十五歲夫亡,守節。旌年五十四。

朱聖和繼妻吳氏　二十七歲夫亡,撫孤,守節。旌年五十六。

儒童湯慶人妻錢氏　二十六歲夫亡,守節。旌年六十一。

莫如銓妻陸氏　十九歲夫亡,撫嗣,守節。旌年五十。

郁鼎元妻高氏　二十六歲夫亡,撫嗣,守節。旌年五十六。

鮑鈞妻吳氏　二十九歲夫亡,撫孤,守節。旌年五十二。

姚孚若妻吳氏　十九歲夫亡,撫嗣,守節。旌年五十一。

郁鼎乾妻朱氏　三十歲夫亡,撫孤,守節。旌年五十一。

儒童祖履坦妻潘氏　十八歲夫亡,撫孤,守節。旌年五十。

謝廷玉妻姜氏　十九歲夫亡,撫孤,守節。旌年五十。

錢承烈繼妻朱氏　二十二歲夫亡,撫孤,守節。旌年五十。

戴陞元妻王氏　二十二歲夫亡,撫孤,守節。旌年五十。

劉香溪妻趙氏　二十六歲夫亡,撫孤,守節。旌年五十。

趙新華妻姚氏　　二十七歲夫亡,撫孤,守節。旌年五十。

周肇基妻鄭氏　　二十九歲夫亡,守節。旌年五十一。　　以上咸豐八年旌。

知縣金濤妾劉氏　　二十九歲濤亡,守節。旌年六十一。同治四年旌。

儒童姚濟恩妻金氏　　二十歲夫亡,守節。旌年五十八。同治七年旌。

于煊妻姚氏　　二十六歲夫亡,守節。旌年六十二。

鍾孝剛妻李氏　　二十八歲夫亡,守節。旌年五十二。　　以上同治九年旌。

施榮華妻金氏　　二十六歲夫亡,守節。旌年六十。

俞長春妻朱氏　　二十八歲夫亡,守節十五年。同治十三年旌。

梁心源妻鄭氏　　二十九歲夫亡,守節。旌年七十九。

從九品宋崙源妻王氏　　二十四歲夫亡,無子,欲以身殉。翁姑諭以奉養無人,乃止。翁置妾,生二子。翁姑歿,王氏撫二叔成立。旌年五十七。

監生曹山杞妻錢氏　　二十六歲夫亡,守節。旌年五十五。

黃繡堂妻夏氏　　三十歲夫亡,守節四十年。

監生張士桐妻陳氏　　三十歲夫亡,守節四十二年。

何國槐妻宋氏　　二十一歲夫亡,守節八年。

岳廷杏妻王氏

生員杜承權妻沈氏

儒童倪元熙妻馬氏

職員章錦文妻朱氏

職員俞璜妻岳氏

監生張樂山妻祝氏　　二十一歲夫亡,守節。旌年五十八。　　以上光緒元年旌。

何攀龍繼妻徐氏　　三十二歲夫亡,撫孤,守節四十七年。視前氏子如己出,撫按題旌,建坊顏曰"志堅金石"。

何世勳妻王氏　　二十三歲夫亡,孝事耄姑,撫姪益昌爲嗣,苦節二十一年。大憲題旌。

俞鶴臯妻蔡氏

朱明懷妻張氏　　二十歲夫亡,撫孤,守節四十五年。

監生沈卓然妻俞氏　　夫亡,守節,撫遺腹子光星成立。現年六十八。

蔣雲龍妻胡氏

張雲章妻徐氏

洪裕元妻孫氏

朱錦妻吳氏

陳補雲妻沈氏

沈易妻周氏

張鳳祥妻胡氏

王士鋐妻呂氏

何景文妻俞氏

楊慶元妻陳氏

楊其年妻姚氏　　以上已旌。

錢興凡妻朱氏　二十四歲夫亡,事翁姑盡孝,撫孤成立。現年六十。

鄒士烈聘妻方氏　十三歲童養夫家,十九未婚夫亡,矢志守節,孝養翁姑,撫嗣成立。現年六十五。

鄒銘之妻張氏　二十八歲夫亡,守節,撫孤成立。現年六十七。

顧運寶妻陸氏　二十七歲夫亡,無子,守節。現年五十九。

朱培妻薛氏　二十五歲夫亡,守節,撫姪孫爲嗣。現年六十四。

郝載陽妻楊氏　二十七歲夫亡,苦志守節。現年七十五。

宋岳源妻姚氏　二十三歲夫亡,守節,撫孤成立,將婚又歿。性介,自食其力。現年七十三。

宋榕妻楊氏　二十七歲夫亡,守節,撫育二子,謹事翁姑。現年七十三。

宋詩懷妻王氏,弟禹懷妻蔡氏　兄弟同日婚,未期年,疫大作,詩懷及弟同時染疫垂危,蔡謂王曰:"汝方懷娠,宜節哀順變,以成夫志。吾無所出,必殉之。"禹懷卒,即赴河死。年二十一,王年亦二十一。詩懷又死,月餘舉一子,矢志守節,撫遺腹子成立。現年三十四。

李采福妻俞氏　二十四歲夫亡,家貧,族郳逼其改嫁,俞堅守不移,乞食以撫二子成立。現年六十七。

吳堃妻俞氏　二十一歲夫亡。現年五十九。

生員褚志鯤妻吳氏　二十五歲夫亡,撫嗣,守節。現年五十六。

周爾珠妻胡氏　二十二歲夫亡,事嫡庶二姑盡孝,撫姪爲嗣。守節十二年。

生員鄒秉鈞妻胡氏　二十二歲夫亡,孝養翁姑,撫嗣成立。守節四十一年。

沈聚山妻文氏　三十歲夫亡,家貧,撫二孤成立。守節三十三年。

郁光燕妻孟氏　二十六歲夫亡,家貧,以鍼黹度日,孝養氂姑,撫育幼子,守節十七年。

張祖大妻陳氏　二十六歲夫亡,孝侍氂姑。撫孤成立。守節三十一年。

儒童沈棠妻李氏　二十歲夫亡　撫嗣成立。守節三十八年。

孫晉齋妻吳氏　二十五歲夫亡,勤紡績以養氂姑,撫嗣成立。守節十四年。

周士禎妻吳氏　二十三歲夫亡,撫孤成立,孝事翁姑。守節四十七年。

儒童張森珩妻董氏　二十六歲夫亡,撫子成名。守節二十年。

生員吳光燕妻凌氏　二十六歲夫亡,撫孤成立。守節三十八年。

監生陸先庚妻陳氏　二十七歲夫亡,守節。

監生高模妻張氏　二十五歲夫亡,守節十年。

監生陸既均妻張氏　二十九歲夫亡。現年七十五。

儒童陸滌齋妻姚氏　二十三歲夫亡。現年五十三。

陸又辛妻沈氏　二十七歲夫亡。現年六十六。

生員張彪妻金氏　二十七歲夫亡,孝事翁姑。及歿,拮據喪葬,撫八齡孤樂成立。守節三十六年。

監生張樂繼妻蒯氏　二十二歲夫亡,事姑甚孝,撫遺腹子震倍極勞瘁。守節四十六年。

縣丞項炳森妾錢氏　二十九歲炳森亡,守節四十年。

杜熙妻錢氏

許開銓妻錢氏

齊兆昌妻沈氏

王聖嘉妻徐氏

監生賀崧甫妻朱氏　二十二歲夫亡。現年四十歲。

監生岳廷杏妻王氏　　二十四歲夫亡,苦志守節,事姑極孝。現年七十二。

職監俞步康妻范氏　　二十五歲夫亡,撫孤,守節十年。

徐階繼妻戴氏　　二十九歲夫亡,守節四十年。

岳廷炳繼妻陳氏　　二十九歲夫亡,守節二十八年。

魏大昌妻吳氏　　二十九歲夫亡,守節四十七年。

殳關賢妻李氏　　二十九歲夫亡,守節三十七年。

庠生凌雲繼妻沈氏　　二十一歲夫亡,守節十五年。

董鳳岐妻沈氏　　二十八歲夫亡,守節五十六年。

徐志和繼妻陳氏　　二十六歲夫亡,守節三十一年。

李關福妻沈氏　　二十四歲夫亡,守節三十四年。

沈學祥妻王氏　　二十八歲夫亡,守節二十五年。

楊步洲妻鄒氏　　二十四歲夫亡,守節四十三年。

戴士魁妻鄒氏　　二十一歲夫亡,守節二十六年。

陳履安妻沈氏　　二十歲夫亡,守節二十年。

張沛蒼妻姚氏　　二十七歲夫亡,守節五十八年。

張覲威妻沈氏　　二十八歲夫亡,守節五十九年。

蔡應麟妻于氏　　二十三歲夫亡,守節五十五年。

朱廷彪妻顧氏　　二十三歲夫亡,守節五十八年。

朱電威妻沈氏　　二十六歲夫亡,守節五十年。

徐淮珍妻陳氏　　二十六歲夫亡,守節四十二年。

薛晉榮妻王氏　　二十一歲夫亡,守節五十二年。

魏士奇妻吳氏　　二十五歲夫亡,守節三十一年。

岳餘慶妻鄭氏　　二十二歲夫亡,守節二十三年。

羅應榜妻楊氏　　二十七歲夫亡。現年八十二。

庠生黃朝太妻沈氏　　三十歲夫亡。現年五十八。

庠生陳九疇妻朱氏　　二十四歲夫亡。現年四十八。

盛富生妻岳氏　　二十四歲夫亡。現年四十九。

毛松山妻仲氏　　夫早亡,守節。毛族無人,依母家苦守。現年五十二。

監生岳廷楣妻夏氏　　二十五歲夫亡,苦志守節,孝事翁姑。卒年五十三。

職監傅金鏞妾林氏　　二十三歲金鏞亡,苦守清節。現年五十四。　　以上見《梅涇節孝錄》。

儒童汪玉麟妻吳氏　　二十三歲夫亡。現年四十。

沈棠妻李氏　　十九歲夫亡,撫嗣子,孝姑嬸。守節三十八年。

周某妻吳氏　　二十一歲夫亡,守節十六年。

金大田妻彭氏　　二十六歲夫亡。現年六十八。

生員金如洋妻王氏　　二十八歲夫亡。現年六十二。

儒童金雍洽妻魏氏　　二十四歲夫亡。現年七十。

金景園妻馮氏　　二十二歲夫亡。現年六十五。

鍾沈氏　一門貞節。有名之燧者生二子，曰堂，曰坤。堂生受穀，娶童氏，生慶童，旋寡，慶亦夭。坤生一子四女，子曰廷英。女四，孟若叔，適俞與褚；其仲曰文姑，季曰龍姑，誓老不嫁。母病，文姑願以身代。父病，龍姑刲肱。會弟廷英生子作孚，已善屬文，忽殀。廷英痛幾絕，兩姑慮不祀，勸廷英納妾項氏，生子五齡，廷英死，兩姑助項姬，手出鍼黹，堅苦度日，與嫂童氏同飲冰勵節，長年操杵臼焉。姚江朱學使蘭紀以詩。

徐氏　周學濂母，海鹽人。適嘉興周豫章，生子，殤。豫章死，乘間自經，救甦，強起承事，撫嗣子學濂如己出。其娣顧氏亦海鹽人，豫章弟煥章室，生濂。煥章患咯血死，督濂就傅，率幼女治原鹽，篝燈紡織，積貲以備，裹糧從學。姑病痢，親洗垢穢，不解襟帶。會舅葬，族貧無後者，緡錢不給，乃質服物以足之。病革，猶以兩世未葬爲遺憾。道光十七年請旌。

儒童胡書城繼妻楊氏　年二十寡，侍舅姑，避居鄉。舅姑歿，無家可歸，欲訪尋蘇州清節堂以終其身，不得遂，乃入育嬰堂與乳媪伴居。爲司襁褓，針指苦守。至同治十年歿，守節十三年。未旌。

候選同知方惟善生母朱氏　二十二歲夫亡，守節十五年。

候選同知方惟善庶母朱氏　二十六歲夫亡，守節十七年。[4]

【校注】

　　[1] 守二十三年：據文意，"守"後脱"節"字。

　　[2] 奉事翁始：據文意，"始"是"姑"之誤。

　　[3] 道二十八年旌：據文意，"道"後脱"光"字。

　　[4] 按：文末二條，臺灣成文出版社有限公司印行本光緒《嘉興府志》卷六十九無此內容。而地方志集成本光緒《嘉興府志》卷六十九此二條後尚有另外三條："按察使經歷銜黃沅簑室符氏二十七歲夫亡。現年六十五歲。光緒八年請旌。""生員黃敬熙妻童氏父秀水學教諭光。紹興人。二十五歲夫亡，生子二，俱殤，與庶祖姑符氏鍼黹度日。現年五十歲。光緒八年請旌。""光祿寺署正銜夏公望繼室林氏二十七歲夫亡，撫三齡孤長春，教養成立。年六十五歲卒。守節三十九年。咸豐元年請旌。四年入本縣節孝祠。"

嘉興府志卷七十

〔列女七〕

列女節婦

秀水縣上

明

常士昌妻隋氏　二十六歲夫歿於雷州官署，扶櫬萬里歸葬。教二子成立，守節五十年。其裔孫常淇妾金氏、常禾妻張氏、常策妻高氏，皆早寡矢志，稱世節云。

蔡士能妻趙氏　名真，二十八歲夫亡，矢死自守。後以次子濟任遼東苑馬寺主簿，迎往就養，卒於遼東，年八十五，事聞被旌。

包愈妻陳氏　二十二歲夫亡，遺腹生子，方晬，翁姑相繼歿，畢力喪葬。子長，娶婦，又早世，乃收從子爲後。苦志不渝，有司奏旌。

贈左都御史項邦妾沈氏，項鉞妻莫氏，指揮項綬妾張氏　沈歸邦四年，邦與妻范皆亡，撫孤矢志，年八十九，成化間旌。莫二十六歲寡，孤甫四歲，矢志不二，嘉靖初旌。張二十歲寡，長妾假夫遺命，勒欲嫁之，張截髮毀容，示無他志。郡守趙瀛上其事，旌之。

施普妻陳氏　二十一歲夫亡，斷髮自誓，奉翁姑以孝聞。邑令朱來遠表其廬。

李傅妻崔氏　十七歲婚，七日夫遘屬疾亡。有謀娶之者，輒求自盡而止。守節五十四年。

陶託繼妻王氏，妾錢氏　王二十三歲夫亡，與錢相依矢志撫孤九口、九樂、九文成立。以雙節被旌。

顧四相妻陳氏　二十四歲夫亡。夫病劇時，割股和藥以進，獲愈。後以疫死，陳自經至再，家人救免。翁姑欲奪其志，翦髮矢志。年七十。

楊和繼妻賀氏，道昇妻韓氏　賀氏二十四歲夫亡。子道昇娶韓氏，二十亦寡。同守苦節以終。

徐先忠妻沈氏　二十歲夫卒於京邸，訃至，慟欲自盡，家人勸之，乃茹痛強食。年六十八。

張桐妻諸氏　十八歲夫亡，子正鵠甫一歲，毀容誓守。孝養其姑，後以正鵠貴封孺人。

徐有孚妻戚氏　十七歲夫亡，丁產廢絕，練服長齋，守節三十五年。隆慶間，父病篤，割股以進，父得愈。

夏周妻項氏

施曰俞妻項氏

生員項奕顯妻沈氏　二十七歲夫亡，撫育嗣子，以苦節卒。邑令羅必樸表其門。

濮相妻楊氏　夫亡，教子成立，有司表之。

吳允泰妻沈氏　二十歲夫亡，孝養翁姑。二子殤，以從子貞育爲繼，以承大宗，追祀。年六十五，史官陳懿典有《傳》。

唐昊妻姚氏　十九歲夫亡，撫四月孤，治三世喪，守節四十餘年。崇禎間旌。

吳中和妻徐氏　夫早亡，撫遺腹子成立。年七十。

周純初妻懷氏　二十八歲夫亡，無子，撫一孤女，紡績以給。年六十八。

戴允柱妻范氏　廉使范某女孫。十八歲夫亡，事姑至孝，姑歿，皈空門。年七十餘。

葛學孔妻吳氏　夫亡，哭泣失明。性好善，歲饑，設粥活人甚多。教子兆魁成立。年八十。

金澄之妻卜氏　夫亡，誓守苦節三十一年。

沈天慶妻陸氏

呂竑妻施氏

施泮妻俞氏

施世薦妻孫氏

生員吳楨妻王氏

生員姚守道妻江氏

夏璧妻張氏

鍾一奇妻張氏　以上俱無事實。

程之遠妻周氏　周履靖女。將婚而程病篤，家人難之，周白父母，請踐期。父嘉其志，爲笄，櫛而往，獨行廟，見之禮，即躬湯藥。越二十五日，之遠卒，周以貞節自矢。孝事翁姑，撫夫從子燦爲後。年七十二，奉詔建坊。

卜曰雨妻薛氏　三十歲夫亡，守節二十四年。

卜文學繼妻薛氏　二十五歲夫亡，守節二十六年。

監生戴士伸繼妻吳氏　二十九歲夫亡，一子尚在襁褓。吳茹茶守志，備歷艱辛。翁鄉飲，介賓廷珪以孝婦稱之。守節六十二年。

生員包永錫妻李氏　給事中包鴻逵子。李年未三十夫亡，遺兩孤皆短折，率二媳婦相守以終。

國　朝

金光奎妻徐氏　十六歲歸金，兩月夫亡，慟視含殮，從容就縊，俄而復甦。更六閱月，一日語其弟曰："姑今日死矣。"至暮果卒。

顧敷光妻陳氏　夫亡，堅守苦節。康熙九年旌。

金善鎔妻鍾氏　十七歲夫亡，屏居一小樓，四塞窗牖，足不履地。值歲饑，散財以濟戚族之貧者。守節四十餘年。康熙十年旌。

曹士英妻沈氏　夫亡，以苦節卒。

陶應鳳妻張氏　夫亡，躬自織紝，守節數十年。　以上康熙十一年旌。

卜兆龍繼妻伍氏　二十歲適卜，得亡膈疾而亡，教子陳彝成進士，守節四十六年。

卜祖學妻陸氏　夫亡，奉姑至孝。姑歿，未葬，隣火延及陸室，陸撫棺號泣，誓以身殉。忽有白鳥翔繞，火熄。年九十二。子震生，娶吳氏，事姑亦盡孝。以上康熙十二年旌。

祖君玉妻沈氏　夫亡，撫孤，守節。康熙二十二年旌。

孫耒妻曾氏　父元良無子，贅壻於家，早卒。曾二十九歲矢志撫孤，食貧，苦守，歷四十一年。教子王孫成進士。康熙二十三年旌。

沈鳳妻馮氏　二十一歲夫亡，訓子大詹、大遇成名，守節六十七年。康熙二十六年旌。

范士煜妻盛氏　夫亡，茹茶矢志，貞節終身。

嚴重華妻孔氏　二十六夫亡，事舅姑甚謹，教孤子成立，守節四十年。　以上康熙五十二年旌。

屠秉坤妻沈氏　二十八歲夫亡,養姑撫子,備歷艱苦。夫弟秉貞夫婦相繼歿,沈鬻產經紀其喪。守節四十二年。

監生胡潢妻鄭氏　事親至孝,九歲母朱疾篤,鄭禱天請代。十八歲適胡。姑王氏暑月患疽,親爲吮拭。二十八歲夫亡,撫育諸孤,守節二十五年。　以上康熙五十九年旌。

陳善妻徐氏　二十六歲夫亡,家貧,慘苦備嘗。訓子佑苦志力學。守節四十一年。雍正四年旌。

許天行妻董氏,妾陳氏　董二十九歲夫亡,止一女。陳二十四歲遺腹生一子,二人同撫之。董守節二十五年,陳守節四十八年。人稱一門二節。

汪曜臨妻姚氏　二十九歲夫亡,勤織紝以養舅姑,撫孤至于成立。姑病,衣不解帶者數月。姑歿,殮畢,一慟而絕。守節二十三年。

盛王譽妻倪氏　二十八歲夫亡,遺孤紹述甫數月,翁年七十餘,旁無伯叔。倪事翁孝,歿,盡禮。守節三十四年。

張萬鍾妻衞氏　二十八歲夫亡,孝事舅姑,撫孤成立,守節五十八年。　以上雍正六年旌。

沈振宜妻吳氏　二十歲夫亡,事姑撫孤。守節四十八年。

王逸古妻范氏　二十六歲夫亡,無子,夫弟欲逼之嫁,范毀容力拒。未幾,夫弟暴卒,姑亦隨亡。范歸依母家,紡識度日,守節三十四年。

魯斌妻楊氏　二十七歲夫亡,遺子女各一,撫育成立,守節三十四年。　以上雍正十年旌。

周旬妻陳氏　夫亡,事舅姑以孝,堅守苦節,卒。

陶宗凱妻屠氏　二十三歲夫亡,事舅姑,撫繼子。守節三十八年。　以上雍正十一年旌。

顧允昭妻沈氏,媳某氏　沈二十七歲夫亡。事姑孝,姑病痢,沈衣不解帶,廁牏瀚濯,必身親之。撫一子,長爲娶婦,早寡。偕婦撫孫,守節三十五年。雍正十二年旌。

張棠妻金氏　二十九歲夫亡,姑唐氏亦早寡,至是家日落,唐痛不欲生,金多方勸慰。以養姑撫子自任,爲人緣履,每兩受值九文,日可數兩。冬夜手指皸瘃,不能持鍼線,以水溫之,復作少頃,手復僵,以燈油和醬敷創處,痛刺心。痛已,指稍伸,又作不已。姑歿,營喪葬,率子親持畚鍤,守節四十四年。

程光燦妻戴氏　夫亡,甘貧紡織,苦節終身。

張肇奇妻李氏　二十九歲夫亡,孝養寡姑,撫孤成立,守節二十三年。以上雍正十三年旌。

監生王殿秀妻馬氏　二十九歲夫亡,無子,以夫兄次子學雯爲嗣。守節二十二年。

吳景山妻朱氏　二十八歲夫亡,撫孤,既長而歿。朱依壻嚴某,守節五十四年。

鍾應枚妻沈氏　二十七歲夫亡,無子,孝養翁姑,紡織以給朝夕,守節三十餘年。

州同知于瑛妻懷氏　二十九歲夫亡,事姑能盡色養,撫孤奇領鄉薦。守節三十八年。

吳天爵妻石氏　十五歲婚,十七夫亡,自甘荼苦,足不出閫,撫遺腹子霖蒼。守節四十二年。

許德源妻陳氏　二十四歲夫亡,勤儉持家,撫夫弟子廷棟爲後。守節二十七年。

生員朱崖妻徐氏　二十九歲夫患瘋疾亡,喪殮如禮。教其子沛授游庠。守節四十五年。學使彭以"孤松勁節"表其閭。

陳文模妻路氏　夫亡,無子,撫嗣子志鵬,教養備至。守節三十年。

金中和妻錢氏　二十八歲夫亡,孝事老姑,撫孤鐸成立,守節四十年。巡撫朱軾、學使汪漋咸表其閭。

張振宜妻邱氏　夫亡,守節四十年。　以上乾隆元年旌。

崔蘊玉繼妻李氏　三十歲夫亡,課遺腹子宏曙讀書,領鄉薦。守節三十四年。

王夢蘭妻羅氏　二十七歲夫亡,無子,遺一女,及筓,贅壻何文燦,撫以爲子。守節四十一年。

于萃妻張氏　十九歲夫亡,遺二女,教有閨範。守節二十七年。

監生沈思安妻徐氏　二十九歲夫亡,撫孤元祉,教養兼至。守節二十三年。

陳維垣妻楊氏,克鋼妻鍾氏　楊二十三歲夫亡,止一女。楊服闋不得,將絕粒以殉,姑與母再三勸慰乃止。嗣子克鋼早世,楊偕子婦鍾氏撫嗣孫時雍。守節四十三年。

張君甫妾王氏　二十六歲君甫亡,止遺一女,事君甫庶母胡及嫡室楊甚謹。女長,贅陳蛟騰爲壻。守節四十六年。　以上乾隆二年旌。

王蒼洲妻沈氏　婚十有五月夫亡,沈二十五歲。治機絞晝夜不輟,以事媚姑,撫從子翼猷,教養兼至。守節四十七年。

沈德彰妻王氏　二十五歲夫亡,撫孤傳書成立,守節二十二年。

姚炳章妻馬氏　二十歲婚半載夫亡,無子,撫夫弟子永坤爲後,守節四十年。

鄒洙妻胡氏　二十六歲夫亡。姑目盲,奉侍甚謹。撫嗣子時安,不恤勞瘁。守節二十七年。

徐元圻妻陳氏　二十二歲夫亡,撫孤錕有成,守節三十六年。

生員許施榮妻陳氏　二十四歲夫亡,無子,撫夫弟之子琳成立。守節五十四年。

潘禹侯妻史氏　二十五歲夫亡,勤女紅以奉養病姑。姑歿,哀痛絕粒,力支殯葬。守節三十五年。

監生姚煜章繼妻唐氏　二十八歲夫亡,孝事老姑。前子允修娶婦,不帀月而歿,乃撫從子永堪爲後。守節二十五年。

唐遜菴妻周氏　二十八歲夫亡,撫嗣子浩踰於己出。與夫弟三人共爨,並無間言。守節四十一年。

蕭起潮妻史氏　二十七歲夫亡,孝病姑,和姒娌,撫孤秉忠讀書。守節二十九年。

鄭士璉妻徐氏,士珩妻馮氏　二人,姒娌也。夫俱早亡,毀容截髮,同矢苦志。徐守節三十八年,馮守節三十二年。　以上乾隆三年旌。

生員朱雲會妻淩氏　雲會少育於舅家楊介生,以楊姓入泮,旋得瘵疾亡,淩二十九歲,撫孤朱華成立。守節二十六年。

陳禹升繼妻朱氏　二十二歲夫亡,撫孤庸,備嘗艱苦,守節六十三年。

周聖潮妻顧氏　十八歲歸周。夫患□,百計療治,卒不起。顧撫二孤,營葬四棺。守節三十八年。長子宗基爲母呈請旌典。

監生張拱辰繼妻陳氏　二十七歲夫亡,守節三十二年。

胡關得妻關氏,妾錢氏、王氏　關素患瘵疾,體尫羸,不能姙子。請於舅,爲夫納二妾,各舉一子。夫歿,舅繼卒,三人俱二十七歲。家日落,錢善織,關與王善紡,日成二布,以易米薪,寒暑無間。事舅姑暨本生庶姑孝。撫二子,長令就學,有成。關與錢先卒,王守節四十年。

朱漢詢妻梅氏　二十一歲夫亡,生子崧甫彌月,辛勤撫育。守節三十五年。

生員王深妻陳氏　二十八歲夫亡,訓子廷樞中武舉。守節三十一年。

貢生吳大木妻龔氏　司理龔在升女。十六歲歸吳,克循婦道。大木游學,卒於三衢,龔二十八歲,屢欲從死,庶祖姑陳氏慰諭之。事舅給諫盡孝。訓三子,俱爲諸生。力營三喪。守節二十六年。

監生朱淶妻陳氏　二十四歲夫病篤,刲股療之,終不起。撫嗣子森成立。守節三十二年。

生員徐士著妻鍾氏　二十七歲夫亡,子九錫甫九齡,撫育成立。家雖貧,戚族有貧者必周恤之。守節三十六年。

王家祺妻姚氏　二十二歲寡。姑早歿。遺幼叔、小姑,俱藉姚撫育。守節三十二年。　以上乾隆四年旌。

顧嘉祚妻張氏　二十九歲夫亡,尋翁姑相繼歿,張營辦喪葬,撫育子女,殫心竭力。守節三十五年。

沈永年妻周氏　　十八歲婚。踰年夫亡，生子邦彥未晬，教之，不事姑息。姑嘗於暑月發背疽，周竭心力護持，姑得安痊。守節六十七年。

蕭升九妻張氏　　二十九歲夫亡，遺孤士傳甫九齡，訓誨甚切。家貧，薪水取給十指。守節二十八年。

貢生周之翰妻于氏　　二十三歲夫亡，撫孤岸登。守節二十年。

周績如妻張氏　　二十九歲夫亡，撫孤乾一。守節二十三年。

張永康妻姚氏　　十六歲婚，三月夫亡，絕粒幾死。撫嗣子甫成立而歿，又撫孤孫鳳祥。守節五十年。

虞茂卿妻沈氏　　二十九歲夫亡，止遺一女。沈誓不欲生，旋自經於梁，爲家人救免。守節五十七年。

張錫韓妻卜氏　　二十五歲夫亡，孝事翁姑，歿後，撫夫弟劍南成立。守節三十一年。　　以上乾隆五年旌。

錢敷仁妻項氏　　二十九歲夫亡，晝夜慟哭，目幾瞽。姑患疽，侍奉不離床榻。撫子廷標成立。年六十八。

錢國禎妻程氏　　二十七歲夫患□，程割股和藥進之，卒不起。撫週歲孤鵬。年五十。

監生錢燿妻鍾氏　　二十五歲夫亡，撫子朝鼎、德棻竭盡心力。朝鼎，列成均；德棻，諸生，工書法，得畫荻之教云。年八十二。

生員姜渭璜繼妻吳氏　　二十八歲夫亡，無子女。撫從子爲後，守節四十年。嗣孫潮呈請旌。

舉人朱彝璇妾沈氏　　二十九歲彝璇亡，一子殀。族有諷以改適者，沈誓死不從。守節四十三年。

王御卿妻姜氏　　二十三歲夫亡，無子。翁姑年老，竭力孝養。翁姑歿，依棲母家。守節四十二年。

張伯成繼妻吳氏　　二十三歲婚，未八月夫亡，一慟幾絕。事老姑盡孝，撫前子石麟備盡劬勞。守節五十二年。

生員鍾景泌妻沈氏　　平湖生員沈璜女。鍾家貧，璜贅壻於家，以攻苦咯血而亡，時沈三十八歲，遺孤燾未晬，課之爲諸生。守節二十九年。

成珂妻陳氏　　二十歲夫亡，無子。以夫弟之子裕爲後，教養成立。守節四十一年。　　以上乾隆六年旌。

莊上林妻吳氏　　婚後九載夫亡，吳二十八歲，誓志不二，孝奉翁姑，育幼子應鍾、應王成立。守節二十四年。

邱均禹妻周氏　　十八歲夫亡，子殀。姑老病，孝養倍篤。視從子銘相有恩。守節五十三年。

沈贊虞妻丁氏　　二十七歲夫亡，即遭翁喪，姑又繼逝。丁支辦殮殯，盡哀盡禮。有一子早歿，課孫宏啟爲諸生。守節三十八年。　　以上乾隆七年旌。

貢生錢燀妻沈氏　　沈春女，二十歲夫亡。事舅姑盡孝，撫孤搢成立。守節五十年。母吳氏年二十七寡，無子，人稱母女雙節。

生員仲世隆妻吳氏　　二十二歲夫亡，慟絕數次。翁姑因吳有孕，慰勸之。翁歿，持家勤苦，毫不見齒。遺腹一女，長適徐王昱，亦寡。母女相依，守節五十年。

徐王昱妻仲氏　　二十一歲夫亡，守節以終。

周天俊妻唐氏　　二十四歲夫亡，撫孤國圖成立，守節二十八年。

生員徐琁妻祝氏　　琁以溺水死，時祝二十九歲。撫孤之鎮，艱苦備嘗。之鎮得爲諸生，克繼先業。守節三十八年。

郭之堅妻陳氏　　二十一歲夫亡，遺腹生子賓，撫育成立。守節三十二年。

周源譽繼妻于氏　　二十九歲夫亡，訓孤承梛，嚴而有法。守節二十四年。

生員沈椿妻吳氏　　二十七歲夫亡，無子。一女適錢燀，亦早寡。吳煢煢無依，爰立嗣子授。以薄產營葬三世遺棺。守節五十一年。

錢燀妻沈氏

錢道山妻金氏　　二十七歲夫亡，子殤，獨居一室，紡織不輟。守節三十三年。

計允泰妻馮氏　　二十五歲夫亡，殯葬翁姑，撫遺腹子復傳成立。守節三十一年。

監生于珂妻曹氏　二十八歲夫亡,事翁姑以孝,撫孤永增成立。守節三十年。　以上乾隆八年旌。

徐昭鑑繼妻孫氏　二十八歲夫亡,撫遺腹子載備極勤劬。守節二十四年。

馬致遠妻吳氏　二十八歲夫亡,翁姑年老,吳以鍼黹佐甘旨。撫三歲孤學乾成立。守節二十三年。

許天祥妻李氏　二十四歲夫亡,家貧,紡績,孝養翁姑。訓孤有年,兄弟各有恒業。守節五十四年。

許世垓妻李氏　二十四歲夫亡,遺孤釗甫三月,撫育成立。守節三十年。

戴孔文妻石氏　二十九歲夫亡,撫孤宏邦。守節三十三年。

黃彩一妻陸氏　二十九歲夫亡,遺孤敘僅七十六日,撫育有成。事翁姑以孝著。守節四十一年。

湯德懷妻湯氏　二十四歲夫亡。姑張生四女,夫係庶姑李所出,湯奉侍兩姑,人無間言。撫嗣子繼文,不替先業。守節三十一年。

徐建恭妻沈氏　二十八歲夫亡,撫孤嵩年成立。守節四十年。　以上乾隆九年旌。

生員吳順木繼妻朱氏　二十九歲夫亡,事姑以孝聞。嫁前妻之女,克殫心力。遺孤二,次光昭,知名於時。守節五十二年。

湯文卿妻鄭氏　二十九歲夫亡,撫孤子尚備嘗艱苦。守節三十五年。

張鐙妾莫氏　鐙亡,莫矢苦志,守節五十一年。

監生莫瑊妾李氏　李二十六歲瑊亡,無子,遺一女甚幼。撫嗣子元祿成立,娶婦陳氏,又早寡。遺一孫李復,撫之。女長,適周兆駿。李支持門戶,守節三十九年。以上乾隆十年旌。

元祿妻陳氏

高維嶽繼妻趙氏　二十九歲夫亡,撫嗣子映元成立。守節三十四年。

生員徐王昱妻仲氏　仲世隆遺腹女。二十一歲適徐,二十二夫亡,痛不欲生,三年喪畢,服滷以殉,爲母救免。立夫弟嫁村子煥爲後,早年爲諸生。守節三十年。

訓導曹嵋妾侯氏　年及笄,歸嵋,隨嵋之仁和學署。嵋亡,一慟幾絕,旋扶櫬歸葬。里同居某欲奪其志,侯引篦刺顙,血流被面,不敢復言。子焜嗣夫弟敏菴,後焜夫婦相繼歿,又撫孫煥。守節五十四年。

陳鴻儒妻盧氏　二十四歲夫亡,姑目盲,奉侍甚謹。撫遺腹子泰成立。守節二十年。

陸紹瑜妻沈氏　二十九歲夫亡,無子,撫從子成立。守節四十二年。

周恬妾徐氏　二十八歲夫亡,撫孤汝枝成立。守節四十一年。

生員張駕鴻妻沈氏　二十二歲夫亡,訓孤兆隆讀書爲諸生,守節三十二年。

吳令聞妻沈氏　二十八歲夫病篤,沈刲股,和藥以進,卒不起。子又早世,勤苦持家,視從子文光如己出。守節四十四年。

張廣徽妾沈氏　二十九歲夫亡,無子。撫育一女,紡績勤苦,以供老姑甘脆。守節四十六年。

周河三妻王氏　二十四歲夫亡,養葬舅姑,靡不竭力。撫孤祖恕,備歷艱苦。守節三十八年。

張元璋妻沈氏　二十五歲夫亡,憑棺痛哭,絕而復甦。撫嗣子德懋成立。事翁生養死葬,靡不盡禮。守節二十七年。

汪先甲妻吳氏　二十三歲夫亡,姑年老多病。子師曾甫三歲,日以十指所入,養姑鞠子。姑歿,哀毀幾不能生。教子成立,以文行知名於時。　以上乾隆十一年旌。

繆應求妻唐氏　二十九歲夫亡,遺腹生子鈞,及長,嗜學,爲諸生。事翁以孝。守節二十七年。

周元甫繼妻陶氏　二十三歲夫亡,奉侍翁姑,久而不息。撫孤某爲諸生。守節四十三年。

監生卜道豫妻徐氏　二十五歲夫亡,家日落,事翁至孝,撫夫弟道豐子廷彥爲後。守節四十六年。

監生周承湛妻朱氏,以楷妻諸氏　朱二十二歲夫亡,二子俱殤。撫嗣子以楷成立,事翁姑以孝。以楷歿,與子婦諸氏同矢苦志。守節五十六年。

朱德是妻葛氏　二十九歲夫亡,孝事耄姑,撫孤溥成立。守節三十六年。

陳文玉妻宣氏　二十八歲夫亡,誓以身殉。翁姑泣慰之。撫孤再眉不稍姑息。守節二十七年。

陶承恩妻趙氏　十八歲適陶,月餘翁卒,太姑又歿,夫亦相繼而亡,時趙二十六歲,號痛嘔血,暈地竟日而甦,姑時泣慰之。撫孤寵綏。守節二十三年。

朱承溪妻陸氏　二十八歲夫亡,誓不欲生。翁姑泣慰之,乃縞素終身,足不踰閾,守節四十六年。　以上乾隆十二年旌。

計與文妻王氏　二十九歲夫亡,翁姑早歿,力營三葬,撫孤潮爲諸生。守節二十六年。

朱丕誠妻張氏　十九歲婚,五月夫亡。懷利翦於裏衣,將自刺以殉。小姑防之嚴,得不死。撫五齡嗣子振培成立。年七十七。

陳廷相妻陶氏　二十八歲夫亡,遺孤叶熊、兆熊俱幼,撫育成立。叶熊,庠生;兆熊,副貢。守節三十四年。

教諭葛天鵬妾朱氏　二十八歲天鵬病亡。嫡先歿,有三子俱幼,朱撫育之。長瀾,入成均;次淳,成進士;次涵,領鄉薦。朱持家勤儉,不自暇逸。守節三十八年。　以上乾隆十三年旌。

黃仲仁妻潘氏　二十八歲夫亡,撫孤日豐成立。守節四十六年。

監生沈士奇妻嚴氏　十八歲夫亡,無子,孝事其姑。守節三十年。

仲軼群妻徐氏　二十三歲夫亡,子歿,撫夫弟灝爲嗣。守節四十一年。

吳永立妻張氏　十九歲夫亡,撫嗣子光祖,不啻己出。守節三十三年。

施楷妻張氏　二十六歲夫亡,事老姑以孝,撫三歲孤永禧成立。守節三十九年。

魯翼州妻孔氏　十九歲夫亡,撫嗣子吉上成立。守節三十八年。

通判胡樹筠妻范氏　二十六歲夫亡,撫孤德震,將婚夭折。事翁孝,翁臨歿,遺命俟曾孫厚基長大,爲之繼,蓋不忍節孝之無後也。守節二十六年。

何馨遠妻姜氏　二十九歲夫亡,奉姑克孝,撫孤天爵成立。守節四十五年。

監生朱樑妻婁氏　二十九歲夫亡,撫孤煥成立。有僕婦馮早寡,或諷之嫁。婁喻以義,遂感悟。婁憐其貧,收恤之。婁終身茹素,而性不佞佛。年六十八。

監生沈起武妻萬氏　二十九歲夫亡。夫育於庶母羅,萬事之甚孝。羅生三女,贅壻於家,俱早寡。所遺子女,萬爲撫之。訓子九鵬爲邑諸生。守節二十三年。

朱順卿案朱辰應撰《傳》,作彩生妻楊氏　二十七歲夫亡,端嚴自持,尼姑竈嫗,屏勿與通。紡績至三鼓不寐。年六十六。

曹德威妻張氏　夫亡,家貧,紡績以給,守節二十六年。

姚載申妻張氏　十五歲婚,二十八夫亡,無子。依寡叔姑以居,蚤夜女紅自給,撫從子律修爲嗣。守節三十八年。

高天奇妻周氏,天寧妻張氏,天昇妻黃氏　俱拱乾婦也。周二十四歲夫亡,守節四十七年。張二十六歲夫亡,守節四十三年。黃二十四歲夫亡,守節二十九年。　以上乾隆十四年旌。

陸堅妻朱氏　二十二歲夫亡,姑糜氏以哭子患心悸,不省人事,朱護持五載。姑歿,罄典匳具以營殯葬。撫夫弟垣之子世錦爲嗣。守節三十三年。

李士進妻王氏　夫亡,矢守苦節。　以上乾隆十五年旌。

居曰曾妻史氏　二十七歲夫亡,守節三十七年。

聞恒言妻袁氏　二十五歲夫亡,嗣子之瀾尚幼,鞠育成立。守節二十二年。

典史唐汭繼妻顧氏　二十七歲婚,未币月夫亡。翁年老,姑患□疾,奉侍甚謹,撫前妻次子模爲諸生。守節二十四年。　以上乾隆十八年旌。

張嘉謨妻孟氏　二十二歲夫亡,遺腹子學賢早世,撫從子之琨爲諸生。守節四十五年。

沈宗南妻李氏　二十八歲夫亡,無子,姑老病,竭力侍奉,撫夫從子時俊爲後,歷盡艱苦。　以上乾隆二十年旌。

監生張定錫妻錢氏,維祺妻鄒氏　錢二十六歲夫亡,撫二歲孤維祺成立,娶婦鄒氏,亦早寡。錢上事孀姑,下撫遺孫純熙、純照,心力交瘁。守節三十二年。乾隆二十二年旌。

朱載揚妻顧氏　二十二歲夫亡,遺腹生子定三,撫育及冠,勤於生理,克承母訓。守節四十四年。

金聲喧妻許氏　二十七歲夫亡,翁姑欲奪其志,許號泣翦髮乃已。奉翁姑甚孝,歿後,典資殯殮之。撫孤成勛,備嘗艱苦。守節三十二年。　以上乾隆二十三年旌。

張元福妻錢氏　二十五歲適張。夫嬰瘵疾,錢籲天,願以身代。夫亡,錢二十八。家貧,紡績養姑,張氏三代嫠居,殫心竭力,支辦四喪,畢葬三世,擇族子爲後,課之讀書,守節四十四年。乾隆二十四年旌。

陸邦祚妻高氏　十八歲夫亡,生子晉賢甫七日。及長,娶卜氏。夫婦相繼殁,高撫孤繩武。年九十四。

羅之麟妻趙氏　夫亡,守節四十四年。　以上乾隆三十五年旌。

楊愷如妻張氏　二十九歲夫亡,事姑孝。夫之伯叔父母俱無子,張贍之。撫子廷成立。守節三十七年。

周秀山妻黃氏　二十歲夫亡,翁病,割股以進,與二娣嫂同處,獨任勞苦。守節三十五年。

歸朝妻邱氏　二十七歲夫亡,遺腹生子時榮,艱苦撫育。姑年老,紡績孝養。守節三十四年。

汪曾義妻楊氏　二十八歲夫亡,孝事寡姑。訓孤廷銓,具有家法。守節三十三年。

王郁三妻李氏　二十八歲夫亡,生子永傳方四十五日,撫育成立。翁姑年老,賴李奉養。守節三十八年。以上乾隆二十六年旌。

監生沈堯章妻湯氏　二十歲夫亡,勤鍼黹,以養老姑。撫三月孤永芳成立。守節五十三年。學使帥給"盛世名媛"額表之。乾隆二十七年旌。

錢文山妻富氏　二十七歲夫亡。翁姑先逝,夫臨歿,以營葬事、立嗣子爲屬。富痛絶而蘇,立從子廷翰爲後。晝夜紡績者六載,始克營葬翁姑及夫,并葬夫之弟及其姊焉。

姚聲宏繼妻沈氏　二十六歲夫亡,有老戚婦哀其貧,以言探其意,沈截髮見志。翁姑繼歿,連舉三喪。撫三歲孤厥昌成立。年五十六。

朱振先妻許氏　三十歲夫亡,越十九日長子傳恒又殤。時祖姑楊、嫡姑龐俱衰憊,生姑倪以哭子目瞽,許上事三代嫠婦,下撫遺腹孤兒,歷諸艱苦,以勞瘁卒。　以上乾隆二十九年旌。

馬錫周妻鍾氏　二十二歲夫亡,撫嗣子耀宗成立。姑歿,舉翁柩同葬,以夫祔焉。守節三十三年。

張一珠妻吳氏　二十八歲夫亡,事姑撫孤,守節四十二年。

朱德敘妾倪氏,振先妻許氏　倪二十七歲德敘亡,撫孤振先成立。娶婦許氏,甫娠而寡。倪哭子喪明,旋與婦相繼卒。守節四十九年。　以上乾隆三十一年旌。

沈容安妻周氏　二十二歲夫亡,孝養舅姑,撫嗣子永齡成立。守節三十一年。

馬懋和妻陳氏　二十八歲夫亡,敬事舅姑。嗣子嘉言成明經,早歿。又撫孫文萃成立。守節五十七年。

趙俠妻吳氏　二十二歲夫亡,子雙鯉甫半載。遺娠未產,後雙鯉與遺娠子俱歿,吳以苦節卒。

張定夫妻吳氏　二十二歲夫亡,無子,以夫從子其桂爲後。奉祖翁姑及姑必以甘旨。守節四十九年。

朱舜臣妻鍾氏　二十二歲夫亡,遺腹生子,不育。嗣子璟又歿,煢煢孑立。復撫嗣孫宗郊。守節五十一年。以上乾隆三十二年旌。

王堯明妻梅氏　二十三歲夫亡,一女又殤,撫夫族寧遠爲後。勤紡績以給朝夕。守節五十七年。乾隆三十三年旌。

張載謨繼妻李氏　二十七歲夫亡,守節三十三年。

監生徐大成妻戴氏　二十八歲夫亡,無子,撫夫弟三英子昌祖成立。守節三十五年。

張漢津妻章氏　二十二歲夫亡,守節四十一年以上。乾隆三十五年旌。

張廷隆妻曹氏　二十歲夫亡,無子。事翁姑,養葬盡禮。視幼叔廷柱有恩。守節三十年。

許再衡妻顧氏　二十六歲夫亡,遺孤永齡三歲。越七日遺腹生子繼齡,撫育成立。孝事祖姑,葬遺柩于祖塋。守節三十二年。　以上乾隆三十六年旌。

盛希榮繼妻劉氏　二十五歲夫亡,奉姑二十五年不怠,撫前子百執入學。守節四十六年。乾隆三十七年旌。

周新在妻胡氏　二十四歲夫亡,守節三十一年。

沈廷元妻王氏　二十歲夫亡,舅姑繼歿,撫幼叔廷標,不辭勞瘁。守節四十四年。

王德麟妻余氏　二十六歲夫亡,孝事老翁。遺孤世金早歿,復撫嗣子世倫成立。守節五十年。　以上乾隆三十八年旌。

俞廷元妻喻氏　二十四歲夫亡,遺孤文龍僅四十九日,鞠育成立。孝事孀姑。守節三十六年。

生員黃大復繼妻蔣氏　二十八歲夫亡,姑耄,蔣孝養無間,撫二孤文炅、文□成立。年五十五。

陸廷泰妻殷氏　二十一歲夫亡,無子,止一女。姑繼歿。鄰居失火,賴殷號救,二棺得免。夫弟廷鳳生子元奎,立爲夫後。守節三十九年。　以上乾隆三十九年旌。

監生許廷煥妻宋氏　翁王謨官四川宜賓縣,值苗民不靖,歿於王事。廷煥承難蔭入監,贅於宋,半載嘔血死。宋二十一歲,無子。撫嗣子世型成立。守節四十年。

葉芝山妻徐氏　名催,年十八適葉。事姑以孝聞,踰年夫以暴疾亡,哀痛幾絕。姑旋歿,乃歸母家。母憐其少,令叔母微諷之。徐欲自盡,議遂寢,立夫弟子世昌爲後。守節四十年。

大理府知府汪上埰妾趙氏　二十歲婚。嫡先卒,上埰母張老而病,趙勤奉侍,不離床第。年二十七,大埰歿於大理。趙聞訃,悲號絕粒幾死,撫孤彝銘,讀書成立。守節三十年。　以上乾隆四十年旌。

黃履全妻顏氏　二十五歲夫亡,孝事孀姑,撫五歲孤成立。守節五十三年。乾隆四十一年旌。

濮采三妻李氏　二十七歲夫亡,守節五十年。

顧益高妻朱氏,二十歲夫亡,守節三十二年。　以上乾隆四十二年旌。

王美東妻楊氏　二十一歲夫亡,撫嗣玉林成立。營葬數棺。守節四十七年。

許美斯妻郭氏　夫亡,撫育二子。長介眉,善治生。郭持家勤儉,守節數十年。

章嘉賢妻沈氏　二十一歲夫亡,守節四十四年。

金愷文妻潘氏　二十六歲夫亡,撫孤成立。　以上乾隆四十三年旌。

陳敬齋妻汪氏　二十三歲夫亡,守節三十一年。

萬光豫妻胡氏　十八歲婚。半載夫亡,絕粒矢志。撫夫兄子遠成爲後。守節三十二年。

朱篁妻史氏　二十八歲夫亡,撫六歲孤磐。守節四十九年。　以上乾隆四十五年旌。

監生張維祺妻鄒氏　二十四歲夫亡,孝事孀姑,撫二子純熙、純照,俱入成均。孫增爲諸生。守節三十三年。乾隆四十六年旌。

殷立煥妻胡氏　十九歲夫亡,守節三十年。

監生顧雲書妻李氏,監生顧成書妻俞氏　李二十八歲夫亡,遺腹生子大勇,教養成立。守節十八年。俞十八歲寡,無子,與姒李妯娌和協,甘苦與共。守節二十五年。人稱一門雙節。

沈晼妻滕氏　二十八歲夫亡，無子，止二女。孝事翁姑。家貧，常至凍餒，而女紅不輟也。守節五十九年。

馬名揚妻計氏　十九歲婚。夫遭翁喪，哀毀嘔血亡，計年二十。家貧，無子，撫嗣子念修。守節五十五年。

華如昭《華氏族譜》名宗聖妻陳氏　二十九歲夫亡，遺孤鳳儀未晬，撫養成立。守節三十二年。

金樹德妻王氏　二十四歲夫亡，守節四十八年。

曹撫宇妻王氏　二十八歲夫亡，守節五十二年。　以上乾隆四十八年旌。

卜體仁妻邱氏　二十二歲夫亡，遺腹生子紹祖，訓之得爲諸生。守節五十年。

諸天秀妻陳氏　二十五歲夫亡，撫孤焯成立，守節五十三年。

董承祖妻盧氏　二十八歲夫亡，孝事兩世孀姑，力舉六棺以安葬。撫孤源讀書自立。守節三十二年。

行人司行人汪紹焻妾吳氏、李氏　俱年十六歸汪，十九而寡，吳無所出，李生一女，同矢苦志，守節五十一年。　以上乾隆四十九年旌。

監生陶世楷妻陳氏，職員陶世綱妻張氏　陳二十七歲夫亡，止一女，慟幾絕。翁命立從子璋爲後。年六十。張二十九歲夫亡，長子珩方六齡，少者尚在襁褓，俱撫成立，入成均。年六十八。

姚永增妻朱氏　十八歲婚，十二日夫亡，哀慟欲絕，戚族慰解之。朱性端嚴，奉姑訓嗣子，悉遵禮法。子天禄、天鍾俱得成立。守節三十八年。

陳志鵬妻張氏　夫亡，子世瑞尚幼，鞠育成立。守節四十年。

朱杓《學冊》作心一妻吳氏　二十二歲夫亡，撫孤炌，又早世。撫孤岐嵒，備嘗艱苦。舅姑喪葬之事，董其孫凝，拮據支辦。年六十五。　以上乾隆五十年旌。

陳荊若妻楊氏　二十九歲夫亡，守節三十三年。

崔德馨妻沈氏　二十七歲婚，甫四月夫亡。撫訓嗣子及孫鉞，俱成立。守節三十五年。

監生沈學海繼妻盛氏　二十四歲夫亡，家貧，事姑必以甘旨。撫前子彪宇爲諸生。守節三十四年。以上乾隆五十一年旌。

陳經仁妻湯氏，經夏妻曹氏　二氏，姒娌也。湯守節三十二年，曹守節二十一年。

州同沈延佑妻徐氏　二十九歲夫亡，翁姑年邁，子女俱幼，仰事俯育，竭盡心力。守節五十三年。

生員胡焜妻孫氏　婚六載夫亡。侍姑疾，三年不稍懈。撫週歲孤坦成立。

監生吳玕妻孟氏　十九歲適吳，二十一夫亡。姑王病癰，敬奉湯藥，曲爲承順。姑歿，撫二幼姑，心力交瘁。翁於遠支擇立繼子泰，讀書爲諸生，孫霖亦成立。守節四十五年。　以上乾隆五十二年旌。

王本晉妻陳氏　夫嬰癇症。陳十六歲雖成婚，禮居以異室。越六年夫亡，陳扃戶將縊，以救得免。陳父病，曾刲股以進。撫嗣子容度、容安成立。守貞二十年。

監生吳露妻姚氏　二十一歲婚，甫八載，夫以父喪毀瘠亡，無子。從子承光方二歲，姚即撫之。事姑，孝養備至。守節三十二年。

鍾衛妻徐氏

陳融川妻王氏　二十三歲夫亡，撫嗣子械成立，守節三十四年。以上乾隆五十三年旌。

沈英奇妻吳氏　十九歲婚。二十三夫亡，姑年七旬，侍奉盡孝。以夫兄幼子溁爲嗣，溁先卒，復撫二孫枚、楎成立。守節六十七年。

卜聲遠妻錢氏　二十七歲夫亡，嗣子又殤。日夜紡績，安四棺於窀穸。守節四十九年。

貢生陶世傑妻沈氏　二十八歲夫亡，孝事老翁，撫孤璿、璣俱成立。守節三十年。　以上乾隆五十四年旌。

監生朱國一作映華妻陳氏　二十四歲夫亡，事姑甚謹，撫從子聲爲嗣。守節三十三年。

施師妻沈氏　二十歲夫亡，撫孤輪軒，備嘗艱苦。守節四十年。

錢禹昌妻鍾氏　十八歲婚，甫二載夫亡。鍾將投繯，以救得免。撫嗣子德昭。守節三十三年。

生員吳超曾妻陶氏，生員金錫妻朱氏　陶二十六歲夫亡，撫遺孤金錫入泮，後病歿。陶憐其婦朱無依，立從孫師瀬爲後。守節五十二年。朱二十五歲夫亡，事媿姑甚謹，守節三十八年。　以上乾隆五十五年旌。

監生楊璜妻卜氏　二十八歲夫亡，事翁，撫孤，不辭勞瘁。守節三十一年。

周廷璧繼妻唐氏　二十五歲夫亡，號哭投繯，以救獲免。撫孤宗漢成立。守節三十五年。　以上乾隆五十六年旌。

葛芸妻張氏　二十五歲夫亡，撫嗣子宗楷。守節三十一年，郡守伊給"苦節垂貞"額。

諸象樞妻曹氏　二十六歲夫亡，孝事翁姑，喪葬盡禮。撫四歲孤光祖成立。守節三十五年。

徐洪文妻陸氏　二十九歲夫亡，撫孤世英。守節五十年。

吳汝爲妾周氏　二十四歲汝爲歿，欲投繯以殉，戚族勸止之。嫡無出，周撫其子裕遠成立。守節五十九年。　以上乾隆五十七年旌。

朱振書妻許氏　十九歲寡。撤其環瑱，以事嫠姑。撫嗣休良成立。守節四十一年。乾隆五十九年旌。

張德洪妻沈氏　二十四歲夫亡，姑繼歿，越七年翁亡，子再年亦歿。疊遭大故，荼苦日甚，晚撫嫡孫明標成立。守節三十八年。

閔渭才妻顧氏　二十一歲婚，三月夫亡，無子，并無可繼者。媿姑在堂，竭盡孝養。守節五十一年。

監生虞元芬繼妻徐氏　二十三歲夫亡，事姑，撫孤。守節四十七年。

錢師衛妻沈氏　二十二歲婚，五日夫亡，哀痛絕粒。翁姑早歿，太翁在堂，孝養弗怠。撫嗣子疇錫爲諸生。守節五十六年。　以上乾隆六十年旌。

戴超倫妻李氏　二十六歲夫亡，無子，撫嗣子世鴻，不惜勞瘁。守節三十四年。

顧力堂妻巴氏　二十五歲夫亡，孝事老翁，撫嗣子詠鑄成立。守節三十七年。　以上嘉慶元年旌。

監生楊鑾繼妻王氏　婚五十三日夫亡，王二十五歲。撫前妻子汝嘉成立。旌年六十五。

李一夔妻孔氏　二十歲成婚，八月夫亡，撫嗣子藻成立。守節三十年。

監生謝映奎妻王氏　二十九歲夫亡，事翁姑以孝。訓孤瀬以義方。守節三十三年。　以上嘉慶二年旌。

監生龔堅妻王氏　十九歲夫亡，孝事舅姑。以夫弟次子樹義爲後，長孫璜早年游庠，得大母之教居多。守節四十五年。

張文明妻嚴氏　二十八歲夫亡，遺腹生子紀祖，撫之治生，以立家業。姑嬰瘋，侍奉備至，不辭勞瘁。守節三十三年。

錢鈺妻淩氏　二十五歲婚，未兩月夫亡，翁姑年老，極力孝養，撫嗣子湧成立。守節三十七年。

金聯城妻沈氏　二十六歲夫亡，生一子一女。子朝宗甫二齡，撫育成立。女長，適吳蟾桂，領甲寅鄉薦。守節三十年。

虞琨妻于氏　二十六歲夫亡，佐媿姑持家，勉諸幼叔讀書。孤子城稍長，親督課藝，得爲諸生。年四十八。

陳世鏞妻沈氏　十九歲婚，僅九月夫亡。事姑以孝。守節三十年。

褚天祺妻高氏　二十六歲婚，九月夫亡，無子。撫嗣子德驤成立。守節五十二年。

陳鈺妻王氏　二十七歲夫亡，遺腹生子，長娶高氏，亦生遺腹子，不育。煢煢孤苦。撫從子孟傳之次子金柱爲嗣孫。守節三十年。　以上嘉慶三年旌。

屠洪業妻鍾氏　二十六歲夫亡，撫五歲孤中柱，鞠育備至。守節三十年。

沈光增妻孔氏　二十八歲夫亡，孝事媿姑，撫三歲孤駕韓成立。旌年六十六。

唐元吉妻王氏　二十六歲夫亡，遺孤允恭尚幼，門衰祚薄，一力支持。守節三十八年。

朱永年繼妻傅氏　二十八歲夫亡,絕粒誓死,姑泣慰之,乃止。紡織孝養。守節四十四年。

生員陳洪繼妻俞氏　二十七歲夫亡,越七日遺腹生子大梁,訓之讀書,爲諸生。事姑孝敬,歷久如一。守節三十六年。

高大塏妻朱氏　二十四歲夫亡,撫嗣子錞成立。守節三十一年。

金學源妻沈氏　二十六歲夫亡,無子,嗣子廷棟早世,又撫嗣孫文炳以繼先業。旌年八十。

殷懋昭妻沈氏　二十三歲夫亡,敬事舅姑,撫夫弟成立。以從子體乾爲嗣。守節四十一年。

崔增祚妻王氏　二十七歲夫亡,孝事舅姑,撫訓二子。長鉞,入成均;次念珍,副貢生。旌年六十三。

梅定增妻朱氏　十九歲夫亡,敬事舅姑,撫孤長鏞,心力俱瘁。旌年七十六。

金廷標妻謝氏　二十七歲夫亡,旌年七十九。

卜通周妻崔氏　二十九歲夫亡,遺腹子旋殀,以從子永傅爲後。紡織所入,營葬翁姑。夫遺一女,教以閨範,長適朱鴻,領己酉鄉薦。旌年五十九。

金魯璠妾高氏　二十八歲魯璠亡,守節三十六年。

顧樸園妻徐氏　二十歲婚,三月夫亡,誓欲死殉,舅姑勸止之,撫嗣子立方成立。守節四十五年。

徐錫袞妻崔氏　二十九歲夫幕游至宿遷,病歿。訃至,崔痛不欲生。因念老翁在堂,姑包氏已歿,遺幼叔、小姑,俱穉,乃強理家政。課幼叔,訓小姑,撫孤子,二十年如一日。旌年八十五。

諸爾梅妻邱氏　二十一歲夫亡,奉侍翁姑,克盡孝敬。撫嗣子金讀書爲諸生。守節六十年。

陳錕繼妻吳氏　二十九歲夫亡,事繼姑及本生翁姑俱盡孝敬。撫前子潭,克承先業。守節三十九年。

顧聲宣妻王氏　二十三歲夫亡,遺孤甫晬。翁年老,孝養不怠。守節七十年。

張朝英妻陳氏　二十一歲夫亡,絕粒三日,舅姑勸慰,稍進饘粥。撫二孤壽麟、壽松成立。旌年五十一。

錢振龍妻諸氏　十七歲歸錢,踰年夫亡,無子,撫嗣子祥麟成立。翁姑歿,殯殮如禮。守節三十一年。　以上嘉慶四年旌。

生員范光煥妻施氏　二十一歲夫亡,撫孤塤成立。旌年五十。

張黃中妻李氏　二十九歲夫亡,撫孤闓如成立。旌年五十九。

生員倪鴻寶妻趙氏　趙在室,事父以孝聞。歸倪,甫數月翁疾卒,即典嫁衣以備含殮。越二年,夫臥病,侍湯藥者百日。夫亡,趙二十四歲。孝事孀姑,撫夫兄子思睿爲諸生。嗣孫百福亦撫成立。守節三十四年。

繆成宗妻陸氏　二十四歲夫亡,事姑甚孝,撫孤成立。守節二十六年。

生員林中芳妻顧氏,受書妻吳氏　顧二十九年夫亡,遺二子厚、受書。受書贅於吳,旋病歿,吳二十二歲。遺孤其恕甫三月,訓之讀書,爲諸生。顧守節三十三年,吳守節三十二年。

監生陳羽亭妻汪氏　二十九歲夫亡,奉老姑盡孝。撫三孤成立。長子潮得爲諸生。旌年八十一。

生員費廷璜妻蕭氏　二十七歲夫亡,撫孤如歐成立。旌年五十七。

王大維繼妻蔡氏　二十八歲夫亡,撫三齡孤銘成立。葬大維前妻張於縣之君二莊。守節四十八年。　以上嘉慶五年旌。

沈希文妻徐氏

婁廷模妻陶氏

吳張氏

張鎮妻吳氏

汪姚氏

李王氏

陸朱氏

張葉氏

張李氏

監生韓志尹妻沈氏

盛倪氏

計王氏

周國祥妻顧氏

張衛氏　　以上見《節孝祠册》，事實俱無考。

徐開燾妻石氏　　二十歲夫亡，無子，紡績養姑。姑歿，依兄公開熙。守節四十餘年。邑令賈曾表其廬。

姜懋芳妻周氏　　夫亡，撫孤，守節五十年。郡守史載表之。

張三錫妻許氏　　字淑婉。歸張，無子。脫簪珥爲張買妾高氏，生二子。順治乙酉，僦居相家蕩，三錫爲盜害。許與高飲血茹荼，誓報夫仇。後廉得其人，攜二孤號訴於官，抵罪。撫二子成立。事載《憲綱》。

吳永嘉妻袁氏　　二十一歲夫亡，守節四十年。郡守許給額曰“貞同化石”。

倪文耀繼妻沈氏　　立志養親，父母重違其意，乃贅壻於家。未幾二親相繼歿，沈悲泣喪明。歸，事舅姑如事父母。夫任閩省巡檢，翁年九十，沈常奉甘旨。夫亡，撫孤肇林成立。學使劉表其門。

楊秀峰妻潘氏　　夫亡，潘年尚少，族人欲嫁之，斷髮自誓。時兵荒相繼，家貧，餬口無資，卒凜凜不改其操。年六十餘。沈珩有《傳》。

貢生曹自文妻潘氏　　夫游太學，卒於京邸。遺一子晉尚幼，潘躬紡織以教之。年七十二，以子晉任東平州州同，封安人。

監生朱茂眪妻賀氏　　二十四歲夫亡，事姑孝。教子彝政登賢書。守節六十餘年。學使顔表之。

陸元燾妻徐氏　　十九歲夫亡，茹素誦經，不窺户外。年八十二。

給事中戴長治妾李氏　　三十歲長治歿，李斷指嘔血，幾暈絶。長治大母盛苦勸，長子樹聲延醫救甦。給諫爲清白吏，家甚貧。李勤紡績，食糟糠，撫二幼子樹楓、樹翰，俱游庠。守節四十九年。

生員毛麟瑞妻浦氏　　夫亡，子延芳僅四十餘日。後成庚戌進士。

嚴嘉訓繼妻仲氏，嘉祥妻姚氏，禧妻潘氏　　十六歲寡，撫前子禧有恩。夫弟嘉祥聘姚氏，未婚而歿，時姚年十三，聞訃哀泣奔喪，卻嬪御衣飾，依禧以終。後禧亦歿，娶潘氏，年二十五，子士岐甫五齡，撫而教之，歷四十九年。稱“一門三節”。

韓肇楨妻唐氏　　二十歲夫亡，遺孤仕元甫七月。值明末兵亂，三黨無能顧恤者。唐晝夕紡績，給薪水以事翁姑。年八十九，邑令李見龍獎之。

生員卜淇妻屠氏　　二十五歲夫亡，訓子元成立。守節二十五年。事詳沈虬《傳》。

錢昇妻俞氏　　十七歲婚。三十夫亡，矢志撫孤。年八十三。學使彭始摶表之。

王希導妻陳氏　　二十五歲夫亡，止一女，又殤。年七十五。邑令任之鼎表其閭。

項全斌妻王氏　　十九歲適項，閲兩月夫以世變憂死，無子，遂依母家，孝事二親。年五十六。

羅有極妾朱氏　　有極死，子衡未週。課之讀書，以繼夫志。苦節三十年。

金黃繼妻施氏　　十九歲婚。夫以懷忿而亡，時施年二十八。家計日窘，姒娌微諷之，輒艴然怒。教子及孫，皆入泮。守節五十年。學使周清原題楔表之。

沈芸暉妻鄒氏　　二十一歲夫亡，遺孤幼，且多疾。凡日給醫禱，取辦十指。越十稔，子殀。鄒悲痛成疾，饘粥不繼,苦節自甘者四十餘年。

方道仲妻李氏　二十五歲夫亡,遺孤英奇甫週。厲志操作,教其成立。守節三十八年。

姚夢爵妻歸氏　三十歲夫亡,家貧,無子,苦志守節。年七十五。

仲學海妻姚氏　二十四歲夫亡,治家勤儉,撫嗣子文斗成立。守節三十年。

黃季翁妻朱氏　二十四歲夫亡,止一女,甫彌月。家甚貧,以十指自給,遇荒歉,凍餒幾殆。苦節四十九年。

陳德基妻蔣氏　二十一歲夫亡,無子,歸依父母。其父貧甚,屢逼之嫁,不從。守節以終。

倪元璧妻胡氏　二十歲夫亡,孝事翁姑,子三齡,即授句讀。課孫我瑞成名。守節四十二年。

生員曹曾錫妻王氏　二十一歲夫亡,守節三十年。

沈烽妻陸氏　二十九歲夫亡,盡鬻衣珥,以營喪葬。孝事翁姑。教其子垣有成。年六十三。

陸賓來妻湯氏　十九歲夫亡,孝事舅姑。夫弟方襁褓,撫之立,又歿。依弟舜陶。守節四十四年。邑令蔡祖模表之。

張心琴妻胡氏　二十五歲夫亡,無子。族人欲奪其志,忿欲自盡。奉姑命,撫夫弟立。守節三十三年。

朱顧遠妻張氏　二十四歲夫亡,遺孤克孝方五齡,撫之成立。守節三十三年。學使祖澤潛表之。

吳邦彥妻張氏　二十歲夫亡,家貧,無子。翁姑俱邁,張誓守孝養,撫繼子文炳成立。守節四十餘年。郡守佟表其閭。

張濂妻唐氏　二十四歲夫亡,遺子棠多病,衣食藥餌,百計營辦,皆人所不能堪者。年六十。

仲大年妻邵氏　二十九歲夫亡,勤紡績,以葬翁姑。訓子學周、學孟,孫之雯成立。守節三十餘年。

屠子莊妻仲氏　十九歲婚。二十五夫亡,孝事翁姑。翁憐其無子,以幼子繼之,仲撫養成立。一生練服長齋。年五十。

邵瑢繼妻薛氏　二十一歲夫亡,撫前子正機如己出。年九十。　　案:歐陽旭《傳》:邵瑢字宗彝。　吳《志》載,邵宗彝妻,又載邵瑢妻。《浙江通志》因之,今訂正。

章天錫妻王氏　二十五歲夫亡,翁姑未安窀穸。王卜地葬之。訓子成立。年五十七。

贈中憲大夫屠有禧妻董氏　二十六歲夫亡,撫二子二女成立,子女又殀。復撫諸孫,督課嚴而有法。族鄰欲請旌,董聞,流涕曰:"吾分固宜耳,豈以博名耶?乃止。"年七十七,以孫嘉正貴贈恭人。

邱廉遠妻于氏　二十八歲夫亡,截髮勵志,撫子女成立。辛勤遷播,有孟母風。年七十五。

沈衍曾妻吳氏　衍曾家貧,旅食京邸,卒于途,吳二十九歲,無子。依弟吳白畹,撫遺腹女。守節四十餘年。

顧天銘妻屠氏　三十歲夫亡,撫孤景榮成立。守節四十餘年。督學彭始摶表其閭。

于鴻猷妻沈氏　事繼姑以孝聞。夫亡,依母家守志。奉親甘旨,教子讀書。繼姑八十,患病,日夜侍湯藥,歿,爲拮据殯殮。有族子以墳壟累,將鬻先塋,禁之不得,沈獨爲辦糧,祖墓得保。一生苦節,年七十餘。

徐正域妻祝氏　通《詩》達《禮》,侍舅姑以孝。三十歲夫亡,欲殉之。撫夫從子景從爲後。守節二十三年。

生員黃元璧妻吳氏　二十三歲夫亡。勤紡織,以鞠遺孤,奉祖父母暨翁皆盡禮。年八十三。郡守吳公給額。

沈永年妻周氏　十八歲婚。生子邦彥甫十月,夫亡。家故貧,盡出簪珥,營喪葬事。姑於暑月發背疽,周晝夜洗滌,服食便溺,皆周扶掖,衣不解帶者五月,姑賴以安全。邦彥夫婦殀,遺二孫女,復撫養之。守節六十年。

曹繼登妻沈氏　二十五歲夫亡,遺孤三齡,矢志撫育。守節四十一年。

仲學曾妻金氏　夫以篤學致心疾,完婚數載,旋亡,無子。與耄姑相依。守節五十年。

曹大宗妻陸氏　二十九歲夫亡,勤紡織以自給。守節二十五年。

程子哲妻沈氏　二十一歲夫亡,孝事翁姑,睦親族。守節三十九年。

杜元鎮繼妻沈氏　二十四歲夫客京邸亡,撫前子女如己出。未數年,長子省伯亦歿,扶柩營葬,心力俱瘁。守節三十年。

張康侯妻沈氏　二十四歲夫亡，無子。孝事嫡姑，姑歿，力營喪葬。守節三十餘年。

生員蔣鉞妻何氏　夫亡，無子。夫弟煥甫十四齡，越八年生子崔鳴，何撫以爲後，恩待之。年八十二。

吳望妻張氏　夫赴省試歸，病歿，張二十五歲。家貧，無子，生一女未週，躬勤紡績，勵志守節。

邵嘉生妻程氏　十七歲婚，期月夫亡，事姑盡孝。守節三十四年。

陸望之妻胡氏　二十七歲夫亡，撫遺孤奕昌成立。又訓育其孫嵩年。守節三十八年。

蔣鼎臣妻王氏　二十五歲夫亡，遺孤國祚甫八月，甘貧苦守，年八十。

王文殊妻黃氏　十八歲婚，逾年夫亡，守節五十餘年。

汪子賢妾馮氏，福生妻蔡氏　子賢亡，遺孤福嗣僅巿月。嫡董氏有子福生，娶蔡氏，亦寡。同守節四十餘年。糧道劉曉給“壺節嗣音”額。當馮氏年八十時，學使汪瀅以“松筠媲美”額表之。

沈世佳妻徐氏　十八歲夫亡，家貧，賴女工以給朝夕。苦節六十餘年。

監生陳志發妻沈氏　二十三歲夫亡，翁姑憐其年少，欲令改適，沈截髮自誓。復強之，遂自經，急救得免。年五十九。

鍾贊爽妻陳氏　夫亡，哀慟幾絕。時姑已歿，遂返母家，紡紝自給。逮嗣子掌綸授室，乃迎歸。年六十四。

傅大溶妻張氏　二十五歲夫亡，孝養舅姑，撫孤萬椿成立。守節三十餘年。

生員陸交泰妻仲氏　及笄，歸陸。孝事舅姑。二十九歲夫亡，哀痛屢絕。家故貧，日夜紡績，親課二子成立。年七十七。詳高孝本《傳》。

沈衡妻張氏　二十三歲夫亡，無子，守節四十一年。

周胥原妻張氏　二十四歲夫亡，家貧，紡織奉姑，教子翰游庠。守節四十餘年，學使彭表其閭。

生員徐綱妻陳氏　二十五歲夫亡，甘貧矢志，守節二十餘年。

卜史妻屠氏　二十八歲夫亡，持家訓子，年七十七。

卜定命妻張氏　二十五歲婚，逾年夫亡，繼子又歿。守節三十年。

陳升之妻王氏　夫亡，遺二幼女，翁姑繼歿，力營喪葬。後依壻杜凝蘭，紡績自給。年八十餘。

陳綏麟妻陸氏　二十九歲夫亡，撫週歲孤成立。守節三十餘年。

曹公庠妻呂氏　二十歲夫亡，或勸改適，斷髮自誓。歲饑，糠籺不繼，益堅忍其操。年八十餘。

生員張君揚繼妻許氏　夫亡，誓不再嫁，守節三十餘年。

程學江繼妻鍾氏　十七歲適程，踰年夫亡，媚姑衰邁，紙織以養。撫孤，慈嚴並至。守節三十年。

張鉞繼妻許氏　三十歲夫亡，子淮甫七齡，撫教成立。一女適金九齡。守節三十七年。

袁守誠妻朱氏　三十歲夫亡，亟圖自盡，翁姑諭以撫孤乃止。守節五十七年。

生員范汝效妻項氏　夫亡，撫孤含英、含華、含彩成立。年七十。

周明雅妻謝氏　二十四歲夫亡，無子，族嫗動以微言，輒涕泣罵詈。年五十九，值歲荒，飢餓死。

江公潤妻沈氏　二十九歲夫亡，勤苦撫孤，守節五十年。

朱陳氏　二十三歲夫亡，無子。族人欲改嫁之，不從，截髮守志，以苦節卒。

張羽修妻陳氏　十七歲夫亡，盡鬻衣飾，以爲葬資。依弟時雍。守節四十七年。

生員萬人偉妻胡氏　夫以積學致疾死，誓以身殉，舅姑泣止之。不踰年舅歿，拮据以營喪葬。訓子嚴毅。年八十一。巡撫王、學使彭、郡守彭，咸表其門。里中有《節孝詩》，黃肇南《序》。

周國榮妻吳氏　二十三歲夫亡，撫孤方來成立。守節五十餘年。學使靳給“勁節遐齡”額。

萬兆卿妻吳氏　二十二歲夫亡,教子懷文耕讀,能詩。孝奉舅姑,拮据喪葬。守節四十餘年。邑令于勵表其廬曰"清潔凌霜"。

生員高鉉妻宋氏　十九歲夫亡,孝事翁姑,撫遺腹子浩爲諸生。年六十。

陳旬麟妻于氏　夫亡,守節三十二年。

潘戀妻沈氏　夫亡,守節五十二年。

鍾朱甲妻聞人氏　夫亡,守節三十二年。

鄭聖孚妻徐氏　夫亡,事姑盡孝,守節四十年。學使張以"苦節維風"額表之。

金惟恭妻毛氏　二十二歲夫亡,撫子泳之,三十一而歿。遺孫自南,復撫育之,又殀。自夫之孫三世殀,絕境愈苦,而節彌堅。年七十二。

高隆翔妻金氏　二十四歲夫亡,遺孤甫週。或勸之更適,金泣指庭前黃楊曰:"此我夫子手植也。"作《黃楊操》以矢志。年六十八卒,葬黃楊亭側,里人稱爲"黃楊亭節婦"云。

周英妻吳氏　十九歲夫亡,無子。事姑孝敬。姑女暨姑女之女俱贅壻於家,貧無以給,吳奉遺命,膳養二十餘年。後四人相繼歿,吳殯葬之,以是家產悉廢。處濠上河濱破屋中,里人罕見其面。

吳熙妻虞氏　二十六歲夫亡,無子,撫三歲從子攀麟爲嗣。家貧,不舉火者嘗一二日,虞晝夜紡績,易糠麩作餅充飢,教其子成立。苦節三十三年。

馬鑰妻陸氏　十九歲夫亡,無子。閏三月姑生幼叔,姑即患病,歿,陸力撫幼叔。侍衰翁湯藥,五載不怠。繼從子瀛爲後,又歿,哭泣喪明,復繼從孫廷椿爲後。守節六十四年。

葛君英妻范氏　二十一歲夫亡,遺一子,復殤。有幼叔寄養他姓,攜歸撫養,爲娶婦生子,范即育之爲子。葛氏祧賴以不絕。守節三十一年。

鄭典妻宋氏　事蹟莫考,見《浙江通志》。

呂化龍妻黃氏　二十二歲夫亡,遺孤金聲未晬,撫育成立。守節五十年。有司屢表之。給有"栢舟貞操,亮節靡他"額。

杜麟祥妻曹氏　夫早亡,事姑盡孝,守節四十餘年。學使表之。

項克鞏妻顧氏　婚一載夫亡,顧年二十,撫遺腹子岵成立。守節四十餘年。

姚曾肇妻陳氏　事舅姑以孝。夫亡,撫遺孤。年五十四。

鍾元錫妻賀氏　方伯賀萬祚女。幼有至性,十七歲歸鍾,事翁姑以孝謹聞。乙酉,夫罹難死。賀痛絕,復蘇,撫孤瀚成立。年六十九。

監生范睦妻吳氏　睦以太學效績陵工而歿,時吳二十三歲。孝事舅姑,撫育三子,備嘗艱苦,年八十三。學使金給"石貞篤節"額以表之。

顧文進妻王氏　十九歲夫亡,遺孤甫五月。貧無擔石,同一老嫗紡績自給。守節五十八年。

錢必選妻李氏　二十四歲夫亡,遺孤宏灝甫三齡,宏濟未週歲,俱撫成立。事舅姑以孝聞,守節四十餘年。邑令于珽給"汎柏和丸"額表之。

王期妻浦氏　二十八歲夫亡,守節五十四年。學使劉給匾表之。

岳繼忠妻范氏　二十七歲夫亡,遺腹生子非熊,稍長,游庠,旋中副貢生。守節四十五年。邑令王廷機給"姜範陶型"額。

顧良升妻魏氏　二十七歲夫亡,家貧,姑老,子幼。魏竭力操作,奉姑喪葬,撫孤成立。守節三十六年。邑令于珽給額表之。

俞晉叔妻吳氏　十九歲夫亡,事翁姑,撫孤子,曲盡孝慈。子歿,又撫其孫。守節五十年。邑令李表其閭曰

"鶴操霜清"。

周恭先妻范氏　夫力學早亡,范二十七歲,撫兩幼孤。年五十一。

金世灝妻喬氏　二十一歲夫亡,子痘殤,喬觸棺幾死。事姑孝,姑歿,哀號嘔血。後與母氏相依,亦克盡孝。母亡,獨力支辦喪葬,宗族咸稱之。以嗣子貴封恭人。

曹穎浩妻吳氏　十五歲歸浩,未三十夫死於兵燹,遺孤甫週。有欲奪其志者,吳自縊,救免。年六十三。

蕭漢臣妻翁氏　事姑孝,教子成立,其苦節人咸稱之。

生員翁萃和繼妻浦氏　二十七歲夫亡,撫幼孤成立。守節三十餘年,尚書杜臻爲《誌銘》,有《表貞集》行世。

舉人宋鳳翔妻姜氏　夫亡,子復殀,撫孫。年九十三,巡道佟給額表之。

邱志廉妻干氏　二十四歲夫亡,孝養舅姑,課子游庠。御史朱、學使劉、郡守王先後給額表其閭。

卜光楣妻沈氏　夫亡,守節二十一年。

卜應侯妻朱氏　夫亡,守節二十年。

卜駿聲妻金氏　夫亡,守節二十二年。

卜薛元妻楊氏　二十六歲夫亡,守節四十四年。

卜朱衣妻李氏　二十八歲夫亡,守節十九年。

卜朱龍妻沈氏　二十九歲夫亡,守節二十五年。

卜江繼妻丁氏　二十三歲夫亡,守節十八年。

卜士蕭妻陸氏　三十歲夫亡,守節四十四年。

卜象先妻項氏　三十歲夫亡,守節四十六年。

卜曰克妻吳氏　二十三歲夫亡,守節三十二年。

卜志學妻沈氏　二十六歲夫亡,守節四十八年。

卜曾妻陶氏　夫亡,守節五十五年。

卜景曾妻楊氏　夫亡,守節三十七年。

卜慶宸妻金氏　夫亡,守節四十三年。

卜德瞻妻林氏　夫亡,守節二十六年。

卜彭咸妻曹氏　夫亡,守節十八年。

卜道豫妻徐氏　二十四歲夫亡,守節四十八年。

卜無忌妾楊氏　無忌死,守節四十八年。

卜元慶妻郭氏　夫亡,守節五十八年。

卜立三妻陸氏　夫亡,守節二十三年。

卜駿妻范氏　夫亡,守節二十五年。

卜芝祥妻姚氏　三十歲夫亡,守節六十一年。

卜曰蒙妻閔氏,妾沈氏

卜震生妻吳氏,妾金氏

卜長生妾沈氏

卜大勳妻徐氏

卜元蒼妻沈氏

卜道豐妻宋氏

卜復妻朱氏

卜體仁妻邱氏

卜棠妻錢氏

卜鴻猷妻孫氏

卜錢禧妻嚴氏

卜徵蘭妻胡氏

卜文相妻沈氏　以上《卜氏家乘》。

邵琇璋妻程氏　十九歲婚，甫十月夫亡，事姑盡孝，守節三十餘年。康熙四十八年，邑令陳給"白首完貞"額。

吳天機妻張氏　三十歲夫亡，子女尚幼。家極貧，乃勤紡績撫之。及長，婚配。長筆禎、次肇龍爲商，相繼客死。又撫孤孫成立。年八十四。

程起鸞妻孟氏　二十歲夫亡，無子。女母黨諷之嫁，孟哭詈之。夫兄起龍重其節，贍之終身。初以起龍第四子銘爲後，早卒，又繼以弟五子鎬，鞠育備至。年五十四。

沈鎮繼妻錢氏　二十三歲夫亡，生子甫兩月。祖母屠、繼母顏皆寡。夫妹適陸，亦寡。錢同矢苦志。年六十五。

蕭大健妻李氏　二十六歲夫亡，遺子僅五歲，日事紡績以養姑育子。年五十七。

張殿臣妻費氏　三十歲夫亡，孝事舅姑，撫孤成立。年八十。時邑令楊給"松柏經霜"額表之。

教授趙恂成妻陳氏　二十二歲夫亡。撫孤緒爲諸生，早殁。遺孫天祚、天位，陳復撫之。守節七十四年。雍正元年，學使何給"節比松筠"額表之。

王汸妻周氏　三十歲夫被含山盜執，遂遇害。周泣貸戚黨，得白金三鎰，挈子詣盜營，輸銀載骨以還。守節三十二年。

呂熊臣妻趙氏　三十二歲夫亡，長孤浩纔九齡，嘗冬夜紡績，一燈熒然，淚隨縷續。年七十三。

楊瓚妻趙氏　三十一歲夫亡，撫孤再震爲諸生。年七十，學使彭給"恩勤矢志"額。

李御天妻毛氏　二十二歲夫亡，撫嗣子嘉樂，備極勤劬。年七十六。

夏俊三妻張氏　三十三歲夫亡，家貧拮據，供翁姑甘旨，教養二子。長，之漣爲諸生。年七十九卒。吳紹曾撰《墓銘》。

曹西翰妻沈氏　二十歲夫亡，無子。年八十四。

邵三讓妻聞氏　二十歲夫亡，家貧，無子，刺繡自給。年七十一。

潘又安妻沈氏　二十歲婚。夫病，刲股和藥進之。夫亡，氏二十八歲，無子。撫嗣子成立。年五十八。

吳寶賢妻莊氏　二十五歲夫亡，止一女，長適陸承祖，亦撫孤守志。莊年五十七。

錢世珍妻魏氏　二十六歲夫亡，家貧，紡績以奉翁姑。年八十二。

周在高妻楊氏　二十二歲適周，八月夫亡。繼子心曠，甫娶而殁。復撫嗣孫。年七十七。

淩惠芳妻倪氏　二十八歲夫亡，守節四十六年。

監生夏雲舒妻程氏　二十八歲夫亡，守節四十五年。

生員夏鼎妻姚氏　二十九歲夫亡，撫孤禹成。年五十八。

蔡文顯妻金氏　二十九歲夫亡，守節三十年。

鈕南吉妻黃氏　鈕世楷之祖母。年三十夫亡，以苦節卒。

徐汾妻方氏　三十歲夫亡，守節三十六年。

張西威妻嚴氏　二十歲夫亡,赤貧,無子。年六十三。

馬鉅妻王氏　二十六歲夫亡,守節二十七年。

周昆玉妻莊氏　二十八歲夫亡,事姑盡孝,撫孤曾馨讀書成立。守節四十三年。

周昆裕妻朱氏　二十六歲夫亡,同姒莊氏矢志,杼聲相聞,中夜不輟。年五十八。

畢公禄妻姚氏　二十九歲夫亡,自經兩次,以救免。撫遺腹子銓成立。事寡姑以孝稱。年五十六。

朱汝需妻施氏　二十六歲夫亡,家貧,依母家,以十指自給。撫夫弟汝震子爲嗣。年六十九。

懷鳴山妻周氏　二十八歲夫亡,守節二十七年。

朱同符妻屠氏　二十七歲夫亡,守節二十八年。

朱玉符妻姚氏　二十五歲夫亡,守節四十年。

徐閏成妻李氏　二十一歲婚,七月夫亡,無子,翁姑早世,依夫叔世瞻,紡績度日。年五十三。

楊文禄妻霍氏　十八歲夫亡,撫遺腹子成立。年五十八。

監生沈昭鑒妻張氏　二十四歲夫亡,無子,守節二十八年。

陳萬鍾妻沈氏　二十五歲夫亡,撫夫從子尚麟。年六十六。

陶嘉謀妻諸氏　二十歲夫亡,無子。撫夫從子名理爲嗣。守節二十年。

教諭陶祝年妻陳氏　夫早亡。學使王給"貞淑可風"額表之。

朱德慶妻沈氏　夫亡,遺孤尚幼。姑病,奉侍三載。姑歿,遺孤痘殤。從子丕申又早卒,遺孫辰應以古文名於時。學使竇給"畫荻遺範"額。同里張徵士庚爲傳,錢文端公陳群有詩。

吳念慈妻吕氏,心怙妻沈氏　吕二十七歲夫亡。遺孤心怙,長娶沈,年二十三寡,生一子僅百日。家貧,沈日夜紡績以奉姑哺子。吕年五十四,沈年四十五。

章漢昭妻沈氏　二十九歲夫亡,家貧。翁姑早歿,二子相繼殤。沈屢投繯,爲族黨救免。年五十四。

費禮南妻金氏,楠珍妻凌氏　俱二十四歲夫亡,各遺子一。凌先歿,金守節。旌年四十四。

生員錢奇有繼妻張氏　二十八歲夫亡,守節四十二年。

監生沈學潮妻周氏　二十八歲夫亡,事嬬姑極孝,撫子楷成立,守節四十一年。

陳錦山妻凌氏　二十二歲夫亡,守節五十年。

金杓妻葉氏　二十七歲夫亡,無子,遺女淑媛。以孝行著,奉事翁姑極孝。守節四十八年。

胡炯妻莊氏　二十七歲夫亡。家極貧,以鍼黹孝養邁翁。守節四十餘年。

章聚明妻沈氏　二十一歲夫亡,越六月生遺腹子,撫養成立。年八十五。

莊文龍妻胡氏　十九歲夫亡,撫孤成立。年六十七。

屠完玉繼妻張氏　生子渭陽方五十七日夫亡,訓誨成立。見陳梓《勤慎樓記》。

費恂如妻陳氏　二十二歲夫亡,家貧,無子。年五十三。

陳玉衡妻沈氏　二十五歲夫亡,矢志撫孤。姑逼之嫁,沈截髮,以刃破面。其從兄招之歸,沈冀其子成立,俄以羸疾亡。自此悲痛成疾,踰年亦卒。守節二十四年。

陸永祚妻陳氏　十九歲婚,未帀月夫亡。年六十餘。

錢恒泰妻李氏　二十歲夫亡,無子。姑亦歿,越數載舅與繼姑又歿,拮據喪葬。撫幼叔成立。年七十餘。

邵佳林妻沈氏　夫亡,遺孤開元、文元尚幼。沈以義方教之。長孫培爲諸生。

徐詢周妻吳氏　二十三歲夫亡,教子楹根,不事姑息。年四十六。

朱于豐妻仲氏　婚四載,夫病歿,子又殤。撫夫兄紹衣之子爲嗣。

沈寧安妻王氏　　二十九歲夫亡,遺二女。上有孀姑,躬紡織以佐菽水。次女適呂荆山,亦早寡,與母共守。王年七十卒。陳梓有《兩節母合傳》。

呂荆山妻沈氏　　十八歲婚,三載夫亡,撫夫從子爲嗣。年五十一。

沈廷華妻馬氏　　二十九歲夫亡,子又殤。舅歿,喪葬盡禮。守節十七年。

屠京周妻吳氏　　婚五載夫亡,止一女,以夫弟幹臣之子歷亭爲嗣。年六十一,抱疾不服藥而卒。

蔣文斌妻郁氏　　二十五歲夫亡,撫三歲孤佩玉成立。年五十九。

朱德明妻許氏　　二十七歲夫亡,以夫從子學文爲嗣。守節五十三年。

監生嚴敬周妻張氏　　二十歲歸嚴。夫游幕粵西,卒。其僕奔訃至,曰:"主人囊中只百金,歸旅櫬則無以贍家,奈何?"張聞言,痛絕,復甦,曰:"忍顧贍家而使旅魂漂泊乎?"立遣僕赴粵扶柩回里安厝焉。時張三十歲,撫子游庠。守節三十七年。

生員楊德洪妻陳氏　　二十歲夫亡,守節五十八年。

朱方正妻王氏　　二十八歲夫亡,撫夫從子文煜爲後。守節四十九年。

林鎬豐妻沈氏　　二十五歲婚,兩月夫亡。撫嗣子,循訓逾於己出。年六十二。

項九思妻岳氏　　二十四歲夫亡,無子,紡績以給。年七十八。

生員諸應樞妻張氏　　二十二歲夫亡,守節二十餘年。學使錢給"苦節幽光"額。

姚恩宇妻俞氏　　二十八歲寡,撫幼孤成立。邑令魯給"節勁松筠"額,邑令于給"皓首完貞"額。年近七十。

楊建侯妻徐氏　　二十五歲夫亡,撫夫從子玉珍爲嗣。年七十八。

沈鳴岐妻王氏　　二十七歲夫亡,撫夫從子綏福。守節四十三年。

李禹傳妻陶氏　　三十歲夫亡,撫孤世俊成立。守節四十六年。

沈學汾妻陳氏　　二十三歲婚,二月夫亡,欲以身殉,舅姑勸止。立夫從子樞爲後。年六十一。

監生殳仁山繼妻徐氏,浩妻盛氏　　徐十九歲夫亡,五日不食。立夫之從子浩爲嗣,入泮後忽自縊。浩妻盛氏年二十三寡,亦無子。婦姑相依紡績以給,年六十九。

監生王宀東妻陳氏　　二十二歲夫亡,撫孤羽達僅二歲。守節三十四年。

監生沈三奇妻王氏　　二十一歲夫亡,撫嗣子誠爲諸生。至八十二卒。

生員姚維新妻馮氏　　二十九歲夫亡,守節五十二年。

汪奉易妻邵氏　　二十二歲夫亡。家貧,爲女塾師以奉翁及少姑。撫從子承謨爲嗣。守節二十年。

黃虞庠妻朱氏　　朱丕裁女,歸黃。貧甚,竭力治舅姑喪。年二十三夫客死如皋,無子女,丕載又無後,乃依從兄振振以居,與嫂甚睦,終身如一日。守節三十年。

金武功妻沈氏,貞文妻嚴氏,恒宰妻計氏,漢三妻范氏　　四人,妯娌也。沈,十九歲夫亡,遺孤又殤,繼從子士熺爲後。嚴,二十一寡。計,三十一寡。范,三十五寡。一門四節,詳陳梓《傳》。

朱德敘妻麗氏　　夫亡後,姑楊患疾,麗刲股以瘳。楊年九十六,麗年七十五。楊以守節邀旌典,麗以年例格於制云。

沈九鵬妾申氏　　嫡室葉氏無出,早死。九鵬歿,申年二十五。子昭融,茹荼撫之。守節三十年。

生員盛支犖妻馬氏　　二十八歲夫亡,撫教子女,備極荼苦。守節四十七年。盛本名族,咸奉節母爲女宗云。

沈廣涵妻項氏　　二十九歲夫亡,痛欲自刎,媵婢陸氏見而解之。陸時二十三歲,堅志不字,佐項支持門戶。項年六十一,陸年五十二。

葛文煒妻黃氏　　二十五歲夫亡,無子,歸依母家守節。年七十八。

沈嘉隆妻余氏　　二十九歲夫亡,養姑以孝聞。有一女,適生員楊炯。姑歿,依棲壻家。壻歿,抑鬱成疾。年五十七。

生員陳孝本妻沈氏　婚二載夫亡,遺腹子愛聰,甫婚又歿,飲泣成疾。守節二十五年。

生員沈在田妻趙氏　二十五歲夫亡,撫孤廷元成立。守節三十三年。

生員葉元栻妻沈氏　二十二歲婚,未币歲寡。遺腹生子渭璞,又殀。撫嗣子渭瓊成立。年六十五。

裴孝若妻魏氏　二十九歲夫亡,無子。年六十八。

舉人王廷樹妻徐氏　二十三歲夫亡,無子,依夫兄之子終老。年六十九。

沈南容妻嚴氏　十六歲適沈,未二載夫亡,無子,誓不欲生,親黨勸慰乃止,守節數十年。詳吳蔣源《傳》。

生員沈時俊妻李氏　李元繡女。幼爲養媳,二十五歲夫亡。遺孤孝則甫四歲,及長,力學飭行,補邑庠生。姑李氏早寡。兩世孀居,里黨欽敬。年六十七。

監生陳時夏妻朱氏　二十九歲夫亡,子承勳夫婦相繼歿,朱備歷艱辛。年七十。

戚元齡妻葉氏　二十八歲夫亡,孝事孀姑,撫嗣子爾康成立。守節三十年。

周茂如妻譚氏　二十九歲夫亡,奉翁姑盡孝,撫孤芑豐成立。年六十四。

張斗南妻李氏,士昌妻唐氏　李二十四歲夫亡。子士昌娶婦唐氏,二十六歲寡,無子。撫從子若瀛爲嗣。李守節六十六年。唐旌年七十二。

楊立成妻高氏　二十九歲婚,三十六夫亡。撫孤廷元,至三十八卒。學使周給"冰操勵節"額表之。

陳應桂妻董氏　婚甫兩月夫亡,事舅姑以孝著。年二十九。

文運泰妻陶氏　二十三歲夫亡,遺腹生女。寒暑紡績,孝養翁姑。撫夫從子士秀。守節五十四年。

戴廷銓妻陳氏　二十六歲夫亡,子尚未週,辛勤撫育。年五十三。

曹願學妻汪氏　夫以母病割股,創痛而亡。臨歿,屬汪孝事翁姑。汪克承夫志,守節數十年。

金起鳳妻江氏　二十九歲夫亡,拮據殯殮,撫立遺孤。年五十一。

生員朱史黯妻黃氏　二十七歲夫亡。家素貧,與夫嫂周氏矢志守節至五十七年。

舉人呂璋妻曹氏　二十六歲夫亡,痛不欲生,舅姑勸慰之。訓課嗣子壽毅讀書成立。年五十四。

監生張起英妻王氏　二十三歲夫亡,守節至六十五卒。

沈南皋妻韓氏　二十八歲夫亡,守節三十七年。

朱雲龍妻葛氏　二十六歲夫亡,守節三十八年。

葛之棟妻陳氏　三十歲夫亡,守節三十六年。

監生葛瀾妻張氏　二十九歲夫亡,守節四十九年。

杜雲鶴妻錢氏　二十四歲夫亡,守節四十六年。

杜雲鵠妻曹氏　二十二歲夫亡,守節四十九年。

貢生吳宛愚妻王氏　二十八歲婚,夫病革,王割股爲肉糜以進,卒不起。守節四十年。

生員曹泰階妻朱氏　三十歲夫亡,撫孤嘉樹爲諸生。年六十二。

生員楊以枸妻沈氏　十九歲適楊,二十一夫亡,撫育孤子。年四十一。

生員陳崔燦繼妻沈氏　二十五歲夫亡,家貧,無子,茹茶自矢。年三十九。

生員張孝治繼妻陳氏　二十四歲夫亡,守節十七年。

朱應桃妻陳氏　二十五歲夫亡,家貧,鍼黹自給。撫從子景曾爲嗣。年八十四。

朱文槵妻王氏　二十九歲夫亡,守節五十一年。

生員錢皋陳妻譚氏　二十七歲夫亡,撫從子善連爲嗣。至八十四卒。

朱三多妻王氏　二十六歲夫亡,守節二十七年。

徐蒼佩妻尹氏　二十五歲夫亡,遺一子甫二齡。家貧,翁姑年老,頗盡孝養。子長娶婦,生孫鼎臣,克守先業。守節五十四年。

譚好君妻吳氏　新安吳清臣女。二十七歲夫亡,守節四十九年。

錢鈞妻譚氏　十六歲婚,二十六日夫亡,守節二十一年。

董榕妻潘氏　十九歲夫亡,無子,孝養翁姑。至五十五卒。

陳濤妻高氏　二十歲婚。二十五夫亡,無子,奉侍孀姑以孝聞。

馬汝煌繼妻朱氏　二十三歲夫亡,撫前子女,恩勤備至。翁姑年老,朱率女操作以給薪水。年五十。

葉廷璋妻李氏　二十四歲婚,夫瘵病危,李晝侍湯藥,夜與姑同寢。閱九月夫亡,奉姑甚孝。年五十四。

朱學宗妻張氏,蒼舒妻董氏　張二十八歲夫亡,孝事翁姑,撫孤蒼舒,長娶董氏,二十八亦寡。張年七十三,董旌年七十八,稱雙節。

沈廣遠妻張氏　二十九歲夫亡。家貧,以絡絲爲活,足不踰戶。撫二歲孤再安成立。年六十一。

監生婁槐堂妻屠氏　二十二歲夫亡,無子。孝事老姑,擇立繼嗣,克全家業。年四十九。

胡大基妻王氏　十八歲適吳,半載夫亡,守節四十年。

監生婁寯妾劉氏　二十七歲寯亡,與嫡沈氏撫孤成立。守節六十五年。

贈知縣虞輪初妻張氏　三十三歲夫亡,子翰胰、捷文俱早殁。撫幼子士煌成立。守節十八年,卒,贈孺人。

卜舜明妻張氏　二十七歲夫亡,無子。翁姑年老,奉事甚孝,撫嗣子南池。至九十五卒。

張思仁妻龔氏　十九歲夫亡,翁年老臥病,孝養備至。年七十五。

錢滄洲妻朱氏　二十四歲夫亡,守節五十年。

監生許景文妻沈氏　二十二歲夫亡,遺腹子又殤。乃晝夜紡績,以事翁姑。年七十九。

王國玉妻莊氏　二十三歲夫亡,莊方懷姙,哀慟幾絕。時舅姑已殁,戚族議令改適,莊甘心窮餓,撫遺腹子傳郎。至五十五卒。

劉敬宇妻范氏　二十八歲夫亡,守節五十三年。

沈起鳳妻葛氏　二十九歲夫亡。家貧,悉鬻簪珥以殮。遺孤曰瑚甫七歲,日夜勤女紅以供修脯。迨曰瑚入泮,葛年已五十,猶操作不倦。年七十三。

沈繼采繼妻金氏　三十一歲婚,踰五載夫亡,荊釵裙布,以終其身。

曹志宏妻李氏　二十五歲夫亡,撫孤應泰成立,守節五十八年。

張兆梧妻王氏　二十一歲夫亡,守節四十七年。其事亦詳《清河節孝詩》。

李珩妻连氏　十五歲婚,一載夫亡,撫遺腹子大豫成立。年七十一。

載孚遠妻周氏　二十一歲婚,三載夫亡,守節。年五十六。

黃宇寧妻錢氏　二十五歲夫亡,守節五十六年。

陸行三妻鮑氏　二十三歲夫亡,守節六十年。

周嘉樹妻姚氏　二十四歲夫亡,守節三十八年。

周維隆妻唐氏　二十歲夫亡,守節三十七年。

杜於年妻徐氏　二十二歲夫亡,守節五十二年。

沈榮權妻鄭氏　鄭爲梅里舊族,適沈後,孝事翁姑。尋夫亡,縞衣茹素,以終其身。

林鍾芳妻顧氏,受書妻吳氏　顧二十九歲夫亡,撫孤受書,長娶吳氏,婚甫十四月寡,時吳二十五歲,子其恕生甫三月。家無一椽,吳依樓母家,因迎養媚姑,侍奉甚謹。顧年六十五,吳年五十八。

吳士英妻沈氏　二十九歲夫亡,撫孤祚蘅成立。年七十三。

監生張孝惠妻鍾氏　二十六歲夫亡,撫孤成立,旌年五十三。

葉玉音妻倪氏,錫臻妻某氏　倪二十三歲夫亡,太翁年九旬,媚姑年逾五旬,倪奉事克盡婦道。未幾疊遭喪事,竭力營殯葬。長孤錫臻早世,又借其婦撫孫浩成立。年六十二。

鈕永錫妻顧氏　二十歲夫亡,自經數次,俱以救免。年六十八。

楊維嶽繼妻金氏　二十八歲夫亡,事姑以孝,操作勤儉,終其身。

沈貢梁妻姚氏　二十歲適沈,甫十月夫亡,無子。姚屢求死,其母止之曰:"汝夫爲大宗,擇夫弟之子爲繼,俾汝祖姑陸孺人守貞一世,不致春秋廢祀可也。"姚乃撫夫從子源,教養兼備。年五十。

項炳業妻孫氏　二十九歲夫亡,遺孤念劬甫二齡,撫育成立,年七十六。

蔣文彬妻郁氏　二十五歲夫亡,孝事翁姑,撫孤成立。年五十九。

章瑞和妻張氏　二十三歲夫亡,家貧,無子。年八十。

李象鼎繼妻陳氏　二十九歲夫亡,撫一子一女,紡績以給。年七十三。

朱德潤妻沈氏,妾楊氏;丕讓妻沈氏,振新妻顧氏　沈二十六歲夫亡,妾楊氏二十二歲,同撫孤子丕讓。丕讓娶妻沈氏,亦二十六寡,撫子振新。振新妻顧氏,二十七又寡。三世重嫠,沈與楊俱苦守節四十餘年,沈守節二十一年,顧守節三十五年。

張大衡妻謝氏　二十歲適張,六月夫亡。遺腹生子,又殀。姑病,勉供湯藥。翁姑相繼歿,營喪葬畢,歸依母家,孝養父母。年七十七。

朱文秀妻倪氏　二十二歲夫亡,撫遺腹子安國成立。年七十八。

趙順元妻陸氏　二十八歲夫亡,守節十九年。

姚愷三妻周氏　二十四歲夫亡,撫孤振初成立。守節四十二年。

沈芳恒繼妻楊氏　二十四歲夫亡,撫遺腹子貢九成立。年七十九。

褚維駢妻姚氏　二十九歲夫亡,無子,守節三十三年。

沈祥龍妻萬氏　二十八歲夫亡,事太姑及翁姑俱盡孝養。歿後,殯殮如禮。守節三十八年。

沈映熹妻徐氏　十九歲婚,甫百日夫亡,即閉戶自經,以姑救免。守節三十八年。

沈鴻元妻蕭氏　二十歲夫亡,撫遺腹子紀宗成立。年六十二。

徐溶妻陸氏　五龍坊人。十九歲婚,六載夫亡,撫嗣子椿成立。守節三十一年。

監生陶傳忠妻石氏　二十七歲夫亡,矢志撫孤。守節四十六年。

姚星堂妻蘇氏　海鹽蘇正希女。二十二歲婚,五載夫亡,守節十六年。

易聖來妻嚴氏　婚九月夫亡,翁姑歿,竭力營葬畢,依母家度日,以苦節終。

韓程氏　夫早亡,撫嗣子錦塘,守節五十餘年。

項體仁妻張氏　二十七歲夫亡,守節五十年。

汪秉忠妻張氏　二十四歲寡,子升卿方五齡,鞠育成立。事舅姑極孝,一生勤儉,布衣椎髻者三十年。

沈士昌妻葉氏　二十一歲夫亡,子殀,孝事翁姑,守節三十七年。

鍾殿明妻張氏　二十四歲夫亡,守節五十四年。

生員錢念茲妻譚氏　二十七歲夫亡,守節五十七年。

胡洪妻濮氏　二十四歲夫亡,勤紡績,孝養翁姑,撫孤栅成立。年五十二。

李濟川妻沈氏　三十歲夫亡,家貧,無子,紡績度日。年七十五。

陳子禹妻郁氏,廷相妻淩氏,大猷妻錢氏　郁二十九歲夫亡。撫孤廷相,長娶淩氏,二十五亦寡。撫六齡孤大猷成立,淩與郁俱年四十。大猷妻錢氏名淑貞,二十六又寡。貧甚,僦屋以居,日夜紡績,教子世美業醫。守節三十六年。鈕之斑有《錢節母傳》。

鄭雅君妻徐氏,梓妻潘氏　徐二十六歲夫亡,遺孤梓甫三齡,督責讀書,不稍姑息。長娶潘氏,三載而寡,同矢苦節。徐旌年五十四。

卜文豹妾湯氏　二十四歲文豹亡,子維鼎甫半載,湯痛哭絕粒者數日,嫡陸氏勸慰之,乃撫孤成立。年七十二。

監生唐永清繼妻沈氏　二十九歲夫亡,教子詩、謨,俱爲諸生。子誥,前妻所出,嗣爲夫弟後,沈亦撫訓之,得游庠。人稱令母。守節三十年。

徐有明妻林氏　二十八歲夫亡,撫孤元榮成立。年七十七。

徐天衡妻陳氏　二十九歲夫亡,守節五十七年。

項之桂妻陳氏　二十五歲婚,三載夫亡,痛不欲生。絕粒累日,姑居氏泣諭之,乃進饘粥。孝事其姑,姑歿,殯葬如禮。守節三十五年。

李萬春妻金氏　二十七歲夫亡,守節四十四年。

李茂春妻沈氏　十九歲夫亡,守節六十四年。

董世魁妻柴氏　二十七歲夫亡,家貧,撫嗣子元相,矢志苦守。旌年八十七。

周嵩高妻楊氏　二十九歲夫亡,旌年八十三。

高光祖妻張氏　二十五歲夫亡,撫孤成立。及長娶婦,生三孫,而子婦俱歿。艱苦備嘗。旌年八十三。

孫錦妻張氏　二十七歲夫亡,苦貧,無子,事翁姑盡孝。旌年八十。

戴黃中妻徐氏　二十七歲夫亡,旌年八十。

王志海妻王氏　二十九歲夫亡,無子,紡績膳姑。姑歿,拮据殯葬。旌年八十。

張源潚妻管氏　二十九歲夫亡,事姑盡孝。撫二孤楷、模成立。楷爲世父源洪後,仍服賈,事母管。旌年七十九。

潘良賢妻朱氏　十九歲夫亡,旌年七十九。

殳國賢妻山氏　二十四歲寡,家貧,鬻簪珥爲喪資。孤三齡以痘殤,撫夫從子鴻文爲後。旌年七十七。

曹建明妻朱氏　二十七歲夫亡,遺孤元塏甫七歲,撫訓有成。旌年七十七。

朱石林妻張氏　二十九歲夫亡,撫遺孤備嘗艱苦。旌年七十七。

陶斌妻卜氏　二十六歲夫亡,旌年七十七。

監生王惠保妻徐氏　二十七歲婚,甫一載夫亡,孝奉老姑,撫嗣子聖啟成立。旌年七十五。

莊文昌妻張氏　二十歲夫亡,無子。家極貧,勤紡績以給薪水。旌年七十五。

舉人朱炤妻周氏　二十九歲夫亡,事翁姑盡孝,撫孤有成。旌年七十五。

王卓其妻吳氏　二十九歲夫亡,撫從子應芳如己出。旌年七十四。

王勝良妻郁氏　二十二歲夫亡,侍奉翁姑,始終盡孝。遺腹子明遠將成立而殀,貧苦無依,藉女紅以給。旌年七十三。

王炳章妻吳氏　二十二歲夫亡,孝事翁姑。旌年七十三。

陳蔚文妻楊氏　二十五歲夫亡,無子。撫二幼女,嫁後相繼歿。楊益孤苦,因歸母家守志。日勤女紅,爲舅姑及夫葬資。旌年七十三。

沈學洪妻高氏　二十五歲夫亡，撫夫從子枚爲後，又殤於痘。家貧，紡績養姑，咸以孝稱。旌年七十三。

倪良玉妻吳氏　二十六歲夫亡，旌年七十二。

俞寶文繼妻顧氏　二十八歲夫亡，撫前子鏊及己子鈺，恩勤備至。事邁姑極孝敬。旌年七十二。

生員高蘭枝妻張氏　二十七歲夫亡，旌年七十一。

朱篔妻吳氏　十八歲適朱。夫以力學致疾而亡，時吳二十一歲，方懷娠，戚族勸勿死殉。尋生子贊，嚴切督課，早游庠。旌年七十一。

生員顧熊妻錢氏　二十七歲夫亡，旌年七十一。

監生潘士璜妻謝氏　二十五歲夫亡，止一女，撫族子承宗爲嗣。旌年七十一。

章其德妻陸氏　二十八歲夫亡，旌年七十一。

黃星源妻陳氏　二十七歲夫亡，旌年七十。

卜純錫妻沈氏　二十五歲夫亡，姑老子幼，紡織自給。旌年六十八。

周蒼中妻丁氏　二十四歲夫亡，生子咏奇僅五月，日夜辛勤撫育成立。旌年六十八。

金鳳輝妻朱氏　二十八歲夫亡，無子，煢煢孑立。旌年六十八。

鍾明三妻金氏　二十八歲夫亡，撫從子爲嗣。旌年六十八。

曹續祖妻宋氏　十九歲婚，五月夫亡，無子。姑病痢，侍奉二旬，晝夜不稍息。及歿，哀敬盡禮。旌年六十八歲。

生員蔡謙妻胡氏　二十九歲夫亡，矢志撫孤。旌年六十七。

鍾宗祺妻褚氏　王江涇人。二十五歲夫亡，旌年六十七。

朱國興妻張氏　二十七歲夫亡，旌年六十六。

高庭椿妻李氏　二十九歲夫亡，旌年六十六。

沈祥龍妻萬氏　二十八歲夫亡，事太姑及翁姑俱盡孝。旌年六十六。

蔣樹德妻計氏　二十九歲夫亡，無子，撫嗣子夢熊，恩勤備至。旌年六十六。

吳府修妻沈氏　二十二歲夫亡，家貧，無子。翁姑先歿，撫兩幼叔成立。旌年六十五。

王玉汝妻朱氏　十七歲夫亡，旌年六十五。

張祥發繼妻竇氏　三十歲夫亡，旌年六十四。

屠士泰妻畢氏　二十五歲夫亡，無子，甘守貧乏。旌年六十四。

汪聖麟妻徐氏　二十七歲夫亡。生一女，適葉鳴山，亦寡，貞操類其母。旌年六十三。

葉鳴山妻汪氏　二十七歲夫亡，守節。

姚光夏妻王氏　二十九歲夫亡，旌年六十二。

朱錦璉妻郁氏　二十五歲夫亡，撫孤沛成立。旌年六十二。

朱安國妻徐氏　二十九歲夫亡，遺孤壽麟未週歲。家貧，紡織以養孀姑。撫孤子。姑歿，拮據喪葬。旌年六十二。

張廷良妻朱氏，士發妻某氏　朱二十七歲夫亡，子士發又殀。朱偕其婦矢志。旌年六十一。

金仁遠妻郁氏　二十四歲夫亡，旌年六十一。

生員唐濰妻趙氏　二十九歲夫亡，撫孤榦、槼、模，俱成立。旌年六十一。

蔡宙妻朱氏　二十五歲夫亡，旌年六十。

顏樹本妻金氏，樹德妻于氏　二氏，姒娌也。金二十一歲夫亡，甘守苦節。于二十四歲婚，數月夫亡，與金紡績度日。金旌年六十,于旌年五十五。

徐達三妻王氏 二十九歲夫亡,旌年六十。

吴士元妻高氏 二十九歲夫亡,誓以死殉,以姑在堂,勉進飲食。撫嗣子信之成立。旌年六十。

生員朱焕曾妻陳氏 二十九歲夫亡,無子。旌年五十九。

范源妻盛氏 二十八歲夫亡,撫遺腹子嗣昌,教養成立。旌年五十九。

顧有章妻趙氏 二十八歲夫亡,遺孤尚幼,翁姑皆年老,趙獨支持門户,不辭勞瘁。旌年五十九。

生員馬光祖妻葉氏 二十八歲夫亡,旌年五十九。

監生龔昌德繼妻吴氏 二十七歲夫亡,紡績自給。旌年五十八。

魏珍國妻孟氏 二十六歲夫亡,旌年五十八。

周岷源妻王氏 十九歲夫亡,旌年五十七。

顧榮秀繼妻朱氏 十九歲夫亡,誓以死殉,戚族勸慰之,乃止。旌年五十七。

費世琦妻鈕氏 二十二歲夫亡,旌年五十七。

談印雷妻蔣氏 二十四歲夫亡,旌年五十七。

章有春妻李氏 二十六歲夫亡,敬事衰姑,喪葬盡禮。旌年五十七。

生員張斐然妻方氏 二十七歲夫亡,撫二孤成立。旌年五十六。

裘南揚妻杜氏 二十三歲夫亡,旌年五十六。

生員倪秉義妻趙氏 二十四歲夫亡,孝事孀姑。旌年五十六。

潘相宜妻朱氏,鈞繼妻江氏 朱二十四歲夫亡,子鈞甫週歲,長娶黄氏,早卒;繼娶江氏,三十而寡。無子,朱上事衰翁,下慰寡媳,荼苦萬狀。旌年五十六。

盛百窩妻金氏 十三歲夫感痼症,客死於外。金依孀姑,紡績相守。旌年五十四。

江安麒妻錢氏 二十四歲夫亡,家貧,鍼黹度日。撫三歲孤成立。旌年五十四。

秦步瀛妻朱氏 二十一歲夫亡,旌年五十四。

徐悦堂妻王氏 二十八歲夫亡,旌年五十三。

章美中妻沈氏 二十七歲夫亡,旌年五十二。

陸開元妻沈氏 二十四歲夫亡,無子,奉姑盡孝。旌年五十二。

監生陳錫瓚妻王氏 二十五歲夫亡,以夫兄鍈次子瀣爲嗣,事翁姑盡孝。旌年五十二。

吴文博妻姚氏 二十二歲夫亡,孝事翁姑,撫嗣子成立。旌年五十二。

生員徐南洲妻沈氏 二十七歲夫亡,課孤錫疇讀書,事姑至孝。旌年五十二。

辜爲光妻邵氏 二十七歲夫亡,欲絶粒以殉。翁姑勸止,乃强起。撫二孤,長鳳威,爲諸生。旌年五十二。

徐寶珩妻戚氏 二十五歲夫亡,旌年五十一。

張天佑妻胡氏 十九歲夫亡,無子,日夜操作,營葬翁姑。依弟汝霖守節。旌年五十一。

陳涵錡妻范氏 二十歲夫亡,撫幼孤邵漣成立。孝事孀姑,喪葬盡禮。旌年五十一。

姚黄妻胡氏 二十九歲夫亡,無子,立從子爲夫後。旌年五十。

王岷來妻曾氏 二十九歲夫亡,茹荼矢志。旌年五十。

熊士良妻嚴氏 二十三歲夫亡,撫孤學中。旌年五十。

馬炳妻施氏 十九歲婚,半載夫亡,旌年四十九。

王家珍妻陳氏 二十二歲夫亡,旌年四十八。

監生戴鏞妻莊氏　二十七歲夫亡，遺孤松鶴年十七而殀。莊慟絕復甦者再，戚黨交慰之，乃爲之立嗣。旌年四十八。

楊玉崑妻周氏　二十一歲夫亡，奉鏊姑，克盡孝養。旌年四十八。

沈永芳妻王氏　十八歲婚，閱五月夫亡，遺腹生子，教養兼勞。事繼姑以孝聞。旌年四十五。

李紹琴妻陶氏　十七歲婚，五十日夫亡。夫弟甫九齡，翁姑命陶撫之，長爲之授室，小姑適某，亦歿，遺甥甫百日，吳爲鞠育，亦殫心力。旌年四十四。

沈景廬妾周氏　二十三歲景廬歿，旌年六十五。

監生蔣奇錩妾陸氏　二十五歲奇錩歿，旌年六十一。

監生萬壽朋妾龔氏　二十五歲壽朋歿，旌年六十。

職員朱浦妾楊氏　二十二歲浦亡，無子。有謀奪其志者，楊覺，自投蘭玉灣，漁人救之。旌年五十八。

朱耀曾妻吳氏　二十九歲夫亡，守節。

卜德維妾金氏　二十歲德維歿，撫三歲孤成立。旌年五十。

錢柳亭妾沈氏　二十二歲歸錢，數月柳亭歿，矢志不二。旌年四十八。

知縣沈疇初妾樊氏　十七歲疇初歿於任所，樊事嫡金惟謹。旌年四十二。

浦維則妻薛氏　二十八歲夫亡，無子，撫夫弟長子爲嗣。事姑盡孝。旌年六十九。

楊必達妻戴氏　二十六歲夫亡，旌年五十七。

吳寶賢妻莊氏　二十六歲夫亡，遺女五月。翁姑逾七旬，生養死葬，皆盡禮。夫弟大中六歲，撫之，長娶妻生子爲嗣。守節四十九年。

周鼎鑑妻姚氏　二十一歲夫亡，孝事舅姑，撫夫從子涵爲嗣，入邑庠。旌年五十。

儒童章介安妻顧氏　二十七歲夫亡，孝事翁姑，持家勤儉。遺孤甫三齡，患痘，危甚，氏百計調治，撫之成立。尋因憂勞血阻成癥。晚年得鸞示云，每晨念唵嘛呢叭咪吽，至百日果愈。年六十三。　以上伊《志》。

嘉興府志卷七十一

〔列女八〕

列女節婦

秀水縣下

李文木妻郁氏　　二十八歲夫亡,撫孤。守節六十二年。

生員梅定坤妻陸氏　　二十九歲夫亡,撫孤。守節三十年。

錢元福妻沈氏　　二十八歲夫亡,孝事翁姑,撫孤成立。守節二十六年。

陶萬箱妻陶氏　　二十八歲夫亡,撫孤。守節五十二年。　　以上嘉慶七年旌。

周鼎鑒妻姚氏　　二十一歲夫亡,孝事舅姑,撫夫從子涵爲嗣,入邑庠。守節二十九年。

江鳳起妻朱氏　　二十七歲夫亡,守節三十年。

楊主緘妻姚氏　　十九歲夫亡,守節三十四年。

韓敘蒼妻朱氏　　二十四歲夫亡,慟絕復蘇者再。守節三十五年。

生員張在茲妻李氏　　十八歲夫亡,撫嗣。守節三十年。　　以上嘉慶八年旌。

徐起豐妻仲氏　　二十九歲夫亡,撫孤,守節三十一年。

方體乾妻徐氏,邱大椿繼妻姚氏　　二十一歲夫亡,撫嗣。守節三十一年。

沈銘禮妾張氏　　二十六歲銘禮亡,撫孤。守節三十年。

顧錦城妻胡氏　　二十八歲夫亡,守節三十二年。

岳含中妻王氏　　二十八歲夫亡,撫孤,守節三十二年。　　以上嘉慶九年旌。

陳統緒妻沈氏　　二十六歲夫亡,守節二十九年。

王效維妻杜氏　　十九歲夫亡,撫嗣。守節十七年。

李仁端繼妻胡氏　　以上嘉慶十年旌。

沈在元妻顧氏　　二十歲夫亡,孝事翁姑。守節三十一年。

殳溶川妻錢氏　　二十二歲夫亡,守節四十一年。

錢世祥妻張氏　　二十八歲夫亡,守節三十七年。　　以上嘉慶十一年旌。

陳起鶯妻朱氏　　二十六歲夫亡,撫孤。守節三十二年。

陳涵錡妻范氏　　二十歲夫亡,撫孤成立。守節三十四年。

費瑞昭妻陸氏　　二十一歲夫亡,守節三十七年。

范金妻史氏　　十九歲夫亡,守節三十七年。

楊天章妻董氏　　二十一歲夫亡,事姑盡孝。守節四十九年。

主事李大恒妻黃氏　　二十九歲夫亡,撫孤成立。守節三十年。

陸明揚妻俞氏　　二十五歲夫亡,撫孤。守節三十七年。

楊文榮妻邱氏　　二十二歲夫亡，撫孤。守節六十年。

陳肇林妻張氏　　以上嘉慶十二年旌。

盛學海妻沈氏　　二十七歲夫亡，敬事翁姑。守節六十四年。

吳士英妻沈氏　　二十九歲夫亡，守節四十四年。

張加瑶妻陸氏　　二十八歲夫亡，撫嗣。守節三十七年。

裘南暘繼妻杜氏　　二十七歲夫亡，撫孤，守節四十二年。

周晴妻沈氏

生員徐觀光繼妻沈氏　　二十八歲夫亡，撫孤。守節三十二年。　　以上嘉慶十三年旌。

周鑑民妾王氏　　二十六歲鑑民亡，守節五十年。

周大賚妻計氏　　十九歲夫亡，守節五十三年。

吳紹曾妻陸氏　　十七歲夫亡，撫孤。守節三十五年。

朱南陽妻王氏　　二十一歲夫亡，撫孤。守節三十一年。

潘聲木妻周氏　　二十一歲夫亡，守節三十二年。　　以上嘉慶十四年旌。

沈傳英妻周氏

監生沈嗣昌妻楊氏　　二十六歲夫亡，撫嗣。守節三十七年。

生員朱泰妻懷氏　　二十三歲夫亡，撫孤。守節十八年。

生員梅定埈繼妻丁氏　　三十歲夫亡，撫孤。守節三十一年。

沈世勳妻何氏　　二十二歲夫亡撫孤，守節四十五年。

沈文蘢妻李氏　　以上嘉慶十五年旌。

沈廷懷妻沈氏　　二十九歲夫亡，守節三十九年。

曹端伯妻路氏　　二十五歲夫亡，撫嗣。守節三十年。

生員汪源妻淩氏　　二十八歲夫亡，撫孤。守節二十一年。

廩生汪大椿妻陸氏　　二十一歲夫亡，撫孤。守節三十年。

錢嵩妻張氏　　二十九歲夫亡，撫孤。守節三十八年。

陳起禎妾劉氏　　二十八歲起禎亡，撫孤。守節三十五年。

沈疏達妻張氏　　十九歲夫亡，孝事翁姑，撫遺腹子成立。守節三十二年。

陸洪聲妻仲氏　　二十八歲夫亡，撫孤。守節二十九年。

岳世隆妻嚴氏　　婚二載夫亡，撫孤，孝侍邁姑。守節六十年。

監生沈廷柱妻張氏　　二十九歲夫亡，撫孤。守節三十一年。　　以上嘉慶十六年旌。

楊士芳妻阮氏　　十八歲夫亡，孝事翁姑。守節五十一年。

張鈞隆繼妻楊氏，源達妻馬氏　　楊二十九歲寡，以姪源達爲嗣，娶媳馬氏，越六年又寡，姑媳相依。楊守節二十八年，馬守節三十一年。

沈惠芳妻徐氏　　二十六歲夫亡，撫孤。守節四十五年。以上嘉慶十七年旌。

仇鳴玉妻王氏　　二十六歲夫亡，守節三十八年。

監生朱溥妻淩氏　　二十九歲夫亡，撫孤。守節二十八年。

沈九成妻婁氏　　十九歲夫亡，撫孤。守節五十三年。

沈洪元妻張氏　　二十七歲夫亡，撫孤。守節二十七年。

金遠聲妻董氏　　二十九歲夫亡,撫孤。守節三十七年。

張振凡妻徐氏　　二十四歲夫亡,撫孤。守節五十年。

國學生卞景元妻吳氏　　二十六歲夫亡,撫孤。守節五十年。

余寶穀妻岳氏　　二十九歲夫亡,撫孤。守節二十三年。

仲國英繼妻郁氏　　二十七歲夫亡,撫孤。守節三十一年。

陳廷和妻錢氏　　二十九歲夫亡,撫孤。守節三十八年。　　以上嘉慶十八年旌。

呂佐齡妻金氏　　二十五歲夫亡,守節三十七年。　　嘉慶十九年旌。

馬嘉綸妾嚴氏　　二十四歲嘉綸亡,撫孤。守節四十七年。

毛秉忠妻彭氏　　二十八歲夫亡,撫孤。守節四十七年。

袁鳴臯妻俞氏　　二十八歲夫亡,撫孤。守節二十三年。

沈振模妻周氏　　三十歲夫亡,撫嗣。守節二十一年。

生員屠潮妻朱氏　　二十九歲夫亡,守節三十年。

王巨川妻江氏　　二十九歲夫亡,撫孤。守節三十九年。

顧文英妻張氏　　二十歲夫亡,守節七十一年。

戴長發妻徐氏　　二十七歲夫亡,撫孤。守節五十一年。

監生項振緒妻洪氏　　二十九歲夫亡,撫孤。守節四十年。

監生陳銀海妻高氏　　二十歲夫亡,事姑。守節二十二年。

吳心怙妻沈氏　　二十一歲夫亡,教子入庠。守節二十二年。

潘勳妻高氏　　以上嘉慶二十年旌。

李聲遠妻朱氏　　二十九歲夫亡,孝事翁姑。守節二十一年。

顧隆舒繼妻沈氏　　三十歲夫亡,撫孤。守節三十二年。

國學生顧應中妻陳氏　　三十歲夫亡,撫嗣。守節二十二年。

唐兆麒妻何氏　　二十九歲夫亡,撫嗣。守節三十年。

黃擎安妻項氏　　三十歲夫亡,撫孤。守節四十年。

吳嘉盛妻沈氏　　二十二歲夫亡,撫嗣。守節三十七年。

胡秀文妻周氏　　二十二歲夫亡,撫嗣。守節二十年。

卜啟元妻施氏　　二十二歲夫亡,撫嗣。守節四十六年。

吳嘉賓妻吳氏　　二十八歲夫亡,撫孤。守節三十八年。

施履周妻吳氏　　二十七歲夫亡,撫孤。守節五十年。

王紹曾妻范氏　　二十八歲夫亡,撫孤。守節三十四年以上。　　嘉慶二十一年旌。

胡君發妻莫氏　　二十七歲夫亡,孝事翁姑。撫孤成立。守節三十二年。

錢廷鑑妻劉氏　　二十一歲夫亡,撫孤。守節三十年。

凌懷珍妻莊氏　　二十三歲夫亡,守節三十年。

生員項鸞妻陸氏　　十八歲夫亡,撫孤。守節三十一年。

監生陳人杰妻袁氏　　二十七歲夫亡,事翁姑盡孝,撫孤。守節四十年。

張立方妻史氏　　二十六歲夫亡,孝事翁姑,撫孫成立。守節五十九年。

張坤三妻高氏　　二十六歲夫亡,孤甫三月,撫育成立。守節四十一年。

生員方璇妾朱氏　　二十七歲璇亡,守節三十四年。

沈元賓妻韋氏　　二十三歲夫亡,守節四十一年。

王承燾妻嚴氏　　二十七歲夫亡,守節四十年。

陳永嘉妻俞氏　　二十八歲夫亡,撫孤。守節十六年。

陳立倉妻孫氏　　二十一歲夫亡,撫孤。守節五十三年。　　以上嘉慶二十二年旌。

監生許仰松妻莊氏　　二十三歲夫亡,撫孤。守節三十年。

陸嘉順妻吳氏　　二十九歲夫亡,撫孤。守節三十六年。

高玉麒妻楊氏　　二十五歲夫亡,撫嗣。守節三十七年。

楊在安妻褚氏　　二十二歲夫亡,撫孤。守節三十年。

陳惠堂妻張氏　　二十七歲夫亡,撫孤。守節二十三年。

劉浚妻俞氏　　二十九歲夫亡,守節二十三年。

陸鳳潮妻沈氏　　二十八歲夫亡,撫孤。守節五十三年。

沈德瀜妻熊氏　　二十三歲夫亡,撫孤。守節三十二年。

張正庸妻董氏　　二十二歲夫亡,撫孤。守節四十四年。

錢錦川妻沈氏　　二十九歲夫亡,撫孤。守節二十八年。

殷丹陛妻汪氏　　二十五歲夫亡,撫孤。守節二十四年。

吳終朝妻李氏　　三十歲夫亡,撫孤。守節四十六年。

徐大文妻郁氏　　二十八歲夫亡,撫孤。守節三十五年。

朱玉乾妻計氏　　二十八歲夫亡,撫孤。守節十七年。

朱玉林妻郭氏　　十九歲夫亡,撫嗣。守節三十二年。

朱天倫妻沈氏　　二十七歲夫亡,撫孤。守節二十四年。　　以上嘉慶二十三年旌。

姚乘邦妻金氏　　十七歲夫亡,撫嗣。守節六十六年。

卜德珍妻何氏　　二十九歲夫亡,撫嗣。守節四十三年。

沈耀宗妻莫氏　　二十九歲夫亡,撫嗣。守節三十二年。

張汝熊妻楊氏　　二十五歲夫亡,撫孤。守節三十一年。

諸玉禾妻陸氏　　二十三歲夫亡,撫嗣。守節五十四年。

范思孝妻陸氏　　十九歲夫亡,守節三十六年。

監生文士杰妾李氏　　二十九歲士杰亡,撫孤。守節二十八年。　　以上嘉慶二十四年旌。

吳紹庭妻石氏　　婚甫一載,夫亡。守節四十一年。

徐天禮妻張氏　　二十九歲夫亡,撫嗣。守節三十年。

吳大林繼妻洪氏　　二十一歲夫亡,撫嗣。守節三十一年。

徐籛齡妻姚氏　　二十八歲夫亡,撫孤。守節三十八年。

馮廷書妻陳氏

邵來賓妻文氏　　二十七歲夫亡,撫嗣。守節三十六年。

邵培蒼妻徐氏　　二十三歲夫亡,撫嗣。守節三十四年。

高御天妻許氏　　二十三歲夫亡,撫孤。守節三十四年。

吳上達妻鄒氏　　二十六歲夫亡,撫嗣。守節五十四年。

范塏妻王氏　二十歲夫亡,撫孤。守節十六年。

蒲廷宰妻朱氏　二十七歲夫亡,撫孤。守節三十四年。

蔡廷選妻姚氏　二十七歲夫亡,撫孤。守節四十二年。

辥厚堂妻王氏　二十三歲夫亡,撫孤。守節五十三年。

殳秉忠妻陳氏　二十八歲夫亡,撫孤。守節二十九年。

生員錢杞妻陸氏　二十三歲夫亡,撫孤。守節二十八年。

陸寶傳妻吳氏　二十七歲夫亡,撫孤。守節二十七年。

王又華妻史氏　三十歲夫亡,撫孤。守節二十五年。

陶建三妻王氏　二十五歲夫亡,守節四十五年。

職監張元素妻沈氏　二十九歲夫亡,撫孤。守節三十四年。

周殿安妻張氏　二十七歲夫亡,撫孤。守節四十二年。

楊汝琦妻董氏　二十九歲夫亡,撫嗣。守節二十六年。

徐觀臨妻陳氏　二十一歲夫亡,撫嗣。守節四十年。

慎廷陛妻趙氏　二十三歲夫亡,撫孤。守節三十年。

朱休順妻謝氏　十八歲夫亡,撫孤。守節三十一年。

周仲昭妻宋氏　二十八歲夫亡,撫嗣。守節四十一年。

紀應祖妻陸氏　二十四歲夫亡,撫孤。守節二十九年。

錢灝妻郭氏　二十四歲夫亡,撫孤。守節三十三年。

陳鳳超妻郁氏　三十歲夫亡,撫孤。守節三十三年。

周裕常繼妻姚氏　二十七歲夫亡,撫孤。守節十九年。　以上嘉慶二十五年旌。

李良載妻卜氏　二十五歲夫亡,撫孤成立。守節三十三年。

許大禮妻陳氏　二十五歲夫亡,撫孤。守節四十三年。

吳堯彩妻潘氏　二十九歲夫亡,守節二十八年。

錢御龍妻張氏　二十七歲夫亡,撫孤。守節五十九年。

蔣廷明妻陶氏　二十七歲夫亡,撫孤成立。守節四十三年。

張璧達妻宋氏　二十五歲夫亡,撫嗣。守節三十五年。

陸士相妻陶氏　二十八歲夫亡,撫孤。守節三十三年。

張煜妻周氏　二十六歲夫亡,撫孤。守節二十六年。

陶秉彝妻張氏　二十六歲夫亡,撫孤。守節二十二年。

計鴻武妻林氏　二十九歲夫亡,撫嗣。守節四十年。

龔紹榮妻施氏　三十歲夫亡,撫嗣。守節三十二年。

于廷楣妻陶氏　十八歲夫亡,撫孤。守節四十年。

金文元妻趙氏　二十五歲夫亡,撫嗣。守節十九年。

朱楷妻馬氏　二十六歲夫亡,撫嗣。守節三十一年。

張德鳳妻趙氏　二十一歲夫亡,撫孤。守節四十八年。

張德成妻莫氏　二十三歲夫亡,撫嗣。守節四十二年。

張德祥妻趙氏　二十九歲夫亡,撫孤。守節三十二年。

蔡士賢妻董氏　　二十九歲夫亡，撫孤。守節三十四年。　　以上道光元年旌。

張乾發妻俞氏，讓妻許氏　　姑媳雙節。俞二十九歲夫亡，無子，以夫兄子讓兼祧，娶婦許氏，二十五歲亦寡。許守節二十九年，俞守節五十四年。

婁珠樹妻孫氏　　二十六歲夫亡，撫孤。守節四十三年。

楊輔廷妻殳氏　　二十九歲夫亡，撫孤。守節四十四年。

太學生金孝懋妻許氏　　三十歲夫亡，撫孤。守節三十三年。

生員宋錦華妻孔氏　　二十七歲夫亡，撫嗣。守節二十四年。

張辰遠妻胡氏　　十九歲夫亡，撫嗣。守節三十七年。

朱錦連妻陸氏　　二十五歲夫亡，撫嗣。守節五十九年。

史廷松妻計氏　　二十七歲夫亡，撫嗣。守節三十一年。

徐廷玉妻姚氏　　二十四歲夫亡，撫孤。守節四十八年。

尤敘高妻袁氏　　二十九歲夫亡，撫孤。守節十八年。　　以上道光二年旌。

生員沈九鵬妻周氏　　二十五歲夫亡，守節四十四年。

魏體揆妾孫氏　　二十八歲體揆亡，撫嗣。守節三十五年。

朱尚銜妻莊氏　　二十二歲夫亡，守節三十二年。

唐儒珍妻陳氏　　二十五歲夫亡，撫嗣。守節三十六年。

吳士昌妻沈氏　　二十三歲夫亡，撫孤。守節三十二年。

舉人唐作楫繼妻朱氏　　二十七歲夫亡，撫孤。守節二十七年。

生員殷世杰妻葛氏　　三十歲夫亡，撫孤。守節二十二年。　　以上道光三年旌。

婁玉飛妻計氏　　十九歲夫亡，孝事重慈。守節四十一年。

監生楊國銓繼妻黃氏　　二十八歲夫亡，孝事翁姑，撫孤成立。守節三十九年。

龔必達妻戴氏　　二十八歲夫亡，撫孤。守節五十五年。

生員汪奉詩妻朱氏　　二十九歲夫亡，撫孤。守節三十四年。

陸傳英妻沈氏　　二十五歲夫亡，撫孤。守節四十二年。

張大方妻龔氏　　二十八歲夫亡，撫孤。守節二十九年。

蘇立齋妻朱氏　　二十四歲夫亡，撫嗣。守節四十一年。

宋瑞懷妻孫氏　　二十五歲夫亡，撫孤。守節三十七年。

顧仁和妻黃氏　　二十五歲夫亡，撫孤。守節三十七年。

周孚先繼妻吳氏　　二十四歲夫亡，撫孤。守節五十二年。

監生吳應書妻孫氏　　二十九歲夫亡，撫嗣。守節三十四年。

胡立階妻朱氏　　二十四歲夫亡，撫嗣。守節三十九年。

生員陳于廷妻勞氏　　二十九歲夫亡，撫嗣。守節四十七年。

錢瑞繼妻陳氏　　二十三歲夫亡，撫孤。守節三十一年。

陳君儀妻陶氏　　二十八歲夫亡，撫孤。守節四十年。

生員陶一元妻沈氏　　二十七歲夫亡，撫嗣。守節二十七年。

張懋昭妻張氏

沈廷楷繼妻盛氏

郭思喬妻潘氏　二十五歲夫亡，撫孤。守節二十九年。

曹壽祥妻顧氏　二十三歲夫亡，撫嗣。守節三十八年。

楊立方妻孔氏　二十九歲夫亡，撫孤。守節四十六年。　　以上道光四年旌。

卜允中妻吳氏　二十八歲夫亡，撫孤。守節三十五年。

生員吳銘妻賀氏　二十七歲夫亡，撫孤。守節三十年。

李德修妻吳氏　二十六歲夫亡，守節二十五年。

崿文培妻張氏　十九歲夫亡，撫孤。守節三十三年。

楊永傳妻吳氏　二十三歲夫亡，撫孤。守節二十六年。

沈旂表妻馬氏　二十九歲夫亡，撫孤。守節四十四年。

張廷魁妻蔣氏　二十九歲夫亡，撫孤。守節三十五年。

國學生周仁安繼妻沈氏　二十六歲夫亡，撫孤。守節二十九年。

沈映熹妻徐氏　二十一歲夫亡，守節三十七年。

周孝謙妻陳氏　二十八歲夫亡，守節三十二年。

殷鳳渚妻謝氏　二十九歲夫亡，撫孤。守節三十四年。

吳含章妻鈕氏　二十八歲夫亡，撫孤。守節二十九年。

張應元妻胡氏　二十九歲夫亡，撫孤。守節四十一年。

項慶祥妻唐氏　二十九歲夫亡，守節二十五年。

王本禮妻蘇氏　十七歲夫亡，撫孤。守節三十一年。

徐東揚妻邵氏　二十二歲夫亡，撫孤。守節三十年。

黃守廷妻嚴氏　二十九歲夫亡，撫孤。守節二十七年。

陳自高妻沈氏　二十八歲夫亡，撫孤。守節三十六年。

周忠揚妻張氏　二十五歲夫亡，守節二十八年。

胡友夒妻陳氏　二十三歲夫亡，孝事舅姑。守節三十八年。

朱泰銘妻吳氏　二十九歲夫亡，撫孤。守節三十一年。

錢廷爵妻徐氏　二十歲夫亡，事姑能盡孝。守節三十二年。

吳肯堂妻張氏　二十三歲夫亡，守節四十八年。

顧維椿妻范氏　二十八歲夫亡，孝事翁姑。守節二十四年。

屠讓三妻畢氏　二十五歲夫亡，守節四十年。　　以上道光五年旌。

李上林妻許氏　二十四歲夫亡，撫孤。守節三十四年。

朱振初妻徐氏　二十八歲夫亡，撫嗣。守節五十二年。

陳愛聰妻沈氏　二十一歲夫亡，痛絶，復蘇，數日不食，事祖姑盡孝。守節三十四年。

沈廷貴繼妻朱氏　三十歲夫亡，撫孤。守節四十三年。

秦星懷妻李氏　二十歲夫亡，守節三十七年。

汪宗聖妻鍾氏　二十五歲夫亡，撫嗣。守節二十年。

生員汪宗文妻吳氏　三十歲夫亡，撫嗣。守節十七年。

程裕昆妻周氏

廩生胡萬年妻汪氏　二十三歲夫亡，撫孤。守節三十二年。

監生邵東詹妻張氏　　二十九歲夫亡,撫孤。守節四十三年。　　以上道光六年旌。

陳天貴妻金氏　　二十九歲夫亡,孝事翁姑,撫嗣。守節三十一年。

馮爾睿妻李氏　　二十四歲夫亡,事姑克孝,撫子鼎文入泮。守節四十五年。　　以上道光七年旌。

馬文若妻潘氏　　二十五歲夫亡,撫孤。守節三十六年。

沈法生妻高氏　　十八歲夫亡,守節三十三年。

陳介眉妻周氏　　二十六歲夫亡,守節三十六年。

監生吳文瀋妻顧氏　　二十六歲夫亡,守節四十六年。

吳璜妻沈氏　　二十五歲夫亡,撫孤。守節三十年。

吳朝懷妻楊氏　　二十七歲夫亡,撫孤。守節四十四年。

生員王七襄妻錢氏　　二十七歲夫亡,哀慟幾絕,孝事翁姑。守節二十三年。

崿雨亭妻楊氏　　二十七歲夫亡,撫孤。守節二十七年。

施招發妻李氏　　二十七歲夫亡,撫孤。守節二十八年。

萬泰孚妻王氏　　二十五歲夫亡,撫孤。守節十七年。

張柏林妻姚氏　　二十六歲夫亡,撫孤。守節二十六年。

蔣國瑤妻陸氏　　二十六歲夫亡,守節二十五年。

徐盛文繼妻沈氏　　二十八歲夫亡,撫孤。守節二十六年。

陳鎬周妻曹氏　　二十一歲夫亡,撫孤。守節三十年。

蔣履成妻陸氏　　二十六歲夫亡,撫孤。守節四十三年。

楊映沖妻沈氏　　二十四歲夫亡,撫孤。守節四十一年。

金履端妻陸氏　　二十九歲夫亡,撫孤。守節二十三年。

金錚妻楊氏　　二十五歲夫亡,撫嗣。守節十二年。

范星來妻王氏　　二十九歲夫亡,撫孤。守節四十一年。

吳觀祿妻張氏　　二十九歲夫亡,撫孤。守節四十一年。

項雲程妻姚氏　　二十九歲夫亡,撫嗣。守節二十九年。

繆聖榮妻倪氏　　二十七歲夫亡,撫嗣。守節四十一年。

戴灝妻莊氏　　二十七歲夫亡,撫嗣。守節五十年。

楊世德妻張氏　　二十六歲夫亡,撫孤。守節二十四年。

常國祥妻張氏　　二十六歲夫亡,撫孤。守節三十一年。

何廷揚妻陸氏　　二十七歲夫亡,撫孤。守節三十五年。

陸維馨妻洪氏　　二十九歲夫亡,守節二十四年。

金卓人妻沈氏　　三十歲夫亡,撫嗣。守節四十五年。

黃金魁妻張氏　　二十九歲夫亡,撫孤。守節三十四年。

姜文瑞妻吳氏　　二十七歲夫亡,撫孤。守節二十七年。

李雲妻屠氏　　二十八歲夫亡,撫嗣。守節三十九年。

華世偉妻陶氏　　二十八歲夫亡,撫孤。守節四十七年。

華鏞妻黃氏　　二十九歲夫亡,撫孤。守節二十二年。

馬爾堅妻楊氏　　二十四歲夫亡,撫嗣。守節四十五年。

沈孔傳妻屠氏　　二十五歲夫亡,撫嗣。守節五十年。

沈秉良妻陸氏　　三十歲夫亡,撫嗣。守節三十四年。

王青選妻胡氏　　二十四歲夫亡,撫嗣。守節十七年。　　以上道光八年旌。

沈世紱妻李氏　　二十六歲夫亡,撫孤。守節二十三年。

顧華宗妻張氏　　二十九歲夫亡,撫孤。守節三十六年。

梅元載妻馮氏　　二十九歲夫亡,撫孤。守節三十七年。

祝學浚妻柴氏　　二十歲夫亡,撫孤。守節三十一年。

金嘉穀妻沈氏　　二十七歲夫亡,撫孤。守節三十五年。

陸根大妻姚氏　　二十九歲夫亡,孝事翁姑。守節二十七年。

辜啟濬妻仲氏　　二十九歲夫亡,孝事邁姑。守節四十一年。

生員萬邦凝妻李氏　　二十七歲夫亡,守節三十六年。

徐景符妻江氏　　二十八歲夫亡,守節十六年。

生員陸銓妻張氏　　二十六歲夫亡,守節二十八年。

傅學文妻蕭氏　　二十九歲夫亡,守節三十八年。

高鳴飛妻鄭氏　　三十歲夫亡,守節二十七年。

李于湘妻陳氏　　二十六歲夫亡,守節二十五年。

朱左槐妻辭氏　　二十五歲夫亡,守節三十五年。

張廷魁妻章氏　　二十七歲夫亡,孝事耄姑。守節三十三年。

徐卓仁妻姚氏　　二十九歲夫亡,守節十二年。

吳崧玉妻鄭氏　　二十六歲夫亡,撫二子成立。守節二十二年。

汪錦堂妻陳氏　　二十七歲夫亡,事姑。守節十四年。

金鏞妻曹氏　　二十四歲夫亡,撫孤。守節三十九年。

陸均妻馬氏　　二十七歲夫亡,撫孤。守節二十五年。

淩大德妻沈氏　　二十九歲夫亡,守節二十三年。

鍾鳴和妻陳氏　　二十八歲夫亡,守節三十八年。

熊遇渭繼妻徐氏　　二十八歲夫亡,守節三十三年。

生員熊熙妻潘氏　　二十九歲夫亡,守節十四年。

生員金貽穀妻朱氏　　二十歲夫亡,撫嗣。守節十九年。

淩漢元妻徐氏　　二十九歲夫亡,撫嗣。守節二十三年。

張尊璜繼妻計氏　　二十九歲夫亡,撫孤。守節四十年。

生員張永清繼妻唐氏　　二十八歲夫亡,撫嗣。守節三十三年。

監生陳邵漣妻陶氏　　二十九歲夫亡,守節十一年。　　以上道光九年旌。

俞允長妻馬氏　　二十七歲夫亡,撫孤。守節三十三年。

周家麒妻吳氏　　二十九歲夫亡,撫孤。守節二十五年。

沈太根妻莊氏　　十八歲夫亡,撫孤。守節十九年。

孟如江妻范氏　　二十九歲夫亡,守節二十四年。

鄭鵬妻張氏　　二十七歲夫亡,守節三十二年。

陸恒久妻金氏　　二十九歲夫亡,撫嗣。守節二十六年。

監生陳臨妻沈氏　　二十九歲夫亡,守節三十年。

沈德源妻朱氏　　三十歲夫亡,撫孤。守節五十一年。

朱震妻石氏　　二十五歲夫亡,撫嗣。守節三十年。

張永發妻丁氏　　二十七歲夫亡,撫孤。守節二十六年。

生員李錫芳妻高氏　　二十四歲夫亡,撫孤。守節二十六年。

夏尚麟妻殳氏　　二十九歲夫亡,撫嗣。守節五十二年。

王健行妻朱氏　　二十歲夫亡,撫孤。守節三十四年。

李沁碧繼妻張氏　　二十六歲夫亡,撫孤。守節十八年。

俞允順妻胡氏　　二十六歲夫亡,守節三十年。

馬俊臣妻沈氏　　三十歲夫亡,撫孤。守節三十年。

胡守琦妻田氏　　二十九歲夫亡,撫孤。守節四十一年。

周學乾繼妻沈氏　　二十七歲夫亡,撫孤。守節三十三年。

周學廷妻王氏　　二十五歲夫亡,撫嗣。守節二十六年。

陳沛堂妻李氏　　二十三歲夫亡,撫嗣。守節三十五年。

陳履堂妻孫氏　　二十五歲夫亡,撫孤。守節三十一年。

林永祥妻趙氏　　二十九歲夫亡,撫孤。守節二十四年。

陸儒宗妻張氏　　二十四歲夫亡,守節四十三年。

梅長銷妻蕭氏　　二十七歲夫亡,撫嗣。守節三十年。

姚鳳林妻楊氏　　二十八歲夫亡,撫孤。守節二十二年。

陸世龍妻俞氏　　二十七歲夫亡,撫孤。守節二十一年。

淩羽蒼妻徐氏　　二十九歲夫亡,撫孤。守節三十三年。

夏日昇妻韓氏　　二十八歲夫亡,撫孤。守節五十八年。

陶罩韓妻陳氏　　二十六歲夫亡,撫孤。守節五十四年。

沈廷模妻曹氏　　二十四歲夫亡,撫孤。守節三十五年。

王晴麗妻陶氏

成永林妻吳氏　　二十七歲夫亡,撫孤。守節二十六年。

張子松妻高氏　　二十九歲夫亡,撫孤。守節二十八年。

沈其祥妻朱氏　　二十九歲夫亡,撫嗣。守節三十七年。

趙裕堂妻顧氏　　二十四歲夫亡,撫嗣。守節十三年。

監生朱肇煌妻高氏　　二十六歲夫亡,撫孤。守節二十四年。

汪江妻楊氏　　三十歲夫亡,撫孤。守節五十年。

王瑞芝妻陸氏　　二十七歲夫亡,撫孤。守節六十二年。　　以上道光十年旌。

施秋巖妻陳氏　　二十九歲夫亡,守節四十七年。

胡希照妻莫氏　　二十一歲夫亡,守節三十一年。

吳履檢妻孫氏　　二十九歲夫亡,守節三十四年。

馬善揚妻孫氏　　二十四歲夫亡,守節三十六年。

劉杞妻盛氏　二十六歲夫亡,守節三十九年。

監生葉渭琳繼妻陳氏　二十九歲夫亡,撫孤成婚,後又殀。乃撫孫金歐游庠。守節三十一年。

褚世昌妻徐氏　二十七歲夫亡,撫嗣,守節二十二年。

朱聖林妻石氏　二十七歲夫亡,撫孤,守節三十一年。

卜進元妻許氏　二十六歲夫亡,撫嗣,守節五十五年。

生員盛逢源妻方氏　二十八歲夫亡,撫嗣。守節二十三年。

計俯文妻鍾氏　二十四歲夫亡,撫嗣。守節四十六年。

沈泰基妻張氏　二十歲夫亡,撫孤。守節三十八年。

朱維天妻鄭氏　二十八歲夫亡,撫孤。守節二十五年。

湯肇慶妻金氏　二十五歲夫亡,守節二十三年。

孫品山妻王氏　二十九歲夫亡,撫孤。守節二十七年。

陳志偉妻徐氏　二十九歲夫亡,撫嗣。守節二十八年。

張楚珍繼妻沈氏　二十九歲夫亡,撫孤。守節三十二年。

生員汪世植妾楊氏　二十二歲世植亡,撫嗣。守節三十年。

施明遠妻唐氏　二十九歲夫亡,撫孤。守節四十一年。

岳掄元妻屠氏　二十八歲夫亡,撫嗣。守節三十年。

錢明發妻吳氏　二十四歲夫亡,撫孤。守節五十一年。

顧錫齡妻唐氏　二十九歲夫亡,撫孤。守節二十五年。

沈錦天妻徐氏　二十九歲夫亡,撫孤。守節三十六年。

貢生李德懷妻吳氏　二十一歲夫亡,撫嗣。守節三十年。

吳汝樑妻張氏　二十八歲夫亡,撫嗣。守節十七年。

胡覲元妻周氏　二十五歲夫亡,撫孤。守節三十七年。

胡兆元妻錢氏　二十七歲夫亡,撫孤。守節三十四年。

職員崔鋆妻李氏　三十歲夫亡,撫孤。守節四十八年。

貢生崔潮妻包氏　二十八歲夫亡,撫孤。守節五十二年。　以上道光十一年旌。

謝既勤妻章氏　二十五歲夫亡,撫孤。守節三十八年。

羅畫堂妻費氏　二十四歲夫亡,撫孤。守節三十六年。

高國華妻徐氏　二十六歲夫亡,撫孤。守節五十七年。

生員包振焜妻吳氏　二十九歲夫亡。守節十一年。

職監卜遇妾俞氏　二十九歲遇亡,守節十八年。

施景榮妻沈氏　二十九歲夫亡,撫孤。守節三十二年。

歐陽書妻勞氏　十九歲夫亡,守節二十七年。

楊邦華妻李氏　二十四歲夫亡,撫嗣。守節三十六年。

汪士標妻張氏　二十四歲夫亡,撫孤。守節二十九年。

汪士椿妻費氏　二十五歲夫亡,撫嗣。守節四十七年。

錢孝祠妻盛氏　二十七歲夫亡,守節二十六年。

高尚文妻浦氏　二十三歲夫亡,撫孤。守節四十五年。

高尚元妻張氏　　二十九歲夫亡,撫孤。守節三十九年。

殷鳳翰妻王氏　　二十八歲夫亡,撫嗣。守節二十四年。

趙勝昌妻陳氏　　二十歲夫亡,撫孤。守節四十八年。

監生李學淳妻吳氏　　二十九歲夫亡,撫孤。守節四十五年。

孫文進妻計氏　　三十歲夫亡,撫孤。守節三十五年。

錢鳳銜妻許氏　　二十八歲夫亡,撫嗣。守節二十五年。

生員顧秀能妻徐氏　　二十五歲夫亡,撫嗣。守節二十七年。

錢聖公妻陳氏　　二十歲夫亡,撫孤。守節三十六年。

陸永銓妻李氏　　二十五歲夫亡,撫孤。守節十九年。

吾雲章妻潘氏　　三十歲夫亡,撫孤。守節三十九年。

錢瑜懷妻滕氏　　二十九歲夫亡,撫孤。守節二十三年。

陸維賢妻金氏　　三十歲夫亡,守節二十一年。

沈民山妻卜氏　　二十六歲夫亡,撫孤。守節二十七年。

王頌如妻沈氏　　二十九歲夫亡,撫孤。守節四十六年。

張玉林妻沈氏　　二十九歲夫亡,撫孤。守節二十三年。

周士安妻朱氏　　二十七歲夫亡,撫孤。守節三十三年。

殷鳳瑞妻王氏　　二十六歲夫亡,撫嗣。守節二十七年。　　以上道光十二年旌。

許光祖妻王氏　　二十二歲夫亡,撫孤。守節三十一年。

張聰雲妻陸氏　　三十歲夫亡,撫嗣。守節四十八年。

監生楊鶴軒妻唐氏　　二十八歲夫亡,撫孤。守節三十二年。

楊崑妻沈氏　　十九歲夫亡,撫嗣,守節四十一年。

楊翼豐妻施氏　　二十八歲夫亡,撫孤。守節五十年。

屠完玉繼妻張氏　　三十歲夫亡,撫孤。守節三十二年。

盛鳳池妻陸氏　　二十九歲夫亡,撫孤。守節五十二年。

朱鼎元妻王氏　　二十一歲夫亡,撫孤。守節三十四年。

金玉麟妻包氏　　二十五歲夫亡,撫嗣。守節五十八年。

湯德榮妻陳氏　　二十四歲夫亡,撫孤。守節五十八年。

徐友仁妻蔣氏　　二十四歲夫亡,撫孤。守節五十一年。

監生溫從允妻陸氏　　二十一歲夫亡,撫嗣。守節四十八年。

朱巧隆妻周氏　　二十四歲夫亡,撫孤。守節三十八年。

魯書舟妻郎氏　　二十九歲夫亡,守節四十八年。

胡南山妻張氏　　二十四歲夫亡,守節二十八年。

鄭蘭林妻沈氏　　二十一歲夫亡,撫孤。守節三十六年。

張士昌妻徐氏　　二十八歲夫亡,守節四十四年。

贈四品銜陶繩妾邱氏　　本農家女,繩納時年近八旬,邱侍繩甚謹。越三載,邱二十一歲繩亡,遺命遣嫁,而邱堅志守貞,苦節三十二年。

鮑賡和妻唐氏　　二十四歲夫亡,守節四十三年。

金加得妻朱氏　二十八歲夫亡,守節四十年。

張同椿妻戴氏　二十九歲夫亡,守節三十六年。

趙汝明妻徐氏　二十九歲夫亡,守節四十五年。

徐璜蓋妻陳氏　三十歲夫亡,撫孤。守節三十三年。

楊家聲妻高氏　二十九歲夫亡,撫孤。守節三十九年。

張慶曾妻陳氏　二十六歲夫亡,守節二十七年。

黃蘊輝妻卜氏　二十八歲夫亡,撫孤。守節二十八年。

周紹文妻徐氏　二十歲夫亡,撫孤。守節四十九年。

沈明來妻卜氏　二十九歲夫亡,撫嗣。守節六十四年。

沈有彰妻馮氏　二十八歲夫亡,撫孤。守節四十年。

陳玉章妻屠氏　二十二歲夫亡,撫孤。守節三十四年。

鄭聲和妻陳氏　二十五歲夫亡,撫孤。守節三十七年。

沈大魁妻朱氏　二十九歲夫亡,撫孤。守節五十五年。

朱關德妾陸氏　二十三歲關德亡,撫孤。守節五十八年。

羅世鋐妻高氏　二十四歲夫亡,撫孤。守節三十八年。

周瑞坤妻屠氏　二十九歲夫亡,撫嗣。守節三十年。　　以上道光十三年旌。

李筠妻張氏　二十三歲夫亡,撫嗣。守節三十九年。

陶席正妻顧氏　二十八歲夫亡,撫孤。守節四十年。

周長耕妻萬氏　二十六歲夫亡,撫孤。守節二十二年。

曹劍可妻韓氏　二十一歲夫亡,守節五十年。

張廷宰妻朱氏　三十歲夫亡,撫孤。守節十九年。

李召昌妻陸氏　二十五歲夫亡,撫孤。守節三十八年。

項鳳輝妻楊氏　二十九歲夫亡,撫嗣。守節三十一年。

徐文繡妻徐氏　二十八歲夫亡,守節二十二年。

馬彥蓉妻王氏　二十五歲夫亡,撫孤。守節二十年。

楊貴龍妻陳氏　二十三歲夫亡,撫嗣。守節五十年。

吳聖山妻沈氏　二十九歲夫亡,撫嗣。守節五十二年。

吳漢超妻陸氏　三十歲夫亡,守節二十三年。

吳錦坤妻徐氏　二十八歲夫亡,撫嗣。守節三十一年。

吳宗源妻戴氏　二十六歲夫亡,撫嗣。守節三十年。

王恒懷妻蔣氏　二十二歲夫亡,撫嗣。守節三十二年。

張恒德妻陸氏　二十九歲夫亡,撫孤。守節三十二年。

馬應階妻章氏　二十七歲夫亡,守節十二年。

李世英妻王氏　二十三歲夫亡,撫孤。守節三十六年。

李世傑妻蔡氏　二十五歲夫亡,撫孤。守節三十一年。

姚廷根妻朱氏　二十六歲夫亡,守節二十八年。

顧裕章妻蕭氏　二十九歲夫亡,撫孤。守節二十六年。

生員曹文炳妻郭氏　二十七歲夫亡,撫嗣。守節二十二年。

孫文桂妻王氏　二十八歲夫亡,守節四十年。

王覲顏妻陳氏　二十五歲夫亡,守節二十六年。

沈東原妻王氏　三十歲夫亡,撫孤。守節四十二年。

沈坤發妻陸氏　三十歲夫亡,撫孤。守節二十一年。

王德賢妻許氏　二十一歲夫亡,撫嗣。守節二十二年。

霍紹祥妻俞氏　三十歲夫亡,撫嗣。守節二十八年。

淩永才妻許氏　二十四歲夫亡,撫嗣。守節三十三年。

陳永高妻陸氏　二十六歲夫亡,撫嗣。守節五十五年。

江紹初妻吳氏　二十八歲夫亡,撫孤。守節二十三年。

余衍凝繼妻戴氏　以上道光十四年旌。

金霞峰妾包氏　二十四歲霞峰亡,撫孤。守節三十四年。

翁玉符妻程氏　二十八歲夫亡,撫孤。守節二十八年。

監生江學文妾何氏　三十歲學文亡,撫孤。守節三十四年。

沈日章妻吳氏　二十五歲夫亡,撫嗣。守節三十五年。

錢模妻沈氏　二十八歲夫亡,撫嗣。守節三十六年。

羅敬持妻卞氏　二十五歲夫亡,撫孤。守節二十八年。

范魯望妻虞氏　二十八歲夫亡,撫孤。守節三十五年。

徐泰嘉妻顧氏　二十五歲夫亡,撫嗣。守節二十七年。

徐端妻史氏　二十八歲夫亡,撫嗣。守節四十二年。

監生施宰燮妻鄭氏　二十五歲夫亡,守節四十三年。

施宸燮妻倪氏　二十五歲夫亡,守節四十八年。

錢上榮妻王氏　二十六歲夫亡,撫孤。守節三十年。

生員郁談綸妻馬氏　三十歲夫亡,撫孤。守節二十一年。

監生駱世俊繼妻沈氏　三十歲夫亡,撫孤。守節二十八年。

坐員姚映彩妻盛氏　二十九歲夫亡,撫孤。守節四十二年。

魯元安妻潘氏　二十七歲夫亡,撫嗣。守節二十八年。

唐惕庵妻盛氏　二十歲夫亡,撫孤。守節三十三年。

費鏞妻袁氏　二十一歲夫亡,撫嗣。守節四十九年。

潘恒德妻吳氏　二十七歲夫亡,撫孤。守節四十一年。

莊士明妻董氏　二十八歲夫亡,撫孤。守節二十八年。

金德恩妻陸氏　三十歲夫亡,守節三十八年。

奚浩妻康氏　二十四歲夫亡,撫孤。守節四十九年。

朱銘妻許氏　二十四歲夫亡,撫嗣。守節二十八年。

褚維昭妻姚氏　三十九歲夫亡,撫嗣。守節五十七年。

朱聯輝妻王氏　二十歲夫亡,撫孤。守節三十七年。

萬永安妻丁氏　二十四歲夫亡,撫孤。守節三十七年。

王臣妻李氏　　三十歲夫亡，撫孤。守節四十二年。

卜叙昭妻尤氏　　二十四歲夫亡，撫孤。守節四十年。

卜基妻金氏　　二十九歲夫亡，撫孤。守節五十七年。

卜鏗妻陳氏　　二十八歲夫亡，撫孤。守節二十九年。

秦庭佐妻范氏　　二十四歲夫亡，撫嗣。守節三十六年。

毛壽世妻張氏　　二十三歲夫亡，撫孤。守節三十六年。

監生盛世傑妻姚氏　　二十八歲夫亡，撫孤。守節四十年。

唐維棟妻沈氏　　二十八歲夫亡，撫孤。守節三十年。

楊廷標妻沈氏　　二十八歲夫亡，撫孤。守節十四年。

戴文炳妻韓氏　　二十六歲夫亡，撫孤。守節二十六年。

沈國興妻朱氏　　二十六歲夫亡，守節五十三年。

金文烈妻陸氏　　二十二歲夫亡，守節三十四年。

胡君白妻褚氏　　二十九歲夫亡，守節四十三年。

生員殳浩妻盛氏　　二十三歲夫亡，撫嗣。守節五十年。

陸坤載妻楊氏　　二十九歲夫亡，撫孤。守節三十一年。

仲珮珍妻衛氏　　以上道光十五年旌。

李性天妻沈氏　　二十五歲夫亡，撫孤。守節二十六年。

陳用章妻聞人氏　　二十四歲夫亡，撫嗣。守節六十七年。

陳元安妻張氏　　二十八歲夫亡，撫嗣。守節二十七年。

楊應齡妻沈氏　　二十三歲夫亡，撫孤。守節三十三年。

梅賡雅妻殷氏　　二十五歲夫亡，撫嗣。守節二十年。

張士祥妻王氏　　二十七歲夫亡，撫嗣。守節三十八年。

王德明妻韋氏

范之壬妻沈氏　　二十七歲夫亡，守節四十年。

生員辜鳳威妾顧氏　　二十九歲鳳威亡，撫孤。守節三十二年。

朱明德妻俞氏　　二十九歲夫亡，撫嗣。守節二十七年。

陳大生妻許氏　　二十四歲夫亡，撫孤。守節二十九年。

陳炳來妻沈氏　　二十九歲夫亡，撫孤。守節四十六年。

陸毓昌妻王氏　　二十五歲夫亡，撫孤。守節三十六年。

楊五緯妻李氏　　二十九歲夫亡，撫孤。守節三十一年。

曹鴻甫妻吳氏　　二十六歲夫亡，守節三十五年。

殷理本妻方氏　　二十七歲夫亡，撫嗣。守節二十七年。

戴宇康繼妻丁氏　　十九歲夫亡，撫嗣。守節三十六年。　　以上道光十六年旌。

職員陳燦妻何氏　　二十七歲夫亡，撫嗣。守節二十九年。

陳有章妻張氏　　二十二歲夫亡，撫嗣。守節三十一年。

江鳳潮妻徐氏　　三十歲夫亡，撫嗣。守節三十七年。

張德祥妻陳氏　　二十五歲夫亡，撫孤。守節三十九年。

金選華妻呂氏　二十六歲夫亡,撫孤。守節三十八年。

沈叙昌妻陳氏　二十八歲夫亡,撫嗣。守節五十一年。

仲屢豐妻唐氏　二十三歲夫亡,守節三十五年。

陳渭揚妻范氏　二十三歲夫亡,撫孤。守節三十一年。

陳守愷妻勞氏　二十九歲夫亡,撫孤。守節三十五年。　以上道光十七年旌。

張光國妻孫氏　二十六歲夫亡,撫嗣。守節四十九年。

陳金殿妻王氏　三十歲夫亡,撫嗣。守節五十年。

楊誥妻周氏　二十七歲夫亡,撫孤。守節三十六年。

蔣聲九妻陳氏　二十六歲夫亡,撫嗣。守節二十五年。

俞誠益妻楊氏　十九歲夫亡,撫嗣。守節三十九年。

周介堂妻姚氏　二十八歲夫亡,撫嗣。守節三十七年。

蔣翰朝妻吳氏　二十七歲夫亡,撫嗣。守節三十五年。

孫維賢妻嚴氏　二十四歲夫亡,撫孤。守節四十年。

李茂妻魏氏　二十五歲夫亡,守節三十五年。

唐烜妻章氏　十九歲夫亡,守節三十一年。

邵濟川妻馮氏　二十七歲夫亡。守節二十七年。

金坤益妻王氏　二十四歲夫亡。守節十二年。

王聘山妻錢氏　二十七歲夫亡,撫嗣。守節三十三年。

沈隆昌妻趙氏　二十五歲夫亡,撫孤。守節三十五年。

徐端伯妻錢氏　三十歲夫亡,撫嗣。守節二十六年。　以上道光十八年旌。

陳藩妻車氏　二十六歲夫亡,撫嗣。守節三十二年。

監生張乾文妾吳氏　二十八歲夫亡,撫孤。守節三十二年。

吳泰階妻沈氏　二十九歲夫亡,撫孤。守節四十四年。

魏心田繼妻王氏　十九歲夫亡,撫嗣。守節三十二年。

陳正榮妻金氏　二十七歲夫亡,撫嗣。守節三十三年。

徐汝梅妻宋氏　二十九歲夫亡,撫嗣。守節三十九年。

監生王聲潮妻陸氏　二十歲夫亡,撫孤。守節三十一年。

張益君妻章氏　二十四歲夫亡,守節十五年。

范永林妻陸氏　二十七歲夫亡,撫孤。守節三十六年。

高大序妻陳氏　二十歲夫亡,撫孤。守節三十一年。

沈雲巢妻顧氏　二十九歲夫亡,撫嗣。守節三十二年。

生員吳閏妻李氏　二十五歲夫亡,守節三十五年。

張大元妻馬氏　二十三歲夫亡,撫孤。守節五十年。

范大昌妻王氏　二十七歲夫亡,撫孤。守節三十八年。

生員吳昌宇繼妻李氏　二十一歲夫亡,守節十一年。

懷逸泉妻周氏　二十二歲夫亡,撫嗣。守節四十年。

卜鳳德妻張氏　二十二歲夫亡,撫嗣。守節三十年。

卜萬金妻淩氏　二十八歲夫亡,撫孤。守節二十四年。

高禹明妻鈕氏　二十七歲夫亡,撫孤。守節三十八年。　　以上道光十九年旌。

陶關元妻唐氏　二十歲夫亡,守節二十九年。

馮漢妻李氏　十九歲夫亡,守節二十年。

宋玉章妻吳氏　二十五歲夫亡,撫孤。守節四十四年。

姚倬繼妻沈氏　二十九歲夫亡,撫嗣。守節四十年。

范來離妻趙氏　二十五歲夫亡,撫嗣。守節二十四年。

周魯範繼妻郁氏　二十七歲夫亡,撫孤。守節二十八年。

莊廷祿妻夏氏　二十六歲夫亡,撫孤。守節三十二年。

彭日禮繼妻張氏　二十四歲夫亡,撫嗣。守節四十年。

陸某妻沈氏

沈泰根妻莊氏　二十歲夫亡,守節三十年。

馬逸君妻沈氏　二十七歲夫亡,守節三十五年。

馬炳文妻郭氏　二十七歲夫亡,守節二十八年。

蔣承虎妻馬氏　二十七歲夫亡,守節四十一年。

施拱辰妻沈氏　二十九歲夫亡,守節二十八年。

沈星安妻何氏　二十三歲夫亡,守節六十五年。

倪益倫妻朱氏　二十五歲夫亡,守節五十年。

楊沛青妻王氏　二十七歲夫亡,守節二十五年。

陳茂忠妻杜氏　十九歲夫亡,守節三十二年。

王仲緯妻馬氏　三十歲夫亡,守節二十年。

沈遇周妻高氏　三十歲夫亡,守節五十一年。

鈕乘六妻馬氏　二十二歲夫亡,守節五十七年。

張調元妻歐氏　二十九歲夫亡,守節五十年。

盛可佩妻李氏　三十歲夫亡,守節二十六年。

沈其章妻江氏　二十九歲夫亡,守節四十一年。

沈景成妻莫氏　二十九歲夫亡,守節二十年。

姚勤圃妻莊氏　二十九歲夫亡,守節二十一年。

生員沈珍白妻徐氏　二十九歲夫亡,守節四十九年。

生員朱聲洋妻沈氏　三十歲夫亡,守節二十五年。

屠起鳳妻朱氏　三十歲夫亡,守節二十五年。

芮永林妻路氏　二十九歲夫亡,守節二十年。

沈坤和妻陳氏　二十七歲夫亡,守節二十五年。

朱新周妻謝氏　二十八歲夫亡,守節三十三年。

丁鳳耀妻周氏　三十歲夫亡,守節二十年。

顧瑩秀妻朱氏

沈自成妻沈氏　二十七歲夫亡,守節五十六年。

陳起龍妻陳氏　　二十六歲夫亡,守節四十五年。

錢紹坤妻張氏　　二十八歲夫亡,守節二十三年。

潘世德妻王氏　　二十七歲夫亡,守節三十八年。

夏瑞徵妻沈氏　　二十八歲夫亡,守節四十一年。

顧穗村妻朱氏　　二十七歲夫亡,守節三十年。

張國徵妻姜氏　　二十九歲夫亡,守節五十一年。

俞洪濤妻沈氏　　二十七歲夫亡,守節三十三年。

周鳳高妻姚氏　　三十歲夫亡,守節二十二年。

周時秀妻葉氏　　三十歲夫亡,守節二十一年。

張廣生妻陸氏　　三十歲夫亡,守節二十五年。

朱雲奇妻莫氏　　二十八歲夫亡,守節四十六年。

程衡昌妻湯氏　　三十歲夫亡,守節二十六年。

顧德明妻高氏　　二十五歲夫亡,守節四十五年。

方正康妻黃氏　　二十三歲夫亡,守節六十三年。

潘丕成妻周氏　　三十歲夫亡,守節三十二年。

計崑揚妻潘氏　　二十九歲夫亡,守節二十五年。

徐應春妻董氏　　二十一歲夫亡,守節三十年。

徐振生妻張氏　　二十九歲夫亡,守節三十三年。

李瀛洲妻唐氏　　二十七歲夫亡,守節二十一年。

李位立妻朱氏　　二十一歲夫亡,守節四十四年。

夏瑞芝妻金氏　　三十歲夫亡,守節三十九年。

周坤載妻姚氏　　三十歲夫亡,守節二十年。

朱成章妻王氏　　二十二歲夫亡,守節五十六年。

方建侯妻蔣氏　　三十歲夫亡,守節三十八年。

黃益菴妻李氏　　二十歲夫亡,守節五十一年。

林受書妻吳氏

許秀文妻陸氏　　二十一歲夫亡,守節三十年。

徐可三妻徐氏　　二十四歲夫亡,守節四十年。

項紹宗妻徐氏　　三十歲夫亡,守節三十九年。

陸宏海妻范氏　　三十歲夫亡,守節三十年。

袁錦章妻錢氏　　二十七歲夫亡,守節二十七年。

石琢成妻喻氏　　二十二歲夫亡,守節三十九年。

王大邦妻李氏　　二十九歲夫亡,守節四十四年。

張映超妻吳氏　　二十六歲夫亡,守節六十一年。

鍾友章妻楊氏　　二十八歲夫亡,守節三十三年。

王振範妻鮑氏　　二十三歲夫亡,守節四十一年。

陸明高妻周氏　　二十七歲夫亡,守節二十七年。

陸廣裕妻錢氏　二十九歲夫亡,守節三十年。

張南正妻胡氏　二十九歲夫亡,守節二十一年。

孔玉堂妻沈氏　三十歲夫亡,守節四十一年。

鮑士乾妻石氏　二十四歲夫亡,守節五十六年。

張六淑妻朱氏　二十六歲夫亡,守節三十七年。

蔣林春妻張氏　二十三歲夫亡,守節三十七年。

朱瑞林妻陸氏　二十四歲夫亡,守節三十五年。

蒯振藩妻張氏　十八歲夫亡,守節四十二年。

吳睦九妻朱氏　二十五歲夫亡,守節三十九年。

倪健安妻黃氏　二十三歲夫亡,守節三十九年。

楊月利妻郝氏　二十七歲夫亡,守節三十六年。

朱南珍妻卜氏　二十三歲夫亡,守節二十四年。

邱林桂妻邱氏　二十歲夫亡,守節六十八年。

于天祜妻鄭氏　三十歲夫亡,守節四十年。

周宗揚妻張氏　二十四歲夫亡,守節四十一年。

沈載論妻周氏　三十歲夫亡,守節三十五年。

殷隆雲妻王氏　二十六歲夫亡,守節三十三年。

王素行妻馬氏　三十歲夫亡,守節四十年。

莫坤揚妻吳氏　二十九歲夫亡,守節二十四年。

徐鏡薇妻王氏　三十歲夫亡,守節三十八年。

葉心甫妻江氏　二十八歲夫亡,守節二十三年。

袁秉忠妻王氏　三十歲夫亡,守節二十一年。

江蔭毅妻周氏　三十歲夫亡,守節二十三年。

馮翰臣妻李氏　十九歲夫亡,守節二十年。

言樂妻韓氏　二十歲夫亡,守節二十一年。

顧伊人妾胡氏　二十九歲伊人故,守節二十四年。

朱載積妻戴氏　三十歲夫亡,守節二十一年。

沈世德妻張氏　二十六歲夫亡,守節二十年。

丁天爵妻徐氏　二十七歲夫亡,守節二十年。

蘇鳳枝妻江氏　二十四歲夫亡,守節二十年。

曹蔚若妻徐氏　二十四歲夫亡,守節三十二年。

沈士昌妻陸氏　十九歲夫亡,守節三十七年。

龐嘉録妻金氏　二十歲夫亡,守節二十年。

張時華妻胡氏　二十四歲夫亡,守節二十年。

程裕堂妻馮氏　二十一歲夫亡,守節二十年。

陸維馨妻洪氏　二十九歲夫亡,守節三十六年。

胡翰音妻朱氏　三十歲夫亡,守節四十八年。

王瑞堂妻朱氏　　二十八歲夫亡,守節二十年。

沈正模妻周氏　　三十歲夫亡,守節四十三年。

慎大勝妻汪氏　　二十四歲夫亡,守節二十年。

吳太安妻徐氏　　二十一歲夫亡,守節二十四年。

褚容照妻王氏　　三十歲夫亡,守節四十八年。

沈文治妻鈕氏

熊廷章妻方氏　　二十九歲夫亡,守節四十四年。

金瑞庭妻陳氏　　二十八歲夫亡,守節二十四年。

顧德昌妻高氏　　二十七歲夫亡,守節四十五年。

趙聖三妻郭氏　　三十歲夫亡,守節二十八年。

金賓王妻馬氏　　三十歲夫亡,守節二十九年。

鍾飛鵬妻譚氏

胡鳴皋妻陳氏　　三十歲夫亡,守節三十二年。

顧洪中妻陳氏　　三十歲夫亡,守節二十五年。

王正玉妻高氏　　二十八歲夫亡,守節二十五年。

程大榮妻葉氏　　二十八歲夫亡,守節二十八年。

鈕廷貴妻方氏　　二十九歲夫亡,守節二十四年。

葛佩和妻徐氏　　二十八歲夫亡,守節二十四年。

黃蘭州妻顧氏　　二十八歲夫亡,守節二十四年。

吳鳴山妻陸氏　　二十九歲夫亡,守節二十三年。

袁大文妻金氏　　二十七歲夫亡,守節二十七年。

陸景芳妻馬氏　　二十五歲夫亡,守節三十年。

江彝春妻沈氏　　二十七歲夫亡,守節五十四年。

施德福妻范氏　　二十八歲夫亡,守節二十四年。

仲世傳妻陳氏　　二十四歲夫亡,守節二十一年。

張士景妻吳氏　　二十七歲夫亡,守節二十七年。

田秀文妻包氏　　二十四歲夫亡,守節二十三年。

馬彥鏞妻王氏　　二十五歲夫亡,守節二十六年。

俞翰光妻陳氏　　二十二歲夫亡,守節五十二年。

江蔚若妻俞氏　　二十九歲夫亡,守節二十年。

施穀鍵妻張氏　　二十四歲夫亡,守節二十四年。

楊甸英妻曹氏　　十九歲夫亡,守節六十年。

賈仲榮妻祝氏　　三十歲夫亡,守節五十一年。

鄭玉山妻沈氏　　二十一歲夫亡,守節四十一年。

吳叙于妻吳氏　　二十九歲夫亡,守節五十年。

馮聖章妻沈氏　　三十歲夫亡,守節四十五年。

曹立仁妻沈氏　　二十八歲夫亡,守節五十七年。

張殿先妻俞氏　二十四歲夫亡,守節六十年。

蔣國瑞妻張氏　二十九歲夫亡,守節三十五年。

鄒洪聲妻姚氏

鍾友萬妻趙氏　二十二歲夫亡,守節五十年。

朱翰惟妻吳氏　二十六歲夫亡,守節五十六年。

董學用妻鮑氏　二十九歲夫亡,守節十八年。

張敘皇妻沈氏　二十八歲夫亡,守節四十九年。

張友王妻孫氏　二十九歲夫亡,守節四十三年。

錢衛瞻妾戴氏　二十九歲衛瞻亡,守節五十年。

監生朱廷球妻施氏　二十一歲夫亡,守節三十二年。

濮某妻唐氏　二十九歲夫亡,守節三十年。

潘梓妻施氏　二十四歲夫亡,守節二十七年。

呂世祚妻鍾氏　十九歲夫亡,守節三十六年。

張蕭氏

邱公佩妻劉氏,時章妻施氏　劉十九歲寡,守節六十年。施二十四寡,守節三十一年。

沈德隆妻王氏　二十二歲夫亡,撫孤。守節三十五年。

陳鳴山妻濮氏　三十歲夫亡,止二女,守貞不字,孝養其母。守節二十八年。

監生王晴初妻張氏　二十五歲夫亡,守節三十二年。

姚洪如妻張氏　二十九歲夫亡,守節四十二年。

沈朝楨妻黃氏　二十四歲夫亡,守節二十三年。

生員蔣琮繼妻陳氏　二十九歲夫亡,守節二十五年。

張壽增妻陸氏　二十一歲夫亡,守節四十年。

監生項晉珠妻沈氏　二十五歲夫亡,守節二十七年。

馮彥珍妻王氏　二十三歲夫亡,守節六十年。

王郁文妻傅氏　二十五歲夫亡,守節四十六年。

監生潘球妻錢氏　二十一歲夫亡,守節四十年。

貢生陳若奎妾程氏　二十四歲若奎亡,守節五十年。

范士元妾朱氏　三十歲士元亡,守節三十七年。

殳國祥妻沈氏　二十四歲夫亡,守節三十一年。

監生俞大仁妻曹氏　二十六歲夫亡,守節四十二年。

馮配之妻潘氏　二十九歲夫亡,守節三十二年。

張廷宣妻張氏　二十八歲夫亡,守節五十四年。

張文龍妻張氏　二十四歲夫亡,守節四十六年。

徐立夔妻郁氏　二十二歲夫亡,守節六十一年。

袁大垣妻張氏　二十九歲夫亡,守節四十二年。

吳裕元妻張氏　二十八歲夫亡,守節二十年。

生員朱鳴遠妻張氏　二十六歲夫亡,守節二十四年。

陳嘉齡妻朱氏　　二十四歲夫亡,守節三十年。

沈時旬妻朱氏　　二十五歲夫亡,守節三十年。

沈夢槐妻濮氏　　二十四歲夫亡,守節五十餘年。

沈明輔妻高氏　　二十六歲夫亡,守節三十三年。

沈明揚妻林氏　　二十五歲夫亡,守節三十四年。

沈元良妻鍾氏　　二十八歲夫亡,守節二十九年。

濮大勳妻周氏　　二十三歲夫亡,守節十四年。

周兆魁妻山氏　　二十七歲夫亡,守節二十四年。

史景山妻戚氏,廣省妻儲氏　　姑媳雙節。戚守四十年,儲守三十三年。

施耀妻嚴氏　　二十八歲夫亡,守節三十年。

生員朱樞妻徐氏　　二十七歲夫亡,守節四十年。

監生范廷璋妻俞氏　　二十六歲夫亡,守節三十四年。

監生施燦妻沈氏　　二十三歲夫亡,守節四十餘年。

廩生張大廉妻王氏　　二十九歲夫亡,守節三十年。

監生朱晟妻馮氏　　二十八歲夫亡,守節二十二年。

范有章妻葛氏

賈維清妻陳氏　　二十九歲夫亡,守節二十年。

生員嚴和妻張氏　　二十八歲夫亡,守節二十五年。

沈福榮妻費氏　　二十二歲夫亡,守節二十五年。

俞升璜妻莊氏　　二十七歲夫亡,守節三十二年。

徐玉輝妻沈氏　　二十一歲夫亡,守節十五年。

盛瑾妻吳氏　　二十二歲夫亡,守節五十餘年。

施某妻張氏　　二十九歲夫亡,守節二十七年。

沈屺瞻妻嚴氏　　二十七歲夫亡,守節四十五年。

曹玉峰妻唐氏　　二十六歲夫亡,守節五十八年。

陸敘三妻郭氏　　二十八歲夫亡,守節六十餘年。

錢貫玉妻陳氏　　二十二歲貫玉亡,撫孤。守節四十九年。

姚載墉妻樊氏　　二十三歲夫亡,守節三十一年。

王宗周妻周氏　　二十歲夫亡,守節三十八年。

周魯樊繼妻郁氏　　二十七歲夫亡,守節二十八年。

監生于元鏘妻盛氏　　二十九歲夫亡,守節六十一年。

生員孟壽名妻楊氏　　二十六歲夫亡,守節五十七年。

孟作霖妾張氏　　二十六歲作霖亡,守節五十年。

沈克昌妻計氏　　二十九歲夫亡,守節二十六年。

楊鰓妻張氏　　二十四歲夫亡,守節二十一年。

監生沈如藻妻楊氏　　二十六歲夫亡,守節四十三年。

屠見龍妻吳氏

錢源本妻宋氏　二十六歲夫亡,守節三十四年。

吳融大妻慎氏　二十六歲夫亡,守節二十年。

盛松英妻卜氏　二十四歲夫亡,守節二十二年。

張廷金妻沈氏　二十二歲夫亡,守節五十三年。

生員五維城妻蔡氏　二十九歲夫亡,守節二十五年。

周廷椿妻張氏　三十歲夫亡,守節六十年。

王魯堂妻沈氏　二十三歲夫亡,守節二十八年。

濮良妻錢氏　二十七歲夫亡,守節十九年。

翁勝璵妻李氏　二十九歲夫亡,守節三十一年。

黃濂士妻徐氏　二十八歲夫亡,守節三十二年。

邵正邦妻談氏　二十三歲夫亡,守節三十六年。

邵維賢妻馬氏　二十九歲夫亡,守節三十三年。

陳德亭妻呂氏　二十九歲夫亡,守節五十二年。

沈天英妻錢氏　二十九歲夫亡,守節四十三年。

監生辛屺懷妻盛氏　三十歲夫亡,撫嗣子入泮。守節四十年。

錢錦春妻陳氏　二十八歲夫亡,撫孤。守節三十年。

王拱宸妻邵氏　二十七歲夫亡,守節五十二年。

譚國樑妻吳氏　二十七歲夫亡,守節二十四年。

譚俊能妻盛氏　二十五歲夫亡,守節十六年。

總憲寶光鼐妾孫氏　二十八歲光鼐亡,氏隨其子贅於浙江,居秀水靈光坊。道光十四年呈請入籍。年七十。

張玉倫妻曹氏　二十七歲夫亡,守節四十二年。

沈泰孚妻曹氏　二十七歲夫亡,守節五十七年。

李之楷妻唐氏　二十五歲夫亡,守節二十四年。

生員朱湘妻孫氏　二十歲夫亡,守節十年。

莫德魁妻居氏　二十七歲夫亡,守節三十七年。

沈士華妻卜氏　二十二歲夫亡,守節四十四年。

汝洪發妻黃氏　二十三歲夫亡,撫遺腹子成立。守節三十三年。

臧成德妻王氏　二十六歲夫亡,守節五十年。

監生陳仲鑒妻婁氏　二十歲夫亡,守節二十六年。

監生吳仁妻陶氏　二十七歲夫亡,守節四十六年。

王基德妻朱氏　二十五歲夫亡,守節十五年。

何元德妻王氏　二十七歲夫亡,守節四十五年。

錢明發妻龔氏　二十四歲夫亡,守節四十年。

徐士安妻沈氏　二十四歲夫亡,守節二十八年。

陸秀山妻吳氏　二十六歲夫亡,守節六十七年。

范雲章妻王氏　二十歲夫亡,守節十二年。

懷慶聲妻婁氏　二十九歲夫亡,守節三十二年。

王鎮洋妻沈氏　十八歲夫亡,守節二十八年。

陶金相繼妻唐氏　二十八歲夫亡,守節四十一年。

蔣昌期妻王氏　二十歲夫亡,守節四十三年。

黃樹人妻李氏　二十歲夫亡,守節二十年。

張源淮妻王氏　二十歲夫亡,守節五十八年。

王鴻妻高氏　二十九歲夫亡,守節二十八年。

曹洪妻莫氏　二十九歲夫亡,守節十八年。

胡昌年妻蔣氏　二十五歲夫亡,守節四十年。

胡豐年妻張氏　十九歲夫亡,守節二十六年。

卜良翰繼妻孫氏　三十歲夫亡,守節三十七年。

卜治妻屠氏　二十二歲夫亡,守節二十八年。

卜成龍妻朱氏　十九歲夫亡,守節十六年。

卜如元妻周氏　二十四歲夫亡,守節二十五年。

卜廷忠繼妻徐氏　三十歲夫亡,守節四十三年。

卜圓齡妻朱氏　二十四歲夫亡,守節二十五年。

卜進學妻楊氏　二十九歲夫亡,守節三十七年。

卜美玉妻辟氏　二十五歲夫亡,守節十五年。

卜時仁妻姜氏　二十九歲夫亡,守節三十一年。

卜永年妻史氏　二十四歲夫亡,守節四十八年。

汝上貞妻陸氏　二十三歲夫亡,守節二十八年。

龔廷梧妻杭氏　二十六歲夫亡,守節二十六年。

朱聖林妻張氏　二十二歲夫亡,守節四十年。

張士信妻吳氏　二十七歲夫亡,守節三十年。

王祥雲妻劉氏　二十一歲夫亡,守節五十一年。

包其琛妻陸氏　二十二歲夫亡,守節三十六年。

沈鴻儒妻錢氏　二十二歲夫亡,守節四十一年。

范大文妻王氏

張應芳妻徐氏　夫亡,守節以終。

吳恒齋繼妻胡氏　三十歲夫亡,守節三十九年。

俞再奎妻顧氏　三十歲夫亡,守節四十三年。

溫克愉妻龔氏　二十六歲夫亡,守節四十三年。

章元發妻張氏　二十七歲夫亡,守節三十五年。

邵維鏞妻沈氏　三十歲夫亡,守節二十六年。

職員郭棟妻徐氏　三十歲夫亡,守節四十二年。

江萬貞繼妻鄭氏　三十歲夫亡,守節五十一年。

朱其增繼妻蘇氏　二十六歲夫亡,守節二十一年。

馬景德妻胡氏　二十九歲夫亡,守節二十八年。

張鏽妻徐氏　　十九歲夫亡,守節三十一年。

戴順元妻沈氏　　二十五歲夫亡,守節三十一年。

莫愷廷妻淩氏　　二十六歲夫亡,守節五十六年。

莫君發妻施氏　　二十四歲夫亡,守節五十年。

馬善鈴妻朱氏　　二十九歲夫亡,守節十六年。

吳國盛妻朱氏　　三十歲夫亡,守節十六年。

陸秀堂妻倪氏　　二十八歲夫亡,守節十八年。

朱振發妻朱氏　　二十六歲夫亡,守節三十一年。

盛汝裘妻沈氏　　二十八歲夫亡,守節四十八年。

錢德田妻姚氏　　二十八歲夫亡,守節四十三年。

沈世珍妻盛氏　　二十二歲夫亡,守節四十三年。

俞汝漣妻徐氏　　二十二歲夫亡,守節三十六年。

馮越華妻張氏　　二十九歲夫亡,守節四十三年。

邱維文妻朱氏　　二十九歲夫亡,守節三十九年。

邵聖階妻馬氏　　二十九歲夫亡,守節二十四年。

陳旬安妻李氏　　二十六歲夫亡,守節四十五年。

張茂祥妻戴氏　　二十七歲夫亡,守節五十三年。

盛允臧妻徐氏　　二十八歲夫亡,守節五十一年。

吳北山妻宋氏　　二十四歲夫亡,守節六十五年。

陳大年妻沈氏　　二十二歲夫亡,守節五十八年。

李士龍妻吳氏　　二十七歲夫亡,守節二十七年。

徐紹榮妻婁氏　　二十八歲夫亡,守節五十五年。

監生朱燁繼妻黃氏,城妻張氏　　黃二十七歲夫亡,無子。撫嗣子城成立,娶張氏,二十二亦寡。黃守節二十八年,張守節四十三年。

沈益妻王氏　　二十九歲夫亡,守節四十一年。

郁葆存妻陶氏　　二十四歲夫亡,守節四十九年。

舉人陳昌穀妻沈氏　　二十九歲夫亡,守節二十一年。

韓上達妻石氏

包韞玉妻徐氏　　二十九歲夫亡,守節二十九年。

劉士俊妻莫氏　　二十九歲夫亡,守節二十九年。

項源來妻嚴氏　　二十歲夫亡,守節十六年。

徐士昌妻沈氏　　二十四歲夫亡,守節二十二年。

吳涵妻朱氏　　二十五歲夫亡,守節四十二年。

姜恒雅妻婁氏　　二十六歲夫亡,守節十五年。

沈載瀛妻盛氏　　二十七歲夫亡,守節四十年。

王鑑如妻徐氏　　二十三歲夫亡,守節十六年。

呂荆山妻沈氏

生員沈瑞清妻邱氏　二十九歲夫亡,守節。旌年七十三。

許文桂妻顧氏　二十六歲夫亡,守節。旌年五十六。

鈕淩蒼妻鈕氏　二十八歲夫亡,守節。旌年六十三。

盛基妻費氏　二十九歲夫亡,守節。旌年六十六。

沈聖裕妻史氏　二十五歲夫亡,守節。旌年五十一。

宋本仁妻朱氏　二十九歲夫亡,姑亦少寡,事姑,守節。旌年五十。

吳如驥妻盛氏　二十四歲夫亡,撫孤,守節。旌年四十四。

顧增業妻陸氏　二十七歲夫亡,守節。旌年四十九。

許淳安妻王氏　二十五歲夫亡,守節。旌年四十九。

楊坤妻屠氏　三十歲夫亡,守節。旌年六十八。

生員楊錫圭妻鄭氏　二十二歲夫亡,守節。旌年五十四。

監生沈文炯妻張氏　十九歲夫亡,守節。旌年五十二。

周聖與妻陳氏　二十八歲夫亡,守節。旌年七十八。

姚鳳章妻劉氏　二十八歲夫亡,守節。旌年六十三。

錢湧妻章氏　二十二歲夫亡,守節。旌年四十七。

王上池妻陶氏　二十九歲夫亡,守節。旌年六十。

沈憲章妻鍾氏　二十四歲夫亡,守節。旌年五十四。

龔廷輝妻王氏　二十六歲夫亡,守節。旌年五十九。

徐鋒妻莫氏　二十七歲夫亡,守節。旌年五十八。

監生王維垣妾沈氏　二十一歲維垣亡,守節。旌年六十七。

楊維廉妻沈氏　二十九歲夫亡,守節。旌年五十六。

吳冠記妻淩氏　二十九歲夫亡,守節。旌年六十九。

周成義妻俞氏　二十八歲夫亡,守節。旌年六十二。

王棠棠妻陶氏　二十五歲夫亡,守節。旌年四十四。

吳進明妻毛氏　二十八歲夫亡,守節。旌年五十九。

莫文學妻袁氏　二十四歲夫亡,守節。旌年六十。

沈山壽妻潘氏　二十六歲夫亡,守節。旌年五十二。

唐時雍妻陸氏　二十四歲夫亡,守節。旌年五十二。

王彬妻陸氏　二十九歲夫亡,守節。旌年四十九。

王域妻陶氏　二十五歲夫亡,守節。旌年四十四。

陳天爵妻宋氏　十九歲夫亡,守節。旌年五十二。

唐進發妻沈氏　二十四歲夫亡,守節。旌年五十五。

周鈺妻沈氏　二十九歲夫亡,守節。旌年六十四。

金殿名妻許氏　二十七歲夫亡,守節。旌年八十二。

馬志孝妻張氏　二十歲夫亡,守節。旌年五十七。

祝仁賢妻沈氏　二十二歲夫亡,守節。旌年四十九。

監生吳鳳蓀妻吳氏　二十一歲夫亡,守節。旌年四十二。

王士峻妻朱氏　二十七歲夫亡,守節。旌年五十六。

生員屠士傑妻張氏　二十八歲夫亡,守節。旌年六十七。

陸順來妻張氏　二十六歲夫亡,守節。旌年五十九。

陸奏旋妻翁氏　二十八歲夫亡,守節。旌年五十八。

翁舜衡妻陳氏　二十七歲夫亡,守節。旌年四十七。

翁益庭妻褚氏　二十九歲夫亡,守節。旌年五十。

邵立堂妻陳氏　二十四歲夫亡,守節。旌年六十三。

朱保民妻馬氏　二十九歲夫亡,守節。旌年六十八。

蔡楷葵妻屠氏　二十六歲夫亡,守節。旌年六十七。

朱建能妻屠氏　二十九歲夫亡,守節。旌年六十三。

胡階陞妻吳氏　三十歲夫亡,守節。旌年六十。

范寶林妻王氏　十九歲夫亡,守節。旌年五十八。

鄒學賢妻屠氏　二十一歲夫亡,守節。旌年五十三。

邵幹爲妻吳氏　二十一歲夫亡,守節。旌年六十五。

監生馬雋生妻張氏　二十九歲夫亡,守節。旌年五十。

沈德明妻葉氏　二十六歲夫亡,撫孤,守節。旌年七十八。

張蘭妻葉氏　二十八歲夫亡,守節。旌年八十六。

吳潛妻鍾氏　二十九歲夫亡,旌年八十四。

監生范廷宣妻朱氏　二十九歲夫亡,旌年八十四。

顧立鈴妻朱氏　二十九歲夫亡,旌年八十一。

監生王鴻妻夏氏　二十九歲夫亡,旌年七十九。

錢樑妻顧氏　二十九歲夫亡,旌年七十六。

高錫龍妻沈氏　二十九歲夫亡,旌年七十六。

陸廷相妻沈氏　二十四歲夫亡,旌年六十六。

陳昕妻吳氏　二十六歲夫亡,旌年六十四。

蔣朝選妻鮑氏　二十五歲夫亡,旌年六十四。

馬濬川妻范氏　二十八歲夫亡,旌年六十餘。

馮鵬程妻張氏　二十七歲夫亡,旌年五十二。

監生朱守曾妻岳氏　二十四歲夫亡,旌年六十九。

職監陳錦妻嚴氏　二十八歲夫亡,撫子載堯入泮。旌年六十二。

張某妻吳氏　二十四歲夫亡,旌年五十二。

陸厚成妻吳氏　二十一歲夫亡,旌年六十一。

劉瑞周妻賈氏　二十歲夫亡,旌年六十一。

生員張兆礽妻蔡氏　二十歲夫亡,旌年五十九。

張兆祥妻樂氏　二十六歲夫亡,旌年五十九。

陳宗妻張氏　二十一歲夫亡,旌年五十九。

王宗凝妻吳氏　二十八歲夫亡,旌年五十九。

沈楨妻陸氏　二十四歲夫亡,旌年五十六。

生員范琛妻朱氏　二十二歲夫亡,旌年五十四。

生員項繩祖妻李氏　二十歲夫亡,旌年五十四。

貢生陳兆麟妾趙氏　二十七歲兆麟亡,旌年五十四。

莊敬純妻錢氏　二十六歲夫亡,旌年四十八。

何士璉妻歸氏　二十八歲夫亡,旌年五十一。

生員葉芬妻鍾氏　三十歲夫亡,撫子入泮。旌年五十一。

朱某妻劉氏　三十歲夫亡,旌年四十六。

王學詳妻鍾氏　二十一歲夫亡,旌年四十五。

吳玉書妻高氏　十九歲夫亡,旌年四十三。

徐朝元妻陳氏　二十一歲夫亡,旌年四十二。

監生張笙六妻沈氏　二十五歲夫亡,旌年四十一。

訓導陳鑌繼妻鍾氏,妾王氏　鍾二十八歲夫亡,王時二十九,同守苦節。鍾旌年五十一,王旌年五十二。

朱裕章妻計氏　二十九歲夫亡,旌年四十九。

生員何祖望妻杜氏　十六歲夫亡,旌年五十五。

司獄何灝妾蔣氏　二十八歲灝亡,撫孤,守節。旌年四十八。

貢生陳統治妾朱氏　二十四歲統治亡,撫孤,守節。旌年五十五。

孫光耀妻唐氏　二十三歲夫亡,守節。旌年四十四。

監生孫鈺妻朱氏　三十歲夫亡,守節。旌年六十一。

曹翰宗妻顧氏　二十六歲夫亡,守節。旌年七十一。

吳佩雲妻辥氏　二十二歲夫亡,守節。旌年六十七。

吳可宗妻張氏　二十六歲夫亡,守節。旌年六十二。

陳守仁妻徐氏　二十九歲夫亡,守節。旌年六十五。

茅大成妻康氏　二十一歲夫亡,守節。旌年五十二。

曹系衍妻朱氏　二十四歲夫亡,守節。旌年五十二。

章思永妻陸氏

朱某妻茅氏　二十六歲夫亡,守節。旌年五十二。

曹某妻張氏　十九歲夫亡,守節。旌年四十九。

朱鈃妻劉氏　二十九歲夫亡,守節。旌年四十九。

沈滙廷妾池氏　三十歲夫亡,守節。旌年五十五。

胡榮先妻袁氏　二十六歲夫亡,守節。旌年八十二。

張元熙妻陳氏　十七歲夫亡,守節。旌年三十七。

楊慶坤妻李氏　二十七歲夫亡,守節。旌年五十二。

朱與懽妻謝氏　二十七歲夫亡,守節。旌年五十四。

謝廷昌妻歸氏　二十八歲夫亡,守節。旌年四十九。

張文佩妻忻氏　二十五歲夫亡,守節。旌年四十五。

賈雨康妻朱氏　二十六歲夫亡,守節。旌年六十一。

陸維嵩妻陸氏　十九歲夫亡,守節。旌年五十二。

吳桐妻鍾氏　三十歲夫亡,守節。旌年五十二。

王煥宸妻徐氏　二十五歲夫亡,旌年四十九。

朱欽朝妻王氏　二十七歲夫亡,旌年四十九。

李正忠妻沈氏　三十歲夫亡,旌年六十。

楊培立妻沈氏　二十四歲夫亡,旌年五十。

黃佩鳴妻錢氏　三十歲夫亡,旌年七十四。

沈大源妻錢氏　二十四歲夫亡,旌年六十七。

鍾久聞妻沈氏　三十歲夫亡,旌年五十。

姜某妻楊氏　十九歲夫亡,旌年五十一。

王元發妻劉氏　二十五歲夫亡,旌年五十三。

錢振乾妻沈氏　二十九歲夫亡,旌年七十七。

王茂蔭妻呂氏　三十歲夫亡,旌年五十二。

王丙信妻倪氏　二十四歲夫亡,旌年五十四。

郁心栢妻倪氏　三十歲夫亡,旌年五十八。

彭幹庭妻陳氏　三十歲夫亡,旌年六十二。

生員項庚吉妻金氏　二十三歲夫亡,旌年四十六。

沈樹妻項氏　二十三歲夫亡,旌年四十六。

李義觀妻史氏　二十八歲夫亡,旌年五十四。

屠文端妻姚氏　二十二歲夫亡,撫遺腹子成立。旌年四十九。

訓導朱振圖妾吳氏　二十四歲夫亡,旌年六十三。

沈永齡妻周氏　三十歲夫亡,旌年五十四。

李之翰妻費氏　二十六歲夫亡,撫遺腹子成立。旌年六十六。

王省槐妻張氏　二十一歲夫亡,旌年四十八。

婁養恬妻張氏　二十九歲夫亡,旌年五十一。

職員莊孟芳妾汪氏　二十九歲孟芳亡,旌年五十九。

高鳳翔妻錢氏　二十七歲夫亡,旌年四十九。

曹勤書妻楊氏　二十三歲夫亡,旌年四十三。

周錫緋妻趙氏　二十二歲夫亡,旌年五十八。

何欽妻陳氏　二十九歲夫亡,旌年五十二。

張大文妻陶氏　二十五歲夫亡,旌年五十七。

監生周長庚妾沈氏　三十歲長庚亡,守節二十七年。

蔣鳴皋妻陳氏　二十五歲夫亡,旌年五十三。

方士誼妻仲氏　二十九歲夫亡,旌年五十七。

溫爾厚妻賞氏　二十二歲夫亡,撫子祖崧入泮。旌年四十。

許正榮妻邊氏　二十五歲夫亡,旌年六十九。

屠雲和妻錢氏　二十九歲夫亡,旌年五十二。

知州張樹勳妾楊氏　　十九歲張亡,撫子以莊入泮。旌年三十九。

生員陳燾妻董氏　　二十五歲夫亡,旌年四十九。

沈登庸妻王氏　　二十歲夫亡,旌年五十九。

懷啟昆妻顧氏　　二十歲夫亡,旌年七十一。

監生徐玉如妻張氏　　二十九歲夫亡,旌年五十。

張佩珍妻方氏　　二十五歲夫亡,旌年五十二。

錢凝德妻沈氏　　二十一歲夫亡,旌年六十四。

張純如妻楊氏　　二十一歲夫亡,旌年五十四。

許松元妻陸氏　　二十三歲夫亡,旌年五十三。

王楷妻楊氏　　二十三歲夫亡,旌年四十五。

史耀祖妻陳氏　　二十五歲夫亡,旌年四十五。

錢尚德妻莫氏　　二十九歲夫亡,旌年七十五。

唐翰儒妻錢氏　　二十八歲夫亡,旌年五十八。

錢尚備妻徐氏　　二十八歲夫亡,旌年六十二。

錢尚坤妻沈氏　　二十九歲夫亡,旌年六十二。

屠廣仁妻姚氏　　二十一歲夫亡,旌年四十七。

楊國柱妻張氏　　二十八歲夫亡,旌年五十五。

婁伯吹繼妻陶氏　　二十三歲夫亡,旌年四十四。

張國安妻岳氏　　二十七歲夫亡,旌年四十九。

王耀高妻盛氏　　二十九歲夫亡,旌年六十。

陳坤年妻淩氏　　二十二歲夫亡,旌年五十六。

龔明德妻陸氏　　二十九歲夫亡,旌年六十九。

王志元妻萬氏　　二十七歲夫亡,旌年七十六。

郁漢祥妻卜氏　　三十歲夫亡,旌年七十九。

郁沛華妻羅氏　　二十三歲夫亡,旌年五十九。

陳漢璜妻富氏　　二十七歲夫亡,旌年七十七。

黃軒妻曹氏　　二十三歲夫亡,旌年五十八。

汪汝黿妻胡氏　　二十九歲夫亡,旌年五十一。

李景範妻金氏　　三十歲夫亡,旌年六十四。

潘廷桂妻張氏　　二十九歲夫亡,旌年五十九。

李成基妻俞氏　　二十二歲夫亡,旌年四十五。

卜百福妻史氏　　二十七歲夫亡,旌年八十一。

卜舜樂妻陸氏　　二十歲夫亡,旌年六十二。

尤國柱妻劉氏　　二十一歲夫亡,旌年五十九。

吳憲成妻趙氏　　二十六歲夫亡,旌年八十三。

包輔煌妻錢氏　　二十九歲夫亡,旌年五十六。

袁鳳高妻顧氏　　二十三歲夫亡,旌年四十三。

徐科妻王氏　　二十二歲夫亡,旌年四十四。

嚴錫周妻沈氏　　二十九歲夫亡,旌年六十六。

蘇鳳妻江氏　　二十四歲夫亡,旌年四十四。

俞文華妻陳氏　　二十九歲夫亡,旌年七十二。

錢文裕妻盛氏　　二十五歲夫亡,旌年四十八。

陳志奎妻陸氏　　二十四歲夫亡,旌年六十。

洪茂亨妻徐氏　　十九歲夫亡,旌年五十二。

監生王粹菴妻陸氏　　三十歲夫亡,旌年六十一。

沈品三妻計氏　　三十歲夫亡,旌年八十五。

施芳貴妻吳氏　　二十八歲夫亡,旌年五十二。

李坤發妻張氏　　二十七歲夫亡,旌年五十。

王炳福妻徐氏　　二十三歲夫亡,旌年七十五。

錢應元妻陸費氏　　二十七歲夫亡,旌年五十一。

鍾益齋妻徐氏　　二十九歲夫亡,旌年五十。

徐元章妻王氏　　二十九歲夫亡,旌年五十三。

淩永祥妻徐氏　　二十九歲夫亡,旌年八十三。

胡純嘏妻朱氏　　二十九歲夫亡,旌年八十二。

李躍淵妻沈氏　　二十四歲夫亡,旌年五十六。

陳耀祖妻戚氏　　二十二歲夫亡,旌年四十二。

陸萬年妻史氏　　二十六歲夫亡,旌年七十八。

李鉉妻陳氏　　二十五歲夫亡,旌年八十三。

鮑雲龍妻石氏　　二十七歲夫亡,旌年八十二。

沈可成妻江氏　　二十歲夫亡,旌年八十一。

朱憲章妻胡氏　　二十九歲夫亡,旌年五十一。

朱振章妻施氏　　二十九歲夫亡,旌年五十二。

馮學模妻沈氏　　二十九歲夫亡,旌年六十一。

杜秀元妻陸氏　　二十六歲夫亡,旌年四十九。

曹敬榮妻殳氏　　二十七歲夫亡,旌年四十八。

董變飛妻朱氏　　三十歲夫亡,旌年六十。

孟嘉珍妻張氏　　二十一歲夫亡,旌年七十。

梅毓漣妻錢氏　　二十一歲夫亡,現年八十二。

章振海妻阮氏　　二十歲夫亡,旌年六十五。

章紹中妻錢氏　　二十四歲夫亡,旌年五十一。

張景安妻沈氏　　二十八歲夫亡,旌年四十九。

馬厚載妻吳氏　　二十二歲夫亡,旌年六十。

俞振麟妻沈氏　　二十四歲夫亡,旌年六十七。

梅瑞林妻符氏　　二十八歲夫亡,旌年六十四。

梅大榮妻錢氏　十八歲夫亡,旌年五十八。

邱委臣妻趙氏　二十九歲夫亡,旌年七十。

于輔周妻高氏　三十歲夫亡,旌年五十二。

諸大來妻諸氏　二十二歲夫亡,旌年六十二。

沈瑞華妻萬氏　二十四歲夫亡,旌年四十五。

楊貴成妻周氏　二十五歲夫亡,旌年五十七。

梅倫妻顏氏　二十九歲夫亡,旌年五十一。

淩星如妻包氏　二十二歲夫亡,旌年五十四。

徐有良妻李氏　十九歲夫亡,旌年四十一。

沈載明妻許氏　二十二歲夫亡,旌年五十四。

楊廣如妻戴氏　二十九歲夫亡,旌年七十四。

許永豐妻林氏　二十二歲夫亡,旌年五十二。

盛模妻卜氏　二十二歲夫亡,旌年四十四。

潘永年妻陸氏　三十歲夫亡,旌年五十七。

潘景賢妻陸氏　二十五歲夫亡,旌年五十。

沈懋庭妻陳氏　二十六歲夫亡,旌年七十。

鈕殿發妻金氏　三十歲夫亡,旌年五十二。

俞光宗妻卜氏　二十八歲夫亡,旌年八十四。

張琢斐妻李氏　二十三歲夫亡,旌年四十六。

李端伯妻蕭氏　二十一歲夫亡,旌年五十八。

何才發妻黃氏　二十四歲夫亡,旌年五十。

俞殿益妻金氏　二十九歲夫亡,旌年六十五。

張元愷妻趙氏　二十四歲夫亡,旌年六十二。

陳鳳琴妻朱氏　二十五歲夫亡,旌年六十二。

劉聖祥妻史氏　二十三歲夫亡,旌年四十九。

陸山叔妻王氏　二十六歲夫亡,旌年五十七。

沈禹良妻朱氏　二十四歲夫亡,旌年五十九。

吳文魁妻徐氏　二十八歲夫亡,旌年五十九。

姚益栽妻沈氏　二十七歲夫亡,旌年五十一。

楊鳳春妻趙氏　二十九歲夫亡,旌年六十二。

趙顯伯妻莫氏　二十五歲夫亡,旌年四十九。

姚元愷妻錢氏,子國珍妻吳氏　錢二十四寡,旌年七十四。吳二十三寡。旌年五十七。

倪霽妻盛氏,子文燾妻盛氏　姑二十八夫亡,守節四十年。媳二十九夫亡,旌年五十二。

徐申錫妻殷氏　二十一歲夫亡,旌年六十二。

范秀源妻孫氏　二十三歲夫亡,旌年四十九。

于天瑞妻顧氏　二十六歲夫亡,旌年六十八。

生員沈廷槐妻孫氏　二十五歲夫亡,旌年四十五。

監生魏於賓妾孫氏　二十七歲於賓亡,旌年八十三。

于樹本妻陳氏　二十七歲夫亡,旌年五十七。

舉人盛善持妾王氏,二十四歲善持亡,旌年四十九。

陳宗蔭妻戴氏　二十九歲夫亡,撫嗣。守節二十一年。

吳肇魁妻陳氏　二十七歲夫亡,撫孤。守節二十年。

馬元坤繼妻沈氏　二十三歲夫亡,旌年四十九。

徐毓齡妻孫氏　二十五歲夫亡,旌年五十七。

程作璜妻陸氏　二十歲夫亡,旌年四十一。

朱德潤妾沈氏

史天榮妻薛氏　二十九歲夫亡,守節四十二年。

馬蔚文妻施氏　二十三歲夫亡,守節二十八年。

潘允中妻沈氏　十八歲夫亡,守節四十八年。

張芬妻毛氏

王聖培妻張氏　二十四歲夫亡,守節四十二年。

沈南山妻樂氏　二十歲夫亡,守節四十一年。

沈映棠妻張氏　二十四歲夫亡,守節二十六年。

褚鳴玉妻路氏

婁雲史妻沈氏　二十九歲夫亡,守節六十六年。

姚憲文妻虞氏　三十歲夫亡,守節二十六年。

生員金鼇妾朱氏　三十歲鼇亡,守節二十一年。

莊補亭妻唐氏　二十九歲夫亡,守節三十七年。

朱尚衡妻莊氏　二十三歲夫亡,守節四十八年。

計有恆妻屠氏　二十九歲夫亡,守節二十三年。

沈廷昌妻姚氏　三十歲夫亡,守節四十二年。

姚汝梅妻俞氏　二十一歲夫亡,守節二十四年。

趙雲鳳妻金氏　二十四歲夫亡,守節四十七年。

懷萬年妻卜氏　二十七歲夫亡,守節二十三年。

懷萬元妻盛氏　二十九歲夫亡,守節三十三年。

濮建山妻魯氏　二十九歲夫亡,守節二十四年。

生員嚴奉璋妻沈氏　二十九歲夫亡,旌年五十二。

陸錫山妻張氏　二十七歲夫亡,旌年五十。

徐廷金妻梅氏　二十五歲夫亡,旌年六十七。

盛陳元妻吳氏　二十一歲夫亡,旌年五十三。

王敬敷妻殳氏　二十七歲夫亡,旌年八十七。

姜聲濤妻劉氏　二十四歲夫亡,旌年七十八。

曹士建妻曹氏　二十四歲夫亡,旌年四十四。

胡鴻妻姚氏　三十歲夫亡,旌年五十三。

金聖恒妻吳氏　　二十九歲夫亡,旌年五十。

王鏞妻金氏　　二十七歲夫亡,旌年四十五。

杜功成妻葛氏　　二十五歲夫亡,旌年五十一。

李性天妻沈氏　　二十六歲夫亡,旌年五十四。

監生鍾士榮妻沈氏　　三十歲夫亡,旌年七十八。

職監陶晉揚妝王氏　　二十九歲晉揚亡,旌年五十二。

孫茂枝妻沈氏　　二十六歲夫亡,旌年四十六。

王頤妻陳氏　　二十三歲夫亡,旌年四十六。

殳松年妻王氏　　二十七歲夫亡,旌年五十。

盛鋒繼妻呂氏　　二十八歲夫亡,旌年六十五。

沈原壽妻錢氏　　二十九歲夫亡,旌年六十四。

褚曾持繼妻沈氏　　三十歲夫亡,旌年六十三。

孫士英妻王氏　　二十五歲夫亡,旌年五十四。

周松山妻褚氏　　三十歲夫亡,撫孤,守節五十七年。

鄭曾孫妻殷氏　　二十一歲夫亡,不踰月生子,即殤,撫嗣子成立。守節二十一年。

陳承宗妻陳氏　　三十歲夫亡,撫嗣子舜薰成立,守節。旌年五十九。

陳愫亨妻汪氏　　三十歲夫亡,撫嗣子宗蔭成立,守節。旌年六十六。

徐鏞妻景氏　　二十一歲夫亡,守節二十七年。

嚴弈堂妻周氏　　二十九歲夫亡,旌年六十一。

生員陳蘭陵妻卜氏　　二十七歲夫亡,旌年五十八。

生員陳蔭南妻蔣氏　　二十九歲夫亡,旌年五十四。

張永春妻陸氏　　二十四歲夫亡,旌年四十四。

武生姚光照妻譚氏　　二十九歲夫亡,旌年五十四。

職監徐覲光妾張氏　　二十五歲覲光亡,旌年五十九。

吳天麟妻葛氏　　二十四歲夫亡,旌年五十。

陸孝齡妻周氏　　二十三歲夫亡,旌年五十五。

濮文奎妻柴氏　　二十七歲夫亡,旌年五十二。

趙鏞妻沈氏　　二十九歲夫亡,旌年五十。

監生王隆啟妻沈氏　　二十七歲夫亡,旌年五十三。

王雍家妻沈氏　　二十一歲夫亡,旌年六十。

金璉元妻沈氏　　二十歲夫亡,矢志無二,苦節五十二年。

監生陶瑚妻陳氏　　二十三歲夫亡,守節三十六年。

沈傳寅妻周氏　　二十七歲夫亡,守節三十一年。

金世海妻顧氏　　二十九歲夫亡,旌年五十九。

陳廷一妻吳氏

余德皋妻計氏

顧楣妻胡氏　　二十七歲夫亡,守節二十七年。

徐東揚妻邵氏　三十歲夫亡,守節三十二年。

王興祖妻李氏　二十五歲夫亡,守節三十二年。

祝鳳音妻陳氏

王振先妻李氏　十九歲夫亡,守節四十五年。

朱濬川妻石氏　二十五歲夫亡,守節三十六年。

陸友其妻沈氏　二十五歲夫亡,守節四十九年。

周彬勝妻吳氏　二十九歲夫亡,守節三十五年。

錢景堂妻陳氏　二十九歲夫亡,守節三十一年。

楊奐輪妻吳氏　三十歲夫亡,守節四十年。

陳倉君妻沈氏　二十八歲夫亡,守節四十一年。

項瑞林妻唐氏　二十九歲夫亡,守節四十年。

陳堯章妻吳氏　二十五歲夫亡,守節四十三年。

于麗天妻顧氏　二十八歲夫亡,守節四十七年。

盛鳴鳳妻吳氏　二十四歲夫亡,守節十七年。

吳榮昌繼妻陳氏　三十歲夫亡,守節四十二年。

計尚達妻沈氏　二十七歲夫亡,守節三十四年。

盛鋒妻呂氏　二十九歲夫亡,守節二十九年。

潘世稷妻高氏　二十五歲夫亡,守節四十年。

朱約文妻翁氏　二十三歲夫亡,守節二十六年。

屠綸如妻吳氏　二十歲夫亡,守節二十六年。

王繼修妻朱氏　二十一歲夫亡,守節二十八年。

唐榕妻陳氏　二十五歲夫亡,守節二十四年。

卜東京妻何氏　二十九歲夫亡,守節四十七年。

朱鳳池妻馬氏　二十四歲夫亡,守節三十一年。

沈坤妻顧氏　二十四歲夫亡,守節三十年。

張楚白妻潘氏　二十三歲夫亡,守節五十九年。

周魯封妻張氏　三十歲夫亡,旌年五十七。

陸乘耀妻曹氏

俞德盛妻黃氏

莊如松妻徐氏　二十四歲夫亡,守節二十六年。

宋廷柱妻張氏　二十歲夫亡,守節四十年。

唐作楫妻朱氏　二十五歲夫亡,守節四十五年。

朱某妻卜氏　二十八歲夫亡,守節五十年。

馬某妻楊氏　二十四歲夫亡,守節五十年。

曹垣妻汪氏　二十九歲夫亡,旌年七十。

范雙慶妻陸氏　二十七歲夫亡,旌年七十二。

盛善道妻方氏　二十七歲夫亡,旌年五十九。

王嘉賓妻許氏

楊世泰妻高氏　　二十九歲夫亡,旌年七十二。

殷鳳鳴妻俞氏　　二十九歲夫亡,旌年七十二。

張履祥繼妻孫氏

沈石渠妻吳氏　　二十九歲夫亡,守節三十五年。

懷文瑞妻徐氏　　二十九歲夫亡,守節二十八年。

周立揚妻沈氏　　二十八歲夫亡,守節四十五年。

朱文玉妻楊氏　　二十九歲夫亡,守節三十五年。

張萬春妻盛氏　　二十二歲夫亡,守節四十八年。

朱學成妻何氏　　二十五歲夫亡,守節五十七年。

吳錦安妻方氏　　二十二歲夫亡,守節二十四年。

監生陳立蒼妻孫氏　　二十一歲夫亡,守節五十四年。

監生盛世錦妻樊氏　　三十歲夫亡,守節五十二年。

舉人卜仲生妻潘氏　　二十六歲夫亡,撫二子入泮。守節十七年。

徐廷元妻徐氏　　十九歲夫亡,守節五十五年。

倪惠高妻趙氏　　二十七歲夫亡,守節二十四年。

錢尚質妻薛氏　　二十二歲夫亡,守節三十二年。

曹廷桂妻楊氏　　二十七歲夫亡,守節三十七年。

卜尚忠妻陳氏　　二十歲夫亡,守節五十一年。

張世榮妻沈氏　　二十四歲夫亡,守節二十六年。

監生陳樑妾辥氏高氏　　俱二十八歲而寡,守節。旌年五十四。

監生沈廷梧妻陳氏　　二十一歲夫亡,旌年四十九。

鄭聖燮妻殷氏　　十八歲夫亡,旌年四十一。

陳賜彤妻陸氏　　二十九歲夫亡,撫子宗器等三人入泮。旌年六十二。

張廷榮妻懷氏　　二十一歲夫亡,旌年七十八。

陳紹祥妻黃氏　　二十二歲夫亡,旌年四十四。

陳克明妻彭氏　　二十歲夫亡,旌年六十八。

沈廷栢妻許氏　　二十七歲夫亡,旌年五十七。

胡世有妻吳氏　　二十二歲夫亡,撫遺腹子成立。旌年五十。

張瑞發妻胡氏　　二十六歲夫亡,旌年六十六。

吳永安妻錢氏　　二十九歲夫亡,旌年五十五。

監生陳元塤妾施氏　　三十歲元塤亡,旌年五十一。

沈玉衡妻胡氏　　二十三歲夫亡,旌年五十八。

朱守鏞妻顧氏　　二十八歲夫亡,旌年五十一。

辥福崑妻吳氏　　二十四歲夫亡,旌年五十三。

卜壽林妻朱氏　　十九歲夫亡,旌年四十五。

楊御臣妻顧氏　　二十歲夫亡,旌年四十二。

徐永成妻莫氏　　二十四歲夫亡,旌年四十六。

高世熙妻孫氏　　二十三歲夫亡,旌年七十八。

王永發妻顧氏　　二十九歲夫亡,旌年五十八。

生員汪代梅妻邵氏　　二十五歲夫亡,守節二十五年。

鄭兆嘉妻汪氏　　二十七歲夫亡,撫孤。守節十七年。

夏建崑妻潘氏　　二十六歲夫亡,事姑至孝,撫孤成立。守節二十四年。

濮鍾妻糜氏　　二十三歲夫亡,守節三十三年。

生員于鋆妻李氏　　二十九歲夫亡,守節三十年。

吳有常妻于氏　　二十九歲夫亡,守節三十四年。

于守仁妻賈氏　　三十歲夫亡,旌年六十七。

莫大言妻盛氏　　二十七歲夫亡,旌年七十七。

陳雲昌妻徐氏　　二十八歲夫亡,旌年五十八。

吳德明妻張氏　　三十歲夫亡,旌年六十五。

懷本成妻于氏　　二十八歲夫亡,守節。旌年五十六。

盛允良妻沈氏　　二十四歲夫亡,守節旌年五十五。

吳雲瞻妻沈氏　　三十歲夫亡,守節六十四年。

王瑞堂妻朱氏　　二十八歲夫亡,旌年四十八。

武生陸贊寧繼妻朱氏　　二十九歲夫亡,撫孤成立,守節二十二年。

張天祥妻徐氏

諸升揚妻楊氏

王名揚妻姚氏

何德山妻金氏

潘宏遠妻郭氏

金玉璋妻陳氏

徐御文妻沈氏　　以上于《志》。

王世桂妻施氏　　二十七歲夫亡,守節。旌年五十二。

鮑廷良妻湯氏　　二十五歲夫亡,守節。旌年五十七。

陶權順妻楊氏　　三十歲夫亡,守節。旌年五十六。

陶祥順妻吳氏　　二十四歲夫亡,守節。旌年五十。

生員張鶴齡妻卜氏　　二十一歲夫亡,守節四十二年。

儒童范晉錫妻徐氏　　二十七歲夫亡,守節十四年。　　以上道光二十一年旌。

儒童劉鏞妻岳氏　　二十四歲夫亡,守節。旌年五十八。

孫士英妻王氏　　二十五歲夫亡,守節。旌年五十六。

石坤玉妻喻氏　　二十六歲夫亡,守節。旌年六十四。

薛大璋繼妻卜氏　　二十六歲夫亡,守節。旌年五十。　　以上道光二十二年旌。

錢紹周妻王氏　　二十五歲夫亡,守節。旌年六十三。

仲禹皋妻張氏　　二十九歲夫亡,守節。旌年四十六。

范秀榮妻孫氏　　二十三歲夫亡,守節。旌年五十三。

陳永祥妻許氏　　二十四歲夫亡,守節。旌年六十。

方士爕繼妻王氏　　二十八歲夫亡,守節。旌年五十一。

劉應禮妻李氏　　二十四歲夫亡,守節。旌年五十三。

范國楨繼妻沈氏　　二十六歲夫亡,守節。旌年六十七。

淩浩如妻王氏　　二十三歲夫亡,守節三十一年。

儒童龔柱妻沈氏　　二十九歲夫亡,守節三十二年。

儒童趙鋘妻陸氏　　二十三歲夫亡,守節二十二年。

儒童黃濂士妻徐氏　　二十八歲夫亡,守節三十三年。

監生金璉妻沈氏　　三十歲夫亡,守節四十年。

范孝度妻俞氏　　二十三歲夫亡,守節十一年。　　以上道光二十四年旌。

陸在三妻陳氏　　二十六歲夫亡,守節。旌年五十六。

儒童方士誼妻仲氏　　二十九歲夫亡,守節。旌年六十一。

儒童周國維妻陸氏　　二十五歲夫亡,守節。旌年五十八。

姚瑞章妻吳氏　　三十六歲夫亡,守節。旌年五十三。

監生沈鈺妻徐氏　　二十六歲夫亡,守節。旌年六十四。

儒童郁一山妻周氏　　二十九歲夫亡,守節。旌年七十一。

陳錫華妻張氏　　二十五歲夫亡,守節。旌年五十二。

楊鳴皋妻馮氏　　二十五歲夫亡,守節。旌年六十五。

生員項庚妻金氏　　二十五歲夫亡,旌年五十二。

盛中孚妻潘氏　　十九歲夫亡,守節六十一年。

張元杰妻費氏　　二十四歲夫亡,守節五十八年。

王才元妻陸氏　　二十四歲夫亡,守節二十一年。

朱九皋妻何氏　　二十八歲夫亡,守節三十一年。

儒童姜煥如妻吳氏　　二十七歲夫亡,守節三十二年。

儒童姜玉堂妻吳氏　　二十九歲夫亡,守節三十九年。

典史于橚繼妻陶氏　　二十六歲夫亡,守節二十一年。　　以上道光二十五年旌。

錢名妻沈氏　　二十八歲夫亡,守節。旌年五十三。道光二十七年旌。

監生楊日新妻鄭氏　　二十九歲夫亡,守節。旌年六十二。道光二十八年旌。

沈松廷妻葉氏　　二十五歲夫亡,守節。旌年五十一。道光三十年旌。

生員姚金榜妻陸氏　　二十五歲夫亡,守節。旌年六十五,咸豐二年旌。

監生程世治妻張氏　　二十四歲夫亡,守節。旌年五十五,咸豐三年旌。

儒童唐漢元妻于氏　　二十九歲夫亡,孝事孀姑,撫孤成立。守節三十年。咸豐四年旌。

鄒洪聲妻姚氏　　二十九歲夫亡,守節三十一年。咸豐五年旌。

生員錢東繼妻張氏　　二十五歲夫亡,撫前氏子保榮成立。守節以終。

監生陶允元妻屈氏　　二十七歲夫亡。旌年五十一。

沈德昭妻莫氏　　二十五歲夫亡,守節。旌年六十九。　　以上咸豐七年旌。

生員沈榦妻曹氏　二十五歲夫亡，撫嗣。守節十七年。

生員朱炯妻包氏　二十九歲夫亡，撫孤。守節二十三年。

韓方周妻陳氏　二十二歲夫亡，撫孤。守節二十二年。

孫鳳鳴妻沈氏　二十八歲夫亡，撫孤。守節十二年。

計玉林妻李氏　二十一歲夫亡，撫嗣。守節五十五年。

懷光照妻吳氏　二十九歲夫亡，撫孤。守節四十年。

儒童張昌言妻卜氏　二十九歲夫亡，守節十七年。

馬煒妻田氏　二十二歲夫亡，撫孤。守節二十三年。

謝錦山妻張氏　二十九歲夫亡，撫孤。守節三十八年。

職員何欽妻陳氏　二十八歲夫亡，撫孤。守節二十八年。

陸奏旋妻翁氏　二十九歲夫亡，撫孤。守節四十一年。

楊瑞楨妻翟氏　二十九歲夫亡，撫孤。守節三十三年。

生員翁堃妻金氏　二十歲夫亡，撫孤。守節二十四年。

陶巽龍妻沈氏　十八歲夫亡，守節四十年。

殳彥英妻陸氏　二十八歲夫亡，撫孤。守節十年。

李成基妻俞氏　二十三歲夫亡，撫孤。守節二十八年。

阮韞珠妻余氏　十九歲夫亡，守節三十一年。

王士林妻沈氏　二十五歲夫亡，撫孤。守節三十三年。

徐潤妻樊氏　二十二歲夫亡，守節十年。

沈德峻妻俞氏　二十七歲夫亡，撫孤。守節四十四年。

周仕勳妻吳氏　二十八歲夫亡，撫孤。守節五十三年。

許坤和妻沈氏　二十八歲夫亡，守節二十二年。

佴尚賢妻丁氏　二十一歲夫亡，撫孤，守節十年。

倪文濤妻盛氏　二十九歲夫亡，守節二十三年。

辜氓梧妻沈氏　二十八歲夫亡，撫孤。守節十八年。

沈鎮楚妻邱氏　二十九歲夫亡，撫孤。守節五十二年。

生員黃嗇妻曹氏　二十三歲夫亡，守節三十年。

金寶山妾王氏　二十歲寶山亡，守節十三年。

許聲高妻李氏　二十八歲夫亡，撫孤。守節三十一年。

倪煥文妻陸氏　二十六歲夫亡，撫孤。守節十三年。

馬越華妻張氏　二十九歲夫亡，守節四十三年。

張晉照妻夏氏　二十九歲夫亡，撫孤。守節四十二年。

生員沈福田妻朱氏　二十二歲夫亡，撫嗣。守節。旌年五十八。

儒童丁衍鼎妻胡氏　二十八歲夫亡，撫孤。守節。旌年五十三。

沈秀甫妻韓氏　三十歲夫亡，撫孤。守節。旌年七十三。

生員陳鈺妻范氏　二十九歲夫亡，撫孤。守節。旌年七十四。

周保賢妻王氏　二十八歲夫亡，撫嗣。守節。旌年五十八。

郭霈妻程氏　　二十二歲夫亡,撫孤。守節。旌年五十六。

楊瑞林妻章氏　　三十歲夫亡,撫孤。守節。旌年六十二。

楊開蓉妻夏氏　　二十八歲夫亡,撫孤。守節。旌年五十八。

儒童吳浩妻陳氏　　二十二歲夫亡,守節。旌年六十二。

宋筠忠妻蘇氏　　二十八歲夫亡,守節。旌年五十。

陳舜川妻楊氏　　二十九歲夫亡,撫孤。守節。旌年五十八。

董其良繼妻殷氏　　二十六歲夫亡,撫孤。守節。旌年五十。

沈暎階妾張氏　　二十四歲暎階亡,撫孤。守節。旌年七十。

陸鋐文妻彭氏　　二十五歲夫亡,撫孤。守節。旌年六十二。

阮韞玉妻周氏　　二十九歲夫亡,撫嗣。守節。旌年六十九。

王洪妻沈氏　　二十二歲夫亡,撫孤。守節。旌年六十六。

生員朱三壬妻盛氏　　二十七歲夫亡,撫孤。守節。旌年六十一。

吳永發妻張氏　　二十七歲夫亡,守節。旌年六十一。

錢聚奎妻張氏　　二十七歲夫亡,撫孤。守節。旌年五十二。

沈朝榮妻張氏　　二十八歲夫亡,撫孤。守節。旌年六十二。

副貢生王維翰妻沈氏　　二十一歲夫亡,撫孤。守節。旌年五十五。

儒童姚錫全妻楊氏　　二十八歲夫亡,守節。旌年五十七。

朱介眉妻許氏　　二十九歲夫亡,撫孤,守節。旌年八十二。

章俊臣妻徐氏　　二十五歲夫亡,守節。旌年五十三。

張承沛妻王氏　　二十九歲夫亡,守節。旌年六十七。

徐畬堂妻郁氏　　二十五歲夫亡,撫孤。守節。旌年五十八。

張以鑑繼妻汪氏　　三十七歲夫亡,守節。旌年五十八。

姚廷獻妻懷氏　　二十八歲夫亡,撫孤。守節。旌年五十八。

生員孟寶銘繼妻顧氏　　二十九歲夫亡,撫孤。守節。旌年五十。

王位東繼妻顧氏　　三十歲夫亡,守節。旌年六十。

張奎勳繼妻胡氏　　二十三歲夫亡,撫孤。守節。旌年五十六。

盛惪繼妻史氏　　二十九歲夫亡,撫孤。守節。旌年五十。

富正發妻張氏　　二十五歲夫亡,守節。旌年五十一。

裘駿聲妻顧氏　　二十二歲夫亡,撫嗣。守節。旌年六十三。

顧振聲妻俞氏　　二十六歲夫亡,撫孤。守節。旌年五十七。

倪晴川妻沈氏　　二十歲夫亡,撫孤。守節。旌年七十二。

萬錦成妻馬氏　　二十九歲夫亡,守節。旌年五十三。

殳德昌妻方氏　　二十五歲夫亡,撫孤。守節。旌年六十六。

姚書瑚妻王氏　　二十八歲夫亡,撫孤。守節。旌年六十五。

沈世柄妻楊氏　　三十歲夫亡,守節。旌年五十七。

俞德釗妻馬氏　　二十歲夫亡,撫嗣。守節。旌年五十。

王春榮妻姚氏　　二十五歲夫亡,守節。旌年五十。

施介義妻石氏　二十七歲夫亡,撫孤。守節。旌年五十。

張廷相妻黃氏　二十五歲夫亡,守節。旌年五十。

于應渭妻李氏　三十歲夫亡,撫嗣。守節。旌年五十。

朱人桂妻沈氏　二十八歲夫亡,守節。旌年五十。

吳霞妻夏氏　三十歲夫亡,守節。旌年五十。

葉金昆妻唐氏　二十八歲夫亡,撫嗣。守節。旌年五十。

朱應元妻周氏　二十七歲夫亡,撫尉。守節。旌年五十。

王用錫妻徐氏　二十六歲夫亡,守節。旌年五十。

沈鳳妻金氏　二十四歲夫亡,撫孤。守節。旌年五十。

費九臯妻張氏　二十三歲夫亡,撫嗣。守節。旌年五十。

邵濂妻屠氏　二十二歲夫亡,守節。旌年六十。

俞榮慶妻王氏　二十歲夫亡,守節。旌年五十一。

魏士鳳妻郁氏　二十歲夫亡,撫孤。守節。旌年五十。

王志榮妻徐氏　二十八歲夫亡,撫孤。守節。旌年五十一。

徐中和妻張氏　二十二歲夫亡,守節。旌年五十二。

生員項朝鑾妻曹氏　二十三歲夫亡,撫嗣。守節。旌年五十三。

張春妻朱氏　三十歲夫亡,撫孤。守節。旌年五十四。

邵大生妻吳氏　二十五歲夫亡,守節。旌年五十四。

徐叙山妻莫氏　二十四歲夫亡,守節。旌年五十四。

徐彙芳妻陳氏　二十九歲夫亡,守節。旌年五十七。

章天申妻朱氏　二十一歲夫亡,守節。旌年五十五。

生員沈崧妻錢氏　二十七歲夫亡,撫嗣。守節。旌年五十七。

王振文妻嚴氏　二十歲夫亡,撫孤。守節。旌年五十。

監生姚禹謨妻王氏　二十九歲夫亡,撫孤。守節四十年。十年殉難。

胡大德妻陸氏　二十一歲夫亡,守節。旌年五十七。　　以上咸豐八年旌。

武生金國龍妻朱氏　二十三歲夫亡,守節二十三年。

潘志棠妻張氏　二十四歲夫亡,守節三十八年。

徐畬棠妻高氏　二十五歲夫亡,守節三十五年。

儒童錢璋妻吳氏　二十九歲夫亡,守節二十一年。　　以上咸豐九年旌。

李良載妻卜氏　二十六歲夫亡,守節。旌年五十七。同治八年旌。

徐引妻陸氏　二十八歲夫亡,守節。旌年五十一,同治九年旌。

沈汝恭妻孫氏　二十八歲夫亡,守節。旌年五十一,同治十二年旌。

范錦華妻沈氏　二十一歲夫亡,守節二十四年,同治十二年旌。

沈亨祺妻朱氏　二十一歲夫亡,守節。旌年五十。

嚴景福妻邵氏　二十歲夫亡,守節。旌年五十四。

卜頡雲妻陸氏　二十一歲夫亡,守節。旌年六十。

虞學錦妻吳氏　二十五歲夫亡,守節。旌年五十七。

鍾應雷妻陳氏　二十七歲夫亡,守節。旌年六十七。

龔承祖妻鄭氏　二十六歲夫亡,守節十九年。

監生費坤元妻吳氏　二十五歲夫亡,撫嗣丙增成立。守節三十九年。

監生陳塾妻于氏　二十七歲夫亡,守節二十四年以上。光緒元年旌。

職員陳功叙妻沈氏　二十九歲夫亡,撫孤成立。守節十八年。郡守宗給額獎之,光緒二年旌。

職員陳右曾妻錢氏　二十八歲夫亡,守節二十五年。

儒童董文瀾妻張氏　二十一歲夫亡,遺孤方五月,撫訓成立。孝事翁姑。守節二十五年。

陶槙妻盛氏　二十九歲夫亡,守節三十二年。

陳卓群妻朱氏　二十六歲夫亡,守節四十四年。

陳壽仙妻金氏　二十七歲夫亡,守節四十八年。

陳宏遠妻沈氏　二十五歲夫亡,守節。現年七十五。

生員梅長鑣妻董氏　二十三歲夫亡,守節四十年。

沈國樑妻顧氏　以上已旌。

儒童褚寶璿妻曹氏　二十一歲適褚,婚半載夫亡。事姑盡孝。守節十五年。

生員褚榮椿妻范氏　有傳。

朱景煜妻陳氏　二十七歲夫亡,食貧,守節。越十年遇粵匪,殉難。

沈遇春妻胡氏　二十一歲夫亡,孝養翁姑,撫孤成立。現年四十九。

從九品馬霈霖妻計氏　二十八歲夫亡,撫姪爲嗣,教養成立。守節八年。

從九品馬雯霈繼妻石氏　二十三歲夫亡,與計氏同撫孤成立。現年四十三。

胡世照妻顧氏　三十歲夫亡,撫孤成名。營葬翁姑。守節三十六年。

方粹然妻于氏　二十四歲夫亡,善事翁姑,撫孤成名。守節四十八年。

監生莫嘉憙妻范氏　二十八歲夫亡,家貧,勤紡績度日,撫孤成立。守節三十三年。

徐張氏　二十六歲夫亡,現年七十五。

陳紫垣妻何氏　二十七歲夫亡,撫遺腹子善鑑,教養倍至,早歲入庠。

儒童何聲同妻盛氏　二十九歲夫亡,守節。

王寶彥妻裘氏　二十五歲夫亡,守節四十五年。

生員褚廷鷺妻吳氏　二十二歲夫亡,守節三十三年。

生員趙恩組妻陶氏　二十七歲夫亡,守節五十一年。

監生沈之英妻張氏　二十六歲夫亡,守節二十六年。

周光鑑妻宋氏　十九歲夫亡,撫嗣敬卿成立。守節三十四年。

顧運保妻陸氏　二十四歲夫亡,守節,現年五十八。

史悠成妻唐氏　二十一歲夫亡,撫夫兄子久清爲嗣。現年五十九。

生員虞寶辰妻汪氏　二十歲夫亡,守節,撫遺腹子葵成名,葵又卒。現年五十八。

金湯允妻馮氏　夫亡,守節已三十五年。

金雍洽妻魏氏　夫亡,守節已三十三年。

金大田妻彭氏　夫亡,守節已三十二年。

金廷章妻郭氏　二十一歲夫亡,遺八齡孤,撫訓成立。守節五十六年。

陳文惠妻陸氏　二十四歲夫亡,守節。旌年六十九。
楊士龍妻樊氏　十五歲夫亡,守節。旌年三十四。
沈椒圃妻魏氏　二十歲夫亡,守節五十二年。
張域妻楊氏　夫早亡,遺孤榮鏊,與孀姑胡氏共撫之,矢志守節。
顧方元妻朱氏　二十七歲夫亡,守節。旌年四十八。
徐大榮妻嚴氏　二十四歲夫亡,守節二十四年。
吴世栢妻陸氏　二十七歲夫亡,守節四十六年。
吴紀宗妻沈氏　十九歲夫亡,守節四十五年。
屠炘妻姚氏　二十九歲夫亡,旌年六十九。
陳堉妻王氏　二十六歲夫亡,守節九年。
監生梅韻泉妻趙氏　二十三歲夫亡,守節三十八年。
沈廷貴妻吴氏
錢益安妻徐氏
張維祺妻鄒氏
儒童楊應齡妻沈氏
吴肇周妻陳氏
佾生金鴻勣妻徐氏
鈕觀瀾妻張氏
鈕鳴球妻張氏
監生張尊横妻計氏
儒童沈世炳妻楊氏
儒童沈維銛妻李氏
儒童計玉林妻李氏
監生王聲潮妻陳氏
監生范魯望妻虞氏
監生黄潤堂妻施氏
贈朝議大夫許聲高妻李氏
贈朝議大夫許九如妻沈氏
監生徐春園妻汪氏
張志奇妻丁氏
監生張文奎妻于氏
唐宗朝妻于氏
錢秋帆妻賈氏
陸爲儒妻張氏
高鳳翔妻錢氏
縣丞陳堃元妻于氏
儒童汪葆熙妻唐氏

張少畦妻徐氏

蔣翰朝妻吳氏

張定錫妻錢氏

儒童周殿安妻張氏

王健行妻朱氏

方松泉妻于氏

黃銑妻李氏

沈緒光妻高氏

沈兆熊妻葉氏

沈應傳妻錢氏，姪孫媳李榮印妻倪氏，李茂印妻金氏

九品銜曹洛如妻馮氏

徐少溪妻袁氏

金徐氏

周明玉妻顧氏　　以上事實莫考。

六品銜曹濂如妻嚴氏

生員徐鴻壽妻范氏

監生倪桂廷妻王氏　　二十六歲夫亡，守節四十年。

儒童戴炳妻沈氏　　二十九歲夫亡，守節三十四年。

職員王銓繼妻周氏　　三十歲夫亡，守節四十九年。

蘇永昌妻陳氏　　二十九歲夫亡，守節三十四年。

沈坤泉妻劉氏　　二十六歲夫亡，守節十九年。

莫嘉平妻胡氏　　二十四歲夫亡，旌年六十五。

沈寶山妻王氏　　二十七歲夫亡，旌年六十六。

沈惟梅妻吳氏　　二十六歲夫亡，現年五十六。

虞沈氏　　二十五歲夫亡，現年五十八。

徐應春妻董氏

王增福妻顧氏

錢杏孫妻徐氏

項祿壽妻金氏　　二十歲夫亡，現年六十四。

生員陳令愷妻陸氏　　二十三歲夫亡，守節以終。

生員沈元期妻施氏　　三十歲夫亡，守節十九年。

陸厚成妻吳氏　　二十一歲夫亡，守節四十八年。

王宗凝妻吳氏　　二十八歲夫亡，守節三十八年。

茅大成妻康氏　　二十一歲夫亡，守節四十五年。

朱某妻茅氏　　二十六歲夫亡，守節四十四年。

何士璉妻歸氏　　二十八歲夫亡，守節四十一年。

朱與權妻謝氏　　二十七歲夫亡，守節三十七年。

王學祥妻鍾氏　二十一歲夫亡,守節三十八年。

處州訓導陳鑌妾王氏　二十九歲夫亡,守節二十六年。

張蘭妻葉氏　二十八歲夫亡,守節六十三年。

監生范廷宣繼妻朱氏　二十八歲夫亡,守節六十年。

錢振乾妻沈氏　二十九歲夫亡,守節五十一年。

吳涵妻朱氏　二十五歲夫亡,守節四十二年。

曹翰宗妻顧氏　二十六歲夫亡,守節四十六年。

陳昕妻吳氏　二十六歲夫亡,守節五十一年。

吳佩雲妻薛氏　二十二歲夫亡,守節五十一年。

吳可宗妻張氏　二十六歲夫亡,守節三十八年。

項源來妻嚴氏　二十八歲夫亡,守節十六年。

沈懷倫妻謝氏　二十六歲夫亡,守節二十七年。

王廷煥妻歸氏　三十歲夫亡,守節二十七年。

施延藥妻石氏　三十歲夫亡,守節二十五年。

王鑑如妻徐氏　二十五歲夫亡,守節十六年。

朱敬昭妻黃氏　二十四歲夫亡,守節五十一年。

葉瑞庭妻顧氏　二十一歲夫亡,守節六十二年。

王茂蓭妻呂氏　三十歲夫亡,守節四十一年。

金生賢妻呂氏　二十九歲夫亡,守節五十一年。

楊景珠妻王氏　二十一歲夫亡,守節五十三年。

沈楨茂妻倪氏　二十五歲夫亡,守節五十六年。

金其亮妻聞氏　二十六歲夫亡,守節五十二年。

董燮飛妻朱氏　三十歲夫亡,守節三十九年。

顧兆麟妻賈氏　二十二歲夫亡,守節五十年年。

王容度妻丁氏　二十九歲夫亡,守節四十二年。

陸俊天妻徐氏　二十六歲夫亡,守節五十三年。

鍾恒久妻沈氏　二十九歲夫亡,守節四十年。

朱欽朝繼妻王氏　二十九歲夫亡,守節四十九年。

沈滙廷妾池氏　三十歲滙廷亡,守節三十六年。

沈瀛洲妻張氏　二十九歲夫亡,守節四十一年。

朱允堯妻劉氏　二十九歲夫亡,守節三十二年。

王元發妻劉氏　二十五歲夫亡,守節四十四年。

曹敬榮妻殳氏　二十九歲夫亡,守節三十四年。

陳慶坤妻李氏　二十七歲夫亡,守節三十六年。

謝廷昌妻歸氏　二十八歲夫亡,守節三十四年。

朱勤宜妾宋氏　三十歲勤宜亡,守節三十五年。

監生朱元音繼妻高氏　三十歲夫亡,守節四十三年。

王炳妻崔氏　　二十五歲夫亡,守節四十二年。

張洪妻章氏　　二十八歲夫亡,守節三十八年。

錢廷貴妻桂氏　　二十四歲夫亡,守節四十三年。

魏以成妻陳氏　　二十五歲夫亡,守節三十八年。

陳聿修妻徐氏　　三十歲夫亡,守節三十八年。

項金聲妻徐氏　　二十九歲夫亡,守節三十一年。

馮甫安妻陸氏　　二十四歲夫亡,守節三十七年。

朱瑞生妻輔氏　　三十歲夫亡,守節三十八年。

沈鎮淵妻濮氏　　二十六歲夫亡,守節三十三年。

沈珮明妻丁氏　　二十九歲夫亡,守節四十二年。

陳起周妻金氏　　二十五歲夫亡,守節五十二年。

朱世英妻孫氏　　二十九歲夫亡,守節四十年。

張國賢妻姚氏　　三十歲夫亡,守節四十八年。

楊尚涵妻翟氏　　二十歲夫亡,守節五十九年。

陸壽增妻莊氏　　二十五歲夫亡,守節三十二年。

沈武山妻鄒氏　　二十九歲夫亡,守節四十五年。

生員項朝鑾妻曹氏　　三十二歲夫亡,守節三十五年。

張鉅鏞妻潘氏　　二十五歲夫亡,守節三十七年。

張元熙妻陳氏　　十七歲夫亡,守節四十三年。

黃佩鳴妻錢氏　　三十歲夫亡,守節六十一年。

生員王達妾孫氏　　二十四歲達亡,守節四十五年。

張春妻朱氏　　三十歲夫亡,守節三十六年。

張柿坪妾沈氏　　二十八歲柿坪亡,守節四十年。

黃國隆妻胡氏　　三十歲夫亡,守節四十一年。

王志榮妻徐氏　　二十八歲夫亡,守節三十八年。

倪秀成妻金氏　　三十歲夫亡,守節二十九年。

費九皋妻張氏　　二十三歲夫亡,守節四十一年。

王用錫妻徐氏　　二十六歲夫亡,守節四十五年。

朱應元妻周氏　　二十七歲夫亡,守節十六年。

高翰屏妻朱氏　　三十歲夫亡,守節十二年。

沈鳳妻金氏　　二十三歲夫亡,守節三十九年。

生員葉金昆妻唐氏　　二十八歲夫亡,守節二十九年。

姜人鳳妻曹氏　　二十六歲夫亡,守節十年。

曹澤妻孫氏　　二十五歲夫亡,守節十五年。

徐傅慶妻張氏　　二十二歲夫亡,守節四十一年。

施介儀妻石氏　　二十五歲夫亡,守節三十四年。

張廷相妻黃氏　　二十三歲夫亡,守節二十五年。

吳霞妻夏氏　二十四歲婚,未半載夫亡,守節二十四年。

朱人桂妻沈氏　二十二歲夫亡,守節四十四年。

顧駕山妻李氏　十九歲夫亡,守節四十二年。

俞蔭嘉妻孫氏　三十歲夫亡,守節二十六年。

張漢榮妻高氏　三十歲夫亡,守節三十五年。

陸恒喬妻曹氏　二十六歲適陸。越一載夫被粵匪擄,卒不歸。氏憂欝成疾,卒,年三十七。

監生張兆熙妻姚氏　二十三歲夫亡,守節三十八年。

張自新妻顧氏　二十二歲夫亡,守節十三年。

顧廷璋妻陳氏　十九歲夫亡,現年四十六。

王春榮妻姚氏　二十四歲夫亡,現年六十八。

高良才妻張氏　二十歲夫亡,現年八十三。

沈貴妻董氏　二十八歲夫亡,現年六十三。

莊星久妻朱氏　二十六歲夫亡,現年五十八。

周洪源妻施氏　二十六歲夫亡,現年五十七。

沈莊銓妻朱氏　二十六歲夫亡,現年五十六。

朱芬妻周氏　十八歲夫亡,現年五十二。

朱貴生妻顧氏　二十六歲夫亡,現年五十二。

李星楠妻張氏　二十三歲夫亡,現年五十四。

張自康妻顧氏　二十八歲夫亡,現年六十二。

生員高文鑣妻金氏　二十七歲夫亡,現年四十七。

高文銘妻金氏　二十七歲夫亡,現年四十二。

生員葉榮恩妻曹氏　二十九歲夫被擄,不歸。現年四十七。

蔣椿妻徐氏　二十七歲夫殉難亡,守節。現年四十四。　以上見《梅涇節孝録》。

顧祖法妻楊氏　二十九歲夫亡,里有無賴馬和尚誘以再醮,氏以死誓。越明年,家遭盜,馬亦在盜中。被劫至馬家,氏以計脱,卒保其貞。馬以他案正法。同治十二年,知府許瑶光給"桂馨蓮潔"額。

監生徐之江妻沈氏　二十五歲夫亡,孝事翁姑,撫養兩孤。長子廷榮,庠生。現年五十三。

生員陳馨曾妻陶氏　三十歲夫亡,遺腹生子寶源,撫訓成立,入泮。現年六十五。

梅乾裕妻顧氏　二十七歲夫亡,撫孤成立。現年四十四。

監生王豐繼妻鈿氏　二十五歲夫亡,守節三十一年。

從九品于昌國妻王氏　二十五歲夫亡,現年四十九。

議敘八品銜陳端論妻徐氏　二十八歲夫亡,現年五十二。

儒童吳寶琛妻胡氏　二十六歲夫亡,現年五十二。

徐文華妻張氏　二十六歲夫亡,撫孤,守節。現年七十一。

儒童陳義壽妻張氏　二十五歲夫亡,撫孤奉璋成立。現年五十七。

周瀧金妻陸氏　二十五歲夫亡,撫孤晉元成立。現年五十六歲。　以上採訪。未旌。

周麟昭妻許氏　二十九歲夫故,守節二十九年。

監生許應謙妻項氏　三十歲夫亡,現年四十七。

從九品許應升妻陶氏　二十九歲夫故,現年四十三。

李嘉生妻某氏　二十二歲夫亡,守節三十五年。

高燕貽妻徐氏　十九歲夫亡,現年七十二。

褚寶璿妻曹氏　二十歲夫亡,守節十四年。

吳志涵妻沈氏　二十五歲夫亡,守節十八年。

監生倪桂廷妻王氏　幼侍父楓疾,盡孝。年二十歸倪,越六年夫歿。欲投繯,族議立嗣慰之。先以從堂服子爲嗣,閱二載夫弟生子煒,氏復邀族議以並嗣,教養成立,知顧大義。守節四十年歿。已旌。

職員許聲高妻李氏　中歲嫠居,撫三子成立。長子九如,娶沈氏,逾年沈又寡。罹凶變,時生女未彌月,屢求死,乃迎母氏防護,氏飲泣吞聲者四載,後所生女與嗣子俱殤。自縊死,時嘉慶十九年。計守節四年,已旌。

顧氏　居寺前村,八歲適周明玉爲童養室。明玉及冠,得危疾,越俗信巫,謂病者速婚,率易瘳,號見喜。遂成婚。卒不起。氏以婦代子,貧甚,至咽糠粃。一日糧絕,搜後圃,忽得廢鑰數事,質於市,始具炊。顧勤於紡織,竭日力,至暮兩手不能舉。卒以備值所餘積置產。生平蔬食,未嘗御精饍。曰:"吾有隱痛,所不忍也。"年六十爲治壽藏,及絞紟之具,見用帛,怒,令易以布。曰:"吾若此,已終身,忍令死而改耶!"咸豐元年旌,楊象濟撰《傳》。

蔡俞氏　嘉善陶莊鎮鄉人。適蔡,二十一寡。舅姑欲奪其志,潛覺之。懼勢逼,避至郡城楊韻家,爲爨嫗,積備資葬舅姑與所天。仍服役楊氏,歷主四傳。年七十有四。

陶沈氏　王江涇人文鉤女,適陶鎮次子陳取。婚僅十六月,陳取遘疾不起。婦念父母在,且翁老,夫乏嗣,不敢言死。同治甲子歸故居,鞠養夫兄子,教之讀。茹素奉佛,事父母婉愉惟謹。雖已嫁,如孺子容。父病,悲鬱成疾。冬,翁又病。節婦已臥牀,以不能侍奉爲憾。卒,年三十五歲。守節十四年。

生員徐鴻壽妻范氏　信女,道光十二年適徐。未期,鴻壽死,泣血椎心,一慟幾絕。以夫弟子寶炘爲嗣,撫養如己出,爲冠婚。咸豐庚申,值寇警,携子婦避鄉,急奉翁姑雙櫬安葬,得免委骨榛莽。守節二十九年,卒以年老遭災驚悸,旋歿。光緒三年旌。

庠生蔡之清妻鮑氏　二十五歲夫亡,守節六年。

凌德義妻盛氏　二十四歲夫亡,現年五十九。

監生朱清和妻項氏　二十九歲夫亡,撫嗣子吉貴成立。守節三十六年。

章廷模妻鄭氏　字靜莊,桐鄉孝廉元鈁長女,適章,爲諸生如潮子婦。廷模病瘵,卒,夫弟髫齔,立後猶有待。氏時年二十六,潛吞金,爲母李氏覺,療救免。諭以上有孀姑,下無嗣子,宜代夫養親育弟,毋輕狥。迺孝事繼姑張。歲庚申,姑病,警至,藥爐盒具,侍奉舟居,身不帖席者累月。光緒二年,姑病卒,夫弟先姑歿,亦無子,哀毀中擇立嫡姪文堯爲嗣。氏卒年五十一,守節二十六年。已旌。

庠生王之采妻盛氏　三十歲夫亡,守節三十一年。

嘉興府志卷七十二

〔列女九〕

列女節婦

嘉善縣

明　朝

御史薛宗永妻沈氏　洪武初，宗永舉孝廉，拜監察御史，失朝，黜死，沈時年二十一。事姑甚謹，以紡績爲業。姑亡，盡鬻衣資以葬。

李文遠妻張氏　二十八歲夫亡，二子俱幼。父母將嫁之，氏誓死不二，守節二十八年。宣德間旌。

郁震妻顧氏，妾周氏　夫亡，一子未晬。顧奉其姑，依母以居，曲盡孝道。成化中旌。周亦守節以終。

翁世巽妻孫氏，弟世安妻王氏　孫二十三歲夫亡，誓死守節，撫嗣子鎧成名，有聲庠序。王二十四歲夫亡，與孫姒娣和睦，同心守志，撫子鍊，官饒州府倉大使。大理同知范言給雙節碑，以誌不朽。

州同翁鎮妻錢氏　鎮授州同，未及服官，卒，氏時二十五歲。撫一子成名，茹荼守志。教諭陳文彬給“堅持雅操”額表其廬。

沈嗣興妻朱氏　名妙貞，二十歲夫亡，僅遺一女，誓不再適，年八十四。

俞傑妻周氏　名桂蘭，二十七歲寡。家貧，子幼，父欲奪其志，不從。教其子澤成進士。有司奏旌。

呂孟端妻郁氏　名妙真，二十四歲夫亡，無子。孝奉翁姑，爲夫立嗣。

蔣元颺妻郁氏　二十七歲夫亡，繼子琭甫周歲，辛勤撫育。家難蜂起，同妾王氏、朱氏協力維持。內外肅然。年俱六十餘。

陸禮妻張氏　名玉蘭，十九歲夫亡，孝事翁姑，守節以終。

陸衍妻糜氏，媳周氏　糜二十歲寡。夫病篤時，目糜久之，糜曰：“夫子疑我耶？”遂毀容，變服示無他志。既而遺孤又卒。與婦周氏孀居二十餘年，世稱雙節。

姚彥曾妻李氏　名貞彥，二十三歲夫亡。撫遺孤，備極艱苦，苦節以終。

莫佐妻周氏　名嘉平，十六歲贅佐，甫七月夫亡，遺妊生女。姑憐其少，諷使再適，周誓曰：“有不從姑終身者，不出此戶。”守節六十餘年。

閔墊妻孫氏　十九歲夫亡，無子。兄欲奪其志，歎曰：“兄所利者，財也。”悉以奩、田予之。年五十三，值歲饑死。邑令于業葬之。

浦潤妻朱氏　二十七歲夫亡，養姑訓子，年七十卒。有慈節堂之詠傳于時。

顧闓妻任氏　十六歲贅闓，闓素貧，有嫡母胡、庶母李、嫂屠，皆寡。任體夫意，悉迎養。不就，乃易奩飾養之。二十五夫亡，哀痛絕粒。尋嫡母等相繼歿，任典簪珥葬之。守節三十餘年。

知事陳坤妾王氏　十六歲婚。越六年生子誠，甫週歲，夫疾且革，囑嫡子嫁之。喪畢，子以父命諷，王大痛，翦髮誓死，撫誠成立。及歿，族黨盡流涕焉。

監生沈勳妻毛氏　二十九歲夫亡，無子，立夫從子大成爲後，守節五十餘年。萬曆間旌。

錢簀妻沈氏　　夫溺水死，無子，撫一女守志。伯某謀嫁之，沈欲投水以殉，乃止。年七十餘，臂間繫一小鏡。人問之，曰："此吾先夫所佩也。"語及此，輒涕泣。有疾，未嘗延醫診視，苦節五十年。中丞錢繼登立傳。

袁萃祉妻沈氏　　二十三歲夫亡，孝養繼姑。撫兩孤成立，守節三十餘年。病革，子謙刲股以進，不食卒。

孫麒妻陳氏　　二十四歲夫亡，翁尋卒。陳孝事鏊姑，養葬盡禮。年七十七。

袁柏妻趙氏　　二十八歲夫亡，孤甫襁褓。家貧，紡織自給。每引兒至夫座前課讀，稍踰度，輒跪責之。年五十九，忽一日呼兒曰："今日是爾父亡日，我將往從地下矣。"無疾而卒。

季昕妻唐氏　　二十一歲夫亡，遺腹生子練。族人以貧故，欲其再適，氏斷髮矢志。奉姑盡孝。當盛暑夜，處帳中，勤女紅以自給。苦節六十餘年。

生員卞理妻顧氏，鑄妻徐氏，洪澤妻卓氏　　顧二十二歲夫亡。子鑄娶于徐，又寡，次孫洪澤娶卓氏，五年又寡。三代皆高節，而卓尤困苦云。

生員郁守宗妻朱氏　　二十八歲夫亡，撫育遺孤，至九十三卒，邑令章士雅表其門。孫聯源二十七喪偶，不再娶，咸謂"節義萃於一門"云。

胡皆妻朱氏　　二十一歲夫亡，前與二姑偕守，後與嗣子之婦同勵，苦節五十六年。

生員卞栻妻姚氏，晉妻李氏　　姚二十三歲夫亡。夫病革時，姚割股和劑以進。及歿，姚即投繯，以救得免。子晉，娶李氏，二十五亦寡。乃共撫幼孫。姚年五十餘，李年六十九。

陸時顯妻陳氏　　十八歲成婚。夫業漆匠，越十八日即往曲周。逾三年，歿於外。家貧，無子。惟姑及寡嫂相依。年八十，無疾卒。里人葬於斜塘鎮福源宮傍。邑令李陳玉勒石表墓。

郁調元妻韓氏　　夫亡，韓慟哭曰："不能從君地下，爲豤孤也。"率妾張共理家事，撫庶子如己出，守節五十餘年。以子之章貴，封恭人。大學士李霨銘其墓。

顧慕良妻趙氏　　二十一歲夫亡，遺子文進甫三歲，矢志守節。年八十八。郡守王士龍表之。

張雲鳳妻方氏　　十八歲婚，三月夫亡。家貧，撫遺腹子成立。守節六十三年，天啟間旌。

生員董良史妻唐氏　　二十七歲夫亡，奉姑至孝。守節五十七年。天啟間旌。

吳志逵妻陸氏　　二十七歲夫亡，苦節三十八年。崇禎間旌。嗣子亮中成進士。贈安人。

盧茂春妻章氏　　十七歲夫亡，無子。以夫從子鳳儀爲嗣。守節五十餘年。

程振宇妻張氏　　二十八歲夫亡，誓死守節。子方五齡，撫之成立。

周宗侯妻顧氏　　十七歲適周，孝事舅姑，踰年夫亡，無子，毀容截髮，年六十三卒。邑令李陳玉表其閭。

沈文沼妻宋氏　　二十三歲夫亡，遺子泓甫四月。父母以貧諷之，宋刺血上父書，有死無二。教子讀書，紡織自給。年五十四，病，不服藥卒。子泓成進士。崇禎間旌。

蔣宰妻顧氏　　二十八歲夫亡，歲饑，勸翁焚債券，爲粥以施餓者。子文衡爲小吏，棄職歸養，以孝稱，尋卒。顧又撫幼孫。守節五十六年。

監生孫完樸袁《志》作中珍妻鍾氏　　十八歲婚未期夫亡，無子。紡織奉姑，撫嗣子又殀，又撫幼孫。年六十餘。

周丕承繼妻余氏　　十九歲夫亡，撫子振藻，訓育備至。邑令莫大勳表其門。

王貞復妻戈氏　　二十四歲夫亡，無子，父母欲改嫁之，自經者再。坐臥一小樓，守節三十年。

魏學洢妻嚴氏　　十七歲適魏，生子允柟，值翁大中以忤璫死，學洢哭父死，嚴二十七歲，截髮毀容，終身蔬食。事姑錢淑人盡孝，先姑卒。淑人曰："夫爲忠臣，兒爲孝子，婦爲節婦，我何憾焉！"

楊隆妻潘氏　　三十歲夫亡，長子彥明甫十一歲。族伯潛謀改嫁，潘聞，欲自盡，彥明勸母歸舅家得免。時值兵荒，石米四金，母子四人，勤紡織餬口，苦節三十年。邑令莫大勳給額表之。長孫宗泰爲秀水生員。

州同孫澐妻李氏　二十七歲夫亡,一女又殀。食貧矢志,苦節四十六年。

孫文大妻沈氏　澐之嫂也,亦以節著。

汪昌祖妻楊氏　二十五歲夫亡,子士俊以孝聞,苦節四十五年,學使吳垣表其閭。

唐天錫妻沈氏　二十一歲夫亡,遺孤允璋甫三歲,織紝自給,守節五十年。

生員葉鋐妻夏氏　二十四歲夫亡,教子汝詵,中康熙戊午解元。年八十八。

施鑾繭妻毛氏　二十歲夫亡,苦節四十八年,學使顏光敏表之。

郁環妻宋氏續妻沈氏　宋二十九歲夫亡,撫子續成立,娶沈氏,二十八亦寡,姑婦雙節。邑令以"閨中儀範"額表之。

王嘉賓妻夏氏　二十五歲夫亡,遺孤甫襁褓,即截髮毀容,守節四十餘年。

陳樸妻李氏　二十歲夫亡,家貧,舅姑無以養,李紡織瞻費,撫遺腹子成立。有司給米帛存問者二十年。

於暄妻張氏　名淑端,二十二歲夫亡,矢無二心。撫夫從子侃為嗣,侃歿,繼撫遺孤。親黨欲白其行於有司,嘆曰:"守節,婦人之常也,何求人知?"年八十二。

邱果妻李氏

錢霶妻魯氏

吳晟妻孫氏

任揆妾浦氏

生員柯蕃妻沈氏　二十一歲夫亡,訓孤子成讀書成明經。

倪孟懷妻朱氏

舉人朱國禎妻吳氏　夫亡,無子,捐宅為永貞精舍,以奉夫祀。錢繼登有碑記。

陸墀妻李氏　十九歲夫亡,矢志無二。翁為墀營葬,以李年少,姑穿一壙。李聞之,遂欲縊死,姑救解之。與叔姒陸培妻萬氏守志,閨門肅然。

陸培妻萬氏　夫亡,與墀妻李氏同守節。

陸繼淵妻沈氏　十九歲夫亡,擇一密室,厝夫柩,輒扃其户,足跡不履閾外,與墀妻李氏、培妻萬氏同矢苦志,世稱一門三節。伊《志》案《陸氏家乘》:墀妻李氏卒於萬曆八年,年四十九。邑令陳公書額表之。萬氏止生一女,與叔姒李同守苦節。沈隨叔祖母李守志三十餘年,暮年疽發背,叔延醫調治,氏寧死不肯露體。年五十。

盛聰妻沈氏　十九歲夫亡,遺腹生子,曰:"宗祀有託矣。"日勤紡織,堅志撫孤,守節五十餘年。

張榜妻陸氏,媳朱氏　陸二十二歲夫亡,截髮自誓。遇兵荒,瀕死,未幾孤又殀。與婦朱氏共矢苦節。

夏光覲妻陸氏　光覲贅於陸,未幾亡。陸念翁姑塊處,乞歸養,奉事惟謹。翁姑歿,罄產殯殮,撫孤成立。

生員徐賞妻李氏　夫亡,無子。事姑孝,歲饑,檢糠覈自噉,而奉姑以粥餌。屢遭豐逼,冰操堅守,撫嗣成立。守節四十餘年。

生員魏珊妻沈氏　二十八歲夫歿於蘭溪,氏奉姑教子,年七十六卒。孫廷相成進士,氏親見之。

陸儼妻葉氏

浦爐妻吳氏

朱勤禮《浙江通志》、吳《志》俱作朱勤妻莫氏

高材妻蔣氏

夏宣傑妻項氏

姚稻《浙江通志》作滔,吳《志》作瑠妻朱氏

張炳妻任氏

吳楡妻張氏

呂濂妻孫氏，妾華氏

姚闇妻江氏

卞錫妻吳氏　　以上事實無考。

訓導沈鑑繼妻彭氏　　湖廣人。成化間，鑑授永田訓導，娶爲繼室，生一子。夫亡，彭兄弟以家遠子幼，諷諭改適，誓死不從。乃變衣飾爲輿櫬費，跋涉三千餘里，舁柩以歸。遺孤得延沈氏之祀，賴有彭也。

沈杲妻尤氏　　二十七歲夫亡，教子若孫俱成立。年七十五，邑令金和給匾表之。

生員卞璵妻唐氏　　夫早亡，守節。年九十時，梁溪、高忠憲作詩壽之。子洪載力請旌表，年九十九。

錢吾孝妻岳氏　　十九歲夫亡，痛欲自決。時已娠數月，鄰嫗止之。未幾舉一子，撫之成立。岳歿之日，有五色雲繞其廬，寧州守錢吾德有《傳》。

錢繼仍妻朱氏　　二十七歲夫亡，毀容，鍵戶，歲時必擇夫所嗜以薦，年六十四卒。閣輔錢士升爲立傳。

進士支大綸繼妻張氏　　二十四歲夫亡，訓子如增游南雍。年七十八。

州同沈剛中妻張氏　　夫亡，撫孤。守節四十餘年。

錢廣昌妻毛氏　　二十一歲夫亡，繼一子一女，婚嫁盡禮，年五十七。

生員陸律妻毛氏　　十八歲夫亡，遺孤二歲，辛勤撫育。事姑極孝。年七十八。

生員卞森妻支氏　　二十三歲夫亡，事姑盡孝，郡守以“母宗女範”、邑令以“名家媍節”表之，年五十餘。

沈萬春妻夏氏　　二十一歲夫亡，遺娠生子岵。早夜紡織，養四媍姑，撫一孤子，守節三十年。

顧衷藹妻王氏　　二十一歲夫亡，無子，事姑以孝。年六十八。

王繼芳妻陸氏　　少以孝聞，十九歲夫亡，無子。翁年六十餘，陸罄奩具爲續娶，生一子。翁尋歿，陸撫幼叔成立，年六十八。

王杞　　《浙江通志》作“祀”。

妻魏氏　　二十三歲夫亡，無子，偕婢勤紡織，孝事翁姑，以壽終。

莊有仁妻丁氏　　夫亡，遺腹生子，辛勤撫育，年六十二。子思椿事母以孝聞。

江寅妻顧氏　　二十七歲夫亡，撫幼孤成立，邑令李陳玉表之，年七十六。

沈心愚繼妻李氏　　夫亡，孝養翁姑，積勞成疾以卒。

包亭山妻曹氏　　十七歲夫亡，年九十五，有司給匾曰“冰霜勁節”。

沈君嗣妻倪氏　　二十一歲夫亡，一女甫週，孝養翁姑。年六十五。

錢天與妻陳氏　　夫屢擯棘闈，齎志以歿，無子。矢志五十年，天啓間巡方表之。

郎階妻馬氏　　二十二歲夫亡，奉翁姑，撫幼孤。守節五十餘年。

沈憶淵妻蔣氏　　二十七歲夫亡，無子。勤紡織以營葬事。年六十三。

周士龍妻夏氏　　十九歲夫亡，慟哭自經，以姑救免。遺腹生子，撫之成立。年六十九。

徐大節妻石氏　　二十四歲夫亡，孝養翁姑，撫育遺孤，年六十二，邑令表之。

郁復周妻李氏　　二十一歲夫亡，撫孤，守節。

沈之治妻某氏　　夫亡，守節三十餘年，邑令表其閭曰“貞操淑訓”。

葉南柱妻王氏　　二十四歲夫亡，孝舅姑，撫孤子，邑令給額表之，年六十六。

生員周宗榮妻錢氏　　二十七歲夫亡，遺孤甫四週，教之游庠。年六十餘。

曹其仁妻徐氏　二十三歲夫亡,矢志苦守,學使劉表之。年七十三。

毛士鷺妻沈氏　二十歲夫亡,撫孤穗爲諸生。年六十餘。

沈明道妻蔣氏　二十四歲夫亡,遺孤僅七月,悉心撫養,苦節五十餘年。

張明威妻孫氏　十九歲夫亡,痛不欲生。翁姑慰之,乃强起奉養,并撫遺孤。崇禎間,有司給"霄節凌霜"額表之。

李聖吳《志》作士龍妻金氏　二十七歲夫亡,撫孤成立,年六十三。子大成有孝行。

柏庭蘭妻莫氏　二十二歲夫亡,遺腹生子,年八十四。

崔造妻王氏　十九歲贅造,五載夫亡,無子女。紡織贍庶母,年六十七。

生員錢熙妻鄒氏,進士錢默妻魏氏　鄒二十四歲夫亡,子未週。魏二十六歲寡,無子,與鄒共保一孤,人稱雙節。

程武魁妻張氏　二十五歲夫亡,遺孤光祖甫五齡,孝事舅姑,及歿,殯葬盡禮。年七十八。都諫許譽卿志其墓。

卞世榮妻孫氏

郁從周妻凌氏

董繼南妻蔣氏

倪銓妻馮氏

卞杰妻徐氏

張明虹妻翁氏

生員王虔妻陸氏

龔在公妻錢氏

僉事錢梀妻陳氏　二十七歲夫殉節震澤,柩歸,陳泣謂翁曰:"亂兵搶攘,棺中真僞難明。"必求啟視。及啟,慟幾絕。遺孤痘殤,從子煜嗣之又殀,復以從孫維城爲嗣,再世育孤,艱辛備歷。學使劉元琬給匾表之,年六十四。

顧文進妻王氏　十九歲夫亡,遺孤五月,貧無遺産。同一老僕婦紡織度日,年七十七。孫琯,順治庚子舉人。

袁墨妻沈氏　墨,袁黃從孫也。沈二十七歲墨死,無子。姑逼之嫁,沈絕食數日乃止。黃子儼哀其節,歲給米三石。年六十餘。

中書錢燾妻葉氏　二十六歲夫亡,事祖翁士升以孝聞,撫孤象坤、維城。守節三十五年。

朱應第妻陳氏　二十四歲夫商販粵東死,二子尚稺。衣食婚娶,皆出自十指。有司表曰貞節。

路大用妻陳氏　孝子陳子情幼女也。夫以喪母哀毁,不旬日卒。陳時二十五歲,絕粒自誓,諸戚曲諭之。强起理家,撫子康莊成立,爲諸生。

陸晉山妻丁氏　二十八歲夫亡,奉姑,鞠三子。邑令章士雅表其門。年七十八。

吕兆熊妻張氏　三十歲夫亡,姑老子幼,值明季兵燹,流離困苦。年九十。

蔡萬春妻朱氏　夫游學,歿於金陵,時朱二十四歲,兄欲奪其志,翦髮自誓,撫孤時行成立。

生員陸繼鉉妻蔡氏,妾沈氏　夫亡,偕沈守節,撫二孤成立。

生員顧世皋妾蔡氏　楓溪人。二十歲夫亡,食貧甘苦,藉紡績以給。守節三十餘年,縉紳呈請給額。

生員王俠妻謝氏　夫亡,守節。拮據持家,教子游庠。俠歿時,歲次己未重午午時。謝氏歿,期適相符,週六十年。華亭進士袁福徵贈《閔終詩》一篇,爲彤史之助云。

廩生王可立妻沈氏　楓涇人。夫亡,守節四十年,知縣章旌表其閭。

顧元本妻郁氏　　楓涇人。夫亡,守節以終。

國　朝

趙晉妻蔡氏　　二十八歲夫歿於京邸,氏欲自經者再,翁姑諭止。教子武鞏成立,守節三十餘年。康熙十二年旌。

葉曰桂妻呂氏　　二十七歲夫亡,事翁姑克孝,撫子如珪、如琛成立。冰操凜守,家政肅然。年七十三。康熙四十九年旌。

張孔成妻朱氏　　二十九歲夫亡,守節。乾隆十年旌。

李前欽妻周氏　　十八歲夫亡,無子。舅光堯訟嵌田,十至杭州,再至京師,氏佐家政,不貽姑累,年五十。

生員李泰來妻沈氏　　二十七歲夫亡,操家勤儉,訓子入庠,年六十八。　　以上乾隆十二年旌。

許大宗妻李氏　　二十三歲夫亡,守節四十四年。

州判張浚升妻丁氏　　三十歲夫亡,守節五十年。　　以上乾隆十五年旌。

李思淑妻魏氏　　二十六歲夫亡,事孀姑盡孝,年七十九。乾隆十九年旌。

沈彝叙妻錢氏　　二十一歲夫亡,守節六十三年。

陸世璥繼妻張氏　　二十六歲夫亡,紡績撫孤,守節五十二年。　　以上乾隆二十八年旌。

監生陳廷敏妻黃氏　　二十六歲夫亡,創祠堂,捐義田百畝,宗黨稱之。守節四十餘年。乾隆三十三年旌。

吳明燵妻沈氏　　三十歲夫亡,子甫二齡,又遺腹生子,撫之成立,守節三十一年。乾隆三十四年旌。

王裕昆妻趙氏　　二十一歲夫亡,守節五十三年。乾隆三十七年旌。

監生吳樹禮妻趙氏,妾胡氏　　夫亡,時趙二十八歲,胡十八歲。分戶自經,胡竟絕,趙以救得免。守節二十二年。人稱雙節。乾隆三十九年旌。

監生蔡堪妻孫氏　　二十三歲夫亡,孝事孀姑,年七十九。

監生鄒澄妻孫氏　　夫亡,矢志不二,積紡績資,為翁姑營葬。年七十四。

生員曹相慶妻孫氏　　二十歲夫亡,事姑盡孝。姑語人曰:"吾無婦,無以度餘生。"姑歿,殯葬盡禮。撫嗣子炯,親自督課,早歲游庠。炯歿,又撫遺孫。年八十二。

監生許廷燧妻葉氏　　十七歲夫亡,號泣,絕食,舅姑為立嗣,以慰之。嗣子世墉以蔭生成進士,早世。復撫孤孫成立。守節四十八年。

貢生張心培妾周氏　　二十九歲夫亡,撫子成立,親見五世。年九十以上。乾隆四十七年旌。

戴振瑗妻孫氏　　二十二歲夫亡,養、葬翁姑。守節二十四年。乾隆五十年旌。

貢生程國祥妻錢氏　　文端公長女也。國祥為贅壻,依居京邸,未幾亡。錢十八歲,無子。扶櫬南歸,孝奉翁姑,以夫姪維岳為繼,後成進士,官考功。錢封恭人,旌表建坊。年七十。

卓時泰妻顧氏　　十七歲夫亡,克苦矢志,守節四十三年。　　以上乾隆五十一年旌。

張雲標妻孫氏　　孝子孫鐔女。二十四歲夫亡,遺孤尚襁褓,茹茶撫育。年八十。乾隆五十三年旌。

監生沈棣妻唐氏　　二十八歲夫亡,遺孤焜五齡,逾月又遺腹生子煥,俱撫之成立,為諸生。守節二十年。乾隆五十七年旌。

薛霏妻王氏

黃人瑗妻汪氏

黃士台妻趙氏

葉康侯妻張氏

倪景煥妻沈氏　以上事實無考。

魏學洙妻夏氏　二十七歲夫亡，無子，撫夫從子允札爲後，苦節三十餘年。學使金鏡表其閭。

生員莊允燦繼妻吳氏　十六歲歸燦，甫期，夫亡。家貧，不能給，乃爲女師，遠近閨秀多來就學。郡、邑皆表其閭。

莊仲堪妻朱氏　夫游粵東而亡，朱二十九歲。二子元、球，俱幼，撫之成立。年五十七，邑令張含章表之。

莊禹錫妻吳氏　仲堪兄妻也，亦早寡，守節。

吳維翰妻周氏　十六歲夫亡，冰霜矢志，兄貧，遭父喪，周拮據殯殮。年五十二，學使姜橚以額表之。

錢之芳妻郁氏　二十三歲夫亡，撫孤成立，守節四十餘年，學使姜橚表其門。

吳安之繼妻陳氏　十七歲夫亡，撫孤崧生成立，兼訓三孫。年六十四，學使靳讓表之。

生員孫序皇妻蔣氏　十六歲婚。事寡姑，孝養備至。二十八夫亡，飲泣撫孤鐔，訓誨有成。安貧操作，守節三十四年。巡撫王度昭核實彙題。

劉士龍妻金氏，士麟妻陸氏　金三十歲夫亡，撫孤成禮成立。陸二十三亦寡，撫孤成、文，皆成立。邑令劉肅之給額，懸於所居之樓。鄰火，環舍皆燬，而樓獨存，衆驚異，顏其樓曰“顯節”。學士陸槩記其事。

韓懋德妻張氏　夫亡，無子，孝養舅姑，年七十七。

舉人朱岸登妻錢氏　三十歲夫亡，長子一蕙甫六齡，次子紹周在襁褓，一子在腹，錢欲從死，父諭以撫孤，始感慟曰：“當再思之。”因名遺腹子曰再思。守節二十年。

貢生孫復煇妻陳氏　二十九歲夫歿於京邸，旅櫬歸，哀慟幾絕。撫孤觀垣成名。苦節三十七年。

生員孫廷鑾妻王氏　二十六歲夫亡，屢欲死殉，爲舅姑勸止，乃抑哀孝養。訓子浚領鄉薦，次嗣繁成明經。守節四十餘年。

曹相慶妻孫氏　即浚女也，亦早寡，守節。

蔣杼雯妻何氏　二十九歲夫亡，遺孤尚襁褓，撫教成立，年五十八。郡佐張含章表墓。

監生蔣昌陞繼妻顧氏，媳顧氏　二十二歲夫亡，撫前氏子鈫成立，嫁三女，葬三世。鈫卒，與其婦顧氏苦守，撫孤成立。

錢振元妻蔣氏　夫亡，子未週歲，誓以身殉。力養舅姑，日夜織作，聞輒悲泣。年二十九得疾，曰：“吾可以遂吾願矣。”銜哀而歿。

王悅範妻朱氏　二十七歲夫亡，姑老子幼，甘貧守志四十餘年。

薛仲璋妻沈氏　二十五歲夫亡，上無翁姑，依父大政以居，撫孤邵琦，守節三十餘年。

王觀化妻金氏　二十歲夫亡。姑愛其少女，鬻產遺壻，金怡然無間。姑意終弗擇，金乃歸依母家，周遺弗絕，人以節孝並稱。

沈郊妻王氏　夫亡，絕粒七日，教子泓登辛丑武進士，守節四十餘年。

生員夏公權妻葉氏　二十九歲夫亡，撫孤鯨爲諸生，旋歿，復撫五齡孫雲陞。年七十五。

栢方來妻戴氏　夫幼孤，五喪未葬。夫亡，庶祖姑相繼歿。戴孀居，且無子，感泣自任四世八喪，同日並舉。當事題額表其門。

生員王國珍妻張氏　二十六歲夫亡，孝事翁姑。課子誕錫爲諸生，後領辛酉鄉薦。

楊景新妻朱氏　二十七歲夫亡，無子，投繯數次，其弟力勸而止。年八十一。

龔君求妻柯氏　二十八歲夫亡，善事繼姑，訓子成立。年七十餘卒。蘇州守吳道煌作《節孝傳》。

朱雲妻李氏　二十二歲夫亡，遺孤四齡，有脅之改適者，李引刀劙面，紡織自甘。教孫映璧膺鄉薦。至今藏有

《授經圖》。

王貞所妻馮氏,媳沈氏　馮二十八歲寡,沈二十九歲寡。家貧,薪水不給,姑婦甘守,里稱雙節。

倪子瞻妻袁氏　二十七歲夫亡,上奉老姑,下撫襁褓,守節三十餘年,邑令表其門。

生員張學詩妻陳氏　二十三歲夫亡,事舅姑,生養死葬,有加禮。課子柱游庠。年七十四。

生員唐晉妻袁氏　二十七歲夫亡,撫孤成立,守節三十餘年。

生員陸韜妻沈氏　二十六歲夫亡,遺孤廷柱甫七歲。紡績課讀,弱冠游庠。守節五十年。

錢象像妻徐氏　二十七歲夫亡,課兩子,不少寬。子霞貴,贈宜人。

沈天華妻姚氏　二十七歲夫亡,撫嗣子淳成立。

生員張芝蕙妻葉氏　二十三歲夫亡,無子,冰蘗自矢,年七十。

夏君韜妻季氏　二十五歲夫亡,孤際昌僅四齡。家貧,紡織課子。康熙十八年,有司表其閭。

錢繼葵妻徐氏　二十二歲夫亡,遺孤鑑甫一月,撫以成立。年七十五。

孫瑤臺妻霍氏　二十歲夫亡,有勸令改適者,涕泣不從。食貧,矢志,撫子成立。年七十餘。

生員吳濤妻陸氏　二十三歲夫亡,薪水不給,取資紡績。年八十二。

高衛繼妻盛氏　衛爲名醫高隱子,早亡,盛年未至三十,守節四十餘年。撫子介成立。

吳敬亭妻許氏　二十三歲夫亡,子甫晬。夫永訣時,泣曰:"少婦藐孤,豈能常守乎?"許飲冰茹蘗,經營喪事。有訟于官,逼改嫁者,許誓死不二,里稱完節。

生員李仙枝妾王氏　二十四歲仙枝亡,撫遺腹子。守節三十餘年。

錢體恒妻吳氏　二十三歲夫亡,族以貧故,將奪其志,吳以死誓,營葬翁姑,子殀,復撫幼孫。年八十四。

吳濟宇妻王氏　二十一歲夫亡,家貧,紡績以給。守節四十餘年。

朱盈泉妻郁氏　三十歲夫亡,撫孤啟元成立,守節三十餘年,學使劉元琬表其閭。

生員朱肇嘉妻丁氏　肇嘉敦節義,齎志,早世,丁時二十歲。孝事姑,撫孤玠成立。守節三十餘年。

呂蕭妻丁氏

劉良妻朱氏

夏九經妻倪氏

沈大增妻常氏

吳璧妻呂氏

沈君錫妻張氏

周賢標妻胡氏

許九上妻薛氏

姜詔妻蔡氏

王肇昌妻戈氏

孫馥先妻蔡氏

陸大有妻張氏

王允高妻陸氏　以上無事實可考。

生員支養訥妻趙氏,朝弼妻薛氏　趙二十歲夫亡,子朝弼甫襁褓,撫之成立。娶薛氏。年二十生子慕,未期而寡。姑媳相依四十餘年。

殳銛妻張氏　夫早亡,守節三十餘年。

生員馮嘉運妻友氏　二十四歲夫亡,屢欲自經,家人防之,乃止。茹素終身。

葉季子妻錢氏　二十歲夫亡,翁姑勸其改適,矢志不從,依兄紡績,守節三十六年。

鮑道彰妻陸氏　夫亡,撫子聖駍游庠。守節四十餘年。

生員馮年妻儲氏　二十歲夫亡,撫二女。守節。

生員潘炳孚妻馮氏　二十七歲夫亡,止一女,贅湯紹潘。紹潘復殀,撫外孫成立。

生員王宰妻謝氏　二十八歲夫亡,撫三子讀書成立。苦節五十八年。

王潘氏　宰之祖母也。亦少寡,矢節,貧苦終身。

葉楫妻莫氏　二十七歲夫亡,孝事翁姑,撫三歲孤成立。

生員孫允登妻郁氏　二十二歲夫亡,撫孤成立,年六十三。

生員孫資相妻浦氏,攀桂妻沈氏　俱少寡,苦守,咸稱完節。

孫文鑑妻蘇氏　三十歲夫亡,室中設夫像,進飲食如生前。守節以終。

盛達妻周氏　二十歲夫亡,子殀,絕粒數日,瀕死,夢神人畀以黃丸,服之而甦。守節終身。

生員王兆京繼妻張氏　二十五歲夫亡,撫孤晟齡、景齡並成明經。年八十五。

朱國武妻陳氏　二十九歲夫亡,營葬兩世,土豪卞阻之,陳投河殉,乃克葬。金陵陳某償武夙負百金,陳以夫在未曾齒及,辭之。陳曰:"某藉是免厄,不忍負也。"委之去。陳以代輸貧鄰逋賦。苦節五十年。

生員夏振璜妻劉氏　二十九歲夫亡,哀痛絕粒。從姑命,撫孤,辛勤備至。年七十六。

夏叙九妻陸氏,士立妻鍾氏,芸妻陳氏　叙九,振璜之孫;士立與芸,振璜之曾孫也。俱少寡守志,里稱節母遺風。

唐修元妻袁氏　夫亡,守節以終。

劉衍妻葉氏　二十七歲夫亡,家貧,撫三子成立。

沈國望妻陸氏　二十三歲夫亡,子殀,依弟某終其身。

趙錫妻顧氏　事翁姑孝。夫早亡,遺孤甫八月,教育成立。年八十五,建坊清風鎮。

倪慧妻高氏　夫亡,苦守,人稱完節。

馬仁妻俞氏　夫亡,有子度爲僧,依以終老,年九十九。

劉苓妻陳氏　二十八歲夫亡,孝事翁姑,撫遺腹子成立。

生員沈梅妻顧氏　二十五歲適梅,數載夫亡。觸棺擬殉,祖姑救之甦。依兄屺以居,訓子滂若嚴師。好讀書,有《女大學》十五篇,《樂善編》二卷,《鳩史》三十八卷,詩六百餘章。

張天爵妻邱氏　夫亡,苦志,守節,以勞瘁早卒。

蔣鼇妻陳氏　夫早亡,撫訓諸孤,家聲不墜。

生員錢珂妻姜氏　十九歲夫亡,依母家紡績,堅守苦節。

李翰妻卞氏　二十六歲夫亡,兩孤皆幼,教以續書,寒暑不輟。年八十五。子復夔,康熙丁酉舉人。

監生沈濂繼妻卓氏　二十三歲夫亡,家貧紡績,以養姑。父母憐而迎之,辭不肯歸。子能讀書,卓親課之。年七十一。

盛時相妻陳氏　二十九歲夫亡,孝翁姑,育孤子,守節四十餘年。

州同孫蕖妻龔氏　夫亡,訓四子成立。燾任肇慶府同知。龔年七十,贈宜人。

俞錦溪妻孟氏　夫亡,無子,依弟春祥以居。守節四十年,病劇,延醫,孟曰:"男女有別,我手不畀人診也。"不服藥,卒。

生員劉藻繼妻馮氏　夫少孤，爲長兄莘及兄妾黃氏所撫，馮奉如舅姑。二十七歲夫亡，號痛絕粒。遺孤人鳳甫十月，撫教游庠。年五十九。

錢素綸妻金氏　二十四歲夫亡，撫遺腹子武功成立。年六十八。

潘魯菴妻錢氏　十八歲夫亡，母家以貧諷之嫁，錢翦髮矢志，撫遺腹子。守節以終。

生員汪楷妻连氏　二十四歲夫亡，撫孤介壽成立。姑臥病十一年，奉湯藥不稍倦。年四十三。

監生孫日楓妻曹氏　二十九歲夫亡，孝事翁姑，撫子嶸成立。守節三十二年。

生員陸光斗妻蔣氏，媳曹氏　二十九歲夫亡，事翁孝，訓孤堪任爲諸生。任歿，偕婦曹氏撫二幼孫成立。

生員鍾之楷妻錢氏　三十歲夫亡，事舅姑，貧能養志，訓孤兆鼇有文名。守節十六年。

生員吳虬妻徐氏，振裘妻戴氏　徐二十九歲夫亡。孝事舅姑。撫孤振裘入泮，娶戴氏，二十二亦寡。姑婦相依，守節。徐年五十九。

胡廣妻陸氏　二十七歲夫亡，事釐姑曹盡孝。遺孤杰既冠，未娶而殀。以夫從子權爲嗣。年六十二。

葉似蘭繼妻任氏　三十歲夫客死吳門，攜五歲孤往，扶柩歸。蓬垢號泣，行路皆爲流涕。家貧，翁老，勤紡績以奉甘旨。訓子成立。守節三十七年。

生員顧春芳妻周氏　二十三歲夫亡，事翁姑色養備之，營葬兩世。撫孤洪孝。守節二十餘年。

程錫玹妻金氏　夫割股療母，創楚垂殆，金殫心調視，母子均無恙。後數載夫亡。守節至七十一卒。

謝期徵妻柯氏　幼失恃，孝事繼母。歸謝後持家有禮法。二十三歲夫亡，無子，以夫從子錫圭爲嗣。守節四十餘年。

謝某妻葉氏，旭昭妻沈氏，堯若妻俞氏　葉即期徵之繼母也。二十三歲夫亡，守節，年五十一。子旭昭妻沈氏曾絕粒殉夫死。堯若妻俞氏亦少寡，完貞。一門節烈，人咸稱之。

生員馮立妻丁氏　夫負才早世。丁養釐姑，撫五歲孤斌，篝燈督課，授以夫所批閱經史，後爲諸生。

李炳妻周氏　二十八歲夫亡，無子，哀痛幾絕。忍死，養姑。年五十九，遇疾不求醫診，卒。

費士達妻沈氏　二十六歲夫亡，毀容斷髮，坐臥一小樓，以夫從子恩承爲嗣，每述夫遺訓以勗之。

監生張麟妻丁氏　二十六歲夫亡，無子。夫弟方十齡，爲撫育婚娶，尋夫婦俱歿，復撫其子繩成立。

李廷枚妻錢氏　二十九歲夫亡，撫遺腹子及夫異母弟三人。庠生鼇，其一也。守節三十年。

施惠公妻孫氏　二十四歲夫亡，無子。事釐姑，撫幼叔大惠。守節二十七年。叔既長，以子錫爵嗣之。

生員蔡廷正妻李氏　二十五歲夫亡，孝事翁姑，訓嗣子維熊優於文行。李樂善好施，年六十八。

生員江禹功妻陳氏　二十九歲夫亡，撫孤天佑成立，寬慈和惠，三黨頌之，年六十三。

生員錢以坰妻江氏　事翁姑以孝聞。夫早亡，撫三孤鉅、鎘、鑾皆成立。守節三十五年。

蔣奕烇妻趙氏，昌域妻顧氏　趙二十九歲夫亡。撫幼孤昌域，既婚而歿，時顧二十七歲，鞠育二子，各守節數十年。

姜家珍妻郁氏　二十一歲夫亡，奉事翁姑，養、葬盡禮。守節三十七年。

生員孫謀妻陸氏，媳某氏　陸二十七歲寡，撫教諸孤。後長子歿，偕其婦苦守。年五十四。

張澄妻沈氏　二十三歲夫亡，奉病姑三年不倦，撫孤國柱、兆雲皆成立。守節三十七年。

生員陳原繼妻顧氏　原家貧，游館。顧勤女紅，孝事其翁。繼姑病癲，亦敬事之。及夫亡，無子，苦守二十餘年。

李端方妻張氏　二十八歲夫亡，撫孤載揚。守節四十八年。

生員黃之珣妻汪氏　二十八歲夫亡，一子又殤。與衰姑相依。年六十五。

生員吳鍈妻蕭氏　二十七歲夫亡,撫孤枚成立,孝養舅姑。年七十卒,枚哀慕不已,服除亦歿。

生員鍾之模妻張氏　二十九歲夫亡,撫五歲孤兆熊游庠。年六十三。

貢生浦鉉妻戴氏　夫亡,號慟絕粒。舅姑勸慰,乃强起。撫孤文燿、文朝、永銘俱成立。年六十八。

吳扶來妻孫氏　十九歲夫亡,無子。事姑孝,撫幼女,贅孫紹茂爲壻。姑歿,竭力營葬。守節三十餘年。

生員孫璜妻陳氏　二十七歲夫亡,姑老病,孝養備至。撫嗣子範游庠。年六十九。

生員夏照妻盛氏　照文行名於時,及亡,盛二十九歲。遺孤學謙、學遜,並以孝義聞。守節三十七年。

陳國裕妻郁氏　二十八歲夫亡,訓孤涵德,循蹈規矩。年六十一。

倪孝植妻沈氏　二十歲夫亡,無子。日食一鎰米,而翁姑甘旨無缺。及歿,拮據安葬。守節四十八年。

生員董本妻許氏　夫負才早亡。許孝奉翁姑,撫孤曰熹、曰熙。守節二十年。

唐瀛洲妻陸氏　二十九歲夫亡,子金鑑既長,娶鄔氏,能盡婦道。鄔歿,復鞠三孫。年七十餘。

葉士宏妻顧氏,益妻金氏　顧二十五歲夫亡。撫夫從子益爲後,婚後又歿。與婦金氏煢煢共守,戚黨咸重之。

顧衛伯妻朱氏　二十六歲夫亡,貧甚,賴賻布以殮。撫嗣子學亮游庠。守節三十三年。

馮周妻鄒氏,廷楠妻楊氏　鄒二十七歲夫亡,舅運隆以謁選歿於京邸,時諸叔皆幼。旅櫬南歸,拮據殯葬。後諸叔以次婚娶,家計益落,鄒復舉繼絕之私業均分無吝。子廷楠早世,與其婦楊氏冰霜共矢。年六十七。

周之熙妻夏氏　二十歲夫亡,家貧,勤紡織,孝事耄姑,撫幼子成立。苦節四十年。

費瀛儒妻陸氏　二十五歲夫亡,子道隆、孫椿相繼歿。復撫夫從孫翼鵬爲孫。年七十五。

曹駿鳴妻施氏　二十九歲夫亡,撫孤成立。守節二十九年。

吳廷楷妻蕭氏　二十四歲夫亡,撫遺孤炳及遺腹子灼,備極辛勤。守節三十餘年。

顧秋芳妻龔氏　二十六歲夫亡,撫夫從子善承,孝事耄姑。守節三十五年。

朱旭如妻楊氏　二十九歲夫亡。撫夫從子履端又殀,復撫孫際民。守節五十二年。

沈乘六妻陳氏　夫病三年,侍奉不怠。夫亡,孝養老姑。子天麒早世,復撫孤孫啟元成立。

葉應衢妻孫氏,南岡妻袁氏　孫二十二歲夫亡,翁姑命以夫姪南岡爲嗣。及長,娶袁氏,二十五亦寡。姑婦苦節,孫年六十七,袁年五十二。

俞廣孚妻顧氏　二十九歲夫亡,養、葬翁姑,撫孤成立。守節四十年。

吳文杏妻錢氏　二十一歲夫亡,子歿,姑憐其少,欲嫁之,錢囓指自誓。年五十九。

生員沈澍妻王氏　二十八歲夫亡,奉事孀姑,鞠養嗣子。守節二十餘年。

陳華育妾陶氏　二十九歲華育亡,欲以身殉,親族勸以撫孤爲重,乃節哀。守志歷五十一年。

張君祥妻張氏　二十八歲夫亡,撫孤宏如。守節五十三年。

吳有方妻王氏　二十七歲夫亡,遺田十餘畝,悍族欲逼之賣,王抱孤投河,乃止。撫孤肇山及遺腹子履常成立。守節五十三年。

姚大鶴妻葉氏　二十四歲夫亡,欲殉之。母孫勉以撫孤,含哀鞠育,歷二十餘年。

周公範妻陳氏　二十一歲夫亡,孝舅姑,和姒娌,撫嗣仁深成立。守節四十五年。

丁勇程妻徐氏,媳鄭氏　徐二十九歲寡,憮孤成立,娶鄭氏,生孫後又寡。姑婦守節三十餘年。

施潤章妻沈氏　二十八歲夫亡,孝養舅姑,撫育幼子。守節三十餘年。

陳傳一妻顧氏,秉衡妻黃氏　顧二十五歲夫亡,撫子秉衡,長,娶黃氏。衡又歿,與其婦撫孫。苦守三十餘年。

生員倪之麟妻石氏　三十歲夫亡，遺腹生女，家貧，依兄守節。女長，適朱，乃依壻苦守。年五十九。

盛君甫妻葉氏　二十八歲夫亡，無子，族人欲奪其志。葉以死誓，營葬其夫。守節二十一年。

程元祐妻吳氏　二十七歲夫亡，事翁姑孝，撫二子俊、倫成立。守節二十六年。

薛佑蕃妻姚氏　二十三歲夫亡，遺孤念祖甫三齡。翁姑尋歿，庶姑在堂，母家以其貧無依招之使歸，姚不從。奉其庶姑，教幼子，守節。年七十三。

胡用楫妻施氏　用楫有至性，遭父喪，哀毀嘔血死。遺孤韜未晬而殤，施痛不欲生。屢屏人爲自盡計，姑江氏每救之。守節四十餘年。

錢峴賓妻張氏　三十歲夫亡，紡績膳姑，張念大宗乏嗣，以長子日章繼之。守節三十一年。

生員李又沉妻王氏　夫亡，撫孤樹朝爲諸生，旋歿，王與其婦撫孫。守節數十年。

陸重光妻張氏　二十八歲夫亡，撫孤紹曾、紹周成立。預知逝期，沐浴更衣卒。

柏朝正妻朱氏　二十八歲夫亡，撫孤子幹年。守節五十三年。

生員馮鴻業妻支氏　幼有至性，執母喪，哀毀踰禮。及歸馮，以孝事舅姑聞。二十二歲夫亡，子女並幼，號慟矢殉，觸棺幾殞。後子復歿，以夫從子煒爲嗣。煒稍長，支志在殉夫，臥病旬餘，屏藥餌而卒。

朱孔彬妻陸氏　二十七歲夫亡，擬絶粒以殉，舅姑慰諭乃止。育孤本道暨夫幼弟士師成立，士師早歿，又鞠其遺孤。守節二十餘年。

程嘉謀妻許氏　十五歲婚，夫患瘵臥牀二載，許盡典衣飾，供醫藥。夫亡，撫夫從子鉉。守節二十九年。

顧如塤妻周氏　二十二歲割股救夫，未幾夫亡。養姑弗怠，撫嗣子祈成名。年六十八。

丁世臣妻姚氏　十九歲夫亡，或憐其少，諷之，即入室自縊，以救得蘇。年六十二。

孟孔習妻沈氏　二十七歲夫亡，子殁。守節三十二年。

毛子野繼妻胡氏　二十歲婚，未朞夫亡，無子，守節五十六年。

周羲傳妻楊氏　二十四歲夫亡，撫二孤成立。長出嗣，次球爲諸生。守節三十一年。

生員顧芳妻董氏　二十九歲夫亡。孝事嫠姑，撫孤廷獻。守節四十四年。

徐介錫妻姜氏　二十八歲夫亡，撫孤泰來。守節五十六年。

懷元侯繼妻岳氏，若思妻顧氏　岳二十歲夫亡，撫前子若思，長娶顧氏，五載而子殁。同顧苦守三十一年。

生員蕭斯恒妻周氏　二十八歲夫亡，撫夫弟之子廷桂爲嗣，孝姑睦族。守節三十八年。

蔣辛樹妻徐氏，剛直妻孫氏　徐二十八歲夫亡，撫遺腹子剛直，長娶孫氏，剛直旋亡。姑婦均苦守三十七年。

生員孫文標妻吳氏　二十六歲夫亡，撫遺孤琰爲諸生。守節二十三年。

顧疇妻盛氏　三十歲夫亡，撫孤攀龍成立，娶丁氏。丁亡，復撫稺孫永仁。守節五十年。

生員屠琦妻李氏　三十歲夫亡，遺孤元蓀甫六齡，娶後又殁，復撫夫從子士僖。守節三十餘年。

馬宏儒妻顧氏　十九歲成婚，夫已抱疾。顧禱天求代，及歿，自縊者再，以救得免。年六十一。

丁陞臣妻王氏　二十七歲夫亡，無子。夫兄米臣妻金氏、夫弟宿垣妻龔氏相繼歿。并其祖父母三世十二棺俱未葬。宿垣有子方八歲，王撫之，持門户十餘年。宿垣子亦少自立，乃克葬其三世。丁氏一綫之存，皆王完節之力也。

何肇元妻徐氏　二十歲夫亡，遺二子。長濤，次業成，皆幼。徐翦髮自誓，守節五十餘年。

生員蕭佩妻毛氏　三十歲夫亡，撫孤薦馨。守節五十一年。

陸辰光妻賈氏　二十四歲夫亡，一子早殀，織紝自給，守節五十八年。

生員張汝元妻顧氏　二十七歲夫亡，撫夫幼弟四人皆成立。守節十七年。

楊紫巖妻夏氏　二十五歲夫亡,孝養老姑,守節以終。

徐傳求妻李氏　二十九歲夫亡,家貧,無子。守節三十一年。

孫淑妻胡氏　十九歲夫亡,守節四十二年。

俞大經妻鍾氏　二十八歲夫亡,撫遺腹子毓英成立。守節二十一年。

沈起鳳妻邱氏　十七歲夫亡,持刀翦髮,誓不欲生,親族力勸乃止。撫嗣子天麟成立。

蔡用賓妻陸氏　二十五歲夫亡,安貧力作,撫二孤又殀。守節四十一年。

周君祥妻陳氏　二十六歲夫亡,夫弟聖祥喪偶,陳爲續配,同居資給。守節二十三年。

卞舜山妻徐氏　二十九歲夫亡,姑老,子幼。嘗嚴寒衣破葛。其弟贈以絮衣,徐轉以奉姑,孝養十五年。

沈寧安妻楊氏　二十六歲夫亡,撫六齡孤成立。父無子,且貧,爲代完先世墳糧。守節三十年。

監生林學尹妻陸氏　二十二歲夫亡,嗣子既婚,又歿,復撫幼孫。守節五十一年。

生員沈熹妻陳氏,妾林氏　陳歸沈三載,止生一女,勸夫納妾林氏,生子德培。夫亡,陳年二十九,林年二十二。皆守節三十年。

監生徐霈夏妻顧氏　翁黃嗣,令隆安,以瘴癘父子相繼死,顧時二十四歲。孝事祖姑及鰲姑。年五十九。

程廷柱妻周氏　二十三歲夫亡,家貧,事姑孝,撫嗣子肇藩。守節三十一年。

卞泳妻鮑氏　二十一歲夫亡,孝養翁姑,撫二孤。守節三十年。

李子祥妻趙氏　二十七歲夫亡,訓孤建章及孫上齡游庠。守節三十八年。

張易洲妻馮氏　二十六歲夫亡,撫孤會洹,得入成均。守節二十餘年。

任巽妻戈氏　二十七歲夫亡,撫二孤。後次子殁,戈悲哀致疾,亦卒。守節二十七年。

生員金澄妻丁氏　十八歲夫亡,奉翁姑,撫子。守節四十九年。

王介福妻陸氏　二十九歲夫亡,族人逼之嫁,陸欲投河自盡,議乃寢。守節四十五年。

邱勝先妻沈氏　二十六歲夫亡,撫三齡孤兆年,務農力本,辛勤操作。年七十餘。

生員姚璜妻顧氏,倫妻汪氏　二十歲夫亡,撫嗣子倫,弱冠游庠,娶汪,倫又殁。遺孫廷鼎甫二歲,婦姑茹茶相勵。顧年七十六。

沈成妻鄒氏　十七歲夫亡,撫嗣子烈成立,爲諸生。年八十三。

監生柯宏本妻朱氏　二十五歲夫亡,事舅姑,撫幼子,曲盡孝慈。年六十卒。子煜,癸卯進士。

沈民表妻徐氏　二十五歲夫亡。家極貧,母家欲迎歸,不赴,自甘茶苦。守節二十餘年。

趙焜妻浦氏　二十一歲適焜,三月夫亡。孝事其姑,撫嗣子是堅成童,爲諸生。守節四十九年。

生員朱揆妻汪氏　二十六歲夫亡,毀容,茹素,撫夫從子元禧。守節二十餘年。

生員屠濬妻張氏　二十九歲夫亡,事老姑,鞠幼子,安貧守志。年五十三。

胡星垣妻許氏　十七歲婚,甫三月夫亡。父憐其少,諷其改適,誓死不從。苦節五十九年。

丁南松妻沈氏　二十三歲夫亡,守節四十年。

戈廷望妻曹氏　二十三歲夫亡,遺孤效謙生甫九日,撫養成立。孝事翁姑。苦守二十餘年。

生員孫汾妻呂氏　夫亡,撫嗣子棠。守節三十四年。

孫淵妻邱氏　二十六歲夫亡,哀慟幾絶,宗黨立嗣子秉以慰之。邱與汾妻呂氏冰蘗共守,一門雙節。

任后溪繼妻呂氏　二十六歲夫亡,撫二子士遠、士仁,既就傅,督課甚嚴。年六十四卒。臨終誡居喪不許作佛事,若有餘資,以濟人利物爲亟。後次子創捐,建育嬰堂于東郭,蓋呂之遺教云。

生員張芷妻朱氏　二十五歲夫亡,守節五十年。子可願有文名。

錢聖嘉妻陳氏　三十歲夫亡,事舅姑,撫五子。兄子嘉芳孤露,撫之如己子。年六十二。

曹惕存妻魏氏　婚半月夫亡,哀毀不欲生。念繼嗣未立,忍死以待。及夫弟生子正義,即立爲嗣。居二年,以積勞嘔血而卒。

生員孫官業妻馮氏　孝事父母。及適孫,貧甚,執女紅,給日用。三十歲夫亡,無子。守節二十餘年。

吳覲妻何氏,導妻魏氏　何二十三歲夫亡。夫弟導,妻魏氏,十九歲夫亡,毀容矢志。人稱雙節。

孫翰斐妻范氏　夫病革,以善事七十歲翁爲囑,范飲泣應之。夫亡,范二十五。守節二十年。

駱舜年妻俞氏　二十五歲夫亡,撫三月孤,營兩世葬。守節四十年。

吳廷佐妻丁氏　二十二歲夫亡,子殤,煢煢子立。守節二十一年。

凌振翼妻朱氏　二十三歲夫亡,撫孤成立。守節二十餘年。

生員張翃繼妻朱氏　二十五歲夫亡,遺孤景悅方八月,家無餘資,僅藏書數卷,擇師教之,游庠序,以孝謹稱。守節四十六年。

孫如潽妻金氏　二十七歲寡。歲饑,自噉糠,以精鑿奉姑。撫三子召棠、繪棟、文櫟皆成立。守節三十年。

江維藩妻曹氏　二十九歲夫亡,子女俱幼,撫育艱苦。舅南秀每年施榰,曹命二子踵行之。年八十。

李熾可妻任氏,承傑妻王氏　妯娌雙節。任二十四寡,守節三十餘年。王二十三歲夫亡。

孫芳華妻朱氏　三十歲夫亡,撫夫從子可濟爲嗣。甫抱孫而婦歿,又撫幼孫枚,辛勤尤甚。

葉如琛妻劉氏,永靜妻顧氏　劉二十九歲夫亡,撫三孤,慈嚴交至。次子永靜,婦顧氏亦早寡,並以節孝稱。

徐宗元繼妻莊氏　二十五歲夫亡,撫孤學洙成立,并撫前氏江幼女,及長,遣嫁,悉以江之奩授之。

吳自厚妻柯氏　十八歲夫亡,孝養其姑,撫夫弟自求之子爲後。年二十八。

沈伯亨妻茅氏

李成章妻朱氏

俞孟氏

懷廷侯妻朱氏

費叔度繼妻曹氏

張左黃妻錢氏

朱彥昇妻周氏

生員支升妻沈氏

陸紹嘉妻沈氏　以上事蹟無考。

生員沈黿妻金氏　二十五歲夫亡,操作勤苦,撫孤恒垣,乾隆癸酉舉於鄉,授泰順教諭。金封孺人,壽百歲。

俞宏章妻鍾氏　二十四歲夫亡,撫遺腹子。守節二十五年。

張名安妻邱氏　二十九歲夫亡,遺二孤。次桂爲諸生,早世。家極貧,售故廬,僦屋以居。年六十三。

生員萬年隆妻沈氏　夫患咯血,翁姑議辭婚,沈不從。及婚,夫已臥牀,尋歿。煢居紡織。年四十五。

生員吳世基妾陸氏　農家女,二十八歲世基亡,艱苦矢志。守節四十年。

唐德徵妻李氏　三十歲夫疽發背死。遺二子二女,辛勤撫育。年七十三。

吳士元繼妻許氏　二十八歲夫亡,子錫齡甫產,許於牀蓐間一慟幾絕,撫孤成立。年四十七。

舉人周炎武妻楊氏　二十一歲婚,舉一子。夫亡,前妻有子三,楊善視之,食貧苦守。年七十七。

程耀祖妻金氏,鍾柱妻汪氏　金二十六歲夫亡,撫孤鍾柱,長,娶汪氏,二十九亦寡。遺一子,姑婦共撫之。

金年五十,汪年七十。

舉人周麟士妻錢氏　夫在京聞父訃至,血疾猝發而亡。錢聞之,慟絕,復蘇,扶櫬歸葬,并葬舅姑。訓子爲諸生。年七十二。

唐簡書繼妻張氏　二十一歲夫亡,守節五十六年。

沈子將妻馬氏　秀水農家女,贅子將爲壻。二十一歲夫亡,無子,終養其母,扶夫柩歸宗,撫夫從子聖範爲諸生。守節四十四年。

吳振磨妻陳氏　二十四歲夫亡,事祖姑以孝。守節十二年。

陸健行妻沈氏　二十六歲夫亡,無子。撫嗣子錫邕。年七十五。

房佐王妻周氏　三十歲夫亡,祖姑及翁相繼歿,經理三喪,備嘗茶苦。守節三十一年。

費廷宰妻徐氏,士達妻俞氏,模妻孫氏,邦泰妻張氏,邦寧妻陳氏　徐二十九歲夫亡,遺孤士達、模。士達娶俞氏,模娶孫氏,俱二十六而寡。孫無子,先卒。翁生子邦泰、邦寧。邦寧爲模後,娶陳氏。守節二十年。邦泰娶張氏,亦早寡。旌年五十八。四世苦節,未有若費氏之甚者。

俞勇祥妻丁氏　二十九歲夫亡,遺孤三月,撫之成立。守節四十年。

酈斐淵妻吳氏　二十四歲夫亡,無子,姑高氏孀居,奉事甚孝。姑歿,哀毀盡禮。守節五十五年。

張士桂妻陸氏　二十八歲夫亡,撫六歲孤成立。悉還僕役身契,止留一老嫗佐炊。年七十六。

顧之旦妻朱氏　二十三歲夫亡,遺孤四齡,茹茶撫之。守節二十九年。

丁正妻季氏　二十七歲夫亡,遺孤三齡,持家勤儉,以所積置膳田六十畝。年七十三。

郁裕清妻張氏,大業妻王氏　姑媳雙節。張二十七夫亡,王亦二十七寡,各守三十餘年。

郁劬妻沈氏　二十九歲夫亡,守節四十一年。

陸群賢妻張氏　婚十六日夫亡。翁歿,助姑撫養幼叔。守節十一年。

陸雲士妻黃氏　二十七歲夫亡,值歲饑,紡織所入,餬口不給,竟以餓死。守節十七年。

姚廷奎妻沈氏　十九歲夫亡,撫遺腹子。守節五十六年。

毛學禮妻陸氏　二十三歲夫亡,撫八月孤成立。守節三十五年。

監生沈元愷妻卜氏,鯤超妻許氏　卜二十四歲夫亡,無子。撫夫從子鯤超成立,娶許氏,亦寡。卜悲痛成疾。年六十五。

曹永元妻戚氏　三十歲夫亡,撫幼孤成立,娶婦生孫。守節四十一年。

劉永聯妻汪氏　二十四歲夫亡,撫遺腹子。守節四十五年。

監生顧人和妻蔣氏,之蘭妻陸氏　二十歲夫亡,生子之蘭。長,娶陸氏,二十一亦寡,旋以哀毀歿。蔣守節三十六年。

朱凌雲妻呂氏　三十歲夫亡,兩孤俱幼,遺田十餘畝,藉供饘粥。年七十六。長子學浩妻周氏,以孝著。

沈西京妻錢氏　二十九歲夫亡,無子,依母家。守節六十九年。

程宸標妻朱氏　二十歲夫亡。以母病,憂戚成疾。年四十四。

程宸樞妻朱氏　二十九歲夫客亡。家貧,與寡嫂共勤女紅自給。年七十四。

監生沈泳繼妻邵氏　二十歲夫亡。家極貧,鄰族欺凌,忍不與較。年八十三。

胡佩元妻蘇氏　二十八歲夫亡,子甫四齡,舅氏欲嫁之,蘇欲自經乃止。守節十八年。

孫本仁妻徐氏　二十一歲夫亡,女又殤,終孝事舅姑。守節三十九年。

生員陳蘭妻許氏　蘭,山陰人。婦翁許廷燦奇其才,贅蘭於家。以攻苦致疾亡,時許二十四歲,無子。守節十八年。

顧孟甫妻張氏　二十四歲夫亡，家貧，拮據殯殮。守節六十三年。

陳永桐妻胡氏　二十三歲夫亡，子甫四齡，痛不欲生，繼姑勸慰之。守節十九年。

張漢師妻郁氏　二十五歲夫亡，止一女，茹荼撫之。守節二十四年。

監生楊永昭妻沈氏　二十一歲夫亡，守節三十五年。

生員姚範躬妻董氏，彥榮妻沈氏　董二十六歲夫亡，子彥榮甫二歲，長，娶沈氏，二十九亦寡。董偕婦縶居，守節三十五年。

張朝宗妻陳氏　十九歲婚，八月夫亡。守節四十九年。

曹耀前妻朱氏　二十五歲夫亡，兩孤俱幼，紡績撫育。長子勇均爲諸生。年八十七。

袁松岩妻江氏　二十七歲夫亡，守節四十八年。

監生沈聲元妻方氏　二十一歲夫亡，孝養舅姑，撫夫從子爲嗣。年七十七。

陸漢文妻史氏　二十四歲夫亡，守節四十七年。

錢長齡妻王氏　二十九歲夫亡，撫夫從子善源爲嗣。晝夜訓誨，得游庠食餼。年八十五。

陸元宰妻倪氏　二十三歲夫亡。孝養其姑，姑歿，以紡績所積置田十五畝，供葬祭。年七十八。

生員潘企柴妻俞氏　二十二歲夫亡，遺孤尚幼，俞兩次投繯，姑知之，救免。年六十六。

陸文湖妻程氏　二十五歲夫亡，無子。守節五十三年。

生員錢炳妻林氏　二十七歲夫亡，遺孤又殤，以夫從子爲嗣。守節三十二年。

蘇景松妻許氏　二十五歲夫亡，子殀，復撫孤孫。守節終其身。

孫士鴻妻楊氏　二十歲婚，四月夫亡，守節五十五年。

張兆岐妻姚氏　夫亡，遺娠生女，苦志堅守，年八十四。

胡森庭妻朱氏　三十歲夫亡，撫二子一女，婚嫁早畢。守節三十四年。

監生陳廷瓚妻程氏　二十六歲夫亡，遺孤四人。踰年遭翁喪，姑悲痛不食，程買果食勉進之。姑歿，一慟嘔血。年四十二。

楊貫倫妻唐氏　二十五歲夫亡，舅繼歿，鬻匲飾以營喪葬。守節五十三年。

戴祖塤妻姚氏，是鼃妻葉氏　姚二十九歲夫亡，撫遺子是鼃游庠，長，娶葉氏，二十六亦寡。稱一門雙節。

張維珍妻楊氏，遂東妻某氏　楊二十六歲寡，遺腹生女，年七十八。嗣子遂東娶某氏，亦早寡，守節。

丁景沂妻浦氏　二十三歲婚，甫三月夫亡，嗣子應槐又殤，孤苦無依。守節二十七年。

范廷玉妻龔氏　二十六歲夫亡，無子。守節三十八年。

監生陸景淮妻姚氏　二十四歲夫亡，遺二孤，殫心撫育。守節二十四年。

葉承基妻蔡氏　二十三歲夫亡，撫孤大威成立。蔡病革，預備衣衾，見有紫色者，立命易之。年七十一。

顧邦泰妻沈氏　二十九歲夫亡，遺二孤，撫以成立，守節四十一年。

生員王虎臣妻趙氏，妾張氏　趙二十三歲夫亡，妾張氏年甫二十，同矢苦志五十八年。

王符吉妾吳氏　二十二歲符吉亡，無子，撫嗣孫成立。守節五十八年。

黃永楠妻周氏　三十歲夫亡，養姑鞠子，年六十六。

沈侗如妻孫氏　二十七寡。家極貧，遺書兩篋，有諷以易錢者，孫不可，曰："此當留以課子也。"年八十八。

蘇永嘉妻丁氏　二十四歲夫亡，撫三歲孤成立。守節五十七年。

陳萬祥妻浦氏　二十九歲夫亡，子某客外，浦撫諸孫成立，婚娶。守節四十一年。

王紹曾妻蕭氏　二十九歲夫亡，子甫三歲，撫養成立。守節四十年。

施友文妻錢氏　　二十五歲夫亡，無子，訓嗣子基爲儒。年七十五。

王廷友妻顧氏，文浩妻某氏　　顧三十歲夫亡，子文浩早世，與寡媳幼孫相依。年八十一。

孫季儒妻周氏　　二十八歲夫亡，事孀姑十年，孝敬備至。年六十六。

張欽安妻王氏　　二十八歲夫亡，子甫三齡，王卜鄰，至三遷始定居焉。守節三十二年。

陸漢威妻居氏　　二十五歲夫亡，撫三月孤成立。守節四十年。

倪恒如妻于氏　　二十八歲夫亡，撫嗣子成立。守節四十年。

張敦五妻黃氏　　二十九歲夫亡，婚嫁子女，心力俱瘁。守節三十三年。

周駕騏妻張氏　　二十一歲夫亡，遺腹生子，及長，娶婦生孫而歿。守節三十八年。

宗書亭妻方氏，媳許氏　　方二十歲寡，遺腹子殤，嗣某亦早世，與媳許氏共矢冰操。年六十八。

黃巨山妻陳氏　　二十六歲夫亡，守節二十四年。

張公安妻蔡氏　　二十六歲夫亡，家貧，鄰有持以饋者，蔡每固辭不受。守節三十三年。

李英三妻王氏　　二十二歲夫亡，生子甫三日，煢煢孑立。守節六十三年。

趙昇華妻朱氏　　二十三歲夫亡，家赤貧，女紅度日。守節五十一年。

監生張應登妻陳氏　　二十六歲夫亡，撫夫從子芳桂爲嗣，延師督課，成乾隆己丑進士。守節四十七年，勅贈孺人。

奚肇誠妻吳氏　　二十五歲夫亡，撫嗣子世忠，守節四十二年。

監生郁汝瓚妻於氏　　婚六載夫亡，撫遺腹子，苦節自甘。年四十八。

劉祚廣妻朱氏　　二十七歲夫亡，訓子成立。守節三十三年。

許澄永妻楊氏　　二十六歲夫亡，撫教孤霖爲諸生。守節三十年。

監生屠載言妻程氏　　十九歲夫亡，一女旋又殤，持身嚴正，樂善好施。年四十六。

程邦翰妻支氏　　二十四歲夫亡，撫週歲孤，將婚而歿。支煢煢獨守，苦節三十二年。

計超庸妻姚氏　　二十歲夫亡，守節三十五年。

屠渭川妻任氏　　二十六歲夫亡，撫嗣子成立。守節三十餘年。

宗雲彰妻繆氏　　二十三歲夫亡，遺一子一女。子甫成立，娶婦，相繼而逝。繆撫孤孫。年六十九。

生員趙敬遜妻宗氏　　雲彰之女也，亦早寡，守節。

陸思恭妻沈氏　　二十八歲夫亡，拮据殯殮，守節三十四年。

葉祿賡妻周氏　　二十四歲夫亡，矢志撫孤，守節四十九年。

包駕周妻盛氏　　二十四歲夫亡，撫子成立，守節四十九年。

監生張世求繼妻譚氏　　二十二歲夫亡，與一婢紡織以事姑，人稱其孝。守節十八年。

鄒元鼎妻張氏　　三十歲夫亡，撫八齡遺孤，辛勤鞠育。守節四十九年。

毛世鋆妻王氏　　二十七歲夫亡，子虬雲甫五齡。及長，游庠。守節二十三年。

監生程鍾祿繼妻莊氏　　二十八歲夫亡，無子。守節四十三年。

錢巽言妻蔣氏　　二十七歲夫亡，守節四十二年。

魏洪鼎妻朱氏　　二十六歲夫亡，母陳亦早寡，朱迎養於家。與孀姑共起居，甘旨無缺。撫子正鑅成立。年六十五。

張文安妻吳氏　　二十九歲夫亡，家貧，翁目盲，奉事甚謹。年五十九。

李星耀妻陳氏　　二十五歲夫亡，守節四十二年。

袁履中妻周氏　二十五歲夫亡，無子。貧乏不能自存，初歸母家，後依夫弟。守節五十五年。

生員趙璧繼妻蕭氏　二十九歲夫亡，撫前子法雲成立，爲諸生。守節四十二年。

劉令聞妻錢氏　二十四歲夫亡，撫孤成立。守節五十六年。

酈錫鳳妻楊氏　二十歲夫亡，無子。立夫從子湘爲嗣，守節四十二年。

戴漢如妻周氏　二十七歲夫亡，遺一子二女，教養成立。守節五十年。

盧景舒妻張氏　二十五歲夫亡，守節三十五年。

王均仁妻曹氏　三十歲夫亡，守節三十六年。

生員蔣鑌妻倪氏　二十九歲夫亡，事翁姑甘旨無缺。子渠，弱冠游庠食餼，尋以病歿，倪亦悲痛而卒。守節三十六年。

孫堯思妻胡氏　二十九歲夫亡，守節三十四年。

李祖杏妻薛氏　二十三歲夫亡，擬絶粒以殉，謇姑曲慰之。守節三十八年。

周遇濱妻孫氏，洪範妻黃氏　孫寡。後遺腹生子洪範，長，娶黃氏，亦早寡。無子。姑婦雙節。年各八十餘。

生員陳光昌妻馬氏　二十三歲夫亡，守節二十六年。

王岳輝繼妻石氏　三十歲夫亡，苦志撫孤。守節三十三年。

鍾錫爵妻莫氏　二十九歲夫亡，撫二齡孤成立。守節四十七年。

張維鶴妻浦氏　二十六歲夫亡，舅姑年老，孝養不怠。守節二十五年。

奚端培繼妻王氏，明哲妻姚氏，明高妻張氏　王二十七歲寡，撫前子明哲、明高如己出。及長，哲娶姚氏，高娶張氏，俱早寡。姑婦同守。王年五十一，姚年八十一，張年六十一，一門三節。

鄒明可妻盛氏　二十二歲夫亡，守節六十三年。

葉敷東妻黃氏　二十三歲夫亡，子甫晬，矢志撫育。守節二十年。

沈鴻馨妻江氏　二十五歲夫亡，撫孤恭孝，弱冠游庠。守節五十一年。

柯煒妾唐氏　二十三歲煒亡，嫡姚氏無子，唐遺腹生子，姚共撫之。守節二十一年。

丁容照妻費氏　三十歲夫亡，無子。孝養舅姑。守節十九年。

沈邦承妻張氏　二十六歲夫亡，無子。紡績養姑。守節三十四年。

監生蔡坦妻曹氏　二十歲夫亡，以夫弟之子爲嗣，遇歲歉，周恤族黨不倦。守節三十七年。

王林元妻葉氏　二十八歲夫亡，無子，守節三十年。

蔣明堡妻張氏　二十歲婚，夫客游歸，染疾不起。遺腹生子，撫之成立。年六十九。

監生徐育元繼妻李氏　二十九歲夫亡，侍姑疾甚謹。守節三十八年。

計九如妻夏氏　三十歲夫亡，三子俱幼，紡績撫之。守節三十三年。

張茂叔妻施氏　二十八歲夫亡，守節四十一年。

生員張蔣揆妻蔣氏　二十四歲夫亡，嗣子又殀。守節三十四年。

姚廷鑒妻顧氏　十八歲婚，十九日夫亡，守節五十三年。

監生吳其智妻錢氏　氏幼穎慧，五經俱通曉。二十歲適吳，數年無出，勸夫納妾，生子鴻緒。夫亡，親自訓子成名。守節四十一年。

監生江枚玉妻朱氏　三十歲夫亡，遺一男二女，撫育成立。守節二十三年。

黃學濂妻錢氏　二十八歲夫亡，守節五十七年。

李香巖妻程氏　二十九歲夫亡,遺孤四歲,矢志撫育。守節二十五年。

吳廣年妻王氏　二十三歲夫亡,守節五十五年。

監生鄒元泰妻朱氏,妾薛氏　朱三十寡,與妾薛共矢苦志。薛先歿,年四十九。朱六十七。

劉六朋妻葉氏　二十歲夫亡,子與孫俱早世,撫曾孫成立。守節七十二年。

姚琢成妻羅氏　二十六歲夫亡,子甫六齡。事翁姑甘旨無缺。守節四十九年。

郁養恬妻張氏　二十九歲夫亡,守節三十五年。

張景仲妻徐氏　二十四歲夫亡,無子,守節二十一年。

袁景韓妻沈氏　二十歲夫亡,無子,守節四十一年。

楊南嘉妾吳氏　二十七歲南嘉亡,子五歲,茹荼撫育。守節四十四年。

盛朝宗妻沈氏　二十九歲夫亡,遺二子一女,家貧,操作不輟。守節三十六年。

周西來妻郁氏　三十歲夫亡,越十八日遺腹生子,苦志撫育。年六十四。

費士鶴妻陸氏,妾張氏　陸三十歲夫亡,守節三十八年。

張孚敬妻沈氏　二十八歲夫亡,守節。

楊元嘉妻張氏　二十一歲夫亡,無子,依孀姑以居。守節二十一年。

錢天榮妻陳氏　二十九歲夫亡,守節四十八年。

朱之蘭妾王氏　二十八歲之蘭亡,守節四十六年。

朱星若妻董氏　二十九歲夫亡,守節三十三年。

顧永年妻蔡氏　二十歲夫亡,越二月遺腹生子,苦志撫育。年七十一。

王方彥妻金氏　二十三歲夫亡,無子。守節四十四年。

監生王麟佳妻呂氏　二十九歲夫亡,遺一子,出嗣大宗。守節四十五年。

陳文魁妻袁氏　二十一歲夫亡,無子,苦節自矢,年六十七。

郁秉恒妻馮氏　二十七歲夫亡,子甫二歲,茹荼撫育。年五十三。

生員丁學堅妻沈氏,鈞妻曹氏　沈二十七歲夫亡,有子三。長鈞娶曹氏,二十九亦寡。姑媳雙節。沈年六十五,曹年五十九。

生員陸應魁妻張氏　二十九歲夫亡,家貧,課子力田,以供朝夕。守節十九年。

馮銘周妻干氏　二十九歲夫亡,守節二十七年。

吳維翰妾張氏,媳毛氏　張二十五歲維翰亡,誓不再適。撫孤及長,娶毛氏,又寡。同婦孀居,守節四十年。

生員范成妻金氏　二十九歲夫亡,撫夫從子寶璟爲嗣,舉於鄉。捷音至,金甫成殮。守節三十六年。

陸祥書妻吳氏　二十五歲夫亡,子仁瑛僅五齡。及長,又歿。吳復撫孫。守節三十五年。

錢陞陛妻陳氏　二十八歲夫亡,守節五十年。

張載揚妻王氏　二十九歲夫亡,守節四十五年。

樊大年妻沈氏　三十歲夫亡,持家勤儉,守節四十五年。

唐景元妻王氏　二十四歲夫亡,止一女。守節五十三年。

生員孫無懷繼妻王氏　二十五歲夫亡,撫前子璟、龍、璧,俱爲諸生。年六十四。

姚臨萬妻徐氏　二十六歲夫亡,守節四十七年。

周淵妻馮氏　二十三歲夫亡,守節三十七年。

夏沛雨妻陳氏　二十五歲夫亡,遺一子,未婚而殀。守節四十九年。

姚兆璜繼妻周氏　二十九歲夫亡,守節四十二年。

監生丁廷燦妾潘氏　二十三歲廷燦亡,守節四十餘年。

曹鳳超妻徐氏　二十六歲夫亡,翁姑繼逝,哀痛欲絕。出奩資嫁小姑,撫六歲孤成立。守節三十七年。

張學揚妻王氏　二十二歲夫亡,嗣子五齡,撫以成立。守節二十二年。

房三益妻李氏　二十八歲夫亡,撫三子成立。守節三十四年。

生員屠亭松妻陸氏　二十六歲夫亡,無子。守節三十八年。

生員李大根妻王氏　二十五歲夫亡,撫遺腹子照成立。守節四十年。

陸鋐妻戴氏　二十八歲夫亡,撫嗣子成立。

徐純景妻陳氏　二十四歲夫亡,無子,守節二十七年。

生員魏正鏊妻顧氏　三十歲夫亡,家貧,賃屋以居,日夜紡織,以餘資置祭田四畝,葬翁姑及夫。撫嗣子浩成立。年七十二。

沈書年妻曹氏　二十一歲夫亡,守節五十五年。

曹源郁妾沈氏　二十九歲源郁亡,守節六十年。

鍾塏妻朱氏　二十三歲夫亡,子甫二齡,鞠育成立。守節四十四年。

貢生蔣銓妾查氏　二十九歲銓亡,撫訓兩孤。守節五十一年。

監生吳梓禮妾袁氏　二十七歲梓禮亡,誓不再適,與嫡黃氏勤苦力作。年四十四。

李挺妻王氏　二十八歲夫亡,子殀,堅守苦節。年六十五。

張倅妻郁氏

顧望雲妻俞氏　二十三歲夫亡,守節三十七年。

淩秀民妻楊氏　二十歲夫亡,守節四十年。

郁象千妻許氏,彤昭妻徐氏　許十八歲夫亡,撫夫從子彤昭爲嗣,長娶徐氏,三載亦寡。守節二十五年。

金文表妻曹氏,元昌妻顧氏　曹二十五歲夫亡,撫兩子成立。守節二十五年。長子元昌娶徐氏,三載亦寡,守節以終。

楊康榮妻顧氏　二十二歲夫亡,無子,守節五十二年。

鄭端霆妻顧氏　二十三歲夫亡,遺腹生子,紡績撫育之。守節四十年。

李觀濤妻張氏　三十歲夫亡,子僅五齡,事姑無失禮,姑歿,哭盡哀,甫終喪而卒。守節三十一年。

葉麟超妻許氏,秉鋐妻某氏　許二十二寡,撫子秉鋐成婚而殀,與其婦嫠居。年六十五。

奚肇棠妻于氏,應麟妻張氏　于二十二歲夫亡,撫遺腹子應麟成立,娶張氏,二十而寡,無子,以夫從子元孚爲嗣。于年六十,張年七十。

顧介鳳妻程氏　二十八歲夫亡,守節二十八年。

陸光塏妻朱氏　二十二歲夫亡,無子,守節四十七年。

陸熊土妻沈氏　二十一歲夫亡,守節二十四年。

陸純山妻孫氏　二十九歲夫亡,與熊土妻共處一堂,妯娌之間,冰操如一。年八十三。

吳宗元妻梅氏　二十五歲夫亡,守節四十四年。

丁渭東妻陸氏　二十三歲夫亡,撫五歲孤成立。守節三十二年。

孫學均妻薛氏　二十四歲夫亡,子範金甫離褓褓,及長,成進士,選授教授,薛封孺人。年六十七。

於勝飛妻呂氏　二十五歲夫亡,紡績撫孤。守節四十五年。

生員朱揆妻汪氏　二十五歲夫亡，毀容茹素，撫嗣成立。守節三十七年。

蔣禹三妻李氏　二十一歲夫亡，守節四十二年。

生員曹源軾妾饒氏　十九歲源軾亡，一女又殤。守節四十年。

李龍山妻倪氏　二十九歲夫亡，撫育二孤。守節二十六年。

周錦山妻潘氏　二十二歲夫亡，守節五十年。

張士進妻徐氏　三十歲夫亡，守節二十六年。

監生顧鋏妻沈氏　二十三歲夫亡。家貧，出奩資佐薪水。孤子又殀，舅姑尋歿，竭力營葬。年六十九。

生員蔣長發妻陳氏　二十八歲夫亡，孝養媥姑。雖貧乏，瀚濯必潔。守節四十九年。

生員張儀鳳妻潘氏，媳蔣氏　潘二十九歲夫亡，撫孤，娶蔣氏，亦早寡。姑媳守志。年八十。

朱倫秀妻劉氏　二十三歲夫亡，無子，教嗣子鳳翽入庠。守節四十三年。

監生朱兆垣妻張氏　二十五歲夫亡，守節四十八年。

監生鄒元永妻張氏　二十四歲夫亡，守節三十五年。

李洙授妻周氏　事繼母張以孝，及笄，適李。夫以力學得瘵疾亡，氏時二十九歲。撫育三孤，長鸞桂入庠，守節二十一年。

孟衍恒繼妻陶氏　二十八歲寡，子八齡，病跛，極力保護成立。叔姑沈以苦節歿，陶侭助之，厝柩祖塋側。時秋水瀑漲，沈柩被水衝，浮出，陶聞，冒雨往起柩，置高阜處，旋爲封土。性好施與，自奉儉約。年七十一。

監生李鑠妻金氏　二十歲適李，生二子而寡。長其浩爲諸生。金年四十五。

陸鎮妻錢氏　二十七歲夫亡，奉姑教子。年六十。

葉舒霖妻楊氏　二十六歲夫亡，子甫二月，苦心撫育。年六十八。

王允讓妻楊氏　二十六歲夫亡，止一女，上有媥姑，事之甚孝。守節三十年。

生員陸宸階妻陳氏　二十八歲夫亡，守節三十八年。

汪士煌妻宗氏　三十五歲夫亡，守節三十一年。

周椿繼妻李氏，焰繼妻葉氏　李二十九歲夫亡，撫子焰成立。焰繼妻葉氏甫二十歲寡，守節十九年。李年八十三。

孟嶧傳妻徐氏　二十二歲夫亡。遺腹生子，辛勤撫育。姑年老，出入扶持，寒暑無間。守節三十三年。

趙映岐妻錢氏　二十五歲夫亡，撫孤及孫。守節二十四年。

生員姚倫妻汪氏　二十八歲夫亡，撫孤廷甭爲諸生。守節六十一年。

陸在廷妻王氏　二十一歲夫亡，撫夫從子南金爲嗣。守節四十七年。

監生陳仲英妻金氏　二十六歲夫亡，子垣甫二齡，太姑及翁姑均在堂。遭歲歉，紡織膳養，自咽糠粃幾殭。年五十。

沈元康妻李氏　二十七歲夫亡，守節四十八年。

生員張棟妻計氏　二十五歲夫亡，守節三十八年。

沈兆周妻李氏　二十一歲夫亡，舅姑以家貧，度婦不能守，李悲不自勝，以撫孤自勵。守節三十八年。

陳文徵妻費氏　二十七歲夫亡，無子，茹素終身。守節二十年。

李允璋妻黃氏　二十六歲夫亡，守節二十八年。

鄒景妻唐氏　二十四歲夫亡，守節四十年。

闕東臨繼妻嚴氏　二十七歲夫亡，守節二十九年。

朱凌蒼妻張氏　三十歲夫亡,子甫九齡,撫以守志。年八十餘。

薛元杰妻鄭氏　二十一歲夫亡,守節三十二年。

錢攀龍妻支氏　二十四歲夫亡,守節四十八年。

陸元音妻范氏　二十歲夫亡,守節四十六年。

楊德亮妻沈氏　二十九歲夫亡,守節三十一年。

丁南一妻徐氏　婚兩載夫亡,無子,年五十五。

錢以墤妻戴氏　二十九歲夫亡,守節二十六年。

張玉成妻江氏　二十一歲夫亡,守節三十二年。

金聖安妻何氏　二十九歲夫亡,守節四十七年。

生員楊震旦妻周氏　二十五歲夫亡,撫夫從子宗本爲嗣。家貧,親自督課,爲諸生。年八十五。

李蘭皋妻嚴氏　二十三歲婚,十二日夫亡,一慟經絕,未幾姑又歿,乃迎母至家,相依以居。年七十三。

知州陶爾穟妾沈氏　二十二歲爾穟亡,無子。獨處一樓,茹素奉佛。嫡子景炎事沈甚謹。年八十四。

監生鄒昂妻薛氏,一蠚妻顏氏　薛三十歲夫亡,子一蠚甫五歲,長娶顏氏,二十九亦寡,偕婦蓼居。年九十四。

夏文犖妻王氏　三十歲夫亡,事姑以孝聞。守節四十八年。

楊起韓妻張氏　二十七歲夫亡,子甫五齡,撫之成立。守節五十三年。

俞文石妻徐氏　三十歲夫亡,撫嗣子成立。守節十七年。

生員蔣鎬妻顧氏　二十六歲夫亡,無子,守節五十八年。

黃聖傳妻俞氏,魏英妻徐氏　俞二十五歲夫亡。撫子魏英,長娶徐氏,十七而寡。姑婦共守。俞守四十年,徐守四十八年。

監生汪之翰妾孟氏　二十四歲之翰亡,與嫡王矢志,守節六十六年。

倪源妾李氏　十九歲歸源,三載源亡,矢志不二。守節三十年。

沈徹妻葉氏　二十二歲夫亡,守節四十七年。

張明甫妻朱氏　三十歲夫亡,無子,以夫再從子爲嗣,捐立祭田,終身勤儉。年七十。

蔡磐妻顧氏　三十歲夫亡,守節四十三年。

知縣于世杰妻陳氏　二十歲夫歿於垣曲縣署,子僅二齡,扶櫬歸里。年六十七。

徐東山妻孫氏　二十九歲夫客亡,家貧,朝夕不給,姑常詬詈之,孫拮據奉養,不失婦道。年六十五。

馮文瀾繼妻施氏　二十六歲夫亡,撫嗣子楷成立,守節三十四年。

監生黃能耀妻陳氏　二十八歲夫亡,孝養老姑。守節三十二年。

吳肇周妻朱氏　二十六歲夫亡,苦志撫孤,捐田以供宗族祭祀。守節四十八年。

監生陸宗野繼妻李氏　二十八歲夫亡,撫育孤子。守節十五年。

徐筠妻朱氏　二十七歲夫亡,子女俱幼,撫訓成立。守節六十年。

林楓軒妻俞氏　二十九歲夫亡,遺孤四歲,家貧,遭歲歉,力作以資薪水。守節四十九年。

王揆山妻吳氏　三十歲夫亡,守節三十九年。

江書榮妻鍾氏　二十七歲夫亡,子方二齡,食貧撫育。守節五十三年。

監生陳朝永妾項氏　二十四歲朝永亡,撫己子及嫡子成立。守節五十年。

張廷高妻高氏　二十八歲夫亡,茹苦撫孤。守節三十二年。

何成章妻顧氏　　二十三歲夫亡,撫孤及孫。守節五十五年。

黃應驪妻施氏　　三十歲夫亡,守節四十三年。

王子文妻潘氏　　二十四歲夫亡,守節四十年。

謝桂芳妻胡氏　　二十五歲夫亡,守節十九年。

懷瑾瑜妻朱氏　　二十七歲夫亡,守節三十一年。

沈文煥妻夏氏　　二十歲夫亡,撫育遺孤。守節四十六年。

張鳳巢妻陸氏　　二十八歲夫亡,食貧,撫孤。守節三十一年。

蔡育群妻金氏　　二十四歲夫亡,遺一子,親自督課。守節五十二年。

李書安妻沈氏　　二十二歲夫亡,無子,敬養舅姑。守節四十六年。

金恒山妻戴氏　　二十九歲夫亡,守節四十四年。

朱廷傑妻楊氏　　二十九歲夫亡,一子未晬,撫育成立。守節三十年。

顧廷偉妻朱氏　　三十歲夫亡,無子。守節二十五年。

生員陸珣妾鄔氏　　二十五歲珣亡,與嫡浦氏共撫三子。樂善好施,鄉里稱之。年七十三。

張錫揆妻許氏　　二十九歲夫亡,遺孤又殀,歸依母家。守節三十六年。

錢龍山妻石氏　　二十九歲夫亡,遺孤穎元,親自課讀,爲諸生。年八十一。

楊南榮妻陳氏　　二十五歲夫亡,守節五十一年。

李洪遠妻董氏　　十八歲適李,未一月夫亡。守節四十八年。

汪以律繼妻黃氏　　二十九歲夫亡,守節六十二年。

徐錫齡妻曹氏　　夫亡,守節五十七年。

龔觀驪妻李氏　　二十一歲夫亡,無子。矢志艱苦,足不踰閾。守節四十二年。

朱勇年妻王氏　　二十九歲夫亡,撫遺腹子成立。年六十五。

陳南九妻金氏　　二十六歲夫亡,持家勤儉,守遺田十餘畝,復益田十餘畝,人稱其賢。年八十七。

鄒坤興繼妻顏氏　　三十歲夫亡,遺一子撫育成立。守節四十五年。

貢生郁廷燮繼妻沈氏　　二十八歲夫亡,事舅姑暨庶姑,曲盡孝道。守節三十八年。

監生錢鴻豫妻姚氏　　二十歲夫亡,無子。守節五十一年。

姚德彰妻王氏　　二十四歲夫亡,以夫兄子爲後。守節四十五年。

姚丹綸妻陳氏　　二十六歲夫亡,無子,孝事翁姑。守節五十年。

范紹勤妻張氏　　二十五歲夫亡,家貧,子幼,紡織度日。守節三十五年。

鄘萬程妻金氏　　二十一歲夫亡,守節二十四年。

沈志遠妻路氏　　二十一歲夫亡,紡織以養舅姑。守節五十一年。

李慕麟妻張氏　　三十歲夫亡,遺孤江、澄俱幼,比長,延師督課,爲諸生。守節二十四年。

吳景超妻陳氏　　二十三歲夫亡,守節三十年。

陸鄭棟妻姚氏　　二十三歲夫亡,子殀,勉事太姑。守節九年。

王楷妻蔡氏　　二十六歲夫亡,子燕甫三齡,矢志撫育。年七十六。

程廣廷妻孫氏　　二十九歲夫亡,哀慟欲絕。後遭姑喪,哭盡哀,雙目俱盲。守節五十年。

周秀天妻曹氏　　二十四歲夫亡,守節二十六年。

魏覲顏妻趙氏　　二十七歲夫亡,守節二十六年。

范益遠妻俞氏媳黃氏　俞二十一寡，家貧，紡織撫孤。娶黃氏，又寡。共撫一孫。守節五十一年。

監生施邦彥妻方氏　十九歲夫亡，守節四十五年。

錢振元妻孫氏　二十歲夫亡，守節以終。

錢潢妻胡氏　二十歲夫亡，守節二十九年。

趙景高妻王氏　二十三歲夫亡，守節六十年。

張錦妻時氏　三十歲夫亡，守節三十三年。

魏正鋐妻李氏

監生王潞妻繆氏

孫和妻姚氏

陸光埈妻楊氏

毛麒妻李氏

蘇元吉妻沈氏

監生盛世琰妻浦氏

朱龍山妻顏氏

貢生曹焌妾陳氏

侯君美妻沈氏

蔡榮德妻袁氏

錢環州妻郭氏

進士錢伯壎繼妻孫氏

陶文煥妻吳氏

許性天妻蘇氏

監生朱永昌妻柯氏

監生陸景淵繼妻柯氏

于曾傳妻吳氏

生員周浩妻張氏

錢雲龍繼妻張氏

周景安妻陸氏

沈學禮妻孫氏

宋炳南妻陳氏

丁季輝妻潘氏

監生朱景鑑繼妻許氏

倪元烈妻蔡氏

張鑑亭繼妻顧氏

監生沈煥妻范氏

高烋妻施氏

袁士麒妻唐氏

汪乾操妻孫氏

孫堅妻吳氏

生員浦鳳池繼妻金氏

監生浦企潛繼妻張氏

孫錚妻陳氏

史江妻李氏

蔣渠妻顧氏

姚爾昌妻孫氏

施大椿妻葉氏

監生張正鑑妾王氏

許渭公妻沈氏

修撰蔡以臺妾袁氏

黃孝思妻陸氏

項大賓妻顧氏

許學衡妻陸氏

俞應龍妻魯氏

王振淵妻鮑氏

張南容妻鮑氏

生員陸尹耀妻沈氏

監生朱士魁妻汪氏,妾繆氏

監生李允剛妻王氏

錢道域妻邵氏

李明安妻陳氏

顧西崖妻沈氏

戴兆英妻郁氏

屠中鶴妻吳氏

生員徐錫祚妻孫氏

趙古梅妻顧氏

顧叙巖妻李氏

蔡遇安妻姚氏

監生褚金翔妻王氏

張龍淵妻趙氏

監生施蘭徵妻陸氏

許逢元妻楊氏

錢文表妻謝氏

徐錫五妻俞氏

周悅仁妻何氏

楊榮祖妻徐氏

俞昌言妻趙氏

陳佩音妻俞氏

生員朱恭烈妻陸氏

顧天鯤妻顏氏

錢籍妻朱氏

王松亭妻許氏

李建廷妻顧氏

生員蔣公棻妻邵氏

王賢倫妻楊氏

胡翰繼妻沈氏

張君录妻浦氏

陸照妻沈氏

陸緒照妻沈氏

陸蒼巖妻顧氏

周紹溪妻邵氏

張望元妻吳氏

張安豐妻蔣氏

沈登明妻俞氏

宋郢奇妻王氏

卓成杰妻施氏

生員蕭永祺妻袁氏

汪山立妻沈氏

監生曹相璣妻徐氏

王燦若妻吳氏

生員徐鍔妻程氏

高芳山妻汪氏

倪廷安繼妻徐氏

任振飛妻孫氏

朱龍臣妻郁氏

姚光祖妻朱氏

黃景潮妻金氏

薛仁山妻郁氏

施御天妻姚氏

薛元龍妻孫氏

李成玉妻朱氏

沈世元妻馮氏

徐秉賢妻盛氏

張殿芳妻丁氏

顧樸如妻朱氏

郁聖儀妻陸氏

潘超如妻朱氏

教諭張宏浚妾王氏

李齊堂妻顧氏

生員朱焯妻沈氏

陳培珍妻陸氏

薛苓和妻吳氏

陸西真妻程氏

孫君仲妻錢氏

曹忠謀妻沈氏

錢得天妻章氏

張東明妻錢氏

朱景鎬妻江氏

任象坤妻許氏

汪歷耕妻周氏

范元輝妻栢氏

陳回春妻陸氏

生員陸宸樞妻孫氏

張寧人妻浦氏

王燮妻俞氏

倪武雲妻許氏

薛皞唐妻陸氏

郁兆元妻錢氏

徐雪堂妻姚氏

張成龍妻沈氏

費邦欽妻夏氏

姚聚山妻俞氏

張亦明妻徐氏

吳文依妻顧氏

沈欽明妻朱氏

孟貫一妻潘氏

殷仁榮妻富氏

邱少成妻許氏

范書鵬妻葉氏

黃玉林妻葉氏

陳大勳妻姚氏

張豫立妻陳氏

淩紹斌妻徐氏

李洪章妻華氏

殷在中妻張氏

陳錦妻魏氏

奚之翰妻吳氏

李本固妻張氏

監生錢文焜妻丁氏

吳維賢妻王氏

楊立方妻徐氏

許廷魁妻魯氏

徐曰楓妻高氏

唐錦連妻張氏

監生陳基妻王氏

陳承焜妻李氏

姚秀岐妻王氏

蔣廷輝繼妻張氏

陳興如妻周氏

朱紹曾妻王氏

朱秉元妻顧氏

監生陸大受妻徐氏

蔡宏年妻張氏

徐楚珍妻曹氏

錢世珍妻金氏

周連叙妻蔡氏

蔣起成妻陸氏

徐松安妻唐氏

淩聖發妻馬氏

許義安妻胡氏

宋應魁妻薛氏

高體仁妻周氏

嚴瑞芳妻陳氏

何秀林妻吳氏

吳意相妻胡氏

生員王楷妻朱氏

汪安期妻俞氏

葉紹檜妻周氏

顧蒼巖妻周氏

王揆山妻吳氏

邵平原妻朱氏

徐玉如妻夏氏

徐昇九妻胡氏

丁明思妻懷氏

馮楷妻范氏

翁文瀾妻戴氏

黃文炳妻孫氏

馮大椿妻陳氏

王天一妻陸氏

郁象光妻錢氏

陳文湛妻姚氏

陸芳谷妻程氏

項明庸妻葉氏

蔡士超妻朱氏

閔光裕妻沈氏

顧同佳妻周氏

倪景炘妻許氏

黃廷範妻徐氏

潘禮耕妻陸氏

陳雍達妻朱氏

朱錫祚妻陳氏

宋景霏妻李氏

施景侯妻李氏

許俊聲妻胡氏

郁武揚妻陳氏

錢愷廷妻張氏

監生戴秉鈞妻錢氏

守景堯妻許氏

淩尚榮妻徐氏

朱秉元妻顧氏

潘兆玉妻王氏

施錫祚妻周氏

丁朝梈妻王氏

夏斌南妻王氏

張定介妻潘氏

費若愚妾唐氏

俞廷龍妻柯氏

王景龍妻金氏

俞銓妾蔡氏

吳震南妻姜氏

生員孫世奇妻陳氏

吳星妻嚴氏

陸錫邕妻姚氏

陸錫爵妻吳氏

黃際唐妻宋氏

黃魯谷妻朱氏

姜天行妻宋氏

姜牲㐌妻嚴氏

姜含熊妻高氏

姚安山妻富氏

姚維善妻陳氏

張馳江妻俞氏

徐有常妻周氏

郁復初妻吳氏

沈駿發繼妻謝氏

闞東奇妻陳氏

沈廷琅妻葉氏

監生朱豐年妻顧氏

沈書範妻陳氏

朱紹飛妻吳氏

李源妻王氏

張昭廷妻楊氏

鄔德寧妻戴氏

生員丁汀妻魏氏

沈士榮妻詹氏

監生陸光圻妻許氏

楊安甫妻蔣氏

楊端揆妻陳氏

生員沈濬妻屠氏

陳時懋妻吳氏

郁殿掄繼妻程氏

顧文錦妾馮氏

沈灝妻孫氏

張坤成妻袁氏

顧介華妻鮑氏

顧元高妻張氏

顧書高妻殳氏

錢慶安妻魏氏

楊見榜妻計氏

監生黃灝妻何氏

張禾妻陳氏

姚瑞華妻戴氏

賀景榮妻李氏

姚士安妻陸氏

錢萬邦妻黃氏

朱士傳妻陸氏

朱聖倫妻莫氏

錢典文妻朱氏

程鐘慶妻陳氏

王瑞言妻陳氏

鄒中黃妻房氏

王萬秉妻盛氏

吳象州妻姚氏　　以上伊《志》。

伊《志》按：以上諸節婦，嘉善《志》云：現存者例不列傳，附書於末，以俟將來，非故簡略也。

李宏遠妻董氏　　夫亡，守節苦志五十二年。嘉慶六年旌。旌冊與伊《志》名字、事實不符，故兩存之。

生員周宸勳妻汪氏　　二十一歲夫亡，守節三十年。嘉慶十九年旌。

朱天中繼妻楊氏　　二十七歲夫亡，守節五十三年。

黃紹銓妻楊氏　　二十八歲夫亡，守節四十年。

生員魏正鉞妻許氏　　二十九歲夫亡，堅操自矢。守節五十五年以上。嘉慶二十三年旌。

監生錢星陳妻沈氏　　二十二歲夫亡，守節四十六年。

支世堂妻胡氏　　二十九歲夫亡，守節三十八年以上。嘉慶二十四年旌。

黃燻妻鈕氏　　二十二歲夫亡，守節三十年。道光元年旌。

吳天麟妻王氏　　二十九歲夫亡，守節三十年。道光三年旌。

監生徐學清妻周氏　　二十五歲夫亡，守節三十九年。

監生曹信助妻張氏　　二十二歲夫亡，守節三十年以上。道光五年旌。

周大衍妻龔氏　　二十五歲夫亡，守節四十四年。

戴大烈妻唐氏　　二十八歲夫亡，守節二十四年。

錢茂林妻呂氏　　二十三歲夫亡，守節五十一年。

范星璇妻蔡氏　二十八歲夫亡,守節二十三年。

錢人傑妻浦氏　二十八歲夫亡,守節三十八年。

孫永康妻陳氏　十八歲夫亡,守節四十年。

孫雙金妻錢氏　二十九歲夫亡,守節二十二年。

李佩思妻沈氏　二十五歲夫亡,守節四十五年。

生員孟毓徵妻錢氏　二十六歲夫亡,守節二十六年。

潘蓉城妻程氏　二十九歲夫亡,守節三十二年。

廩生陸梧生妻李氏　二十九歲夫亡,守節二十四年。

陸鶴芝繼妻張氏　二十七歲夫亡,守節二十六年。

周之鎮妻莫氏

蔣士榮妻沈氏　二十七歲夫亡,守節五十五年。

鄭秉賢妻曹氏　二十七歲夫亡,守節五十五年。

鄭鑑衡妻張氏　二十七歲夫亡,守節三十二年。

生員高堮妻孫氏　二十九歲夫亡,守節四十一年。

監生高型繼妻陳氏　三十歲夫亡,守節三十三年。

顧滄南妻周氏　二十三歲夫亡,守節五十五年。

顧咸熙妻浦氏　二十三歲夫亡,守節二十八年。以上道光六年旌。

生員陸宸階妻陳氏　二十六歲夫亡,守節四十一年。

朱學山妻王氏　二十六歲夫亡,守節四十二年。

陸永明妻朱氏　二十八歲夫亡,守節四十四年。

潘亮臣妻鄔氏　二十一歲夫亡,守節三十二年。

鄔友德妻陸氏　二十三歲夫亡,守節五十九年。

周學渭妻張氏　二十五歲夫亡,守節四十二年。

朱汝德妻李氏　二十二歲夫亡,守節四十六年。

謝西京繼妻王氏　二十七歲夫亡,守節五十六年。

謝漣妻周氏　二十二歲夫亡,守節四十四年。

潘東念妻陸氏　二十四歲夫亡,守節二十八年。

潘建峰妻吳氏　二十七歲夫亡,守節三十四年。以上道光八年旌。

徐健榮妻張氏　二十九歲夫亡,撫孤。守節四十年。道光十二年旌。

俞振凡妻陳氏　二十九歲夫亡,守節二十二年。

邱鳳祥妻侯氏　二十六歲夫亡,守節四十七年。

王蘭妻孫氏　二十二歲夫亡,守節三十三年。

呂昂發妻蔡氏　二十八歲夫亡,守節四十六年。

張琳妻朱氏　二十三歲夫亡,守節十一年。

丁正操妻曹氏　二十三歲夫亡,守節三十八年。

金珠懷繼妻顧氏　二十九歲夫亡,守節四十一年。

徐鳳增妻楊氏　二十七歲夫亡,守節十二年。

張天儀妻俞氏　二十八歲夫亡,撫孤,守節三十五年。

顧萬鑒妻萬氏　二十九歲夫亡,守節二十六年。

李人杰妻支氏　二十七歲夫亡,守節四十一年。

廩生吕漣妻陸氏　三十歲夫亡,守節二十七年以上。道光十四年旌。

生員金掌瑯妻倪氏　二十二歲夫亡,守節四十五年。

金均妻朱氏　二十歲夫亡,守節五十年。

監生唐奎耀妻黄氏　二十九歲夫亡,守節四十五年。

顧啟發妻莊氏　二十四歲夫亡,撫孤。守節三十年。

錢天榮妻徐氏,禹龍妻淩氏　徐二十七歲夫亡,撫子禹龍,早世。與媳撫孤。守節四十九年。人稱一門雙節。

張廷威妻鄔氏　二十七歲夫亡,守節二十四年。

吴松雲妻徐氏　三十歲夫亡,守節二十二年。

生員張坤成繼妻錢氏　三十歲夫亡,守節三十五年以上。道光十五年旌。

監生姚序東妻吴氏　二十八歲夫亡,守節三十二年。

沈儒璋妻顧氏　二十六歲夫亡,守節二十六年。

職員朱溶妾王氏　二十九歲溶亡,守節二十二年。

增生張汝瑚妻沈氏　三十歲夫亡,守節十七年。

唐雲皋妻周氏　二十八歲夫亡,守節三十一年。

吕錦波妻高氏　二十七歲夫亡,守節二十四年以上。道光十六年旌。

俞永春妻張氏　二十七歲夫亡,撫孤。守節四十八年。道光十七年旌。

監生屠履貞繼妻丁氏　十九歲夫亡,撫嗣。守節二十九年。道光十八年旌。

朱翰邦妻王氏　二十九歲夫亡,撫嗣。守節五十三年。

陳徐藻妻吴氏　二十五歲夫亡,撫孤。守節四十一年。以上道光十九年旌。

鍾汪彙妻項氏

施兆珍妻王氏　二十八歲夫亡,姑患瘖數年,晨夕奉侍不稍息。守節四十三年。

章縣善繼妻陳氏　二十五歲夫亡,前氏子鼎方甫六歲,撫以成立。守節二十六年。

戴嘉和妻程氏　二十一歲夫亡,撫嗣,守節五十六年。

張廷祖妻朱氏　婚一載寡,撫夫幼弟振法成立。後即以振法子天祥爲嗣,終身勤苦,宗祀賴以不墜。

沈世坤妻張氏　二十八歲夫亡,守節四十六年。

俞鳴陽妻沈氏　二十八歲夫亡,守節六十九年。

韓金福妻沈氏　十九歲夫亡,守節三十四年。

吴益山妻朱氏　二十三歲夫亡,守節五十八年。

馮穎達妻于氏　二十一歲夫亡,守節三十九年。

周鎬東妻房氏　二十八歲夫亡,守節四十七年。

周文炎繼妻周氏　二十四歲夫亡,守節四十九年。

周堉妻楊氏　二十四歲夫亡,旌年六十。

徐鳳梧妻楊氏　二十四歲夫亡,旌年五十四。

高瑞麒妻仲氏　二十二歲夫亡，旌年四十八。

高國興妻朱氏　二十五歲夫亡，旌年五十八。

劉萬春妻李氏　二十二歲夫亡，旌年七十一。

監生張彥妻顧氏　二十五歲夫亡，撫孤。守節。旌年五十九。

陸超然妻朱氏　二十七歲夫亡，守節三十餘年。

陸如濂繼妻蔡氏　二十九歲夫亡，撫孤。守節三十餘年。

金學易妾石氏　二十二歲學易亡，撫孤。守節。旌年六十五。

顧溶妾費氏　二十三歲夫亡，孝奉嫡母，恩撫貌孤。子音枳自幼多病，苦心調護。守節三十餘年。

金友奎妻顧氏　二十七歲夫亡，守節五十三年。

支德熙妻張氏　二十五歲夫亡，遺腹生子，三日而殤。撫夫兄德麟次子作城為嗣。守節四十八年。

張奇奎妻許氏　二十六歲夫亡，撫孤，守節。旌年六十二。

金焜妻潘氏　二十八歲夫亡，苦節四十八年。

金殿雄妻孫氏　二十八歲夫亡，苦節三十五年。

丁德妻李氏　二十九歲夫亡，撫孤。守節五十餘年。

丁念祖繼妻孫氏　二十九歲夫亡，無子。撫姪成立，孝事舅姑。旌年六十五。

王巨然妻卞氏　二十四歲夫亡，撫孤成立。旌年五十七。

盧掌衡妻王氏　三十歲夫亡，奉姑甘旨無缺，撫三歲孤懋詮有恩。守節四十一年。

徐錫爵妻王氏　二十九歲夫亡，孝事舅姑，撫孤守節。旌年五十。

周紹榮妻沈氏　三十歲夫亡，家無擔石。孤甫褓褓，撫之成立。始終勵志。旌年六十五。

馬振江妻姚氏　二十八歲夫亡，旌年六十。

浦銓妻王氏　二十七歲夫亡，旌年六十三。

朱振鏞妻梅氏　二十六歲夫亡，撫孤銘常讀書成名。守節三十一年。

周模妻陸氏　二十九歲夫亡，止一女，苦節三十餘年。

馮學胥妻顧氏　二十四歲夫亡，守節四十三年。

沈正容妻沈氏　二十二歲夫亡，守節二十二年。

董聲璜繼妻曹氏　二十五歲夫亡，守節六十年。

陸舜安妻范氏　二十七歲夫亡，守節二十九年。

陸元隆妻唐氏　二十一歲夫亡，旌年五十四。

金鴻煞妻陳氏　二十五歲夫亡，撫子鏞成立，娶媳亦陳氏，婚五載鏞亡，與媳撫孫成業。

金鏞妻陳氏　二十七歲夫亡，事姑孝，撫孤成立。苦節自矢。旌年五十三。

陳世鏞妻丁氏　二十四歲夫亡，旌年五十一。

陳世壎妻丁氏　二十九歲夫亡，旌年五十六。

薛汝為妻江氏　二十二歲夫亡，旌年五十八。

盛聖元妻陸氏　二十九歲夫亡，旌年五十五。

顧大慶妻邱氏　二十五歲夫亡，旌年五十一。

沈濟昌妻汝氏　二十八歲夫亡，旌年五十四。

馮繩祖妻張氏　二十六歲夫亡，旌年七十。

于大章妻吳氏　　二十四歲夫亡,旌年八十二。

吳德叙妻貝氏　　十九歲夫亡,旌年七十四。

馮炳蔚妻蔣氏　　二十六歲夫亡,旌年六十九。

馮筠生妻吳氏　　二十四歲夫亡,旌年六十七。

薛永昌妻徐氏　　二十三歲夫亡,旌年四十八。

薛棠高妻許氏　　二十四歲夫亡,舅姑尋歿,撫幼叔成立。以叔子爲嗣。守節六十一年。

許清源妻沈氏　　三十二歲夫亡,旌年六十六。

邵南江妻張氏　　夫亡,無子,守節。旌年五十七。

章星海妻魯氏　　二十四歲夫亡,家貧,苦守,奉事舅姑,克盡婦職。旌年五十。

楊時中妻許氏　　二十八歲夫亡,撫孤,守節三十八年。以上于《志》。

彭紹筌妻沈氏　　二十五歲夫亡,遺三子,長僅五齡,幼未試周。家貧,翁老,藉紡績以養之。三子均撫成立。守節二十二年。

彭俊綵妻王氏　　二十九歲夫亡,遺孤又殀。夫弟尚幼,撫以成立。守節以終。

程佳木妻許氏　　二十一歲夫亡,無子。撫姪洪元爲嗣。守節四十餘年。

生員蔡以圻繼妻薛氏,孫媳劉氏　　薛二十九歲夫亡,無子。撫嗣又殀。守節五十餘年。劉二十八歲寡,一室煢煢,相依苦守。

陳承禧妻李氏　　夫早亡,守節三十七年。

生員陳月琳妻陸氏　　二十八歲夫亡,守節四十二年。

曹渭生妻李氏　　二十四歲夫亡,守節十年。

施兆珍妻王氏　　二十八歲夫亡,無子。翁早歿,姑性褊急,子死更甚。王竭誠奉養,卒感悟焉。姑患瘤疾數年,日夜侍奉,汙穢未嘗憎厭,售盆衣爲醫藥貲。姑歿,盡鬻盆具,合葬翁姑,并葬夫於傍。老益貧困,姨甥程佩玉迎養於家。年五十。

儒童顧廷枚妻沈氏　　二十八歲夫亡,守節撫子,煥爲廩生。卒年六十六。

施煌妻俞氏　　二十歲夫亡,遺孤甫彌月,撫訓成名。守節五十一年。

州同謝應鏘妻杜氏　　三十年夫亡,勤儉持家,教子讀書成名。官晉寧知縣。氏卒年四十六。

蔡培節妻金氏

滕德龍妻俞氏

監生張清範妻許氏　　二十歲夫亡,守節六十八年。

褚廷九妻沈氏

丁兆龍妻汪氏

顧荻波妻張氏　　二十歲夫亡,守節六十一年。

程楠妻陸氏　　二十三歲夫亡,無子,依母家,毀妝易服,以養老母。又以紡績所餘,買地葬夫之祖父。夫叔廷獻嘆其賢,以孫熙恬嗣焉。年七十四封安人。

費有度妻趙氏　　夫亡,守節三十八年。撫孤成立。學使彭給"瑤池冰雪"額旌之。

費道模妻沈氏　　夫亡,苦節二十餘年,紡績度日,撫孤成立。

郁古妻沈氏　　夫亡,紡績自給,守節六十年。

郁右繼妻沈氏　　二十二歲夫亡,守節五十七年。

生員顧開王妻曹氏　二十五歲夫亡，無子，撫嗣成立。守節五十餘年。

顧宇妻王氏　十八歲夫亡，家甚貧，去簪珥，依母家，頗孝謹，紡績度日。年五十餘。待旌。

知縣蔡潤琛繼妻金氏　咸豐甲寅，潤琛殉難黃州，氏時二十六歲。風餐露宿，挈兒女以歸。

監生王智杰妻沈氏　二十二歲夫亡，矢志守節，撫子福矞成名。年五十一。

王伯英妻李氏　夫早亡，紡織苦守，有古節婦風。家貧，無力請旌。年至八十五。

生員曹鑑邦妻李氏　二十一歲夫亡，撫姪爲嗣，守節十餘年。

陳振邦妻朱氏　二十七歲夫亡，無子。煢煢苦守，藉紡績以度日。年五十七。

金鴻遠妻戴氏　二十九歲夫亡，孝事嫗姑，撫子及孫，備嘗艱苦，守節四十八年。

金鴻塏妻張氏　十八歲夫亡，家極貧，鍼黹度日，守節以終。

沈旅坤妻汪氏　二十六歲夫亡，無子，矢志守節，鬻簪珥以償逋負，曰："毋貽吾夫以口實也。"歸依母家，自食其力。積貲葬夫於翁姑塋側，并穿己穴。撫姪爲嗣，又爲經營婚娶焉。

主簿顧繩曦繼妻沈氏　二十六歲夫亡，撫孤成立，守節以終。

生員顧希沆妻沈氏　二十一歲夫亡，遺孤運昌甫三齡，撫訓游庠，又殀。復撫夫幼弟成立。守節四十餘年。

顧汝賢妻高氏　夫早亡，撫孤成立，守節以終。

周耀軒妻曹氏　夫早亡，無子，煢煢無依，依兄嫂而居。苦節數十年。

曹源華妻周氏　婚逾年夫亡，無子。守志母家，仍以薪水奉養其姑，宗黨兩賢之。

顧傳堯妻聞氏　夫早亡，撫孤成立，守節以終。

顧天鳳妻孫氏　三十歲夫亡，無子，苦節二十七年。

顧肇錫妻陸氏，肇和妻錢氏　陸二十二歲夫亡，撫子成立。守節四十二年。錢二十五歲夫亡，苦節四十五年。

生員顧樹藩妻曹氏　婚一載夫亡，時二十六歲，無子。撫姪書恩成立。守節五十五年。

生員顧維麗妻姚氏，惟業妻王氏　姚二十二歲夫亡，無子，苦節二十七年。王亦早寡，撫遺孤成立，戚族兩賢之。

顧人模妻裴氏　三十歲夫亡，無子，苦節四十二年。

顧星潢妻龔氏　二十八歲夫亡，苦節六十年。

王楚珍妻周氏　二十五歲夫亡，撫三子，茹荼自守，夜績不輟。苦節四十八年。

王圖洛妻程氏　二十一歲夫亡，撫遺腹子松喬成立，官湖南永順典史。守節數十年，巡撫給"矢志堅貞"額表之。

陸士榮妻陳氏　二十一歲夫亡，無子，撫堂姪爲嗣。守節四十一年。學使朱給"冰霜久閱"額。

監生張家炳妾王氏　十九歲炳亡，正室已歿，嫡子甫九齡，矢志撫育，苦節二十餘年。

布理問王秉鈞妻朱氏　二十七歲夫亡，屢欲身殉，以翁姑老，子女幼，乃止。撫子姚泰，官道庫大使。苦節四十餘年。

兵馬司副指揮許銘恩妻莊氏　二十六歲夫亡，現年七十三。　以上《楓溪小志》。

監生張彥妻顧氏　二十四歲夫亡，守節。旌年六十四。

李復興妻張氏　十五歲夫亡，守節五十年。　以上道光二十五年旌。

鄒永秦妻顏氏　二十五歲夫亡，守節。旌年五十一。道光二十八年旌。

儒童戴廷琛妻濮氏　二十八歲夫亡，守節。旌年五十一。

生員薛賓燕妻吳氏　二十八歲夫亡,守節。旌年六十一。　以上咸豐二年旌。

生員王經鋤妻陸氏　二十一歲夫亡,守節四十七年。咸豐五年旌。

鍾汪埏妻周氏　二十九歲夫亡,守節。旌年五十一。咸豐七年旌。

姚煥文妻邵氏　二十七歲夫亡,守節。旌年六十六。

沈朝楫妻屠氏　三十四歲夫亡,撫孤,守節。旌年七十一。

王序高妻吳氏　二十五歲夫亡,守節。旌年五十八。

陸天祥妻李氏　二十三歲夫亡,撫孤,守節。旌年七十一。

徐永昌妻卜氏　二十九歲夫亡,撫孤,守節。旌年六十五。

周永壽妻卜氏　二十一歲夫亡,撫嗣,守節。旌年六十九。

陳起高妻周氏　二十九歲夫亡,撫孤,守節。旌年八十。

靳順有妻糜氏　二十二歲夫亡,守節。旌年五十八。

葉天倍妻戴氏　二十八歲夫亡,守節。旌年五十九。　以上咸豐八年旌。

武生費鑑安妻袁氏　二十四歲夫亡,守節五十九年。

生員周日焵妻孫氏　二十九歲夫亡,守節六十二年。　以上同治五年旌。

袁荊妻陳氏　三十歲夫亡,撫孤成立,後子及婦又歿,乃撫孤孫以延嗣。守節四十八年。

袁并妻陳氏　三十歲夫亡,守節四十三年。　以上同治七年旌。

儒童朱炳妻郁氏　十九歲夫亡,守節三十二年。

監生朱如戀妻鍾氏　十九歲夫亡,守節三十三年。

儒童薛大均妻陳氏　二十一歲夫亡,守節。旌年七十四。

儒童吳成章妻鍾氏　二十五歲夫亡,守節四十二年。

儒童馮雲生妻吳氏　二十歲夫亡,守節六十三年。　以上同治十一年旌。

俞福林妻夏氏　三十歲夫亡,守節。旌年七十七。

鄒琮妻朱氏

支作煥妻鄒氏

趙以淮妻王氏

孔廣坤妻戚氏

毛德榮妻孫氏

吳寅槎妻朱氏

卓國昌妻趙氏

卓孝章妻趙氏

江增祥妻李氏

孫文檜妻王氏

姚煜妻黃氏

任鈺妻何氏

夏龔九妻龔氏

范以禮妻江氏

沈炳堂妻錢氏

沈炳堂妻楊氏

沈坤元妻錢氏

胡汝熊妻陳氏

夏孌羹妻陳氏

范保豐妻徐氏

盧掌衡妻王氏

范照妻丁氏

王志霖妻李氏

袁仙槎妻孫氏

顧元衡妻吳氏

顧元衕妻屠氏

閔宇秋妻倪氏

吳文鼎妻王氏

張念華妻孫氏

趙文梓妻潘氏

倪錫章妻張氏

卓文炳妻蔣氏

錢增卿妻柯氏

顧永昌妻胡氏

卓新如妻戴氏

卓耀龍妻徐氏

卓鳳鳴妻張氏

卓大妻范氏

江增源妻宗氏

倪景熙妻徐氏

丁應鏘妻支氏

倪景賢妾王氏

郁世和妻沈氏

支作楫妻朱氏

顧汝鏞妻何氏

魏孝炘妻金氏

沈炳俯妻支氏

蔣隆茂妻陸氏

金應槐妻陸氏

姚香泉妻顧氏　　二十一歲夫亡，守節。旌年五十二。　　以上同治十二年旌。

姚紹裘妻戴氏　　二十二歲夫亡，守節。旌年五十一。

許東萊妻陳氏

周學高妻范氏　　以上同治十三年旌。

葉孝成妻楊氏　　二十歲夫亡,守節。旌年六十一。

倪在漢妻費氏　　二十七歲夫亡,守節。旌年六十。

黃基妻陳氏　　二十一歲夫亡,守節。旌年五十一。

生員程光燕妻陳氏　　二十二歲夫亡,守節。旌年五十七。

李順餘妻顧氏　　十九歲夫亡,守節。旌年七十五。

沈希約妻黃氏　　二十九歲夫亡,守節。旌年六十三。

陳治備妻黃氏　　三十歲夫亡,守節。旌年七十九。

沈瑞雲妻莊氏　　二十八歲夫亡,守節。旌年五十七。

生員郁以溶妻王氏　　二十九歲夫亡,守節。旌年六十。

金如松妻張氏　　二十三歲夫亡,守節。旌年七十。

羅載妻姚氏　　二十二歲夫亡,守節。旌年五十六。

婁國英妻李氏　　二十八歲夫亡,守節。旌年六十三。

程嘉林妻王氏　　二十八歲夫亡,守節二十五年。

生員孫鐋妻張氏　　二十三歲夫亡,守節二十三年。

監生戴睿中妻錢氏　　二十九歲夫亡,守節十五年。

卓孝山妻許氏　　二十八歲夫亡,守節三十六年。

佾生顧墉妻程氏　　二十二歲夫亡,守節三十二年。

從九品蔡家棣妻許氏　　二十六歲夫亡,守節三十二年。

生員許加鈖妻范氏　　二十四歲夫亡,守節五十年。

郁以鴻妻程氏　　二十六歲夫亡,守節三十一年。

倪垚妾楊氏　　二十七歲垚亡,守節三十七年。

王文填妻羅氏　　三十歲夫亡,守節二十二年。

奚師濂妻孫氏　　二十九歲夫亡,守節十九年。

監生黃智杰妻湯氏　　二十二歲夫亡,守節三十一年。

范以澄妾江氏

孔錦祥妻戚氏

趙以淮妻王氏　　以上光緒元年旌。

顧周枚妻吳氏　　二十歲夫亡,守節。旌年七十五。

陸勤四妻於氏　　十九歲夫亡,守節。旌年七十五。

監生顧涵繼妻張氏　　二十歲夫亡,守節。旌年六十九。

章錦豐繼妻張氏　　二十二歲夫亡,守節。旌年六十二。

監生俞連妻王氏　　十七歲夫亡,守節。旌年六十五。

俞文鑒妻王氏　　二十二歲夫亡,守節。旌年四十九。

監生黃德述繼妻鄭氏　　二十歲夫亡,守節。旌年六十九。

楊超祖妻姜氏　　十九歲夫亡,守節。旌年六十二歲。

顧用枚妻吳氏

錢一斐妻陸氏

周同春妻張氏

楊廷如妻沈氏

萬勝聚妻黃氏

黃廣珍妻吳氏　　以上光緒二年旌。

許李氏　　光緒三年旌。

徐蘭棻妻孫氏　　學憲吳給"柏舟親操"額。

孫學金妻蔣氏　　前郡尊馬給"松柏同青"額。

李來生妻俞氏

程楠妻陸氏

顧沈燡妻邵氏

李應炳妻朱氏

吳佩符妻潘氏

陸繼濤繼妻朱氏　　以上採訪,已旌。

舉人金尚銓妻許氏　　夫亡,投繯自縊,以救免。撫姪爲嗣。守節三十年。

金云村妻張氏　　夫亡,守節四十餘年。撫子仕棠,官福建歸化知縣。

舉人汪正鈞繼妻沈氏

生員沈堉妻范氏

生員金應槐妻王氏

生員孫球妻沈氏

縣丞范賡梅妻周氏

生員徐權妻胡氏

查青甌妻孫氏

孫涇妻胡氏

吳志鴻妻劉氏

查紹九妻徐氏

丁聚元妻朱氏

丁錫疇妻張氏

陸如璋妻朱氏

楊立誠妻徐氏

孫如筠妻查氏

鍾汪均妻魏氏

徐桐妻朱氏

吳昌烜妻郁氏

袁益齡妻凌氏

楊廣珍繼妻曹氏

袁國楨妻楊氏

沈雲祥妻陳氏

查容照妻沈氏

談福田妻浦氏

馮傳光妻蔣氏

周渭濱妻殷氏

浦孟堅妻錢氏

張一亭妻陸氏

沈補文妻陸氏　　以上由省城節孝局採訪滙咨,未奉部覆。

朱曰時繼妻沈氏　　二十八歲夫亡,無子。前氏子早世,撫其孫爾昌、晉蕃成名。現年六十。

儒童許唐煜妻李氏　　三十歲夫亡,屢欲自盡,勸以撫孤乃止。逾月而遺孤又殁。越歲,翁及夫兄復相繼殁,家日落,鬻產營喪葬。繼夫姪孫以鈞爲嗣孫,教養成立,入庠。戚族咸重之。守節三十年。

金孔良妻孫氏　　二十三歲夫亡,無子。姑老,無以爲養,乃傭工以奉姑。及殁,喪葬皆盡禮。現年六十三。

沈引妻沈氏　　二十三歲夫亡,現年五十六。

李彬儒妻沈氏　　二十一歲夫亡,大慟,欲殉。姑以有遺娠勸止之,未幾舉一子,撫訓成諸生。

陸崒軒妻沈氏　　三十歲夫亡,守節四十年。

陸古苔妻胡氏　　三十歲夫亡,守節三十一年。

郁元熙妻張氏

陸秋波妻龔氏

陳福壽妻閔氏

陳徐河妻吳氏

倪慕賢妻閔氏

潘銀方妻邱氏

沈學法妻王氏

顧翰屏妻潘氏

生員徐權妾蔣氏

張紹行妻顧氏

生員徐振薰妻顧氏

陳魯齋妻孫氏

徐振煦妻施氏

陳魯山妻沈氏

生員程惇燾妻錢氏

吳雅江妻顧氏

生員徐爾均妻陳氏

魏基鈺妻楊氏

蔣舫齋妻王氏

魏基鎬妻龔氏

生員陸福爲妻王氏

閔龍鑣妻張氏

陸如珪妻朱氏　　以上合例待旌。

浦坤厔妻褚氏　　歸浦六月夫亡，守節。現年五十六。

魏范氏　　湖北蘄州知州范寶璟女。性賢孝，歸同邑魏孝蒸。婚未一年，孝蒸以哭母哀毀死。氏奉事祖翁姑，能養志承歡。孝蒸無子，爲立嗣子塈，教之成立，入邑庠。道光三十年旌。

姚閔氏　　適婁縣姚玉林爲繼室。四載而嫠，前張氏生子湘，未冠；次淮生，未週歲。氏養老字孤，意境況瘁，作圖傳示後人。從孫椿作《像贊》以誌景仰。

嘉興府志卷七十三

〔列女十〕

列女節婦

海鹽縣上

吳

張白妻陸氏　　白,溫弟。陸,名鬱生,績女。年十三適白,三月白罹家禍,遷死異郡。陸以苦節終。

明

陳思恭妻莊氏　　莊係泉南人。夫客泉南,贅焉。夫嘗賈海,三年不歸。有諷之嫁者,莊叱之。已而竟死於海,前諷者復來曰:"今固可嫁矣。"莊愈絕之,乃自泉南攜其孤彥廉歸海鹽,時年二十五。高啟作《節婦行》美之。

御史丁麟妻蔣氏　　名妙安,夫坐法死。蔣二十四歲。節操凜然。年九十餘。

朱士廉妻董氏　　名淑真,董鎮女,贅士廉。二十四而寡。子敏學甫九月,矢志撫之。迎養其姑。洪武間旌。

張谷起妻徐氏　　名妙真,二十九歲夫亡,子甫一歲,矢志不二。永樂初旌。

沈裕妻王氏　　名妙真,二十一歲夫亡,孝事其姑,以苦節終。

萬衡妻沈氏,費逵妻向氏　　沈名淑廉,二十一歲寡。向名妙蓮,二十三歲寡,俱成化中旌。

海寧衛百户劉璽妻陸氏　　名妙端,二十七歲夫客死河南,值歲饑,陸紡績奉養舅姑及伯母。已而相繼歿,又竭力營喪葬。撫二子成立。守節四十餘年。弘治初旌。

胡繼海妻駱氏　　名玉潤,二十七歲夫亡。子女俱幼,父欲奪其志,誓死不從,教其子寬宏,皆承父業。年八十。弘治初旌。

鍾昇妻沈氏　　名妙智,二十九歲夫亡。撫遺腹子景辰成立。年九十三。

生員倪塤妻路氏　　二十三歲夫亡,誓不再嫁,撫孤成立。　　案:倪路氏,《浙江通志》載入嘉善,吳《志》載海鹽,今從之。

徐潮妻王氏　　二十四歲夫亡,撫孤晟成立。巡撫奏旌。

沈珉妻陳氏　　二十四歲夫亡,守節。

張鎮妻王氏　　二十歲夫亡,守節三十年。

吳孟完妻胡氏,允昂妻楊氏　　胡二十五歲夫亡,教子允昂學儒,娶楊氏,亦早寡。婦姑相守,邑令陳琳譔《重節傳》。

沈端妻陳氏　　名妙善,任邱人。二十四歲夫亡。守節四十年。

徐璧妻馬氏　　夫早亡,馬嘗與夫割股救親,織紝自給。年九十。

汀洲知府張寧妾高氏、李氏　　高名寒香,李名晚翠。十四五歲事寧,三年而寡。越三年,嫡劉氏令釋服,另適。二人大慟曰:"妾荷主恩,恨不即死以從,敢有他志?"遂皆翦髮矢守,同居一樓者二十九年,家人罕見其面。嘉靖中,詔表曰"雙節"。

海寧衛指揮姚麟妻張氏　即寧女也,亦早寡,節操著焉。

王廉妻許氏　夫亡,撫遺子,或勸更適,許不從,以苦節終。

魏全妻林氏,王軑妻陳氏　以上俱早寡,各苦節五十年。

陳立妻錢氏,姜屠氏　立亡,錢二十五歲,屠年十八。同心守節,郡守徐盈表之。

吳寬繼妻鄭氏　二十八歲夫亡,以子昂貴封安人。年七十八。嘉靖間旌。

沈國相妻王氏　名玉貞,十七歲夫亡于倭,無子。截髮守節五十餘年。萬曆中旌。

姜應熊妻徐氏　夫患瘋,兩家欲更議,徐不從。歸姜四年寡,誓守夫塋,撫孤孟登成立。吳御史表其門。

李諶妻吳氏　二十餘歲夫亡,無子。煢煢孤苦,至八十九卒。邑令朱實昌、董珆先後給粟帛賙之。

張宏妻盧氏　二十四歲夫亡,生子采甫三月。繼姑欲奪其志,盧不從,勤織紝以事其姑。年八十三。

張桂妻任氏　十六歲適張,四十日夫亡。守節六十年。

生員王復昌妻朱氏　夫亡,依弟。佐弟,事之如母,煢守至老。後佐姜陳氏,復依之。以節聞。

何文謂妻王氏　十八歲夫亡,遺孤梅甫八月。族人迫他適,王翦髮自誓。邑令王宗載表之。

生員陸郡繼妻潘氏,部妻周氏　俱早寡,潘有子夢鸞,與周共撫成立。太守、監司表之。

監生朱圮繼妻吳氏　三十歲夫亡,撫前子與己子皆成立。年八十一。邑令杜士全表其閭。

舒葵妻呂氏　十七歲適舒,踰年夫亡,子笙甫三月。其姑招婿與女共居,睥睨其產。呂寄子於母家,奉姑惟謹。既而姑之女與婿俱死。呂拮據養姑,教子成立。年八十有九。邑令杜士全表之。

朱守謙妻楊氏　二十六歲夫亡,守節四十餘年。

鍾師孟妻徐氏　名季貞,夫亡,徐哭之,嘔血數升。翦髮二握,一納之柩,一以囊盛之,自懸臂間。子曉有一女,亦早寡。翦髮自誓,如其大母。

指揮姚宏妻吳氏　夫死於陶宅之戰,家貧,吳紡織充給,安葬五喪。

劉世坊妻項氏　二十一歲夫亡,姑老遺幼,孤祖錫姻族欲奪其志。項指天泣血,誓無二心。萬曆間旌。

郎中錢萱妻孫氏,姜嚴氏　夫以事謫粵東,歿於官。孫慟不欲生,扶櫬歸葬,與姜嚴氏共守節三十餘年。

舉人朱朝筼妻許氏　氏父槐卿倜儻好義,憲副士奇之曾大父也。氏適朱後,舉男,輒勿育,乃為夫置籛室,得儒家女,生子士遷,氏撫之如己出。朝筼亡,士遷甫九齡,里中無賴利其業,群起齮之,力無以捍,相持兩泣。士遷既立,矢志讀書,攻古文詞,不問家人產,產日落,嘗之燕,以投知己。許日夕悲,憶食每投匕。士遷聞而馳歸,則許已逝。每以不及視含,終天抱痛云。

朱應箕繼妻屠氏　夫亡,欲以身殉,姑禁之得不死。經紀喪葬,教其二子學宣、學章為諸生。守節三十三年。天啟間旌。

刑部胡憲仲妾仇氏　憲仲為孝廉時,納仇而孕,即北上。明年,子彭述生而憲仲登第,旋之官南曹,歿,仇守節四十八年。

胡彭述妻劉氏　夫少孤,家貧,劉歸後,盡出奩資,孝養孀姑。仇生震亨,甫二歲夫亡,日攜震亨,撫夫柩哭。後震亨入仕,有祿養,歲時愈悲曰:"以吾兒今日,養不逮父,不逮王母爾。"封太孺人。

沈宏達妾金氏　二十歲夫亡,母欲奪其志,金堅執不從。以苦節終。

朱萬言妻沈氏　宏達妾所生女也。嫁三年而寡,屏居小樓,并不歸寧。邑令與其母共表之。

王應麟妻鍾氏　夫亡,遺腹生子士宏,撫之成立,為諸生。有司表之。

主事劉世埏妾沈氏　世埏亡,子祖鍾未晬。時嫡徐抱其姪為子,沈婉曲事之,得保遺孤。衣一補綴衣,即初筓時服也,至老不去體,年六十二。有司奏旌。

監生陳昌允妻董氏　二十九歲夫亡,孝事舅姑,始終如一。邑令表之。

吳儒、桃妻蕭、儲氏　俱早寡,儒無子,桃僅一子,二人共撫之成立。邑令表之。

吳棟妻蔣氏,文煒妻戴氏,麟振妻沈氏　蔣年十九歲夫亡,遺孤文煒僅七月。長,娶戴氏,二十一歲亦寡。子麟振方二齡,同姑撫育。麟振長,娶沈氏,亦寡,子甫四齡。沈事太姑及寡姑,俱盡孝。訓子成進士。稱"三世苦節"。蔣年八十三卒,戴年七十三卒。

澉浦所百戶胡偉妻陳氏　十九歲夫亡,子靖方八月,撫孤襲蔭。年六十三。

陳用龍妻王氏　二十一歲夫亡,撫遺腹子溁成立。年五十二。

蔣杰妻翁氏　二十九歲夫亡,撫一歲孤毅方。苦節五十餘年。

指揮童尚斌妻周氏　二十四歲夫亡,子養初僅四齡,訓子襲職爲松海副將。年七十六。

王廷璧妻孫氏　二十歲夫亡,守節。天啟中邑令表之。

監生朱映璧妻葛氏　十九歲夫亡,無子。撫夫從子敷錫爲嗣,鞠育成立。年八十。

褚秦亨妻周氏　洪武九年,詔旌其門。

劉鎮妻邵氏　十六歲夫亡,守節。

莊鴻妻倪氏　十七歲歸鴻,二年夫亡。遺腹生子曰山,與寡姑許氏撫之。嘉靖間旌。

王軒妻黎氏　三十歲夫亡,守節。

指揮徐恭繼妻陸氏　夫亡,矢志,至老如一。

指揮王勇繼妻沈氏　夫亡,子大猷八齡,撫之成進士。

趙子龍妻王氏　十六歲夫亡,撫孤,守節。

陳籍妻吳氏　陳鯉母,事姑以孝聞。

賀岋妻徐氏　夫亡,子培方四齡,撫之成立。守節三十餘年。

張廷祿妻莊氏　二十二歲夫亡,教子源成、源思讀書,源思成進士。崇禎間旌。

劉煤妻周氏,亞繼妻姚氏　周二十歲夫亡,子亞甫三歲。守志撫孤六十年。亞繼妻姚氏亦早寡,苦節四十七年。

生員徐乾元妻仇氏　夫嗜學,早亡,無子。依父以居。父老疾,扶持十數年。

生員馬如雲妻王氏　二十一歲夫亡,守節三十四年。

朱學行妻錢氏　十九歲夫亡,矢志苦節。

徐鏜妻李氏　夫亡,撫孤,守節終身。

舉人顧槃繼妻祝氏　二十六歲夫亡,撫繼子熙,先歿,熙妻徐氏有婦德,訓諸孫元聞、元碩等,皆有文名。

生員虞志曾妻步氏　崇禎五年建坊紫雲村。

劉浩妻董氏　二十四歲夫亡,遺一女,適俞希賢,以苦節卒。

徐重臣妻曹氏　二十一歲夫亡,守節。

陸堯俊妻顧氏　夫幼孤,不自檢,家遂破。尋卒,無子女。顧苦守,以夫弟之子爲嗣。見《徵獻錄》。

劉東靈妻李氏　夫亡,無依,歸養弟家,守節以終。

生員馬孟駿妻李氏　十七歲夫亡,守節。

沈九疇妾王氏　九疇亡,子夢融方四歲。當病革時,九疇語嫡妻曰:"若年少,必嫁之。"王曰:"我必不嫁。"因取刀割其舌寸許,擲地示信。後與其嫡相依,年五十九。

舉人錢與映妾康氏　侍與映不數年而寡,誓不改適。端重自持,嫡子多敬憚之。

吳士妻周氏　　二十三歲夫客口外不歸。撫一女,後適仇士奎,仇死,守一孤,長,爲塾師。

生員周東妻吳氏　　獨滙涇吳本女,十八歲夫亡,遺孤二齡,又殤。吳奉舅姑盡禮。以苦節終。

張宏濟妻許氏　　二十三歲夫亡,遺腹生子祖壽。苦節四十餘年。

生員張祖壽妻何氏　　二十九歲夫亡,撫二幼孤。守節三十一年。

生員徐麟徵妻徐氏　　夫亡,孝事舅姑,守節五十年。

朱泰復妻賀氏　　夫殉國難,賀持刀自刺,家人急救獲免。苦節四十年,撫孤四人,俱成立。季子婦何氏,事姑病,以乳奉之。

生員吳中倬妻盛氏　　二十四歲夫以甲申之變遇害,訃至,盛欲自殉,姑曲慰止。子麟世甫三歲,訓之不少姑息。年八十一。

生員沈正鰲妻倪氏　　二十八歲夫亡,無子,撫繼子中雷如己出。守節四十二年。

監生王舜龍妻祝氏　　二十三歲夫亡。性至孝,姑病,刲股療之。遺孤幼族有假承祧搆訟者,當事白其冤。次子尚志篤學好義,擴祭田,建祠廟,設義產,皆祝遺訓也。

生員張鋌妻崔氏　　二十三歲夫亡,姑性方嚴,崔善承志。姑歿,喪葬獨任其事。年八十卒。子源孝,孫麟正,皆著聲士林。處士周賁爲立傳。

兵科給事中李毓新妻蕭氏　　夫與子俱死於兵,蕭同長子裕長求二屍,於遺骼中得之。妾朱氏撫子禧昌,助成家政。俞右吉有傳。

費仕妻姜氏　　二十八歲夫亡,撫子宏道、萬程俱成立。萬程登賢書。

朱伯嚴妻王氏　　二十四歲夫亡,訓子朝珌成立。年六十。

史澄溪妻朱氏　　夫墜水死,朱聞訃,幾殞,矢志苦守。年七十九。

朱允顯妻陳氏　　夫亡,撫孤曾培爲諸生。守節四十七年。

生員彭孫振繼妻吳氏　　乙酉秋,夫奉父避兵豐山,時吳成婚二載,生子甫期月。猝遇鋒鏑,三世同時被害。吳守苦節四十五年。

鍾某妻徐氏　　夫亡,遺腹生子賓日,撫之。守節。

某妻鍾氏　　即賓日女也,贅婿,後早寡,亦以節著。

董蘿石妻康氏　　夫早亡,事姑,訓子。年六十一。

周穎泉妻許氏　　夫早亡,撫孤儀生成立。

崔培祐妻李氏,必録妻張氏　　李早寡,矢志守節。嗣子必録,娶張氏,亦寡,同姑苦守。年八十餘卒。有二子,仕青、仕達,俱入成均。

崔鑌修妻張氏　　二十六歲夫亡,守節三十七年。

崔明鑑妻吳氏　　二十五歲夫亡,家貧,撫子洪範、洪疇成立。

生員崔炘妻徐氏　　二十五歲夫亡,守節。三十七歲詔旌其門。

崔鍾秀妻殷氏　　夫亡,守節。

主事鄭履淳妾陳氏　　二十七歲履淳亡,子又夭,守節五十餘年。

生員鄭景元妻仲氏　　二十三歲夫暴亡,子勷甫六齡。事姑盡孝。崇禎間歲饑,勸夫煮粥、施棺。守節十七年。

孫承憲妻周氏　　二十歲夫亡,守節二十年。

朱若虛妻顧氏　　婚四載夫亡,無子,以苦節終。

呂兆禧妻許氏　　十八歲夫亡,守節。

湯廷洗妻沈氏　　二十八歲夫亡,守節五十二年。

國　朝

監生錢楨繼妻葉氏　　夫亡,屢自經,姑以撫遺腹曲慰之,葉飲泣勉從。孝奉孀姑,撫繼子燔與遺腹子焞,慈愛無異。康熙十五年旌。

祝戀功妻許氏　　十八歲夫亡,子甫數月,祖姑在堂,孝養備至。守節五十八年。卒,葬時有白鶴翔繞,人因稱鶴來墓。康熙五十二年旌。

倪古楣妻張氏

顧人鳳妻喬氏

朱宗塏妻徐氏　　以上事蹟無考。

生員張鴻妻朱氏　　二十四歲夫亡,絕粒求死,翁姑勸止,遂茹齋衣素,益勤紡織。守節五十六年。雍正五年旌。

步驗霖妻謝氏　　十六歲適步,以紡織佐姑甘旨,人稱其孝。二十七夫亡,親族微諷之,以死自誓,乃不敢言。雍正六年旌。

監生畢國璋妻錢氏　　十九歲夫亡,子殤,繼嗣又殀。錢孝養孀姑,守節四十三年。雍正八年旌。

生員孫彭年妻陸氏　　二十六歲夫亡,遺孤繩甫週,延名師訓之。守節二十五年。

朱揚妻陸氏　　二十歲夫亡,投繯數次,俱救免。祖墓祭產甚薄,捐田二十畝以助。守節二十七年。

巴維藩妻汪氏　　二十歲夫亡,守節五十五年。　　以上雍正十一年旌。

沈廷揚妻郁氏　　二十七歲夫亡,孝事舅姑,課子讀書嚴謹。守節三十年。雍正十二年旌。

許曼年妻陳氏　　二十八歲夫亡,姑病,奉侍湯藥,衣不解帶。撫五歲孤惟仁成立。守節二十九年。

生員徐朱稼妻朱氏　　二十四歲夫亡,事翁以孝聞。撫嗣子岡早年爲諸生。

生員俞煌妻許氏　　二十二歲夫亡,矢志撫孤,守節四十餘年。

趙流謙妻孫氏　　名淑文,二十八歲夫亡,孝養老翁,撫孤成立。

朱孫氏　　名淑真,淑文之妹也。歸南浦,朱亦早寡,守節。

生員吳掄妻洪氏　　幼事繼母盡孝。二十五歲夫亡,撫遺腹子昌祚成立。守節四十七年。

顧潮妻童氏　　十九歲夫亡,撫孤汝亨,弱冠游庠。性至孝,父母歿,悲喪三年,哀號不已。

張立妻王氏　　二十一歲夫亡,孝事翁姑,拮据葬夫。年五十餘。

褚士煌妻張氏　　二十二歲夫亡,撫夫從子維塘爲嗣。守節三十三年。

潘懋昌妻劉氏　　二十四歲夫亡,事翁姑,撫二子。守節三十五年。

朱德存妻錢氏　　二十六歲夫亡,越三日生子世禊,撫養成立。早夜勤苦,幾至喪明。守節二十五年。

崔恒妻錢氏　　二十歲夫亡,遺腹生子明亭。事舅姑,養葬無缺禮。年六十一卒。

徐玉琳妻馬氏,彤伯妻萬氏　　馬年十七字徐,婚三年夫亡。生子彤伯尚幼,聘萬氏爲養媳,萬之父母憐其貧,欲迎歸,萬不從,爲人刺繡以度日。閱十五年,彤伯生子元文,甫二歲而彤伯亡。萬承姑志,矢守苦節。姑患頓腳病,鄰人失火,萬舍幼子,冒火救姑,從牆巔抱姑而墜,俱無恙,人咸異之。以雙節旌。

生員李彥卿妻馮氏　　夫亡,撫孤成立。守節數十年。

吳元宣妻張氏　　夫早亡,日夜紡績,營葬翁姑。撫育孤子。守節四十三年。

滿炯妻徐氏

陳在中妻沈氏

詹步青妻朱氏　二十三歲夫亡,孝事翁姑,撫一女,長適陸張烈。年八十一。

監生周天元妻盛氏　夫力學早亡,盛持門户二十年。撫從子式龍成立。　以上乾隆元年旌。

李紹飛妻湯氏　婚八月夫亡,遺腹生子,藉十指爲活,侍奉媥姑,尤盡孝道。

生員王顯良妻萬氏　二十三歲夫亡,舅姑在堂,孝養兼盡。守節五十一年。

生員王顯清妻祝氏　二十九歲夫亡,事舅姑以孝聞。苦節三十五年。

朱之荣妻張氏　夫亡,家貧,無子。矢志不二,以苦節終。

孫宗堯妻朱氏　二十六歲夫亡,茹荼矢志。守節三十一年。

生員孫成勳妻張氏　二十九歲夫亡,守節四十四年。

生員蕭元錫妻程氏　十七歲夫亡,事翁姑能盡孝敬。庶姑無所出,程亦謹事之。守節四十三年。

吳彝正妻陳氏　二十歲夫亡,遺腹生子,娶婦後相繼而歿,陳孝事其姑,撫夫幼弟幼妹俱有恩。并撫女孫成立。年八十三。

湯闓甫妻許氏　二十六歲夫亡,子銑生甫三月,舅姑即世,拮据喪葬。守節三十九年。

崔漢妻沈氏　夫亡無子,立從子爾懷爲嗣,尋病歿。沈營兩世喪葬。年八十六。

生員陳從龍妻方氏　二十七歲夫亡,無子。守節三十四年。

生員周開基妻孫氏

許惠安妻吳氏

沈文講妻徐氏

崔昭聲妻殷氏　以上乾隆二年旌。

徐道含妻姚氏　二十二歲夫亡,孝事媥姑,撫週歲孤成立。

吾增妻沈氏　二十歲夫亡,孝養翁姑,力經喪葬。守節五十餘年。

朱文中妻崔氏　十八歲婚,未期年夫亡,無子。以夫從子桓爲嗣,撫如己出。事翁姑以孝聞。

生員顧鳳翔妻朱氏　夫亡,無子。立從子之選,以存夫祀。事姑以孝聞。

朱文年妻徐氏　二十六歲夫亡,事翁姑能盡婦道。撫孤起鳳成立。

朱觀光妻吳氏　二十四歲夫亡,撫孤成立。先世遺柩未窆者,吳皆營葬之。守節五十餘年。

韓聲來妻董氏　二十九歲夫亡,營葬翁姑,以遂夫志。撫孤翼雍。年至八十。

俞静涵妻支氏　二十三歲夫亡,立從子兆麟爲嗣。守節三十二年。

李奇連妻俞氏　二十六歲夫亡,守節二十八年。

王馨妻張氏

監生凌承烈妻王氏　二十七歲夫亡,守節二十年。　以上乾隆三年旌。

吳應泰妻虞氏　二十五歲寡。幼事親,長事翁姑,皆孝。撫從子宏行,教養兼至。學使帥給"操凛冰霜"額。

周雍伯妻韓氏　二十九歲夫亡,親老子幼,力耕躬織,以養舅姑。守節四十八年。

周望如妻錢氏　二十一歲夫亡,子泉未晬。翁游學京師,久而不歸。錢紡績奉姑。泉稍長,遣至京師迎翁歸,奉養終身。

徐德才妻姚氏　二十一歲夫亡,奉老姑,撫弱子。戚族稱其賢。

富治妻顧氏　二十歲夫亡,子又殤。守節,撫嗣子成立。

韓銓繼妻陳氏,生員溶妻方氏,監生宏樸妻徐氏,光裕妻徐氏　陳歸韓五年夫亡,撫前子溶逾於己出。娶婦方氏，越九年寡。孫宏樸妻徐氏，生二子光裕、光德而寡。乃上事祖姑陳氏、姑方氏，下撫二子，不辭勞瘁。後光德成進士。光裕妻徐氏復以節著。

左都督朱銓達繼妻李氏　　夫亡，守節。

吳澄懷妻敖氏　　二十八歲夫亡，守節三十五年。

鄔懋昭妻張氏　　以上乾隆四年旌。

李宗文妻戈氏　　二十七歲夫亡，孝事翁姑，積紡織資，以畢喪葬。

金茂元妻葉氏媳某氏　　葉三十七歲夫亡，撫育幼孤，比長，娶婦，後又歿，遺腹生孫。葉共撫之。人稱一門雙節。

許伯舟妻沈氏　　性至孝，歸許後，敬事舅姑，戚黨無間言。二十六歲夫亡，撫遺孤成立。守節二十八年。

監生夏貞妻沈氏　　十八歲夫亡。撫孤爲諸生，早世。復撫孫成立。守節五十七年。

湯汝訥妻朱氏　　二十七歲夫亡，撫二孤成立，後子婦俱亡。朱復撫從孫，以延宗祀。

高雲霖妻朱氏　　二十八歲夫亡，勤女紅，以事翁姑。守節數十年。

倪鶴安妻張氏　　二十歲適倪，兩月夫亡。撫幼叔成立。守節四十四年。

沈曾楠妻查氏　　二十八歲夫亡，嗣子婚娶，後又殀。茹荼撫孫。翁姑歿，竭力營葬。

監生馬書田妻許氏　　十八歲夫亡。家貧，無子。積紡績資以葬夫。守節五十年。

生員陳德安妻周氏　　二十七歲夫亡，事翁姑孝。撫二子成立。守節四十二年。

知縣顧鳴陽妾張氏　　鳴陽亡，撫孤鳳翥成立。弟天榮妻胡氏，未婚守貞；天相妻吳氏，無子，早寡。皆拮據贍養，以全其操。　　案：後有知縣顧鳴陽妾陸氏，撫遺孤鳳翼，旌於乾隆七年，蓋與張氏同守節也。

張師漢妻俞氏，妾徐氏　　師漢亡，俞年二十二。撫遺腹子桐成立。徐時亦二十二。誓以身殉，越四日吞金亡。　　以上乾隆五年旌。

吳端揆妻王氏　　十九歲夫亡，遺腹生女，乃撫夫從子爲後。營葬數棺，心力交瘁。

朱若羹妻祖氏　　二十一歲夫亡，遺孤甫週，撫育勤苦。年至八十。

張子珍妻董氏　　十七歲夫亡，無子，翦髮誓守，以苦節終。

黃順爲妻何氏　　二十一歲夫亡，翁姑年邁，孝養惟謹。守節六十四年。

俞文光妻董氏　　二十六歲夫亡，親操井臼，孝事翁姑。

俞廷芳繼妻陸氏　　二十三歲夫亡，子殤於痘。家貧，力不能葬，辛勤紡績，以竟其志。守節三十八年。

張星妻陳氏　　二十九歲夫亡，撫孤，守節。

曹陳倫妻李氏　　早失怙，繼母無依，迎養于家。二十七歲夫亡，訓孤讀書。守節三十一年。

吳紹曾妻張氏　　二十三歲夫亡，絶粒三日。翁姑曲慰之，乃不死。守節四十年。

王德中妻黃氏　　二十歲夫亡，撫夫弟基，不辭勞瘁。守節四十餘年。

徐仕王妾朱氏　　仕王亡，撫嫡子成立。又撫二孫。守節六十餘年。

張之柄妻沈氏　　二十一歲夫亡，嗣子殤，幼叔又殀。有欲奪其志者，截髮投河以誓。年七十一。

知州朱瑛案《縣册》作璞，疑誤妾張氏　　二十四歲瑛亡，無子。遺命改嫁，張截髮自誓，屏居小樓。布衣蔬食，終其身。

生員富奕山妻朱氏　　二十八歲夫亡，孝事媚姑。撫二孤成立，并撫孫錫齡。守節六十一年。

陳言彰妻朱氏　　夫力學，嘔血亡，朱勵志守節。撫孤成立。

顧培妻張氏　　夫早亡，誓守苦節，以終其身。以上乾隆六年旌。

陳久菴妻詹氏　二十八歲夫亡，幼失怙，事父至孝。事舅姑亦盡婦道。撫遺孤成立。

張肯堂妻祝氏　二十四歲夫亡，遺孤未晬。及長，婚娶，子又病歿，撫孫成立。

監生金叶辰妻陸氏　二十八歲夫亡，事舅姑，撫遺孤。拮据營葬，以竟夫志。

吳仲章妻沈氏　二十七歲夫亡，翁姑繼歿，拮据喪葬。守節四十七年。

鄭士則妻沈氏　二十八歲夫亡，時老翁、幼孤俱病危。沈鬻衣資，日供湯藥，病俱獲瘳。守節十九年。

崔良相《節孝備冊》作鄰哉妻徐氏　二十八歲寡，翁姑尋歿，徐一力支辦，與夫安葬。守節二十七年。

周廣文妻郭氏　二十歲夫亡，無子。家貧，事姑孝。鬻膳田，營葬兩世。守節四十年。

黃有嚴妻顧氏　二十一歲夫亡，撫從子汝龍早年入泮。守節三十八年。

知縣顧鳴陽妾陸氏　二十一歲鳴陽亡，遺孤鳳翼甫九月，撫之成立，爲諸生。

王雲祥妻張氏　二十四歲夫亡，翁姑年老，遺孤一齡。支持門戶，竭盡心力。守節三十年。

謝延齡妻周氏　夫以哭母毀瘵而亡，周年二十二。家貧，鬻奩資，營殯葬。守節三十餘年。

彭沛臣妻黃氏　二十三歲夫亡，家貧，無子。勤紡織，以事姑。冰操始終如一。

王汝臣妻唐氏，汝璉妻朱氏　二氏，妯娌也。唐二十六歲寡，朱十九歲寡，同守節數十年。以一門雙節旌。

鍾典徽妻裴氏　夫亡，訓子其英，弱冠游庠。

徐開伯妻黃氏　二十三歲夫亡，力勤紡織，撫育遺孤。守節五十二年。

邵學文妻朱氏　夫亡，事姑孝，爲幼叔學正婚娶。守節四十六年。

李仁山案《李氏族譜》作學禮妻許氏　二十一歲夫亡，矢志守節，年踰五十。冰操如一日，其母王亦以節著。查慎行額其門曰"壼德承慈"。　以上乾隆七年旌。

莊永思妻俞氏　二十六歲夫亡，翁姑喪葬，俱克盡禮。

徐堯章妻吳氏　二十七歲夫亡，遺六齡孤。翁老多病，又逢歲歉，支持拮据。守節三十六年。

生員徐嶸年妻朱氏　二十二歲夫亡，孝奉翁姑，撫從子爲嗣。守節數十年。

生員陳雄飛妻周氏　二十八歲夫亡，孝奉翁姑。先世遺棺，悉安窆穸。撫孤子，爲諸生。

劉大聲妻殷氏　二十九歲夫亡，性淡泊，奉翁姑以甘旨。遺孤週歲，教育有成。

謝殿安妻韓氏　二十五歲夫亡，翁姑相繼遭疾六七載，沈綿牀第，獨力奉侍，人稱其孝。

鄭錫齡妻程氏　二十八歲夫亡，孝奉兩世孀姑。

生員陸畠妻趙氏　事繼母以孝聞，夫早亡，守節。撫孤次子廷璋爲諸生、幼子廷珍領鄉薦。

夏啟賢妻顧氏　二十歲夫亡，無子，撫幼叔象賢成立。守節三十九年。

洪琦妾陸氏、沈氏　早寡，同撫孤，守節。　以上乾隆八年旌。

蔣元彙妻徐氏　二十歲夫亡，遺一女。家貧，荼苦一生。

王紹文妻吳氏　二十一歲夫亡，生子士毅甫三齡，性儉約，以紡織餘資施與無告者。

陳時政妻陸氏　十八歲夫亡，孝事孀姑。撫夫從子鏡汶爲嗣。

周兆熊妻朱氏，兆龍妻沈氏　後先孀居，姒朱無子，撫娣沈所出子，鞠育倍摯。一門雙節。　以上乾隆九年旌。

黃懋吉妻吳氏　二十一歲夫亡，敬事老姑二十餘年。

朱立三妻徐氏　二十二歲夫亡，遺孤夭。歲饑，粗糲不飽，猶奉翁姑以甘旨。歿後，拮据營葬。

李天章妻許氏　二十七歲夫亡，家貧，紡織以資日給。翁姑歿，許親負土築墳。

朱流光妻張氏　二十五歲夫亡，事翁及庶姑以孝。撫週歲孤天樂。年至八十五。

姚仲升妻許氏,媳某氏　　許二十八歲寡,撫孤,長,娶婦生孫,後又殀。與婦同守苦節三十六年。

郭勷臣妻沈氏,畿妻陸氏　　沈二十二歲夫亡,遺孤畿甫兩月。及長,為諸生。娶婦陸氏,十載而寡。共撫幼孫成立。沈守節五十一年,陸守節三十四年。以雙節旌。

舒彥祥妻吳氏　　二十八歲夫亡,守節五十二年。

嚴浩妻吳氏　　二十六歲夫亡,撫週歲孤樹成,教養兼至。

吳堯仁妻淩氏　　二十五歲夫亡,撫遺腹子丕緒成立。　以上乾隆十年旌。

楊守愚妻張氏　　二十二歲夫亡,撫遺腹子成立。孝養貧姑。守節二十五年。

張然明妻黃氏　　夫溺水而亡,撫孤王遵甫三齡,教以讀書,補諸生。守節。年至六十九。

潘林洲妻吳氏　　二十九歲夫亡,事翁姑,撫遺孤,不辭勞瘁。

舉人朱謨烈妻徐氏　　二十九歲夫亡,孝事老姑。訓子讀書,以繼先業。

張胎妾陳氏　　二十四歲胎亡,斷指誓守。年八十。

金昊衍妻朱氏　　二十六歲夫亡,奉事翁姑,自疾病至喪葬,靡不竭力。

陳昌其妻沈氏,奕增妻胡氏　　沈二十一歲寡,事翁姑二十五載,孝敬備至。撫遺孤奕增,長,娶婦胡氏,甫舉子而增歿,胡時二十六歲。上奉孀姑,下撫幼子,備嘗茶苦。沈守節四十年,胡守節三十七年。

徐鼎臣妻黃氏　　二十二歲夫亡,日勤操作,孝養翁姑,并撫遺孤成立。

張元鈺妻謝氏　　二十五歲夫亡,遺腹生子,不憚劬勞以撫之。

張舜光繼妻陳氏　　二十八歲夫亡,子歿。守節四十餘年。

生員朱逢泰繼妻潘氏　　夫亡,翁姑尋歿,遺孤紹堂甚幼,潘治三喪,哀禮兼盡。

富聖彝妻葉氏,俊升妻沈氏,大椿妻吳氏　　葉二十六歲夫亡,遺孤俊升,長,娶沈氏,二十二亦寡。同撫幼孫大椿,甫娶孫婦吳氏,而大椿又歿。一門冰潔,人稱富氏三節云。

中書李榮昌繼妻陳氏　　二十九歲夫亡,遺孤六齡,茹茶撫育。守節四十年。

生員王淮妻朱氏,國炳妻錢氏　　夫早亡,撫子枋入成均。孫國炳,娶錢氏,五年而寡,撫孤庭堅成立。朱守節四十七年,錢守節四十二年。以雙節旌。

查莪山妻徐氏　　二十七歲夫亡,無子。喪葬諸事,獨力支持。

生員顧榮妻王氏　　二十九歲夫亡,撫育二子,後翁姑歿,竭力經理喪葬。守節四十二年。　以上乾隆十一年旌。

徐我綏妻朱氏　　二十一歲夫亡,撫夫從子藻,讀書成立,後為慶元縣訓導。守節六十二年。

支德潤妻彭氏　　二十八歲夫亡,撫孤,守節。

盛御天妻謝氏　　十八歲夫亡,嗣子殀,勸翁納妾生子天麒,而翁旋歿。境之茶苦,無踰此者。

監生俞宏均妻黃氏　　二十八歲夫亡,止遺一女,以夫從子廷錫為嗣。守節三十餘年。

任銓繼妻朱氏　　二十六歲夫暴亡,遺孤江二歲,瀚僅六月,盡心撫之。

生員徐吉會妻崔氏　　二十九歲夫亡,家貧,撫孤,守節十九年。

許兆亨妻吳氏　　二十五歲夫亡,矢志苦守至七十五年。

徐應萊妻俞氏　　二十九歲夫亡,守節四十一年。

生員康作霖妻張氏　　二十五歲夫亡,奉姑訓子,守節三十六年。

張天宀妻陳氏　　夫亡,撫夫從子吾懷。守節四十六年。　以上乾隆十二年旌。

徐陳素妻王氏　　婚八載夫亡,無子。守節四十八年。

貢士仇士毅妻朱氏　　二十八歲夫亡，撫子廷諤，及長，娶婦而歿。又撫遺孫成立。

生員王覬颺妻王氏　　二十七歲夫亡，矢志不渝。

朱啟元妻徐氏　　適朱，十年夫亡，遺腹生子，撫之成立。事孀姑以孝聞。

楊雝喈妻陶氏　　婚五載夫亡，事翁及祖姑，生養死葬，俱無失禮。

崔士森妻朱氏　　婚六月夫亡，兩隕繼子，立夫之從孫坤為嗣孫。與其婦同守苦節。年五十七。

陸憲章妻史氏，屺瞻妻顧氏　　史二十八歲夫亡，撫孤屺瞻，長，娶婦顧氏，二十三亦寡。兩世矢志，共撫幼孫。

徐元勳《節孝備採》作元默妻趙氏　　二十八歲夫亡，事翁姑克盡孝養，訓子發基讀書成立。

徐行妻夏氏　　以上乾隆十三年旌。

生員張世培妻徐氏　　二十三歲夫亡，奉姑甚孝，視繼子如己出。

董二酉妻吾氏　　以上乾隆十四年旌。

趙坤玉妻廖氏，麟章妻張氏　　廖二十九歲夫亡，事姑惟謹。子麟章妻張氏，生子甫百日而寡。張上奉祖姑，下撫孤子，竭盡心力。廖年七十五，張年六十五。乾隆十五年旌。

盧瀛洲《節孝備採》作大成妻王氏　　見《縣冊》，事蹟莫考。乾隆十七年旌。

朱元昌妻沈氏　　二十六歲夫亡，撫遺腹子文炳成立。事翁及庶姑，克盡孝養。乾隆十九年旌。

倪于門妻張氏　　二十二歲夫亡，撫子承勳成立。乾隆二十二年旌。

王曾妻朱氏　　夫亡，遺孤殀，以夫從子世珍為子。守節三十一年。

朱佐民妻萬氏　　十九歲適朱，一載夫亡，矢志守節。　　以上乾隆二十七年旌。

姚宏緒妻陳氏　　見《縣冊》，事蹟莫考。乾隆二十八年旌。

黃紹堅妻沈氏　　二十六歲夫亡，事翁姑，生養死葬，靡不盡禮。

任輝發妻徐氏　　十七歲成婚，三月夫亡。營葬九棺，拮据備至。　　以上乾隆二十九年旌。

監生李士宏妻馮氏　　十八歲夫亡，止一女。力勤紡織，以事翁姑。撫嗣子。守節數十年。

顧覲妻陳氏　　二十三歲夫亡，事姑，撫孤，克盡慈孝。　　以上乾隆三十六年旌。

陳時略妻朱氏　　二十八歲夫亡，夫弟尚幼，孑身支持門戶。守節五十餘年。

徐宜妻任氏　　二十一歲夫亡，事邁姑以孝聞。

監生張文淵妻萬氏　　二十九歲夫亡，撫孤，勤勞備至。　　以上乾隆三十七年旌。

監生吳振泰妻馮氏　　二十七歲夫亡，訓子嚴而有法。

生員王大熹妻顧氏　　婚九月夫亡，撫嗣子以延宗祀。　　以上乾隆三十九年旌。

生員朱拱乾妻劉氏　　婚四載夫亡，翁繼歿，劉撫幼叔小姑，以苦節終。

生員朱之濂妾陸氏　　二十五歲夫亡，葬兩世遺棺，撫三子成立。

楊寧安妻陳氏　　婚三載夫亡，無子。事翁姑終始如一。　　以上乾隆四十年旌。

張振先妻胡氏，振林妻吕氏　　二氏，妯娌也。胡二十八歲夫亡，吕十九歲夫亡，俱無子。煢煢相依。乾隆四十二年旌。

康日嚴妻尤氏　　十八歲歸康，六月夫亡，無子。撫從子晉為嗣。年五十五。

監生張宗棅妻朱氏　　夫亡，氏二十五歲。事邁姑以孝聞。

楊西崑妻胡氏　　二十歲寡，撫繼子某，娶婦，後又歿。撫育遺孫，迄於成立。　　以上乾隆四十三年旌。

陸陛乾妻朱氏　　二十三歲夫亡，無子。翁以妾所生子以謙命朱撫之。乾隆四十四年旌。

馬文達妻陳氏　　夫亡,無子。翁姑相繼歿,喪葬之事,拮據支辦。

顧潢妻夏氏　　二十七歲夫亡,翁姑年逾七旬,遺孤方三歲,日給薪水,俱賴十指。

許懋模妻徐氏　　二十二歲寡,撫八月孤成立,治三喪,葬五棺,皆獨任之。以上乾隆四十五年旌。

蔣世揚繼妻姚氏　　夫亡,撫孤,安葬兩世。

殷大輅妻錢氏　　二十五歲夫亡,撫從子華玉成立。　以上乾隆四十六年旌。

監生徐尚法妻朱氏　　二十六歲夫亡,以夫從子偉業爲嗣子。

陳廣智妻俞氏　　二十五歲夫亡,孝事其姑,撫育嗣子,備嘗艱苦。

俞國良妻繆氏　　二十二歲夫亡,翁士惠于歲寒見無褐者,欲施絮衣而無資。繆積紡織餘資,施絮衣百領,以成翁志。以上乾隆四十七年旌。

李彝千妻徐氏　　夫亡,布衣蔬食。守節四十餘年。

王彝尊妻陳氏　　十八歲夫亡,撫二齡嗣子成立。

徐煥然繼妻陳氏　　二十七歲夫亡,持家勤儉,至老不衰。

生員崔見龍妾俞氏　　二十七歲見龍亡,安葬四棺,撫二子成立。

崔廷棟妻陳氏　　二十七歲夫亡,撫孤子炊成立。年五十八。　以上乾隆四十九年旌。

顧倬雲妻夏氏　　二十一歲夫亡,撫孤,守節。

葉朗安妻朱氏　　二十三歲夫亡,遺孤又歿,復繼孫斯鳳,盡心訓誨。

胡克榮妻張氏　　二十歲夫亡,子又殤,翁姑年老,奉侍不怠。守節四十年。　以上乾隆五十年旌。

沈載常妻賈氏　　二十五歲夫亡,守節。乾隆五十一年旌。

鄭雄飛妻王氏　　二十九歲夫亡,遺孤殤,嗣子又歿,僅存寡婦。復繼夫兄之孫世熙爲孫。事翁,生養死葬,俱以紡織爲之。

陳蘭森繼妻吳氏　　十九歲夫亡,遺孤二月,殤。立夫仲弟子爲嗣。　以上乾隆五十二年旌。

馬祖勳妻吳氏　　二十四歲夫亡,撫夫從子肇均成立。守節五十二年。

陸宏道妻陳氏　　夫亡,守節四十五年。　以上乾隆五十三年旌。

錢永暘妻彭氏　　二十四歲夫亡,遺孤三月而殀。又撫夫從子家驤,克承先業。

王叔旦妻黃氏　　二十四歲寡,孝事孀姑,遺孤蚤世。復撫孫國定。年九十一。　以上乾隆五十四年旌。

徐祖望妻沈氏　　十八歲夫亡,無子,甘貧守節。

歸維翰妻張氏,廷楨妻顧氏　　張二十二歲夫亡,子廷楨,娶顧氏,二十五歲寡,無子。姑婦同守苦節。

監生殷起龍妻俞氏　　婚三載夫亡,遺孤週歲而殤。事姑克孝。守節二十八年。　以上乾隆五十七年旌。

崔升桓妻姚氏　　二十七歲夫亡,孝事老姑,安葬五棺。撫遺腹子士銓。年六十一。乾隆五十八年旌。

張宗鼎妻萬氏　　二十五歲夫亡,敬事老姑,訓孤讀書。守節四十六年。乾隆五十九年旌。

徐岳謙妻干氏　　二十歲夫亡,遺腹生子,以義方訓之。

徐應年妻金氏　　二十歲夫亡,事翁姑二十餘年,孝敬如一日。

徐雙珂妻陸氏　　二十九歲夫亡,課遺孤讀。守節三十年。

張希曾妻許氏　　二十四歲夫亡,營喪葬,完婚娶。守節六十餘年。　以上嘉慶元年旌。

張也良妻尤氏,孫媳鍾氏　　尤二十一歲夫亡,嗣子某娶婦徐氏,生兩孫一女。夫婦相繼歿,長孫某,娶婦鍾氏,亦寡。守節尤困苦。

尤襄明妻王氏　　二十五歲夫亡,勸翁納妾,遂生三子。王年踰七十,以夫弟子鷺繼之。　以上嘉慶二年旌。

張嗣齡妻徐氏　二十七歲夫亡，遺孤數月殤。繼夫從子咸潮，十載而歿。復撫潮之弟汾成立。嘉慶四年旌。

周復溪妻劉氏　二十六歲夫亡，孝事老姑，撫孤楨成立。守節三十一年。

蔡承宣妻何氏　夫亡，遺孤襁保，守節四十餘年。

蔡之翰妻莊氏　二十二歲夫亡，遺腹生子，舉以付姑，即投繯自殉，以救免。苦節四十年。　以上二人，邑令毛一駿表之。

朱仍坦妻韓氏　二十八歲夫亡，子幼。伯叔欲奪其志，韓囓臂自誓，終無二志。苦節五十年。

孝子葉方莑妻馬氏　二十一歲夫亡，遺孤三月。及長，度爲僧，名行日，別搆數椽，迎養其母。邑令張素仁表其門。

生員戴思育妻徐氏　十九歲夫亡，撫孤渭臣成立。守節五十年，學使某表之。

盧思恩妻朱氏　二十八歲夫亡，子郊幼，教育備至。守節三十八年。郊性孝，母病，含藥哺之。郡守李國棟、邑令毛一駿並表其節孝。

監生馮春暉繼妻沈氏　二十六歲夫亡，家貧，紝績以給。年七十餘。邑令郭尚信表之。

印鴻玉妻徐氏　甫及笄，締姻。翁爲凶人所殺，夫驚痛，成癇疾，人事惘然。來議罷婚，徐不從，告父歸印。調其飲食，寒煖終不愈，事之彌篤。執姑之喪，三年營厝五棺。郡縣督學，皆給扁額，宜興陳其年爲作《海鹽女歌》。

生員顧惟貞妻祝氏　二十四歲夫亡，無子，立夫從子士傑爲嗣。守節五十年。

陸文熙妻何氏　十九歲夫亡。家貧，勤紡織，以事翁姑。及歿，鬻遺產殯葬。撫孤象晉。年九十五。學使胡旌其門。

鄭琮妻朱氏　十七歲歸鄭，數月夫亡，無子。以死自誓，撫從孫藻游庠，旋夭。復撫夫從孫士楗，甫成立而朱以勞瘵卒。苦節五十三年，邑令李鍵表之。其兄子朱彝尊爲立傳。

鄭交孚妻王氏　二十九歲夫亡，子旦復生僅五月。後登賢書。北上，卒於途。孫未十齡，復撫之。苦節四十年。邑令張素仁表之。

陸梁妻朱氏　二十七歲夫亡，事翁姑及太姑，咸以賢稱。子女相繼殤。翁姑歿，拮據喪葬。苦節二十餘年，邑令毛之林表其門。

錢光綬妻朱氏　二十一歲夫亡，無子。自縊者再，獲救而蘇。翁姑年老，伯叔俱亡。朱親操井臼，孝養備至。苦節三十年。

守備巴應奎妻汪氏　夫隨征死，汪時二十八歲。教子維翰成立，中外賢之。

劉諴伯妻周氏　二十七歲夫亡，僅遺幼女。事孀姑二十三年，割股療病，兩世三喪，血指襄葬。守節四十九年。

同知徐同貞妾趙氏　二十餘歲同貞亡。或勸以無子不妨再適。趙歎曰：“守志在我，何論有子無子耶？”聞者莫不動容。年九十二。

李維楨妻張氏　二十二歲夫亡，事姑，存歿盡孝。遺孤早殀。守節四十三年。

朱從龍妻項氏　夫亡，翁欲奪其志，誓死不從。撫從子洸爲嗣，娶彭氏，早寡。嗣孫又殀。苦節四十餘年。

祝宗籙妻曹氏　二十二歲夫亡，生子甫六月。祖姑、舅姑俱年老，曹紡績以供菽水。子痘危，曹號哭呼天，願以身代，痘隨愈。卒年八十。

朱泓妻項氏，妾曹氏　泓亡，俱二十六歲。遺子之棨，庶出也。項年七十，曹年六十八。

馮日宣妻陸氏　二十四歲夫亡，撫育嗣子。守節四十年，族黨私表其墓曰貞惠。

生員陳遇錫妻李氏　十八歲夫亡，守節五十年。有婢彩雲自幼侍養，亦誓不嫁，年七十餘。

鄭沆妻吳氏　二十歲夫亡，兩世喪葬，獨力任其事。子禾早殀，以苦節卒。

曹廷鑑妻徐氏　二十六歲夫亡,無子,貧不能自存,以女工度日。卒年七十餘。

生員蔡襄來妻徐氏　二十六歲夫亡,撫二子鳴鹿、駿發成立。翁年老,孝養兼備。守節四十年。

曹思坡妻徐氏　夫亡,守節五十餘年。邑令殷作霖給額表之。

貢生徐彪妻朱氏　二十八歲夫亡,撫遺腹子。孝事老翁,營葬三世。

生員沈肇隆妻徐氏,期昌妻鍾氏　徐早寡,教子延鑣爲諸生。孫期昌妻鍾氏二十三歲亦寡,守節三十年。

生員張孟允繼妻賀氏,履貞繼妻王氏　賀二十九歲夫亡,守節四十五年。前子履貞繼妻王氏二十四亦寡,與嫡姑相依,守節五十六年。

吳元震妻周氏　夫亡,子毓樸生甫五歲。歲大饑,幾至絕食。卒年五十。

陳鏞妻王氏　夫亡,將以身殉。父大任以遺腹慰之,生子侗初,撫至八齡。王以哀毀致疾,卒年二十七。

蔡復亨妻董氏　夫病瘋,議更盟,董不可,乃適蔡。二十三歲夫亡,孝養寡姑。守節四十六年。

田敘五妻周氏　二十一歲夫亡,子僅彌月,勤紡織,以奉姑育子。守節四十六年。

生員倪濟蓁妻吳氏　二十歲夫亡,孝事翁姑,喪葬盡禮。守節四十八年。

趙志珩妻殷氏　十九歲夫亡,遺孤生甫六月。守節五十餘年。邑令張素仁給額表之。

沈洪氏　十六歲許字鄰人沈姓。及歸,沈家貧,連喪舅姑。夫從軍嘉標,調征三衢,或傳其死。洪賃屋而居,饑寒交迫,臥病不起。居停恐遺累,驅諸門外,至晚死於舊居田側,數日神色不變。

生員湯先妻陳氏　二十三歲夫亡,截髮毀容,誓不獨生。守節四十八年。長子光緒,入太學;次秉鈞,邑庠生。

楊鼎鉉妻陸氏　二十三歲夫亡,撫從子江爲嗣。守節三十六年。

汪良彩妻戴氏　夫亡,撫二孤。後長孫兆璜弱冠登第,成進士;兆琦,早世;兆珽,入太學。守節五十餘年。

張大經妻孔氏　夫早亡,紡織撫孤。守節五十年。

生員鄭慶生妻劉氏　夫早亡,撫從子宣、亮,俱成進士。年七十六。

生員馮崙妻鄭氏　夫早亡,撫孤千苓成立。以居母喪悲痛,旬日卒。

生員王大綸妻董氏　二十九歲夫亡,撫三孤讀書成立,長建斗早世,其婦董氏以烈著。

舉人張調元繼妻沈氏　夫早亡,孝事繼姑。守節至六十四年。

生員陸仲升妻張氏　十八歲夫亡,扃戶苦守。兄高要令源思間遺俸贈之,卻不受。年踰八十卒。

生員王臣妻陸氏　夫亡,撫孤成立。舅姑遭奇殃,陸鬻簪珥救之。年七十。

章應祥妻金氏　夫早亡,撫育二子成立。孫貞游庠。年八十餘卒。邑令雷旌其廬。

謝曾培妻徐氏　夫亡,撫育二孤,以勞致疾。卒年三十餘。

朱泓妻王氏　夫亡,無子,兄迎歸,賃居一椽,紡織自給。年六十九。

貢生郁嘉相妻張氏　二十六歲夫亡,自去其指,痛不欲生,教子崙力學,發武科。學使馬表其門曰"歐姜遺範"。

生員張宏道妻金氏　二十四歲夫亡,無子。奉養翁姑,安葬數棺。

張宏進妻李氏　二十歲夫亡,守節十九年。

彭孫瑋妻沈氏　二十七歲夫亡,家貧,無子。紡織自給,并買黃坊瘠田畝許,以葬其夫。守節五十六年。

生員徐卿妻楊氏　夫亡,守節五十餘年。年九十二。

金亢宗妻朱氏　二十六歲夫亡,無子。撫從子爲嗣,孝事翁姑。守節五十六年。

生員李光繼妻倪氏　二十七歲夫亡,撫三子一女,劬勞備至。守節五十七年。

李明佳繼妻馬氏　二十四歲婚,八月夫亡,前二子尚幼,戚族命改適,馬不從,撫子,守志。年六十六。

李明文妻馮氏,明良妻張氏　二氏,妯娌也。馮二十一歲夫亡,矢志守節,學使彭表其廬曰"貞風懿範"。張二十四歲夫亡,守節四十年。

監生李聊士妻朱氏　二十三歲夫亡,一室清修,不飯僧佞佛。守節五十八年。

李時馨妻楊氏　二十四歲夫亡,事翁以孝,撫子萬齡成立。守節二十六年。

魏晉卿妻王氏　二十一歲夫亡,無子。安貧守節,學使汪以"節孝雙高"額表其門。

徐如策繼妻顧氏　二十七歲夫亡,守節二十四年。

徐士良妾朱氏　二十七歲士良亡,撫一女。守節。年四十五。

徐京周妻吳氏,含英妻某氏　吳二十五歲夫亡,撫二孤成立。夫弟含英妻亦二十五歲寡,無子。同守節以終。

儲廣元妻吳氏　二十五歲夫亡,遺一女,辛勤鞠育。事翁姑二十年,孝敬如一日。

張公林妻褚氏　二十八歲夫亡,撫孤學易成立,守節終身。

李廷桂妻許氏　二十九歲夫亡,家貧,無子。苦志守節,年七十六。

李鴻章妻張氏　二十一歲夫亡,守節六十年。

李尚忠妻徐氏　二十七歲夫亡,守節六十年。

李尚志妻崔氏　三十歲夫亡,守節三十二年。

李觀烈繼妻沈氏　三十歲夫亡,以夫兄觀文子協張爲嗣。守節三十年。

李元德妻徐氏　二十八歲夫亡,矢志不二,守節四十三年。

朱猶龍妻祝氏　三十四歲夫亡,奉老翁,撫幼孤。年八十三。

郁元長妻馮氏　明末避兵,常佩小刀,謂夫曰:"倘遇難,當以此畢命,庶不辱耳!"及夫亡,馮二十四歲,止一女。撫從子遠承,補諸生;孫運復,領鄉薦。年八十三。

何維仁妻張氏　夫早亡,以紡織度日。撫二齡孤元芳成立。

吳國楷妻王氏　二十四歲適吳,五載夫亡,無子。孝事邁翁,拮据殯葬。苦節四十八年。

監生陳自鄰妻富氏　二十一歲夫亡,撫從子光永爲嗣。守節二十餘年。

生員朱德輝妻徐氏　婚七載夫亡,遺子一鳳,女一。鳳長,力學,得之母教云。

沈延鍔妻范氏　二十六歲夫亡,無子。守節三十餘年。

生員鄭滉妻馬氏　二十一歲夫亡,事翁姑,生養死葬,竭盡心力。守節四十三年。

錢仲欽妻許氏　夫早亡,家貧,奉事翁姑,甘旨無缺。守節五十餘年。

監生黃允錫妻王氏　二十九歲夫亡,遺孤在中四齡,撫育盡瘁,克紹家業。

生員吳珩妻徐氏　二十二歲夫亡,無子,撫從子嗣榮。每晨拜姑及夫遺像,跪痕深寸許。年七十。

沈九範妻莫氏　九範孝事其親,莫事舅姑,亦以孝著。九範早亡,莫矢守,苦節三十餘年。

生員查克焯妻朱氏　二十四歲夫亡,撫嗣子行昌爲諸生,有文行。守節五十餘年。

吳同文妻黃氏　二十三歲夫亡,守節以終。

衛殿英妻錢氏　二十七歲夫亡,守節三十年。

沈大文妻許氏　二十四歲夫亡,守節四十八年。

知縣顧鳴陽妾馬氏　二十歲夫亡,遺一女,茹荼撫之。馬終身茹素。守節三十二年。　案:知縣顧鳴陽妾張氏、陸氏俱見前,此云妾馬氏,前二氏名下云:撫孤鳳翥成立,此云夫亡,遺一女,或女係馬出耶? 俟考。

趙元龍妻唐氏　二十三歲夫亡,守節四十一年。

陸永錫妻沈氏　二十八歲夫亡,力支喪葬,撫長二孤,俱爲諸生。守節四十七年。

沈紹洪妻陸氏　二十四歲夫亡,守節三十餘年。

沈紹華妻陳氏　二十四歲夫亡,誓守苦節,終始不渝。

劉爾寧妻胡氏　二十四歲夫亡,撫六歲孤林高成立。守節五十八年。

俞俊臣妻湯氏　夫早亡,家貧,閉門紡織,事姑甚孝。子長,教以力耕。

沈德淀妻俞氏　二十歲夫亡,以從子曾桂爲嗣,愛踰己出。守節六十五年。

鄭大受妻何氏　夫早亡,事翁姑至孝,督訓孤子,安葬四喪,里黨賢之。

吳流芳妻陸氏　夫游學遘疾,甫歸而歿。陸年二十八,無子,以從子進爲嗣。守節五十七年。

生員于成龍妻錢氏　十八歲夫亡,力勤女工,撫長嗣子。守節六十年。

王秀臣妻劉氏　十九歲婚,八月夫亡,遺一女,長既適人,又早世。伶仃孤苦。年八十五。

董友三妻吳氏　二十三歲夫亡,事翁姑,撫遺孤,備嘗艱苦,晚年因喪子悒鬱以卒。

畢蕃昌妻吳氏　夫早亡,吳秉家政,井井有法,長子婦錢氏,孫婦徐氏,同以節著。

生員畢建勳繼妻徐氏　婚半載夫亡,撫前子女如己出。學使李給"汎柏齊馨"額表之。

鄔永章妻吳氏　夫亡,撫遺腹子成立。

吳李才妻周氏　夫早亡,無子,僅遺二女,賴紡織以供老姑。年五十餘。

徐卓安妻蘇氏　夫患大瘋,百計醫治,不愈而亡,蘇時二十九。守節。年六十五。

吳萼舒妻趙氏,媳許氏　趙二十七歲夫亡,子婦許氏亦早寡,同守苦節。

嚴諫妻祝氏　二十九歲夫亡,遺三齡孤大文,艱辛撫育。邑令王表其門曰"苦節自貞"。

生員曹瑞麟妾朱氏　二十八歲瑞麟亡,守節四十二年。

邵履泰妻沈氏　夫以親歿哀毀過節而亡,沈年三十一。守節數十年。

陳孔昭妻嚴氏　二十七歲夫亡,守節三十六年。

吳澍妻程氏　二十六歲夫亡,鞠育幼女,事翁姑必具甘旨。年五十四。

葉天章妻金氏　夫亡,子幼。家貧,日夜紡績,夏苦蚊,嘗以足置甕中。年六十五。

葉天成妻郭氏　二十五歲夫亡,矢守,苦節三十七年。

吳配生妻周氏　婚五載夫亡,撫三歲孤成立,守節三十餘年。

金采宣妻蔡氏　二十六歲夫亡,子甫三齡,撫以守節。

吳誠孚妻宋氏　夫亡,遺一女,辛勤撫育,足不踰户。

生員畢文耀妻吳氏　夫游學,早亡,子粹濤方六歲。晝夜紡績,撫之。年八十五。

生員畢宏道妻吳氏　夫早亡,子女俱幼,茹荼守節。

陳二思妻畢氏　夫溺死,畢慟絕復蘇者再。家貧,事姑,撫孤,不愧節孝。

吳彥芳妻楊氏　二十八歲夫亡,持家勤儉,事姑盡孝。年六十一。

袁明如妻楊氏　二十五歲夫亡,遺孤八月,撫至成立。守節三十三年。

某開宗妻沈氏　二十五歲夫亡,撫一女。守節三十二年。

吳立方妻黃氏　二十二歲夫亡,無子。翁繼歿,庶姑遺腹生子,後另適。黃爲撫之,人稱其賢。

鄭律文妻錢氏　二十歲夫亡,遺腹生子復奎。家貧,僅有義田米石餘,錢苦志撫孤,旋以勞瘁卒。夫姊馬鄭氏,撫其遺孤。

馬鄭氏　律文之姊也,亦少寡,守節。

監生鄭涵繼妻周氏，妾蕭氏　涵亡，蕭助嫡撫前氏遺孤士模、士樏成立。

舉人周輔奏繼妻錢氏　婚六旬，輔奏赴選，卒於京邸。訃至，絕粒，痛不欲生。顧念夫柩未葬，強進勺水，一生苦節，閭里稱之。

生員嚴如麒妻朱氏　適朱，三月夫亡，矢志，守節五十餘年。

陳時政妻陸氏　十七歲適陳，踰年夫亡，撫從子鎵文為嗣。

高攀鱗妻朱氏　二十五歲夫亡，守節四十餘年。

戴堯典妻宋氏　三十歲夫亡，遺孤廷錦甫七齡，課之讀書，為諸生。年七十一。

趙璋妻許氏　夫亡，姑歿，撫夫幼弟又歿。營葬五棺。守節四十九年。

徐瀛洲繼妻蕭氏　二十四歲夫亡，撫孤，及長，延師課之。翁姑歿，殯葬無失禮。

朱仁安妻趙氏　二十八歲夫亡，守節三十五年。

王德宣妻董氏　十九歲夫亡，無子。紡績奉姑，苦節四十年，邑令表其閭曰"節凜冰霜"。

張次柳妻陳氏　夫客京邸亡，陳聞訃，負孤奔赴，扶柩歸葬。年五十四。

竹王言妻朱氏　二十三歲婚，三月夫亡。事翁姑，始終弗怠。翁姑歿，歸依母家。守節五十一年。

生員朱士珣妻盛氏　二十七歲夫亡，撫遺腹子。守節三十六年。

鄭宗源妻張氏　夫以哭母過哀亡。日夜紡績，撫育子女成立。年六十五。

張聲聞妻俞氏　十九歲夫亡，無子，誓以死殉，翁姑慰諭之，乃止，守節六十三年。

俞石公妻黃氏　二十七歲夫亡，姑年老，遺女甚幼，事姑育女，備極艱苦。

吳正國繼妻周氏　夫亡，子夭。守節三十餘年。

柏四維妻王氏　二十四歲夫亡，守節六十年。

吳某妻查氏　吳，鳴環子。婚八月夫亡，誓守苦節以終。

張鼎鋐妻李氏　二十歲夫亡，守節三十餘年。

李紹爵妻范氏　二十歲夫亡，紡績撫孤。年四十三。

生員楊時昌繼妻徐氏　二十九歲夫亡，撫前子作相成立。守節五十一年。

朱靈皋妻王氏　二十一歲夫亡，無子，事寡姑許甚孝，戚黨咸稱之。

監生朱棠妻陸氏　二十九歲夫亡，撫二齡遺孤成立。

郭穎臣妻陶氏　二十七歲夫亡，織紝，奉姑。守節四十六年。

生員沈延鑾妻顧氏　二十六歲夫亡，撫七齡遺孤德臨，嚴而有法。守節四十七年。

金藻妻鍾氏　二十七歲夫亡，撫育二孤，孝事翁姑。守節四十六年。

張巨卿妻王氏　二十九歲夫亡，事翁姑，課孤子。守節五十五年。

王承賓妻何氏　二十一歲夫亡，守節三十九年。

監生李有高繼妻徐氏　二十六歲夫亡，事姑孝，撫前子謹有恩。

陸以鑒妻徐氏　二十四歲夫亡，撫孤守節。

吳廷佺妻周氏　三十歲夫亡，姑老子幼。事姑以孝，撫訓二子成立。年八十。

徐士升妻朱氏，彥揚妻張氏　朱十八歲夫亡，嗣子孔昭早世，嗣孫彥揚游庠，後又歿。朱與孫婦張氏撫孤成立。年九十三。

崔魏公妻楊氏　二十三歲夫亡，守節四十七年。

馮璸妻陸氏　二十五歲夫亡，守節三十七年。

王言絲妻周氏　二十一歲夫亡，撫夫從子景羲爲後。守節三十年。

徐琰妻蘇氏　十七歲婚，九月夫亡。遺孤繩祖尚幼，鞠育倍至，得以成立。守節三十四年。

姚官懋妻蕭氏　適姚一載夫亡，晝夜哀號，血淚俱下。不半載，嘔血數升而亡。年僅二十一。

顧培妻許氏　二十八歲夫亡，遺孤某，稍長，悉以父書授之。守節四十九年。

監生徐維城繼妻陸氏　夫早亡，事翁姑，侍庶姑，俱以禮。撫訓前氏朱子女，無異己出，

韓子維妻許氏　三十歲夫亡，守節四十八年。

徐震三妻某氏　二十七歲夫亡，遺孤七月而殤。日夜飲泣。守節三十四年。

生員王咸臨妻沈氏　二十四歲夫亡，撫二孤成立。守節五十年。

崔賓王妻張氏　二十六歲夫亡，孝養翁姑，撫孤成立。守節三十六年。

生員潘勵登妻徐氏　夫亡。家劇貧，翁姑甘旨，皆取辦於十指。二子幼，悉心撫之。守節三十餘年。

沈儀侯妻陸氏，媳錢氏、馮氏　陸二十五歲寡，二子溺死。陸率二婦錢氏、馮氏，撫孤守節。

趙公川妻顧氏　二十四歲夫亡，撫遺腹子成立。守節五十一年。

錢慧文妻程氏　二十六歲夫亡，遺孤又殤。煢煢孑守，矢志益堅。

向武州吏目湯騏妻沈氏　夫任廣西向武州吏目，爲土司所害。沈齧雪飲冰，守節三十一年。

生員金應求妻洪氏　二十七歲夫亡，攜孤依母家守節。

趙舒明妻許氏　二十二歲夫亡，無子。安葬數世棺，撫繼子成立。

張聖千妻李氏，曙光妻陸氏，大容妻李氏　聖千早亡，李撫育二子曙光、大容，成婚後，二子相繼夭。李與長婦陸氏、次婦李氏共矢苦守，人稱一門三節。

馮英來妻姚氏　二十九歲夫亡，守節三十七年。

馮景安妻梅氏　十九歲夫亡，守節四十年。

蘇劉吉妻胡氏　二十五歲夫亡，無子。鬻奩產安葬翁姑及夫。苦節終其身。

王禹侯妻劉氏　二十歲夫亡，子甫二歲，及長，娶婦，又寡。復撫遺孫成立。

生員陸廷國妻顧氏　二十九歲夫亡，守節三十九年。

陸文涵妻姚氏　二十七歲夫亡，守節四十六年。

王爾功妻徐氏　二十六歲夫亡，守節五十年。

王永昭妻陳氏　二十二歲夫亡，守節五十六年。

孫三妻魏氏　二十五歲夫以饑凍死，父母憐其貧，欲改嫁之，魏堅不可。守節撫孤以終。

翁寓蒼妻黃氏　二十八歲夫亡，奉事翁姑，撫孤行遠成立。

李淯妻張氏，廷模妻張氏　姑媳也。姑二十四歲夫亡，家貧，竭力營葬三世。子廷模妻張氏亦早寡，矢志苦守。人稱一門雙節。

宋國恩妻某氏　二十八歲夫亡，守節五十年。

趙廷璧妻陳氏　二十六歲夫亡，撫孤人龍成立。

趙志禧妻沈氏，志裔妻富氏　沈早寡，無子。撫夫弟志裔成立，娶娣富氏，生一子而寡。同心撫孤，並著苦節。

貢生朱烈妻方氏　夫早亡，訓子昌裕甚嚴，長娶陳氏。事姑以孝聞。

監生朱定風妻徐氏　夫亡，守節二十七年。

王楚才妻金氏　二十九歲夫亡，守節三十二年。

潘臨川妻吳氏　夫亡,守節三十七年。

潘九賢妻張氏　夫亡,無子,守節以終。

顧兆楷妻唐氏　二十二歲夫亡,無子,守節三十餘年。

顧慎樞妻居氏　二十四歲夫亡,撫孤坊功成立。

陳汝翼妻張氏　翁死於盜,夫悲憤得疾而亡。時張二十四歲,守節三十年。嘉興金介復爲作《節孝傳》。

胡承安妻孫氏　二十七歲夫亡,營葬翁姑,以勤儉訓其子。守節三十餘年。

李明義妻潘氏　夫亡,撫三歲孤恒中成立。孝事嬬姑。

生員韓耀先妻鍾氏　二十九歲夫亡,孝事繼姑。叔貧,鍾讓膳田五畝。守節三十七年。

鍾潢妻顧氏　二十二歲夫亡,守節二十年。

鄒國章妻王氏　二十二歲夫亡,撫孤,守節。

生員吳毓球妻陸氏　夫早亡,撫孤元選、正育,嚴而有法。及長,有聲庠序間。

郁漢昭妻褚氏　二十六歲夫亡,子甫三齡,撫以苦守。

生員王虬妻周氏　二十九歲夫亡,事翁姑盡孝,兩子相繼夭,又遭火災。矢守苦節三十三年。

朱君來妻錢氏　夫亡,矢志不二。

李可宗繼妻曹氏　夫亡,子又早世,復撫次孫,守節。

任懋德妻吳氏　二十歲夫亡,孝事舅姑,守節七十年。

張殿掄妻徐氏　二十一歲夫亡,家極貧,終身紡織,困苦自甘。

劉撫荆妻沈氏　婚年餘夫亡,截髮矢志,以事翁姑,撫育嗣子,守節閱三十年。

許聞如妻姜氏　二十三歲夫亡,無子,絕粒數日,勉起。奉翁姑極盡孝敬。翁姑歿,經營喪葬,靡不合禮。

吳佩音妻王氏　十九歲寡,撫嗣子亘山成立。課孫守邦游庠,學使帥念祖表之曰“節孝兼純”。年八十。

潘之椿妻王氏　夫早亡,遺孤甚幼,以女紅度日。守節三十餘年。

許文彬妻陳氏　二十一歲夫亡,無子,撫嗣子正煜成立。

監生王曰都妻唐氏　二十歲夫亡,無子,遺一女,以經史訓之。事翁姑極盡孝養,戚族稱其賢。

周大同妻葉氏　夫早亡,家貧,子幼。事翁姑,克盡婦道。守節五十年。

王自誠妻蘇氏　二十九歲夫亡,子書懷方歲餘,撫育成立。守節三十六年。

生員沈澐妻朱氏　夫早亡,教兩子崧、適,讀書敦行,不替先業。

沈宸機妻劉氏,芳勳妻金氏　劉早寡。遺孤芳勳既婚而歿,其婦金氏亦矢志,支持門户。

馬宏業妻沈氏　宸機之孫女也,亦早寡,遺幼孤,苦節終身。

生員任遠妻儲氏　夫早亡,善事舅姑。撫子斯義,不事姑息。守節三十餘年。

顧琪妻韓氏,理妻朱氏　二氏,妯娌也,俱早年夫亡。日事織紝,以養翁姑。琪無子,韓乃撫從子承昌以繼大宗。與朱協力教之成立。

生員劉王璋妻孫氏,維榮妻徐氏,維鼐妻黃氏　孫早寡,撫孤維榮、維鼐成立。後二子亡,其婦徐氏、黃氏同守苦節。學使何表其門曰“冰心霜節”。

儲彥昇妻吳氏　二十七歲夫亡,無子。翁年老,事之甚孝。家無遺產,吳甘貧困,紡績終其身。

生員黃建中妻徐氏　三十歲夫亡,無子。事翁姑,生養死葬,竭盡心力。守節五十一年。

黃方九妻張氏　二十九歲夫亡,無子。年八十五。

監生黃琦妻楊氏　二十八歲夫亡,守節五十餘年。

吳維賢妻賀氏　三十歲夫亡,撫三歲遺孤光耀成立,入成均。

吳維正妾林氏　二十七歲夫亡,撫一幼女,以苦節卒。

李輔忠妻陸氏　二十七歲夫亡,事媥姑盡孝。教二子,力勤耕織。守節三十六年。

支君蕃妻顧氏　二十三歲夫亡,無子。孝事舅姑,鞠育嗣子。守節四十四年。

倪廣陵妻張氏　二十四歲夫亡,無子。守節三十八年。

朱之祺妻宋氏　夫早亡。家貧,挈二子一女,依母家,紡織度日二十餘年。

王廷芳妻林氏　夫早亡,家貧,竭力女紅,撫子成立。守節三十年。

生員張彝繼妻徐氏　二十九歲夫亡,事舅姑,曲盡孝養,守節三十五年。

生員吳壯興妻項氏　二十五歲夫亡,教誨遺孤,不墮家法,事舅姑以孝聞。

舉人吳晉畫妻董氏　二十二歲夫亡,撫二子曰夔、爲龍,心力俱瘁。

徐德成妻史氏　二十二歲夫亡,守節。

宣御公妻黃氏　十九歲婚三月夫亡,守節二十八年。

宣蓋臣妻周氏　二十五歲夫亡,守節三十一年。

吳仲木繼妻李氏,妾沈氏、金氏、倪氏　李二十一歲夫亡,撫庶子士旦、恢貽,恩義兼盡。三妾俱苦節自矢,擬之張黃門之寒香、晚翠,不愧也。

吳謙牧妻朱氏　二十八歲夫居母喪,哀毀卒。朱撫二子一女。經營窀穸,拮據婚嫁,以苦節終。

生員吳鼎象妻翁氏　二十九歲夫亡,無子,止一女。茹荼撫育,守節三十餘年。

吾俊山妻顧氏　二十四歲夫亡,撫孤,守節四十八年。

王君求妻周氏　二十九歲夫亡,守節四十餘年。

陸枚臣妾陳氏　三十歲夫亡,守節三十餘年。

馬簡能繼妻朱氏　二十四歲夫亡,守節四十二年。

吳友升妻姚氏　婚踰年夫亡,茹素終身。

沈公梵妻陸氏　夫亡,守節,舅姑欲奪其志,以死誓免。守節三十餘年。

生員陸天路妻王氏　二十七歲夫亡,守節四十餘年。

生員陸九安妻顧氏　夫亡,守節四十餘年。

蔣聚昌妻郭氏,范妻徐氏　郭二十七寡,子范妻徐氏亦早寡,守節四十餘年。稱一門雙節。

陳志宏妻張氏　夫亡,矢志守節。

某悅周妻姜氏　夫亡,撫子成立。學使何給扁表之。

馮珏妻潘氏　二十七歲夫亡,撫三子成立。守節二十六年。

周國漳妻董氏　夫亡,撫孤,守節。

盛懷海妻吳氏　二十八歲夫亡,撫孤萬明,守節五十年。

孫海疇妻錢氏　夫亡,撫子,既婚死。撫孫,繼婚又死。守節數十年。

浦尊三妻潘氏　二十二歲夫亡,守節三十四年。

劉仲章妻何氏　夫早亡,家貧,紡織爲生,撫孤成立。

陶士鋪妻王氏　夫早亡,遺孤體仁十歲,及長,娶婦,婦亡,仁不復娶,王撫諸孫成立。守節四十五年。

蔣光祚妻仇氏,際亨妻殷氏　仇早寡,遺孤際亨長娶殷氏,二十歲亦寡。撫子丕琮成立。

生員沈溶妻黃氏　夫亡,守節四十三年。

生員沈寅妻潘氏,芬妻陳氏　　潘夫亡後,守節四十六年。子芬妻陳氏十八歲亦寡,撫孤允璘,教養成立。守節五十五年。

查禮昌妻張氏　　二十五歲夫亡,子女俱幼。家素貧,上事祖姑與翁,下撫子女,備嘗艱苦。

倪天池妻許氏　　十歲許字倪,閱二載而父母亡,夫忽染瘋疾,翁辭婚,族人欲許之。氏曰:"吾父母九原下祇知有倪氏耳。"誓死不從。十八歸倪,甫五月夫亡。越數年翁又歿,夫兄迫之改嫁。糾里豪張某率衆劫之,許呼天投水,鄰里救免。後又率衆至門,許毀面,據井以待,曰:"有入吾門者,吾死此矣。"衆畏而退。時内外無倚,饔飧不繼。族衆月給薪水以膳之。年八十二。

生員彭孫濟妻馮氏　　二十二歲夫亡,守節七十一年。

吳啟諫妻周氏　　二十歲夫亡,守節三十九年。

生員顧羨望妻陸氏　　二十六歲夫亡,守節六十年。

殷受斿妻何氏　　夫亡,上事媥姑,下撫遺孤,艱苦備嘗。年八十四卒。巡撫表其門曰"柏操松齡"。邑令給額曰"筠修鶴算"。

朱又儀妻張氏　　二十七歲夫亡,守節四十八年。

顧玉符妻朱氏　　二十五歲夫亡,守節五十六年。

監生彭德屋妻劉氏　　二十七歲寡,子廷㯽三齡,遺腹生子廷揆,俱撫之。事媥姑甚孝。年六十一。

趙元卿妻許氏　　二十六歲夫亡,守節六十一年。

生員倪彝憲妻王氏　　夫亡,歸依母家,紡織度日。年八十七。

楊以恬妻周氏　　二十三歲夫亡,守節四十八年。

徐鐵崖妻陸氏　　二十七歲夫亡,守節四十三年。

陸鴻儒繼妻馬氏　　二十七歲夫亡,守節五十一年。

張某氏　　張倫三母,撫孤,守節,年七十餘。

張某氏　　張玉文母。夫亡,守節。

石宸舟妻孫氏　　夫亡,撫孤景陳。年九十四。

朱瑞侯妻沈氏　　二十一歲夫亡。其伯凌逼之嫁,沈毀容絕食,誓死不二。其弟鳴諸官,沈截髮投案,以明不可奪之志。卒年七十七。

朱文浤妾陸氏　　二十五歲夫亡,守節四十五年。

錢瑞安妻賀氏　　夫亡,遺二女。值歲饑,數日不啟户,遂絕食以死。

生員曹肇修妾朱氏　　二十八歲夫亡,守節四十二年。

沈漢林妻田氏　　二十六歲夫亡,子維楨有《哭親詩》十二章,聞者墮淚。

蔡王氏　　卜者蔡朗如母。夫亡,撫孤,守節。

陳廣元妻沈氏,瞻巖妻王氏　　沈二十七歲寡,撫孤瞻巖成立,娶王氏亦寡,同守節以終。

汪公符妻胡氏　　夫亡,與二女閉户紡織。年六十一。

宋大英妻高氏　　二十七歲夫亡,守節五十一年。

王桐鳴妻褚氏　　二十四歲寡,遺孤又歿,終身鬱鬱。年五十九卒。其娣王氏、光曙之母有賢聲,年九十。

沈磬鴻妻吳氏　　三十歲夫歿於京邸,卟聞,吳典釵飾,遣人扶親歸葬。年七十餘。

崔安濤妻張氏　　二十二歲夫亡,守節二十九年。

蔣與參妻陳氏　　二十五歲夫亡,守節六十六年。

夏樹菴妻許氏　　夫早亡,守節。

監生鄭芳榮妻陸氏　　二十八歲夫亡,遺孤喬甫七齡,辛勤撫育。守節十七年。

萬淳安妻張氏　　二十四歲夫亡,守節四十二年。

朱權妻吳氏　　夫早亡,守節,年至八十六。

鄭大成妻楊氏　　二十六歲夫亡,守節五十四年。

吳燮臣妻朱氏　　夫亡,子又殀。嘗臥病,惟儲水一潭,飲之病愈。刈菜作食,年七十二。

生員徐德嘉妻杜氏　　二十五歲夫亡,守節十八年。

徐慎良妻許氏　　二十六歲夫亡,守節二十九年。

王士求妻湯氏　　二十六歲夫亡,守節四十年。

翁希賢妻陳氏　　二十八歲夫亡,撫孤,守節。

吳紹奇妻胡氏　　二十九歲夫亡,守節。

錢秉成妻王氏　　二十九歲夫亡,孝奉孀姑。母老無依,生養死葬,亦無缺禮。

吳舞雲妻沈氏　　二十八歲夫亡,守節四十一年。

葉敬林妻吳氏　　二十五歲夫亡,守節六十三年。

朱之棟妻錢氏　　夫早亡,遺一子三女。家極貧,婿錢某迎養之。

支實君妻朱氏　　二十六歲夫亡,撫夫從子祖謙游庠。

蔣子文妻戴氏　　二十七歲夫亡,撫孤,守節。

沈愷忠妻沈氏　　二十一歲夫亡,守節四十二年。

沈元明妻繆氏　　二十五歲夫亡,守節五十餘年。

周在中妻楊氏　　二十六歲夫亡,守節四十七年。

韓廣業妻費氏　　三十歲夫亡,守節四十七年。

陳來雍妻周氏　　夫亡,撫二子以守苦節。

張有大妻朱氏　　二十五歲夫亡,撫孤,奉姑。安葬兩世。年六十八。

馬景韓妻孫氏　　二十四歲夫亡,舅姑、庶姑相繼歿,卜葬四棺,并穿己穴。母貧無依,迎養垂二十年。

孫見龍妻胡氏　　二十歲夫殀,撫孤作霖,守節四十餘年。

方運王妻陳氏　　二十餘夫亡,撫二孤,守節。

宋元臣妻陶氏　　二十二歲夫亡,舅姑欲奪其志,誓以死守。年七十五。

徐詢周妻吳氏　　夫亡,哭過哀,目瞽。翁歿,哭泣竟失明。年四十六。

夏成懷妻胡氏　　二十七歲夫亡,守節三十餘年。

監生韓兆蛟妻姜氏,麟徵妻李氏　　姜二十五歲夫亡,繼子麟徵娶婦李氏,二十一歲寡,遺孫二齡。姜哀痛成疾,年五十四卒。

富繼祖妻虞氏　　婚三月夫亡,孝事孀姑。年六十。

吳文英妾顧氏　　十九歲寡,嫡子某逼之他適,顧不可。攜子善徵別居,為人澣衣度日,年七十。

李彥昌繼妻王氏　　二十五歲夫亡,遺孤璹甫二載,守節二十六年。

生員顧奇瑛妻胡氏　　二十六歲夫亡,守節四十年。

監生陳見龍妻吳氏　　夫殀于京邸,吳時三十歲,無子。家貧,售屋以收夫骨,葬先塋側。年六十九。

姚南榮妻陳氏　　二十八歲夫亡,守節四十年。

生員馮鰲妻顧氏　二十八歲夫亡,守節四十六年。

鄭芳烈妻郭氏　夫亡,守節四十五年。

俞昇華妻顧氏　二十八歲夫亡,守節。

董景舒妻陳氏　二十九歲夫亡,事媚姑,撫遺腹子成立。

張兆隆妻盧氏　二十六歲夫亡,守節四十餘年。案:朱辰應書《張節母盧孺人題咏卷後》云:"盧年二十四歲夫亡,生子采甫三月,家貧,矢志撫孤,有欲奪其志者,盧斷髮自誓。卒年八十三。"

陳廷燮妻姜氏　二十五歲夫亡,守節。

賀永思妻何氏　夫早亡,遺孤念祖猶在襁褓,依母家守志。年五十。

盛廷倫妻莊氏　二十七歲夫亡,守節四十二年。

富植妻董氏　二十六歲夫亡,撫幼子,事媚姑,靡不竭力。

楊霖妾吳氏　霖亡,家貧,子目瞽,業卜贍養。年八十二。

朱天山妻王氏　二十三歲夫亡,撫遺腹子予懷成立。

方德求妻王氏　婚四載夫亡,獨居一樓,足不出户,年五十。

陸國泰妻顧氏　夫早亡,撫孤,守節。

監生朱璞妻周氏　夫早亡,延師課子,守節以終。

州同馬中驥妻朱氏　夫亡,日事紡織,撫子成立。

沈時中妻嚴氏　十二歲婚。舅姑病,奉湯藥惟謹。夫亡,嚴十八歲,矢志苦守。

富祺如妻徐氏,妾朱氏　徐二十餘歲寡,遺子甫襁褓,同妾朱氏苦守三十餘年。

趙潤木妻湯氏　二十四歲夫亡,遺二孤,俱早世,茶苦終身。

張達寰妻陳氏　二十七歲夫亡,撫孤天申,守節五十年。

項起三妻沈氏　二十七歲夫亡,乞食撫孤,守節三十五年。

生員彭睿繼妻湯氏,海文妻潘氏　睿亡,命遺孤海文讀書兼習醫。迨婚娶,生二女而海文歿,湯與其婦潘氏措葬二世。守節三十餘年。

彭錫齡妻徐氏　二十六歲夫亡,子溥甫週,徐與夫嫂湯氏共勵苦志,旋以勞瘁卒。

王金氏　二十歲夫亡,遺一女,守節五十餘年。

金韓氏　二十歲夫亡,遺一女,以叔丕承長子為嗣。守節五十餘年。

李玉山繼妻周氏　二十歲夫亡,撫前子鎮宗。守節四十三年。

生員石泗傳妻費氏　夫早亡,撫夫弟之子次寅,未冠而歿,更立從孫泰階為孫。

陸松臺妻陳氏　二十五歲夫亡,無子。歲收平湖景賢祠勵節銀兩,以佐薪水。守節五十年。

監生孫錫疇妻彭氏　二十七歲夫亡,撫孤子溥。守節四十三年。

鍾某氏　婚二載夫亡,遺一子。家甚貧,寒暑衣不被體,後賴子訓蒙以膳。

生員程雲章妻印氏　三十歲夫亡,撫育二子,守節三十年。

監生鄭士槤妾蕭氏　二十七歲寡,子學熹妻、妾又相繼死。支持門户。守節四十四年。

沈漢林妻靳氏　夫游幕,客亡。靳晝夜紡織度日。僕某扶柩歸里,乃葬之。

錢貴三妻鈕氏　二十六歲夫亡,守節三十年。

陳上扶妻李氏　二十八歲夫亡,撫子德華,未婚而歿。李茹齋,布衣以終。

邊大章妻馮氏　夫亡,歸依母家。母疾足,侍奉不倦。守節二十五年。

貢生方敦廉繼妻沈氏,妾陶氏　　沈二十五歲夫亡,與妾陶氏苦守至五十四年。以子廷衡貤贈孺人。

朱之耒妻馮氏　　二十八歲夫亡,守節三十二年。

朱采山妻吳氏　　二十五歲夫亡,茹苦守節。

張乾元妻王氏　　二十五歲夫亡,以夫兄子肇坤爲嗣。守節四十一年。

高步青繼妻富氏　　夫亡,遺一女又殤,年六十餘卒。

周鍾妻孫氏,慎思妻楊氏　　孫十九歲夫亡,遺孤慎思僅月餘,長,娶楊氏,二十二歲寡。姑婦相依,閱數年,楊歿。孫爲孫一芝授室,甫得子,一芝又歿。撫未滿百日之曾孫,與二十以下之孫婦備歷艱苦。年八十九卒。

周在中妻黃氏　　與鍾妻孫氏妯娌也。二十七歲夫亡,守節三十餘年。

徐美珍妻富氏　　二十三歲夫亡,姑先歿,事翁克孝。守節三十二年。

吳紹偓妻王氏　　二十二歲夫亡,營葬翁與嫡姑。有田數畝,囑親房永爲祭產,以苦節終。

舒于道妻朱氏　　夫亡,遺孤世齡方三載,撫育成立。事媢姑以孝謹聞。

生員郭鎬妻顧氏　　二十六歲夫亡,守節三十九年。

莊體乾妻朱氏　　夫亡,翁尋歿,百計喪葬,至無立錐,歲饑,恒受饑餒。卒年六十。

周蘭皋妻朱氏　　二十七歲夫亡,家貧紡績,撫二孤成立。

朱健安妻陳氏　　婚二載夫亡,撫一女,相依紡織,以守苦節。

吳倫榮妻趙氏　　二十二歲夫亡,孝事翁姑,守節三十七年。

監生石方叔妾何氏　　十八歲歸石,踰月方叔病,踰年亡。遺命改嫁,何截髮自誓,撫嗣子成立。

生員孫錫爵妻朱氏　　二十七歲夫亡,守節四十一年。

生員顧克大妻查氏,克昌妻李氏　　查早寡,撫孤成立。夫弟克昌妻李氏二十五歲寡。查年五十。李守節數十年,撫克大子紹高爲嗣。

石立焉妻楊氏　　夫早亡,撫孤彥芳讀書,一生茹苦。年六十。

彭九皋妻徐氏　　二十五歲夫亡,撫從子錫礽。年五十二卒。

張德豐妻湯氏　　二十六歲夫亡,無子。以從子士筠爲後。年六十三。

生員朱維城妻陳氏　　夫亡,無子。孝事老姑,歿後拮據以葬。撫嗣子慈嚴兼至。

李滄洲妻黃氏　　二十五歲夫亡,孝事媢姑。年六十六。

監生張宏基妻徐氏　　二十六歲夫亡,撫子文昭、仲友成立。守節三十三年。

許奎光妻陳氏　　二十八歲夫亡,撫孤,守節六十八年。邑令給額曰"勁節長留"。

張良材妻顧氏　　夫亡,無子。依居母家,守節四十餘年。

許德馨繼妻徐氏　　二十五歲夫亡,撫子丕光成立。守節三十餘年。

徐戴寧妻陸氏　　夫亡,無子。撫從子鍵爲諸生。

徐煌妾金氏　　煌亡,遺孤殤,又撫嫡孫正威成立。

錢丹霞妻鍾氏　　二十六歲夫客亡,無子。孑身無依,兄標文分宅居之。

朱省元妻湯氏　　二十三歲夫亡,事老姑,撫兩幼叔。守節三十一年。

朱其浤妻張氏　　二十二歲歸朱,未帀月夫亡。守節三十一年。

監生蘇辰錫妻孫氏　　十八歲歸蘇,八月夫亡,擇族子壽昌爲後。兩世五棺,皆拮據葬之。守節二十四年。

朱雲龍妻李氏　　二十五歲夫亡,撫從子貽穀。守節以終。

生員任廷麟妻馬氏　　二十七歲夫亡,撫從子慶科成立。

張希曾妻許氏　　婚三月夫亡,撫夫從子玉明。守節終身。

任文干妻徐氏　　二十七歲夫亡,撫孤守節。

姚光祖妻朱氏　　二十餘歲夫亡,守節三十七年。

顧旦夫妻黃氏　　十九歲夫亡,煢煢無後,守節終身。

監生朱越千繼妻張氏　　三十歲夫亡,紡織事翁,撫前子成立。

何嵩源妻楊氏　　二十三歲夫亡,遺一女,遣嫁,後獨居一室,以紡績終。

監生顏玉奇妻徐氏　　三十歲夫亡,事老翁,撫夫從子。守節三十餘年。

陳倚衡妻徐氏　　二十三歲夫亡,課嗣子讀書甚嚴,閭里賢之。

生員吳汝楫繼妻步氏　　歸吳二月夫亡,撫孤熙成立,領辛酉鄉薦[1]。

玉國棟妻尤氏,媳某氏　　尤二十一歲夫亡,以夫從子爲嗣,及授室,子又歿。與婦同守苦節。

朱孝維妻沈氏　　二十二歲夫亡,力支數葬,貧無立錐之地。依父西昭,守節以終。

監生黃夑宣妻朱氏,肇雍妻何氏　　朱早寡,撫子肇雍,娶何氏,亦早寡。相依矢志,守節二十四年。

周南珍妻萬氏　　二十二歲夫亡,撫從子廷堅成立。

監生朱聲聞妻褚氏　　三十歲夫亡,上有孀姑,下有二女,勤針黹度日。

富奇榮妻朱氏　　二十八歲夫亡,撫二子成立。

錢澄安妻吳氏　　二十一歲夫亡,守節三十年。

李榮陞妻鍾氏　　婚二月夫亡,家貧,無子。守節三十餘年。

朱伯隆妻張氏　　夫早亡,守節三十餘年。

朱開成妻麗氏　　三十歲夫亡,孝事孀姑,撫幼叔鴻緒子瑞椿[2]爲後,成進士。

黃伯餘妻任氏　　三十歲夫亡,其伯逼之再醮,斷髮不從。守節二十年。

胡甸安妻楊氏　　十九歲夫亡,守節二十三年。

吳玉衡妻徐氏　　二十六歲夫亡,守節二十七年。

生員陳文熾妻顧氏　　二十四歲夫亡,孝事其姑,撫從孫光亨成立。

俞大昭妻蕭氏　　十六歲夫亡。夫早喪母,育於仲嫂顧氏,蕭以姑禮事之。一門兩孀,守節二十餘年。

周沛文妻宋氏　　二十八歲夫亡,家貧,無子,紡績自給。

生員朱士泰妻陳氏　　二十四歲夫亡,安厝二世,并營己穴。守節三十六年。

徐蘭皋妻顧氏　　夫亡,遺一子耀微,長,娶阮氏,相繼歿。顧以苦節終。

孫世楷妻朱氏　　二十歲夫亡,撫嗣子慈霖。至七十三卒。

生員吳立齋妻湯氏,揆臣妻鄭氏　　湯守寡,撫遺孤二,其一出繼,一揆臣長娶鄭氏亦寡。湯與婦相依,擇族孫爲嗣焉。

監生朱之棠妻康氏　　夫亡,撫遺孤紹衣、焜及幼叔讀書成立。年六十四。

徐元衡妻王氏　　夫亡,撫孤周法、曾法。年八十六。

周文卿妻蔡氏　　二十五歲夫亡,撫孤之駿,讀書入泮。守節四十六年。

周耿臣妻顧氏　　二十三歲夫亡,撫孤雲千。守節五十五年。

張在霄妻陸氏　　二十四歲夫亡,訓孤孝思,爲諸生;孝本,入成均。年五十六。

王楚珩妻劉氏　　二十八歲夫亡,守節三十四年。

趙景芳妻王氏　　二十六歲夫亡,守節二十餘年。

鄭張氏　十八歲夫亡,撫遺腹子介臨。守節二十四年。

錢思周妻徐氏　二十六歲夫客亡,嗣子早世,撫從孫。守節。

鄭禮讓繼妻包氏　夫亡,遺三孤,俱幼。守節三十五年。

方大來妻顧氏　三十歲夫亡,守節五十餘年。

錢虞聲妻郭氏　三十歲夫亡,守節四十九年。

貢生沈嘉澍妻顧氏　二十七歲夫亡,奉翁姑以孝。撫繼子聲暉、羹和如己出。年七十。

姜忠貴妻蘇氏　夫早亡,遺兩子,俱幼。家貧,爲人澣衣度日。年六十四。

方上言妻馮氏　二十六歲夫亡,無子,遺一女,長適鄭錫疇。守節二十八年卒,女葬之。

張懷珍妻謝氏,玉衡妻李氏,維寧妻徐氏　謝十九歲夫亡。夫叔玉衡妻李氏,二十五亦寡。幼叔維寧妻徐氏,二十二歲婚,十八日而寡,無子。人稱一門三節。

邵鄭氏,媳某氏、某氏　鄭二十餘歲夫亡,撫二子一女,及長,婚娶,二子又歿。與兩婦矢志。年八十。

趙應賢妻許氏　婚數載,夫赴京師不返,或傳其死。乃撫二子一女,薪水仰藉十指。年八十六。

嚴螺亭妻祝氏　婚五載夫亡。家貧,紡織,撫二齡孤成立。年八十四。

崔人瞻妻崔氏　夫亡,無子,依母家守節。

朱彙良妾褚氏　二十三歲彙良亡,撫子伯齡成立。

徐曰理妻史氏,曰琳妻朱氏　妯娌也,皆十九而寡。史無子,年四十八卒。朱撫一子,守節。

李瑞麟妻周氏　二十七歲夫亡,撫孤,守節。

顧鳴儒妻戴氏　二十二歲夫亡,撫孤,履忠守節。

監生沈銘淇繼妻周氏　二十七歲夫亡,守節二十二年。

張承武妻鄭氏　三十歲夫亡,遺腹生子,殤。性至孝,喪葬翁姑,後積勞而卒。守節二十餘年。

湯繼明妻馮氏　二十九歲夫亡,無子,歸母家守節。

監生徐周士妻張氏　婚半載,夫游都中,客死,無子。歸母家守節。

任抱珍妻朱氏　二十七歲夫亡,矢志殉死,以姑救免。越五年卒。學使實給"孤鵠同貞"額。

監生朱光裕繼妻朱氏　二十七歲夫亡,撫孤守節。

徐聖中妻王氏　贅聖中,兩載夫亡。王早喪父母,育於祖母,乃在家終養祖母,以苦節卒。

朱望尊妻湯氏　二十五歲夫亡,守節。

高振宗妻何氏　二十五歲夫亡,守節十六年。

朱心求妻方氏　夫亡,遺兩子,訓之甚嚴,後同年游庠。

監生李鳳元妻朱氏　二十五歲夫亡,守節三十一年。

印載常妻俞氏　婚五載夫亡,撫孤,守節。

朱申庭妻黃氏　夫早亡,事翁文炳以孝,守節數十年。

黃某妻張氏,吉初妻曹氏　妯娌也,俱二十餘歲夫亡,各守節三十餘年。

俞典徽妻湯氏　二十九歲夫亡,遺孤新邦甫九十三日。湯事翁姑,撫遺孤,孝慈兩盡。

孫禹川妻吳氏,光風妻戴氏　吳三十歲夫亡,撫孤光風,長娶戴氏,二十五亦寡,孝養嫠姑。人稱雙節。

生員石嗣昌妻朱氏　夫早亡,撫二歲孤毓芝成立。

顧吉旋妻徐氏　二十七歲夫亡,撫一女,守節。

唐天錫妻戴氏　二十四歲夫亡,撫二女成立。

陳登高妻周氏　二十四歲夫客亡，止遺一女。家貧，孝養翁姑，撫夫從子景福爲嗣。

黃培楠妻陶氏　二十六歲夫亡，撫二孤蓮、蕙，俱成立。

鄭文揆妻方氏　夫早亡，遺一女，歸母家守節。

鄭心揆繼妻胡氏　二十九歲夫亡，遺二女。家貧，租地種植，嫁女以時。

鄭肩三妻朱氏　夫早亡，撫一女守節。

顧德基妻徐氏　二十一歲夫亡，矢守苦節，至老不渝。

貢生徐景法妻朱氏　三十歲夫亡，侍邁姑舒病，閱四月餘不倦。及歿，喪葬盡禮。撫夫從子慧業。守節十八年。

李應嘉妻陸氏　二十三歲夫亡，撫遺腹子湧泉成立。

朱覲文妻周氏　十七歲成婚，十月夫亡。事姑盡孝，撫從子茂先。守節二十四年。

周玉良妻蔡氏　二十六歲夫亡，孝事其姑，撫孤乾元成立。

朱蘭蔚妻陳氏　二十歲夫亡，無子女。事姑盡孝。姑歿，無所依，歸母家守節。

戴振威妻夏氏　婚十月夫亡，善事老姑，撫從子爲嗣，茹荼守節。

杜友鹿妻錢氏　二十五歲夫亡，遺一女。以夫弟旦明子槐廷爲嗣，未幾又歿，惟孤孫相依。年七十三。

徐靜遠妻朱氏　夫早亡，翁姑繼歿，拮据營葬。地隣阻之，朱匍匐號泣，鳴諸官，然後得葬。

林子高妻顧氏　江寧人，歸林後，甘貧力作。夫亡，無子女。依從子守節。

李南山妾楊氏　二十二歲寡，矢志守節。

徐錫爵妻萬氏　夫亡，撫遺腹子播讀書成立，學使朱表其門曰"松根志遂"。

顧三才妻蕭氏　二十九歲夫亡，無子，家赤貧，無依，爲人澣衣以自給。

陳瞻巖妻王氏　夫早亡，敦睦親族，以節孝聞。年六十一。

朱鳳洲妻張氏　二十二歲歸朱，四月夫亡。事媿姑徐，先意承志。守節三十一年。

施衷陽妻周氏　婚半載，夫亡，遺腹子夭。奉事老姑，克盡其力。守節四十餘年。

賀明皋妻蔣氏　二十歲夫亡，家貧，無子，蠶織度日。

沈子蘭妾董氏　十九歲歸沈，數載寡。嗣子夫婦早亡，二孫又夭。煢煢孑立，營葬五棺。壽至一百餘歲。

湯洪道妻任氏　二十七歲夫亡，事邁姑以孝，撫夫從子裕讀書游庠，學使錢以"荻教遺徽"表其門。年六十八。

方用王妻陳氏　二十六歲夫亡，教子成立，又夭。復撫孫立業。守節六十四年。

監生方邁齡妻馬氏　二十五歲夫亡，訓子成立。守節五十年。

監生俞賡陶妻陳氏　夫早亡，訓九歲孤吉孚讀書勵行，遣嫁二女以時。年七十七。

徐倫書妻曾氏　婚數年夫亡，無子，矢守苦節。

貢生顧晉三妾張氏　二十九歲晉三亡，遺二子。長，早夭；次紳，游庠。女適曹霖。張年六十九。

監生俞益謙繼妻蔡氏　夫亡，撫夫從子臣虞，又早世。復依從孫守節。

錢汝楫妻湯氏　二十四歲夫亡，子紹聞甫週歲。及長，又夭。遺孫宜振、宜繩、宜福，俱幼，湯與婦盡心撫育，得以成立。

沈翌爲妻朱氏　二十九歲夫亡，遺一女，力勤紡績。守節四十年。

監生楊汝舟妻蔣氏　二十七歲夫亡。家貧，惟膳寡田二畝，與一女紡績度日。

王昆和妻蔡氏　十六歲夫亡，遺腹生子路，教之讀書。年四十。

沈漢珍妻趙氏　夫亡，子夭，撫夫從子。守節。

陳沛光妻袁氏　夫亡，遺孤相繼殁。袁勤紡織，以養孀姑。姑病，親奉湯藥，以孝聞。

徐家邦妻康氏，敦宗妻陳氏　康二十二歲歸徐，數年夫亡。長子敦宗娶妻陳氏，二十一歲敦宗暴亡，陳絕粒數日，康泣慰之。越五月，遺腹生子孝眙，姑婦共撫育之。人稱雙節。

監生錢景彭繼妻俞氏　二十三歲歸錢，數年夫亡，遺一女，撫夫從子渭元爲嗣。

陸可亭繼妻郁氏　三十歲夫亡，撫週歲孤廣颿。守節。

徐聖林妻俞氏　夫早亡，甘守苦節，親自力田償租。有三子，俱幼，撫養成人。年四十九。

舉人沈鍾岳妻陳氏，世金妻黃氏　鍾岳會試下第，南旋，殁於山左。時老姑在堂，陳盡力孝養，撫孤世金成立，娶黃氏，年二十一而寡。姑婦共守，人稱雙節。

沈東明妻朱氏　二十二歲夫亡，撫七歲孤成立。

朱際雲妻趙氏　婚三載夫亡，撫夫從子，守節。

李紹聞妻崔氏　二十四歲夫亡，事祖翁盡孝。遺孤痘殤，復撫夫從子爲後。

俞鴻飛妻王氏　二十四歲適俞。夫游學，殁於京邸，無子。乃依母家守節。

沈尚志妻俞氏　二十六歲夫亡，撫從子遇龍成立。

張寧一妻楊氏　二十九歲夫亡，遺一女，長適吳山。楊矢志冰霜，以苦節終。

朱端章妻鄭氏　夫客死京邸，鄭積紡績餘貲，乞宗人扶櫬歸葬。邁姑病，扶掖臥起，不離牀第。後翁亦病廢，鄭扶持孝養，一如事姑。翁殁，喪葬盡禮。

方軼倫妻趙氏　三十歲夫亡，勤勞鹽績，撫一女，遺嫁以時。于嗣子教養兼至。

詹士元妻陳氏　十七歲夫亡，翁姑相繼殁，拮據喪葬，克盡哀禮。

朱左海妾張氏　左海亡，生一子，殤。佐家勤儉，以守節終。

陳鳴崗繼妻孫氏　二十九歲夫亡，生一女，長適朱世楷。撫夫從孫三才爲孫，以續夫後。

朱寧菴妻孫氏　夫亡，止遺三女，撫夫從子瀛求爲嗣。三女嫁畢，家益落，乃鬻產以葬其夫。年五十八。

陳御輪妻趙氏　二十四歲夫亡，遺一女，適萬心雄。繼從子西雍爲嗣。年四十五。

姚不瑕妻胡氏　二十八歲夫亡。長子維城早卒，無子。次子遵王，晚舉一子而亡。胡年八旬，與婦紡績同撫稗孫成立。

姚維城妻戴氏　二十九歲夫亡，撫夫弟遵王之子爲嗣。勤苦節省，爲翁姑購得葬地。及遵王殁，戴年近六十，敬事其姑不怠。撫孤以延一綫，戴之力也。

生員倪掌倫繼妻朱氏　婚五載夫亡，撫前子成家業，苦節終身。

陳興文妻楊氏　二十七歲夫亡，教子繹勤成立。

仇梯山妾王氏　梯山年逾七十納王，侍五載而寡，無子女。甘心茹苦，戚黨稱之。

祖茂山妻盛氏　二十九歲夫溺海死。遺兩子，日給不足，勤苦紡績，以撫子成立。

鄭慶增妻沈氏　夫患羸疾，沈奉湯藥，夜不安寢者踰年。夫亡，立從子錫祚爲嗣。因貧困，歸母家守節。

監生富錫璐繼妻曹氏　夫早亡，遺孤志溥、超生俱幼，訓誨成立。後有十孫，家業益振。

監生趙御邦妻吳氏　夫亡，撫孤懋哉成立，娶婦顧氏，未幾相繼逝。復撫嗣孫。年六十九。

周培生妻沈氏　十九歲生一子，未百日夫亡。事翁姑克孝，撫遺孤成立。

生員富南屏妾張氏　早寡，佐嫡陳氏持家，撫嫡子志江如己出。卒，年六十五。

孫百齡妻賀氏　三十歲夫亡，撫孤軼凡、羹和成立。羹和早死，婦即賀之姪女，同守苦節。

許太初妻何氏　夫亡，孝養寡姑，撫孤丕衡成立。

周介維妻喬氏　　二十三歲適周,生子百日夫亡,事邁翁以孝聞。

王朝信妻何氏　　二十三歲夫亡,事嫜姑孝。無子,撫夫族子為嗣。

陳佩芬妻蔡氏　　十七歲夫亡,遺子封又殤,翁悲痛成疾,歿於常州巡檢任所。蔡子身扶柩歸里。家貧,紡績自給。

王陸氏　　二十一歲夫亡,誓不再嫁,守節終身。

生員周覲揚妻夏氏　　二十九歲夫亡,遺子藻六歲,撫之成立。事翁姑盡孝。守節三十八年。

夏采章妻施氏　　夫早亡,無子。家赤貧,租地種作以度日。年六十。

朱秀寶妻王氏　　二十一歲夫亡,繼子起元讀書成立。孫正蒙任平陰令,貤封孺人。年九十三。

生員張樹聲繼妻富氏　　二十三歲夫,撫孤守節。

楊池輝妻富氏　　二十六歲夫亡,撫孤志遜。守節。

鄭嵩亨妻張氏　　二十五歲夫亡,孝養邁翁,早夜操作,絕無怨意。

監生李紫條妻陳氏　　陳克鎬女。二十六歲夫亡,欲以身殉,戚族以有遺娠曲慰止之。旬日生子,矢志撫育。及成立,親自課之。

監生韓書三妻李氏　　二十一歲夫亡,子鍾英早卒,復撫二孫成立。

姚大成妻劉氏　　二十四歲夫亡,撫孤兆龍成立。年六十九。

朱配瑚妻吳氏　　二十八歲夫亡,撫孤鴻文成立。

貢生鄭端允妾錢氏　　田家女。早寡,守節五十餘年。

生員鄭端裔妻查氏　　婚二載夫亡,遺女又殤。煢煢無依,以苦節終。

生員鄭宸敷妻錢氏　　十九歲夫亡,無子。孝事舅姑,數年卒。

鄭謙妻沈氏,妾宋氏,媳李氏　　沈副使孝徵女也,賢而無子,撫從子旦復。康熙丙午月夜,北闈報捷,而謙已入殮矣。旦復奔喪,南旋,卒於塗次。其妻李氏聞訃,慟絕,尋以哀毀成疾,卒。遺孤嗣、源,兄弟俱幼,賴沈撫之。謙妾宋氏,謙歿時,年未三十,無子,誓守,佐嫡操家。嫡歿後,旦復子嗣源無依,宋又保護之。十餘年卒。

張啟繼妻李氏　　婚數載夫亡。家貧,歸依母家,撫孤。守節終。

張浤妻鍾氏　　夫早亡,翁年老,事之甚孝。撫四子成立。

張雷妻沈氏　　夫亡,無子,撫從子為嗣。

張士秀妻沈氏　　夫早亡,遺孤義光四齡,家貧,依於父家。守節數十年。

徐可忠妻曹氏　　二十一歲夫亡,守節六十年。

徐浩繼妻董氏　　二十三歲夫亡,撫子可明、可儀俱成立。邑令給匾表之。

徐九山妻陳氏　　二十二歲夫亡,撫孤,守節。

徐苓妻吳氏　　二十七歲夫亡,守節四十年。

徐承範妻朱氏　　事繼姑甚孝。夫亡,撫孤廷傑。至五十四卒。邑令給額曰"蘖苦芝芬"。

徐霈繼妻繆氏,妾張氏　　霈罹家難亡,繆年二十四,張二十一。子二齡,矢志撫育。人稱雙節。

徐洪恩繼妻朱氏　　二十三歲夫亡,守節,郡守給額曰"天賦完節"。

徐行簡妻許氏　　二十四歲夫亡,守節四十八年。

徐繼伊妻俞氏　　二十九歲夫亡,撫子國任、國仕成立。

徐聖璋妻蔡氏　　二十一歲夫亡,撫夫兄子澄為嗣。

徐日章妻羅氏　　十七歲夫亡,勤儉持家,撫孤,以紹先業。

徐之勉妻沈氏　年未及笄夫亡,守節以終。

徐孺友妻張氏　夫早亡,紡績度日。

徐龍光妻金氏　夫亡,矢守苦節。

徐鳳生妻吳氏　夫早亡,矢志不渝,苦節終其身。

徐在鎔妻張氏　二十四歲夫亡,撫孤茂遂成立。年四十五。

徐公佩妻朱氏　二十六歲夫亡,上事老姑,撫二子成立。

生員李世楠妻范氏　十九歲夫亡,撫從子雲爲嗣,守節六十餘年。

生員李舒春妻王氏　二十二歲夫亡,事繼姑孝。守節數十年。

李起源妻何氏　二十六歲夫亡,以苦節終。

錢烓妻鍾氏　婚未期年,烓遠出,不知存歿。家貧,無子。紡績自給。守節六十餘年。

生員湯長卿妻丁氏,槐妻吳氏　丁二十六歲夫亡,遺孤槐弱冠游庠,槐妻吳氏二十八歲寡,訓長子玉游庠。丁年六十九,吳年八十。

湯魯成妻祝氏　二十九歲夫亡,守節六十年。

虞瑞卿妻衛氏　三十歲夫亡,守節四十五年。

湯亦園繼妻李氏　二十六歲夫亡,守節四十七年。

監生陳敬興妻顧氏　二十歲夫亡,守節三十五年。

馬履尊妻何氏　十七歲夫亡,守節。

張省傳妻蔡氏　二十四歲夫亡,守節三十六年。

監生褚維翰妻顧氏　三十歲夫亡,守節四十一年。

馮景賢妻陸氏　二十七歲夫亡,守節四十四年。

王大熹妻楊氏　二十九歲夫亡,守節五十七年。

陳浚家妻陸氏　二十三歲夫亡,守節五十三年。

黃于崑妻曹氏　二十七歲夫亡,守節四十年。

朱紹岐妻吳氏　二十七歲夫亡。姑吳氏早寡,長婦又寡,三世孀居,志操皎然。年六十七。

吳允忠妻葉氏　二十歲夫亡,守節四十二年。

周顧氏　十九歲夫亡,守節四十年。

蕭集王妻朱氏　二十二歲夫亡,遺腹生子廣元。守節六十六年。

徐遠聲妻阮氏　二十五歲夫亡,守節三十六年。

朱祖安妻湯氏　二十六歲夫亡,守節二十二年。

顧履安妻楊氏,次媳某氏　楊二十四歲夫亡,遺二子。長啟良未娶,卒;次啟明娶婦,卒。楊年七十,率寡婦孤孫,食貧茹苦,境最困。

吳頂妻黃氏　二十三歲夫亡,守節三十七年。

朱人元妻朱氏　二十二歲夫亡,守節六十餘年。

貢生顧祖存繼妻許氏　夫亡,守節三十年。

袁康侯妻蔡氏　二十歲夫亡,守節五十年。

朱健侯妻顧氏　二十二歲夫亡,守節三十三年。

吳省傳妻顧氏　十九歲夫亡,守節三十年。

張開岐妻李氏,周客妻朱氏　李二十三歲夫亡,以從子周客爲嗣。長,娶朱氏,二十一而寡。李以此抑鬱成疾。守節三十二年卒。

生員朱心宇妻郭氏　二十四歲夫亡,撫三子成立。守節五十年。邑令表其門曰"天生完節"。

朱因仲妻余氏　夫亡,守節四十年。

朱辰拱妻郭氏　二十五歲夫亡,守節五十一年。

李龍門妻朱氏　二十五歲夫亡,依兄子漢廣守節。

李若愚妻王氏　二十一歲夫亡,守節五十一年。

朱在勤繼妻費氏,廷忠妻祝氏　費二十七歲夫亡,子廷忠生甫四十餘日,及長,娶祝氏,亦早寡,遺孤四齡。守節五十一年。

朱望仙妻馬氏　夫亡,守節四十年。邑令梁給"柏操留芳"額表之。

朱邦彥妻王氏　二十七歲夫亡,守節四十七年。

顧念升妻曹氏　名鳳姑。二十四歲夫亡,撫週歲遺孤。守節四十四年。

金斗文妻顧氏　二十八歲夫亡,守節六十年。

吳鼎玉妻顧氏　二十四歲夫亡,守節五十四年。

顧衣聞妻吳氏　二十六歲夫亡,守節五十二年。

蔣滄洲妻楊氏　二十六歲夫亡,守節三十一年。

朱南升妻費氏　二十九歲夫亡,守節三十年。

監生朱朝宗妻殷氏　夫亡,撫孤,曲盡劬勞。事翁姑以孝。守節。年六十五。

朱予懷妻顧氏　三十歲夫亡,守節四十二年。

朱天懷妻朱氏　三十歲夫亡,守節三十三年。

金在昌妻孫氏　十八歲夫亡,守節四十一年。

朱寧寶妻蔡氏　二十四歲夫亡,守節四十二年。

楊廣生妻湯氏　二十五歲夫亡,守節五十二年。

楊定元妻郭氏　十八歲夫亡,守節四十五年。

朱泰來妻鄔氏　三十歲夫亡,撫夫從子。守節。

朱文高妻蔡氏　二十七歲夫亡,守節四十年。

朱漢文妻敖氏　二十三歲夫亡,守節四十一年。

朱駕霄妻鍾氏　二十四歲夫亡,守節。

吳天培妻查氏　二十三歲夫亡,守節四十四年。

陸敬賢妻章氏　二十四歲夫亡,守節三十一年。

朱君升妻王氏　二十三歲夫亡,守節四十五年。

朱在千妻顧氏　二十七歲夫亡,守節三十年。

陳翰飛妻王氏　二十九歲夫亡,守節三十八年。

朱韜含妻徐氏　二十七歲夫亡,守節五十二年。

朱遠爲妻顧氏　夫亡,守節三十年。

朱美文妻姚氏　二十九歲夫亡,守節四十一年。

生員畢星輔妾韓氏　二十一歲星輔亡,矢志守節。

陳漢良妻王氏　二十六歲夫亡,守節四十九年。

吳錦臣妻沈氏　二十七歲夫亡,守節四十八年。

吳里程妻汪氏　二十四歲夫亡,守節三十一年。

陳廣元妻馬氏　二十歲夫亡,守節四十一年。

監生于士鵬妻何氏　夫亡,守節四十二年。

監生陳猷妻李氏　二十五歲夫亡,守節四十二年。

陳天衡妻黃氏　二十歲夫亡,事翁姑孝。遺田十二畝,具呈當事,立為祭產。年六十餘。

李祠裕妻馮氏　夫亡,撫孤,守節。卒年七十。

朱果奇妻陳氏　二十二歲夫亡,子壽平甫二齡,長,娶侯氏,早寡,遺腹生子嗣復,侯氏隨歿,陳撫孤孫,支三世喪葬。年八十一。

周定文妻陸氏　二十三歲夫亡,撫遺腹子世榮。守節五十三年。

監生陳燦妻吳氏　夫亡守節二十年。

俞鳩緒妻富氏　二十七歲夫亡,守節三十二年。

嚴韓嘉妻朱氏　贅嚴甫三月而寡,朱守志母家,年七十餘卒。邑令張給額曰"貞淑流芳"。

朱位中妻仇氏　二十歲夫亡,守節三十二年。

吾沛霖妻汪氏　三十歲夫亡,守節四十三年。

董醇妻陳氏　十七歲適董,一載夫亡,遺腹生子士俊。年六十九。

金敬叔妻朱氏　二十五歲夫亡,守節六十六年。

監生沈邦彥妻黃氏　二十四歲夫亡,守節四十四年。

王佩瑢妻楊氏　十九歲夫亡,守節。

陸軼群妻方氏　十八歲夫亡,守節三十年。

朱維城妻鄔氏　二十八歲夫亡,守節四十九年。

孫文炳妻劉氏　二十六歲夫亡,守節五十四年。

祝奕妻沈氏　二十三歲夫亡,守節五十一年。

郭王氏　二十三歲夫亡,守節。

監生徐谷傳妻王氏　二十九歲夫亡,生子蒼培甫八齡。夫病篤時,割股以進,終不愈。王泣血矢志,以終其身。

生員祝桂發妻朱氏　婚二載夫亡,無子,撫嗣子旦華游庠。

監生徐時採妻俞氏　三十歲夫亡,守節五十二年。

蔣克勤妻陳氏　二十八歲夫亡,守節。

平成周妻陳氏　二十四歲夫亡,守節二十四年。

張律天妻顧氏　二十一歲夫亡,守節四十年。

夏啟賢妻蔣氏　二十六歲夫亡,守節六十二年。

朱士煥妻陳氏　三十歲夫亡,課子一飛讀書成立。守節四十一年。

王曰旦妻陳氏,明揚妻石氏　陳二十二歲夫亡,無子,嗣子明揚妻石氏亦早寡。陳偕婦守節四十一年。

徐雨齋妻金氏　二十五歲夫亡,守節三十八年。

張淶繼妻沈氏,肇林妻李氏　沈二十八歲夫亡,撫孤肇林,長,娶李氏,亦二十八夫亡,無子。姑婦相守,殯葬兩世。沈年七十八,李年七十三。

張納川妻李氏　二十七歲夫亡,守節四十七年。

崔伯凡妻于氏　夫亡,撫三孤成立。年七十八。

生員崔夢元繼妻馬氏　二十六歲夫亡。夫病時割股以進,不效。撫嗣子維垣。守節六十一年。

崔鳳輝妻徐氏　二十八歲夫亡,守節六十七年。

崔達天妻陸氏　十九歲夫亡,守節五十七年。

陳叔英妻高氏　二十七歲夫亡,守節四十八年。

周載錫妻陳氏　二十九歲夫亡,哀泣失音,目亦成瞽。遺孤澧甫四齡,撫長成立。年六十三。

監生黃文炳妾沈氏　二十七歲文炳亡,撫文炳兄子咸臨。守節四十二年。

沈維新妻馬氏　二十四歲夫亡,撫遺腹子延齡。守節三十年。

生員徐桂芳妻陳氏,儀可妻何氏　陳二十九歲夫亡,子儀可甫三齡,長,娶何氏,亦早寡。姑婦雙節。

監生任家駒妻朱氏　夫亡,撫子又麟、繼麟成立。孝事孀姑。守節二十年。

王世珍妻富氏　婚三載夫亡,撫從子國楨成立。

錢瑞錦妻周氏　二十四歲夫亡,撫從子惠衡成立。

吳天麒妻程氏　名靜貞。二十六歲夫亡,遺孤一歲。值祭夫之日,哭嘔血,越十年卒。

王天位妻孫氏　夫亡,事姑以孝。撫兄之子恂爲嗣。茹素終身,年八十一。

監生王楷妻張氏　夫亡,撫子大烈。守節。

吳畿臣妻倪氏　十六歲夫亡,守節三十五年。

吳道中妻徐氏　十六歲夫亡,以兄子鎔爲嗣。守節三十五年。

貢生吳元文妾高氏　二十五歲元文亡,守節五十一年。

吳士塏妻褚氏　二十歲夫亡,守節四十四年。

吳士壎妻沈氏　二十九歲夫亡,守節五十六年。

洪序升妻王氏　夫亡,撫遺腹子玉廷。守節四十五年。

胡成皋妻張氏　二十九歲夫亡,紡織度日,訓子光龍,領鄉薦。

張經布妻某氏　二十七歲夫亡。家極貧,翁姑逐令他適,誓死不從。依鄰家空室以居,仍紡織,孝養舅姑。卒年八十餘。

韓孝揚妾葉氏　孝揚亡,守節三十年。

夏汝蘭妻某氏　二十九歲夫亡,守節三十年。

王世魁妻夏氏　知縣王紱之子婦。二十五歲夫亡,茹苦十餘年,淚盡而死。墓在龍王廟後。

王廷錦妻何氏　二十一歲夫亡,撫從子潮爲嗣。守節三十七年。

朱學明妻夏氏　二十八歲夫亡,遺腹生子思來,撫育成立。苦節四十七年。

鄔峻妻胡氏　夫亡,遺腹生女。翁遠館,胡奉姑甚孝。翁姑歿,撫幼叔岱成立。後以岱子開爲嗣。年六十七。

生員鄭超然繼妻俞氏　二十九歲夫亡,守節十六年。

陳泰詹妻卜氏　二十五歲夫亡,守節。

陳錫蕃妻張氏　三十歲夫亡,撫孤忠敎。守節。

生員支長發妻徐氏　二十九歲夫亡,守節四十九年。

監生支焯妻徐氏　三十歲夫亡,撫孤玉和。守節二十八年。

陳忠政妾吳氏　　生子甫一歲,忠政亡,茹苦矢志。年五十四卒。

徐爾純妻聞人氏　　二十歲夫亡,守節五十一年。

徐景福妻張氏　　二十九歲夫亡,守節三十一年。

徐溶妻陳氏　　二十七歲夫亡,守節二十一年。

徐叔唐妻朱氏　　二十三歲夫亡,守節四十二年。

徐芬源妻孫氏　　二十六歲夫亡,守節四十七年。

徐元瓚妻陳氏　　二十一歲夫亡,守節三十七年。

徐寯妾吳氏　　二十一寯亡,守節三十四年。

【校注】

　[1] 按:光緒《海鹽縣志》卷三《選舉表上·舉人》:"(乾隆四十二年丁酉)吳熙"。本《志》卷四十七《選舉四·舉人》:"(乾隆四十二年丁酉)吳熙海鹽人。"卷五十七《海鹽孝義》:"吳熙,字太沖。乾隆丁酉舉人。少失怙恃,事繼母至孝。"故疑"辛酉"是"丁酉"之誤。乾隆四十二年(1777)是丁酉年。

　[2] 瑞椿:原作"壽椿",光緒《海鹽縣志》卷二十一《人物傳·列女》:"龐氏,朱開成妻,年三十夫亡。孝事媚姑,撫幼叔鴻緒子瑞椿爲後,成進士。"本《志》卷四十七《選舉四·進士》:"(乾隆五十八年癸丑)朱瑞椿霞浦知縣。"卷五十七《海鹽文苑》:"朱瑞椿,字春山。乾隆癸丑進士。授霞浦令。"因改。

嘉興府志卷七十四

〔列女十一〕

列女節婦

海鹽縣下

陸鴻儒妻馬氏　二十八歲夫亡,守節四十五年。

徐衡蒼妻李氏　二十九歲夫亡,守節四十六年。

徐有常妻干氏　二十八歲夫亡,守節二十四年。

徐浩然妻范氏　夫亡,守節三十年。

監生徐寧妾張氏　二十八歲寧亡,守節十六年。

徐汝聽妻任氏　十九歲夫亡,撫遺腹子應發成立。守節四十九年。

徐清妻吳氏　二十九歲夫亡,守節三十五年。

徐恂如妻沈氏　二十九歲夫亡,守節五十三年。

徐瑛妻楊氏　二十五歲夫亡,撫從子柏成立。守節三十八年。

徐有滄妻聞人氏　二十二歲夫亡,守節六十四年。

徐懋敬妾張氏　二十七歲懋敬亡,守節四十八年。

徐大中妻李氏　二十二歲夫亡,守節三十一年。

崔鳳樓妻許氏　二十六歲夫亡,守節二十年。

孫鳴和妻崔氏　二十八歲夫亡,守節四十五年。

生員朱臨川妻許氏　三十歲夫亡,守節四十八年。

崔鍴妻陸氏　二十四歲夫亡,守節。

崔應録妻徐氏　夫早亡,撫孤,守節。

生員崔天行妻祝氏　二十九歲夫亡,撫三孤,守節。

崔仕淳繼妻黃氏　二十一歲夫亡,與冢婦吳守節以終。

崔文煥妻張氏,文煜妻某氏　張早寡,撫嗣子,守節。夫弟文煜妻某氏,亦早寡。各守節三十餘年。

崔淵妻朱氏　夫早亡,孝事老姑,卒年七十六。

崔立群妻曹氏　夫早亡,安貧,守節,無子。

崔沛妻陸氏　婚未一載夫亡,撫遺腹子備人。守節。

崔國熙繼妻曹氏　三十歲夫亡,撫孤。守節。

崔法焜妻徐氏　二十六歲夫亡,守節。

崔世發妻陸氏　婚四月夫亡,守節。

崔岳書妻王氏　二十六歲夫亡,孝事老姑,撫二孤成立。

陳忠賢妻吳氏　　二十五歲夫亡,守節四十八年。

畢奇年妻趙氏　　二十八歲夫亡,守節五十四年。

監生林萃新妻王氏　　二十九歲夫亡,守節三十三年。

監生吳禮庸妾閣氏　　二十六歲禮庸亡,撫嗣子揆中,守節四十五年。

許雅言妻王氏　　二十九歲夫亡,守節五十三年。

林載揚妻許氏　　二十八歲夫亡,守節四十五年。

曹洪芳妻吳氏　　二十二歲夫亡,守節五十四年。

監生畢茂周妻陳氏　　二十八歲夫亡,守節三十四年。

吳天益妻趙氏　　二十六歲夫亡,撫孤兆綸,守節五十五年。

朱文昭妻陳氏,天文妻王氏　　二十八歲夫亡,孝事媚姑。撫遺腹子天文成立,娶婦王氏,二十七亦寡,同撫一孫,至八十二卒。王旌年六十六。

楊天龍妻吳氏　　二十一歲夫亡,守節三十九年。

楊思誠妻徐氏　　三十歲夫亡,守節四十七年。

敖天純妻蘇氏　　三十歲夫亡,守節四十四年。

敖惠年妻董氏　　三十歲夫亡,守節四十年。

張逸庭妻范氏　　二十一歲夫亡,撫嗣子惠中。守節四十四年。

張登書妻吳氏　　二十歲夫亡,撫嗣子德風。守節三十二年。

湯禹維妻許氏　　二十八歲夫亡,守節四十二年。

湯聚安妻鍾氏　　二十九歲夫亡,撫孤恒心、廷相,克繼家業。守節六十二年。

畢衡州妻汪氏　　二十九歲夫亡,守節五十年。

敖成璉妻俞氏　　三十歲夫亡,守節三十二年。

貢生畢師誠妾翁氏、鄔氏　　師誠亡,時翁二十八歲,鄔二十三歲。守節三十四年。

生員萬恂雄妻顧氏　　二十七歲夫亡,守節四十四年。

顧玉廷妻姜氏　　二十八歲夫亡,撫孤昌。守節。

顧東華妻沈氏　　二十九歲夫亡,守節五十二年。

顧廷華繼妻祝氏　　二十八歲夫亡,守節三十五年。

生員陳鷄妻王氏　　二十九歲夫亡,事姑以孝。守節三十一年。學使實給"懷清芳德"額表之。

沈筠妻陳氏　　二十七歲夫亡,守節三十一年。

吳拱宸妻孫氏　　二十九歲夫亡,守節三十三年。

吳九齡繼妻朱氏　　二十九歲夫亡,守節十六年。

吳遠模妻忻氏　　二十二歲適吳,六月夫亡,撫從子禮嘉爲嗣。守節三十九年。

吳文侯妻吳氏　　二十六歲夫亡,守節十六年。

張明遠妻吳氏　　夫病篤,吳籲天請代。及亡,吳時二十七歲,無子。撫夫從子大經爲後。守節五十五年。

吳文衡繼妻汪氏　　三十歲夫亡,止遺一女,以夫兄次子東發爲後。勤紡織,屏酒肉,縞衣疏食終其身。守節十一年。

吳文蘭妻陳氏　　二十九歲夫亡,撫孤烺成立。守節三十年。

朱東暉妻畢氏　　二十四歲夫亡,守節三十九年。

朱遠偉妻顧氏　二十三歲夫亡,守節二十六年。

生員俞光斗妻鄒氏　二十二歲夫亡,撫夫從子其驥。守節三十三年。

朱果珍妻金氏　二十二歲夫亡,以夫兄之子壽平爲嗣。守節二十四年。

鄭斌黃妻史氏　二十五歲夫亡,守節三十年。

鄭泰來妻徐氏　二十九歲夫亡,守節四十七年。

監生徐惟恩妻陸氏　三十歲夫亡,依其壻朱丕烈,守節以終。

徐處士妻金氏　夫亡,守節五十五年。

徐道平妻方氏　夫亡,守節三十四年。

徐羹和繼妻馬氏　二十四歲夫亡,守節三十四年。

張萬欽妻韓氏　二十歲夫亡,訓孤士珍爲諸生。守節三十餘年。

沈賡明妻張氏,宗可妻王氏　張成婚十九日夫亡。敬事翁姑。撫從子宗可爲嗣,娶婦王氏,未幾亦寡。婦姑相依,年七十三。

郭定州妻王氏　婚數月夫亡,守節,年六十三。

陳心全妻高氏　二十九歲夫亡,守節。

顧璵妻陶氏　二十一歲夫亡,守節二十五年。

生員周光海妻祝氏　二十六歲夫亡。姑老癱瘓,飲食起居,賴祝左右扶掖。姑歿,三世七棺,祝拮據以葬。子用厚補諸生。祝年六十四。

湯又銘妻鄔氏,靖山妻顧氏　鄔十八歲夫亡,遺腹生子周有,及長,與前子鄭良極友愛。長孫靖山早世,孫婦顧氏時年二十五,撫子乾元成立。鄔年七十九,顧年四十七。

湯文侯妻顧氏　二十九歲夫亡,無子,依從子世榟。守節五十二年。

湯荊山妻王氏　二十六歲夫亡,守節三十二年。

湯麟昭妻步氏　二十八歲夫亡,撫孤汝梓、汝楫、汝雯。守節五十四年。

監生湯應箴妻韓氏　二十九歲夫亡,撫孤允際。守節十九年。

董飛鵬妻吳氏　二十一歲夫亡,守節四十二年。

張士鵬妻王氏　二十七歲夫亡,守節二十年。

王組妻祝氏　二十一歲夫亡,撫孤淦游庠。守節二十二年。

夏友謙妻林氏　二十九歲夫亡,守節三十五年。

夏羽豐妻孫氏　二十四歲夫亡,守節十四年。

朱振天妻顧氏　二十六歲夫亡,守節三十四年。

錢廷杰妻姚氏　二十七歲夫亡,無孤有堂、有塾,皆成立。

張國貞妻錢氏　婚數旬夫亡,守節。

崔彥臣妻王氏　二十七歲夫亡,守節三十九年。

崔蓉江妻卜氏　三十歲夫亡,守節三十三年。

余侍偉妻崔氏　二十九歲夫亡,守節。

崔鳳鳴妻陳氏　三十歲夫亡,守節三十四年。

岳頡雲妻崔氏　二十四歲夫亡,守節。

崔焞妻陶氏　二十六歲夫亡,以夫從子甡爲嗣。守節三十年。

崔煜妻陳氏　二十六歲夫亡,守節二十五年。

崔載光繼妻陳氏　二十六歲夫亡,守節三十五年。

崔廷枚妻徐氏　二十七歲夫亡,守節五十八年。

崔盈科妻沈氏　三十歲夫亡,守節。

崔本固妻徐氏,國蒸妻徐氏　本固亡,子國蒸妻徐氏亦早寡,兩世苦節,里黨稱之。

吳書田妻崔氏　二十五歲夫亡,守節五十八年。

干履祥妻徐氏　三十歲夫亡,撫孤子櫓成立。

徐鳳池繼妻吳氏　二十二歲夫亡,以夫兄之子璋爲嗣。守節二十六年。

干寶嗣妻張氏　三十歲夫亡,守節。

錢啟恒妻姚氏　夫早亡,撫孤,守節。

生員徐崗妻黃氏　夫亡,遺孤亨臨、升階俱幼,矢志撫育。守節三十一年。課亨臨爲諸生。

王松遐妻徐氏　婚三載夫亡,撫遺腹子留耕成立。

殷尚白妻陳氏　二十九歲夫亡,守節四十餘年。

顧鳴皋妻許氏　二十七歲夫亡,紡織自食,苦志四十餘年。

顧宗漣妻張氏　二十八歲夫亡,守節三十四年。

監生任輝祖妻崔氏　二十九歲夫亡,守節二十八年。

張鼎文妻毛氏　十七歲夫亡,事翁姑盡孝,茹素數十年。

項俊明妻張氏　二十歲夫亡,守節六十一年。

蕭董氏　夫亡,勤紡織,置產以授嗣子。守節五十年。

蕭徵麒妻陳氏　二十九歲寡,子鳴虞方四齡,撫訓成立,克守先業。舅姑歿,喪葬盡禮。守節三十七年。

生員徐乾貞繼妻許氏　夫亡,撫前子賡元。守節三十年。

朱配乾妻王氏　二十七歲夫亡,撫孤至十七歲殤,王以悲痛成疾而卒。

吳季生妻邱氏　三十歲夫亡,撫孤國載。守節四十二年。

姜允中妻黃氏,思孟妻陸氏　二十七歲夫亡,撫孤思孟,長娶陸氏,早寡。與陸同撫遺腹孫宗望,紡織度日。

錢嘉樹妻崔氏　二十歲夫亡,守節四十年。

李嘉珍妻吳氏　三十歲夫亡,守節四十七年。

朱天章妻陳氏,保泰妻楊氏　陳二十七歲夫亡,撫孤保泰,長娶楊氏,三十亦寡。姑婦相依,陳先卒,楊旌年六十五。

生員周德求妻夏氏　二十九歲夫亡,守節三十八年。

葉佐唐妻吳氏　二十三歲夫亡,守節四十四年。

徐兆驥妻崔氏　二十四歲夫亡,撫從子士瑜。守節三十五年。

張以道妻許氏　二十五歲夫亡。性至孝,父病篤,歸侍湯藥,因過勞瘁致疾卒。守節十五年。

監生楊其椿繼妻顧氏　二十一歲夫亡,撫前子方熾及己子焜燧,俱成立。守節四十二年。

生員楊應泰繼妻徐氏　二十九歲夫亡,守節三十二年。

楊學熙妻顧氏　二十三歲夫亡,守節三十八年。

楊國祺妾李氏　三十歲國祺亡,守節四十年。

生員馮人佺妾朱氏　二十九歲人佺亡，依嫡出季子存度日，存死，遺孤椿、枚，朱保護之，俱爲諸生。守節四十二年。

馮介妻鄭氏媳汪氏　鄭早寡，撫孤既長，娶婦汪氏，亦早寡。又撫二孫，紡績以給。

馮汝鵬妻查氏　二十七歲夫亡，哭泣失明。遺一女，適海寧祝岂堂，亦早寡。無子，查年四十四。女守節二十七年。

監生沈方塤妻馮氏　三十歲夫亡，家貧，子幼，茶苦矢志。守節四十九年。

王君順妻某氏　夫亡，力田自食。撫二子成立。年七十餘卒，見學博馮昌齡《墓田記》。

吳何氏　夫亡，遺孤闇華尚幼，守節三十餘年。

張懷軫妻王氏，樹聲繼妻富氏　王二十五歲夫亡，遺腹生子樹聲，撫訓力學，游庠。樹聲繼妻富氏，二十三歲寡，食貧，撫子，節操一如其姑。

徐世忠妻朱氏　二十九歲夫亡，守節。

黃紹武妻印氏　三十歲夫亡，守節五十三年。

生員張鳴和妻何氏　三十歲夫亡，訓次子桂芬爲諸生。守節三十五年。

馮進山妻鄞氏　二十七歲夫亡，守節三十年。

徐均安妻王氏　二十八歲夫亡。家貧，紡織以養翁姑。守節五十年。

徐廷華妻王氏　二十八歲夫亡，撫六歲孤御賓成立。守節三十二年。

徐允達妻宋氏　二十九歲夫亡，撫孤，守節。

俞禹璜妻吳氏　十九歲夫亡，無子。紡織孝養翁姑。守節四十五年。

萬焕繼妻富氏　二十四歲夫亡，遺孤肇域未週歲，撫訓讀書，得爲諸生。守節四十四年。

萬仁山妻田氏　二十六歲夫亡，撫孤廷璋、遺鷺，俱成立。守節五十七年。

莊洪範妾陸氏　二十七歲洪範亡，撫孤成立。守節三十年。

莊洪義妻金氏　二十一歲夫亡，無子。守節五十七年。

朱景蘭妻錢氏　二十三歲夫亡，撫從子鷺爲嗣。守節三十年。

生員巴泰來妾錢氏　二十餘歲生子一，而泰來客死於外，嫡項氏聞訃，自縊。錢即驚痛卒。

張友賢繼妻徐氏　二十九歲夫亡，孝養老姑，以從子蒓洲爲嗣。守節三十一年。

監生周思璜妻施氏　二十五歲夫亡，守節五十三年。

生員顧世榕妻孫氏　二十八歲夫亡，撫孤德初、德宜。守節四十年。

徐憲祖妻魯氏　二十四歲夫亡，子有忠甫二齡。舅姑迫改嫁，行有日矣，魯涕泣負孤歸母家乃免。子長，乃復還夫家。竭力孝事舅姑，俱爲感動。守節三十五年。

徐爾奇妻李氏　夫亡，守節五十餘年。

姜聖懷妻馬氏　夫亡，守節三十三年。

許珩妻李氏　二十八歲夫亡，撫從子仁深。守節二十年。

張隆昌妻曹氏　婚三月夫亡，無子。貧無立錐，養姑卜氏十三年不怠。姑歿，歸依母家。年四十七。

周天揆妻梁氏　二十八歲夫亡，撫三子皆成立。年六十八。

監生王元臣妻張氏　三十歲夫亡，撫三孤，守節。

監生王錡文妾曹氏　錡文亡，撫嫡林氏諸子，愛如己出。日夜紡織，以苦節終。

王佩安妻顧氏　二十一歲夫亡，守節四十年。

王抱璞妻褚氏　二十五歲夫亡,守節六十年。

俞寶國妻王氏　二十九歲夫亡,守節四十一年。

汪繼在妻朱氏　二十七歲夫亡,守節五十年。

湯成章妻顧氏　夫亡,守節三十餘年。

湯成榮妻林氏　夫亡,守節二十餘年。

監生張雲掞妻朱氏　二十八歲夫亡,孝事孀姑,旌年五十八。

曹既明妻沈氏　二十七歲夫亡,旌年五十九。

吳秀鈞妻王氏　二十八歲夫亡,旌年六十二。

吳金聲妻韓氏　二十九歲夫亡,旌年六十四。

李在高妻王氏　二十五歲夫亡,旌年六十一。

監生林必翰繼妻于氏　二十六歲夫亡,無子。撫從子晉昭爲後,晉昭卒,復撫孫曾成立。旌年八十四。

張仕可妻吳氏　三十歲夫亡,旌年七十二。

沈文標妻周氏　二十九歲夫亡,旌年六十七。

許根揚妻吳氏　二十五歲夫亡,遺腹生子純祖,教養成立。旌年五十八。

殷潛齋妻馬氏　夫亡,旌時已守二十八年。

朱丹奇繼妻黃氏　婚未半月夫亡,撫嗣子烜成立。旌時已守三十八年。

朱維龍妻步氏　二十三歲夫亡,旌年七十六。

周連珠妻王氏　二十三歲夫亡,旌年五十三。

步昇安妻吳氏　二十七歲夫亡,遺腹生子德麟。旌年七十二。

陳時妻俞氏　二十八歲夫亡,遺孤洪尚幼,教之成立。姑病,以乳飲之,遂愈。旌年六十五。

監生孫燦妻趙氏　二十七歲夫亡,撫孤克培,孝養孀姑。旌年七十一。

生員蔡元妻賀氏　二十七歲夫亡,旌年六十餘。

高鏊妻劉氏　三十歲夫亡,旌年五十九。

祝思兼妻李氏　夫亡,無子。旌年七十三。

馮樹勳妻周氏　二十三歲夫亡,旌年七十二。

生員吳以敬妻張氏　二十三歲夫亡。家貧,爲人刺繡得值,以梓翁及夫詩文集。教養二孤餘慶、回春成立。旌年六十。

張泰初繼妻吳氏　二十二歲夫亡,遺腹生女,撫夫從弟子魯爲後。旌年四十五。

王松年妻陸氏　二十四歲夫亡,旌年五十六。

嚴元炳妻徐氏　二十一歲夫亡,旌年五十一。

王安舒妻沈氏　夫早亡,撫嗣子恒齊又歿,撫嗣孫坤揚。旌年七十一。

崔壽龍妻黃氏　二十八歲夫亡,旌年六十。

崔思孝妻沈氏　二十八歲夫亡,旌年六十二。

王在忠妻錢氏　二十八歲夫亡,旌年六十二。

仇斯閔妻陳氏　二十一歲夫亡,旌年五十六。

生員麗民妻陸氏　二十八歲夫亡,旌年六十。

金德修妻金氏,鼎觀妻馮氏　金二十七歲夫亡,遺孤鼎觀,長娶馮氏,亦寡。金與婦紡績同守。旌年七十二。

陳鯨飛妻吳氏　二十八歲夫亡,撫從子慰祖爲後。旌年七十二。

朱維銓妻章氏　二十一歲夫亡,旌年五十一。

褚穎悟妻俞氏　三十歲夫亡,旌年五十九。

莊呂風妻宋氏　二十九歲夫亡,旌年六十二。

顧朝英妻崔氏　二十七歲夫亡,旌年六十二。

洪守恒妻何氏　婚五載夫亡,撫從子振名成立。旌時已守四十四年。

洪季良繼妻徐氏　二十四歲夫亡,旌年六十。

朱文煥妻奚氏　二十一歲夫亡,撫從子廷昌爲嗣。旌年七十六。

支聲球妻蕭氏　二十歲夫亡,旌年五十五。

崔起鵬妻朱氏　二十三歲夫亡,旌年五十九。

陸兆麒妻沈氏　二十七歲夫亡,子穎申早世,撫孫祥鳳成立。旌年七十。

戴尚佑妻宋氏　二十四歲夫亡,旌年七十六。

陳志綏繼妻顧氏　二十八歲夫亡,撫前子錫佩如己出。旌年六十。

陳東娶妻吳氏　二十九歲夫亡,旌年六十三。

王乾飛妻張氏　二十二歲夫亡,旌年四十五。

周仁高妻陳氏　二十九歲夫亡,旌年六十二。

顧繼濤妻湯氏　二十三歲夫亡,撫遺腹子成立。旌年七十五。

林重威妻余氏　二十八歲夫亡,撫子仁遠成立。旌年五十五。

韓荊州妻林氏　二十九歲夫亡,旌年七十七。

方震奎妾陳氏　二十七歲震奎亡,守節五十六年。

方正菴妻陳氏　三十歲夫亡,旌年六十。

王再齡妾董氏　二十六歲寡,旌年五十五。

許敬天妻朱氏　二十八歲夫亡,遺孤甫八齡,撫兩幼女。出嫁後,與次女同守清操。旌年七十。

姚鳳山妻許氏　敬天次女也。十八歲夫亡,與母朱同守節。

姚在明妻吳氏　二十七歲夫亡,旌年七十五。

步有仁妻費氏　二十七歲夫亡,旌年五十三。

吳揆暘妻沈氏　二十七歲夫亡,撫夫從子文瀾。守節。旌年七十一。

楊全初妻朱氏　二十六歲夫亡,旌年六十九。

生員吳蓮伯繼妻許氏　二十四歲夫亡,訓子基爲諸生。旌年五十。

曹世明妻朱氏　十六歲夫亡,旌年四十七。

顧玉章妻黃氏　二十九歲夫亡,旌年六十。

黃萬千妻沈氏　三十歲夫亡,旌年六十二。

錢位高妻吳氏　二十五歲夫亡,旌年八十四。

周成華妻沈氏,媳陳氏　沈二十二歲夫亡,撫嗣子成立,娶陳氏,亦早寡,遺一孫。與婦共守。旌年六十一。

郭鳳奇妻蔣氏　二十九歲夫亡,旌年六十。

郭順昌妻甘氏　二十五歲夫亡,旌年五十二。

孫健菴妻馮氏　二十一歲夫亡,旌年七十一。

陸君安妻徐氏　二十三歲夫亡,旌年七十一。

馬三元妻劉氏　二十歲夫亡,翁目瞽,事之甚孝。旌年五十六。

夏行恕妻平氏　二十八歲夫亡,旌年七十。

崔佩恩妻孫氏　二十五歲夫亡,旌年六十一。

崔榮昌妻徐氏　二十二歲夫亡,旌年五十四。

崔升高妻倪氏　二十四歲夫亡,旌年六十四。

吳右衡妻何氏　二十五歲夫亡,旌年六十一。

生員崔師校繼妻周氏　二十五歲夫亡,訓前子熙春讀書敎行,知名於時。旌年六十一。

趙鳳祥妻黃氏　二十九歲夫亡,旌年六十。

朱保泰妻楊氏　三十歲夫亡,旌年六十五。

監生馮永修妾吳氏　二十三歲永修亡,嫡子登瀛早世,依永修從子椿枚守節。旌年八十一。

盛文洙妻陸氏　二十歲夫亡,以夫從子世桐爲嗣。旌年五十八。

王友良妻殷氏　二十歲夫亡,旌年五十一。

王天禄妻蔣氏　夫亡,撫孤佩玉成立。旌年六十七。

袁時三妻章氏　二十四歲夫亡,撫遺腹子成立。旌年六十五。

袁永輝妻吳氏　二十九歲夫亡,旌年六十七。

姜宏顯妻沈氏　夫亡,守節,旌年六十三。

姜廷彥妻陳氏　夫亡,守節三十餘年。

陳馨妻董氏　二十七歲夫亡,撫孤敬基、敬丕成立。旌年七十。

吳嵩亭妻丁氏　二十六歲夫亡,撫遺腹子成立。旌年五十四。

張維寧妻徐氏　二十四歲夫亡,絕粒五日,慟哭逾節。旌年五十四。

李元臣妻陳氏　二十三歲夫亡,撫夫弟之子龍宇爲嗣。旌年六十八。

生員平治安繼妻顧氏,媳徐氏　顧三十歲夫亡,撫孤某,長娶徐氏,亦寡,無子,擇族子時佐爲嗣。顧旌年八十三。

監生平永寧繼妻徐氏　二十一歲寡,絕粒誓死,戚族勸止。勤儉所積,捐助祭田。旌年五十八。

陸起凡妻鄭氏　二十三歲夫亡,撫嗣子艮山成立。旌年五十七。

王嶧幹妻馮氏　二十六歲夫亡,旌年五十六。

趙敘三妻劉氏　夫亡,撫孤,守節,旌年七十二。

孫惟謙妻何氏　二十歲適孫,踰年夫亡,撫遺腹子永成立。旌年五十一。

吳松妻趙氏　夫早亡,或脅之嫁,趙不爲動。旌年四十五。

顧廷玉妻姜氏　三十歲夫亡,旌年六十一。

顧莘耕妻蕭氏　二十三歲夫亡,子甫二齡。翁以家貧,令改適。蕭赴水已死,鄰人救之甦,因契子歸依母家,織紝,共母撫育孤子。旌年五十四。　以上伊《志》。

王載凝妻顧氏　二十五歲夫亡,奉事媚姑,極盡孝養,撫繼子承桃。守節三十三年。嘉慶五年旌。

張承愨妻陸氏

郁攀龍妻呂氏

張家聲妻沈氏

周復溪妻劉氏　二十六歲夫亡,撫孤楨成立。

錢夢蘭妻毛氏　二十三歲夫亡,無子,撫姪爲嗣。嘉慶六年旌。

朱文煥妻奚氏　二十一歲夫亡,痛不欲生,矢志不二。撫從子廷昌爲嗣。旌年七十六,嘉慶八年旌。

監生顧雲翮妻俞氏　二十八歲夫亡,遺孤幼殤,撫夫從子爲嗣。嘉慶九年旌,司冊作十一年。

生員王樹勳妻曹氏　二十九歲夫亡,撫姪爲嗣,守節二十七年。嘉慶十一年旌。

陳榮光妻茹氏　二十五歲夫亡,勤紡績,撫七月遺孤成立。守節五十二年,嘉慶十二年旌。

王在中妻錢氏　二十八歲夫亡,苦節終身。

陳典文妻楊氏　二十七歲夫亡,矢志不二,以紡績度日,教子繹勤成立。以上嘉慶十三年旌。

監生馬行龍妻王氏　十九歲夫亡,撫孤娶媳,得延似績。守節三十八年。嘉慶十四年旌。

徐儀可妻何氏　十六歲婚甫八月夫亡,撫襁褓姪爲嗣,愛如己出。嘉慶十五年旌。

徐安貞妻何氏　十七歲婚,未及期夫亡。事姑盡孝,撫姪爲嗣。

仇應乾妻陳氏　二十一歲婚,未及期夫亡,苦志守節。以上嘉慶十六年旌。

監生陳疇妾楊氏,廷策妻某氏　楊二十八歲夫亡,遺孤早殤,撫姪廷策爲嗣。廷策客死他鄉,命媳撫姪孫大揆爲嗣,兩世堅苦,人咸稱之。

沈煊妻邵氏　二十七歲夫亡,遺腹子又殤,撫姪爲嗣,克繼宗祧。

徐廷璋妻吳氏　二十八歲夫亡。家貧,子客山左,獨支持家務,至八十餘。　以上嘉慶十七年旌。

郭甸安妻陸氏

生員王雯妻繆氏　二十九歲夫亡,訓子讀書,營先世葬。守節三十一年。嘉慶十九年旌。

監生顧聯妻許氏　二十一歲夫亡,子幼,拮據葬夫,守節四十三年。嘉慶二十一年旌。

監生方升妻畢氏　二十七歲夫亡,撫孤,守節。

甘輔文妻孫氏　二十二歲婚,甫六月夫亡,撫嗣子成立。

朱肯堂妻張氏　二十一歲婚,未及期夫亡,撫姪爲嗣,教養備至。

監生呂祖渭妻張氏　二十五歲夫亡,守節,撫子成立。

朱煥妻張氏　二十六歲夫亡,撫四齡遺孤成立。

張嘉玢妻朱氏　二十一歲婚,未期而寡,爲舅姑營喪葬。撫夫弟襁褓子爲嗣。　以上嘉慶二十三年旌。

張仁天妻顧氏　二十九歲夫亡,撫姪爲嗣,事衰姑病不懈,並營喪葬。

沈全貞妻嚴氏　十七歲夫亡,撫姪爲嗣。拮據爲舅姑及夫營葬。守節四十九年。

陳敬祖妻張氏　二十七歲夫亡,撫姪爲嗣,營先世葬。

戴大仁妻沈氏　二十歲夫亡,撫姪爲嗣如己出,守節三十七年。

李元亨妻潘氏　二十四歲夫亡,長子僅三齡,撫以成立。守節七十一年。　以上嘉慶二十四年旌。

吳德裕妻周氏　二十一歲夫亡,撫姪汝楫爲嗣,一如己出,弱冠游庠。

任時均妻張氏　二十歲夫亡,撫孤,守節五十六年。

朱桂義妻徐氏　二十八歲夫亡,撫姪爲嗣,守節四十三年。

朱文緯妻陶氏　二十四歲夫亡,撫夫兄子爲嗣,教養兼盡。　以上道光二年旌。

監生張駿發繼妻郭氏　二十二歲夫亡,撫嗣,守節五十六年。道光四年旌。

朱宏坦妾胡氏　宏坦在時,立姪爲嗣。及歿,胡年二十二,與嫡沈撫如己出。

朱鳴鑾妻張氏　　二十一歲夫亡，撫姪爲嗣，經營喪葬。守節四十一年。

朱運昌妻富氏　　二十三歲夫亡，撫嗣，守節四十九年。

王舜音妻沈氏　　二十三歲夫亡，撫嗣，守節三十一年。

吳心耕妻陳氏　　二十五歲夫亡，訓子成立，守節三十七年。　　以上道光六年旌。

羅學朋妻姜氏　　二十五歲夫亡，營舅姑喪葬，撫五齡遺孤成立，守節以終。

顧景堯妻蔣氏　　二十七歲夫亡，撫孤成立。守節二十二年。　　以上道光八年旌。

朱繩武妻沈氏　　二十八歲夫亡，遺孤僅七十五日，撫育成立。守節四十八年。

張王佐妻吾氏　　二十七歲夫亡，撫子成立，守節四十年。

沈嗣宗妻楊氏　　二十一歲夫亡，撫孤教養倍至，守節三十年。

周樽妻姚氏　　二十七歲夫亡，撫姪之炘爲嗣，課孫以坤入府庠，守節二十八年。

監生郭文嗣妻張氏　　三十一歲夫亡，撫姪爲嗣，守節四十二年。

監生黃錫朋妻唐氏　　三十歲夫亡，撫姪爲嗣，守節三十餘年。

黃世豐妻錢氏　　二十七歲夫亡，遺孤幼殤，撫姪爲嗣，俾得成立。

監生黃世華妻朱氏　　二十九歲夫亡，遺孤旋殀，以姪爲嗣，守節二十八年。

金容堂妻徐氏　　二十八歲夫亡，撫二子成立。　　以上道光十年旌。

張占熊妻喬氏　　二十九歲夫亡，撫孤成立，營葬翁姑，守節三十二年。

監生郭聯介妻張氏　　二十六歲夫亡，營葬舅姑，撫姪爲嗣。　　以上道光十一年旌。

馬秉文妻薜氏　　二十四歲婚，未期夫亡，撫姪爲嗣，并營葬三代。守節三十六年，道光十二年旌。

監生查世謙妻陳氏　　二十九歲夫亡，撫訓遺孤成立。

貢生查有慶妻陳氏　　二十六歲夫亡，堅守苦節，孝事孀姑。

陳星燦妻林氏　　二十九歲夫亡，撫孤成立，守節二十八年。

陳天禄妻吳氏　　二十八歲夫亡，撫孤成立，孝養孀姑，守節一十九年。

監生張青照妻陸氏　　二十七歲夫亡，守節三十六年。

俞謀觀妻陳氏　　二十五歲夫亡，撫孤成立，守節二十八年。　　以上道光十四年旌。

生員張培風繼妻蔣氏，媳黃氏　　蔣二十九歲夫亡，撫孤教養備至，聘養媳黃氏，未婚而子殀。黃矢志靡他，與其姑共守貞以終。

孫宇春妻李氏　　二十七歲夫亡，遺孤早殀，撫姪爲嗣。

監生孫應輝妻陳氏　　二十九歲夫亡，撫從子成立。姑久病，侍藥不怠。

郁文元妻俞氏　　二十二歲夫亡，撫姪爲嗣，守節三十六年。　　以上道光十五年旌。

監生陳琪妻韓氏　　二十九歲夫亡，苦節以終。

生員張寶善妻俞氏　　二十一歲夫亡，撫姪成立，治舅姑喪葬。守節二十六年。

陶裕亭妻張氏　　二十九歲夫亡，撫姪爲嗣，教養兼盡。

生員朱昌佐妻鄭氏　　二十九歲夫亡，撫孤，守節四十五年。

生員陳容妻朱氏　　三十歲夫亡，撫孤，守節四十九年。

監生王煜妻陳氏　　二十三歲夫亡，撫孤，守節三十七年。

查世勳妻朱氏　　二十九歲夫亡，撫孤，守節四十年。

生員張綸妻步氏　　二十九歲夫亡，撫嗣，守節二十二年。

生員董醇妻陳氏　　二十歲夫亡,撫孤,守節五十年。

監生沈景祺繼妻仇氏　　二十七歲夫亡,撫孤,守節二十年。　　以上道光十六年旌。

翁關福妻李氏　　二十九歲夫亡,撫孤,守節二十六年。道光十七年旌。

方璿妻相氏　　二十九歲夫亡,撫孤,守節二十二年。

蔣用霖妻陳氏　　二十一歲夫亡,撫孤,守節四十年。

監生朱岳鍾繼妻何氏　　二十九歲夫亡,撫孤,守節十年。

生員任飛鴻妻裴氏　　二十九歲寡,撫姪爲嗣,葬舅姑,守節四十七年。　　以上道光十八年旌。

朱維壎妻顧氏　　二十一歲夫亡,撫姪爲嗣。

生員王朝輔妻方氏　　二十九歲夫亡,撫姪爲嗣,守節二十五年。

生員吳堃妻許氏　　二十八歲夫亡,撫姪爲嗣,課讀成立。

生員朱瑞梧妻陳氏　　十九歲夫亡,撫夫姪爲嗣,守節三十八年。

吾晉錫妻朱氏　　二十九歲夫亡,撫孤成立,守節四十八年。

舉人朱宗城繼妻徐氏　　二十五歲夫亡,撫孤成名。守節三十四年。

姜師孟妻陸氏　　二十六歲夫亡,撫遺腹子又殀,復撫孫成立。

朱謙繼妻王氏　　二十六歲歸朱,甫一月翁歿。夫哭泣盡哀,越三日相繼亡。氏力營舅姑喪葬,捐義田贍族,撫前氏子如己出。　　以上道光十九年旌。

徐含英妻某氏

監生胡煜如妻沈氏　　守節三十年,學使卓給“守貞履潔”匾表之。

生員胡芝生妻方氏　　守節以終,中丞烏給予“冰霜勁節”匾表之。

朱五異妻張氏　　二十五歲夫亡,撫週歲孤天禄成立。事翁及庶姑,喪葬俱如禮。守節六十一年。

沈芬妻陳氏　　十八歲夫亡,撫孤成立。守節五十五年,學使彭以“壽節”匾額表之。

陳素園妻王氏

陳蘭溪妻湯氏

吳以增妻馮氏

陸屺瞻妻顧氏

歸廷楨妻顧氏

朱葉氏

周殿相妻朱氏

富俊升妻沈氏

富大椿妻吳氏

王國炳妻錢氏

吳鳴大妻徐氏　　二十八歲夫亡,一子又天,積業屢賞,營葬舅姑。

奚廣聖妻顧氏　　二十九歲夫亡,子又殀,紡織自給。旌時已守二十七年。

吳在天妻沈氏　　二十九歲夫亡,撫孤成立,旌時已守四十七年。

韓彝尊妻張氏　　二十二歲夫亡,矢志不二。撫訓遺子成立,營葬翁姑,守節三十年。

王開元妻吳氏　　二十四歲夫亡,養姑,撫孤,極盡心力。旌時已守四十二年。

生員夏廷芳妻吳氏　　二十七歲夫亡,撫孤成立,治枲爲生。旌時已守四十六年。

陳敦元妻吳氏　二十八歲夫亡，備極茶苦。旌時已守四十二年。

郁仁和妻孫氏　二十二歲夫亡，撫孤成立。旌時已守五十八年。

殷繩武妻董氏　二十七歲夫亡，撫孤，營葬，備歷艱辛。旌時已守四十四年。

周廷榮妻蘇氏　二十九歲夫亡，矢志，守節一十五年。

李樹蒼妻胡氏　二十九歲夫亡，撫孤成立。守節二十六年。

陸建章繼妻湯氏，媳某氏　湯二十八歲夫亡，撫二孤成立。長子旋殀，與寡媳耕織爲生。後其子及孫皆相繼去世，人稱苦節。

陸廣新妻徐氏　二十九歲夫亡，或誘其嫁，矢志靡他，人稱貞節。

楊南言妾胡氏　南言死，撫瞽子。守節三十餘年。

生員朱桂俊妻方氏　二十四歲夫亡，撫二子游庠，并營三世葬。守節三十餘年。

舉人鄭旦復妻李氏　旦復卒於公車，訃至，氏一慟幾絕，力救而甦。復絕食數日，姑曲勸慰乃進食，終以哀傷致疾卒。

監生李大年妻朱氏　二十五歲夫亡，撫週歲子成立。守節五十六年。

蔣松亭妻沈氏　二十七歲夫亡，撫遺腹子。姑老病，氏勤紡織，以奉湯藥。康熙六十一年夏大旱，翁患渴熱，氏冒暑日往尚胥汲泉以供，逾月而愈。守節二十五年。

周始聲妻孫氏，媳楊氏，一芝妻某氏　孫十九歲夫亡，遺孤甫月餘，撫長，婚娶，旋卒。與媳楊氏撫孫一芝。楊氏守節十三載，先卒。氏爲孫授室，得曾孫纔三月，一芝又卒。年逾六旬，一門三節。

朱某妻馮氏　二十八歲夫亡，守節三十三年。

馬學顏妻吾氏　二十四歲婚，甫二載夫亡，撫姪爲嗣，拮據喪葬，苦節不渝。

任傳禮妻朱氏　二十五歲夫亡，撫姪爲嗣，營葬其夫。

李秦川妻徐氏　二十歲婚，未三月夫亡，事姑盡孝，守節三十餘年。

陳韜書妻朱氏　二十餘歲婚，未期夫亡，撫嗣，守節，至八十餘歲。

徐德聞妻陶氏　二十五歲夫亡，無子，撫姪爲嗣，苦節終身。

黃敦元繼妻鍾氏　夫早亡，課二子成立，苦節以終。

楊元音妻凌氏　二十七歲夫亡，撫姪爲嗣，守節二十六年。

徐德至妻馮氏　二十七歲夫亡，撫孤成立。

符如松妻楊氏　二十七歲夫亡，矢志撫孤，拮據營舅姑葬。守節以終。

張天瑞妻徐氏　二十九歲夫亡，遺孤復殤。以苦節終。

吾湖妻蕭氏　二十五歲適吾湖，歿于客。事姑曲盡婦道。守節三十餘年。

陳廷釗妻俞氏　二十七歲夫歿於商，忍死撫守，事姑維謹。守節三十餘年。

章彙征繼妻李氏　二十七歲夫亡，無子，守節以終。

朱端宸妻葛氏　二十四歲婚，未半載夫亡，苦志奉姑。守節三十五年。

朱亦龍妻張氏　二十九歲夫亡，撫養遺孤。守節不渝。

徐存修妻湯氏　二十九歲夫亡，以養姑、撫幼自任。守節三十一年。

監生沈兆倫妾柴氏　二十歲兆倫亡，撫嫡子成立，垂五十年。

王于潤妻朱氏　二十九歲夫亡，撫孤成立。守節不渝。

王曾厚妾某氏，生員于源妻朱氏，妾奚氏　曾厚曾任永昌司馬，歿於任所，妾某氏青年守志。子于源又早卒,朱與奚矢志不渝,一門三節。

　　吳許氏顧湄妾胡氏　二十七歲湄亡,旌年五十三。

　　何敦治妻莫氏　二十八歲夫亡,勤儉撫孤,守節三十二年。

　　監生王國昌妻張氏　二十八歲夫亡,子俱幼,撫育成名。守節四十六年。

　　任必達妻張氏　二十六歲夫亡,遺二齡孤,苦志撫育。守節四十八年。

　　生員孫維鋒妻唐氏　三十歲夫亡,撫二子成名,守節十五年。

　　貢生張詢妻朱氏　二十八歲夫亡,撫育遺孤,守節二十四年。

　　生員吳端妻張氏　二十七歲夫亡,孤方三齡,撫育成立。守節四十年。

　　生員朱光鼇妻俞氏　二十二歲婚,未一載夫亡。撫嗣子成立。守節五十六年。

　　韓瑞椿妻趙氏　二十四歲夫亡,勤儉撫嗣子成立。守節三十四年。

　　陸橫經繼妻富氏　二十九歲夫亡,遺孤甫三月。是年冬後樓火,同居娣姒皆趨避,氏獨危坐。翁之妾唐掖之出,乃以孤畀唐曰:"陸氏不可無後,鼇也何之,當畢命於此矣。"須臾風轉,火至氏舍而滅,至今宅猶存其半焉。訓子鴻遵游庠食餼。守節五十二年。

　　張錫袞妻周氏　二十二歲夫亡,無子,撫姪成名。守節二十三年。

　　千總馮應辰妻孫氏　三十歲夫亡,撫子成立。守節三十七年。

　　蔣式龍妻張氏　二十九歲夫亡,撫子成名。守節二十四年。

　　監生蔣瑜妾徐氏　二十八歲瑜亡,撫孤成名。守節一十九年。

　　唐有成妻沈氏　二十三歲夫亡,遺二齡孤,撫育成立。守節三十八年。

　　孫曰嘉妻張氏　二十八歲夫亡,撫二孤成立,長維鋼游庠。守節三十六年。

　　朱洸文妻金氏　二十歲夫亡,營兩世葬。守節四十一年。

　　朱洸潤妻彭氏　二十七歲夫亡,孝事舅姑。守節二十六年。

　　朱承謨妻李氏　三十歲夫亡,營葬翁姑。以姪際華爲嗣,課訓游庠。守節三十九年。

　　監生朱承修繼妻錢氏　二十九歲夫亡,孝事邁姑,撫孤成立。守節三十九年。

　　生員張鶴騎妾陳氏　二十三歲鶴騎亡,撫嫡子成立、己子毓林游庠。守節四十一年。

　　監生劉宗瀚妻周氏　二十三歲夫亡,撫姪爲嗣。守節二十二年。

　　朱瑞吉妻葉氏　二十五歲婚,甫一載夫亡,撫姪成名。守節二十七年。

　　李玉相妻朱氏　二十二歲夫亡,守節五十二年。

　　張廷弼妻吳氏　二十六歲夫亡,撫孤成立。守節三十五年。

　　張步曾妻周氏　二十七歲夫亡,守節至四十歲。

　　李文照繼妻陸氏　二十五歲夫亡,撫姪成立,營葬翁姑。守節三十一年。

　　李重光妻繆氏　十九歲夫亡,以姪爲嗣,撫育成立。守節五十一年。

　　陸仲芳妻朱氏　二十一歲夫亡,以姪爲嗣,教養成立。守節二十四年。

　　馮鈞妻俞氏　三十歲夫亡,撫遺腹子成立。守節三十七年。

　　馮沅妻陶氏　二十九歲夫亡,撫孤成立。守節十四年。

　　州同黃德中妻錢氏　二十二歲夫亡,遺三齡孤,撫育成立,教養兼至。守節三十九年。

　　朱純垣妻陸氏　二十五歲夫亡,撫孤成立。守節三十年。

　　知縣朱煐妾趙氏　二十九歲煐亡,撫孤成立。守節三十二年。

黃文漁妻戴氏　二十八歲夫亡，撫姪成立。守節三十七年。

徐復芝妻祝氏　二十二歲夫亡，撫姪爲嗣。守節三十年。

生員張謹繼妻孫氏　二十二歲夫亡，守節四十五年。

副貢陳熙妻張氏　二十七歲夫亡，撫二孤成立。守節二十九年。

金三品妻蔡氏　二十九歲夫亡，撫孤成立。守節四十七年。

蕭爾祥妻支氏　二十七歲夫亡，撫孤成立。守節四十四年。

富翼豐妻李氏　二十三歲婚，未一載夫亡，撫姪孫以延嗣。守節六十三年。

楊釗妻沈氏　二十八歲夫歿於客，氏撫孤成立，命子濬遠尋骸骨歸葬。守節二十四年。

唐天賜妻戴氏　二十三歲夫亡，守節五十三年。

徐翰芳妻周氏　二十四歲夫亡，守節四十二年。

趙三棟妻喬氏　二十三歲夫亡，織紝自給，撫孤成立。守節五十一年。

柏宸銓妻戴氏　二十九歲夫亡，撫二孤成立。守節五十四年。

劉錫邦繼妻郭氏　二十七歲夫亡，撫孤成立。守節五十四年。

李皇風妻繆氏　三十歲夫亡，撫遺腹子成立。守節五十三年。

王煥雲妻陸氏　二十一歲夫亡，撫姪成立。守節四十七年。

沈在英妻方氏　二十八歲夫亡，撫遺孤成立。守節三十四年。

徐士廉妻林氏　早寡，守節，教子成立，艱苦備嘗。

湯遠昭妻趙氏　十七歲婚，甫一載夫亡。氏孝事翁姑，守節七十餘年。

湯汝能妻許氏　二十八歲夫亡，撫孤成立，苦節自貞。

湯靖山妻顧氏　二十三歲夫亡，苦志守節。

湯玉峰妻沈氏　二十餘夫亡，守節至八十歲。

鍾某妻陳氏　十七歲婚，甫二載而夫亡，守節至八十歲。

湯留餘妻甘氏　二十四歲夫亡，翁姑早世，撫幼叔成立。守節至六十二歲。

湯紹文妻某氏　二十八歲夫亡，訓子成家，守節至五十八歲。

周似坡繼妻張氏　二十五歲夫亡，守節五十餘年。

周錫成妻殷氏　二十二歲夫亡，撫姪承祧。

吳恂菴妻顧氏　二十七歲夫亡，守節十五年。

吳德璋妻陳氏　十九歲夫亡，撫姪爲嗣。守節三十一年。

吳士葵妻步氏　早歲夫亡，矢守苦節以終。

吳紹京妻徐氏　夫早亡，守節終身。訓子成家。

吳峻峰妻崔氏　夫亡，矢守苦節。

朱祖安妻湯氏　歸朱五載夫病，拮據調護，經三載夫亡，止遺一女。憂懣成疾，卒年四十。

宋漢璜妻殷氏　十九歲夫亡，撫遺腹子成名，旋歿。撫孫。守節，年七十三。

李仁賢妻曹氏　二十五歲夫亡，撫孤成立。年六十五。

趙曾三妻唐氏　婚一載夫亡，撫姪爲嗣，守節至六十餘歲。

陸正章妻朱氏　二十二歲夫亡，守志不改，歷三十年。

袁某妻祭氏　十八歲夫亡，家貧，無子，守節三十二年。

余泰徵妻李氏　早寡，撫子成立，守節以終。

馮師謙妾吳氏　二十三歲師謙亡，矢志，守節六十餘年。

馮定國妾吳氏　二十三歲定國亡，守節。年八十八。

生員吳君厚妻許氏　二十九歲夫亡，奉事邁姑，喪葬盡禮，撫姪成名。

生員吳尹耕妻查氏　二十八歲夫亡，撫姪成立。守節四十餘年。

吳本履妻顧氏　二十九歲夫亡，撫孤成立。以苦節終。

方淮妻楊氏　二十六歲夫亡，撫姪成名，并爲翁姑及夫營葬。

生員方浚妻吳氏　二十七歲夫亡，撫妾陳氏遺腹子成立。守節三十二年。

陳雲儀妻吳氏　二十八歲夫亡，守節三十餘年。

陳堯天妻唐氏　二十五歲夫亡，遺孤僅二齡，撫以成立。

胡文思妻莫氏　二十六歲夫亡，苦節終身。

胡廷瞻妻周氏　二十六歲夫亡，勵志撫孤守節。

顧振元妻王氏　婚十七日夫亡，篤志守節五十餘年。

生員顧任妻陳氏　婚甫三載夫亡，遺孤僅八日，撫孤，守節以終。

顧宗維妻陳氏　二十九歲夫亡，家貧，撫孤。守節二十一年。

敔載洪妻陳氏　二十七歲夫亡，撫姪爲嗣，守節三十餘年。

俞源妻翁氏，榮妻韓氏　翁二十八歲夫亡，撫姪榮成立，娶韓氏，婚甫一載榮又卒，時韓二十三歲，撫遺腹子貽孫成立。人稱一門雙節。

胡若瑛繼妻顧氏，若瑄妻朱氏　娣姒也。顧二十九歲夫亡，朱二十八歲夫亡，安貧守節，迭撫其孤，竭力營翁姑葬。俱守節三十九年。

胡茂林妻徐氏　二十五歲夫亡，撫姪爲嗣。守節五十三年。

胡恒可妻顧氏　二十五歲夫亡，撫姪爲嗣。守節二十二年。

王顯達妻褚氏　二十八歲夫亡，撫孤成立。守節七十一年。

王五峰妻鍾氏　二十八歲夫亡，撫姪爲嗣。守節六十三年。

金天爵妻沈氏，金五妻顧氏，金二妻張氏　沈與顧，娣姒也。沈二十九而寡，守節六十四年。顧二十八而寡，守節三十六年。沈媳張氏，二十三歲夫亡，家貧，紡織爲活。一門三節。

馬嘉瑞妻常氏　二十八歲夫亡，撫姪成名。守節二十六年。

王兌初妻錢氏　二十一歲夫亡，勞瘁撫孤。守節四十八年。

生員趙周彪妾蘇氏　二十五歲彪亡，撫彪從子成名。守節四十六年。

周聖隆妻張氏　二十三歲夫亡，撫孤成立。守節三十五年。

沈崧嶽妻徐氏　二十八歲夫亡，撫遺孤成名。守節三十九年。

陸道松妻張氏　二十三歲夫亡，事衰姑，撫遺孤，孝養兩盡。守節五十八年。

陳二妻沈氏　二十三歲夫亡，撫遺腹孤成立。守節四十六年。

俞玉輝妻趙氏　三十歲夫亡，守節二十二年。

祝貽燕繼妻張氏　二十九歲夫亡，撫孤成立，營葬舅姑。守節二十三年。

許德凝妻孫氏　二十三歲甫婚而寡，守節二十年。

監生陳紹宗妾程氏　二十三歲紹宗亡，遺孤又殀，撫嫡子成立。守節五十七年。

彭廷諫繼妻胡氏　　二十五歲夫亡,事翁盡禮,撫孤成立,力營葬兩世。守節五十七年。

盛國卿妻莊氏　　二十八歲夫亡,安葬翁姑,撫孤成立。守節四十二年。

盛文漁妻顧氏　　二十九歲夫亡,撫孤成立。守節五十二年。

顧繼皓妻汪氏　　二十八歲夫亡,撫孤成立。守節三十七年。

顧宏勳妻沈氏　　二十六歲夫亡,遺孤早殀,竭力殯葬翁姑。守節四十一年。

顧宏烈妻朱氏　　二十五歲夫亡,遺孤早卒,守節三十六年。

張錞妻楊氏　　二十二歲夫亡,撫姪爲嗣。守節五十五年。

王曾發妻馮氏　　二十六歲夫亡,守節五十六年。

生員蔡有基妻徐氏　　二十七歲夫亡,孝事舅姑。守節三十一年。

盧廷顯妻祝氏　　二十六歲夫亡,撫孤成立。守節五十餘年。

朱祥和妻黃氏　　二十四歲夫亡,婚甫五十日。家貧,無子,苦節終身。

朱懋焕妻顧氏　　二十三歲夫亡,撫孤成立。守節至八十一歲卒。

方慶全妻沈氏　　二十九歲夫亡,撫姪爲嗣。守節二十六年。

周大賚妻韓氏　　二十五歲夫亡,茹苦守節,至八十一歲卒。

朱富年妻周氏　　二十二歲夫亡,勤苦守節四十七年。

朱龍壽妻湯氏　　二十九歲夫亡,守節四十四年。

陳乾貞妻徐氏　　二十歲夫亡,孝事翁姑。守節三十七年。

朱金元妻湯氏　　二十二歲夫亡,矢志不二,守節至四十九歲卒。

陳鳳池妻朱氏　　二十三歲夫亡,撫子撫孫。守節五十六年。

徐德宣妻周氏　　二十三歲夫亡,撫子成立。守節三十四年。

徐輔先妻李氏　　二十九歲夫亡,苦節終身。

徐得三妻吳氏　　二十九歲夫亡,無子,苦節終身。

徐天昇妻姚氏　　二十九歲夫亡,守節四十二年。

徐思誠妻許氏　　早年夫亡,撫子,矢志,至老不渝。

徐慎思妻吳氏　　二十四歲夫亡,守節至七十一卒。

徐彬如妻王氏　　二十八歲夫亡,守節三十二年。

餘慶知縣祝檜良繼妻郭氏　　夫任貴州餘慶知縣任所娶,氏時二十六歲。檜良卒,氏扶櫬歸葬。撫孤成立,守節以終。

生員陳德宏妻吳氏,天球妻吳氏　　姑媳雙節,姑二十六歲夫亡,撫孤天球成立,旋殀,媳吳氏時二十八歲,撫姪孫瑛爲嗣。俱茹苦終身。

王紹成妻顧氏　　二十七歲夫亡,守節至五十七歲卒。

生員陳邦勳妻吳氏　　二十八歲夫亡,無子,守節終身。

監生朱濤妾徐氏　　二十四歲濤亡,孤甫四齡,撫以成立。守節三十三年。

監生徐坤揚繼妻萬氏　　二十五歲夫亡,守節三十三年。

生員吳枚妻湯氏　　二十八歲夫亡,無子,守節以終。

吳壽齡妻朱氏　　二十八歲夫亡,守節二十八年。

陳理安妻蔣氏　　二十八歲夫亡,守節四十四年。

職員鍾樂成妻陳氏　二十八歲夫亡,撫姪爲嗣。守節三十九年。

戈學言妻顧氏　二十六歲夫亡,孝事邁姑,撫姪孫爲嗣,守節至五十五歲。

沈如金妻韓氏　二十五歲夫亡,守節至四十二歲卒。

吳汝伯妻朱氏　二十九歲夫亡,苦節終身。

吳心友妻蔣氏　二十七歲夫亡,撫孤成立。年六十一。

吳泰升妻王氏　二十九歲夫亡,苦志守節。年六十五。

吳德隨妻康氏　二十九歲夫亡,無子,并無可嗣者。撫一女,長適名族。年七十四。

吳豫菴妻王氏　二十八歲夫亡,撫孤成立。年五十六。

吳文瀾妻陳氏　二十七歲夫亡,撫孤成立。年五十五。

陳蘭泉妻徐氏　十七歲婚,未及期夫亡,矢志守節。年七十三。

戚夒妻馮氏　十七歲婚,數月夫亡,孝養寡姑。守節五十八年。

李宏妻戚氏,媳顧氏　戚二十六歲夫亡,撫孤,既娶而夭,與媳顧氏撫孫成立。守節四十五年。

李天裕妻方氏　二十二歲夫亡,撫三齡子成立,安葬兩世。守節五十四年。

陳基芳妻錢氏　十八歲甫婚而寡,撫嗣成立。守節四十二年。

監生陳紹基妻顧氏　二十歲夫亡,撫姪幼殤,復撫姪孫成立。守節四十七年。

盛世桐妻錢氏　二十七歲夫亡,撫姪爲嗣。守節十八年。

徐軼群妻許氏　二十八歲夫亡,撫遺孤成立。守節五十三年。

盛淇園妻陳氏　二十九歲夫亡,撫姪承祧。守節四十五年。

顧世榮妻崔氏　二十六歲夫亡,遺孤旋殀,撫姪孫承祧。守節五十二年。

沈世球妻梁氏　二十五歲夫亡,撫姪爲嗣。守節四十一年。

周俊高妻陸氏,紹基妻龔氏[1]　陸二十八歲夫亡,撫孤紹基,甫冠聘同里龔氏,未幾基卒,氏聞訃,奔喪守節,繼姪爲嗣。稱一門雙節。

朱樹庸妻顧氏　二十六歲夫亡,撫二孤成立。守節四十一年。

任支默妻王氏　年二十歲與伯氏、凌氏兩寡相依,守節五十三年。

張朋來妻郭氏　二十九歲夫亡,撫遺腹子成立。守節二十三年。

步廷楨妻沈氏　二十三歲夫亡,紡績度日,苦節至二十二歲殁[2]。

俞貽祥妻姜氏　二十六歲夫亡,撫孤成立,守節三十七年。

俞安印妻沈氏　二十八歲夫亡,撫孤成立。守節二十五年。

許邦懷妻顧氏　二十七歲夫亡,守節四十年。

舉人徐肇遜繼妻朱氏　二十五歲夫亡京邸,食貧,苦守冰霜五十一年。

顧文龍妻孫氏　二十歲夫亡,守節五十七年。

黃璠妻李氏　二十九歲夫亡,守節四十四年。

監生劉元初妻徐氏　二十七歲夫亡,守節四十五年。

監生顧世恒繼妻查氏　二十九歲夫亡,守節四十六年。

顧德馨妻朱氏　二十五歲夫亡,守節四十四年。

陳播堂妻沈氏,鳳浦妻沈氏　以姊妹爲娣姒,並二十四而寡,守節俱四十四年。

殷念菴妻董氏　二十三歲夫亡,守節五十六年。

贈中憲大夫朱埏之妾樓氏　　三十歲埏之卒,撫遺腹子成立。守節十七年。

馮韶鈞繼妻陳氏　　婚未及期夫亡,守節三十一年。

張受穀繼妻朱氏　　二十七歲夫亡,撫孤成立。守節五十六年。

顏擁年妻俞氏　　二十二歲夫亡,守節四十六年。

陸載華妻沈氏　　二十七歲夫亡,守節五十四年。

朱耀妻許氏　　二十七歲夫亡,守節六十一年。

任宗孜妻陸氏　　二十四歲夫亡,撫嗣成立。守節四十六年。

俞思維妻朱氏　　二十歲夫亡,立姪爲嗣,旋殀,撫姪孫成立。守節六十一年。

徐鑣妻顧氏　　二十八歲夫亡,撫嗣成立。守節二十九年。

庶吉士董潮妻陳氏　　二十九歲夫亡,撫三子成立,守節五十三年。

錢瑞玉妻陳氏　　三十歲夫亡,事姑,撫孤。守節至四十五歲。

羅學海妻林氏　　二十四歲夫亡,撫姪爲嗣。守節三十六年。

俞玉海妻董氏　　二十六歲夫亡,守節四十八年。

祝杜妻李氏　　二十九歲夫亡,守節二十九年。

祝均妻鄭氏　　三十歲夫亡,撫孤成立。守節二十二年。

祝儼妻錢氏　　三十歲夫亡,訓子成立。守節二十二年。

祝梗妻陳氏　　二十六歲夫亡,守節三十七年。

錢臨妻李氏　　能詩。適錢,甫六月夫亡,守節十年而終。著有《苕溪吟稿》《繡餘集》。

奉政大夫陸肇文妾劉氏　　十九歲肇文卒,守節三十一年。

監生陸肇夏妻朱氏　　三十歲夫亡,撫孤成立。守節三十二年。

陳名德妻沈氏　　二十三歲夫亡,遺腹四月,撫孤成立。守節二十三年。

陳汝霖妻湯氏　　二十六歲夫亡,守節四十八年。

生員吳英妻朱氏　　二十九歲夫亡,撫姪爲嗣。守節五十二年。

監生陳柏松妻俞氏　　三十歲夫亡,守節二十二年。

監生王建中繼妻賀氏　　二十八歲夫亡,立姪爲嗣。守節三十二年。族中有鬻公產者,出奩資贖之,祭掃賴以不廢。

黃克昌繼妻金氏　　二十五歲夫亡,撫姪爲嗣。守節三十七年。

張聲宏妻步氏　　二十九歲夫亡,撫嗣成立。守節二十九年。

孫輔成妻徐氏　　十八歲夫亡,撫從子成立。守節七十六年。

李廷元妻許氏　　三十歲夫亡,守節五十年。

董襄妻莊氏　　二十二歲夫亡,守節二十八年。

湯應純妻屠氏　　二十八歲夫亡,守節五十一年。

孫丕基妻徐氏　　二十九歲夫亡,守節二十六年。

顧萬千妻孫氏　　二十九歲夫亡,撫遺孤成立。守節三十一年。

蔣醇妾吳氏　　二十五歲醇亡,撫醇兄子爲嗣。守節三十六年。

馬丕烈妻沈氏　　二十三歲夫亡,營葬舅姑,撫子成立。守節二十一年。

周鼎賢妻吳氏　　二十五歲夫亡,守節二十九年。

尹理傅妻朱氏　二十九歲夫亡,撫孤成立。守節五十二年。

楊南成妻盧氏　二十四歲夫亡,守節四十九年。

張配天妻沈氏　二十六歲夫亡,撫遺腹子成立。守節五十年。

吳蕭臣妻陳氏　二十四歲夫亡,撫孤成立。守節四十五年。

吳明遠妻王氏　二十三歲夫亡,撫孤成立。守節五十三年。

徐嘉錫妻陸費氏　十九歲婚,三月夫亡,撫姪成立。守節六十三年。

徐學泗妻崔氏　二十九歲夫亡,守節四十四年。

徐介福妻江氏　三十歲夫亡,守節十九年。

徐正言妻湯氏　二十四歲夫亡,守節六十五年。

生員吳瀚妻朱氏　三十歲夫亡,守節三十一年。

何醇治繼妻沈氏　二十七歲夫亡,撫孤成立。旌年五十四。

吳武中妻何氏　二十八歲夫亡,撫繼子成立。旌時已守三十年。

陸暹妻吳氏　二十三歲夫亡,婚未及期,撫姪爲嗣。旌時已守三十二年。

舉人顧錫慶妻郁氏　三十歲夫亡,撫訓二齡孤成名。旌時已守二十五年。

生員馮桂馨妻李氏　二十八歲夫亡,孝事翁姑,撫孤成名。旌時已守二十五年。

包元容妻徐氏　二十六歲夫亡,撫孤成立。旌時已守四十八年。

監生朱維熙妾徐氏　二十九歲維熙亡,遺孤甫離襁褓,撫育成名。旌時已守二十二年。

李堯采妻俞氏　三十歲夫亡,撫孤成立。旌時已守三十八年。

蔣廷松繼妻張氏　二十八歲夫亡,撫孤成立。旌時已守二十九年。

宣永凝妻徐氏　二十三歲夫亡,奉養孀姑,撫姪成立。旌時已守四十三年。

張錫光繼妻吾氏　二十九歲夫亡,撫姪成立。旌時已守二十二年。

顧汝正妻何氏　三十歲夫亡,遺孤又殀,撫姪成名。旌時已守三十二年。

吾耀寅繼妻顧氏　二十九歲夫亡,撫姪爲嗣。旌時已守二十七年。

監生唐得嵩繼妻石氏　二十三歲夫亡,撫姪兼祧。旌時已守四十九年。

陳良能妻蔣氏　嘉慶九年,夫游幕病亡。時二十九歲,以紡績餘貲命子德林尋父骨歸葬。旌時已守三十六年。

王兆桂妻李氏　二十八歲夫亡,子甫二齡,撫以成立。旌時已守二十四年。

生員李光祖妻祝氏　二十七歲夫亡,撫遺子,並營翁姑喪葬。旌時已守三十五年。

謝瑞初妻吳氏　二十五歲夫亡,遺孤旋殀,奉事老姑,撫育嗣子。旌時已守四十二年。

監生徐正學妻胡氏　三十歲夫亡,撫姪爲嗣。旌時已守二十一年。

生員劉濬明妻盛氏　二十九歲夫亡,遺孤旋殀,以姪爲嗣。旌時已守三十二年。

生員尤俊三妻顧氏　二十六歲夫亡,遺孤四齡,撫育成立。旌時已守二十九年。

張星發妻戴氏　二十九歲夫亡,撫姪爲嗣。旌時已守二十三年。

鄔勝全妻何氏　二十九歲夫亡,撫姪爲嗣。旌時已守二十九年。

馬開榮妻吳氏　二十九歲夫亡,撫姪爲嗣。旌時已守二十一年。

陳岳妻陸氏　二十七歲夫亡,撫姪承祧。旌時已守二十六年。

朱誥妻錢氏　二十九歲夫亡,撫孤成立。旌時已守三十八年。

呂楨妻陸氏　　一十七歲夫亡,旌時已守二十四年。

馮映薇妻周氏　　二十六歲夫亡,撫孤成立。旌時已守二十七年。

鄭謙增妻繆氏　　二十五歲夫亡,撫孤成立。旌時已守二十七年。

趙奎妻陳氏　　二十四歲夫亡,撫姪爲嗣,旌時已守三十年。

柏文華繼妻周氏　　三十歲夫亡,撫嫡子及己子成立。旌時已守三十八年。

朱成立妻孫氏　　二十五歲夫亡,撫孤成立。旌時已守四十七年。

俞繼培妻沈氏　　十九歲夫亡,旌時已守三十五年。

程履亨妻朱氏　　二十九歲夫亡,旌時已守三十五年。

包德基妻張氏　　二十九歲夫亡,旌時已守二十七年。

胡人隆妻周氏　　二十二歲夫亡,撫孤成立。旌時已守五十一年。

周謹堂妻張氏　　二十八歲夫亡,旌時已守四十二年。

張義妻蔡氏　　二十八歲夫亡,撫遺腹子成立。旌時已守四十一年。

孫秉中妻朱氏　　二十五歲夫亡,家貧,竭力營葬翁姑。旌時已守三十七年。

周敏生妻馬氏　　二十九歲夫亡,旌時已守三十一年。

朱師濂妻趙氏　　二十八歲夫亡,撫遺腹子成立。旌時已守三十七年。

張二妻顧氏　　二十二歲夫亡,撫遺腹子成立。旌時已守三十一年。

朱維文妻麗氏　　二十一歲夫亡,旌時已守三十三年。

吳陞陞妻陳氏　　二十六歲夫亡,撫孤成立。旌時已守二十五年。

監生黃徐馨妻賈氏　　婚甫六載夫亡,旌時已守二十二年。

姚長明妻張氏　　二十一歲夫亡,旌時已守三十六年。

金嘉珍妻姜氏　　二十六歲夫亡,營葬舅姑,撫姪承祧。旌時已守二十七年。

生員王路妻邵氏　　二十四歲夫亡,以姪爲嗣,營葬翁姑。旌時已守三十二年。

生員朱春生妻傅氏　　二十八歲夫亡,敬事翁姑,撫孤成立。旌時已守二十六年。

顧應先妻徐氏　　十九歲夫亡,旌時已守四十四年。

陶陞陞妻施氏　　二十四歲夫亡,旌時已守三十年。

周福凝妻李氏　　二十九歲夫亡,旌時已守二十七年。

生員沈蓮妻徐氏　　三十歲夫亡,撫姪爲嗣。旌時已守五十三年。

俞玉岑妻聞氏　　二十歲夫亡,撫姪孫爲嗣。旌時已守四十一年。

王維祺妻夏氏　　二十八歲夫亡,撫孤成立,營葬兩世。旌時已守三十八年。

陸福元妻程氏　　婚甫三載[3],撫姪爲嗣。旌時已守二十二年。

吳敦宗妻顧氏　　婚甫一載[4],撫孤成立。旌時已守二十一年。

張蘭珍妻陸氏　　二十六歲夫亡,事姑,撫孤。旌時已守二十五年。

韓肇奇妻楊氏　　二十八歲夫亡,無子,依食母家。旌時已守三十六年。

蘇紹良妻鍾氏　　二十七歲夫亡,撫孤爲嗣。旌時已守三十二年。

畢長發妻陳氏　　二十五歲夫亡,無子,紡績度日。旌時已守三十七年。

盧丹蓉妻嚴氏　　二十一歲夫亡,婚甫一載,無子。旌時已守三十二年。

許寄生妻胡氏　　二十五歲夫亡,旌時已守三十二年。

吳與齡妻朱氏　二十三歲夫亡，旌時已守三十四年。

李廷堃妻朱氏　二十一歲夫亡，撫子成立。旌時已守三十五年。

畢秀堂妻吳氏　二十九歲夫亡，旌時已守四十五年。

吳會生妻陳氏　二十五歲夫亡，旌時已守三十五年。

王元興妻徐氏　二十六歲夫亡，撫孤成立。旌時已守三十四年。

吳茂生妻王氏　二十六歲夫亡，矢志，旌時已守四十四年。

張瑤南妻劉氏　二十九歲夫亡，無子，旌時已守三十九年。

張文達妻顧氏　二十八歲夫亡，撫姪爲嗣。旌時已守五十年。

陳基大妻吳氏　二十八歲夫亡，撫姪成立。旌時已守四十三年。

沈元祥妻顧氏　二十一歲夫亡，撫姪成立。旌時已守四十七年。

吳璉妻顧氏　二十三歲夫亡，撫姪爲嗣。旌時已守四十五年。

周文丕妻陳氏　二十七歲夫亡，撫姪爲嗣。旌時已守三十九年。

徐鳴治妻陳氏　二十六歲夫亡，營葬翁姑。旌時已守三十七年。

錢容大妻李氏　二十八歲夫亡，家貧，歸母家，以織紝自給。旌時已守二十八年。

張廷榮繼妻徐氏　二十八歲夫亡，撫二孤成立。旌時已守二十五年。

監生趙灃妻富氏　二十八歲夫亡，撫姪成名。旌時已守三十年。

張德林妻干氏　二十四歲夫亡，訓子力農。旌時已守三十五年。

張錦堂妻徐氏　二十九歲夫亡，旌時已守二十三年。

干毅妻朱氏　二十歲夫亡，旌時已守四十六年。

董士灝妻崔氏　二十九歲夫亡，旌時已守五十二年。

武生方以寏妻馬氏　二十九歲夫亡，訓子成名。旌時已守四十九年。

費香麟妻沈氏　二十五歲夫亡，旌時已守三十五年。

陶文燦妻李氏　二十三歲夫亡，旌時已守二十七年。

監生徐汝龍妾朱氏　二十六歲汝龍亡，旌時已守三十年。

朱鐺妻徐氏　二十四歲夫亡，旌時已守三十年。

李聿觀妻黃氏　二十七歲夫亡，旌時已守二十三年。

萬連妻張氏　二十五歲夫亡，旌時已守三十四年。

徐元貞妻宋氏　二十二歲夫亡，旌時已守三十六年。

沈觀成妻徐氏　二十六歲夫亡，旌時已守三十六年。

黃喬妻吳氏　二十八歲夫亡，撫孤成名。旌時已守二十九年。

徐淳妻俞氏　二十七歲夫亡，旌時已守二十四年。

生員朱司勳妻周氏　二十八歲夫亡，撫孤成立。旌時已守三十年。

李倫階妻張氏　二十九歲夫亡，撫姪爲嗣。旌時已守三十五年。

姚魯瞻妻袁氏　二十八歲夫亡，旌時已守五十三年。

莊履安妻張氏　二十八歲夫亡，撫姪承桃。旌時已守四十四年。

孫誠妻董氏　二十九歲夫亡，旌時已守三十年。

黃祖恒妻陳氏　二十二歲夫亡，旌時已守四十年。

張建唐妻莊氏　　二十九歲夫亡,撫孤成立。旌時已守四十五年。

監生陳柏松妾張氏　　二十七歲柏松亡,撫孤成名。旌時已守三十六年。

顧瑞興妻韓氏　　二十歲婚,甫一載夫亡,撫遺腹子成立。旌時已守五十一年。

張曉山妻馮氏　　二十九歲夫亡,旌時已守二十四年。

鄭灼妻張氏　　二十六歲夫亡,旌時已守三十七年。

陳陞陞妻葉氏　　二十九歲夫亡,旌時已守二十餘年。

李昌伯妻沈氏　　二十八歲夫亡,旌時已守二十四年。

胡光廷妻朱氏　　二十三歲夫亡,旌時已守三十四年。

程志沂妻吳氏　　二十八歲夫亡,旌時已守二十三年。

喬廷鑾繼妻陳氏　　二十九歲夫亡,撫前子及己子成立。旌時已守三十二年。

監生葉以忠繼妻徐氏　　二十九歲夫亡,撫孤成立。旌時已守二十六年。

金家璿妻陳氏　　二十九歲夫亡,旌時已守四十年。

監生朱震發妾黃氏　　二十四歲震發亡,撫孤成立。旌時已守五十二年。

俞聖書繼妻朱氏　　二十九歲夫亡,撫孤成立,敬事翁姑。旌時已守二十七年。

張國祥妻金氏　　二十四歲夫亡,撫嗣成立。旌時已守二十七年。

監生陳昀妻唐氏　　十九歲夫亡,撫嗣。守節三十二年。

王某妻陸氏　　二十一歲夫亡,矢志不二,苦節終身。

李芳鑑妻張氏　　二十四歲夫亡,旌時已守三十四年。

生員顧楣繼妻胡氏　　二十六歲夫亡,守節,旌年五十三。

殷某妻管氏　　年及笄歸某,不數載夫亡,撫姪爲嗣,矢志不渝。

徐俊元妻周氏　　二十四歲夫亡,撫子,旌時已守二十九年。

張履貞妻王氏

張宏進妻李氏

姚宏妻王氏

沈金成妻黃氏

徐彥揚妻張氏

黃肇雍妻何氏

朱佐妻陳氏

孫光風妻戴氏

吳揆臣妻鄭氏

王建斗妻董氏

仇士魁妻吳氏　　以上于《志》。

徐岳謙妻干氏　　二十歲夫亡,撫遺腹子成立。守節三十年。嘉慶二年請旌建坊。

徐澄妻俞氏　　二十四歲夫亡,撫孤成立,並捐義田贍族,守節三十三年。

王敬忠妻黃氏　　二十四歲夫亡,守節五十二年。

監生錢學涵妻李氏　　二十九歲夫亡,撫姪爲嗣。守節四十九年。

監生王思敬妾馮氏　　二十二歲夫亡,撫孤成立。守節三十八年。　　以上道光二十九年旌。

生員孫杰妻陳氏　二十六歲夫亡,撫孤成名。守節三十五年。道光二十九年,學使趙給匾旌獎。

生員湯際震妻丁氏

張履貞繼妻王氏

朱孔釗妻許氏

增生朱亮勳妻鍾氏

張名傑妻徐氏

張鼎妾糜氏

生員湯槐妻吳氏

教諭朱宗文妾施氏

儒童朱汝霖妻沈氏

儒童吾祖聽妻何氏

張名公妻趙氏

朱士鎔妻王氏

生員朱握彩妻何氏

朱之沅妻曹氏

廩生朱湝繼妻錢氏

陳元泳妻胡氏

未從龍妻項氏

監生朱家楨妾俞氏

儒童朱漢傑妻陸氏

儒童朱欽偉妻張氏

朱鴻妻項氏,妾曹氏

監生朱鐸妻倪氏

朱洸妻彭氏

張嗣昇妻許氏

湯繹妻祝氏

生員張炳妻莊氏

貢生朱之頤妻彭氏

朱景汾妻張氏

監生湯維妻吳氏

廩生朱份妻彭氏

監生朱擢妻張氏

生員朱景榮繼妻黃氏

生員朱文泓妾陸氏

生員朱保赤妻俞氏

監生朱立誠妻李氏

張旦光妻莊氏

監生朱德徵妻方氏

生員張芳泳妻富氏

朱世德妻沈氏

朱樹德妻孫氏

儒童朱果馨妻錢氏

貢生張贍妾錢氏

李德培妻章氏

生員張世文妻朱氏

李錦濤妻任氏

生員張成大妻李氏

監生朱廷瓚妾曹氏

廩生沈周基妻徐氏

生員朱士恭妻沈氏

徐炎繼妻蘇氏

繆九道妻陳氏

朱泓妻王氏

生員朱宏澍妾劉氏

朱梓葉妻黃氏

李兆鼇妻黃氏

胡若瑄妻朱氏

增生朱德輝妻徐氏

朱廣燾妻陳氏

張重華妻方氏

教諭朱大齡妾金氏

儒童馬楣良妻朱氏

張希文妻夏氏

貢生沈嘉澍妻顧氏

監生周慎思妻楊氏

生員湯齊繼妻李氏

徐德宗妻李氏

舉人朱丕基妾陳氏

張任遠妻曹氏

張炯妻楊氏

儒童朱正修妻鍾氏

繆龍元妻陸氏

周天柱妻喬氏

沈世基妻朱氏

李瑞麒妻周氏

朱廷章妻何氏

監生沈國瑞繼妻黃氏

徐元慶妻劉氏

張隆昌妻曹氏

張順昌妻王氏

朱之楝妻吳氏

朱得濂妻趙氏

朱德埈妻湯氏

朱昇妻印氏

朱皓繼妻張氏

朱焜妻韓氏

朱文熙妻鄭氏

儒童錢延觀妻吾氏

朱成龍妻仇氏

趙鳴岐妻黃氏

徐世禄妻王氏

朱寅妻黃氏

陸耕山妻崔氏

周一芝妻沈氏

監生楊世城妻唐氏

儒童陳良法妻朱氏

生員朱騰芳妾沈氏

生員萬肇坤妻馬氏

朱道本妻鄭氏

殷潛妻馬氏

儒童費光德妻王氏

陳理安妻蔣氏

張墀對妻朱氏

張惕龍繼妻殷氏

富兆鵬妻李氏

監生周廷相妻孫氏

鄭士高妻馬氏

監生朱世圻妾金氏

張義豐妻楊氏

監生張敏求妾黃氏

祝枚妻陳氏

王載霖妾董氏

生員張汝梅妻石氏

生員朱文輝妾王氏

朱九華妻吳氏

張煌妻李氏

鄭通也妻夏氏

儒童吾志學妻唐氏

朱元龍妻王氏

職員黃欽妻徐氏

朱得廷妻夏氏

儒童吳心傳妻顧氏

朱啟良妻顧氏

監生葉莊妻洪氏

錢學周妻張氏

胡敦仁妻黃氏

儒童沈世金妻黃氏

監生李世基繼妻俞氏

俞本初妻翁氏

監生仇翊庭妻陸氏

生員鄭雙林繼妻張氏

監生吳汝梅妾池氏

顧遵先妻郭氏

監生吳人龍妾張氏

戈夢蘭妻姜氏

朱毓祚妻金氏

朱咸亭妻俞氏

劉鴻逵繼妻郭氏

監生朱佩蘭妾葉氏

徐敦海妻蔡氏

朱廷朝妻諸氏

李元箸妻陳氏

顏書城妻俞氏

張德固繼妻吳氏

監生朱成發妾謝氏

監生張天星妻富氏

儒童王履亨妻繆氏

黃蓉第妻陸氏

朱應基妻黃氏

曹茂仁妻沈氏

沈蘊輝妻潘氏

監生朱承基繼妻顏氏

沈世鋏妻楊氏

張新畬妻蔡氏

印文彬妻徐氏

生員朱瑞標妻張氏

吳楹妻任氏

鄭旋吉繼妻徐氏

儒童吳德樹妻李氏

監生許振麟繼妻張氏

生員陳焾妻畢氏

監生戴畬田妻徐氏

傅祥明妻吳氏

生員曹森妾章氏

生員張錫五妻黃氏

傅學昌繼妻陳氏

周官林妻許氏

張應曾妻陳氏

戈鼎元妻儲氏

高圻繼妻朱氏

儒童張步曾妻周氏

陶武林妻朱氏

朱維圻妻王氏

朱司民妻陸氏

戈敬章繼妻顧氏

儒童董紳妻王氏

張有蕃妻李氏

張邦憲妻鄔氏

附監陳祖受繼妻杜氏

馬韞輝繼妻賀氏

薛玉麒妻平氏

張心田繼妻俞氏

吳聚發妻張氏

孫嗣奕妻殷氏

盛北堂妻王氏

張天福妻朱氏

殷起祥繼妻周氏

監生朱揩陞繼妻王氏

朱受基妻黃氏

顧德謙妻李氏

孫濂妻董氏

陸德麟妻金氏

富曉園妻沈氏

張廉妻徐氏

陸文清妻耿氏

生員陳鍇妻何氏

儒童朱鏞妻徐氏

朱型妻龐氏

生員朱綸妻吾氏

監生劉秋泉妻周氏

儒童高豐嘉妻朱氏

儒童周藍田妻夏氏

武生郭春林繼妻宋氏

許春熙妻馮氏

張興餘妻陳氏

查世珍妻朱氏

張瑞華妻吳氏

張駕鼇妻陳氏

宣蘭芝妻潘氏

儒童朱昌遂妻尤氏

張鎮妻祝氏

張登寅妻莊氏

監生朱文坦妻黃氏

監生朱耕心妻張氏

何嵩三妻陳氏

馮映機妻陳氏

儒童朱聯鍔繼妻錢氏

儒童吾思義妻張氏

陳泗妻舒氏

生員畢應槐妻任氏

祝德修妻周氏

監生干珍妾屠氏

陶開科妻俞氏

監生孫曰基妾陸氏

監生朱維鏵繼妻陳氏

儒童方師熺妻吳氏

謝可法妻沈氏

盧慶雲妻李氏

儒童王伯英妻陶氏

沈敦治妻張氏

楊玉成妻沈氏

儒童吳牧齋繼妻王氏

沈森桂妻夏氏

吳仁安妻陳氏

祝瑞璜妻朱氏

蕭天介妻計氏

陳堯春妻湯氏

陸廣篪繼妻蔣氏

監生朱伯壎妾杜氏

祝東凝繼妻楊氏

張佑正妻祝氏

葉紹裘妻孫氏

仇玉康妻黃氏

陶世榮妻徐氏

鄭天柱妻沈氏

孫曰堦妻張氏

王惠高妻顏氏

生員吳世基繼妻俞氏

沈雲鵬妻劉氏

蔡鼉觀妻繆氏

富關通妻蔡氏

監生李祖功妻俞氏

陳榮昌妻王氏

生員費廷楨妻趙氏

祝鳳儀妾夏氏

夏文敷繼妻計氏

周克君妻張氏

周京之妻徐氏

徐長壬妻金氏

顧里仁妻蕭氏

鄭靖安妻胡氏

姜鼎元繼妻吳氏

朱正顏妻萬氏

馮在宏妻李氏

蕭陞貴妻徐氏

謝左村妻姚氏

徐士元妻董氏

沈茅山妻李氏

吳玉明妻羅氏

李子祥妻朱氏

周仁元妻王氏

鄭天魁妻胡氏

儒童徐酉山妻張氏

蔣自亨繼妻崔氏

葉儒珪妻王氏

監生陸在雲妻祝氏

蔣遇春妻朱氏

胡光廷妻朱氏

周永林妻徐氏

蔣秦封妻張氏

黃潤妻朱氏

生員周純熙妻顧氏

朱錫鈞妻高氏

儒童陳敬藻妻徐氏

姜恒和妻沈氏

儒童任孝曾妻鍾氏

潘和梅妻劉氏

朱鳳林妻諸氏

李廷塋妻朱氏

顧有祥妻沈氏

監生許嵩繼妻孫氏

張鴻儒妻陸氏

吏部員外郎朱蘭馨妾陸氏

沈桂發妻祝氏

陶湘南妻許氏

武生朱雲龍妻金氏

俞培宗妻沈氏

儒童錢奕喦妻富氏

徐維崐妻朱氏

蔣鑑清妻邵氏

富大倫繼妻俞氏

儒童吳橄妻陸氏

張景山妻謝氏

儒童朱芸暉妻趙氏

葉端斯妻方氏

張應春妻朱氏

俞榮春妻韓氏

監生顧燧妾支氏

朱秀蓉妻徐氏

監生鍾良佐妾黃氏

包瑞凝妻陸氏

富蘭妻虞氏

高達泉繼妻沈氏

陳尚餘妻王氏

儒童錢奕巒妻顧氏

儒童李汝坤妻方氏

生員顧燮奎妻沈氏

王福元妻朱氏

徐進元妻朱氏

許同生妻朱氏

張成林妻倪氏

儒童錢奕峨妻吳氏

胡福壽妻吳氏

顧瑞鳳妾彭氏

李伯昌妻沈氏

金元奎妻曹氏

張步雲妻徐氏

張錫鑽妻沈氏

儒童鍾星榆妻陸氏

監生陸世連妾杜氏

李聿觀妻黃氏

朱涵妻李氏

儒童陳其恩妻舒氏

生員富斌繼妻徐氏

趙允文妻張氏

生員朱埏之妾胡氏

殷振揚妻李氏

張泰峰妻李氏

王麟書妻李氏

儒童陳育馨妻張氏

陸協豐妻顧氏

監生曹霽妾錢氏

任勝賢妻翁氏

楊慶墉妻王氏

監生徐學顏妻張氏

陸三元妻宋氏

何繼常妻陶氏

生員方駿妾陳氏

沈懷信妻孫氏

趙汝德妻陳氏

張如山妻陳氏

繆雲夔妻張氏

陳信尹妻吳氏

胡穎伯妻黃氏

監生呂槐妻朱氏

儒童顏鎧妻李氏

宣克嘉妻章氏

朱蓉鏡妻張氏

武生姚嘉瑞妻李氏

朱履坪妻費氏

鄧民尊妻董氏

李福元妻姚氏

孫曰坊妻吳氏

陳敏生妻陳氏

蔣正興妻胡氏

張士仁妻楊氏

嚴進臯妻顧氏

吳乾吉妻鄭氏

監生朱浩妾宋氏

陳來章妾李氏

生員陳萬金繼妻倪氏

嚴德隆妻蔡氏

馮桂生妻丁氏

郭衡堂妻朱氏

儒童陳家修妻陸氏

謝燕堂繼妻淩氏

宣克猷妻張氏

生員徐文憲妾沈氏

朱壎妻周氏

監生李願然妾葉氏

儒童王德溶繼妻董氏

章世忠繼妻董氏

張蓉生妻陳氏

周維楨妾梁氏

陸銘妻徐氏

錢奕麟妻姚氏

吳紹芬妻劉氏

朱世潔妾王氏

吳蓉芳妻沈氏

詹雨發妻馮氏

朱祥生妻吳氏

儒童許世餘妻王氏

李誠妻蕭氏

儒童楊通駿妻王氏

朱壽妻馬氏

黃師善妻周氏

祝學恒妻談氏

蔡升妻馬氏

周宗濂妻楊氏

潘文祺妾朱氏

生員湯澐妻周氏

儒童許福齡妻蔡氏

朱玉齡妻顧氏

姚泰階妻徐氏

陳順有妻郭氏

郭署卿妻胡氏

謝左才妻屠氏

陳松妻王氏

馮佩芳妻胡氏

監生沈清華妻孫氏

朱品亨妾陸氏

儒童孫宗炘妻沈氏

生員朱紘妻胡氏

王蘭生妻張氏

儒童祖同登妻王氏

陸可仁妻俞氏

張中諧妻陸氏

監生朱錫齡妻方氏

徐本清妻陳氏

按察司經歷張錦妻沈氏

陸二生妻周氏

生員朱猶龍妻祝氏

生員朱馨繼妻曹氏

貢生朱烈妾張氏

義烏訓導朱鳴謙妾張氏

州同朱淑文妾陸氏

監生張敏求妻陳氏

朱舫妻方氏

呂嗣祥妻吾氏

按察司經歷張誠妾孫氏

職監查蔭人妻徐氏

朱玉麟妻趙氏

朱成妻王氏

沈壽山妻張氏

朱成蹊妻蔣氏

監生錢鼎彝妻李氏

劉聚龍妻徐氏

崔庚金妻沈氏

職員張同慶妻顧氏

儒童陳昶妻許氏

儒童朱維鏞妻楊氏

馬文玉妻葉氏

金蔚然妻支氏

張壽龍妻崔氏

生員徐純儒妻朱氏

監生陳焴繼妻朱氏

儒童曹世榮妻徐氏

姚宏緒妻蔣氏

陸雅堂繼妻馮氏

張錫麒妻富氏

朱文華妻姜氏

張春熺妻陳氏

生員鄭保滋繼妻朱氏

王蕙妻董氏

葉鳳徵妻沈氏

武生淩兆鵬妻姚氏

孫才元妻陸氏

陳松坪妻沈氏

姜志元妻張氏

韓香林繼妻許氏

周德馨妻王氏

儒童李肇奎繼妻朱氏

職員陳敬福妻朱氏

生員朱鍾貴妻周氏

生員方有壬妻吳氏

張秀岩妻周氏

監生張振綱妻朱氏

郭時和妻朱氏

朱本仁妻舒氏

儒童戴繩武繼妻林氏

陳坤妻董氏

蘇聚魁妻鍾氏

劉嗣桂妻常氏

嚴誠妻倪氏

儒童干耀淳妻沈氏

朱在禄妻褚氏

儒童任大來妻張氏

富慶增妻徐氏

儒童朱止欽妻張氏

謝慶雲妻周氏

內閣學士朱方增妾張氏

朱士諤妻張氏

儒童陳基泰妻朱氏

陳康凝妻沈氏

儒童查榮元妻徐氏

吳厚桂妻王氏

監生馮映璿妾馬氏

儒童徐松妻方氏　　以上道光二十九年旌，學使趙光給予"志潔冰清"匾額。

生員李儒鯨妻王氏

附監朱圮繼妻吳氏

監生李有壤妻周氏

朱萬言妻沈氏

張洪德妻儲氏

張源忠妻陳氏

李岱瞻妻徐氏

生員張元樸妻朱氏

李鳳翔妾王氏

生員李秉鈞妻吳氏

李士英妻徐氏

生員張應熊妻郭氏

李焵繼妻王氏

張文榛妻曹氏

李永仁妻詹氏

張觀光妻孫氏

李平之妻徐氏

李聖章妻姚氏

陸起元妻魏氏

李廷芳妻張氏

監生李顯忠妻朱氏

生員李用行妻林氏

李協蘇妻顧氏

李昌泰妻聞人氏

吳士桂妻陳氏

周兆隆妻陶氏

李嗣和妻張氏

李開豐妻陸氏

貢生方敦廉妾陶氏

李紹昌繼妻王氏

監生李鈞繼妻張氏

趙廷章妻莫氏

郁峰妻褚氏

王聚升妻查氏

李天禄妻夏氏

李士鴻妻張氏

李鳳竹妻顧氏

李兆麟妻徐氏

李懋材妻徐氏

李峻英妻陳氏

李峻華妻許氏

李惟能妻鍾氏

李行乾妻胡氏

顧克昌妻李氏

李昌茂妻趙氏

李俊仁繼妻韓氏

李開元妻潘氏

李士昌妻夏氏

李俊奇妻張氏

李功烈妻張氏

李國楨妻顧氏

史大高妻宋氏

李士榮妻吳氏

李振元妻黃氏

方淳庵妻王氏

陳汝宣妻陸氏

許遠山妻沈氏

李如柏繼妻田氏

張濟洙妻孫氏

李志芳妻沈氏

李太和妻顧氏

陳播堂妻沈氏

王芳根妻許氏

儒童張世榮妻陳氏

何治德妻沈氏

葉文彪妻陳氏

監生蕭爾祥妻支氏

李長元妻沈氏

馬介惠妻沈氏

黃景升妻朱氏

任學淇妻陳氏

朱孔陽妻許氏

監生潘鈞衡妻陸氏

李文和妻魏氏

陳鳳浦妻沈氏

監生吳德風妻沈氏

鍾昌筠妻印氏

宣維人妻何氏

姜士楷妻吳氏

陸聲霆妻吳氏

生員曹森繼妻章氏

儒童陶聲宏妻顧氏

彭凌寒妻崔氏

李棠妻沈氏

李文雄妻徐氏

沈謹堂妻董氏

何建章妻孔氏

朱錫疇妻沈氏

監生郁荃繼妻姜氏

監生富世禄妾吳氏

周俊高妻陸氏

李師韓妻王氏

董周慧繼妻王氏

監生顧履陛妻萬氏

沈繼元妻吳氏

楊畬田妻敖氏

李廷貴繼妻曹氏

俞源龍妻陸氏

儒童姜補堂妻夏氏

儒童謝均賦妻俞氏

鍾永皓繼妻戴氏

顧祥發妻曹氏

富連陛妻朱氏

楊西成妻李氏

吳信芳繼妻周氏

生員顧兆鵬妾周氏

李森妾吳氏

張聲和妻陸氏

李德耀妻陸氏

駱倫輝妻陶氏

金人傑妻鍾氏

趙文富妻徐氏

監生李宗英妻顧氏

儒童陳敏生妻吳氏

朱時中妻馮氏

馬邦彥妻沈氏

謝繼枋妻張氏

張世新妻陸氏

邵履元妻范氏

朱永煜妻吳氏

陸蘭珍妻吳氏

布政司經歷富大成妾王氏

儒童馬金璋妻宣氏

陳星垣妻朱氏

夏賜福妻徐氏

監生郁肇基妻孫氏

沈維翰繼妻陳氏

陳瑞生妻朱氏

布政司經歷朱昌穀妾王氏

姜振嘉妻費氏

儒童張賜珍妻黃氏

張玉嘉繼妻徐氏

曹玉成妻胡氏

李升吉妻張氏

王桂堂妻朱氏

監生趙灃妻富氏

陳鍔妻林氏

李家麟妻朱氏

杜士鴻妻沈氏

武生潘益清繼妻吳氏

朱三公妻陳氏

徐中和妻丁氏

王芬妻祝氏

莊以坤妻張氏

萬千波妻王氏

張泰妻朱氏

儒童顧繼勳妻王氏

懦童尤鳴鳳妻馮氏

徐爲珍妻金氏

王廷元妻潘氏

張美中妻姚氏

生員俞拱樞繼妻顧氏

唐維驥妻張氏

張德基妻馬氏

儒童朱嘉珍妻馬氏

周正仙妻高氏

汪昌祖妻陸氏

黃耀中妻嚴氏

馮馨榮繼妻王氏

金生妻郭氏

儒童陶馨如妻周氏

葉儒雄妻張氏

蔣長妻吳氏

儒童黃維鏞妻吳氏

宋文祥繼妻楊氏

黃廣和妻馬氏

胡芬妻沈氏

沈鳴球繼妻陸氏

李兆驥妾沈氏

張祖猷妻馬氏

姜翰藻妻顧氏

生員舒雲球妻顧氏

顧學文妻吳氏

監生張德坤繼妻蕭氏

陸驤龍妻曹氏

蔡彥文妻沈氏

湯時賢妻陶氏

姚烈宏妻鍾氏

儒童姜志學妻王氏

王商輅妻劉氏

陸鳳梧妻馮氏

監生張德坤妾丁氏

附貢生朱恒妾鄭氏

儒童吳馨培妻馬氏

武生陶上青繼妻仇氏

洪省成妻張氏

張德義妻任氏

仇士庸妻馬氏

薛秉鈗繼妻許氏

陸福元妻步氏

金泗麟妻顧氏

王翊懷妻萬氏

儒童富恩昭妻朱氏

王仲雲妻黃氏

沈珍奇繼妻張氏

王本立妻張氏

儒童徐鳳墀妻沈氏

李祖愛妻顧氏

徐甫妻張氏

州同朱來潼妻錢氏

知縣朱以誠妻徐氏

州同沈方塤妻馮氏

職員鍾樂成妻陳氏

職員周烈文繼妻宋氏

內閣學士朱方增繼妻沈氏

監生朱鳴珍妻張氏

張世昌妻何氏

朱正發妻富氏

生員顧德峻妾王氏

生員馬肇均繼妻陸氏

朱彩章妻查氏

葉宜庵妻錢氏

儒童馬金度妻印氏

周興妻徐氏

生員陳濬妻郁氏

張泉妻李氏

金應士妻馮氏

富浩妻陳氏

儒童諸嘉亨妻楊氏

金鳴階妻戴氏

朱寶林妻曹氏

徐邦基妻吳氏

巡檢張邦慶繼妻何氏

姚烈成繼妻朱氏

王家賓繼妻徐氏

生員王金鑒妻徐氏

麗文珩妻張氏

生員周之鉁妻陳氏

張琢齋妻郭氏

周蓮峰妻陳氏　以上咸豐元年旌，學使吳鍾駿給予"志堅從一"匾額。以上見《請旌全錄》，未詳事實。

儒童朱紹基妻吳氏　二十四歲夫亡，守節四十二年。

朱元明妻袁氏　三十歲夫亡，守節四十年。

朱恒妻王氏　二十八歲夫亡，守節四十二年。

趙文開妻朱氏　二十九歲夫亡，守節，旌年五十二。

儒童宋澐繼妻吾氏　二十七歲夫亡，撫遺腹子成立。守節五十四年以上。咸豐八年旌。

俞肇文妻何氏　夫早亡，無子，撫姪，及冠又卒。孝事舅姑。守節五十二年。同治十二年旌。

監生任兆曾妻徐氏　二十一歲夫亡，撫姪成立。現年六十六。

監生徐淡如繼妻朱氏　夫亡，無子，撫弱女二，矢志堅貞。葬夫，嫁女。守節四十餘年。

儒童徐鏞妻張氏　夫早亡，撫姪成立。卒年七十。

屈錫圭妻朱氏　二十七歲夫亡，撫孤成立。守節十二年。

屈文照妻朱氏　三十歲夫亡，遺孤弱而多病，撫養成立，備極艱辛。守節四十八年以上，同治十三年旌。

監生馮映璿妾馬氏　二十三歲映璿亡，守節四十二年。

徐珩妻張氏　二十四歲夫遭溺死，撫姪成立。守節五十四年。

李厚和妻許氏　二十一歲夫亡，撫姪成立。守節四十年。

趙寶善妻宣氏　二十七歲夫亡，守節十二年。

徐廷祥妻張氏　二十三歲夫亡，撫孤成立。孝事翁姑，及歿，竭力喪葬。守節六十餘年。

吳源湄妻楊氏　二十五歲夫亡，孝事翁姑，撫孤成立。現年六十五。

吳源崙繼妻萬氏　十九歲歸吳，甫四月而寡，矢志堅貞，現年五十九。

屈銛峰妻姚氏

周啟人妻陸氏　以上光緒二年旌。

監生李有高繼妻徐氏　二十六歲夫亡，撫前氏子成立。事姑甚孝。

祝贇妻張氏　二十四歲夫亡，撫姪爲嗣。守節四十九年。

顧文山妻沈氏　　二十八歲夫亡,遺孤僅四月,忍死撫孤,孝養翁姑。守節二十年。

廩生張懷鉁妻王氏　　二十五歲夫亡,家貧茹苦,撫遺腹子成立。

徐世寧妻王氏　　早寡,撫孤成立。家貧,勤勞自給,不受人周卹。

顧子安妻張氏　　二十一歲夫亡,矢志守節,無子,奉老姑甚孝,年二十八。

徐家訓繼妻錢氏　　二十六歲適徐,婚甫三日夫亡,赴水遇救。撫前氏子成立。守節五十六年。

儒童陳基惠妻張氏　　二十六歲夫亡,撫姪爲嗣,事姑盡孝。守節已四十年。

儒童陳維雛聘妻周氏　　未婚夫亡,哀痛成疾,卒,歸葬陳氏。

徐開泰妻曹氏　　二十五歲夫亡,孝養翁姑,課子讀書,茹苦得血症[5],卒。

候選鹽經歷陳焜繼妻金氏　　工詩畫。夫亡,暈絕,復蘇。父母勸以撫孤,乃强起。閱兩載卒。

吳鳴皋妻徐氏　　二十九歲夫亡,一子一女皆殤。撫姪成立。壽至八十,守節五十二年。

趙厚亭妻宣氏　　二十四歲夫亡,守節十年。

吳沛然妻章氏　　二十七歲夫亡,撫姪爲嗣。家貧,性介,不受人周。守節十九年。

朱以忠妻王氏　　三十歲夫亡,守節五十年。

候選州吏目朱嘉康妻趙氏　　二十七歲夫亡,守節三十二年。

吳泰來妻沈氏　　十九歲歸吳,十二日夫亡,守節四十八年。

趙一亭妻沈氏　　二十一歲夫亡,撫孤成立。守節十五年。

王惠季妻董氏　　二十三歲夫亡,守節四十四年。

朱疇康妻周氏　　二十九歲夫亡,守節二十九年。

廩生顧廷翰妻馮氏　　三十歲夫亡,撫子成名。守節二十餘年。

生員王思地繼妻錢氏　　二十三歲夫亡,撫孤振金未彌月,教育成立。守節三十三年。

沈學德妻趙氏　　二十三歲夫亡,無子,撫養夫弟成立,得延宗祀。守節三十年。

監生干昶年妻董氏　　二十九歲夫亡,撫孤成立。守節二十五年。

李世懋妻干氏　　二十九歲夫亡,撫二子成立。守節三十三年。

陳金聲妻周氏　　二十八歲夫亡,孝事孀姑,撫子成立。守節三十二年。

林奇麟妻顧氏　　二十八歲夫亡,守節十三年。

陳學詩妻許氏　　二十九歲夫亡,守節二十七年。

知縣沈起鯨妾陳氏　　二十二歲夫亡,撫姪曾孫鶴聲爲嗣。守節三十六年。

徐履豐妻宋氏　　二十三歲婚,閱一年夫亡,無子,守節三十六年。

朱辰慶妻畢氏　　長慶性至孝[6],嘗割股療母疾,尋卒,畢時二十二歲。守節已三十五年。

朱點妻方氏　　二十六歲夫亡,撫孤成立,善事舅姑。守節已二十三年。

陳維雕妻沈氏　　二十四歲夫亡,撫孤成立。守節已三十六年。

候選州同顧煥章妻李氏　　二十四歲夫亡,事孀姑盡孝,撫姪成立。守節已三十三年。

馬天生妻儲氏　　二十八歲夫亡,撫孤大昌成立。道光二十九年,學使趙給區表獎。現年六十六。

生員王希韓妻朱氏　　二十九歲夫亡,茹荼撫孤。事翁姑盡孝。現年六十七。

鄒有昌妻劉氏　　二十七歲夫亡,撫孤成立。現年六十七。

湯連元妻趙氏　　二十四歲夫亡,撫孤成立。現年六十六。

朱熙成妻方氏　　二十二歲夫亡,現年五十七。

生員胡國泰妻陳氏　二十七歲夫亡,現年五十一。

生員胡永清妻王氏　二十六歲夫亡,現年四十七。

武生胡榮妻夏氏　二十九歲夫亡,現年五十五。

從九品胡國鈞妻黃氏　二十九歲夫亡,現年五十九。

陳韻香妻萬氏　二十八歲夫亡,現年四十八。

胡文江妻王氏　二十四歲夫亡,現年五十七。

鄭汝妻江氏　二十九歲夫亡,現年五十八。

鍾含英妻盧氏　二十八歲夫殉粵匪難,矢志守貞,現年四十一。

吳希震妻李氏　二十七歲夫亡,勸翁納妾生子希賢,未三載,翁姑相繼歿,李撫叔如子。現年四十九。

趙乘田妻顧氏　二十六歲夫亡,撫孤成立。現年五十七。

生員馬升墀妻俞氏　二十九歲夫亡,無子,孝事翁姑。現年六十六。

儒童仇文映妻吳氏　二十七歲夫亡,現年六十一。

儒童王維鏞妻陳氏　二十七歲夫亡,撫孤成立。現年六十七。

何德聖妻馬氏　二十九歲夫亡,孝姑,撫孤。現年六十四。

何德恒繼妻胡氏　二十七歲夫亡,孝養翁姑,撫孤成立。現年六十四。

葛雅賢妻陸氏　二十一歲夫亡,茹苦奉長齋,現年五十一。

俞廉夫繼聘妻印氏　二十七歲夫亡,奔喪。撫前氏二子成立。現年六十三。

楊鏡堂聘妻徐氏　二十三歲夫亡,奔喪。守節,現年六十三。

張正元妻談氏　二十四歲夫亡,無子,撫幼女。守節,現年五十七。

金學龍妻錢氏　二十歲歸金,甫四月夫亡,孝養翁姑。現年五十。

監生任鍾麟妻陳氏　二十二歲夫亡,孝事翁姑,撫孤成立。現年五十二。

康思忠妻朱氏　十八歲夫亡,現年六十一。

周嗣宗妻湯氏　二十四歲夫亡,撫遺腹子成立。現年五十五。

吳巨川妾沈氏　巨川早年病瘵卒,女君朱投繯死,沈身任喪葬。依主伯兄家,日食鐺底焦飯以活。凡三年經營,所事畢,茹苦終身,人稱雙節。

張如昇妻王氏　少爲養媳,至二十二歲夫故。姑欲嫁之,卒不可,矢志貞潔,竭力奉姑,守節五十二年。

監生郁寅齋妻祝氏　二十七歲夫故,哀痛絕粒,翁姑諭以撫孤延祀,始進饘粥。未幾,遺孤又殤,痛郁氏無後,乃勸翁納妾,耐苦操勞,婦兼子職,守節已二十四年。

農民徐聚妻葉氏　無子,夫兄遺孤友黻,撫奉宗祀,長爲婚配。匪擾居燬,勤蠶桑,始庇草屋,繼造如舊,里閈賢之,現年四十五歲。

徐元亨妻陸氏　年十九夫故,無子,姑老,家貧,陸勤蠶織以養。里中無賴逼改嫁,陸憤欲投河以死,自誓撫姪德凝成立。以上新纂。

【校注】

　　[1] 紹基安龔氏：當是"紹基妻龔氏"之誤。

　　[2] 按：光緒《海鹽縣志》卷二十二《人物傳·列女》："沈氏,步廷楨妻。年二十三夫亡。紡績度日。苦節至七十二歲歿。"故疑"二十二歲"是"七十二歲"之誤。

　　[3] 三載：後脫"夫亡"二字。

　［4］一載：後脱“夫亡”二字。

　［5］“菇”是“茹”之誤。

　［6］按：光緒《海鹽縣志》卷二十二《人物傳·列女》：“畢氏，朱辰慶妻。辰慶性至孝，嘗割股療母疾，尋卒。畢年二十二歲。守節已三十六年。”故疑“長慶”是“辰慶”之誤。

嘉興府志卷七十五

〔列女十二〕

列女節婦

平湖縣上

明

生員劉濂妻馬氏　十七歲夫亡。翁欲奪其志,百計挫之,志益厲,嘗閉門自經,以救蘇。翁陰約沈氏聘,姑令女奴抱持,納沈舟。馬投河不得,號哭呼天。須臾,風雨疾,雷擊,舟幾覆。沈懼,旋舟還之。事聞於官,官瞻之以老。

沈宏妻平氏　二十一歲夫亡,姑亦早寡。家貧,或憐其少,勸之嫁,氏泣曰:"吾若改適,老姑弱息,將何託耶?"年八十九卒,詔旌其門。

生員胡善妻戴氏,慶妻萬氏　戴二十三歲夫亡,無子。萬二十七歲夫亡,有一子一女,紡績養姑。姑歿,萬之子亦死,戴與萬益無依。萬年七十一,戴年七十五,里人楊能疏於朝,旌之。

陸瀾妻宋氏　二十一歲夫亡,遺娠得男,旋死。父曰:"此天欲爾改行也。"宋誓死不從,詔表其廬。

張昊妻孫氏　二十四歲夫亡。姑陸老而喪明,事之孝敬備至。姑歿,歸依父母。守節十餘年,嘉靖間旌。

監生沈坪繼妻費氏,維鑣妻陶氏,維鑲妻陶氏　費二十一歲夫亡,截髮毀容,矢無二志。夫從子維鑣妻陶氏,維鑲妻陶氏,俱少年守節。時稱沈門三節。

主事俞乾繼妻張氏　二十四歲夫亡,闢一室,懸夫像,奉祖姑金同處其中。時海寇入境,張屬白刃置懷中。人問之,曰:"脫有急,以此死耳。"守節三十餘年。

胡天常妻陳氏　二十三歲夫亡,子甫一齡。或諷之嫁。陳曰:"我門有雙節,如戴如萬,至今誦之。至我獨爲失節婦耶?"乃截髮矢志。年六十六。

馬曙妻沈氏　二十五歲夫亡,晝夜號慟。翁年老,不忍聞此聲,沈乃抑情節哀。年五十九。

俞相繼妻姚氏　二十歲夫亡,撫嗣子可賢成立。守節五十年。前女適陳常道,早寡。同姚守節,詔旌。

過溱妻俞氏,橋妻陳氏,原妻張氏　俞十九歲夫亡,撫兄子橋爲後,訓橋力學,成明經。橋妻陳氏,早寡。橋子原妻張氏又寡,教孤庭訓成進士。俞年八十三卒,陳守節四十年,張年七十九。萬曆乙卯,詔建三節坊。

朱呈祥妻沈氏　二十八歲夫亡,力不能葬。遇大風雨,以傘覆棺上,立侍其旁。越三十四年,始克葬焉。

生員沈民表妻劉氏,民志妻馬氏　劉十九歲夫亡,無子,紡織自活。年八十餘。夫葬未備,積年得金,始克改葬。有婢阿妹姓江,八歲事劉,長贅吳良,良死,不復櫛髮,人呼爲銹頭,有感於劉而貞也。馬年三十舉一子,夫亡,艱辛四十餘年,與劉稱雙節。

朱傅妻倪氏　二十一歲夫歿於楚,族人欲奪其志。手刃自刎,邑令汪環給額表之[1]。年六十二。

陸鐵妻力氏　二十四歲夫死於讐,慘被焚尸,力一慟幾絕,教其子傚孟復讐,竟以叩閽得雪。一女適金,十九而寡。依母以苦節終。

懷寀妻潘氏　二十一歲夫亡,閉戶自經。以舅亟救免。孫所學登鄉薦。年七十三卒。事聞,建坊。

孫岳妻沈氏　二十歲婚,帀月夫亡,守節四十餘年。遠近共稱"沈貞六娘"云。

生員楊相妻潘氏　二十一歲夫亡，不復櫛沐，不履中堂。孝奉舅姑。年七十八。

生員馬師尹妻戴氏　適馬，未期而寡，遺姙生女。翁姑爲贅壻，以壻所生二子逢樂、乾爲己孫，教之，俱爲諸生。年八十四。

倪光道妻趙氏　夫亡，遺腹子又殀，提攜兩女。守節三十年。

生員姚筌妻顧氏　二十四歲夫亡，撫嗣子如己出，守節五十五年。

趙志完妻朱氏　十七歲夫亡，父母欲勸之嫁。朱毀容，矢無二志。年四十九。

張崇仁妻馬氏　二十歲夫亡，無子，甘貧守節。

生員鍾鳴震妻姚氏　婚半載夫亡，無子，守節三十年。

朱彩妻吳氏　婚二年夫亡，翁姑諷之嫁，吳剔目翦髮，誓無二心。年七十一，邑令謝良弼表之。

生員孫官妻劉氏，同祖妻盛氏　官亡，子同祖尋歿，劉僅二十歲，盛年更少。時家人促避倭寇，婦姑斷髮翦爪，曰："賊至，有死耳。"誓不越閫。盜至，劫囊橐去。兩人伶仃，守節者三十年。

陳常道妻俞氏，贈光祿少卿泰來妻沈氏　俞二十歲夫亡，無子，欲身殉者再。伯姒泣止之，以其子二典爲之嗣。孫泰來弱冠登進士，以言貶，竄死，妻沈氏亦守苦節十年。先後詔旌。

生員孫洪範妻沈氏　二十三歲夫亡，繼姑頗悍，待沈不以禮。沈曲意承順，守節四十餘年。其姒吳氏、張氏亦慕義矢志，人以爲皆沈氏所感云。

徐洪妻楊氏　二十四歲夫亡，生子悦甫四齡。事祖姑、翁姑甚孝。年六十六。

馮春暘妻陸氏　夫亡，遺娠子又殤。翁憐其單寡，以幼女女之，擇壻陸鰲，成進士。疏陸苦節，詔旌其門。翁有側室顧氏，後守節，與陸同，女即顧所出也。

馮瑛妻馬氏　十八歲夫亡。姑病，翦肉和藥進之，病立瘥。年八十六卒，事聞，詔建坊。

生員郭山妻陳氏　二十七歲夫亡。雙目俱瞽，以子求舌舐復明，年八十四卒。奉詔建坊。

王誠志妻朱氏　夫亡，撫姪維紀爲嗣。年八十。

馮叔原妻沈氏　沈維錕女，十九歲夫亡。止一女，撫以守節。年五十三。

生員鍾鳴升繼妻沈氏　維錕次女，二十七歲夫亡，事姑甚孝，撫前子成純，倍極愛護。年六十二。

陸臺妻顧氏　十九歲夫亡，遺腹子成立。年八十二。

生員陸邦俊妻蔣氏　二十六歲夫亡，無子，守節五十四年。

生員鄔科妻馬氏　二十三歲夫亡，翁姑衰邁，織紝以供甘旨。守節數十年。

姚文治妻陸氏　十九歲夫亡，躬織紝以膳姑。守節六十年。

王棟妻周氏　二十一歲夫亡，撫育二女。朝夕坐卧柩側。守節五十五年。

生員陳治安妻袁氏　十九歲夫亡。子又早世，復撫一孫。守節六十一年。

生員施應期妻鍾氏　二十三歲寡，絕粒七日，姑勸慰之，乃進食。依夫從子紹芳。守節五十餘年。

生員楊日清妻過氏，媳顧氏　過二十八歲夫亡，事翁，撫子，俱出自手績。年八十餘卒。婦顧氏亦以節著。

贈員外馬汝賢妻沈氏　夫以隆慶丁卯登第後遽亡。孤明瑞甫六齡，督課甚嚴。年七十五。

時勳妻趙氏　夫早亡，無子，守節三十二年。

陸燫妻楊氏　二十一歲夫亡，家貧，訓子及孫成立。守節五十餘年。

李文東妻沈氏　二十八歲夫亡，無子，守節五十七年。

監生張恒吉妻馮氏　三十歲夫亡，遺孤楚魁尚幼。上事庶姑，中撫諸叔，内外無間言。年五十七。

生員喻堯欽妻趙氏　二十歲夫亡，有勸他適者，嚙血鬖髮，誓無他志。

喻應麟妻莫氏　二十五歲夫亡，家極貧，以《孝經》日授其子泰徵、道徵。年八十餘。

王思忠妻過氏　二十九歲夫亡，無子，族人覬覦，堅不爲動。守節三十餘年。

生員沈忠燦妻馬氏　二十三歲夫以嘔血亡，矢志撫孤，守節踰五十年。萬曆三十八年，邑令喬表其門。

俞二妻李氏　夫亡，子殤，爲張酉陽女乳媪。女少寡，李綜理其家務。年七十餘。

曹一烱妻王氏　十九歲夫亡。姑病，朝夕祈禱。姑病篤，諭令自便，王終無二志。年七十餘，奉詔建坊。

馮陳氏　馮三鑑母，二十一歲夫亡。姑老，家貧，紡績不怠。姑歿，親爲覆土，隣人助之，乃克葬。年七十四。

張行倫妻陸氏　二十四歲夫亡，家貧，撫孤成立，守節五十一年。

陸基祝妻曹氏　十九歲夫亡。初，夫好游俠，曹每泣，讛不從。及歿，以死自誓，守節四十年。子上銘又殀。

吕治妻屠氏　二十八歲夫亡，事舅姑，撫二子，守節三十八年。

生員劉垣妾俞氏　二十四歲垣亡，撫週歲孤成立，守節三十八年。

張觀吉妻沈氏　二十九歲夫亡，遺孤應瑞甫週，沈翦髮爪貯棺，誓死無二。年六十餘。

顧薛氏　十九歲夫亡，無子。家苦貧，自食糠粃，以甘旨奉姑，人稱其孝。

馬之驊妻張氏　二十五歲夫亡，孝事其姑，勤課諸子，守節數十年。

生員朱家柱妻沈氏　二十八歲夫亡，無子，以所居爲朱氏世祠，以己産供墓祭，守節三十六年。

沈紹侃妻黃氏　二十歲夫亡，家貧無子，藉十指以給，守節四十餘年。

陸大權妻馮氏　夫早亡，無子。生姑胡相繼歿，殯葬盡禮。守節數十年。

蔡曹氏　蔡炳勳母。十九歲夫居父喪，毀瘠卒。氏力營夫葬。守節三十一年，陸應陽爲傳。

沈俞氏　俞金女，十六歲夫亡，無子。依父母以居，守節七十年。

生員俞懋賢妻劉氏　二十四歲夫亡，撫嗣子允承成立。

孫汀妻張氏　二十七歲夫亡，子枝茂甫四齡，勤督就學。年七十三卒。未葬，值火災，枝茂撫棺號哭，火尋滅，人咸謂節孝之感。

生員陸萬陵妻吳氏　夫亡，子大襁哭父死。吳親負土以葬，隣嫗百計迫脅，截一指拒之。年七十。

張納繼妻紀氏　二十一歲夫亡。歲大饑，兄給歸，將以另適，紀不從，持刀負子而逃，連夜行二十餘里抵家，力撫其孤成立。年八十二。

宋秀妻金氏　二十八歲夫亡。年八十二。通判劉表其門。

監生沈瑞鎜繼妻陸氏　二十九歲夫亡，事姑，撫孤，守節二十三年。

生員沈瑞鑾妻張氏　夫亡，守節。邑令賴垓表曰“節壽”。

孫獻策妻金氏　夫早亡，撫二孤。至七十卒，邑令羅表其門。

楊悌繼妻褚氏　二十七歲夫亡，二子慶、序皆幼。悌前妻徐生二子，謀壓之，席捲其貲。褚朝夕流涕，課子成立。年七十八。

陸潤黻妻林氏　二十四歲夫亡，子樸既婚又歿。林與姑倪氏、妯張氏、子婦朱氏，並縶居守節。

毛應鑾妻沈氏　二十八歲夫歿於嶺海，翁姑繼歿，家極貧，撫遺腹子。至六十卒。崇禎間旌。

生員沈猶龍妻孫氏，符妻孫氏　婦姑雙節。姑二十一歲夫亡，訓子廷史、錄符成立。符妻孫氏，亦二十一寡。年七十七，詔旌其門。

陳紫垣妻陸氏　二十七歲夫亡，七日不食，父強起之，破衣垢血五十餘年。

沈宏恩繼妻龔氏　二十三歲夫亡，年八十四，邑令蕭鳴甲表之。

全官妻陸氏　二十一歲夫亡。年七十八，邑令羅尚忠表之。

吴大成妻吴氏　夫早亡，守節四十餘年。監司霍、鹺院雷並表其廬。

檢討屠象美妾楊氏　象美死於兵，諸姬竄去，楊獨矢志，撫孤爲女傅以終。

張廷瑚妻沈氏　二十歲夫亡，遺孤淝。事母盡孝，年逾七十。

陸光耀妻陳氏　婚三載夫亡，孝事舅姑，撫遺腹子成立，守節五十餘年。

胡培妻劉氏　二十一歲夫亡，紡織養姑，守節五十一年。

陸啟溶妻曾氏　十七歲夫亡，哀慟失明。年七十一。

生員沈麟徵妻徐氏　夫亡，遺孤彪甫七月。翁姑相繼殁，徐拮據營葬。守節四十六年。

嚴泳妻陸氏　二十八歲夫亡，遺孤簡方五齡，辛勤撫育成立。年八十五，學使陸舜表之。

張維成妻倪氏　夫亡，子甫三月，撫育成立，得襲乍浦所鎮撫。邑令齊表其廬。

彭夢杞妻顧氏　二十二歲夫亡，子之傳未晬。族人逼之嫁，矢志不從。事姑甚孝，守節五十年。邑令麗霦表其門。陸之祺爲《墓志》。

生員姚世植妻莫氏　三十歲夫亡，事姑極孝。年七十五。

舉人沈杞楨妻鄭氏　十七歲婚，夫舉於鄉，越歲死。守節六十年。

馮幼舒妻吴氏　二十六歲夫亡，家貧，無子，織紝營葬。守節三十三年。

馮耀晟妻謝氏　二十九歲夫亡，撫孤堯詢成立。守節三十年。

馬維德妻孫氏　夫早亡，撫遺孤。守節五十餘年。

生員俞恩光妻嚴氏　夫亡，撫孤。守節三十餘年。詔旌其門。

生員袁萬域妻唐氏，養醇妻沈氏，妾林氏　唐十九歲夫亡，遺孤養醕甫六月，撫育成立，娶婦沈氏，早寡；妾林氏生二子，俱在襁褓。姑婦苦守五十餘年。人咸稱袁氏三節。

乍浦千户王璽妻馬氏　夫亡，撫子鏜成立，後鏜以忠義顯。馬與舍餘劉環妻李氏並以節旌。

生員沈昊麒妻洪氏　夫亡，守節四十年。

生員張叔峴妻朱氏　夫亡，守節四十三年。

御史陸清原妾夏氏　崇禎壬午，清原殉難。夏年十九，無子。女聞訃痛哭。守節四十餘年。慈溪王治皋爲之立傳。

趙璧妻沈氏　二十九歲夫亡，有諷以易志者，即以刀斷其髮，遂無敢言。年八十一。

沈爟妻劉氏　二十七歲夫亡，遺腹生子地，事母有孝名。

貢生屠鉦妻許氏，妾孫氏，生員景彦妻陸氏，贈行人司行人桂徵妻沈氏，生員晉妻張氏　鉦卒，嫡無出，撫孫所生子長景彦、次晉如已出。孫事許如母，俱守節二十七年。陸氏夫亡，子桂徵尚幼，教養成立。守節三十六年。沈氏夫亡，子象美尚幼，撫之成立，守節二十七年。後象美成進士，官行人。崇禎甲戌，具疏題旌一門五節焉。張氏夫亡，無子，守節三十九年。

俞喬杏妻沈氏　泰昌年旌。

俞南都妻陸氏　嘉靖年旌。

俞喬棉妻莊氏　萬曆年旌。

【校注】

［1］按：光緒《平湖縣志》卷十九《人物・列女一》："朱某妻倪氏　生員暉祖母年十九適朱，逾二年夫以賈游殁于楚。聞訃，即欲自裁，復思姑耄兒孤，猶豫未決。會族人逼奪其志，手刎，震驚地方，呈報江知縣，判云：'朱傅客死異鄉，其妻倪氏矢賦柏舟，志節可嘉，安可逼之嫁乎？'給匾旌揚。"本《志》卷三十九《職

官四·平湖知縣》：“（萬曆年）江環漳浦進士。”光緒《平湖縣志》卷十《職官·知縣》：“（萬曆年）江環
十五年任，有傳。”卷十二《宦績》：“江環，字晉雲，福建漳浦人。萬曆丙戌進士。丁亥初夏，知縣事……”康
熙《漳浦縣志》卷十二《選舉上·進士》：“萬曆十四年丙戌唐文獻榜　江環，字縉雲。平湖知縣、御史。”本
《志》及《平湖縣志·職官表》均無“汪環”其人。故疑“汪環”是“江環”之誤。

國　朝

陸韜妻徐氏　　二十六歲夫亡，子秉衡甫週。執翁姑喪，克盡孝道。守節三十六年，康熙四十四年旌。

趙永吉妻施氏　　事姑以孝稱。姑死，夫以哭母亡，施時二十五歲，哀毀絕粒。其母勸撫孤，乃強食，撫姪良爲嗣。守節五十年。

何士彥妻張氏　　二十四歲夫亡，撫孤肇昌成立，守節四十八年。

沈仰日妻陶氏　　二十五歲夫以哭生母毀瘠亡，陶撫子嶸岫成立，謹事嫡姑。年六十七以上。康熙四十五年旌。

贈檢討嚴耆妻劉氏　　十八歲夫亡，遺腹生子思位。值歲饑，日織一布，易米數升，雜糠粃食之。以經書口授其子。守節四十二年，康熙五十年旌。

貢生程溥妻戴氏　　二十六歲夫亡，絕粒三日。舅姑年老，孝養純摯。子本毓仕至宣化同知。康熙五十二年旌。

生員何士傑妻王氏　　婚歲餘夫亡，生女方五十日姑歿，獨任殯葬。守節四十餘年。康熙五十六年旌。

生員方鼎鉉妻周氏　　二十九歲夫亡，事孀姑以孝，撫孤嶹源成立。其舅氏葉某遺一女孫，少寡，周賙恤之。年六十三。

張天祺妻陸氏　　十八歲夫亡，撫八月孤瑛，以延一綫。康熙戊子歲饑，設廩濟貧。守節三十三年，以上雍正五年旌。

趙晉錫妻胡氏　　二十六歲夫亡，子雲會早世。率其婦課孫之弼、良珏爲諸生。年七十。

生員張渭妻金氏　　二十八歲夫亡，事姑沈盡孝，撫四齡孤梡成立。年八十八。

唐肄修妻顧氏　　二十三歲夫亡，無子，撫夫從子徵鳳及長。爲夫營葬，曰：“吾事畢矣。”遂寢疾，卒。守節三十三年。

何兆楠妻曹氏　　二十九歲夫亡，事翁姑以孝聞，撫幼孤，慈嚴備至。　以上雍正六年旌。

生員王筆基妻陳氏　　二十三歲夫亡，翁姑旋歿，力營喪葬。撫孤朝正成立。守節五十七年，雍正七年旌。

鮑匡衡妻吳氏　　二十一歲夫亡，孝事庶姑，伯氏家落，視其子不異己出。獨爲翁姑營葬。守節四十年。

贈糧驛道高軒妻王氏　　二十四歲夫亡，事祖姑及翁甚孝，訓子衡嚴而有法，守節三十二年。

徐國榮妻方氏　　十八歲夫亡，遺腹生子玉瑞。姑病，晝夜侍奉，目不交睫者百日。及病革，連稱孝婦者三乃絕。守節五十三年。　以上雍正十年旌。

張埠妻潘氏　　二十九歲夫亡，奉舅姑孝，教子讀書，守節三十年。

陸彪勳妻張氏　　二十二歲夫亡，守節四十五年。　以上雍正十一年旌。

過澤洽妻時氏　　二十八歲夫亡，二子崧、崔俱幼，撫育成立。年七十三。

楊炌妻沈氏　　二十七歲夫亡，撫孤九雲成立。女適沈南英，亦早寡。沈年七十九。

沈南英妻楊氏　　十八歲夫亡，無子，撫夫從子爲嗣。年七十九。

張天佑妻朱氏　　二十一歲夫亡，撫姪人鳳爲嗣。年七十三。

生員陸瀟原妾張氏　　二十六歲瀟原亡，生子不育，或微諷之。氏曰：“婦人從一而終，無論妻與妾也。”守節三

十三年。

監生洪士良妻李氏　二十九歲夫亡,子燿甫三齡。守節三十餘年。

生員沈不負妾朱氏　二十九歲不負亡,課子方蕙讀書爲諸生,克繼父志。守節三十三年。

張兆枚妻嚴氏　二十一歲夫亡,事舅姑以孝,撫姪士燁成立。年六十三。

屠德允妻何氏　二十一歲夫亡,無子,孝事翁姑。守節四十餘年。　以上乾隆元年旌。

生員吳光遠妻馮氏　二十一歲夫亡,撫嗣子琨。年六十八。

沈貞侯妻胡氏　二十二歲夫亡,無子,以夫從子人儀爲嗣。年六十五。

陸輝佳妻沈氏　二十四歲夫亡,絕粒五日,將死殉,本生母過氏泣而止之。後五載,營葬翁姑,立夫從子廷襄爲嗣。年七十一。

貢生沈承泗妻陸氏　二十五歲夫亡,善事舅姑,撫孤廷棟。守節四十年。

李唐侯妻高氏　二十歲夫亡,無子,撫夫從子其昌成立。翁歿,與姑蔡相依,以孝養稱。年六十五。　以上乾隆二年旌。

鮑秉寬妻程氏　夫游海陵客死,時程二十九歲。撫五齡孤連,稍長,即命扶父櫬歸葬。年八十一。

沈畿妻謝氏　二十歲夫亡,閱三月遺腹生子金莖,撫以守志。年五十一。

趙文元妻周氏　二十七歲夫亡,子俊仁尚幼,獨支門戶,營葬翁姑。年七十一。

贈布政司經歷沈圻妻陸氏　二十七歲夫亡,姑陸嬰疾,奉侍湯藥,晝夜不倦,撫孤子鑰成立。年八十一。

監生張培源妻陸氏　二十七歲夫亡,事姑倪盡孝,撫五歲孤雲錦成立,守節三十年。

監生姚宏遠妾陸氏、黃氏,培齡妻張氏　宏遠死時,陸年二十八,黃年二十二。繼姑童年邁,二人左右扶持不懈。陸生子培齡,娶婦張氏,亦少寡。世稱雙節。　以上乾隆三年旌。

程光福妻黃氏　二十一歲夫亡,撫嗣子大林成立。守節五十餘年。

周明道妻張氏　二十歲夫亡,事舅姑以孝。迎養父母,沒齒不衰。撫夫從子宗瑚爲嗣。守節四十四年。

生員陸垣妻林氏　二十九歲寡,事姑孝,性嚴正,訓子祖錫有法。年五十二。　以上乾隆四年旌。

施堪妻倪氏　二十九歲夫亡,遺孤欽瑜早世,復撫諸孫。年七十五。

生員陸芳璨妻沈氏　二十一歲夫亡,撫孤大復、王孫,皆成立,有文名。年七十九。

徐孚吉妻王氏　十八歲夫亡,孝事翁姑。撫夫從子松爲嗣,迄於成立。守節五十餘年。

生員陸墉妻林氏　二十四歲夫亡,子天錫甫週,教養成立,後領鄉薦。

沈源昌妻陸氏　二十二歲夫亡,孤子垣生甫四月,守節二十餘年。　以上乾隆五年旌。

曹念祥妻李氏　二十三歲夫亡,哀痛絕粒累日。事姑周孝,訓子永昌極嚴。年八十三。

唐洪學妻俞氏　二十一歲夫亡,痛翁姑早逝,祭必豐潔。爲嗣子克典擘畫婚娶,人咸稱之。

倪洵庚妻張氏　二十三歲夫亡,遺子本寧甫帀月。舅姑歿,張率兩姒拮据喪葬。年五十四。

倪洵甲繼妻鍾氏　二十四歲夫亡,撫前子彰采有恩,彰采亦以孝聞。孫見龍成進士。年六十。

張秋鑑妻楊氏　二十二歲夫亡,遺孤垂裕甫二齡,矢志撫育。孝事舅姑。年六十四。

徐惟垣妻沈氏　十九歲夫亡,無子,撫夫從子欽成立。守節三十六年。

生員倪廷鳳妻金氏　二十七歲夫亡,遺子二。希祐早世,藻垣領鄉薦。守節三十二年。

楊純中妻倪氏　廷鳳女也,夫亡,守節。

林勝先妻謝氏　二十三歲夫亡,守節三十餘年。　以上乾隆六年旌。

施明焜妻陸氏　二十八歲夫亡,遺子堪、壁俱幼。其持家訓子,一以姑俞氏爲法。年六十四。

監生施涝妻陸氏　二十七歲夫亡，撫二孤榮、城成立。舅姑老且病，陸侍湯藥等不倦。年七十。

監生徐宗渭妻屈氏　二十九歲夫亡，子國柱、廷柱，皆入太學，士杓游庠。年八十七。

監生錢永昌妻馬氏　二十六歲夫亡，撫嗣子繼業，營葬翁姑及夫。守節三十餘年。

生員馮元鼎繼妻丁氏　二十五歲夫亡，事翁及庶姑甚謹，撫前子大溶有恩。守節二十餘年。

生員張天裕妻劉氏　三十歲夫亡，子驥曾、廷標相繼歿。乃以夫之從孫敬關、希閩為嗣孫。守節三十一年。以上乾隆七年旌。

朱士選妻張氏　二十三歲夫亡，以夫從子紱為嗣。父歿，無後，歲時祭墓弗替。有妹嫁於殷，貧甚，周郵備至。年七十七。

張嗣森妻徐氏　二十八歲夫亡，家貧，僅存田四畝。事姑楊盡孝，撫孤日炎成立。年八十一。

生員沈琉玉妻張氏　二十四歲夫亡，子修齡生甫六月，張將絕吭死，舅姑泣止之。年五十五。

監生陸秉琪妻林氏　二十七歲夫亡，以夫從子時熺為嗣。孝養舅姑，娣姒間無間言。年七十二。

紀嗣龍妻朱氏　二十二歲夫亡，撫孤善長。守節五十餘年。

朱泗妻許氏　二十九歲夫亡，遺二孤。長御藩早殀，次昇任太醫院。守節數十年。　以上乾隆八年旌。

楊聲垂妻劉氏　二十五歲寡，翁姑邁，夫弟楷又幼，劉積儉置田，資楷娶婦，後以楷子為嗣。年五十六。

監生陸秉謙妻許氏，妾韓氏　夫亡，時許二十六歲，韓三十一歲，無子。撫夫從子焜為嗣，同守節三十餘年。

馮搏始妻陸氏　二十八歲夫亡，止遺三女，撫嗣子枚愛如己出。御婢僕以恩，有過未嘗訶責。年七十。長女適俞，亦以節箸。

沈漢侯妻錢氏　二十四歲夫亡，事舅甚孝。撫孤繼源，守志。年四十九。

孫尚涵妻吳氏　二十四歲夫亡，子楷甫六月，矢志鞠育，年七十四。　以上乾隆九年旌。

徐德隅妻張氏　二十四歲夫亡，家貧，日操作以奉舅姑。及歿，營葬。依夫從子培廷。守節三十年。

奚佺妻曹氏　二十八歲夫亡，撫孤成立，孫蘭弱冠為諸生。守節五十八年。

戴凌皋妻姚氏　二十四歲夫亡，舅繼歿，姑復病。夫弟又瞻尚幼，百計支撐，門戶晏然。守節三十餘年。

孫思孝妻馬氏　二十六歲夫亡，撫夫從子次興。守節三十年。　以上乾隆十年旌。

戈洽枚妻呂氏　幼喪父，哭失明，後遇神醫而愈。十九歲適戈。姑徐臥病兩載，侍奉不倦。二十八夫亡，教子定讀書。年六十一。

魯廷彥妻錢氏　二十六歲夫亡，遺孤纘曾甫五齡。姑目病瞽，以舌舐之而愈。年八十四。

呂廷鏗妻唐氏，媳羅氏　二十六歲夫亡，撫六齡孤成立，娶婦羅氏，亦早寡。撫孫賓王，其守節五十三年。

王茂昭妻李氏　二十四歲夫亡，撫二齡孤承祖。守節四十餘年。

生員洪允迪妻方氏　二十八歲夫亡，子廷樞嗣夫兄後，廷植甚幼，撫之成立。與伯姒同居共炊，無間言。守節三十七年。　以上乾隆十一年旌。

生員張東暘妻陸氏　二十八歲夫亡，無子，止一女，以夫從子杏山為嗣。歲饑，饔飧不給，或勸易志。截髮自誓。女嫁徐文獻。徐歿，與寡女糊冥鍰度日以終。

倪熙曾妻馮氏　十七歲夫亡。夫有庶弟耀曾，馮與庶姑錢共撫之，內政整肅，雖幼僮不許入內。日督諸婢紡績，守節五十年以上。乾隆十二年旌。

監生趙啟敦妻紀氏，娣張氏　紀二十四歲夫亡，庶姑遺腹生子，共撫育之。既長，娶張氏，亦早寡。乃撫夫族子遇隆為嗣。年七十四。乾隆十三年旌。

生員俞鋏妻陸氏　二十三歲夫亡，孝事舅姑。嗣子維翰既婚，夫婦俱逝。遺孫椿七歲，親為鞠育。乾隆十四年旌。

徐鶴林妻王氏　二十三歲夫亡，躬操作，以奉舅姑。父貧，迎養於家。撫子廷宰有成。後舅姑及父母相繼殁，四喪並舉，靡不合禮。守節四十餘年。

監生唐任之妻倪氏　二十六歲夫亡，無子，誓不改適。撫夫從子金蘭成立。守節三十五年。　以上乾隆十五年旌。

徐鼎妻韓氏　二十八歲夫亡，事姑盡婦道。教子廷柱爲諸生。年八十七。

劉永臣妻江氏　二十五歲寡，舅及兩姑皆未葬，積貲數年，四棺並舉。撫子瑞麟成立。守節三十七年。

監生程斌妻孫氏　二十六歲夫居母喪，痛哭嘔血而亡。翁又殁，孫舉三棺並葬於獨山。年四十二。　以上乾隆十七年旌。

陸朗亭妻沈氏　十九歲夫亡，舅姑憫其少，欲令自適，沈聞之不從，截髮自誓。撫姪爲嗣，迄於成立。

陸覲揚妻褚氏　二十歲夫亡，守節三十一年。　以上乾隆十八年旌。

貢生陸其焕妾萬氏　二十四歲其焕死，嫡施氏遺二子又殀，萬保恤遺孤鴻鍾等成立。守節六十七年。乾隆十九年旌。

監生曹元皋妻胡氏　二十一歲夫亡，無子，姑沈年老多病，胡奉湯藥始終不倦，撫夫從子大成爲嗣。年四十五。

徐玉臣妻王氏，爾仁妻俞氏　十七歲適徐，八月夫亡。妯娌甚和，終身不析炊。嗣子爾二早殀。與婦俞氏煢煢相倚，守節五十餘年。　以上乾隆二十年旌。

陳載颺妻盛氏　二十九歲夫亡，值歲饑，日織布易米，以養舅姑。其在室時，父殁，無以殮，擬鬻身以備衣衾，鄉黨高其義，賵之以金，乃得襄事。守節五十三年。乾隆二十一年旌。

馮光斗妻湯氏　二十八歲夫亡，撫孤堯年成立。守節三十四年，乾隆二十二年旌。

陳禹善妻淩氏　十九歲夫亡，無子，撫姪永兆又殁。復撫孫維璋。年四十一，乾隆二十三年旌。

周楷妻張氏　二十七歲夫亡，遺腹生子夅。年八十一，乾隆二十四年旌。

陸墍妻王氏　二十一歲夫亡，撫孤錫泰，口授經書。年四十九，乾隆二十六年旌。

林守憲妻朱氏　二十四歲夫亡，祖姑與翁相繼殁，越五月遺腹生子原，教之讀書成立。守節三十八年，乾隆二十七年旌。

張霄鶴妻羅氏　二十五歲夫亡，無子，依夫從子南頤。守節四十六年，乾隆二十九年旌。

錢榮世妻俞氏　三十歲夫亡，撫二子惇庸、栽成立，守節四十餘年。乾隆三十一年旌。

監生沈嶧繼妻陸氏　二十八歲夫亡，撫前子之煾與己子之焕不稍異。祖姑趙、姑劉相繼殁，喪葬皆獨力支辦。年七十八。

邵六陶妻孫氏　二十二歲夫亡，守節三十六年。　以上乾隆三十二年旌。

生員張陸珍妻王氏　二十二歲夫亡，遺孤南頤甫五月。夫弟鶴霄早世，與娣羅同矢苦節。年四十一，乾隆三十三年旌。

監生陳如琳妻張氏　二十八歲夫亡，孤鍾杰甫七齡，親授經書。年六十四，乾隆三十四年旌。

監生袁鈄妻陸氏　二十九歲夫亡，子浮甫晬，比長，督課極嚴，領順天鄉薦。陸年五十一，乾隆三十五年旌。

曹廷瑞妻顧氏　二十六歲夫亡，遺腹生子民表。守節三十一年，乾隆三十六年旌。

沈文淇妻萬氏　二十四歲夫亡，長子國樞甫三齡，遺腹又生子國本，俱撫之成立。年五十九，乾隆三十七年旌。

陸裕昌繼妻施氏，妾沈氏　施二十三歲夫亡，沈方十七歲，遺腹生子，俱不育。撫夫從子匡時成立。施年八十五,沈先十一年卒。

沈瀛洲妻孫氏　二十四歲夫亡,歸依母家。撫二齡遺孤發成立。守節二十四年。

生員李默妻翁氏　二十五歲夫亡,孝事舅姑,衣履皆從十指出。父歿,一慟而絕,越日始甦。曰:"吾已隨夫去。忽聞人言姑病在家,故亟歸耳。"及詢之,果然。年六十二。

生員邵銓妻徐氏　二十四歲夫亡,守節五十五年。　　以上乾隆三十八年旌。

監生吳宗僖妻陳氏　二十歲夫亡,撫嗣子大業。既長,爲之婚娶,未幾子婦俱歿。復撫遺孫。守節三十一年。

監生吳鳳翥妻陸氏　二十二歲夫亡,撫嗣子世晉,守節二十五年。　　以上乾隆三十九年旌。

張麟貞繼妻陳氏　二十六歲夫亡,無子,以姪爲嗣。姑病,百計調治,人稱其孝。守節三十六年。

黃如楠繼妻高氏　二十三歲夫亡,遺腹生子震。年五十。

俞宗洙妻戴氏　十九歲夫亡,事姑林盡孝,撫嗣子世楷及夫之孤姪世椿成立。守節三十二年。　　以上乾隆四十年旌。

陸士俊妻洪氏　二十五歲夫亡,姑戈氏衰邁,子維欽尚幼,支持門户,備歷艱苦。守節二十五年。

許宗藩妻王氏　二十六歲夫亡,訓子汝賢、汝鑑成立。翁歿,與姑相依,奉養無缺。年五十。　　以上乾隆四十一年旌。

監生馬潮妻唐氏　二十七歲夫亡,撫三齡孤林玉。姑全寡居,臥牀五載,侍奉不懈。守節三十六年。

倪雲龍妻陳氏　二十九歲夫亡,子省垣七齡,遺腹生子次垣,辛勤鞠育。年四十八。

貢生陶兼才妻馬氏　二十七歲夫亡。年五十九。　　以上乾隆四十五年旌。

生員方泰妻莊氏　二十四歲夫亡,姑年老,患脾洩,陸侍奉甚勤。及歿,痛哭失明,越二年亦卒。

張寧妻馬氏　二十一歲夫亡,一女又殤。馬闔户自經,姑急救得甦。姑舉幼子籧,旋得疾,馬以哺女乳乳之。守節三十九年。　　以上乾隆四十六年旌。

方湛妻劉氏　二十歲夫亡,以夫從子樹業爲嗣,守節四十二年。

楊德型妻馮氏　二十七歲夫亡,孝事舅姑,撫夫從子鏌爲嗣。年五十四。　　以上乾隆四十七年旌。

贈侍郎沈承沛妻馮氏,廷樞妻陸氏　馮二十三歲夫亡,遺娠生子廷樞,既長,娶陸氏。十九亦寡,遺腹子殤於痘,陸慟甚,誌朱於臂,殞之。無何,夫族兄生子初,朱誌宛然,遂以爲嗣。馮年八十六,以初貴,晉贈一品夫人。陸年七十五,晉封一品太夫人。

陸德錫妻王氏　二十六歲夫亡,事舅及繼姑以孝。撫夫從子永沇爲嗣。年六十四。　　以上乾隆四十八年旌。

王慶遐妻馬氏　二十六歲夫亡,事舅以孝。家貧,竭力營葬兩世。撫夫從子培仁成立。守節三十三年。

錢本忠妻王氏　二十三歲夫亡,撫孤祖望,謹事庶姑。守節三十八年。　　以上乾隆四十九年旌。

贈知府張友德妾沈氏　二十歲友德亡,母氏以其年少,微諷之。截髮誓志,依嫡子逸年、永年。守節五十五年。

監生劉鍔妻胡氏　二十八歲夫亡,撫孤宗讓早世,以夫從孫大禾爲嗣孫。守節三十四年。

生員陳士芳妻朱氏　二十九歲夫亡,事寡姑朱盡孝,撫二子鑑、錫球成立。年五十七。

徐行妻陸氏　二十七歲夫亡,無子,妾富氏生子如珍,撫之成立。年五十一。　　以上乾隆五十年旌。

吳玉祥妻陶氏　三十歲夫亡,矢志撫孤,孝事舅姑。年七十三。乾隆五十一年旌。

監生何鎬繼妻耿氏,觀濤妻王氏　耿二十一歲夫亡,遺腹生子觀濤,既長,娶婦王氏,二十二亦寡,無子。耿守節三十六年,王守節四十年。

吳廷美妻高氏　二十一歲夫亡,教遺孤全讀書,爲諸生。守節三十八年。

監生邵錢妻唐氏　　二十五歲夫亡,撫夫從子洸爲嗣。守節三十四年。　　以上乾隆五十二年旌。

監生吳文梁妻馮氏　　二十二歲夫亡,舅浩官河州知州,以事謫居襄陽,馮詣楚,奉養十餘載。舅歿,姑旋歿,扶櫬歸葬。以夫從子鼎變爲嗣。守節四十二年。

俞松繼妻施氏　　二十三歲夫亡,以夫從子紹熙爲嗣。年五十二。　　以上乾隆五十三年旌。

邵有光妻王氏,妾陳氏　　有光亡,王二十七歲,陳十八歲,遺腹生子巖,同心砥志。王年五十六卒,陳守節三十四年。乾隆五十四年旌。

監生孫宗海妻王氏　　十八歲歸孫,子女俱無。夫亡,矢志守節。年六十。

鮑青紆妻張氏　　二十九歲夫亡,子祖雋甫三齡。事翁與繼姑盡孝。守節四十年。

監生楊維恭妻王氏　　二十九歲夫亡,止遺二女,撫夫從子思藻爲嗣。事生姑,孝養不衰。守節三十一年。

魏武千妻于氏　　二十九歲夫亡,撫子南榮、慶榮成立。守節四十三年。　　以上乾隆五十五年旌。

監生何潛妾趙氏　　二十八歲潛死,生子榮僅四齡,守節三十八年。

石港場大使方淮妾徐氏　　二十八歲淮歿於任所,偕嫡陸扶櫬歸里。撫子樹勳成立,守節三十年。

孫文煥妻朱氏　　二十九歲夫亡,夫兄文炳早世,姒何氏自經死。朱撫其遺女,且以己子宏恢爲其後。

生員張在衡妻郭氏　　二十九歲夫亡,無子。事姑極孝,撫嗣子纘緒成立。守節五十七年。

州吏目何廷鉉妻施氏,妾葉氏　　施二十歲婚,五年不育。爲夫置妾葉氏,踰年廷鉉亡,施二十六歲,葉十八歲,俱無子。撫夫從子治爲嗣。各守節數十年。

監生陸堂年妾浦氏　　二十四歲堂年亡,子書鐘僅三齡。嫡方氏已歿,姑朱年邁。仰事俯育,皆浦一身任之。年七十七。　　以上乾隆五十六年旌。

貢生方鼎彝妾姚氏　　二十六歲鼎彝亡,子湛方六齡,既娶而歿。姚哭子成疾。年四十三。

陸殿招妻王氏　　二十九歲夫亡,撫孤銓成立,安葬兩世棺。年六十一。

監生鮑讓妻程氏　　二十六歲夫亡,子祖楷甫週。事姑盡孝,姑病,衣不解帶者累月。守節四十七年。

錢浩妻沈氏　　二十一歲夫亡,無子。撫夫從子義稜爲嗣。年五十四。　　以上乾隆五十八年旌。

監生徐愷成妻顧氏,垣妻馮氏　　二十六歲夫亡,子垣娶婦馮氏,亦寡,同撫孤孫,艱苦尤甚。乾隆五十九年旌。

唐祺妻毛氏,貢生徐均妻彭氏　　二十八歲夫亡,無子。撫夫從子應潮。守節二十九年。乾隆六十年旌。

辛士俊繼妻王氏,超妻朱氏　　王二十七歲夫亡,子超甫三齡,撫育成立,娶婦朱氏。二十五歲亦寡,撫子典韶讀書,爲諸生。時稱雙節。嘉慶元年旌。

貢生許焜妾嚴氏　　二十八歲焜亡,即闔戶自經,以救得免。佐嫡撫嗣子昌城。守節三十二年。

胡泰宗妻張氏　　二十八歲夫亡,越三月遺腹生子明遠,撫育成立。事九十翁甚孝。年四十九。　　以上嘉慶二年旌。

顧元錦妻張氏　　二十歲夫亡,遺娠生子瞻依,辛勤撫育。年六十四,邑令朱之翰表其門。

徐旻妻張氏　　二十六歲夫亡,子隆元方五齡,鞠育成立。巡撫朱昌祚、學使胡尚衡並表其門。

監生陳夢庚妻馬氏　　幼通《內則》《女史箴》。及歸陳,事姑以孝。夫亡,守節三十年。大學士杜立德撰《墓銘》。

馬蒸妻王氏　　婚十八日夫亡,依姑母馮王氏守志,年九十餘卒。御史陸炯題曰"雙節"。

監生何遠妻趙氏,媳王氏　　趙三十歲寡,遺幼子均,既而長子歿,偕王氏守節。年九十二。

劉輔俊妻柯氏　　夫亡,守節至八十餘卒。郡守吳永芳表其閭。子士淳有孝名。

孟世英妻吳氏　　二十八歲夫亡,孝舅姑。及歿,爲卜地以葬。教子其鑑、其銓成立。族有以祠田鬻於人,吳倡捐金五十兩贖回。性至儉,好周貧乏。年六十八。

　　貢生陸聖菴妻沈氏　　十八歲適陸,未幾夫亡,無子。冰蘗自矢,守節五十年。

　　生員沈信妾姚氏、王氏　　俱少寡,無子,誓死不嫁。相依守節四十餘年。

　　胡士芳妻張氏　　二十六歲夫亡,無子,守節三十餘年。陸國圻有傳。

　　生員馮榰妻劉氏　　十八歲婚,未幾夫亡,守節五十餘年。

　　范公烈妻舒氏　　二十九歲夫亡,撫子觀成,艱苦備嘗。守節四十餘年。

　　馮天衡張《志》作天衢妻戚氏　　二十一歲夫亡,遺二孤堯勳、清江,撫訓成立。守節二十四年。學使馬豫給額曰“晝荻遺徽”。

　　馮燿叔妻徐氏　　婚半載夫亡,艱苦矢志,守節三十八年。

　　馮載揚妻周氏　　二十二歲夫亡,守節四十餘年。

　　馮景暘妻徐氏　　二十三歲夫亡,家貧,無子,守節四十六年。

　　吳其章高《志》作郁章繼妻顧氏　　夫亡,撫孤燿晃成立,守節數十年。

　　生員石嶔妻俞氏　　二十九歲夫亡,撫夫從子永年爲嗣。年七十四。

　　王叔林妻孫氏　　二十三歲夫亡,無子。舅姑既葬,以膳産爲墓田,所居屋改作精舍,奉舅及夫木主於旁,太史俞兆晟嘉其節孝,題其門曰“寶寧菴”。

　　生員張覬光妻施氏　　二十歲夫亡,事姑盡孝。守節五十年。

　　生員陸恭行妻曹氏　　夫早亡,家無遺貲,拮據以治喪葬,教子爲諸生。

　　李瞻淇妻倪氏　　夫早亡,無子。值歲饑,或勸之改適,即涕泣不已。年七十餘。

　　李梅菴妻曹氏　　夫早亡。家甚貧,紡織奉姑,守節數十年。陸夏尊有傳。

　　杭永靖妻蔣氏　　少寡而貧,奉事孀姑,備極敬養。守節四十餘年。

　　朱吉人妻姚氏　　十八歲寡,截髮毀容,事孀姑曲盡色養,完先世葬事,且爲捐産以供祭祀。年四十八。

　　張光熺妻俞氏　　二十八歲夫亡,守節三十三年。

　　毛美圖妻錢氏　　既婚,未廟見,夫亡,錢治其喪葬。服闋,歸母,獨居四十年。

　　陸戚氏　　適運判陸潛九第八子,婚甫期月,夫亡,無子,守節數十年。

　　張叔彥妻朱氏　　二十一歲婚,甫四月夫亡,守節四十餘年,學使表之。

　　陸天武妻姚氏　　農家女,生子三歲夫亡,貧無寸土,恒以栖作糜飲。年六十。

　　陳璿繼妻俞氏　　十九歲夫亡,無子,將以身殉,舅姑曲慰之。及夫弟生子惟戀,即撫以爲嗣。年六十四。

　　李西麓妻繆氏　　二十四歲夫亡,閏四月遺腹生子譜,時女三齡。家貧,鬻簪珥以養舅姑。年五十四,學使汪濋表其門。

　　劉廣乘妻陸氏　　二十五歲夫亡,撫孤仔鉅成立。年五十歲,學使靳讓表之。

　　沈梁妾李氏　　梁死,或勸之嫁,誓死不從。茹齋衣布,苦志自守。年六十三。

　　俞光業妻蔣氏　　二十六歲夫亡,遺二孤皆幼。姑曹氏在堂,蔣紡織孝養,教育其子。族有鬻墓旁田者,蔣出嫁時裝易金贖回,即捐作祭田。年六十七。

　　貢生陸琳章妻俞氏　　夫亡,閉户自經,家人覺而亟救之,得免。守節數十年。

　　李幼鉉妾徐氏　　幼鉉死,無子,守節三十二年。學使吳垣表之。祠在法華庵。

　　唐公蘭妻林氏,彝妻王氏,淵妻陸氏　　林二十五歲夫亡,遺孤彝、淵早世。同婦王氏、陸氏三嫠苦守。暨季子喈鳳力學,里黨稱之。

王李氏　十八歲夫亡，叔欲奪其志，誓死不從。戚屈希平妻沈氏，時已孀居，欽李苦節，迎養之。沈卒，其子婦施亦寡，承姑志，仍奉養惟謹。

生員陸英標妻馮氏　二十歲適陸，夫以力學致疾，馮侍湯藥兩月不怠。比卒，年二十六，守節三十餘年。

生員馮炳疇妻陸氏　十九歲夫亡，撫孤成立。守節終其身。

林文傑妻徐氏　十八歲夫亡，病篤時泣謂徐曰："我母三十而寡，自三歲撫我至今，我死無子，汝能養我母，我目瞑矣。"既卒，姑年老而瞽，兼患癱瘓，徐調護不稍息。守節三十餘年。

生員陸士煊妻沈氏　沈秉女，少失怙恃。事祖庶母盡孝。十七歲適陸，勤十指以奉舅姑。夫亡，訓子來復嚴而有法。

生員張昴妻陳氏　二十歲婚，未幾夫亡，哀毀喪明。守節三十餘年。

生員陸圃玉妻黃氏　二十七歲夫亡，痛欲身殉，舅泣止之，曰："吾年逾邁，汝從夫死，是愈增我戚也。為烈婦如不孝何？"黃涕泣勉從，潛處一室，足不出闈，守節六十五年。

監生何國楨妻殳氏　二十五歲夫亡，欲死殉，舅姑泣止之，勉進饘粥。撫孤炯煒成立。年四十七。

生員沈調陽妻屈氏　二十三歲夫亡，子二，長殤於痘，次世溥生甫五月。事姑蔣盡孝，守節二十三年。學使馬豫表曰"松筠娩德"。

生員陸師朱妻沈氏，廷元妻某氏　沈二十歲夫亡，子廷元授室後又歿，姑婦嫠居，拮據茶苦。年六十一。

生員楊淇園繼妻屠氏　夫亡，無子，年八十九。

監生施桂徵繼妻俞氏　二十九歲夫亡，矢志撫孤明焜、炳護。其孫堪為族人所誣，俞訟冤得釋。年六十七。

陸元甫妻謝氏　夫亡，無子。或勸之嫁，不從。康熙乙卯冬，以寒餓死。

生員沈瑞銘妻周氏　二十三歲夫亡，遺腹生子。守節五十三年，學使谷應泰表之。

生員嚴從恕妻趙氏　二十四歲夫亡，止一女。族人欲奪其志，不屈。女長，贅江深源。復卒，遺孤二，趙與女撫之。趙歿年七十九，女先十年卒。

沈旭妻鄭氏　十九歲夫亡，撫遺腹子塘為諸生，早歿，遺孫又殤。茶苦一生，年五十。

過銘旂妻沈氏，媳王氏　二十七歲夫亡，子亦歿，與其婦王氏同矢苦志。年八十三卒。

過澤永妻魏氏　銘旂之從子也，夫早亡，守節，年七十三。

生員魯守貞妻王氏，從周妻薛氏，時隆妻朱氏　王與薛俱二十四歲夫亡，撫孤至七十餘卒。朱亦少寡，事姑訓孫，八十餘卒。

生員沈栻妾徐氏、張氏　乙酉，栻罹兵難死。各撫一子，徐年三十，守節至五十卒；張年二十四，守節至六十卒。張孫崑成進士。

屠伯奇妻胡氏　十八歲夫亡，守節，年至七十餘。

沈夢騏妻姚氏　乙酉，夫居城中，罹兵難死。姚與子鉉吉避兵清溪，聞訃，慟絕。守節三十年。

曹穎淳妻陳氏　二十二歲夫亡，家貧，撫三幼孤。守節二十七年。

倪秉元繼妻徐氏　二十八歲夫亡，守節三十一年。

馮子穆妻王氏　十六歲夫亡，家貧，無子女，依寡母毛，撫姪王成芳。年六十九。

倪三聘妻馬氏，三省妻王氏　馬二十九歲夫亡，守節至六十九卒。夫弟三省妻王氏，年三十而寡，奉姑，課子，年至五十八卒。稱雙節焉。

生員劉生直妻俞氏　二十一歲夫亡，撫育遺孤。守節五十六年。

朱之奇妻王氏　二十五歲夫亡，為翁姑及夫營葬。守節五十三年。

陸棻妻陳氏　二十五歲夫亡，無子，守節五十九年。

生員楊景煜妻葉氏　二十一歲夫亡,撫兩月孤成立。守節三十年,學使陸舜表之。

生員張琳妻郭氏　二十七歲夫亡,撫夫從子光霞,守節三十六年。

生員顧炎妻屠氏　二十八歲夫亡。父以事繫獄論死,屠日夜號慟,傾家救父。年五十八。

生員林楓妻楊氏　二十四歲夫亡,撫子喬至八十卒。郡守吳永芳表其門。

生員沈昶妻馬氏　三十歲夫亡,撫孤鑛爲諸生。守節二十七年。

陸之美妻徐氏　二十三歲夫亡,撫孤時行。守節三十八年。

金煥妻孫氏　三十歲夫亡,撫遺腹孤,手刪傳註課之。

潘仁妻王氏,智妻沈氏　姒娣也,俱二十餘守節,共撫一子。年六十餘卒。

監生陸壽龍妻馮氏　二十歲夫亡,撫遺腹子裕昭爲諸生。年五十六。

生員金光宸妻沈氏　乙酉,夫罹兵難死,沈十七歲,晝夜號慟。事姑,撫繼子。守節三十餘年。

生員胡奕謨妻倪氏　三十歲夫亡,課子右寅、右宏,俱有才名。守節五十年。

生員倪洵徵妻馬氏　十八歲適倪,未幾夫亡,課子亮采爲諸生。年五十七卒。小姑嫁胡某,早寡而貧,馬歲給米膳之。

生員戴上恩妻周氏　二十二歲夫亡,守節三十餘年。

監生沈嘉懋妾王氏　十八歲嘉懋死,嫡出二子皆歿,王依其婦三十餘年。

張甸妻徐氏　年未三十夫亡,撫孤成立。守節五十餘年。

徐觀亨妻沈氏　年未三十夫亡,撫孤成立。守節五十餘年。

王臣九妻金氏　年未三十夫亡,撫孤成立。守節至五十餘卒。

戴子仁妻魯氏　年未三十夫亡,撫孤成立。守節至五十餘卒。

俞君達妻王氏　年未三十夫亡,撫孤成立。守節至五十餘卒。

張鳳翰妻鄔氏　三十歲夫亡,撫孤成立。守節至五十餘卒。

鈕應元妻張氏　年未三十夫亡,撫孤成立。守節至五十餘卒。

屠百齡妻張氏　年未三十夫亡,撫孤成立。守節至五十餘卒。

生員陸澄明妻吳氏　年三十夫亡,撫孤成立,守節至五十餘卒。

張班妻吳氏　年未三十夫亡,撫孤成立,守節至五十餘卒。

生員姚宏遠妻于氏　年未三十夫亡,無子,守節至五十餘卒。

曹鍾穎妻錢氏　年未三十夫亡,無子,守節至五十餘卒。

王瑞寰妻金氏　未三十夫亡,無子,守節至五十餘卒。

施漢易妻陸氏　十八歲夫亡,無子,家貧,事繼姑呂盡孝。守節六十二年。

許贊玉妻盛氏　二十二歲夫亡,撫遺腹子源成立。邑令呂猶龍、王瑋並表其門。年七十七。

余方洲妻程氏,具瞻妻胡氏,敬揚妻孫氏,佩金妻孫氏　程三十歲夫亡,遺子二,長具瞻,次敬揚,女一,皆幼。具瞻妻胡氏二十八而寡,敬揚妻孫氏二十二而寡。女嫁程,亦寡,無子,歸依母家,母女娣姒磨腐爲業,茶苦數十年。敬揚子佩金,妻孫氏,年二十又寡。歲饑,食糠粃度日。撫孤子基成立。年踰五十,猶操作不置云。

程吾平妻余氏　方洲女也。二十七歲夫亡,守節。

俞懋德妻朱氏,啟祥妻馬氏　三十歲夫亡。子啟祥,妻馬氏,亦早寡。各守節四十餘年。學使彭啟豐給額曰“松筠繼美”。

王轍妻錢氏　二十八歲夫亡,撫嗣子錫嘏爲諸生。年六十九。

生員劉嘉言妻戈氏　奉母至孝。既歸劉,克盡婦道。夫亡,撫子大業有成。學使何表其閭。

劉孔嘉妻顧氏　二十七歲夫亡,遺孤英三尚幼。翁諷之改適,不從。年八十四。郡守王以和表之。

生員陸翼權妻沈氏　三十歲夫亡,撫孤大章。守節五十一年。

馬子誠妻趙氏,石君妻陳氏　趙二十五歲夫亡,撫夫從子鉞爲後。夫弟石君妻陳氏,二十六亦寡,與趙同處,營葬三世。趙年六十三,陳年逾八十。

贈参將葛贊皇妻柯氏　十九歲夫亡,奉孀姑,撫幼子。守節六十三年。

孫敘昭妻葛氏　二十五歲夫亡,撫孤紹聞,日勤操作。守節三十九年。

盛寅公繼妻湯氏　三十歲夫亡,無子,鬻産營二世葬。守節三十七年。

費宗賢妻朱氏　二十四歲夫亡,無子,里人高其節。將請表揚,朱輒泣謝。年七十四。

潘彦公妻姜氏　二十七歲夫亡,撫孤紹文,早世。復撫孤孫麟。至八十餘卒。

朱仲生妻宋氏　二十二歲夫亡,嗣子又殤,乃立夫之從孫棠爲後。守節五十四年。

監生張志熺妻俞氏,妾李氏　俞二十七歲夫亡,遺孤二。其一,李出也。俞撫庶子無異所生,李亦感動,同守節,卒。

李煜妻梅氏　二十三歲夫亡,孝養寡姑。有人以他婦改嫁事告者,輒變色斥之。守節四十五年。

監生繆瞻侯繼妻姜氏　二十八歲夫亡,守節三十年。

魯右昭妻陸氏　二十六歲夫亡,撫幼孤周儒成立,守節四十年。

陸友勳妻馮氏　二十八歲夫亡,撫四女,經營三喪。守節四十七年。

徐大成妻周氏　二十八歲夫亡,孝事舅姑。守節四十餘年。

監生張承烈妻姚氏　二十九歲夫亡,撫嗣子坦成立。守節三十八年。

監生陸其嫌妻陶氏　二十九歲夫亡,撫孤子成立。守節四十年。

曹方中妻徐氏　二十八歲夫亡,無子。翁年逾五旬,更無次丁。姑金氏頗妒,徐屢諫之,乃納妾生子宏業。宏業生子秉義,徐撫以爲嗣。年六十四卒。邑令林緒光表曰"金玉其心"。

舉人曹與枚妻陸氏　二十九歲夫亡,教子德照爲諸生,守節四十二年。

丁尚卿妻金氏　二十七歲夫亡,子甫周晬。家貧,食糠粃度日。守節四十年。

戴源妻程氏　十八歲夫亡,矢志守節。課子懋爲諸生,學使彭啟豐表曰"貞節慈徽"。

錢九洲妻陸氏　二十一歲夫亡,守節四十八年。

潘永清妻楊氏　二十八歲夫亡,教子達讀書,爲諸生。守節三十八年。

毛宗彦妻陳氏　二十一歲夫亡,守節四十三年。

監生葛世楠妻楊氏　十八歲夫亡,撫嗣子徵炳,守節四十九年。

徐美斌妻黄氏　三十歲夫亡,撫子廷瑋成立,年六十一。

生員洪士正妻程氏　二十二歲夫亡,無子,守節十六年。

宋秀妻馮氏,國泰妻富氏　馮二十七歲夫亡,依夫弟炳以居。同知林緒光表之。年七十二。夫從子國泰妻富氏,二十三歲寡,遺腹生子。苦節三十八年。

俞錦文妻徐氏　二十八歲夫亡,撫子圯瞻,守節二十三年。邑令方以恭表曰"勁節凌霜"。

徐宗渭妾吴氏　宗渭死,撫孤廷柱成立。年九十。

監生陸其默妻沈氏　二十六歲夫亡,撫子曰堅。至五十三卒。

鮑永叔妻宋氏　三十歲夫亡,守節三十七年。

監生陳陞繼妻顧氏　二十一歲夫亡,守節四十餘年。

屠近硃妻劉氏　二十七歲夫亡,守節三十餘年。

萬武揚妻顧氏　二十七歲夫亡,無子,守節三十餘年。

吳紹武妻邱氏　二十五歲夫亡,無子,歸依其弟敏公。弟業於卜所,得賣卜錢,日用不給。輒自忍飢寒,不使其姊稍缺衣食,鄉里兩重之。

屠遐眉妻吳氏　二十七歲夫亡,無子,善事翁姑,守節以終。

王國楨妻鄭氏　二十七歲夫亡,守節三十八年。

錢文玉妻耿氏　二十六歲夫亡,遺孤甫晬,撫以成立,守節三十四年。

張超衡妻馬氏　二十八歲夫亡,遺子、女各一,守節四十年。

監生馮九德妻李氏　二十六歲夫亡,撫次子太平爲諸生。

周雲山妻張氏　二十四歲夫亡,撫夫從子球爲嗣。守節四十二年。

陶鶴鳴妻徐氏　二十二歲夫亡,守節五十三年。

金懋德妻沈氏,燕昌妻過氏　沈二十三歲夫亡,子燕昌甫五齡,長娶過氏,亦早寡。姑婦相依,以苦節終。

監生趙季馴妻曹氏　二十六歲夫亡,撫三孤成立。守節五十五年。

許廷鋐妻劉氏　二十二歲夫亡,姑以其年少,無子,令改適。劉服滴者三,以獲救不死。守節三十年。

曹大成妻劉氏　二十四歲夫亡,守節四十四年。

張盈海妻陳氏　超衡從子也。二十四歲夫亡,無子,守節四十年。

趙思覲妻張氏　二十二歲夫亡,守節五十三年。

方漢英妻俞氏　二十一歲夫亡,撫孤鈺成立,邑令王之琪表曰"冰操玉節"。年七十。

陳堂妻沈氏　二十二歲夫亡,以夫從子元鐘爲嗣。守節三十年。

陸東陵妻林氏　二十七歲夫亡,嗣子肇晟早歿,守節二十四年。

生員施德望妻陸氏　二十七歲夫亡,撫孤天柱、天斡爲諸生,守節二十七年。

蔣士魁妻毛氏　十六歲成婚,未匝月,夫經商於外,久之,或傳其死。咸勸改適,毛誓死不從,歸依母、弟。母病,禱神請代。母死,慟絶者屢。年七十餘。

沈以純妻吳氏　二十八歲夫亡,子曰智甫四齡。日勤十指,以供饘粥。年四十五。

馮俞言妻沈氏,紀常妻胡氏　沈三十歲夫亡,子紀常妻胡氏,二十九歲亦寡,遺孤堯眉甚幼。沈年八十,後姑二十五年卒[1]。

張燧繼妻吳氏　二十七歲夫亡,撫孤慧遠,營葬兩世。年四十七。

陸夬勳妻俞氏　二十四歲夫亡,遺腹生子載琮,又殤。守節五十五年。

周序大妻盧氏　二十六歲夫亡,家奇貧,從兄生甫迎養於家,命與其子未婚婦沈貞女同居。守節五十一年。

朱葵階妻馮氏　二十九歲夫亡,撫孤文穀成立。年五十九卒。學使彭始搏表曰"勁節貽麻"[2]。

生員黃流妻曹氏　十九歲夫亡,嗣子光義早歿,乃以其弟光照子秉鋮爲嗣孫。守節六十五年。

顧裕占妻施氏,履中妻陳氏　施二十三歲夫亡,撫三孤成立。幼子履中妻陳氏,二十九歲又寡,撫孤文炳。守節三十三年。

陸載陶繼妻陳氏　三十歲夫亡,守節四十一年。

曹久封妻黃氏　二十九歲夫亡,撫孤鼎安,既婚而夭。守節五十年。

楊豈韓妻陸氏　二十歲夫亡,撫孤鑄爲諸生。守節五十五年。

毛洪藩妻徐氏　　二十九歲夫亡，撫孤豐高、繩武、翌高，皆成立。守節四十五年。

縣丞江瀚妾顧氏　　二十八歲瀚死，與嫡劉同撫遺腹子體元。劉先歿，顧守節三十三年。學使寶光鼐表曰"冰雪雙清"。

吳鼎年妻金氏　　二十三歲夫亡，撫孤鈞成立。守節四十七年。

沈嗣豐妻楊氏　　二十七歲夫客死粵西，依從子發以居。守節十八年。

張錫山妻朱氏　　二十九歲夫亡，撫孤能久。守節五十四年。

高松翰妻吳氏　　三十歲夫亡，撫孤紹基。守節五十四年。

監生徐仁瀚繼妻陸氏，仁溥妻金氏　　陸二十七歲夫亡，撫前子棠成立。夫弟仁溥妻金氏，二十四亦寡，以棠子勛焯爲嗣孫。陸守節四十四年，金守節五十四年。

鮑霑妻汪氏　　二十七歲夫亡，無子，守節六十五年。

監生陳淑妻沈氏　　二十三歲夫亡，守節六十一年。學使寶給額表之。

施補廷妻趙氏　　二十五歲夫亡，無子，孝事翁姑，守節六十年。

張復源妻徐氏　　二十九歲夫亡，事姑盡孝，日作通草花鈿，以供甘旨。守節二十三年。

施潮平妻姚氏　　二十九歲夫亡，撫孤焕章。守節三十七年。

王先妻沈氏　　二十五歲夫亡，守節六十三年。

周肇元妻沈氏　　二十五歲夫亡，撫孤于光成立。守節四十七年。

金調之妾馬氏　　二十五歲調之亡，撫嫡子蕭菴成立。守節四十年。

毛九如妻倪氏　　二十四歲夫亡，三子皆幼。或勸之嫁，倪婉謝之。守節三十八年。

沈端宸妻姚氏　　二十九歲夫亡，撫次女，長適朱廣佳。守節四十二年。

朱廣佳妻沈氏　　二十一歲夫亡，撫遺撫子維蒸成立[3]。守節十八年。

曹芳宣妻許氏　　二十八歲夫航海遇風漂没死，訃至，許絕食數日，赴海濱望祭，將竄身入海，以救乃止。守節四十五年。

徐鳳奇繼妻李氏，秉義妻吳氏　　李三十歲夫亡，長子秉義早世，偕其婦吳氏同撫遺孫。年八十三。

趙張氏　　夫亡，與姒紀氏同守節三十餘年。

吳則遠妻張氏　　三十歲夫亡，守節三十三年。

沈五妻姚氏　　十八歲夫亡，遺腹生子。翁甚貧，逼其嫁，不從，歸父家。父又欲奪其志，訴詈捶楚，甚至擠諸河。姚終無二志。年四十六。鄉黨哀之。

馮李申妻劉氏　　二十七歲夫亡，守節二十二年。

生員沈與照妻戴氏　　二十九歲夫亡，撫孤德秀讀書遊庠。守節五十六年。

洪印廷妻沈氏　　三十歲夫亡，守節三十三年。

張建芝妻陳氏　　二十六歲夫亡，守節二十八年。

魯御安妻傅氏　　二十六歲夫亡，守節五十五年。

張鳳苞妻姚氏　　二十六歲夫亡，無子，撫夫從子紹高爲嗣。年五十五。

程于高妻倪氏，鵬妻陸氏　　倪三十夫亡，遺子二，長鵬，亦早世。婦陸氏矢守，有姑風。倪初適程時，繼姑老且病，倪以哺兒乳乳之。母患痢，刲股煎湯以進，病獲瘳。年七十。

徐方舟妻戴氏　　二十八歲夫亡，撫孤洪鎮成立。守節五十五年。

彭琬亭妻金氏　　二十五歲夫亡，撫孤揆齋、揆芳成立。守節五十五年。

沈天街妻顧氏,鎮妻陶氏　　顧二十七歲夫亡。子鎮妻陶氏,二十一亦寡。顧守節五十二年,陶守節四十三年。

張梅占妻倪氏　　二十三歲夫亡,撫遺腹子景垣,既婚而歿。復撫遺孫。年八十。

楊書田妻虞氏　　二十八歲夫亡,撫孤作棟成立。守節三十二年。

顧乾初妻盛氏　　二十四歲夫亡,守節四十九年。

張履仁妻羅氏,遇春妻彭氏　　羅二十八歲夫亡,歸母家。兄私納王氏聘,羅知之,號泣,引刀自截其髮,墜樓幾死,乃得免,年六十八。夫弟遇春妻彭氏,二十三寡,亦六十八卒。

馬亦君妻繆氏　　二十四歲夫亡,以夫從子憲雲爲嗣。守節四十九年。

顧閶如妻方氏,敬修妻戴氏　　方二十五歲夫亡,無子,以大從子敬修爲嗣。敬修早歿,與其婦戴共守。年五十六。

張壎繼妻章氏　　二十八歲夫亡,撫孤錫煆。守節三十一年。

徐層山妻聞人氏　　二十二歲夫亡,撫夫從子步青爲嗣。守節五十一年。

姜公斐妻鍾氏　　幼至孝,父病劇,割股以療。公斐聞其賢,聘之,二十二歲寡。守節四十五年。

州同知鮑懿瑞妾許氏　　二十四歲懿瑞死,生子諱僅十四月。守節五十二年。

史滄洲妻楊氏　　二十三歲夫亡,事姑盡孝,撫嗣子積塘成立。守節四十二年。

監生劉鏜妻胡氏　　二十五歲夫亡,撫孤毓洙成立。守節十六年。

李啟源妻顧氏　　二十三歲夫亡,守節,以夫從子仁英爲嗣。守節十六年。邑令劉國垣表其閭[4]。

海寧衛百總劉金臺妻潘氏　　二十九歲夫亡,孝事媼姑,撫孤大海。至八十卒。學使李友棠表曰"勁相凌霜"。

徐元文妻徐氏　　二十五歲夫亡,撫子培及遺腹子成立,奉姑馮盡孝。守節四十八年。

陳第妻朱氏　　二十一歲夫亡,撫孤彭永成立。守節四十四年。

汪茂亭妻張氏,東揆妻孫氏　　張二十七歲寡,子東揆早世,與婦孫氏守節。至七十七卒。

姚永孝妻陸氏,岱妻張氏　　陸二十六歲夫亡,子岱妻張氏,二十三歲亦寡。陸守節五十六年,張守節四十年。

陶金相妻張氏　　二十五歲夫亡,撫遺腹子潯。至七十八卒。

張巽泉妻史氏　　二十一歲夫亡,事姑盡孝,撫夫兄子光宗爲嗣。守節五十一年。

沈鴻猷妻黃氏　　二十八歲夫亡,嗣子鳳文夫婦繼歿,黃時抱孤孫泣,雙目失明。守節三十六年。

曹鴻業妾張氏　　二十五歲鴻業死,遺腹生子秉彝,與嫡許氏同心鞠育。至七十三卒。

生員沈鴻杰繼妻姚氏　　二十四歲夫亡,無子,撫孤女以長。守節三十五年。

朱彥揆妻孫氏　　二十七歲夫亡,守節四十七年,學使寶表之。

林國泰妻沈氏,世敬妻賀氏　　沈二十五歲夫亡,孝事媼姑。遺腹子世敬,娶婦賀氏,亦早寡。沈與賀苦守。至七十三卒。

顧炯妻王氏　　三十歲夫亡,撫孤維城成立,守節三十一年,學使錢維城表曰"操凜冰霜"。

監生沈嵒妾楊氏　　二十三歲嵒亡,守節三十二年。

許貞觀妻楊氏　　二十歲適許,夫航海不返,有傳言溺死者。父母迫之嫁,楊誓不改適。年六十四。

州同王元嘉妻沈氏　　三十歲夫亡,撫孤棟成立。守節三十三年。

陸金生妻許氏　　二十八歲夫亡,無子,與媼姑趙氏同矢志。年四十八。

監生魏士倫妻張氏　二十八歲夫亡，無子，撫姪大鈞成立。年五十一。學使王杰表曰"冰霜勵節"。

曹建才妻陸氏　十九歲夫亡，撫夫從子天培爲後。守節五十九年。

監生許元斌妾周氏　二十六歲元斌亡，撫孤兆銓、兆鐠，並入成均。守節四十九年。學使錢維城表曰"節義雙高"。

徐上虬妻姚氏　二十四歲夫亡，事姑施盡孝，撫嗣子慎言成立。年七十三。

徐若衡妻趙氏　二十一歲夫亡，無子，事翁姑以孝。年五十三。

生員張玉衡妻江氏　二十六歲夫亡，撫孤組修讀書游庠。守節二十一年。

生員朱鳴盛妻邵氏　二十八歲夫亡，撫孤志寧弱冠游庠。守節三十四年。

監生殳克讓妻沈氏　二十九歲夫亡，撫孤志鳳。至六十六卒。學使彭元瑞表曰"堅心植節"。

張士相妻鄭氏　二十四歲夫亡，撫遺腹子天生成立。守節二十二年。

戴宏士妻馬氏　二十二歲夫亡，以夫弟之子宗衡爲嗣。年七十四。學使王杰表曰"志勵霜筠"。

史見山妻沈氏，廷馭妻潘氏　沈二十一寡，嗣子廷馭娶潘氏，亦寡。同撫孫。年六十一。

監生湯德堅妻顧氏　二十九歲夫亡，遺子鏌甫一齡，與伯姒馮共撫之。守節四十六年。學使李宗文表曰"勁節扶風"。

監生沈文梅妻姚氏　二十六歲夫亡，撫嗣子國本。守節三十四年。

俞德安妻楊氏　二十一歲夫亡，撫嗣子九錫。守節五十五年。

何上發妻陳氏　十九歲夫亡。翁病，刲股和藥以進。撫嗣子震遠。守節三十一年。

生員沈韞暉繼妻陸氏　二十七歲夫亡，守節三十七年。

監生李星若繼妻王氏　三十歲夫亡，以夫從子琛爲嗣。孝事翁姑。守節四十五年。學使彭元瑞表曰"致孝延宗"。

曹本初妻馮氏，元直妻陶氏　馮二十三歲夫亡。嗣子元直娶陶氏，早寡。馮守節五十一年，陶守節十三年。

周懋嘉妻陳氏　二十六歲夫亡，撫孤猷爲成立，守節三十一年。

孫肇基王氏　二十六歲夫亡，撫夫從子廷煌。年七十三。

張近山妻趙氏，屺懷妻馮氏　趙二十九歲寡，子屺懷妻馮氏早寡，共鞠二孫。年六十六。

生員張芳洲妻計氏　二十七歲夫亡，事翁，撫孤。守節二十九年。

張鈞鳴妻全氏　十九歲夫亡，撫遺孤倬成立。守節三十七年。

沈之燦妻陳氏　二十八歲夫亡，守節二十年。

林秉誠妻俞氏，兆蕙妻某氏　俞二十六歲夫亡，子兆蕙既婚而歿，偕其婦某氏守節數十年。後立夫從子兆蓮爲後。

李廣遠妻費氏　二十五歲夫亡，撫夫從子覲王。至六十七卒。

監生鍾炳妻沈氏　三十歲夫亡，撫孤志卓、志堅，先後游庠。守節四十一年。

生員沈鑄妻徐氏　二十九歲夫亡，撫孤淳成立。守節四十二年。

施大受妻陸氏　二十三歲夫亡，孝事翁姑，撫嗣子義。至五十九卒。

生員沈昌期妻陸氏　二十七歲夫亡，撫嗣子朝楹。至五十九卒。

任天士妻張氏　二十九歲夫亡，守節四十一年。

楊蒼山妻顧氏　二十九歲夫亡，守節三十五年。

沈均德妻張氏　二十二歲夫亡，遺腹生子槼寧。守節四十餘年。

姜應洲妻葉氏　二十八歲夫亡，撫嗣子南岡。至六十四卒。

時方來妻王氏　二十四歲夫亡，無子，守節三十餘年。

趙能山妻蔡氏　二十歲夫亡，以夫兄次子應鏊爲嗣。守節四十九年。

沈薦王妻陳氏　二十九歲夫亡，撫孤萬安。至六十八卒。

沈一鈴妻徐氏　二十三歲夫亡，課嗣子應球讀書游庠。守節四十五年。

金其相妻高氏　二十歲夫亡，撫嗣子應麟。守節四十六年。

生員黃潮妻徐氏　二十八歲夫亡，守節三十餘年。

州同知陸文錦妻孫氏　二十六歲夫亡，撫夫從子光洙爲嗣。守節十五年。

曹介錫妻方氏　二十六歲夫亡，遺孤二，長崑田七齡，次子及女俱幼，辛勤撫育。至四十六[5]。

沈開基妻李氏　二十六歲夫亡，撫夫從子元錫無異所生。守節三十一年。

生員馮鴻巽妻陸氏　二十四歲夫亡，擇夫從子世榛爲嗣。守節四十二年。

何元亮妻徐氏　二十五歲夫亡，無子，守節四十一年。

監生李鳳來繼妻王氏，鸞妻陸氏　王三十歲夫亡，子鸞未晬，長娶婦陸氏，二十三亦寡。王守節三十六年，陸守節二十八年。

生員陶棠妻施氏　二十五歲夫亡，撫孤應巖。守節四十一年。

俞蒼安妻江氏　二十二歲夫亡，無子，守節三十二年。

金壇妻許氏　二十三歲夫亡，撫孤上鉉。守節三十六年。

生員陸鋈妻張氏　二十五歲夫亡，時祖姑項雙目俱瞽，張奉事極謹。先世祭産九十餘畝，夫弟鐘廢其半，張典奩具贖以歸。祭有餘貲，歲以米十餘石給鐘。年五十五。

陸信恭妻何氏　二十三歲夫亡，事姑盡孝，撫夫從子桂爲後。守節三十一年。

黃壩驛丞張璽妻孫氏　三十歲夫亡，子士鏞二齡，遺腹又生女。孫孝事其姑。年六十三。學使竇光鼐表曰"冰玉同清"。

朱鳴球妻周氏　二十二歲夫亡。夫弟生子逸民，撫以爲嗣。守節三十一年。

布政司經歷孫桐曾妻奚氏　二十九歲夫亡，子光裕甚幼，撫之成立。守節三十四年。

鍾繼善妻熊氏　二十二歲夫亡，撫孤德操成立。守節五十年。

陸聲立妻程氏　二十四歲夫亡，以夫從子德巽爲後，事老姑盡孝。年至四十六卒。

歿文遴妻沈氏　二十歲夫亡，撫孤肇經及孫垂讓、克讓成立。學使彭始搏給額曰"懷清北潔"。

陳孔彰妻潘氏　十九歲夫亡，撫遺腹子永傳，紡績度日。姑蔣治家嚴毅，稍不懌，潘輒長跪，命之起乃敢起。年五十六。

生員施濂妻陸氏　十八歲婚，十九夫亡，矢志撫孤。年七十四。

生員陸蓬桓妻吳氏　二十七歲夫亡，孝事其舅，撫孤成立。年五十一。

生員葉玉珂妻吳氏　二十一歲夫亡，姑邵氏年老，曲盡孝養。年六十九。

生員施溶妻俞氏　二十七歲夫亡，撫孤天相爲諸生。晚年兩目失明。年七十五。

沈覲日妻韓氏　二十八歲夫亡，無子，自縊者屢，俱以救甦，年七十三。

監生朱階妻沈氏　三十三歲夫以哭父哀毁而亡。沈撫三孤，并葬先柩。守節三十五年。

生員施翔妻楊氏　二十九歲夫亡，撫孤四人皆成立。

舉人韓士淇繼妻張氏　　二十八歲夫亡，撫孤廷芳爲諸生。年七十四。學使雷鋐表其門。

監生俞杰繼妻張氏　　二十九歲夫亡，撫前氏一子二女皆成立。守節四十六年。

倪曰旦妻胡氏，遠士妻顧氏　　胡早寡，遺子遠士，撫以守志，長娶顧氏，二十一歲寡，事姑以孝。人稱一門雙節。

丁玉賓妻唐氏　　二十三歲夫亡，無子，孝事舅姑，拮據營喪葬。守節四十六年。

潘敏求繼妻郭氏，邦祚妻楊氏，琨妻郭氏，繩妻王氏　　郭二十八歲夫亡。子邦祚妻楊氏，年二十六寡。孫琨妻郭氏，二十二亦寡。曾孫繩妻王氏，二十五又寡。郭守節六十餘年，楊四十四卒，郭年八十餘卒。王撫二子銘、銓俱成立。人稱一門四節。

孫繩武妻葛氏　　十八歲夫亡，事舅及繼姑張盡孝，撫孤志鏞成立。年六十六。

生員姚宏進妻張氏　　二十九歲夫亡，撫遺孤廣泰成立。守節三十餘年。

陸元燾妻徐氏　　夫亡，終身苦節。

陸介臣妻戴氏　　二十五歲夫亡，無子，孝事媥姑，與姑同寢食。姑歿，依從子陸鳴皋以老。

俞世珍妻張氏　　二十二歲夫亡，子永思甫襁褓。翁因貧諷之醮，張泣曰：“守則孤可保，翁姑可養，奈何去乎？”翁乃不復言。茹荼撫子。年八十三。其隣何聚興子婦金氏，俞龍觀妻某氏，亦茹苦守節，人謂俱張所感云。

何聚興媳金氏

俞龍觀妻某氏　　以上俱少寡，守節。

楊建廷妻李氏　　二十三歲夫亡，孝奉舅姑，撫二女出嫁。年七十七。

生員劉成業妻吳氏　　夫亡，奉老姑二十年，養葬無失禮。撫二子遐齡、長庚成立。守節二十四年，學使彭啟豐表曰“貞節完倫”。

魯巨嚴妻錢氏，飛鴻妻陸氏，飛熊妻徐氏　　錢二十七歲夫亡。長子飛鴻妻陸氏，二十五歲寡；次子飛熊妻徐氏，三十歲寡，皆無子。錢六十三歲卒，陸晚年雙目失明，至八十三歲卒。徐亦六十三歲卒。稱一門三節云。

陸焯妻顧氏　　二十八歲夫亡，遺子永基未晬，竭力孝養翁姑。至七十七卒。學使李宗文表曰“松筠挺節”。

彭禹菴妻陸氏　　二十四歲夫亡，撫子祖齡成立。年五十三卒。

馬元銓妻馮氏　　二十歲歸馬，未市月夫亡，哀慟絕粒。孝事繼姑。年三十五。後以夫弟之子汝驤爲後。

陳大本妻李氏　　二十五歲夫亡，子廷元甫三齡。大本世業醫，所得費即以贈貧者，及歿，貧無以殮，賴夫弟大來拮據以營衣衾。李艱苦備嘗，年七十二卒。

陸劉氏　　其翁陸尚約，夫名惜逸，其守節與大本妻李氏略相似，嘗與李約，至老不詣佛寺，亦年七十餘卒。

韓汝麟妻王氏　　二十七歲夫亡，撫幼孤應龍成立。邑令郜煜表其門。

生員陳上珍繼妻王氏　　三十歲夫亡，撫前子及夫弟廷璋子女成立。晚迎父養於家。年六十。

陸銘妻厲氏　　二十五歲夫亡，事姑盡孝，孤子溥殤。撫從子津，既娶，又歿。撫嗣孫棟成立。守節六十二年。

朱鈇妻孫氏　　夫亡，遺子二皆幼，家貧，勤十指以奉姑。守節十餘年。

生員戈文鋭妻陸氏，榮珍妻徐氏　　陸二十二歲夫亡，嗣子榮珍娶婦徐氏，不數年寡。與徐相依，至八十三卒。

王文淵妻張氏　　三十歲夫亡，撫孤廷樞，克繼先業，年八十卒。學使錢維城表曰“篤操冰貞”。

戴洪壽妻張氏　　二十五歲夫亡，嗣子景昌夫婦早歿，遺一男三女，張撫之，兩孫女少寡，張皆以節孝爲勗。年九十三。

胡賓陶妻陸氏　　二十六歲夫亡，無子，紡績度日。守節四十一年。

馬作梅妻張氏　　二十二歲夫亡，遺腹子殤。事舅姑十五年，孝養無缺，人咸稱之。

王爾明妾陶氏　二十三歲爾明亡,嫡楊氏生二子登元、書城,陶生二子連成、書菴,各撫成立。楊先歿,陶至五十七卒。

生員邱世榮妻俞氏　二十六歲夫亡,事夫之祖父母以孝稱。

吳翌廷妻李氏　二十歲夫亡,遺腹生子繼宗,九歲而殤,以夫弟之子焜爲後。年六十六。

張嘉琳妻吳氏　二十歲夫亡,撫從子世奎成立。守節三十五年。

陳士傑妻陳氏,維時妻張氏　陳二十三歲夫亡,撫孤兆昂成立。學使陳其凝給"歐荻遺徽"額。兆昂子維時妻張氏,二十七亦寡,遺腹生女,撫夫從子金爲嗣。守節二十餘年。

沈襄周妻倪氏　二十三歲夫亡,以夫弟之子煥爲嗣。守節五十三年。

沈鳴皋妻謝氏　二十九歲夫亡,撫一女,長適鄭楚周,亦寡。守節。謝年八十九。

鄭楚周妻沈氏　二十三歲夫亡,歸依母家。守節四十餘年。

錢冠三妻戈氏,圻繼妻楊氏　戈二十一歲適錢,四十日夫亡。夫弟圻繼妻楊氏,二十六歲寡,遺腹生子樹榮,與戈紡績度日。戈年七十二,楊年六十一,時稱雙節。

徐天瑞妻鄭氏　二十七歲夫亡,鄭即自經,爲小姑救免。撫嗣子仁懷成立。年五十九。

監生馬錕妻沈氏　二十七歲夫亡,課遺孤學洙爲諸生。守節三十八年。

贈編修陳統源繼妻陸氏　夫亡,遺子錫祚、錫爵皆幼。陸支持家事,具有條理,以孫嗣龍貴受敕封而卒。

陸登甲妻馮氏,廷鋆妻沈氏　馮二十八歲夫亡,遺腹生子廷鋆,長娶沈氏,是年馮卒,年止四十六,沈哭之慟。越七載,沈年二十四歲夫亡,遺子廣淵又殤。守節二十三年。

邵欽元妻施氏　二十四歲歸邵,夫病已劇,閱三月而亡。無子,以夫從子汝振爲後。守節三十年。

孫元龍妻王氏　二十一歲適孫,閱四月夫亡。家中落,竭力以奉舅姑。守節二十四年。

陸養默妻夏氏,柏雲妻王氏　夏二十五歲婚,五月夫亡,撫嗣子柏雲成立。娶婦王氏,九月而寡,無子,時二十歲,守節三十二年。夏年六十七卒。

徐景輝妻朱氏　二十五歲夫亡,無子,依甥張悅亭以居,守節四十八年。

王昂妻施氏　二十四歲適王。姑病,親嘗湯藥。未幾,夫病歿,施不食累日,姑泣慰之。守節三十一年。

馮景霞妻施氏　二十九歲夫亡,遺子二女二。長子魯傳,婚數年,夫婦偕亡,復撫二孫。守節五十三年。

沈嘉謨繼妻倪氏　二十八歲夫亡,時方有娠,越三月生子廷耀,撫訓成立。年八十。

劉北容妻沈氏　二十五歲夫亡,嗣子稼雲又早世,依從子君榮,守節五十五年。

程學濤妻張氏,大業妻張氏　姑二十六歲夫亡,子大業甫生,既長,娶婦張氏,亦二十六寡,無子,婦姑相依,姑守節至八十五。

黃永珍妻阮氏　三十歲夫亡,母以其家貧,欲奪其志,阮誓死不從,母怒,絕不與往來。阮忍饑凍,撫孤文魁。年七十四卒。

金鉉妻蔣氏　二十五歲夫亡,遺孤遇清,矢志撫育。守節五十四年。

朱南爲妻沈氏　二十八歲夫亡,姑早世。祖姑陸年逾九旬,目失明,沈左右扶持,未嘗稍倦。翁美輪歿,遺孤子五齡,沈撫教成立。守節五十一年。

生員馮謙妻屠氏　二十九歲夫亡,家貧,無子。孝事舅姑。守節三十餘年。

陳省齋妻沈氏　二十九歲夫亡,嗣子又不肖,惟與一婢相依紡績。守節三十二年。

陳象六妾楊氏　三十歲象六死,撫子世奇、世犖成立。守節四十六年。

秦有恒妻蕭氏　二十歲夫亡,撫嗣子志炎讀書游庠。守節五十四年。

生員陸敘揆妻鮑氏　二十八歲夫亡,撫孤女,長適黃輝山,晚依壻以老,年七十二。

俞廷璧繼妻朱氏　二十九歲夫亡,撫前氏子南式如己出。家極貧,嘗以菱磨屑爲糜,或煮南瓜充飢。父歿,無後,迎母周養於家,積勤二十年,始克葬其夫,又葬父母於墓傍隙地。年七十。

王廷瓚妻程氏　二十五歲夫亡,無子,夫弟慶遐幼失怙恃,竭力撫字,既婚,復夭。程以夫之從子配元爲嗣。守節四十八年。

周敘經妻徐氏　適周三載夫亡,旋舅姑又歿,乃歸母家苦守,年七十餘卒。

徐兆占妻陸氏　徐之弟婦也。夫亡,與敘經妻共矢志。

包學山妻顧氏　二十六歲夫亡,遺腹生子彩龍。姑迫之嫁,顧欲死殉,乃止。年六十八。

徐兆禧妻馮氏,文在妻張氏　馮三十歲夫亡,遺子文在。及長,娶張氏,二十一歲亦寡,撫夫從子烜爲嗣。馮守節四十一年,張守節二十四年。

監生黃溱妻鮑氏,生員枝妻郭氏　鮑二十七歲夫亡,遺子四,業、枝、梆、栻皆幼。枝,庠生,娶郭氏,二十七歲亦寡。撫子光烈、光照成立。鮑守節三十二年,郭守節二十七年。

監生路晹菴妻葉氏　二十七歲夫亡,撫孤曜乾成立,守節四十餘年。

翁鎬妻張氏　二十二歲夫亡,撫子源及遺腹子治成立,源爲諸生。守節四十七年。

監生馬汝鵬妻俞氏　夫客山東,歿於旅舍。訃至,時俞二十二歲,撫本高成立。守節三十一年。

孫晟繼妻徐氏　三十歲夫亡,課子華讀書游庠。守節三十三年。學使朱珪表曰“松心不朽”。

朱元侯妻詹氏　幼侍母馬氏疾以孝聞。二十一適朱,三十夫亡,撫孤昇、昂。守節二十四年。

馮雲瞻妻曹氏　二十四歲夫亡,家貧,無子,操作以給朝夕,守節四十四年。

嚴大椿妻沈氏　二十九歲夫亡,家貧,事姑以孝。守節三十九年。

姚容昭妻陳氏　二十五歲夫亡,撫孤紹堂,服賈爲業。守節四十三年。

沈文疆妻方氏　二十七歲夫亡,孝事孀姑,撫孤治成立。守節四十一年。

沈文洛妻周氏　三十歲夫亡,止遺二女,以從子承友、承孝爲子。守節三十四年。

鄒錫齡妻王氏　二十三歲夫亡,遺子元勳未晬,鞠育備至。婺姑病,割股療之。年五十一。

金維藩妻倪氏　二十三歲夫亡,以夫從子庭槐爲後。守節三十二年。

孫克昌妻方氏　二十一歲夫亡,無子,絕粒累日。姑胡氏目瞽,事之甚孝,撫嗣子元暉成立。年六十一。

韓恕可妻沈氏　二十九歲夫亡,守節三十八年。

翁光通妻施氏　二十六歲夫亡,遺腹生女。事祖姑張克盡孝養。守節四十餘年。

監生陳憲章妻王氏　二十八歲夫亡,遺子女三人,皆幼,撫長,婚嫁。守節三十二年。

監生過文龍妻沈氏　二十九歲夫亡,遺腹生女,乃以夫從子洛爲嗣。守節三十八年。

華漢珍妻朱氏,珮蒼妻沈氏,肯堂妻魏氏　朱十九歲夫亡,遺腹生女,撫夫從子岐山爲後。夫弟珮蒼妻沈氏,年二十五亦寡,生子肯堂,長娶魏氏,十八歲又寡。朱先卒,守節三十九年。沈與魏相依守節三十七年。

陸士攀繼妻吳氏　二十九歲夫亡,撫六齡孤天燮成立。守節三十七年。

張掄輝妻蘇氏　二十八歲夫亡,遺孤光宗甫八月。守節三十六年。

張廷焜妻羅氏　三十歲夫亡,子世城甫五齡,紡織以撫之。守節三十五年。

陸景明繼妻朱氏　二十七歲夫亡,遺二子維巖、星榮,撫之成立。夫兄東明繼妻朱,年四十餘亦寡,姒娣相依[6],守節三十七年。

黃烈文妻倪氏　二十一歲夫亡,撫夫從子雜風爲嗣。守節四十一年。

施瑞衡妻馮氏　二十九歲夫亡,撫夫從子涵叔,又夭,乃依孫壻黃秉鈞。守節三十五年。

陳其鳳妻張氏　適陳甫一日，夫疽發於腰而亡，張時二十歲。舅微諷之，張悲痛欲絕，遂鬻奩具得數十金，供舅姑甘脆，己則食糲衣敝終其身。

周芳川妻錢氏　二十二歲夫亡，遺腹生子孚中。守節三十八年。

監生袁鐸繼妻徐氏　三十歲夫亡，子松齡早殀，撫姪澂爲嗣，復撫從孫崇爲孫。守節三十二年。

趙蟠逸妻沈氏　二十四歲夫亡，撫孤友諒成立。守節四十年。

楊大琮妻盛氏　二十五歲夫亡，遺孤應皓未晬，翁楷歿，撫夫幼弟大璣讀書游庠。守節三十六年。

張學顏妻俞氏，作霖妻俞氏　姑二十二歲夫亡，嗣子作霖妻俞氏，即其姪女也，未幾亦寡，偕撫二幼孫，守節三十九年。

馮耀初妻何氏　二十五歲夫亡，事姑吳盡孝。守節三十七年。

監生王於桐妻鄭氏　二十六歲夫亡，事姑孝。姑歿，撫夫族子大鑑爲嗣。守節三十四年。

監生孟朝棟妻陳氏　二十四歲夫亡，孝事寡姑，撫孤光煒爲諸生。守節四十餘年。

金兆傅妻李氏　二十八歲夫亡，撫孤廷榮、廷桂成立。守節三十三年。

生員費兆元妻周氏　二十九歲夫亡，孝事翁姑，養葬盡禮。守節三十二年。

羅岳川妻顧氏　二十五歲夫亡，撫遺腹子鉽遊庠。守節三十五年。

州同徐銓妻朱氏　二十八歲夫亡，撫孤永泰成立，事姑孫以孝聞，守節三十二年。學使朱珪給額曰"畫荻貞風"。

監生趙焜妾鍾氏　二十八歲焜亡，撫嫡子繼昌、繼志及自生子繼善成立。守節二十七年。

方容齋妻程氏　二十六歲夫亡，止遺一女，夫弟鳳倫之子少孤，程撫教之。守節三十三年。

朱大烈妻馬氏，學賢妻馬氏　姑二十歲夫亡，嗣子學賢甫授室，又歿，與其婦馬氏相依，守節四十餘年。

兩淮運判陸黃鉽妾談氏、江氏　黃鉽死，各三十歲。談生子光泗、光洛，年四十卒。江生子光濂，守節二十八年。

徐二妻陳氏　夫業竹工，陳適徐，即學爲笐，售其器，以佐齏殖，無一錢存私者。二十二歲夫溺水死，無子，翁令自便，陳泣曰："舅姑年老，婦去，誰奉侍者？"因相與泣而安之。守節三十七年。

生員戈開泰妻楊氏　二十八歲夫亡，撫二孤成立。守節三十三年。

監生陸寧永妻馮氏　二十八歲夫亡，撫嗣子樹萱爲諸生。守節二十六年。

監生吳濬妻徐氏　二十四歲夫亡，撫孤楷成立，孝事舅姑，營葬兩世。守節三十四年。

馬漢超妻湯氏婦某氏　二十七歲夫亡，子女俱殤，孝事祖姑。嗣子既娶而歿，乃與其婦同守三十餘年。

俞瑞堂沈氏　二十五歲夫亡，事姑盡孝。守節二十五年。

周必大妾毛氏　二十三歲必大死，無子，立志堅苦，守節二十五年。

王禮嘉妻顧氏　二十五歲夫亡，無子，并無可嗣者，依兄顧成均，守節二十八年。

李某妻陸氏　二十三歲夫亡，無子。或勸之嫁，陸曰："我甘餓死，不爲失節婦也。"守節三十三年。

生員劉栢齡妻陳氏　二十八歲夫亡，事生姑周，孝敬不衰。撫夫從子大勳爲嗣，守節二十九年。

沈孝穆妻王氏　二十七歲夫亡，遺孤又殤，事翁南滙盡孝。守節二十一年。

監生陸鑑妻葉氏　二十六歲夫亡，事姑陳以孝，撫嗣子壎成立。守節二十一年。

衡陽知縣袁鑄妾王氏　二十歲鑄死於官舍，袁扶櫬歸里。家甚貧，所生子淞病跛，旋歿。守節三十二年。

陸承乾妻吳氏　二十六歲夫亡，姑凌氏衰邁，寡居，吳竭力孝養。撫夫從子天祚爲嗣。守節二十八年。

生員王容妻金氏　二十六歲夫亡，無子，妾沈生子琳，共撫之。守節二十餘年。

陶錦妻吳氏　二十九歲夫亡,孝事其姑,撫夫弟子紹淇成立。守節二十四年。

張懷仁妻羅氏　二十歲夫亡,無子,以夫弟嘉淦子爲嗣。守節三十二年。

生員馮國寧妻陸氏　二十四歲適馮,甫兩月夫亡,守節三十年。

程天來妻何氏　二十四歲夫亡,孝事翁姑,撫孤南柱成立。守節二十八年。

孫穟妻金氏　二十六歲夫亡,遺孤又殤,守節二十六年。

張建周妻羅氏　十八歲婚,越十年夫亡,守節三十二年。

唐鼎雲妻徐氏　二十歲適唐,踰年夫亡,貽孤厚貽未娶而卒,撫夫從子翩如己出。事本生姑張盡孝,遵姑命,以翩子肇塘爲厚貽後。親持家政,至老不懈,守節四十年。

沈方增妻曹氏　十九歲夫亡,止遺二女,治家嚴整,戚族咸稱之。守節三十一年。

高克明妻李氏　二十七歲夫亡,撫夫從子永裕,事翁以孝。守節二十二年。

陳冠賢妻戴氏,謹亭妻某氏　戴二十五歲夫亡,嗣子謹亭既婚而歿,戴與其婦相依,守節二十餘年。

李蘊錦妻楊氏　二十六歲夫亡,以從子麟爲嗣,守節十六年。

王鉞妻張氏　十七歲夫亡,遺腹子杲又殤,守節三十一年。

生員趙震妻屈氏　二十四歲夫亡,撫夫從子懋爲嗣,守節二十一年。

李烱妻黃氏　十九歲適李。夫病瘰六十日,黃每夜露禱。姑忽夢神曰:"爾子數已盡,以爾婦誠格,延壽一載。"病尋愈。明年復病,果不起。黃茹苦守志,至五十五卒。

監生倪希良妾施氏　二十六歲希良亡,守節二十一年。

生員陸廷瑚妻邵氏　二十七歲夫亡,比殮,以首觸棺幾斃。姑邵年老,侍養甚謹。年四十六。

朱學賢妻馬氏　二十歲夫亡,姑憐其年少,微諷之,欲自刎,乃止。守節二十三年。

沈茗峴妻李氏　二十四歲夫亡,止一女。或勸之嫁,李矢志不易。姒婦卒,代撫孤廷、金鑾,皆成立。

生員李光含妻沈氏　婚數年夫亡,無子,欲身殉者再。父攜以歸,沈孝父母,無異爲女。年六十餘。

生員王元文妻張氏　夫早亡,撫孤三十餘年。

朱達三妻尚氏　二十六歲夫亡,遺二孤。翁姑年俱老,紡織奉養二十年。至六十一卒。

張李氏　張晃子,李年十八夫亡,守節五十餘年。

沈生甫妻周氏　二十二歲夫亡,無子,姑探其意,凜不可易,守節五十餘年。

董褚珍妻方氏　二十八歲夫亡,御下嚴肅,門內無詬誶聲。守節四十二年。

生員沈與瑩妾劉氏　二十九歲與瑩死,撫嫡子甄成立,游庠。年六十四。

吳孝模妻張氏　二十七歲夫亡,子燦生甫十月,撫訓有成。守節四十二年。

楊姚氏　善刺繡,適楊,生一女。未幾,夫遠出,轉徙無方,姚甫二十餘歲,與其女十指度日。女長,適裝潢工張介眉,亦貧甚。姚年近五十,夫終無音耗,煢煢苦守。年八十餘。

馬卓儒妻富氏　十七歲婚,六月夫亡,撫夫從子柏年爲嗣。守節三十五年。

包萬源妻馮氏　二十三歲夫亡,撫孤玉田。至七十二卒。

戈振岳妻張氏,正東妻張氏　姑二十九歲寡,撫子正東,長娶張氏,二十五亦寡,遺腹生子梅候,辛勒撫育[7]。姑六十九而卒,婦守節四十餘年。

監生劉豤三妻戴氏,妾姚氏　戴十九歲適劉,無子,爲夫置妾姚,越旬日,夫即病亡。戴年二十八,姚年十九,俱無子。共矢苦志,撫夫從子人秉爲嗣。戴年六十八,姚年七十五卒。

馮時萬妻曹氏　二十二歲夫亡,遺一女。有以言微諷者,曹舉刀斷左手一指,暈絕良久而蘇,曰:"而今可以見我志矣。"撫夫兄子惠爲嗣，旋補諸生。曹勞瘁過甚，年四十卒。

張逢源妻張氏　二十八歲夫亡，撫夫從子秉彝爲嗣。守節四十三年。

生員戈奇勳妾唐氏、姚氏　奇勳亡，時唐二十一歲，姚十九歲。遺一子守信，二人共撫之。奉嫡陸氏甚謹。唐年五十二，姚年七十一。

生員陳三錫繼妻盛氏　三十歲夫亡，營葬兩世。課子琅讀書爲諸生。守節五十四年。

監生鄭時乘妻蔡氏，鍾美妻胡氏　蔡二十九歲夫亡，嗣子鍾美娶胡氏，二十一亦寡，無子。蔡年八十卒。胡撫夫從子浩爲嗣。守節四十二年。

倪洪鈞妻褚氏　二十九歲夫亡，撫孤國青成立。守節四十七年。

陸德銑妻胡氏　二十五歲夫亡，子衡夫婦早世。孫印，娶婦後又殀。胡與孫婦、曾孫相依，至八十餘卒。

監生陸德鑾妻胡氏　二十七歲夫亡，家中落，經營喪葬，撫孤婚娶，晚愈貧困。年六十餘。

監生陸振鰲妻程氏　二十七歲寡，撫夫從子天浩成立。守節四十年。邑令王恒表曰"貞松慈竹"。

生員俞錫勳妻胡氏　二十八歲夫亡，事姑孝，撫孤垣成立。守節十二年。

胡元齡妻錢氏　二十二歲夫亡，家赤貧，鬻產以葬翁姑及夫。守節五十四年。

監生朱雲標妻過氏，鑌妻何氏　過三十歲夫亡，矢志撫孤。翁姑相繼歿，撫夫弟飛熊成立，子鑌娶何氏，年二十一寡，哭泣流血，兩目幾瞽。過年七十六，何旌年五十。

生員沈鑑妻曹氏　二十九歲夫亡，孝事寡姑，撫孤潮江成立。守節二十五年。

監生郭鳳梧妻吳氏，煌妻施氏　吳二十九歲夫亡，子煌、煥俱幼。煌娶施氏，十九歲寡，撫煥子秉璋爲嗣。吳年七十，施年五十一。

生員孫李曾妻陸氏，同然妻陶氏　陸二十九歲夫亡，四子俱幼。長子同然妻陶氏，二十七歲寡，事陸甚謹，撫從子堂爲嗣。陸年四十六，陶年三十七。

監生吳如式妻俞氏　三十二歲夫亡，子暴卒。晚年目瞽。守節三十六年。

候選縣丞沈嘉麟妻李氏　二十八歲夫歿於京邸，聞訃，號泣，盡典衣飾，乞族人扶櫬歸里。年六十八。

沈榮廷妻姚氏　二十二歲夫亡，嗣子泰曾早世，撫恤諸孫。守節四十九年。

屈永萬妻朱氏　二十二歲夫亡，撫從子世桂成立。守節五十年。

監生金煜妻沈氏　二十八歲夫亡，撫孤啟培。守節十六年。

生員陸象銑妻屈氏　三十歲夫亡，守節三十八年。孫廷謨領戊午鄉薦[8]。

生員顧嘉繼妻周氏　二十九歲夫亡，拮據殯葬，撫孤汝弼、培成立。守節三十年。

朱雙南妻魏氏　幼失怙，事母至孝。二十一歲適朱，二十九寡，子殤，撫夫從子溶爲後。守節三十九年。

殳璣妻陸氏　二十九歲夫亡，撫孤厚田。守節二十五年。

陳孝梅妻曹氏，東陽妻錢氏　曹二十歲夫亡，夫弟東陽妻錢氏，二十九亦寡。上有犛姑，雙目失明。二人日勤女紅，以給薪水。曹年六十，錢旌年五十二。

王鳳輝妻吳氏　二十六歲夫亡，撫孤世基。守節三十一年。

沈世楷妻陸氏　二十五歲夫亡，撫子炳有成立。守節三十八年。

監生俞鼇妻馮氏　二十四歲夫亡，守節十七年。

趙錫璣妻孟氏　二十七歲夫亡，撫孤永成。守節三十年。

陳德隆妻戈氏　二十三歲夫亡，守節二十四年。

金朝九妻鄭氏　二十六歲夫亡，子鑑甫二月。事姑盡孝，值火災，冒火救姑，又懷鑑出得免，年四十二。

監生邵鏜妾孫氏　十八歲適邵,二十六鏜亡,止一女。冰潔自守,年五十。

王雲岩妻高氏　二十歲夫亡,撫一女,長適蔣樾。守節十七年。

田紹裘繼妻蔡氏　二十六歲夫亡,遺娠又殤,孝事寡姑,撫嗣子鑑銘成立。守節五十五年。

張懷南妻李氏　二十八歲夫亡,撫孤繩祖成立。守節五十一年。

孫賓王妻田氏　二十二歲夫亡,守節十八年。

計大宗妻宋氏　二十七歲夫亡,守節四十二年。

葉汝楨妻曹氏　二十七歲夫亡,遺孤殤,翁繼歿,曹與老姑相依。守節五十四年。

金鼎揆妻蔣氏　二十五歲夫亡,子遇清又早世,勞苦撫孫。壽年八十九。

監生褚羲妻郭氏　二十九歲夫亡,撫從子紹嘉,艱苦備嘗,壽年八十三。

陸佐堂妻鍾氏　二十九歲夫亡,撫夫從子樹穀成立,壽年七十六。

陸廣業妻李氏　二十二歲夫亡,無子女,家貧,紡織以給。壽年七十六。

監生徐興漢妻郭氏　二十四歲夫亡,事氂姑孝,撫夫從子炳為嗣,壽年七十四。

石港場大使方淮繼妻陸氏　夫以捕蝗勞瘁卒於官,陸偕妾徐氏扶櫬歸葬,視庶子業如己出。性好施與,人咸稱之。壽年七十四。

姚雛喈妻葉氏　二十三歲夫亡,子殤,兩目俱瞽。壽年七十二。

何懷棠妻周氏　二十九歲夫亡,無子,佐姑劉撫幼叔成立。壽年七十一。

監生范開用妻俞氏　二十七歲夫亡,訓孤彪勤學,為諸生。壽年六十九。

監生沈元搶妾徐氏　二十七歲元搶亡,守節。壽年六十七。

俞心融妻李氏　二十一歲夫亡,守節。壽年六十六。

周漢章妻潘氏　二十七歲夫亡,越八月,遺腹生子士貴,辛勤鞠育。壽年六十六。

方德懷妻顧氏　二十七歲夫亡,奉侍孀姑,撫夫從子寶傳為嗣。壽年六十五。

監生徐步雲妻周氏　二十八歲夫亡,子士彥、士超既婚,相繼歿,復撫諸孫。壽年六十三。

陸曙皋妻周氏　三十歲夫亡,家赤貧。或勸之嫁,周泣謝之,矢志撫孤。壽年六十二。

監生何湄妻張氏　二十八歲夫亡,嗣子正林患痰疾,張力持門戶。壽年六十一。

監生何澧妻沈氏　二十九歲夫亡,事姑張甚謹,撫二子成立。壽年六十二。

監生曹漣妻張氏　三十歲夫亡,事姑克孝,撫三孤俱成立。壽年五十九。

陸奕南妻王氏　二十二歲夫亡,子南山未晬,撫育成立。壽年六十。

劉學濤妻王氏　二十五歲夫亡,無子,以夫族子楹為後。壽年六十。

張月騫妻錢氏　二十七歲夫亡,撫孤恂如、炳如。壽年五十九。

徐蕙蘭妻山氏　二十九歲夫亡,營葬三世,撫夫從子泰齡為嗣。壽年五十九。

徐雲龍妻錢氏　二十七歲夫亡,子痘殤,撫夫從子大森為嗣。壽年五十八。

金四妻許氏　二十四歲夫亡。壽年五十九。

顧含書妻徐氏　三十歲夫亡,撫孤念宗。壽年五十七。

康廷相妻嚴氏　二十八歲夫亡,撫從子翼周。壽年五十七。

監生姜鎮青妻鄭氏　二十五歲夫亡,撫從子希潛。壽年五十七。

生員李盛妻俞氏　二十四歲夫亡,無子,撫育二女。壽年五十七。

生員陸廷珩妾姚氏,少欽妻沈氏　廷珩亡,姚二十三歲,子少欽纔數月。有諷以改適者,以死謝之。少欽娶沈氏,早寡。相依守節。旌年五十四。

生員林祖植妻陸氏　　二十三歲夫亡,無子。旌年五十五。

屠溶妻王氏　　二十九歲夫亡,遺腹生女,撫夫從子作霖讀書。旌年五十七。

周文龍妻蔡氏　　二十四歲夫亡,撫孤丕承成立。旌年五十三。

陸鍾泰妻嚴氏　　二十七歲夫亡。旌年五十二。

監生馬拜憲妻鄭氏,達妻鄭氏　　鄭十八歲適馬。居翁喪,遭火,族人皆護靈櫬,鄭獨從烈燄中扶姑以出,人稱其孝。三十歲夫亡,子達娶鄭氏,甫兩月縗居。同居一室。旌年五十七。

監生曹永紹妻蔡氏　　二十三歲夫亡,撫孤鶴齡。旌年五十五。

監生張鳳臺妻何氏　　二十七歲夫亡,撫孤溱、灝、濂成立。旌年五十五。

監生徐純楷繼妻倪氏　　二十四歲夫亡,撫孤鼎燮。旌年五十五。

郭韞諸妻陳氏　　二十六歲夫亡,事嫠姑以孝,撫夫從子戀倫爲後。旌年五十四。

羅玉堂妻張氏　　二十六歲夫亡,姑以哭子旋歿。翁兆紳服賈歿於楚,張聞訃,哀毀欲絕。旌年五十四。

馮兆燦妻汪氏　　二十三歲夫亡。旌年五十四。

趙鳴撝妻曹氏　　二十歲夫亡。旌年五十三。

周金門妻蔣氏　　二十八歲夫亡,撫孤灝成立。旌年五十三。

張宗望妻諸氏　　二十三歲夫亡,撫孤萬青。旌年五十三。

張有文妻林氏　　二十七歲夫亡,孝事耄姑,撫孤誦莪成立。旌年五十三。

金啟垣妻徐氏　　夫瘵疾久,未娶。或議辭婚,徐聞,涕泣求死,乃歸金,年三十四矣。越八月夫亡,遺腹生女,又殤。旌年五十四。

州同陶恪妻葉氏　　二十九歲夫亡,遺孤二,長綸,早世;次綱,得成立。旌年五十二。

陸鴻昇繼妻沈氏,妾金氏　　鴻昇亡,沈三十歲,無子。金年二十四,遺子文煥,同心撫育。各守節二十二年。

沈浩天妻倪氏　　二十四歲夫亡,事翁甚孝。旌年五十二。

許八官妻陸氏　　二十五歲夫亡,撫孤文魁。旌年五十二。

殷俊達妻孫氏　　二十四歲夫亡,撫孤誥爲諸生,又早世。旌年五十二。

吏目吳涵妻張氏,妾方氏　　張二十九歲夫亡,與妾方氏矢志。旌年五十二。

徐天禄妻支氏　　二十五歲夫亡,撫孤兆麟。旌年五十一。

生員彭大經妻邵氏　　二十九歲夫亡。旌年五十一。

程鑑堂妻周氏　　二十二歲夫亡,子光柱又殤。旌年五十一。

張壎妻戈氏　　三十歲夫亡。旌年五十一。

監生俞垣妾沈氏　　三十歲垣亡,撫嫡女及己子女,俱成立。旌年五十。

張士鉞妻何氏　　二十四歲夫亡,子源方四齡,遺腹生子溶,長俱游庠。旌年五十。

朱澄江妻潘氏　　十六歲夫亡,遺腹生子瑞堂。旌年五十。

倪永林妻蔣氏　　二十歲夫亡,撫夫從子毓奇爲後。旌年五十。

監生陶寅繼妻陳氏　　二十九歲夫亡,孝事兩世嫠姑,撫六齡孤成立。旌年五十。

郭勘妾陸氏　　二十七歲勘亡,撫夫從子思泉爲嗣。旌年四十九。

段序曾繼妻金氏　　二十八歲夫亡,事姑至孝。姑歿,子殤,投繯者再,俱以救免。旌年四十八。

顧芳庭妻何氏　　二十一歲夫亡,撫遺腹子廣茂。旌年四十七。

徐文輝妻姚氏　二十四歲夫亡，撫孤洸成立。旌年四十七。

吳喻德妻張氏　二十四歲夫亡，舅以事遠繫京師，時具甘旨，遙奉之。教子聚文入庠。旌年四十六。

顏二妻江氏　二十歲夫亡，無子。旌年四十三。

劉乙妻某氏　順治乙酉，土寇起，斷乙右臂，絕而復甦。泣與婦訣，令其他適。婦不忍去，未幾，乙竟無恙。某拮据養其夫以終，里人義之。案：劉乙妻載平湖朱《志》。雖與夫亡守節有間，而其志堪憫，姑附之。以上伊《志》。

【校注】

［1］按：光緒《平湖縣志》卷二十《人物·列女二》："馮俞言妻沈氏，子紀常妻胡氏，康熙戊午沈年三十俞言亡，撫孤紀常成立，娶胡氏，及乙酉紀常亡，胡年二十九，遺孤堯眉方繈褓，姑媳相依，恩勤教育。沈年八十卒，胡後姑二十五年卒。""後"前脫"胡"字。

［2］按：光緒《平湖縣志》卷二十《人物·列女二》："朱葵階妻馮氏康熙壬子年二十二葵階亡，撫二歲孤文穀成立，爲監生。年五十九卒。學使彭始搏旌曰'勁節貽麻'。"《明清進士題名碑錄索引》："彭始搏江［河］南鄧州人。清康熙二十七年三甲第八名進士。"錢寶甫《清代職官年表·學政年表》："康熙四十四年乙酉（1705），彭始搏任浙江學政，至四十八年離任。"故"彭始搏"是"彭始搏"之誤。

［3］撫遺撫子維蒸成立：第二個"撫"是"腹"之誤。

［4］按：光緒《平湖縣志》卷二十《人物·列女二》："李啟源妻顧氏雍正己酉年二十三歸啟源，三月夫亡。"本《志》卷三十九《職官四·平湖縣知縣》："（乾隆二十七年）劉國烜奉天正白旗監生。""劉國垣"是"劉國烜"之誤。

［5］按：光緒《平湖縣志》卷二十《人物·列女二》："乾隆戊辰年二十六介錫亡，繼姑悍，事之克謹。遺孤二，長崑田七歲，次子及女俱幼。家貧，刻苦自守，積勞成疾。守節二十一年卒。"故"至四十六"是"年四十六歲卒"之誤。

［6］妯妯相依：是"妯娌相依"之誤。

［7］辛勒撫育：是"辛勤撫育"之誤。

［8］按：光緒《平湖縣志》卷二十《人物·列女二》："生員陸象銑妻屈氏貢生元瀛女。乾隆己卯年三十一象銑亡，屈上事邁翁，下撫子女，不數年又遇翁喪，家日落，摒檔婚嫁，艱苦備嘗。年六十八卒。孫廷模領嘉慶戊午鄉薦。"本《志》卷四十七《選舉表四·舉人》："（嘉慶三年戊午）陸廷模改名堯松，乙丑進士。"故"（陸）廷謨"是"（陸）廷模"之誤。

〔列女十三〕

列女節婦

平湖縣下

陸心鑑妻邵氏　二十六歲夫亡,撫遺腹子成立,營舅姑喪葬。守節三十年。

姚岱妻張氏　以上嘉慶五年旌。

屈源長妻孫氏　嘉慶六年旌。

姚永孝妻陸氏,岱妻張氏　陸二十六歲夫亡,事舅姑孝敬備至。教遺孤岱,弱冠即入庠。娶張徵士雲錦女,六載而寡,時張二十七歲。姑媳相依,同矢守苦節數十年,始終如一。陸年八十四,張年七十三。

王揆妻張氏　二十七歲夫亡,撫子增成立,終身茹素。舅姑旋歿,喪葬盡[1],以悲痛成疾,卒,守節二十三年。以上嘉慶九年旌。

楊瑞山妻周氏　二十九歲夫亡,撫七月孤成立,營兩世喪葬,旌年幾及九十。

監生徐載旆妾張氏　二十八歲載旆亡,嫡旋歿,撫嫡出四子俱成立,授室。守節三十六年。

徐鎔妻馬氏　二十六歲夫亡,撫孤。守節五十三年。

王謹操妻張氏　二十八歲夫亡,撫孤。守節三十三年。

監生謝鼎妻朱氏　二十九歲夫亡,止一女,無子,茶苦自矢。夫弟覇夫婦早歿,遺子繩祖及一女,俱幼,撫如己出,即以爲嗣。守節十二年。　以上嘉慶十年旌。

馬達妻鄭氏

林兆惠妻馬氏

監生郭元勳妻奚氏　二十七歲夫亡,撫孤成立,守節二十五年。　以上嘉慶十一年旌。

監生周民偉妻浦氏　二十五歲夫亡,撫五齡孤學淵成立。守節三十年。嘉慶十一年,學使潘世恩表其閭。

馬鎌一作謙妻俞氏　二十四歲夫亡,盡典奩具,以營喪葬。撫子成立。守節四十六年。

徐榮先一作光妻沈氏　二十七歲夫亡,撫幼子德山成立,守節三十四年。　以上嘉慶十二年旌。

張寶林妻孫氏　二十三歲夫亡,撫孤。守節三十一年。

何鍾毓妻沈氏

何鍾敏繼妻沈氏

吳士榮妻屠氏

潘繩妻王氏

金宏基妾陸氏

監生陸學汧妻屈氏　二十八歲夫亡,撫子棠成立。　以上嘉慶十五年旌。

贈二品銜桐鄉學生員朱鴻猷妾石氏　二十二歲鴻猷亡,生一子爲霖,嫡子爲弼具呈在部請旌。

王鳳昌妻方氏　　二十四歲夫亡,生一子,早殤。有姪兆英早孤,尚未成立。持家勤苦,事舅姑孝。及歿,拮據營葬,并爲姪授室。守節三十二年。

陶士奇妻吳氏　　二十四歲夫亡,無子,撫姪鏡爲嗣。守節五十二年。

張芸暉妻謝氏　　二十二歲夫亡,撫孤,守節四十一年。

陸鴻昇妾金氏

吳喻德妻張氏

李鑾妻李氏　　以上嘉慶十七年旌。

監生倪世培妾褚氏

徐士超妻馬氏　　以上嘉慶十八年旌。

楊左峰妻馮氏　　事邁姑十四載,極盡孝養。夫亡,無子,以夫兄巨風子懷遠撫以爲嗣。守節五十八年。

生員倪存培妻周氏　　二十四歲夫亡,撫二子,長錫壽,嗣夫兄;次錫嘏,生甫褓襁。守節三十二年。

黃然妻高氏　　二十九歲夫亡,撫二子堂、堃成立,爲翁姑及夫營葬。守節三十五年。

生員陸希曾妾馮氏　　二十四歲希曾亡,撫孤成立。茹茶矢志,守節三十八年。

太學生高沆繼妻郭氏　　年二十九將嫁,而沆疾篤,使人辭婚,氏誓不他適,遂歸高。而疾已革,不及成禮,即脫簪珥侍疾。比曉,沆卒。屬纊時,以子屬氏善爲撫養,氏含涕應之。乃出奩具,以經理殯殮。撫子廷燦成立。廷燦屢喪其婦,又撫養諸孫。守節四十二年。

屈日樑妻葉氏　　以上嘉慶十九年旌。

沈樹基妻張氏　　婚九月夫亡,撫遺腹子麟成立。守節四十一年。嘉慶二十年旌。

監生楊思儼妻嚴氏　　二十二歲夫亡,上事祖姑及姑垂三十年,下撫遺腹子嗣震成立。守節四十二年。

李涧芳妻吳氏　　二十九歲夫亡,撫訓孤子淦成立。守節三十二年。

費淮妻謝氏　　監生謝自芳長女。二十六歲夫亡,子椿生甫九十五日,撫訓成立,長親自督課,補郡增生。嫁二小姑,爲子娶婦。迎養其母以壽終。葬夫與舅姑及先世三柩并其父母。奉夫遺像,日設飲食服物如生時,歷久如一。毀妝飾,并瘞珥。戚族困乏者,時周之。又命子採擇節烈之不彰者,著爲《翦香錄》。持家勤苦,年六十九。

監生楊茂蘭妻王氏　　以上嘉慶二十一年旌。

吳璉妻薄氏　　二十九歲夫亡,撫嗣子喻德成立,長娶張氏,越四年而寡,時張二十四歲。稱兩世苦節云。

張榛妻朱氏　　二十八歲時值疫氛大盛,氏歸母家。祖姑、翁姑及夫俱漸染,甚危,母家勸其暫留,氏堅不從,祖姑與翁及夫果相繼歿,幼子弱女四人俱疫死。拮據營葬,守節四十二年。　　以上嘉慶二十二年旌。

增生馮鎬妻胡氏　　二十九歲夫亡,舅以痛子,又復痰喘疾,胡侍湯藥歷五年不怠。既歿,喪葬盡禮,撫孤子灝成立。守節三十七年。

監生龔文煜妻顧氏　　二十九夫亡,撫遺孤維坒、維型、維壇俱成立。孝事舅姑二十餘載,歿後,喪葬盡禮。守節四十年。

生員陸廷瑚妻邵氏　　以上嘉慶二十三年旌。

陳桐喈妻楊氏　　二十五歲夫亡,子又殀,并無可繼者,乃依夫姪鏌終身,守節三十六年。

王留妻汪氏　　氏閩人。留幕游於閩,尚未娶,聞氏賢,聘焉。二十六歲夫亡,氏扶柩回籍。食貧,守節,撫姪顯德爲嗣,戚族咸稱之。

生員屈應麟妻周氏,長源妻陳氏、妾孫氏,曰樑妻蕭氏　　周二十二歲夫亡,守節十八年,遺腹生子儒士長源,娶陳氏,又娶妾孫氏。長源歿,孫氏二十九歲,守節四十一年。孫生三子,曰柱,曰樑,曰棟。曰樑娶蕭氏,二十八歲夫亡,守節三十二年。以一門三節題旌。蕭被旌時,年八十歲。

韓仲華妻方氏　　二十九歲夫亡。仲華素多病，自知不能生育，乃擇兄子維鈞爲後。未幾殀，以過傷悼，致疾卒。氏勉抑哀苦，與長姒共撫夫姪維鏞，以養以教。維鏞後捷南宮，氏與有力焉。維鏞生二子，氏即以其次子潮爲維鈞後，教之讀書，後成進士，官知縣，皆氏積德所致云。

監生倪世培妾朱氏、褚氏　　世培殁，朱二十五歲，褚二十一歲，相依矢志，從無間言。褚守節十七年，朱守節三十一年。

金鴻荃妾陸氏　　二十四歲寡，嫡王氏無子，陸生子三鑑方三齡，撫以成立，守節十七年。

監生陸泰鋆妾沈氏　　二十歲寡，未一月嫡又病殀。氏無子，撫嫡子三人天浩、汝漢、汝灝，皆教養成立，支持門户。守節四十有八年。　　以上嘉慶二十八年旌。

生員張人柱妾杭氏　　二十四歲而寡，與嫡俱無所出，撫夫姪祚錫爲嗣，守節十六年。

生員汪介福妻朱氏　　三十歲夫亡，無子，撫夫姪遼爲嗣，娶媳嫁女，皆出十指。守節二十五年。

監生周世英妻湯氏　　二十六歲夫亡，撫遺孤二，長念鼎，次念咸，皆成立。有僕婦馮氏少寡，貧不自給，擬再適，氏諭以大義，馮即感其言，終身守志。其以身率教如此。守節二十一年。　　以上嘉慶二十五年旌。

鄭曉初妻戴氏　　二十九歲夫亡，守節五十二年。子光鈺先卒，孫潄春又殀，撫從孫先源爲光鈺嗣，爲娶孫媳。營葬舅姑暨夫與夫兄四喪。

徐士彦繼妻張氏

監生顧其桐妻汪氏　　三十歲夫亡，無子，撫姪復我爲嗣，守節二十八年。

監生羅金聲妻沈氏　　二十八歲夫亡，守節三十年。

高翮妻陸氏　　二十三歲夫亡，撫孤，守節五十三年。

劉顯名妾曹氏　　二十九歲顯名亡，嫡陸氏無出，氏遺孤學倫，自五齡撫以成立，守節四十六年。以上道光元年旌。

生員殷誥妻倪氏　　二十三歲夫亡，撫孤，守節二十八年。

程淦妻何氏　　二十四歲夫亡，撫孤，守節二十一年。

高鳳翔妻朱氏　　三十歲夫亡，撫孤，守節二十五年。

楊佑妻倪氏　　二十九歲夫亡，子樹基早殀，無後，守志三十一年。

監生敖燦妻楊氏　　三十歲夫亡，撫二子英甫、芳甫有成，守節三十年。　　以上道光二年旌。

吳翌廷妻李氏　　二十一歲夫亡，撫孤，守節四十五年。道光三年旌。

監生張淵繼妻顧氏　　二十七歲夫亡，守節四十三年。

陸錦懷妻周氏　　二十三歲夫亡，無子，遵舅姑命，撫從子上澧爲嗣。舅姑殁，拮据喪葬，守節三十六年。

沈士魁妻高氏　　二十九歲夫亡，事舅姑，生養死葬，皆盡孝。撫子國華成立，守節三十七年。　　以上道光四年旌。

周德純妻馬氏　　二十四歲夫亡。德純本獨子，所生一子又殤。時翁立人鰈居尚健，氏爲似續，勸翁續娶繼姑王氏，生一子。助姑撫養，長授室，後生子鏞，即撫爲夫後。守節五十七年。

監生范永齡妻翁氏　　二十八歲夫亡，舅姑衰邁，夫弟甚幼，子二尚在提抱，仰事俯育者十一年，因積勞成疾卒。

監生俞丕烈妻董氏　　三十歲夫亡，遺孤鴻基、本培，教以成立，守節二十年。

監生朱逢珮妻何氏　　二十三歲夫亡，遺腹子又殤，撫夫堂姪存心爲嗣，屏居小樓，終身不出户外，守節二十九年。以上道光五年旌。

林敦昌妻何氏　　二十六歲夫亡，以七世祖及曾祖翁未有祭田，盡質簪珥，置子圩田六畝，以奉烝嘗。教子培豐成立,守節二十三年。

監生鄭志遠妾劉氏　三十歲志遠亡,繼嫡曹氏生子十五日而亡,氏撫遺孤愛踰己出,守節二十二年。　以上道光六年旌。

生員方昇妻劉氏　二十九歲夫亡,撫二子成立,次子榮,後入府庠,守節二十三年。

監生曹璉妻張氏

監生時光溶繼妻沈氏　二十一歲婚,甫二十日夫亡,無子,撫夫姪樞兼桃。樞任餘杭訓導,卒於任。又撫樞子元照爲孫成立。旌年六十二。　以上道光七年旌。

孫椿年妻朱氏　二十七歲夫亡,撫孤,守節四十三年。道光八年旌。

朱士圭妻邵氏　二十八歲夫亡,守節十五年。

徐層山妻聞人氏,步青妻馬氏　馬二十八歲夫亡,無子,撫姪曾裕爲嗣,聞人其姑也。

徐步雲妻周氏,士彥妻張氏　徐二十八歲夫亡,生二子,長、幼俱成立。長子士彥娶張氏,三十亦寡,合層山妻聞人氏、步青妻馬氏,人咸稱一門四節。

生員吳光照妻馮氏,妾郭氏　光照亡,子陳善僅十月,與妾郭青燈相勵,時馮二十九歲。郭生一子關佑,馮愛憐之,一如己出。守節十八年。

監生倪孝培繼妻蔣氏　二十六歲夫亡,家貧,竭力爲夫及前氏張擇地安葬,撫夫姪錕爲嗣,守節三十一年。

陳金妻陸氏　二十五歲夫亡,無子,以夫姪師讓兼桃,苦節三十五年。　以上道光九年旌。

陸汝淳妻陳氏　二十八歲夫亡,撫孤,守節三十八年。

陸杏傳繼妻吳氏　二十三歲夫亡,撫孤,守節三十年。

監生徐士樑妻謝氏　二十七歲夫亡,撫九月孤應煒成立,守節四十年。

生員郭又隗妻孫氏　二十三歲夫亡,子甫週,又殤,孫哀痛不已。家甚貧,或終日不舉火,泊然安之。幼工吟咏,其詩久爲藝林所傳。夫亡後,屏去韻語,機絲之外,維閱史書等以自遣。《兩浙輶軒錄》及《群雅集》諸書,均載其詩,所著有《夢樓吟蘖》藏於家。守節四十六年。

監生謝銘繼妻俞氏　三十歲夫亡,事祖姑及姑維謹,及歿,喪葬盡禮。無子,撫夫堂姪炳南爲嗣。守節二十八年。　以上道光十年旌。

邵藝鈴妻陸氏　二十七歲夫亡,無子,撫夫姪漢爲嗣。漢兄雲龍讀書,氏加意培植,守節二十四年。

曹建安妻陳氏　二十四歲夫亡,撫孤,守節二十五年。

韓建偉妻馬氏　二十九歲夫亡,撫孤。守節四十二年。

職員楊棽清妻莫氏　二十九歲夫亡,撫孤。守節二十六年。

生員劉翔妻姚氏　二十六歲夫亡,撫夫姪大升爲嗣。守節四十年。

理問陸景淮妾姚氏　二十二歲景淮亡,撫孤廷栢,教養備至,娶婦後又歿,無子。姚復撫姪孫文煥爲其後。守節四十一年。　以上道光十一年旌。

監生梅世賢妾劉氏,嫡子德建妾曹氏,作梁妻劉氏　世賢妾二十二歲寡,無子。嫡子德建妾曹氏,二十四亦寡,遺孤作梁方五月,長娶劉氏,二十三又寡。三媳相繼,苦節如一。

生員張人棟繼妻倪氏　二十八歲夫亡,止二女,庶出子秀靈,撫如己生。守節三十五年。

六品職員陸鼎鉉妾楊氏　二十八歲夫亡,止一女,長適張人枚,又寡。與女共守,節操凜然。

監生張人枚妻陸氏　鼎鉉女也,夫早亡,依母守節以終。　以上道光十二年旌。

徐殿黿妻邢氏　二十六歲夫亡,撫訓遺腹子延慶成立,守節二十九年。

黃琳妻俞氏　二十九歲夫亡,撫孤,守節四十二年。　以上道光十三年旌。

生員趙鏞珍妻顧氏　　二十九歲夫亡，撫孤，守節二十六年。

尹廷相妻顧氏　　二十九歲夫亡，撫孤，守節六十二年。

監生時仁晉妾張氏　　二十一歲仁晉亡，撫孤，守節四十年。

監生戈錫祉繼妻蔡氏　　二十八歲夫亡，撫孤，守節三十三年。

監生方文甫妻沈氏　　二十五歲夫亡，撫孤，守節十一年。　　以上道光十四年旌。

葉志唐妻王氏　　三十歲夫亡，家極貧，族中并無可依者，乃附兄思高以居，針黹自給。苦守二十六年。

監生湯琳妻朱氏　　二十六歲夫亡，無子，以夫姪秉忠爲後。守節十八年。

陸錦榮妻戴氏　　三十歲夫亡，撫孤，守節三十年。　　以上道光十五年旌。

生員沈成妻吳氏　　三十歲夫亡，教七齡孤國安，弱冠爲名諸生，皆氏之力也。道光十六年旌。

監生顧廣信妻徐氏　　二十三歲夫亡，子永皋僅三齡，教養成立。守節三十年。

監生吳載妻顧氏　　十八歲夫亡，無子，撫族子大榮爲夫嗣，教之成立。守節三十七年。

汪鳳山妻陸氏　　二十九歲夫亡，撫孤，守節二十九年。　　以上道光十八年旌。

增生屈佩瓀妻鮑氏　　二十六歲夫亡，孝事舅姑，教子欽鄰爲名諸生，後登賢書。守節二十八年。

增生高登壁妻陸氏　　二十九歲夫亡。幼習《詩》《禮》，夫歿後，親課子振鋋，嚴而有體，遂以名諸生領鄉薦。守節三十五年。

監生陳浚泉妻嚴氏，光祖妻趙氏　　嚴三十歲夫亡，撫子士良成立。從娣姒光祖妻趙氏，二十九亦寡，無子，撫夫姪士樸爲後。共矢苦節，至老彌篤。

生員馬嗣嚴妻陸氏　　二十六歲夫亡，撫孤，守節四十三年。

監生吳新妻鄭氏　　二十四歲夫亡，撫孤，守節五十四年。

俞鈺妻周氏　　三十歲夫亡，守節二十八年。

監生朱純熙妻方氏　　二十二歲夫亡，撫孤，守節四十五年。　　以上道光十九年旌。

監生屈濤妻盛氏　　父兩珍亦監生。二十七歲夫亡，慟絕，復蘇，遂引刀自剄幾死。翁姑曲慰，乃撫孤許子文在，入成均，又歿，復撫其孫及曾孫。年八十一。

朱丕顯妻王氏　　二十九歲夫亡，子女俱幼，事姑甚孝。喪葬婚嫁，皆出自女工。年七十九。

沈調元妻金氏　　夫患腰疽，扶病成婚。越十七日而歿，金時十九歲，矢志不易，以姪詒爲後。鳴機達旦，教子讀書游庠。年七十三。

顧子龍妻屈氏　　靜濤女，二十六歲夫亡，食貧，撫孤，年七十五。姑李氏亦節婦也。

金鶴汀妻魯氏　　二十二歲夫亡，無子，撫一女，長適沈懷明。年八十二。

宋其昌妻程氏　　天華女，二十八歲夫亡，以勤紡織，撫二子成立。年七十七。

庠生陸心濯妻嚴氏　　二十九歲夫亡，事姑孝，矢志苦節，遺腹子五齡而殤。伶仃畢世，年七十五。

監生俞煌妻戈氏　　二十九歲夫亡，撫孤。守節二十五年。

監生徐廷宣妻馬氏　　二十六歲夫亡，姑病，娣姒迭相守，馬獨無頃刻離。撫孤，生孫。年七十九。

邱武烈妻金氏　　十九歲夫亡，苦志自矢，無子，僅一女，年七十五。

戈正東妻張氏　　作梁女，二十五歲夫亡，遺腹生子。食貧，矢志，年七十四。姑張氏，即作梁妹，亦以節著。

監生施之鑒妻俞氏　　二十九歲夫亡，食貧，撫孤，事姑，三十年如一日。年六十八。

施東九繼妻石氏　　十九歲夫亡，家貧，以織作養舅姑。舊止有田七畝，鬻其三，以營葬。年六十。

監生張紹虞繼妻符氏　　二十九歲婚，及期而寡。前妻子及婦俱早卒，氏撫孤孫孝先成立，娶錢氏，八年而孝先又卒。錢遺娠生一子，比婚娶，而錢殁，蓋久持單門，備嘗荼苦也。年六十。

黃啟南妻朱氏 堯章女，二十六歲寡，薄田不足供菽水，勤織紝，以仰事俯育，撫子成立，年五十八。

顧遇清妻陸氏 天盛女，氏三十而寡，撫子女長，成婚嫁，荼苦備嘗，年五十八。

褚御三妾柳氏 二十八歲御三亡，撫嫡女如己出。時以錢米賙鄰嫠之貧者。年六十四。

張新齋妻葉氏 三十八歲夫亡，無子，撫姪爲嗣，矢志清潔，足不踰閫，年六十六。

庠生馬汝爕妻翁氏 父炳亦庠生。甫歸馬，而舅遘疾，即脫簪珥，爲醫藥資。夫頻年遠館於外，氏事姑盡孝。三十歲寡，勤鍼黹，撫孤一柱游庠。年五十五。

吳光宗妻孫氏 二十八歲夫亡，無子，以夫姪爲嗣，生平謹默，未嘗有詬誶聲。年六十一。

朱以璉妻王氏 監生克昌女。氏二十八歲夫亡，事翁孝，撫孤成立，年五十。

王永生妾張氏 二十九歲永生亡，嫡多病，張事湯藥甚謹。撫二子成立，長子早卒，又撫孫。年五十八。

監生陸潛繼妻周氏 父世章，貢生。氏二十九歲夫亡，矢志守節。無子，以夫姪爲後。年四十五。

監生紀廷椿妾蔡氏 二十四歲廷椿亡，撫嫡子燕謀、燕緒成立。命燕緒捐田爲義冢。年五十一。

陳鶴峰繼妻葉氏 父心齋。氏二十六而寡，矢志撫孤，事舅姑以孝聞，年四十一。

朱攜益妻朱氏 父鳳翱，監生。氏二十五而寡，遺孤甫生十日，族人盜鬻其田，訟於官，族人始罷，然所存恒產無幾矣。孝事姑及王姑。撫子駿成立，入成均。年四十六。

沈可珍妻吳氏 父浚民。二十五歲夫亡，無子，亦無可嗣者。矢志不二，孝事邁姑張，十餘年殁後，典鬻器具以殮。歸依母家，日夕勤紡績，積四十餘金，欲葬翁姑及夫。七月間，以勞成疾卒，年四十七。

潘琨妻郭氏

梅作梁妻劉氏

屈雲驤妻沈氏 父一誠，庠生。氏三十歲夫亡，孝事其姑及王姑。撫二子成立。年四十一。

監生陸于寬妻孫氏 二十五歲夫亡，絕粒三日，忽起曰："有姑在，我當代夫養，未可死。"乃勤紡織，以供菽水。訓五齡孤，令於機畔讀書，後以貧廢學。守節五十九年。

沈訪嚴妻陸氏 父時雍，監生。氏二十七歲寡，勤紡績自給，并營先世葬。撫三齡孤成立，既婚，子婦又殁，老境彌苦。守節五十一年。

姚達夫妻倪氏 二十八歲夫亡，念祖翁及舅姑俱在堂，抑哀事之。撫四齡孤成立，娶婦，婦卒，撫其孫與曾孫，備極艱苦。守節五十七年。

陸淵妻金氏 父朝宗。二十七歲夫亡，遇歲歉，以布易米奉姑，己食糠粃。嘗謂子曰："爾祖母飯藜藿半世矣，高年胃薄，詎耐此耶？"聞者感歎。守節三十五年。姑孫氏亦節婦。

林御培妻王氏 二十九歲夫亡，貧甚，勤女紅自給，所居又遭火，傗茅舍中。撫子娶婦。守節四十二年。

貢生邵鈞妾干氏 二十四歲鈞亡，撫一女。與嫡胡共勵冰操，胡殁，獨支門户。守節四十五年。

沈懷明妻金氏 父鶴汀。氏二十八歲夫亡，撫孤成立。守節三十九年。

鄭鍾美妻胡氏 父佩豐，嘉庠生。氏二十四歲婚，期年而寡，無子，撫夫姪爲後。守節四十五年。其姑蔡亦節婦也。

俞重熙妻程氏 父大聲。氏三十歲夫亡，家極貧，撫五齡孤成立，守節三十五年。

庠生許之璣妾時氏 二十七歲之璣亡，勤苦持家。無子女，以姪青培爲後。守節三十七年。

陸來鎬妻張氏 二十九歲夫亡，無子，撫一女，遺嫁。紡織自勵，茹荼矢志。守節三十五年。

監生施漢章妾柴氏、王氏 三十歲施亡，撫四齡孤，讀書爲廩生。事嫡甚謹。王生一子一女，與柴相處數十年，無間言。守節各三十三年。

王謹操妻張氏　二十九歲夫亡,勤女紅以葬舅姑,無子,以夫姪爲後。守節三十三年。

庠生王麟妻葉氏　二十八歲夫亡,食貧,矢志,撫二子成立。守節三十四年。

周泰華妻單氏　二十八歲夫亡,子旋殤,矢志自守志。弟同春尚幼,助姑教養之,既娶,生二子,而同春夫婦又歿。上事嫠姑,下撫從子,不辭勞瘁。舉四喪皆安葬,里黨稱之。守節三十三年。

沈國炳妻徐氏　二十七歲夫亡,事邁姑,撫幼子,一生茶苦。守節三十四年。

生員紀廷霖妾婁氏　二十八歲廷霖亡,矢志不二,待嫡子有恩,撫己子,娶婦,後又殀。復撫孫,備極勞苦,守節三十三年。

生員戈鍾妻程氏　父期粲。氏二十九歲夫亡,子又殤,以夫姪爲後,教以義方。家貧,織紝無間寒暑,守節三十年。

陳錦懷妻夏氏　父應元。氏二十八歲夫亡,孝事舅姑,無子,以夫姪爲後。守節三十一年。

生員陸汝明妻屈氏　父瀜。氏二十八歲夫亡,孝事邁姑,撫前女有恩,如己出。守節三十年。

郭心齋妻陸氏　二十四歲婚,一載夫亡,食貧苦守。事邁姑。守節三十二年。

朱鑌妻何氏　二十一歲夫亡,哀痛,兩目出血,幾盲,姑曲慰乃止。守節三十五年。姑過氏亦節婦。

郭咫聞妻徐氏　二十五歲夫亡,事姑盡孝,撫子成立,守節三十一年。

監生陳謨妻鄭氏　二十三歲婚,半載夫亡,欲以身殉。舅姑勸慰,乃勉進飲食。無子,僅一姪曰勳,爲大宗冢子,乃以小宗祔祀。而助其姪讀書,授室,後爲庠生,人稱其賢。守節三十一年。

廩生陸希曾妾馮氏　二十四歲希曾亡,食貧,撫三齡孤文濠入庠,又歿。復撫其孫。守節三十年。

舉人徐超妻陳氏　十七歲婚,超領乾隆辛卯鄉薦,乙未由都南旋,卒於逆旅。訃至,陳一慟幾絕。撫幼子兆麟讀書,歲歉,恒減食以飫兒,督課極嚴,嘗曰:"不讀父書,非吾子也。"後子得爲諸生。守節三十年。

梅建德妾曹氏

生員鄒師益妻彭氏　二十七歲夫亡,家甚貧,事舅姑甚孝。撫二齡孤又殤,餘無可嗣。氏一生困苦。守節二十八年。

戈玉山妻屠氏　父芳齡。氏三十歲夫亡,子生未晬。家極貧,又遇歲歉,食糠秕,而冬無襦,常僵而復蘇,其苦如是。守節二十五年。

黃孟陽繼妻胡氏　二十六歲夫亡,夫負逋,族黨欲逼其改嫁以償。氏堅不從,欲投繯,乃止。勤織紝,撫三孤成立。以工作餘貲償夫負,人賢之。守節二十八年。

姚倬雲妻朱氏　幼失怙,育於舅氏。二十六歲夫亡,無子,仍依舅。舅倍卹之,始終不渝。守節二十七年。

監生朱邦埔妻李氏　二十九歲夫亡,事舅姑孝,撫子入成均。守節二十二年。

張昌和妻高氏　父大來。氏二十八歲夫亡,家止賃田二畝。或勸他適,即欲自經。勤紡織,事舅姑。無子,以姪爲後。守節二十八年。

胡力剛妻趙氏　二十三歲夫亡,以十指所入供邁姑,并營喪葬。無子。守節二十七年。

屈潤蒼妻葉氏　二十二歲婚,逾年生一子而寡。姑貧,諷使改適,號泣不從,欲自盡者再。族長屈宏基歲給常餼,以成其志。守節四十餘年。

孫麟昌妻周氏　海鹽監生惠堂女。二十四歲夫亡,事翁姑無失禮,撫子顯曾成立。子歿,又撫其孫寅讀書,爲庠生。居恒御下有方,處豐以約。年七十五。

職員屈宏基妾曹氏　二十九歲宏基亡,矢志不渝。撫二女,遣嫁。足不踰戶,里黨重之。年五十七。

監生馬承鼎妾張氏　二十二歲承鼎亡,易簣時以家無儋石,遣之嫁,張矢死不可。及歿,矢志撫孤,日勤紡織,食粥尚不繼,終無怨言。子又殀,茹茶終身。年六十五卒。

監生屈濬妻邵氏　三十歲夫亡，撫遺腹子世柱入成均。年四十三。

顧御章妻李氏　父宸藩。氏二十三歲夫亡，孝事邁翁，撫遺腹子子龍成立。年八十。

韓大瑀妻李氏　二十二歲夫亡，止一女，遺腹生子炳，矢志撫孤，備嘗茶苦。炳長，訓蒙以養，年七十。

施秀林妻方氏　二十五歲夫亡，矢志撫孤。喪葬甫畢，婚嫁繼之，備嘗茶苦。尋子與媳又相繼殁，孫亦旋殤，依其壻陸世清以終，年八十。

劉方江妻高氏　三十歲夫亡，撫一女及孿生二子，一早殀，一名賓上。家貧，營葬翁姑，婚嫁子女，皆藉女紅所積。年七十六。

高阜蒼妻陸氏　二十二歲夫亡，勤苦矢志，撫二子成立，其性溫和，而不苟言笑，里鄰交稱，年七十五。

張應奎妻徐氏　二十五歲夫亡，食貧茹素，撫數月孤三壽。矢志。病革時託孤於夫之從祖朝棟，囑以讀書敦品，後子爲庠生。徐年三十九。

顧守誠妻褚氏　二十四歲夫亡，媚姑胡夙嬰痼疾，褚奉湯藥，辛勤備至，無子，撫姪隆爲嗣。年三十五。

顧隆妻沈氏　二十五歲夫亡，遺孤亮甫三齡，撫訓成立，冰霜自矢，年五十八。

王彥延妻陳氏　二十四歲夫亡，撫幼孤石麟成立，典簪珥以殮夫。事姑三十三載，孝敬不怠。年六十。

董仲昭妻許氏　方升女。二十三歲夫亡，食貧，守節，撫子天彪成立。年七十一。

沈之煥妻陳氏　二十八歲夫亡，家貧，拮據喪葬，撫二子成立。年四十九。

陸志山妻鮑氏，陸銛妻孫氏　二十八歲夫亡，朝夕不給，率次子鴻磐灌園種菜，命長子淵就市易薪米。或遇大風雨，恒枵腹竟日。年七十。

徐振鏞妻費氏，寧妻曹氏　費二十九歲夫亡，一子先殤，撫二女，長遣嫁。家貧，勤女紅，積十餘年羨餘償逋，曰："不使吾夫有負。"乾隆五十四年卒，年七十一。其姪寧妻曹氏，三十歲而寡，孝事耄姑，撫二子義、懷成立。以懷爲振鏞後，與費相得無間，年六十五。

監生周朝杞妻黃氏　二十八歲夫亡，無子，矢守自勵。家素封，宗族欲瓜分之，不許立繼，黃涕泣喻以大義。事聞當事，得撫姪大焞爲嗣，教育成立，入成均。年六十三。

陶惠賢妻楊氏　二十九歲夫亡，生子鳳翥甫週，矢志持家，撫子成立，入成均。年六十。

黃德章妻徐氏　二十六歲夫亡，貧甚，勤紡織以奉姑。無子，撫姪聖麟爲嗣，訓之入成均。年四十七。

生員曹次仲妻俞氏　夫亡，家貧，無子，苦節三十餘年。

監生葛傳燮妻廖氏　二十七歲夫亡，撫四齡遺孤思孝成立。事繼姑唐四十年。守節二十九年。

金軼寰妻鄭氏　二十歲夫亡，無子，撫姪鴻禧爲嗣。守節十五年。

生員嚴金綬妻金氏　二十六歲夫亡，家貧，勤紡織，以葬翁姑及夫。守節五十八年。

陸士淇妻彭氏　十七歲結褵，三月夫亡，無子，撫夫姪星臺爲嗣，守節六十七年。

陸振伯妻鮑氏　二十九歲夫亡，家貧，勤女工以自給。子一，早殤。守節三十五年。

監生陸煦妻黃氏　二十六歲夫亡，苦節自矢，撫未期遺孤奎光成立。守節四十三年。

贈文林郎附貢生陸煥妾毛氏　二十六歲煥亡，撫子廷琮及遺腹子廷興，俱入泮。守節五十四年。

費錫貴妻王氏　三十五歲夫亡，撫遺孤江成立。家貧，勤紡織，以資薪水，年八十一。

宋季氏　二十六歲夫亡，矢志，撫孤建昌成立。家極貧，與姑紡績以給。守節二十四年。

楊德明妻朱氏　二十四歲夫亡，無子，與其姑撫孤女，勤女工以自給。守節五十七年。

孫明揚妻朱氏　二十五歲夫亡，矢志守節，無子，撫夫姪甫衡爲嗣。年七十三。

張岐周妻顧氏　名秀姑。二十六歲夫亡，遺腹生子念劬。矢志守節，蔬食終身，年三十六。

王萬涵妻顧氏　二十五歲夫亡,無子,撫夫姪士標爲嗣。守節二十三年。

楊聯登妻趙氏　二十八歲夫亡,無子,撫夫姪朗青爲嗣。苦節四十七年。

呂勝榮妻楊氏　二十八歲夫亡,撫子黻堂成立。守節十九年。

鄭戒三妻顧氏　二十七歲夫亡,守節四十五年。

羅幼超妻金氏　二十五歲夫亡,孝事舅姑,撫嗣子恂成立,入邑庠。守節四十四年。

監生吳文來妻徐氏　二十五歲夫亡,子二,長蘊輝,三齡;飛熊,僅及期。事姑,撫孤,甚勞瘁。後二子同年入泮。氏守節三十二年。

監生趙焜妾馮氏　二十四歲焜亡,撫幼子繼儒成立,守節十餘年。

生員沈忠妻何氏　二十七歲夫亡,無子,撫族姪欽贇爲嗣,勖以讀書,爲之授室。守節十七年。

沈士德繼妻蔡氏　二十六歲夫亡,撫子韶九成立。勤紡織,以供朝夕,積資葬其夫。守節四十五年。

監生陸玉堂妾高氏　二十六歲玉堂亡,撫嫡子錫仁,冠而殀。復撫姪錫藻爲嗣。守節二十五年。

何爾明妻葉氏　二十三歲夫亡,無子,止一女,撫夫兄子晉松爲嗣。生平不苟言笑,事舅姑維謹,姑病痢踰月,躬自扶持,積勞成疾,卒。守節二十年。

徐兆武妻陶氏　二十歲夫亡,撫遺腹子壽齡成立。守節三十九年。

監生顧堃繼妻周氏　二十七歲夫亡,撫前子鈴如己出,至於成立。守節三十一年。

高振榮妻顧氏　二十六歲夫亡,撫子炳芳成立。守節三十六年。

柴聯元妻彭氏　二十五歲夫亡,無子,撫夫姪琴張爲嗣。守節五十二年。

高純孝妻方氏　二十五歲夫亡,事舅姑,養葬盡禮。無子,立夫兄子士興爲嗣,教養成立。年五十三。

廩生張守銘繼妻李氏,增生守銓妻沈氏　李三十三歲夫亡,號痛絕食,病年餘始瘳,撫六齡遺孤成立。夫弟守銓妻沈氏,二十九歲寡,遺孤二,長七齡,次甚幼。初,守銘兄弟已分析,至是仍合爨,互撫其子。家貧,姒娣勤女紅以資薪水。後守銘子儒勳、守銓次子儒廉,俱入邑庠。沈年四十七先卒,李守節三十一年。

貢生屈橋年妾王氏　三十一歲橋年亡,清潔自矢。守節四十七年。

梅德錦妻李氏,德宣妻張氏,作棟繼妻賈氏　李二十一夫亡,無子,且無伯叔。其舅以從子德宣爲嗣,娶張氏,二十五而寡,遺娠生子作棟。娣姒同撫之,爲娶陳氏,早卒;繼娶賈氏,生子通求,方六月,作棟又卒,賈年二十三。時張氏先卒,李氏年老,賈勤女紅,上事俯育。後李氏卒,通求未婚又殀,不數日賈亦亡。族衆議立族姪凝求爲之後。李守節五十三年,張守節十六年,李守節二十四年[2]。

生員陸爲樑妻屠氏　三十七歲夫亡,撫孤成立。守節五十一年。

周蓮初妻沈氏　三十一歲夫亡,撫子淦成立。守節五十二年。

王振旂妻屠氏　二十九歲夫亡,守節二十年。

郭人樹妻邵氏　二十三歲夫亡,事舅姑盡孝,撫遺孤清輝成立。守節二十一年。

武生馬如林妻郭氏　婚八月夫亡,郭時二十二歲,撫夫姪牛三爲嗣。其母朱氏病篤,氏翦左臂肉療之。守節四十年。

張志凝妻金氏　二十九歲夫亡,遺孤興宗又殤,無子.守節三十年。

陳源妻陸氏　三十歲夫亡,撫子松成立。事寡姑孝。家貧,日勤紡織,以供甘旨。守節十九年。

鄭栻妻朱氏,妾陳氏　夫亡,朱二十六歲,陳二十四歲。共食貧紡織,同撫庶子耀成立,愛護倍至。朱守節二十一年,陳守節三十年。

陸近新妻馬氏　二十八歲夫亡,善事舅姑,撫孤成立,苦節三十年。

蔣應雎妻賈氏　二十七歲夫亡,遺孤早殤,蔣族丁少,乃乞養異姓子宗海爲嗣。守節四十四年。

高廷楗妻金氏　　二十八歲夫亡,遺腹子殤,撫夫姪三祝爲嗣。守節四十五年。

高廷鈺妻蔣氏　　二十八歲夫亡,守節三十一年。

監生鄭廷熙妻吳氏　　二十九歲夫亡,撫子垣、維塘成立。守節三十八年。

朱瑞登妻方氏　　二十六歲夫亡,撫子嘉言,艱辛備歷。守節二十三年。嘉言承母志,教子汝梅爲諸生。

沈廣明妻夏氏　　十九歲夫亡,遺腹生子汝修,撫教成立。事舅姑,養葬盡禮。守節五十七年。後汝修援例捐州同知。

監生江既濟妻鄭氏　　二十九歲夫亡。家中落,矢志茹苦,勤紡績以養舅姑。嗣夫姪椿爲後,撫訓成立,入成均。守節三十四年。

生員沈樹風妻王氏　　二十八歲夫亡,姑老目盲,扶掖不離左右,姑藉以慰。撫孤子鑑成立。守節三十四年。

謝元愷妻周氏　　二十三歲夫亡,家劇貧,勤紡績,以養舅姑。撫孤士貴成立。守節四十八年。

朱鯉登妻徐氏　　婚八月夫亡,時二十歲,無子,撫夫姪蕢階成立。守節二十三年。

朱天麒妻童氏　　二十三歲夫亡,日織布二疋,以奉養翁姑。守節四十九年。

增生胡祥墀妻張氏　　二十八歲夫亡,孝事舅姑,撫孤。守節十二年。

潘鼎臣妻曹氏　　二十四歲婚,四十日夫亡,守節五十七年。

陸裔懋妻周氏　　十九歲婚,九月而寡,無子,族無可嗣,乞養異姓子,未冠而殤,乃撫其姪振麟成立。守節五十二年。

監生徐世杰妻汪氏　　三十四歲夫亡,撫子應煜入成均。守節三十四年。

沈民鑑妻葉氏　　二十一歲夫亡,守節四十二年。

沈士雲妻錢氏　　三十歲夫亡,無子,守節十六年。

生員鄭清妻張氏　　二十九歲夫亡,長子又殤,撫次子焕功成立。守節五十三年。

監生徐升垣妻馮氏　　二十三歲夫亡,撫遺孤鈞成立,爲例貢生,事嬬姑孝,守節五十八年。

高松妻顧氏　　二十二歲夫亡,持家甚勤,事嫠姑孝。無子,撫夫姪承光爲嗣,守節三十一年。

生員陸申錫妻徐氏　　二十五歲夫亡,撫遺孤潤琴成立。守節十一年。

周成熙妻蕭氏　　十九歲夫亡,事姑盡孝,撫遺孤丕文,自二齡以至長,入成均。守節四十六年。

朱鳳周妻徐氏　　二十三歲夫亡,事寡姑盡孝,撫三齡孤泰源成立,入成均。守節十五年。

朱近臣妻諸氏　　二十五歲夫亡,遺六齡孤泰昌,事姑,撫子,艱苦備歷。守節十五年。

唐士榮妻顧氏　　二十歲夫亡,敬事嬬姑,立夫姪靜安爲嗣。守節五十三年。

莊德明妻張氏　　二十九歲夫亡,孝事舅姑,無子,撫夫姪敬讀書,成諸生。守節三十六年。

莊德佩妻張氏　　二十二歲夫亡,家劇貧,誓不再適,撫夫姪恒餘爲嗣。守節二十二年。

郭魯峰妻朱氏　　二十四歲夫亡,守節三十一年。

尚大參妻李氏　　二十三歲夫亡,守節六十一年。

尚价藩妻曹氏　　三十歲夫亡,守節三十九年。

朱心焯妻莊氏　　正崖女。二十四歲夫亡,守節三十二年。

監生顧濟妻張氏　　二十歲婚,次年夫亡,矢志守節。事舅姑盡孝,居恒動必循禮。無子,撫夫弟子榮爲嗣,補邑廩生。年五十七卒。

何大昌妾翁氏　　二十六歲大昌亡,撫十月遺孤松成立,年五十六卒。

監生顧操松妻錢氏　　例貢生錢超女。二十歲婚,越七年而寡,無子,撫夫兄子兆熊爲嗣。守節二十四年。

方墉妻懷氏　州同念修女。婚未一月而寡,時十九歲。事舅,養葬皆盡禮。撫夫姪銘爲子。守節四十一年。

周大烈妻劉氏　二十一歲婚,三載夫亡。事舅盡孝,撫姪詒孫爲子,教養備至,早游庠。守節四十七年。

王士鬻妻鍾氏　二十八歲夫亡,守節三十六年。

楊永昌妻金氏　十九歲夫亡,無子,飲冰茹蘗,鄉里歎美之,年六十一。

沈時敏繼妻傅氏　三十二歲夫亡,撫前子範成立。年五十四。

楊連元妻莊氏　二十六歲夫亡,無子,以紡織度日,撫女及姪,遣嫁。年五十七。

金壽妻黃氏　二十一歲夫亡,窮子勵志,卒年五十二。

彭懷桂妻陸氏　二十八歲夫亡,撫二子,長爲娶婚。家貧甚,賴紡織以自給。年七十二。

陸士燦妻彭氏　十七歲夫亡,無子,撫夫姪台堂爲兼祧。氏事舅姑孝,家貧,紡織以供菽水。年八十三。

韓世隆妻楊氏　二十三歲夫亡,無子,撫夫姪時豐爲兼祧子。守節四十九年,

項衡山妻高氏　二十九歲夫亡,撫子廷標及二女成立。家素貧,紡績以自給。守節四十三年。

沈士魁妻高氏　二十九歲夫亡,持家勤苦,茹素終身。姑歿,喪葬合禮。撫二齡遺孤,親自督課,入成均。將歿,謂子婦曰:"無負於天,可以見爾舅於地下矣。"守節三十八年。

沈時春妻朱氏　本吳江人,二十四歲夫亡,撫六月孤筠成立,並拮據以奉邁姑。守節三十五年。

王之垣妻汪氏　二十九歲夫亡,事祖姑及舅甚孝,撫夫姪錦楨爲嗣。少督課,長婚娶,勤苦備至。又將鍼黹所積,置田十餘畝,爲兩世葬費。臨歿,遺命錦楨成其志,且并葬錦楨本生父母云。守節四十六年。

金鳳儀妻丁氏,鳳宇妻陸氏　丁二十二歲夫亡,夫弟鳳宇妻陸氏二十亦寡,娣姒同心矢志,仰事俯育,備歷艱辛。丁守節五十四年,陸守節四十八年,人稱一門雙節。

孫又嘉妻楊氏　二十九歲夫亡,孝事翁姑,撫三齡孤金墉成立。守節二十五年。

盛聚檉妻程氏　二十三歲夫亡,孝養舅姑,撫夫姪明懋爲嗣。守節四十五年。

過熏妻張氏　二十九歲夫亡,守節二十七年。

生員屈飛鵬妻陸氏　廿九歲夫亡,以十指所入葬夫嫁女。分授遺產,悉付嗣子。守節四十三年。

監生徐元賢妻張氏　二十五歲夫亡,無子,守節四十三年。

屈肇亨妻沈氏　二十五歲夫亡,撫孤承恩成立,入邑庠。守節四十九年。

蔡憲文妻田氏　二十四歲夫亡,撫孤光諅成立。守節三十六年。

孫鋐妻蔡氏　二十五歲夫亡,無子,撫夫姪宗治爲嗣。事媚姑三十二年,孝養無間。姑歿,盡鬻簪珥以葬。苦節四十四年。

俞照妻陶氏　二十三歲婚,未半載夫亡,矢志守節,撫嗣子成立。年六十五。

王羹梅妻陸氏　三十歲夫亡,守節二十年。

奚型揆妻方氏　二十九歲夫亡,守節四十四年。

周鳴球妻毛氏　二十二歲夫亡,孝事舅姑,撫育孤子。守節五十三年。

朱策均妻黃氏　二十五歲夫亡,上奉媚姑,下撫幼子,積勞成疾,卒。守節二十七年。

褚心培妻丁氏　二十八歲夫亡,守節十五年。

監生陸裔昌妻吳氏　二十九歲夫亡,守節五十二年。

項雲高妻張氏　二十四歲夫亡,守節六十四年。

徐儒珍妻姚氏　二十五歲夫亡,無子,撫夫姪金鼇爲後。守節三十九年。

監生沈汝鳳妻徐氏　光燦女。工文墨,兼善琴。二十歲夫亡,守節四十二年。

徐永昌妻盛氏　二十五歲夫亡，家貧，孝事邁姑，撫一齡孤，至二十四歲而殀。乃紡織餬口，仍不廢祭掃。守節五十五年。

鍾鼎爵妻孫氏　二十七歲夫亡，無子，撫夫姪雲爲後。守節四十五年。

貢生陸烈妾徐氏　二十七歲烈亡，守節三十九年。

庠生陳珍繼妻王氏　二十九歲夫亡，撫前子五人如己子。嘉言入郡，嘉謀、嘉績、嘉德、嘉賓俱入成均。守節二十三年。

朱孔義妻蔣氏　二十七歲夫亡，撫子起鳳成立，入成均。守節五十四年。

朱學曾妻馬氏　十九歲夫亡，遺子七歲而殤，形影相弔。守節五十四年。

屈紹庭妻高氏　監生高禮蘭女。二十八歲夫亡，撫五月孤權生成立。積織紝所入，營葬翁姑。守節三十六年。

屈登山妻胡氏　二十六歲夫亡，家貧，撫二齡遺孤烈成立。守節三十七年。

柯俊甫妻沈氏　歲貢宏光女。二十八歲夫亡，撫彌月孤似蘭成立。守節二十七年。

許鉉妻陸氏　二十九歲夫亡，矢志苦節，撫孤成立。守節四十四年。

王昌霖妾朱氏　二十四歲婚，越六年而寡，無子，撫姪超宗爲嗣。越三載超宗妻陳氏亡，遺一子邦畿尚在襁褓，撫字備至。超宗臥疾床蓐十年，氏獨經營喪葬，并嫁二孫女，皆出十指所積。守節四十二年。

李銘妻馮氏　二十五歲夫亡，無子，撫嗣子宗漪成立，入太學。守節四十七年。

潘鳳義妻胡氏　二十七歲夫亡，事姑盡孝，撫子游庠。守節四十四年。

金志遠妻張氏　二十六歲夫亡，無子，孝養翁姑，喪葬盡禮。守節五十八年。

盛元英妻程氏　二十二歲夫亡，撫猶子明懋爲嗣，入成均。事翁姑盡孝。守節四十五年。

生員陸文治妻張氏　二十六歲夫亡，撫嗣。守節二十三年。

趙繼儒妻秦氏　二十九歲夫亡，遺一子，撫之成立，入府庠。守節十五年。

武生敖一揆妻梅氏　職監梅遇春女。二十八歲夫亡，一子二女，幼甚。子慧生旋殤，乃撫二女，擇配士族。守節四十年。

監生張瑞亭繼妻王氏　二十四歲夫亡，撫前子女如己出。子鑑甫六齡，教養成立，入成均。守節三十二年。

監生許汝法繼妻周氏　監生永年女。二十九歲夫亡，翁姑尋相繼逝。三子，伯、季又殤，撫仲子家梁成立，入成均。守節五十一年。

毛億山妻謝氏　二十一歲夫亡，撫一子一女成立。舅姑耄，事之甚孝。守節二十六年。

生員俞椿妻吳氏　二十歲夫亡，事舅盡孝，無子，撫嗣子邦杰成立。守節二十五年。

徐懷仁妻錢氏　二十四歲夫亡，無子，撫姪大森爲嗣，恩勤兼至。守節至四十二年。

監生俞藝林妾楊氏、胡氏　藝林亡，楊二十歲，胡二十二歲。同撫嫡子明照、念蒸成立，茹荼共矢。楊守節四十五年，胡旌時年六十八歲。

田德望繼妻蔡氏　二十六歲夫亡，撫遺腹子成立，事邁姑十餘載，守節五十八年。

許龍百妻陸氏　二十七歲夫亡，越五年翁歿，奉姑三十餘年。撫三歲孤光煜成立。守節四十七年。

董茂乾繼妻姚氏　二十八歲夫亡，止一女。前妻遺二女，族有侵凌孤寡者，氏吞聲含忍。惟紡績自給，遣嫁前女。守節五十年。

張巖妻吳氏　二十一歲夫亡，距婚僅九月，無子。舅年邁，夫弟尚幼，氏勤十指以給俯育。夫姪金錕生，即撫爲嗣，教育成立。旌時已守節四十六年。

監生紀心均妻徐氏　二十八歲夫亡，旌時已守二十五年。

唐三喜妻岳氏　二十八歲夫亡,舅瞽,子幼,俯仰備極勤苦。旌年五十歲。

陸汾華妻楊氏　二十四歲婚,四十日夫亡,痛不欲生。舅姑責以大義,勉進飲食。撫夫姪壽揚爲嗣。旌年四十八。

生員陸本悌妻顧氏　監生顧培和女。二十六歲夫亡,矢志守節。旌年五十六。

郭之麟妻徐氏　二十七歲夫亡,旌年五十九。

施溥淵妻徐氏　二十九歲夫亡,旌年五十一。

監生張止敬妻陳氏　二十八歲夫亡,撫前子嘉錦、嘉玉如己出,俱成立。旌年五十七。

錢曰富妻施氏　三十歲夫亡,撫孤成立。旌年五十七。

顧光熊妻錢氏　庠生德輝女。三十歲夫亡,撫遺孤維基、純基,俱成立。旌年五十八。

項夏聲妻黃氏　嫁五月而夫亡,時二十四歲,遺娠生女。撫夫兄子爲嗣,教育成立。旌年六十五。

沈定宗妻施氏　二十四歲夫亡,無子。旌年五十四。

魏榮廷妻沈氏　二十九歲夫亡,撫子光祖、裕祖,俱成立。旌年六十。

徐大埔妻費氏　二十二歲夫亡,撫遺孤成立。旌年四十五。

監生徐燾妾朱氏　二十八歲燾亡,無出。旌年五十。

周書妻何氏　二十歲夫亡,無子,以夫族兄子純熙爲嗣。旌年五十四。

郭咫盈妻邵氏　二十七歲夫亡,事邁姑極孝,撫夫從子人和,讀書入郡庠。旌時已守四十七年。

周邦禮妻金氏　二十六歲夫亡,遺孤早殤。事舅姑,養葬盡禮。冰霜自矢。旌年五十二。

何遜梅妻蓋氏　二十四歲夫亡,無子,撫夫姪成立。旌年五十一。

戈槐妻馮氏　二十五歲夫亡,無子,撫夫兄次子振勳爲嗣。事寡姑盡孝。旌年五十一。

生員張向元妻陳氏　二十七歲夫亡,事姑孝,撫孤如圭成立。旌年五十七。

朱學海妻陸氏　二十三歲夫亡,守節。旌年六十六。

杜陞朝妻沈氏　二十五歲夫亡,事舅姑孝。無子,撫姪安邦成立。旌年六十二。

監生胡崑源繼妻吳氏　二十八歲夫亡,撫前子櫟及己子,俱成立。櫟早卒。旌年七十二。

生員胡光照妾郭氏　二十一歲光照亡。旌年五十八。

楊國樑妻陸氏　婚月餘而夫亡,時二十歲。旌年五十五。

監生蔣宗海妻胡氏　二十八歲夫亡,撫遺腹生子德順成立。旌年五十二。

增生姚汲繼妻金氏　二十二歲夫亡,無子。以夫兄次子繼文爲嗣。家貧,事邁姑孝。旌年六十六。

張瑞槐妻金氏　二十五歲夫亡,撫遺孤成立。旌年六十二。

顧世勳繼妻吳氏　二十八歲夫亡,遺孤二,長大鐘,五齡;次大鋪,生甫七日,俱撫成立。事媰姑,養葬盡禮。旌年四十八。

監生王景妻朱氏　二十八歲夫亡,無子,撫夫姪廩生均爲嗣。旌年六十八。

周純錫妻胡氏　貢生胡三堯女。二十七歲夫亡,撫子鴻謨、鴻禧成立。事夫生母甚孝。旌年五十二。

監生李人麟妻俞氏　二十一歲夫亡。事夫生母甚謹,室燬於火,拮據營葺。遺孤早殤,撫夫從姪詠駿入成均。旌年五十七。

張廷樞妻梅氏,弟監生廷機妻高氏　梅二十九歲夫亡,二子俱殤。撫夫姪應烈,入太學,又殀。復撫孫福基。高二十六歲寡,遺孤又殤。撫夫姪仁煦爲嗣。妯娌同矢苦志。梅旌年七十六,高旌年六十。一門雙節,人咸稱之。

增生張涵妻金氏　婚未三月而夫亡,時二十二歲,以舅姑在,不忍殉。撫夫兄周晬子槃,至二十歲又以瘵死。

時舅已歿，家中落，乃茹素，奉姑居尼菴。日勤鍼黹，以供菽水。人咸閔之。旌年四十二。

　　潘鳳鳴妻張氏　二十九歲夫亡，子景初甫四齡，仰事俯育。極勤儉，支持門戶，不墜家業。旌年七十三。

　　沈鶴旋妻郭氏　三十三歲婚，未半載夫亡，痛不欲生，舅姑勸止之。孝養能得堂上歡，撫夫姪鳳梧、桂海爲嗣。延師課之，桂海早歲游庠。旌年五十六。

　　周萬和妻朱氏　二十七歲夫亡，無子，立夫姪仕義爲後，事舅姑以孝聞。旌年五十。

　　陳嘉會妻趙氏，同椒妻王氏　趙二十一歲寡，無子，夫弟同椒妻王氏，亦早寡，有一子。娣姒共撫之，並勤十指以供爨姑菽水。趙旌年四十三。

　　全永齡妻夏氏　二十三歲夫亡，子早殤，日勤操作，以事舅姑。及歿，矢志彌堅。撫姪爲嗣。旌年五十五。

　　江成九妻金氏　二十八歲夫亡，無子，撫夫姪嘉謨爲嗣。事舅姑，取辦於機杼。旌年五十九。

　　胡七妻陸氏　二十二歲夫亡，誓志不易，勤女紅以養老姑。旌年四十三。

　　錢嘉樹妻何氏　二十七歲夫亡，撫孤焯成立。旌年五十六。

　　徐榮貴妻王氏　二十九歲夫亡，孝事老姑，撫兄子大德爲嗣。旌年六十四。

　　褚撫元妻顧氏　二十七歲夫亡。旌年七十一。

　　劉永清妻方氏，樹芳妻方氏　姑二十三歲寡，撫三齡孤樹芳，既娶而歿，乃與媳方氏同撫孤孫，艱苦萬狀。姑旌年六十二。

　　陸培榮妻鄒氏　二十七歲夫亡，家貧，事邁姑，生養死葬。撫四齡孤，皆出紡績。旌年七十二。

　　徐應炘妻莫氏　二十二歲夫亡，旌年五十五。

　　顧邦基妻葉氏　二十一歲夫亡，旌年五十。

　　葉應奎妻顧氏　二十七歲夫亡，旌年五十七。

　　徐敦甫妻沈氏　二十八歲夫亡，旌年五十。

　　孫廷梧妻蔣氏　二十八歲夫亡，無子，撫夫姪光照爲嗣。旌年五十九。

　　顧芬妻奚氏　監生奚宗泰女。二十二歲夫亡，事邁姑，克盡婦道。撫子，俱成立。旌年四十七。

　　徐抱珍妻王氏　二十三歲夫亡，遺孤甫晬，旋殤。寒暑紡織，養事舅姑。撫夫姪蘭塘爲嗣。旌年六十。

　　杜雋望妻姜氏　二十七歲夫亡，無子，孤苦自持，撫夫姪爲後。旌年五十九。

　　方應嘉妻戴氏　二十五歲夫亡，子殤，茹荼矢志，撫夫姪爲嗣。旌年五十九歲。

　　盛學源妻張氏　二十七歲夫亡，上事舅姑，下撫二子，孝慈兼盡。旌年五十八。

　　生員孟光勳妾潘氏　二十五歲光勳亡，子殤。家貧，姑老，鍼黹所入，藉供菽水。旌年七十二。

　　監生陸勳妻張氏　二十八歲夫亡。敬事尊嫜，貧而能孝。撫孤楚賢成立，既而子死孫殤，艱苦萬狀。旌年七十二。

　　張廣厚妻侯氏　二十七歲夫亡，遺娠生子。家極貧，事姑育子，皆出機杼。旌年五十三。

　　金愛麟妻周氏　二十三歲夫亡，矢志不二，遺一女，撫養遺嫁。立夫姪爲後。年四十五。

　　金德隆妻盛氏　二十四歲夫亡。家貧，不以困窮易志。日勤織紝以自給。撫子富源成立。旌年五十三。

　　周錫麟妻凌氏　二十八歲夫亡，無子，舅姑年老，竭力孝養，不以貧懈。撫夫姪爲後。旌年六十六。

　　謝光德妻張氏，光照妻金氏　姒娌也。張二十八歲夫亡，無子，以夫姪爲後。金二十七歲夫亡，撫遺孤成立。張旌年五十九，金旌年五十六。娣姒同心，人稱雙節。

　　朱士遇妻高氏　二十一歲婚，甫十八日夫亡，茹荼矢節，立夫姪朝龍爲後。旌年七十六。

　　朱振遒妻計氏，璘妻全氏　計二十三歲夫亡，撫三齡孤璘成立，娶全氏，生二孫湘、沆，而璘又亡，時全二十五歲。姑婦相依，食荼茹苦。計旌年六十四。

方長德妻沈氏，宏陞妻夏氏　沈二十三歲夫亡，遺娠生子宏陞，撫之以長，娶夏氏，生一孫而寡，時二十九歲。既而孫又殤，姑婦伶仃孤苦。沈旌年六十九，夏旌年五十歲。

陳光熙妻趙氏　二十三歲夫亡，無子。陳籍蘭溪，無族可嗣。撫其甥張增均爲嗣。旌年四十四。

王國華妻陳氏　二十五歲夫亡，撫一齡孤永義成立。事翁，養葬盡禮。旌年五十一。

陳履中妻張氏　婚期年而夫亡，時二十四歲。家貧，無子，依其母，日勤紡織以自給。旌年五十四。

生員計錦漣妻黃氏　黃樑次女。二十九歲夫亡，事舅姑甚孝，撫子汝楫、汝霖成立。旌年七十六。

尚匯川妻李氏　二十歲夫亡，旌年六十九。

劉宗岳妻袁氏　十七歲婚。一載餘，夫侍姑赴杭州，至十八里橋而覆，母子俱殞。氏誓不欲生，戚黨勸阻之，得不死。撫孤女，長嫁諸生朱函光。後依壻家。旌年七十四。

沈秉黃妻郭氏　二十一歲夫亡，旌年六十。

胡聚妻沈氏　十八歲夫亡，以苦節聞。旌年五十四。

監生沈懷玉妾郭氏　三十歲懷玉亡，無子，矢志不渝。撫二女，俱嫁舊族。旌年七十九。

沈祥大妻楊氏　二十六歲夫亡，食貧，守節。旌年六十九。

林肇昌妻劉氏　二十一歲夫亡，孝事舅姑。旌時已守三十四年。

邑庠生陸傅霖妻孫氏，志熙妻王氏　二十七歲夫亡，撫孤志熙成立，爲娶王氏。志熙又早卒，時王年二十七，有遺孤維垣。姑媳同心撫育。王事姑亦孝，旌時已守二十年。孫旌年六十七。

錢成山妻朱氏　十九歲夫亡，撫孤成立。旌年四十八。

陳熙妻許氏　二十九歲夫亡，守節。旌年四十八。

監生楊汝誠妾周氏　二十六歲汝誠亡，事嫡王氏維謹。越八載嫡又亡，喪事如禮。撫遺孤榮成立。旌年五十八。

項三省妻黃氏　二十一歲夫亡，藉紡織以養舅姑，撫姪爲嗣。旌年六十五。

朱鼎鎮妻項氏　二十六歲夫亡，事嫠姑以孝聞，撫夫姪泰元爲後。旌年四十七。

武生沈萬青妻俞氏　二十四歲夫亡，遺孤漢榮方三齡，廷標甫三月，苦心撫教，長爲婚配。旌年五十五。

吳宗泰妻胡氏　二十一歲夫亡，旌年五十三。

監生沈珍妻程氏　二十六歲夫亡，遺孤源甫一月，撫之成立。旌年五十五。

沈大鶴妻張氏　二十四歲夫亡，事舅孝，撫十月遺孤成立，入邑庠。旌年五十二。

監生蔡賡和妻孫氏　二十五歲夫亡，旌年八十。

生員吳浩妾陳氏　三十歲浩亡。旌年七十五。

陸泰來妻程氏　二十六歲夫亡。旌年五十三。

陸凝九妻馮氏　三十歲夫亡。旌年七十七。

李煌妻姚氏　二十九歲夫亡，撫遺孤繩塘成立。旌年六十四。

褚天錫妻徐氏　二十九歲夫亡。旌年六十四。

朱佩芬妻張氏　二十八歲夫亡，無子。旌年五十八。

職監朱存恂妻徐氏　十九歲夫亡，遺腹孤又殤，撫夫姪爲嗣。旌時已守二十餘年。

朱邦達妻張氏　二十九歲夫亡，遺孤鳳山、又新尚幼。上事舅姑，撫孤成立。旌年五十四。

杜佐清妻陳氏　二十五歲夫亡，撫三歲孤經邦成立。旌年七十六。

屈君望妻徐氏，妾倪氏　君望亡，徐二十七歲，倪十八。倪有子本和，二人同撫成立。徐旌年五十四，倪旌年四十五。

徐滋妻邵氏　二十八歲夫亡，撫二子棠、槐成立。旌年四十九。

生員吳韶鈞妻吳氏　布理問鼎爕女，二十九歲夫亡。旌年六十二。

王禮耕妻孫氏　歲貢生璉女，二十九歲夫亡。旌年六十八。

監生許家楨繼妻顧氏　二十三歲夫亡，事姑曲盡婦道，撫己子成立，待前子恩勤倍至。旌年五十二。

監生汪樹基妻吳氏　附貢生晉女，二十七歲夫亡，撫孤世銘、世鏞成立。旌年五十。

職員梁寶義妾沈氏　二十九歲寶義亡，氏無所出，矢志守節。嫡子婦又相繼歿，氏獨力支持，撫嫡孫志一成立。旌年七十。

鍾雲妻張氏　二十一歲夫亡，事寡姑孫克循婦道，撫夫姪成志爲嗣。旌年四十二。

監生徐均繼妻王氏　二十八歲夫亡，撫嗣錦文，教養備至。旌年五十六。

馮中和妻俞氏，妾顧氏　監生炎長女，三十五歲夫亡，與妾顧氏矢志守節。時顧二十五歲，同撫遺孤巽祥及庶出子禹甸，俱成立。巽祥早卒，復撫其孫。俞旌年六十五，顧旌年五十五歲。

河東鹽運司知事屈振聲妾王氏　三十歲寡，事嫡維謹，撫己子成立。旌年七十一。

顧凝修妻楊氏　十九歲婚，八日夫亡。翁姑均歿，遺有四姑一幼叔。氏嫁諸姑以禮，撫幼叔，授室。叔又早亡，子僅二齡，越二載娣亦死。氏食貧，撫孤成立。旌年六十二。

監生魏元春妻嚴氏，舜華妻應氏　嚴三十歲夫以航海，遇颶死，遺孤舜華僅二齡，以養以教，不出戶庭者二十年。娶媳應氏，未幾舜華歿，氏與應勤女紅，撫孫成立。旌年七十。

拔貢張金照妻沈氏　三十歲夫亡，撫姪拱垣爲嗣。旌年五十一。

俞用賓妻趙氏　二十九歲夫亡，撫孤玉章成立。旌年八十九。女適陳光祖，亦以節著。

張繩夫妻郭氏　庠生郭隈女，二十九歲夫亡，撫夫姪澄江爲嗣。旌時已守二十九年。

尚大恭妻李氏　二十四歲夫亡，孝舅姑，營喪葬，守節六十年。

許賓侯妻褚氏　二十五歲歸許，衹一載夫亡。家貧，無子，氏佐姑紡績，嫁其夫妹。姑歿，拮據喪葬。撫夫從孫如己出。旌年六十八。

楊純中妻倪氏

陸廷元妻某氏

汪深源妻嚴氏

過澤永妻魏氏

呂某妻羅氏

監生起紀妻張氏

顧履中妻陳氏

余佩金妻孫氏

倪三省妻王氏

程吾平妻余氏　以上于《志》。

吳品金妻陸氏　二十八歲夫亡，撫訓嗣子憲曾成立，娶婦。守節三十四年。

林蕃興妻孫氏　十八歲婚，翁姑相繼歿。逾年夫亦病瘵亡，氏悲號欲絕。因念夫亡無子，勉起，勤女紅，積餘貲爲翁姑及夫營葬。畢，歸依母家，守節不數月，嘔血死。

潘文高妻李氏　　二十八歲夫亡,卒年八十二。

吳汝梅妻湯氏　　二十七歲夫亡,撫孤成立,守節二十四年。　　以上道光年旌。

潘玠妻胡氏

李春元妻毛氏

徐金忠妻張氏　　二十餘歲婚,夫渡江溺死。氏日夜涕泣,欲覓其遺骸,終以姑老家貧,不果。與姒金氏同居三十載,無間言。晚年憑十指自給,以夫姪汝霖爲嗣。守節三十年。

監生徐瑺妾王氏　　事夫謹,事嫡尤盡禮。三十四歲瑺亡,三子皆幼,撫之成立,教養倍至,數十年如一日。守節三十八年。

監生徐瑚妾金氏　　村女也,有大家風範。二十五歲瑚亡,嫡朱氏亦於是月繼亡,連遭兩喪,盡哀盡禮。子金相早世,撫姪金礦爲嗣。守節五十四年。

張官盛妻方氏　　監生樹勳女,十八歲夫亡,撫子龍文成立。守節三十一年。

張賓序妻方氏　　監生樹勳孫女,十八歲夫亡,撫子龍文。守節三十一年[3]。

張敦睦妻胡氏　　監生近山女,十八歲夫亡,遺腹子安貞又殤,撫姪廷衡爲嗣。守節三十四年。

俞廷珊妻方氏　　二十九歲夫亡,子嘉元甫二齡,號泣欲殉,父力勸止。上事舅姑,下撫遺孤。日勤紡績,以供薪水。翁姑歿,喪葬盡禮。教子成立。守節四十七年。

朱鼎銓繼妻丁氏　　內閣中書丁肇衡次女。三十歲夫亡,痛不欲生,姑勸止之。事姑孝,及歿,拮據以葬。撫嗣子希灝成立。嫁女娶媳,一身任之。守節四十五年。

俞嘉元妻陳氏　　二十六歲夫亡,子早殤,僅撫二女。會大疫,姑病,氏躬侍湯藥,晨夕不離,月餘始痊,而氏獨無恙。姑歿,典釵珥以營窀穸,並葬夫。旌年七十三。

朱禮徵妻金氏　　二十七歲夫亡,慟絕,復蘇。翁姑泣勸之,勉起。撫子女成立。性至孝,病革,囑子秀昌曰:"我死,須孝養爾祖母,毋令老而抱戚。"守節十七年。

黃海妻張氏　　三十歲夫亡,慟哭欲絕,遺二子一女,俱幼。撫之成立,長爲婚嫁。性至孝,翁承麟設教於他邑,值暑月,姑病,晨夕奉侍,手不驅蚊。翁歸,喜曰:"吾家有婦孝,吾心安矣。"翁姑歿後,喪葬盡禮。守節四十三年。

朱觀瀾妻徐氏　　二十九歲夫亡,大慟欲殉。翁姑泣止之,乃誓守空幃,婦兼子職。翁姑歿,葬盡禮。撫姪大椿爲嗣,守節二十七年。

林正言妻俞氏　　三十歲夫亡,上事衰翁,下撫弱女。家貧,藉鍼黹以供薪水。旌年六十三。

李陞升妻呂氏　　二十七歲婚,未及期夫亡,慟甚,淚盡赤,自誓守志。夫弟陞揚夫婦並亡,遺子新豐及一女俱幼,氏撫之如己出,即以新豐爲兼祧子。旌年五十九。

孫大鏇妻朱氏　　二十九歲夫亡,無子,止一女,尋又殤。撫從姪六潤爲兼祧子。夫幼時爲伯父堯光所恩撫,氏事之如翁姑。母常迎養於家,醫藥之費,躬自籌備。母歿,哀毀逾節,卒。旌年五十二。

朱秀昌妻潘氏　　二十五歲夫亡,子三福生甫八月,氏念朱氏兩世祇此襁褓,遂矢志撫孤成立。婚娶之事,一身任之。并以紡績所積,營兩世窀穸。旌年五十一。

唐秉銓妻陳氏　　十九歲夫亡,無子,以夫弟起鳳子鼎雲爲嗣,撫訓成立,備極艱辛,守節二十六年。

黃開元妻陶氏,俊賢妻鄭氏　　陶二十九歲夫亡,家赤貧,遺孤俊賢尚幼,紡紝以給,撫孤長成,爲娶媳鄭氏,不逾年又寡,遺一女,與姑共矢冰霜,人稱雙節。守節三十六年。

唐成震妻張氏　　二十七歲夫亡,遺孤肇載在襁褓,飲冰茹荼,撫之成立,守節三十年。

鄒仁瑞妾曹氏　　二十七歲仁瑞亡,無子,佐嫡撫孤,艱辛倍至。守節四十三年。

秦長芝妻周氏　　二十六歲夫亡,孝事舅姑三十餘年,喪葬如禮。守節五十年。

趙保衡繼妻孫氏　二十九歲夫亡，銜哀承顏。事姑二十年，孝養無間。無子，以夫姪孫炳初兼祧。守節五十六年。

監生章元貞妻蕭氏　三十歲夫亡，值家中落，撫九齡孤學純成立，艱辛備嘗。守節五十三年。

張雅修妻林氏　三十歲夫亡，遺孤汝舟甫二齡，撫訓，入成均。守節五十三年。

黃俊賢妻鄭氏　二十一歲夫亡，止一女。家極寒素，拮據喪葬，能盡禮。女適同邑監生朱士模。晚歲失明，依居壻家。守節六十一年。

秦沛然妻徐氏　二十八歲夫亡，孝奉媼姑，三十四年不倦。撫孤世勳成立。守節四十八年。

敖元陽妻吳氏，士俊妻某氏　二十四歲夫亡，事翁姑甚孝。家貧，藉紡織以撫孤士俊，長爲娶妻，旋又卒。乃與媳共撫孤孫應龍成立。旌年八十二。

葛枚繼妻王氏　三十歲夫亡，家貧，奉姑撫孤，極盡孝慈。旌年七十七。

林能桂繼妻曹氏　三十歲夫爲海商，遇颶溺死，無子，紡績自給。旌年七十四。

鄒玉城妻褚氏　二十八歲夫亡，撫二齡孤行璋成立。旌年七十一。

陳宇俊繼妻沈氏　氏三十始嫁，夫已疾篤，不匝月而寡，矢志守節。撫前子如己出。旌年七十一。

生員陸鳴球妻朱氏　二十五歲夫亡，無子，衰宗無繼。撫女長成，贅壻陳少梅爲嗣。旌年七十一。

張允中妻曹氏　二十歲夫亡，遺四齡孤又殤，撫姪泰爲嗣。事翁姑二十餘載，存歿盡禮。守節四十九年。

曹敬修妻吳氏，媳方氏　三十歲夫亡，撫孤成立，長娶方氏，三載寡，同心矢志，守節三十五年。

唐有常妻陳氏　夫幼失怙恃，賴叔母撫長。氏歸後，事之如姑，極盡孝敬。二十一歲夫亡，遺孤儒珍生甫六日。家貧，紡織以養以教。叔姑壽終，孤子成立。旌年六十四。

朱俊賢妻張氏　二十六歲夫亡，奉事翁姑三十餘年，孝養無間。撫二孤，俱成立。旌年六十六。

許凝道妻陳氏　三十歲夫亡，撫幼孤崑源、瑞源成立。紡績以奉舅姑，及歿，喪葬盡禮。守節三十九年。

從九品廖士登繼妻吳氏　三十歲夫亡，遺子女四人。家極貧，衣食皆仰藉十指。撫育婚嫁，備極艱辛。旌年七十四。

陳忠義繼妻張氏　二十九歲夫亡，撫前室子甫五齡，以女紅給薪水，更積貲爲子娶婦。旌年七十。

都士元妻屠氏　三十歲夫亡，撫三女一子，以鍼指度日。旌年七十一。

全德仁妻唐氏　二十七歲夫亡，遺孤二。家貧，紡紝度日。值歲凶，有勸改適者，涕泣不從。旌年六十四。

廖英妻朱氏　三十歲夫亡，無子，撫姪輔仁爲嗣，備極勤劬，至於成立。守節三十九年。

陳桂林妻沈氏　三十歲夫亡，奉姑十五年。家雖貧，仍孝奉甘旨。及歿，喪葬盡禮。遺孤二，皆在襁褓。衣食所需，悉出十指。艱苦備嘗，卒皆成立。旌年六十五。

高文華妻沈氏　二十五歲夫亡，子僅二齡，紡績以供薪水。歲饑，茹紫荷花草累月，轉健於前，人咸異之。東鄉有張氏者，亦孀居，欲覓女傭，即往役。壬寅之難，賴此以避。子已成立。旌年六十。

江良霧妻劉氏　二十五歲夫亡，遺一女，孤苦撫成，贅壻以奉江氏香火。旌年五十九。

胡清尚妻王氏　二十三歲夫亡，無子，撫姪爲嗣。旌年五十二。

趙漁山妻沈氏　二十九歲夫亡，無子，撫姪爲嗣。旌年五十七。

監生周式封妾孫氏　二十七式封亡，嫡朱氏身抱沈疴，常在牀蓐，親侍湯藥，越二十年如一。撫二孤成立，婚娶後，次子又卒，時次媳僅二十四歲，無子女。氏每教以大義，堅其志。旌年五十五。

陳汝寬妻夏氏　三十歲夫亡，無子，止一女。艱辛撫育，長嫁士族，即依居壻家。旌年五十七。

嚴立芝妻邱氏　三十歲夫亡，無子，止一女。茹荼撫之，獨持門戶。旌年五十五。

王峻天繼妻胡氏　三十歲夫亡，遺孤在抱，舅姑在堂，孝慈兩盡。旌年五十四。

監生黃世仁妻沈氏　監生沈國華女，幼失恃，承大母高節母之教。年十七適黃，庭豐能儉。夫旋遘痼疾，族人爭產搆禍，家遂替。乃典衣飾，爲醫藥資。夫終不起，時沈二十四歲，哀毀幾殆。壬寅之變，奉姑攜幼以避。寇退返室，已如懸磬，乃勤十指以自給。姑善飲，每食必沽以待。拮据爲子娶婦。以勞瘁致疾，卒，年四十六。

孔繼揚妻沈氏　二十五歲夫亡，典貸營喪葬。所遺逋負，皆自減日給，積漸償之。撫孤成立。旌年五十。

韓庚和妻袁氏　二十五歲夫亡，遺一女，甫褓褓，族無可嗣。乃集親黨，立內姪爲子，韓氏賴以得續。姑老而多病，終年臥牀。氏奉湯藥，無一怨尤，越十年，竟以勤勞抑鬱，得心痛疾而暴卒。

監生盛圻妻金氏　夫患瘓疾十年，侍奉不稍息。三十歲夫亡，無子，撫姪鈞爲嗣。年四十九卒。

監生邱汝和妻王氏　三十歲夫亡，撫孤成立。旌年五十三。

陳森源妻高氏　二十八歲夫亡，無子，撫姪焜爲嗣。旌年五十一。

邱潤州妻廖氏　適邱後，翁姑相繼歿。夫旋亡。家貧，無以爲殮，悉出衣飾，以供所需。茹茶撫孤成立。旌年五十一。

曹品泉妻方氏　夫亡，上事孀姑，下撫二齡孤，皆藉十指以給衣食。旌年五十。

魏舜年妻應氏　二十五歲夫亡，事姑，撫孤，竭盡孝養。守節十九年。

俞錫祚妻方氏　錫祚訓蒙糊口。及亡，氏貧無以殮，盡典衣飾，以營喪葬。遺女二齡，紡織撫養。歲凶，恒至不舉火，賴門人張黼廷、張古春時餽資以給。旌年五十一。

陳懷珍繼妻錢氏　三十歲夫亡，守節。旌年五十三。

朱世榮妻尚氏　三十歲夫亡。家甚貧，奉姑十六年，婉容色養，閭里以孝婦稱。旌年五十。

朱鼎瑞繼妻葛氏　三十歲夫亡，織紝度日，撫孤成立。守節十八年。

儒童李壬禄妻朱氏

徐源妻黃氏　二十七歲夫亡，撫嗣成立。守節二十八年。

徐明照妻金氏　三十一歲夫亡，守節四十八年。

徐烈威妻周氏　三十歲夫亡，守節二十七年。

徐肇基妻周氏　二十七歲夫亡，守節四十九年。

徐均妻屠氏　三十歲夫亡，守節十七年。

徐應培妻張氏　三十歲夫亡，守節七年。

徐金題妻洪氏　二十七歲夫亡，守節三十三年。

生員陸維妻沈氏　二十四歲夫亡，慟不欲生。因念嗣子嘉植尚在襁褓，撫以延祀。守節四十年。

儒童王葉春妻張氏　二十五歲夫亡，孝事翁姑，及歿，喪葬盡禮。守節四十三年。

張楚香妻沈氏　三十歲夫亡，孝事繼姑。撫孤金和成立，及長，殉粵匪難。伶仃孤苦，現年七十二。

生員王達源妻錢氏，媳張氏　錢二十一歲婚，越四月夫溺死，大慟，欲殉。翁姑諭以遺腹有娠，乃止。後果得男，撫養成立。又歿，與媳張氏共矢冰霜，一門雙節。錢守節四十四年。　以上咸豐元年旌。

李文錦妻徐氏　二十九歲歸李，事舅姑孝。越四載，夫遘疾，奉湯藥，兩月不倦。及亡，痛不欲生。因念腹有孕，稍節悲哀。逾兩月，生一子。仰事俯育，一身任之。尋舅姑相繼歿，喪葬盡禮。訓子夔颺爲邑廩生。學政萬給"志堅金石"額。庚申避難居鄉，賊至，欲兵之。一賊戒勿殺，遂得免。聞者以爲苦節之報。年六十八。咸豐二年旌。

楊芝青妻沈氏　二十四歲夫亡，矢志不二。事祖姑暨翁姑盡孝，及卒，經營喪葬。守節五十四年。

監生黃鳳洲繼妻李氏　三十歲夫亡，孝事姑嫜，婚嫁前氏子女及己女。畢，姑亦尋歿，拮据殯殮。積紡績貲，營葬九棺，并爲繼嗣娶婦。守節四十八年。

曹冠材妻沈氏　二十一歲夫亡，事姑，撫孤。積刺繡貲營葬。婚娶媳，又早亡。復撫兩孫成立，守節五十四年。

儒童王堅妻段氏　　二十六歲夫亡，撫棺慟絕，灌救始蘇，因得咯血症。孝奉翁姑，以七齡姪成瑞爲嗣，訓之成立，爲廩生。卒年四十六。

儒童計榮堂妻胡氏　　二十四歲夫亡，無子，以兩姪錕、鈺爲嗣，守節三十九年。

李兆榮妻曹氏

生員郭咫楹妻邵氏

王惠圖妻吳氏

郭人樹妻邵氏

嚴如金妻孫氏

鄒汝爲妻陳氏

王亦山妻唐氏

湯耕和妻王氏

張靜安妻汪氏

沈寶慶妻阮氏

汪士明妻方氏

史鳴夔妻陳氏

李廷山妻韓氏

陳汝駿妻唐氏

李鳴皋妻屠氏

馬榮廷妻屈氏

吳耕堂妻岳氏

岳長英妻陶氏

王履廷妻巴氏

李銓妻朱氏

陸嘉謨妻方氏

徐榮義妻顧氏

張東美妻朱氏

姜士榮妻戈氏

張志軒妻江氏

張永譽妻朱氏

沈士德妻蔡氏

沈鑑彬妻王氏

林宗益妻戴氏

邱蕭妻周氏

馮啟明妻許氏

楊維墉妻邱氏

葛翰章妻蔣氏

劉德華妻丁氏

采韶成妻楊氏

李清標妻張氏

陳道濟妻王氏

劉禹如妻王氏

周輝珍妻胡氏

吳守箴妻毛氏

沃應鐘妻沈氏

馮士恭妻王氏

萬竹邨妻馮氏

俞家賢妻沈氏

潘燮清妻唐氏

吳廷相妻張氏

潘明俊妻張氏

潘起灝妻沈氏

張南揚妻徐氏

許光熊妻項氏

胡森妻孫氏

許宗濂妻盛氏

武生王德彪妻張氏

唐仁寶妻沈氏

高篤山妻徐氏

王德新妻劉氏

周澐妻吳氏

馮士章妻葛氏

康敦倫妻奚氏

邱潮昌妻鄭氏

潘文正妻曹氏

李鞠妻謝氏

監生干河妻伊氏

辜載賡妻方氏　　以上咸豐三年旌。

漳河同知吳若彬繼妻沈氏

倪禹門妻趙氏尚林妻吳氏　　趙二十五歲夫亡,孝養翁姑,撫遺腹子尚林成立,娶吳氏,又早寡。乃以族姪孫為嗣,姑婦共撫之。趙守節三十三年,吳現年四十三。　　以上咸豐六年旌。

顧宗錫妻李氏　　咸豐七年旌。

儒童徐人驥繼妻蔡氏　　三十歲夫亡,孝事衰翁,養葬皆盡禮。撫孤金章成立。守節三十三年。

生員陸金榮妾李氏

陸學沂妻顧氏

徐南州繼妻蔡氏　二十八歲夫亡，撫孤，守節。旌年六十一。

張國興妻黃氏　二十二歲夫亡，孝事耄姑。無子，嗣子桂又殀。惟一女，撫長擇嫁。守節四十三年。　以上咸豐八年旌。

生員劉楙松妻吳氏　夫殉壬寅難，氏矢志不二。上事翁姑，下撫孤子，孝慈兼盡。咸豐十年旌。

馮成貴繼妻程氏　三十歲夫亡，守節十四年。

生員錢鎮奎妻張氏　三十歲夫亡，守節十四年。　以上同治七年旌。

監生毛廷貴妾孟氏　二十歲事廷貴，十七年而寡。紡織度日，撫四子成立。守節四十二年。

監生黃鈞繼妻毛氏　三十歲夫亡，子又殀，復撫孫成立。守節四十四年。　以上同治十年旌。

生員陳恊陞妻丁氏　丁摔女。三十歲夫亡，事姑孝，撫孤成立。守節二十一年。

生員邵淇妻黃氏　二十六歲婚期將屆，而淇病篤，父母欲改嫁期，氏自願如期而往，遂成婚。越一年而寡，矢志不二。上事邁姑，下撫嗣子，孝慈倍至。現年六十一歲。

時仁姜妻金氏　二十六歲夫亡，無子，事姑盡孝，撫嗣子成立。旌時已守四十七年。

施汝康妻唐氏　二十九歲夫亡，孝事邁姑，撫孤成立，守節二十年。

施汝壽妻顧氏　二十四歲夫亡，事姑至孝，處姒娌甚和。家貧，以十指自給。守節十六年。

徐世貞妻張氏　二十三歲夫亡，家貧，紡織度日，撫遺腹子度日。旌時已守三十一年。

儒童倪寶璟妻徐氏　順天豐潤主簿徐麟次女。十七歲婚，晨昏奉養，得兩世堂上歡。未幾，翁歿，氏隨夫扶柩回籍。夫又卒於舟中，氏擬絕粒以殉，姑勸止之。庚申之變，氏奉姑攜妹，避亂輾轉至江北。不一年而姑歿，氏哀毀有加。克復後旋里，以姪曾夔為嗣。布衣蔬食，里黨稱之。旌時已守三十二年。

朱錦雲妻繆氏　二十七歲夫亡，事姑至孝。旌時已守三十六年。

符金桐妻盛氏　二十四歲夫亡，孝寡姑，撫孤子。因粵匪撬開夫棺，痛哭絕食死。守節十一年。

符進英妻方氏　二十七歲夫亡，冰霜自矢，孝養翁姑。咸豐辛酉，遇賊被殺。年五十九，守節三十三年。

梅仁壽妻沈氏　二十八歲夫亡，事姑盡孝，撫二孤，俱成立。同治壬戌，遇賊被殺。守節二十四年。

職員顏成瑜妻林氏　二十八歲夫亡，孝事寡姑，撫孤成立。守節二十九年。

儒童曹鎮安妻朱氏　二十六歲夫亡，守節二十九年。

儒童陶善成妻王氏　二十五歲夫亡，事姑孝，撫子成立。旌時已守四十年。

方金鶚妻何氏　二十四歲夫亡，事姑盡孝，無子，撫族姪為子，未幾又殀。守節三十二年。

儒童劉青照妻沈氏　二十八歲夫亡，孝事翁姑，撫二子成立。咸豐辛酉被難，守節二十九年。

張雨春妻潘氏　三十歲夫亡，守節三十年。

沈鼎鏞妻金氏　二十七歲夫亡，事太姑及翁姑甚孝。翁妾顧氏，遺腹生子，氏共撫養之。守節四十年。

通判張儀盛妾李氏

儒童方日照妻王氏　二十一歲夫亡，撫孤成立，娶媳，未幾俱殀，復撫孫成立。守節六十一年。

監生趙立妻張氏　三十歲夫亡，事姑孝，持家勤儉，撫二孤成立。守節已二十六年。

馬六玕妻顧氏　二十二歲夫亡，撫孤甫成立而殀，復撫孫成立。旌時已守五十二年。

沈學周妻郭氏　二十二歲夫亡。咸豐辛酉，遇賊投河死。守節三十二年。

儒童沈賜璜妻魯氏　二十九歲夫亡，自矢冰霜，不苟言笑，守節十七年。

監生陸枏妻金氏　三十歲夫亡，撫孤元勳成立。　以上同治十一年旌。

馮菡堂妻麗氏　二十四歲夫亡,矢志不二,守節四十六年。

龔七觀妻萬氏　二十五歲夫亡,孝事翁姑,撫二孤成立。旌時已守二十八年。

職員倪炳辰妻吳氏　二十七歲婚,持家操作,不辭勞瘁。越數年夫亡,慟不欲生,因念夫囑以仰事俯育,乃强起。事邁姑,撫子女,并拮據以營喪葬婚嫁。旌時已守三十二年。

孫鳳林妻沈氏　三十歲夫亡,孝事翁姑。旌時已守二十一年。

山中倫妻王氏　二十四歲夫亡,旌時已守三十七年。

侍讀學士錢福昌妾李氏　二十七歲福昌亡,待嫡子孫以慈,撫己子成立。守節十三年。

生員錢搶奎妻陳氏　二十九歲夫亡,撫二子成立。守節十四年。

羅爲霖妻馮氏　二十九歲夫亡,孝事翁姑,撫子成立,守節三十二年。

監生何爲城妻吳氏　二十三歲夫亡,事姑,撫孤,備極勞瘁。守節三十一年。

儒童陶慶城妻張氏　二十六歲夫亡,事姑甚孝,撫子成立。守節二十九年。

鹽知事錢元增妻胡氏

楊大章妻林氏

王大觀妻沈氏　二十八歲夫亡,事姑孝,持家勤儉。守節三十六年。

王燮之妻周氏　二十八歲夫亡,守節二十二年。

金在永妻陳氏　二十五歲夫亡,守節二十五年。

知州張慶成妾徐氏、陸氏　慶成亡,徐二十四歲,陸三十歲。事嫡維謹,俱無子女。徐守節四十四年,陸守節三十年。

張雲升妻郭氏

監生陸恒鈕妻馬氏　三十歲夫亡,甘貧矢志,撫遺孤成立。守節三十四年。

儒童莫其清妻黃氏　二十八歲夫亡,守節五十一年。　以上同治十二年旌。

俞錫嘏妻陳氏　二十六歲夫亡,事舅姑,養葬盡禮。生一子,又殀。守節三十四年。

俞保妻錢氏

俞焕妻錢氏

朱方池妻沈氏

錢誠妻張氏

王金棠妻錢氏

舉人周鴻漢妻王氏

嚴梁佐妻丁氏

王金旦妻汪氏

黃惠壽妻盛氏

黃開基妻盛氏

生員范蔭蒸妻李氏　以上同治十三年旌。

生員徐孚堯妻姚氏　二十七歲夫亡,撫孤維鐈游庠。旌時已守三十年。

從九品沈錫奎妻張氏　二十一歲夫亡,事姑至孝,訓嗣子鳳藻入庠。終身布衣茹素,戚族有急,周之無吝色。守節十七年。　以上光緒元年旌。

陸榕妻沈氏　二十六歲夫亡,撫孤成立。現年五十三,已守節二十七年。

監生陸文梓妾金氏　二十五歲文梓亡,現年五十三。

生員戈燕天妻俞氏　俞坤女,二十九歲夫亡,撫嗣子讀書成立。旌時已守三十八年。

潘雲亭妻李氏

鍾銘勛妻朱氏

吳文濬妻伍氏

戴輝妻馮氏

俞國珍妻阮氏

周崑隆妻龔氏

沈國華妻俞氏

錢雨亭妻賈氏

吳儒模妻黃氏　以上光緒二年旌。

生員湯其鎮妻方氏　三十歲夫亡,上事舅姑,下撫子女,艱苦備嘗。現年六十七。

生員湯大謨妻葉氏　三十歲夫亡,上事老姑,下撫幼子,守節七年。　以上光緒三年旌。

胡寶珍妻金氏　三十歲夫亡,事翁姑孝,撫孤成立。現年七十六。

監生孫竹坪妻李氏　二十八歲夫亡,事姑盡孝,撫子成立。守節四十一年。

沈玉成妾顧氏　二十三歲玉成亡,撫遺腹子成立。守節三十六年。

張文淮妻王氏　二十九歲夫亡,事姑盡禮,撫孤成立。咸豐辛酉,遇賊被戕。守節九年。

光祿寺典簿張達慶妾戚氏　二十七歲達慶亡,守節四十年。

張衷周妻趙氏　三十歲夫亡,撫姪國祥成立。守節五十二年。

沈懋英妻杜氏　二十三歲夫亡。家貧,紡績養姑,撫子成立。守節二十九年。

沈光曦妻高氏　二十四歲夫亡,冰霜自矢,孝事翁姑。守節已三十七年。

沈沅妻周氏　二十三歲夫亡,守節,現年六十。

監生葉連芬妻王氏　二十五歲夫亡,撫三齡孤存靜成立,守節十七年。　以上已旌。

恩貢張紹曾繼妻丁氏　事舅姑孝,撫前子人櫟如己出。夫亡,慟不欲生,因遺孤俱幼,勉進飲食。撫訓三子,人棟、人標、人樞,皆入泮。為子析產,絕不厚於所生,戚族賢之。年八十六。

監生程天玉繼妻王氏　事邁翁以孝稱。因無出,為夫納妾唐氏,待之甚厚。卒,無子,撫姪孝三為嗣。夫病,唐割股以療,竟不起。竭力喪葬,并置祭田四十四畝。戚族貧者,無不周恤。卒年六十一。

議敘從九品趙同倫繼妻徐氏　二十九歲夫亡,撫嗣子元亮成立。守節三十六年。

從九品孫宜昌妻徐氏　二十四歲夫亡,痛不欲生,姑以大義責之乃止。遺孤康爵僅一齡,又殤。家故中落,復繼以兵燹,依母家守節。薪水之貲,躬自任之。撫族子康祺為嗣,教養倍至。守節已二十五年。

徐金殿妻周氏　二十六歲夫亡,止一女。孝耄姑,和妯娌。兵燹後,巨室某欲購其宅,氏力爭乃免。撫兼祧子嗣周成立。現年六十一。

徐嗣念妻張氏　二十三歲夫亡,無子,悲痛欲殉,姑力勸乃止。家貧,勤十指奉姑,無慍色。現年三十六。

生員徐百齡妻屈氏　三十歲夫亡。事姑孝,姑遭危疾,奉湯藥,衣不解帶者八月。以憂勞成疾,卒。守節八年。

儒童徐景福妻陸氏,晉福妻趙氏　陸二十四歲夫亡,趙二十一歲夫亡。家貧甚,遭兵燹後益窘。娣姒同居,以鍼黹度日。陸子殤,以趙氏子櫟篤為嗣。勤儉貞靜,里人以雙節稱之。陸守節已十七年,趙守節已十二年。

生員徐金信妻金氏　二十五歲夫亡,遺孤汝楙僅六齡,遺腹又生一女,教養婚嫁,備極艱辛。夫兄金忠無子,以子汝楙嗣其後,而已袝祀,里鄰賢之。守節三十年。

費福臻妻馮氏　二十五歲夫客死於石門,氏聞,屢欲身殉,戚族力勸乃止。事姑孝,家貧,仰十指以養。及歿,拮据喪葬。撫子廣瑚成立,旋又殀,人咸傷之。守節已二十九年。

徐光藻妻姚氏　二十八歲夫亡,悲痛欲絕,戚族勸以奉翁姑,乃止。家貧,勤紡績,以供甘旨。及歿,拮据喪葬。子二,俱殤,以姪大椿爲嗣。後姪夫婦俱亡,遺子女俱幼,氏爲撫育。太守鍾旌其門曰"孝親敦族",里黨榮之。守節已三十七年。

徐懷金妻陸氏　三十歲夫亡,上事邁姑,下撫幼女,紡績度日。姑歿,喪葬如禮。守節已二十三年。

生員黃元勳妻陸氏　十七歲婚。夫爲賊所逼,絕食死,氏欲殉之,姑諭以撫孤,乃止。姑哭子失明,旋病亡。子又殀,氏慟哭幾殆,宗族力勸勿死,乃立族子壽珍爲嗣。竭力捫搰,營三世葬。守節已十七年。

陸煌妻干氏　二十九歲夫以遇賊投河死,氏撫子應培成立。貧病交迫,冰霜益勵。守節已十六年。

顧善明妻朱氏　二十八歲夫亡,矢志撫孤子,又殤。氏悲痛之餘,冰操益勵。守節已十五年。

八品銜沈錫珍妻邵氏　孝事翁姑。夫素多病,常典質以供醫藥。二十八歲夫亡,痛不欲生,因念姑病牀蓐,女在褓襁,勉起支持,孝養兼至。姑歿,喪葬盡禮,戚族賢之。守節已十四年。

趙貴鴻妻王氏　二十六歲夫亡,和妯娌,泯喜怒,勤勞無間,以姪炳塋爲兼祧子。守節已三十八年。

沈光照妻李氏　二十九歲夫亡,姑旋歿。時避兵在外,貧甚,藁葬於野。寇退,旋里,親往覓姑遺骸,僅得其骨以歸葬之如禮。撫嗣子成立。守節已十四年。

沈天錫妾張氏　二十九歲天錫亡,持家克儉,奉祀盡誠。撫訓二子成立,拮据婚娶。又撫三孫,里稱賢母。守節已二十四年。

沈潛妻唐氏　二十九歲夫亡,茹荼含辛,撫孤成立,以紡績貲依時祭祀。娶媳生孫。守節已三十二年。

陳廣元妻湯氏　三十歲夫亡,撫五齡孤森蘭成立。守節三十一年。

監生徐東垣妾謝氏　二十五歲事東垣,越三載東垣病劇,與嫡黃氏晝夜侍奉不倦。比歿,冰蘗自矢,食藜衣敝,隨嫡紡績以給,嚴寒弗息,十指皸瘃。助嫡營葬兩世,爲嗣子文銘娶媳,人兩賢之。守節十年。

沈某妻蔣氏　二十四歲夫亡,家貧,無子。或勸改嫁,誓死不從,傭工自給。值兵亂,流離轉徙,苦節十六年。

周炳植妻顧氏　十九歲適周,翁姑已歿。事太翁姑極孝。二十三歲夫亡,紡績自給,撫一五齡嗣子成立。

徐漁村妻齊氏　二十三歲夫亡,事翁姑,生養死葬,極盡孝敬,撫姪爲嗣,娶媳成立。守節四十一年。

伊全祖妻沈氏　十九歲夫亡,絕食欲殉者再,以勸慰乃止,撫嗣子成立。守節三十六年。

監生徐大培妻江氏　二十九歲夫亡,守節三十一年。

朱士元妻鄭氏　二十八歲夫亡,孝事翁姑,撫孤成立。

藩經歷朱承祐妻周氏　二十八歲夫亡,無子女,欲以死殉,父母諭以事邁姑乃止。奉姑十餘年,無忤色。姑歿,無嗣孫,以夫從堂弟爲後。守節已三十年。

儒童殷桐妻倪氏　二十歲夫亡,誓以身殉,戚族勸止。然晨夕悲痛,耳目卒聾瞶。無子嗣,女紅自給。守節已十四年。

孫燕庭妻董氏　二十七歲夫亡,子又相繼殤。值粵匪亂,扶姑奔竄,備極困苦。流離中尚訓蒙,并勤鍼黹以養姑,先意承志,曲盡婦道。守節已十七年。

全四佾妻陳氏　二十九歲夫亡,孝事翁姑,教子成立,孫甫二齡,子又亡。守節已三十三年。

知縣王丙豐妻金氏　三十歲夫亡,勤十指以奉姑,撫孤成立,入邑庠。守節已二十五年。

湯有福妻盧氏　二十歲夫亡,無子,撫族姪成立。守節已三十二年。

王某妻吳氏

王杏生妻劉氏

李萬金妻朱氏　　二十二歲夫亡，持家勤儉，訓子孫以義方。守節已四十六年。

陸柱昌妻夏氏　　三十六歲夫亡，時遭寇難，力作度日，茹荼撫子成立。苦節十七年。

蔣隆茂妻陸氏　　二十三歲夫亡，事太姑及姑俱盡孝，撫姪成立。守節已四十一年。

李瑞義妻呂氏　　二十八歲夫亡，無子，窮子自勵，鄉黨稱之。守節五十六年。

李錦榮妻沈氏　　三十歲夫亡，撫一子二女，灌園自給，艱苦備嘗，婚嫁子女，營夫喪葬。苦節四十二年。

林召南妻雷氏　　二十五歲夫亡，一子又殤。撫一女，長適鄒氏。性持重，不苟言笑。苦節四十三年。

監生汪南暉妻顧氏　　三十歲夫亡，無子，撫夫姪爲嗣。守節五十九年。

陶浩妻林氏　　二十四歲夫亡，守節三十四年。

周穀和妻陸氏　　三十歲夫亡，守節四十年。

宋廷安妻李氏　　三十歲夫亡，家貧，織紝撫孤。守節五十一年。

姜鳳臯妻沈氏　　夫業圃，氏襄灌溉。三十歲夫亡，夏畦冬織，以撫二子二女成立婚嫁。守節三十五年。

丁慶生妻陳氏　　幼以孝聞。二十一歲夫亡，慟欲身殉，父母憐而招其共居，乃節哀承顏，奉親倍至。撫嗣子基成立。以苦節終身。

張正明妻倪氏　　二十三歲夫亡，守節二十二年。

朱衣助妻李氏　　二十二歲夫亡，守節五十二年。

曹恒揚妻張氏

華肯堂妻魏氏

監生高敬仕妻沈氏

張永芳妻李氏

陸錫恒妻徐氏

范德明妻施氏

劉若金妻顧氏

張福基妻陸氏

張光獻妻王氏　　三十三歲夫亡，孝事翁姑，撫子成立。守節二十二年。

許開銓妻錢氏　　二十九歲夫亡，事翁甚孝，撫二孤成立。守節五十年。

許世榮妻張氏　　二十歲夫亡，女紅度日，守節已二十四年。

監生段俊賢繼妻金氏　　二十九歲夫亡，守節四十一年。

監生段俊傑妻程氏，妾范氏　　俊傑亡，程三十歲，守節三十四年；范二十三歲，守節已四十六年。

戴輝妻馮氏　　二十二歲夫亡，無子女，守節已三十四年。

生員馬泰清妻周氏　　三十歲婚，未半載，夫以瘵疾亡，慟絕復蘇者再，父母力勸之。後隨父避難於閩，往返數千里，不以旅費累其父。旋里，與夫兄樹業同居。茹苦含辛，絕無怨色。夫兄歿，姪亦旋亡，喪葬如禮，撫夫兄遺腹子如己出，里人賢之。守節已十九年。

張雲舟妻郭氏　　二十一歲夫亡，事太翁姑盡孝。守節已三十一年。

沈正蕭妻馬氏　　三十歲夫亡，遺子錦昌及二女俱幼，二女又相繼殤。茹苦撫孤成立。守節已十五年。

李錫聲妻潘氏　　二十七歲夫亡，撫孤洽源成立。守節十五年。

儒童俞國鉁妻阮氏　二十八歲夫亡,孝姑,撫孤。守節已三十七年。

沈振海妻姚氏　二十五歲夫亡,事翁姑,存歿俱孝。紡織救貧,積勞多病。撫子德明成立。現年五十五。

李洪祥妻張氏　二十五歲夫亡,無子。家貧甚,撫二女長成擇嫁,往依焉。現年五十六。

沈芳珍妻徐氏　二十三歲夫亡,孝事無間言。現年六十二。

朱友高妻陳氏　二十三歲夫亡,孝養翁姑,撫一子二女成立。現年六十六。

郁桂生妻徐氏　二十九歲夫亡,撫孤成立。現年五十一。

陸炳文妻沈氏　三十歲夫亡,祭葬盡禮。撫孤娶婦,後又殀。媳旋去室,復撫二孫成立。現年七十七。

生員周小樓妻項氏　二十五歲夫亡,無子,撫一女,長適謝氏,往依焉。現年七十五。

周小山妻徐氏　二十七歲夫亡,無子,止一女,長適泖口劉氏。守節三十八年。

芮懷觀妻周氏　二十六歲夫亡,無子,扶伴小姑,至二十二歲擇嫁,人尤稱之。現年六十。

芮義觀妻吳氏　二十二歲夫亡,與周氏茹荼共守,一燈紡績,敬待小姑。現年六十五。

監生馮元妻吳氏　二十八歲夫亡,守節五十三年。

陳致和妻李氏　守節四十八年。

監生陳振麒妻王氏　守節三十一年。

錢飛青妻沈氏　守節三十三年。

楊德餘妻胡氏　二十七歲夫亡,無子,守節五十餘年。

楊茂錫妻方氏　守節四十餘年。

楊德超妻湯氏　二十九歲夫亡,無子,守節四十餘年。

王某妻徐氏

劉西鳳妻胡氏,子學敦妻馮氏,孫之楹妻方氏　三世苦節,聞者傷之。

監生劉元貴妻潘氏　二十八歲夫亡,無子,撫一女。守節五十餘年。

蔣三妻徐氏　二十七歲夫亡,守節四十五年。

蔣春榮妻王氏　守節三十餘年。

生員沈芳烈妻劉氏　二十八歲夫亡,守節三十一年。

華佩良妻李氏　婚未及週夫亡,守節三十五年。

生員郭如椿妻杜氏　婚甫半載而夫亡,事嫡姑盡孝,兩世雙節,遐邇交稱。

儒童徐文銘妻楊氏　夫被粵匪擄後,有傳言已死者,氏以悲痛成疾。苦節已十六年。

費賡瑚繼妻李氏　十九歲夫患咯血症亡,氏及嫡姑馮痛不欲生,均吞金,救之乃蘇。里稱雙節焉。

監生陳西塘繼妻屈氏,長子監生春園妻吳氏,次子生員耀宗妻蔣氏　屈三十歲夫亡,現年五十四。吳二十八夫亡,現年五十。蔣二十四夫亡,現年四十六。

陳家鍾妻林氏,子文榮妻金氏　林二十八歲夫亡,孝養翁姑,及歿,喪葬盡禮。撫子文榮成立,娶金氏,子又殀,金時二十九歲,婦姑同守苦節。晝夜紡績,再撫遺腹孫清瑞成立娶婦,茹荼飲藥,備歷艱辛。七旬外,雙目失明,猶復親理家政,後臥病在牀,二載而亡。

生員馬增妻江氏　三十六歲夫亡,事姑盡孝,教子成立,後復被匪擄,境苦節愈堅。現年五十。

張辛五妻陳氏　守節十八年。

胡大妻吳氏　二十五歲夫亡,遺孤二。貧甚,或勸改適,不從,日勤紡績自給,撫孤成立。守節已三十餘年。

朱式伊妻周氏　二十八歲夫亡,撫訓遺孤文模,讀書成立。守節已十三年。

張光獻妻王氏　三十歲夫亡，家貧，鬻簪珥以供堂上甘旨，撫嗣子成立。守節二十年。

沈增源妻葉氏　二十八歲夫亡，矢志茹素，鍼黹自給。守節已十五年。

武舉吳墉妻張氏　三十歲夫亡，遺一女二子，俱幼。家貧，紡績自給，訓二子，俱入武庠。咸豐辛酉，賊擾平城，氏攜出嫁婢馬周氏投水死。守節十六年。

張德安妻杜氏　二十二歲夫亡，守節四十餘年。

監生潘耕堂妻張氏　二十八歲夫亡，撫子士林成名。守節二十五年。

生員翁福增妻張氏

張甸妻徐氏

盛壽昌妻陸氏　十九歲夫亡，守節六十三年。

劉宗海妻張氏　二十七歲夫亡，守節五十四年。

陳文榮妻金氏　三十歲夫亡，守節四十六年。

陳家鍾妻林氏　二十八歲夫亡，守節五十二年。

張鳳翰妻鄔氏　二十九歲夫亡，事舅姑盡孝，撫遺腹子成立，持家勤儉。守節二十餘年。

屠彥妻仲氏　二十五歲夫亡，無子，孝事邁姑，身齋練服。撫夫弟尹賓長子廷錫為嗣。卒年五十。

監生沈乾德妻陸氏　貢生師韓女。二十六歲夫亡，孤鴻圖、鴻元，茹荼撫養，哀毀骨立，不半載卒。

林國泰妻胡氏　二十七歲夫亡，撫四齡孤宗衡成立。事翁如父，存歿盡孝。守節五十餘年。

海鹽生員俞光斗妻鄒氏　允明女，贅光斗於家。二十三歲夫亡，慟不欲生。父母慰藉之，乃立族姪軼群為嗣。為之授室，并營葬其兩代。又給貲使治生理。因販運屢耗，氏以憂鬱成疾，卒。年四十九。

湯希賢妻吳氏　二十九歲夫亡，撫三子成立，卒年六十九。

沈廷柱妻陸氏　三十六歲夫亡，撫子煌成立，娶婦。遣嫁二女。煌入邑庠。卒年六十三。

吳元凱妻朱氏　長興編修鈴女。元凱居母喪，哀毀泣血，帀旬而亡。子女俱幼，時朱十九歲，撫教成立。子若準成進士，官太僕寺卿。性儉而好施，睦婣敦族。咸豐庚申避難江北，戚族貧無依者，咸掣之往。比歸，嗣孫兆麒以同知候選迎養於蘇州。年八十六。

陸鳳池妻俞氏　監生青雲女。二十七歲夫亡，無子，以族子世杰為嗣。事耄翁姑，存歿盡禮，持家勤儉，拮据為嗣子娶婦。年六十三。

廩生陸秉鈞妾楊氏，生員清鳳妻馬氏　楊三十二歲秉鈞亡，撫子清鳳成名，娶馬氏，二十八亦寡。撫長子馥生，次子穟生，既冠而俱殀。復撫孫炳宗成立。楊年七十九，馬守節已四十八年。

汪蕚芳妻顧氏　玉堂女。二十九歲夫亡，撫子古檀、古槐成立。年五十六。

監生吳銘三妻毛氏　監生元岐女。二十三歲夫亡，止一女，撫從姪林杏為嗣，鬻釵珥，勸舅納妾，生子晚蟾。舅歿，代為撫養，成婚配，為嗣子納監娶婦。年六十九。

陸文林妻繆氏　懷祖女。二十一歲婚，越三月而寡。矢志守節，以夫姪心煌為兼祧子。年六十六卒。

監生奚小春妻姚氏　廩貢暉吉女。二十五歲夫亡，撫遺孤蘭洲、珊湖成立。守節二十一年。

廩生顧廷熊妻吳氏　監生文道女。三十歲夫亡，撫四齡孤恩培成立，入邑庠。卒年五十六。

姚文虎妻陸氏　二十八歲夫亡，家貧。姑哭子喪明，事之甚孝。撫遺孤二，長三齡，次五月，俱成立。艱苦備嘗，年五十九。

奚源周妻干氏　二十四歲夫亡，紡績操勞，撫一女，長適干雲巖。守節二十一年。

戶部侍郎徐士芬妾馬氏、施氏　士芬亡，馬三十歲，撫子彤錫，舉孝廉。卒年六十二。施二十三歲，撫遺腹子章錫游庠。卒年五十一。

生員高雲松繼妻湯氏　　三十歲夫亡,遺三子一女,悲痛欲絕,戚族屢勸乃止。勤苦撫孤,女紅自給。年六十三。

沈葆華妻俞氏,壽餘妻馮氏,貢生厚載妾李氏　　俞二十七歲夫亡,遺孤慶潤旋殤。夫弟壽餘妻馮氏,二十一亦寡,止遺一女。夫兄厚載相繼又亡。妾李氏,時二十八歲,嫡子及所生子各二,均蚤殤。一室三孀,先後守節,三支俱絕。以族姪潘修次子上達爲厚載嗣孫,而兼祧兩次房焉。俞現年六十一,馮及李各守節已十六年。

監生朱雯妻吳氏　　二十三歲夫亡,孤式伊、錦標、式序俱幼,且腹有遺娠,日夕悲痛。及生子式度,竟以積哀成疾,未練而卒。後式伊入太學,錦標入邑庠。

生員林思贊妻吳氏　　三十四歲夫亡,撫訓二子,長義立爲監生,次禮立出嗣,讀書爲諸生。守節已二十六年。

廩生徐錦魁妻李氏　　二十八歲夫亡,屏服飾以事女紅,積貲購田百畝,以養翁姑。翁老多病,扶持調護,歷久不倦,無子,立族姪爲嗣。撫二幼女成立。守節已三十一年。

吳兆槐妻顧氏　　三十歲夫亡,孝事翁姑,撫四齡孤泰杰成立,後又殀。煢煢苦守,現年五十八。

時懷妻徐氏　　農家女。二十二歲夫亡,無子,以夫姪掌大爲嗣。舅姑俱殉粵匪難,夫弟及娣又相繼死,掌大尚在襁褓,撫之成立。守節已三十五年。

沈松坡妻屠氏　　二十六歲夫亡,撫子恒裕成立。守節已三十一年。

呂雲客妻成氏　　二十歲婚,未三月夫亡,無子,嗣子又歿。依母度日。現年五十六。

訓導錢祐昌妾陳氏　　三十歲祐昌亡,二子早殤,以姪炳奎爲嗣,並撫五女遣嫁。炳奎領同治丁卯鄉薦。陳現年五十六。

紀金臺妻黃氏　　貢生樞女。二十八歲夫亡,子嗣源及一女俱幼,撫養成立。現年五十一。

生員紀金銘妻張氏　　二十五歲夫亡,撫遺孤崑源及一幼女,俱成立。現年五十一。

朱蘭如妻凌氏　　二十八歲夫亡,家貧,鍼黹度日,撫孤西卿成立,現年五十一。

錢銘常妻吳氏　　二十九歲夫亡,守節。撫三子成立,長潤身,次潤德,均爲諸生。現年五十一。

廩生沈錫祺妻王氏　　訓導仿女。二十二歲婚,一年而寡,痛不欲生,舅姑慰諭乃止。事舅姑盡孝,撫姪汝修爲嗣。現年五十。

周立三繼妻高氏　　二十三歲夫亡,撫訓五齡遺孤寶清游庠。年三十五。

吳尚志妻居氏　　二十九歲夫亡,無子,以夫姪爲兼祧。守節已二十一年。

沈文元妻姜氏　　夫嘉善人,因贅爲壻,及亡,氏時二十七歲,無子。茹苦安貧,守節已二十一年。

知縣倪承弼妾李氏　　十七歲承弼亡,矢志守節,年四十七。

徐景福妻王氏　　二十九歲夫亡,矢志不移,守節已十七年。

林嘉和妻朱氏　　二十七歲婚,逾年夫亡,矢志不二,守節已十五年。

秦兆熙妻程氏　　二十三歲夫遇賊受戕,氏矢志撫孤。守節已十九年。

朱某聘妻徐氏　　十八歲歸朱,爲養媳。逾二年以夫殉難死,徐未婚,姑憐其年少,諷使改適,誓死不從。姑歿,夫兄歲給米三石,使自炊。氏日勤女紅以自給,守節已十五年。

生員潘宗敬妻沈氏　　事姑以孝聞。家貧而宗敬又善病,氏勤紡織以給。夫亡,守節終其身。

喻王氏　　生一女,夫亡,歸依寡母徐氏以居,紡織守節,年六十餘。

王徐氏　　喻王氏之母也,夫亡,守節六十餘年。

陳懷曾妻朱氏　　夫亡,守節三十四年。

生員陳楚馨妻何氏　　二十五歲夫亡,守節三十七年。

屠思勉繼妻周氏　　夫亡,無子,食貧,守節數十年。御史左宗郢旌其門曰“勵節”。

姚勝觀妻毛氏　夫亡，矢志撫孤。越一年，氏掃夫墓，因焚楮延燒夫棺，氏以身蔽之，亦被焚，歸家遂卒。

姚八觀妻施氏　二十六歲夫亡，旋遭寇亂。撫孤，卒以成立。夫兄某年耄，有廢疾，氏恒節己食，以拯其饑，人兼稱其義。

趙全氏　二十一歲夫亡，撫八月遺孤，既婚而殀，復撫遺孫成立。

王富元妻方氏　三十歲夫亡，紡績自給，卒年六十八。

監生朱銘懷妻顧氏　二十七歲夫亡，撫孤成立，年九十。

王大觀妻郭氏　二十七歲夫亡，撫孤成立，守節已二十五年。

潘錫圭妻張氏　二十四歲夫亡，無子，以姪敦仁爲嗣。卒年五十八。

金山凌某妻夏氏　監生漢修女，年未笄歸凌咸齋子某，金山人。三十餘夫亡，翁瞀，家貧，賣餅以養，守節終身。

朱某妻張氏　生員橋女。二十三歲夫亡，遺一子，尚幼。孝事翁姑，翁卒，繼姑虐遇之。氏曰：“予所以不殉者，爲此藐孤也。”乃挈子歸依母家，貧甚，紡績自給。有姪亦早孤，撫如己出。年逾七旬，精力不衰，卒無考。

石某妻姚氏　二十七歲夫亡，獨處一樓，一貧如洗。後鄰火延燒，四面俱焚，樓獨無恙。年七十七。

李某氏　二十餘歲夫亡，子幼。矢志撫孤，傭工度日，守節至五旬外。舉人胡弈勳有傳。

顧某妻林氏

王銘恩妻張氏　三十歲夫亡，孝事邁姑，撫嗣子積洸成立。現年四十五。

儒童鄭升堂妻張氏　二十二歲夫亡，孝事翁姑，孤在襁褓，又殤。乃撫嗣子曰鈞。守節二十九年。

直隸深州知州沈希祖妾劉氏　二十八歲希祖亡，矢志守節，現年四十五。

沈金鑑妻屠氏　二十八歲夫亡，茹苦含辛，女紅自給，現年四十三。

儒童沈守簡妻周氏　二十五歲夫亡，越九月，遺腹生子勤陞。家貧，力作女工。上事媸姑，下撫孤子，艱苦自矢。現年三十六，守節已十三年。

儒童徐裕增妻沈氏　二十四歲婚，甫八十日夫亡，痛不欲生，媸姑再三慰止之。事姑盡孝，撫夫姪經鑑爲嗣，教之成立。苦節堅貞，現年四十二，守節已十九年。　以上採訪。

朱某妻張氏　生員張橋女，世居西文村。年十九歸朱，生一子。夫卒，年止二十三。孝事翁姑，翁卒，繼姑有異志，虐遇之。氏曰：“予爲此三尺孤，故不身殉。”於是負子歸母家，僦屋居焉，紡績以食。有姪早孤，亦撫如己出。

李陞升妻呂氏　璜女。年二十七歸李，未期月夫卒。姑鍾早殁，事舅孝謹。越二年，妣殁，貽男女，撫如己出。李氏之祀，賴以不絕。

石某妻姚氏　年二十七夫死，家貧，矢志靡他。鄰家失火，逼石氏樓。四面皆焚，樓獨無恙。卒年七十有七。　以上《當湖外志》。

農民李某妻　夫早亡，醫禱棺斂，累積逋錢二十千。鄰里勸改適，出涕謝曰：“吾命苦，醮他氏，未必如意，徒壞名節耳。”遂矢志撫孤。晝夜紡績，或農隙備工，銖積寸累，得百錢即償。寧忍饑受凍，不使索逋者履戶限。孤長而跛，娶婦復慵惰。佃田三四畝，耕穫皆氏經理，劬苦終其身。胡弈勳撰傳。

包學山妻顧氏　乍浦人。年十九歸包，七年學山殁。時懷孕數月，姑限以生男，期年而嫁；生女，期月而嫁。親黨復諷曰：“汝三姒皆寡去室，汝何自苦爲？”氏泣曰：“某欲死久矣。所以隱忍者，舅姑年老多病，我死，誰爲養？且藐孤在抱，請以勸我者轉勸舅姑，不可，則以死徇。”於是舅姑大感。氏苦節四十餘年，卒年六十有八。　《丁見堂文鈔》。

文童陶璋妻周氏　二十六歲夫亡，現年六十二。

乍浦駐防八旗旌表節婦

正藍旗兵鄂羅春妻佟佳氏

正藍旗兵妞妞妻李氏

正黃旗前鋒校蘇達妻劉氏

正黃旗兵佈爾幾海妻徐氏

正黃旗領催雙頂妻章京氏

正白旗領催福壽妻阿拉克褚氏

正白旗兵鄔拉爾計妻楊氏

正黃旗前鋒阿機布妻孟氏

正藍旗兵記孫妻劉氏

鑲藍旗領催朱爾泰妻沙爾圖氏

正白旗兵夫勒納妻陶氏

正白旗兵元保妻屠氏

正白旗領催昂色妻畢氏

正黃旗兵媽拉玉妻覺爾禪氏

正黃旗兵進步妻壯佳氏

正黃旗兵查庫納妻趙佳氏

鑲白旗兵牙爾圖妻劉氏

蒙古鑲白旗兵既罕泰妻文氏

鑲白旗兵五十妻楊氏

鑲白旗前鋒七壽妻馬氏

鑲黃旗兵伍官妻吳氏

正白旗兵阿布達哈妻趙嘉氏

正黃旗前鋒常周妻珠赫哩氏

正白旗兵麻色妻戴氏

正紅旗兵色棱妻杭氏

正紅旗前鋒巴查爾妻婉顏氏

正紅旗佐領拜思呼浪妻沈氏

正紅旗兵穆江妻何氏

鑲白旗兵滿丕妻趙氏

鑲白旗兵常泰妻宋氏

鑲白旗兵碩色妻冬佳氏

鑲白旗兵三產妻趙嘉氏

鑲白旗兵福保妻納克氏

正藍旗兵蘇赫納妻查庫塽氏

正藍旗兵遜泰妻舒舒覺羅氏

正藍旗兵竈壽妻納克氏

正藍旗兵圖福納妻塽塽拉氏

鑲藍旗前鋒常德妻成尼氏

鑲黃旗兵伊道爾妻卜氏

鑲黃旗兵曼都妻白氏

鑲黃旗兵巴查爾妻楊氏

鑲黃旗前鋒常森保妻何嘉氏

正白旗兵黑色妻李氏

正白旗兵福壽妻鄭氏

正白旗兵官保妻石氏

正白旗兵墨棱泰妻余氏

鑲黃旗兵車星額妻巴雅喇氏

鑲黃旗兵伊成妻佟嘉氏

正白旗兵赫滋妻爪爾嘉氏

正白旗兵驍格妻納喇氏

正白旗前鋒四什妻劉氏

正紅旗兵蘇格妻趙嘉氏

正紅旗兵三格妻圖爾吞氏

鑲紅旗兵南昌妻佟嘉氏

鑲黃旗前鋒壽元妻餘軲爾氏

鑲紅旗驍騎校謨垂妻周氏

鑲藍旗前鋒西們妻巴嚕特氏

左營鑲藍旗兵常明妻周氏

右營正白旗兵查布商阿妻爪勒嘉氏

左營鑲紅旗兵穆騰額妻納喇氏

右營鑲紅旗兵廣音圖妻李嘉氏

右營正紅旗兵佛算妻拜基氏

右營正紅旗兵色克通額妻汪吉氏

左營正紅旗兵呼松額妻額爾圖氏

右營鑲藍旗兵查勒杭阿妻納喇氏

左營正藍旗兵雍興妻拖囉氏

右營鑲紅旗前鋒泰保柱妻韓氏

右營正藍旗兵伊林佈妻納喇氏

左營正白旗前鋒經能妻烏納爾氏

左營鑲黃旗前鋒吉嚨阿妻喜蘇氏

左營鑲白旗前鋒邁隆阿妻章音氏

右營鑲白旗兵勒額基音佈妻何氏

右營鑲紅旗前鋒媽尚阿妻莽努特氏

左營鑲黃旗兵經純妻佈定氏

右營正白旗兵德克精額妻薩克達氏

右營正藍旗兵民保柱妻舒爾佈氏

左營正白旗前鋒色成圖妻西裕哩氏

右營正紅旗前鋒哲成額妻畢嚕氏

右營正紅旗兵福興妻赫什哩氏

左營正藍旗兵額勒精額妻卓嘉氏

左營鑲紅旗前鋒紱爾宏阿妻西裕哩氏

左營鑲紅旗兵綽勒洪阿妻巴克津氏

右營鑲藍旗兵五什六妻鈕呼哩氏

右營鑲白旗兵東福妻張氏

左營正黃旗兵候補筆帖式圖瓦恰納妻王氏

左營正黃旗前鋒遇揆妻伊爾根覺羅氏

右營鑲黃旗兵靈柱妻趙嘉氏

右營正黃旗兵順祿妻章依氏

左營正藍旗前鋒隆柱妻趙嘉氏

右營鑲白旗兵五格妻王嘉氏

左營正黃旗領催查琅阿妻邵氏

左營鑲黃旗兵瑪哈柱妻裕庫爾氏

左營鑲黃旗兵六什九妻杜嘉氏

左營鑲白旗兵愛星佈妻英特伊氏

左營正黃旗兵經善妻陳依氏

右營正黃旗兵百順妻伊爾根覺羅氏

右營正紅旗兵華沙納妻甘鈕氏

右營鑲紅旗前鋒濟囒圖妻佈勒克青氏

右營鑲紅旗兵志崗妻張嘉氏

右營鑲白旗兵遇錄妻納喇氏

左營鑲紅旗兵舒勒亨妻納喇氏

右營正白旗兵豐格妻敷察氏

右營正藍旗領催查勒杭阿妻墨赫特爾氏

左營正紅旗兵皁柱妻赫哲爾氏

左營鑲紅旗前鋒安慶妻赫舍呼氏

右營正白旗兵墨爾根妻巴嚕特氏

左營正藍旗兵固隆阿妻烏魯特氏

左營鑲紅旗甲兵伍勒滾佈妻王氏

左營正白旗甲兵墨爾格圖妻瓜勒嘉氏

右營鑲藍旗甲兵圖薩佈妻納喇氏

左營鑲白旗前鋒恒山妻赫舍哩氏

右營正白旗甲兵巴楊阿妻赫舍哩氏

右營正紅旗前鋒三音納妻楊依氏

左營鑲白旗甲兵四喜妻卓嘉氏

左營正黃旗甲兵存柱妻瓜勒嘉氏

左營鑲白旗甲兵經通妻香達襌氏

左營正白旗前鋒吉純妻伍扎拉氏

左營正白旗前鋒貴純妻車墨特氏

左營正紅旗前鋒增保妻趙嘉氏

右營鑲白旗前鋒巴林阿妻寇氏

右營正黃旗甲兵關柱妻塔塔爾氏

左營鑲藍旗甲兵蘇布東阿妻章京氏

右營鑲黃旗甲兵德成妻巴嚕特氏

左營正藍旗甲兵瑪克塔春妻哈基納喇氏

右營正白旗前鋒卓福妻楊氏

右營鑲白旗甲兵遇卿妻敷察氏

右營正紅旗甲兵清凝妻巴嚕特氏

左營鑲白旗甲兵佛星阿妻依爾根覺羅氏

左營鑲白旗甲兵泰昌妻赫什哷氏

右營鑲黃旗甲兵喜昌妻趙嘉氏

左營鑲白旗甲兵圖瓦墨杭阿妻卓嘉氏

左營正藍旗甲兵志昌妻赫哲哷氏

右營鑲黃旗甲兵志靈妻羹嘉氏

左營鑲藍旗甲兵志凝妻瓜勒嘉氏

右營正白旗前鋒鏘貴妻卓嘉氏

左營鑲紅旗甲兵額勒基音額妻赫什哩氏

左營正黃旗甲兵烏爾圖妻卓嘉氏

左營鑲白旗前鋒五十四妻塔塔喇氏

左營正紅旗甲兵慶禄妻納喇氏

左營鑲藍旗甲兵固里雅吞妻巴嚕特氏

右營鑲白旗領催貴福妻巴雅喇氏

右營鑲藍旗甲兵彩保妻鈕呼哩氏

左營鑲黃旗前鋒查蘭圖妻車墨特氏

左營正藍旗前鋒額哷春妻納喇氏

左營鑲藍旗甲兵蘇克墩佈妻商成氏

左營正黃旗甲兵明鏘妻杭阿坦氏

左營鑲紅旗甲兵義昌妻張氏

右營鑲黃旗甲兵貴靈妻巴嚕特氏

右營正紅旗甲兵喀嚨阿妻敷查氏

右營鑲藍旗甲兵穆精阿妻王依氏　　以上于《志》。

右營正黃旗前鋒恒柱妻陳依氏　　二十五歲夫亡,撫孤,守節十八年。卒後,以子貴貤贈恭人。

筆政圖幹恰納妻王依氏　　二十歲夫亡,無子,邁翁在堂。氏堅請繼娶,以延嗣續。從之,果生一子,甫七月而翁歿。氏事繼姑,奉養有加。躬操作給衣食,助姑撫孤成立,因積勞成疾,卒,年五十四。時夫幼弟觀成已舉於鄉,乃以節孝請於朝,坊表墓門。　　以上採訪。

【校注】

　　[1] 按:"禮"字脫,光緒《平湖縣志》卷二十一《人物·列女三》,"王揆妻張氏"條補。

　　[2] 按:光緒《平湖縣志》卷二十二《人物·列女四》:"梅德錦妻李氏,德宣妻張氏,作棟繼妻賈氏……李氏守節凡五十年,張十六年,賈二十四年。"故疑"李"是"賈"之誤。

　　[3] 按:光緒《平湖縣志》卷二十一《人物·列女三》:"張官盛妻方氏,子賓序妻方氏。監生樹勳女,年二十二官盛亡,撫子賓序成立,咸豐庚申守節四十二年。賓序妻方氏,即樹勳孫女,年十八夫亡,撫半歲孤徵,四歲殤於痘;又撫嗣子龍文,未娶而夭。同治丙寅守節三十一年。"故"張官盛妻方氏監生樹勳孫女,十八歲夫亡,撫子龍文成立,守節三十一年"一行,是"張官盛妻方氏監生樹勳女,年二十二官盛亡,撫子賓序成立,守節四十二年"之誤。又,"張賓序妻方氏"條,"撫子龍文成立",是"撫嗣子龍文,未娶而夭"之誤。

嘉興府志卷七十七

〔列女十四〕

列女節婦

石門縣_明

錢某氏　錢昇母。二十歲夫亡，養姑訓子，詔旌表之。朱逢吉有傳。

周璵妻朱氏　名玉蓮。歸周，娠七月夫亡，時二十歲。舅姑繼逝，身舉三喪。撫遺腹子成立。與夫妹同矢志。

費遜妻周氏　十九歲婚。一月夫亡，喪葬事畢，歸與朱同居，自名曰繼貞。

譚宏妻沈氏　二十歲夫亡，遺孤方晬。有奴老而狡，爲繼姑陸氏謀去沈而併其產。沈貶身曲事，陸感悟，棄奴而還孤產。守節六十餘年，邑令李廷梧作詩表之。

衛蘭妻趙氏　名靜端。二十七歲夫亡，遺孤在襁褓。或勸之嫁，趙指井誓曰："此井可改，此心不可改。"守節四十五年，邑令洪異躬表之。

周經繼妻范氏　二十五歲夫亡，翁與庶子相繼歿，無子，遺一孫。貧不能存，輒欲自經，念姑老孫幼而止。姑歿，喪葬後，家益貧，節益勵。邑令洪異躬禮營之。年八十四。

生員俞楫妻丁氏　父無子，贅楫爲壻。楫宥亡，遺孤夢暘在襁褓中。丁黨有利其產者，搆豪右，脅之嫁。丁自誓曰："吾之不去丁氏者，爲父母在耳。今父母已歿，我夫又死，胡戀於此耶？"遂負其子歸，俞舅姑割伯仲產畀之，丁固謝，僅受屋數椽，課子夢暘舉於鄉。年七十餘。

姜鍾妻屠氏　二十歲夫亡。家貧甚，織紝以育遺孤。孤復殀，夫族逼之嫁，赴水，救免。昭節愈勵。

沈懋學妻朱氏　夫亡，家貧，子幼，或欲奪其志，朱觸柱自絕，鄰媼救免。族姑周以升斗，不受。守節四十餘年。

金梁妻陸氏　二十歲夫亡，生一女，甫月餘。翁諷使他適，陸泣曰："生存一日，金門婦也。舍此安適？"翁爲感泣。以苦節終身。

朱琪繼妻吳氏，楷妻淩氏　吳歸朱，甫期夫亡，時二十歲，遺腹子復殤，撫前子楷成立，娶淩氏，未幾而楷亡，淩年二十八，曰："夫死不能報姑恩，敢有他志乎？"乃勤織紝，以盡孝養。吳年八十，淩年七十一。尚書劉麟傳其事，學使阮鶚表之。

監生徐棟妻葉氏　夫病，葉晝夜號泣，祈以身代。夫亡，二十七歲。撫孤女，年十六贅黃鈺，婚甫八月，鈺亡。女亦矢志，同母守節。女旋卒，煢煢五十餘年。郡守趙瀛表之。

生員呂燮妻張氏　二十五歲夫亡，姑旋歿，遺幼叔甫二十七日。舅命張育之，張撫幼叔有恩。張於夫所遺叢殘片紙，不敢廢棄，人稱其有家範云。

沈伯濳妻費氏　婚四月夫亡，無子。日坐臥一樓，與一老婢織紝自給。後樓廢，止豕圈傍。婢以行乞斃於道，未幾費亦卒。

陸蘭甫妻何氏　二十七歲夫亡，以鐵束�肱，誓無二志。歲饑枵腹，孝養舅姑。年七十五。

茅煥妻錢氏　二十三歲寡，遺孤方六月，撼蘇芑以食，身衣蘆絮五十餘年。　以上二人，邑令靳一派表之。

郁佩妻陳氏　十九歲寡，遺子甫六月，姑老不能食，常以乳乳之。貧甚，艱苦備嘗。年七十。郡邑俱表其門。

陸嘉會妻朱氏　名範貞。婚十八日夫亡，號痛赴水，陸諸母救之，謂曰："舅老，無他志，若死，誰養舅乎?"朱矍其言。後舅舉子，喟然曰："我今可以死矣。"會有疾，謝藥不服。遺命以縞素殮，與嘉會同穴。時年甫三十。

沈大化妻張氏

生員祝聖世石門鄘《志》作世聖。妻王氏　成化間舉人王九齡女。夫早亡，鞠孤以嵩，延祝一線。家日窘，紡績支吾四十餘年。

胡清妻徐氏　贅清爲壻，九年而寡。子幼，勤苦織紝以撫之。守節四十九年。弘治初，有司疏聞，未下卒。

費敏妻勞氏　名守貞。二十三歲夫亡，舅姑俱歿，貧甚，矢志守節。有司上其事，未報。年七十有九。

郭彥昭妻孫氏　永樂中，彥昭以名醫薦入都，孫與偕行。二十七歲夫亡，扶櫬歸葬。舅姑憫其無子，令改適。孫斷髮自誓，遂以從子繼之。孝養舅姑，撫姪如所出。正統中，詔旌其門閭。

生員郁維周妻馬氏　夫多病，馬勤紡績，供藥餌，旋卒，馬年二十五。遺腹生子，撫訓成立。閱三十餘年，邑令周應秋表之。

生員嚴瑤妻姚氏　夫亡，以死自誓。孝養姑嬸，撫遺腹子成立，學使表之。

李世妻杜氏　夫亡，事姑，撫子，志不少易。年踰六十，邑令喻沖表其門曰"貞節"。

周楠妻呂氏　十九歲夫亡，孝事其舅，學使阮表其閭。

周溙妻陸氏　十九歲夫亡，嚙指誓守，以撫遺孤。郡邑月給薪米，邑令喻沖表其門。年七十二。

沈世英妻張氏　夫亡，守節七十載。卒年百餘歲，屢受邑令表獎。

沈恒德妻俞氏　名太貞。二十二歲夫亡，無子，孝養其姑，邑令湯沐、洪異躬先後表之。

呂樌妾胡氏　爲呂侍兒，釋鬟而笄。呂卒，胡年二十。遺命嫁之，胡泣曰："主即有命，妾敢以存亡二心乎?"守節四十餘年。嘉靖間，邑令劉武宗表之[1]。

胡堯妻周氏　二十三歲夫亡，無子。舅姑、父母俱歿，兄憐其貧，令改適，周斷髮不從。守節四十餘年。

張霄妻楊氏　夫亡，矢守，苦節三十六年。

錢琦妻沈氏　名武進。夫偶夜行，溺水死。沈二十二歲，奔至溺所，將殉之。姑援之得免。孝養舅姑，殯葬盡禮。遺孤甫娶而亡，復撫遺腹孫以延祀。年七十七卒。給事周崑傳其事。

王良佐妻張氏　二十七歲夫亡，姑老病。或勸其嫁，張輒欲自經，家人覺而止之。養姑，撫子，人無閒言。

生員范宸《浙江通志》作光宸妻朱氏　夫早亡，無子，撫從子爲嗣。七歲而殤，復撫從孫，以奉夫祀。素食縞衣。事舅姑，生死有禮。年七十。

生員鍾若初繼妻姚氏　十七歲婚，方十月夫亡，訓前子讀書成立。年五十一。

周鑾繼妻盧氏　二十歲夫亡，無子。父勒其嫁，盧念姑病及前子在，不從。孝養其姑，鞠育孤子。年八十。

生員胡岱妻顧氏　婚兩月夫亡，顧十九歲，幾欲自盡。倭猝臨城，哭守夫像，誓死不去。苦節四十年。

生員祝允勳妻葉氏　夫亡，舅姑早歿，家貧子立，勤儉支吾，撫孤翼鴻成立，以苦節終。

生員沈曰都妻鍾氏，大化妻張氏　鍾二十四歲夫亡，無子女，貧病不改其操。撫嗣子甚慈，年七十餘卒。曰都從子大化妻張氏，二十八歲寡，與鍾同居，事之如姑。撫一歲孤成立。人稱雙節。

王錫妻陸氏　十七歲婚，半月夫亡，欲殉之，念姑老，不果。撫從子爲嗣。坐役破產，食貧攻苦七十年。

姚吉妻沈氏　夫善病，且貧，沈拮据供藥餌。二十五歲夫亡，遺子舜宰幼弱。遭旱潦與火災，凍餒自甘。遇病，未嘗出手令醫者診其脉。年六十。

生員張國論《浙江通志》、吳《志》俱作瑜妻周氏　二十四歲夫亡，無子，哀慟幾絕，毀容截髮，每不欲生。勤織紡，甘淡泊。奉舅姑以孝，撫從子萬象甚周悉。苦節四十餘年，邑令靳一派表其門曰"柏操凌霜"。

沈喬妻莊氏　　二十一歲夫亡,貧而無子,繼從子爲嗣。堅志誓守,躬事紡績。奉翁姑維謹。值歲饑,有諷之更適者,輒面唾之。守節四十六年。

生員趙良周妻沈氏　　教授沈校女。二十四歲夫亡,姑又歿,鬻婢以殯。二子洪正、洪典,自襁褓中撫育,迄於成立。苦節歷三十年,邑令靳一派以"柏舟堅操"額表之。

龍巖縣知縣胡其久妾張氏　　其久卒於任,張年十八歲。擬以死殉,其父母諭以改嫁,張斷指截髮,矢志堅守,足跡不出戶庭者五十九年。

生員胡獻忠妻吕氏　　二十六歲夫亡,生子漢陽方三齡,翁其久任福建龍巖令甫二載,卒於官。吕跋涉數千里,撫孤扶柩以歸。訓子讀書爲諸生。敦族睦鄰,俱無間言。年八十三。邑令及學博俱表之。

經歷徐大經妻朱氏　　二十七歲夫亡,撫孤士驄成立,學博管表之曰"柏舟皎節"。

譚濟妻吳氏　　夫性至孝,叔病革,獨侍湯藥,憂勞成疾,卒,吳時十九歲,悲慟幾絕。念舅姑在堂,不敢死殉。撫甫晬孤雲,以延宗祀。茶苦六十餘年。年八十一,董其昌爲之傳。孫翼,貢生。曾孫觀成,順治丁酉領鄉薦。

平禄妻陸氏海妻蔡氏　　陸二十八歲夫亡,撫孤子海,成婚而殀,陸與寡婦蔡茹荼矢志。年八十二,邑令王一凱以"貞節可風"表其門。

生員范學詩妻周氏　　十九歲夫亡,遺子道南甫六月,矢志鞠孤,延師課讀,修脯皆出十指。道南以例授訓導。長孫允昌,明經。諸孫俱有聲庠序。年七十。

邱秩繼妻姚氏　　二十九歲夫亡,無子,撫從子志杰爲嗣,課讀爲諸生。翁姑在堂,承歡無間,喪葬俱盡禮。年七十卒。邑令黃成象、學博沈選俱表其門。

沈敬妻施氏　　二十七歲夫亡,家貧,日夜紡績,訓子允麟爲諸生。事翁姑以孝,人無間言。

范尚見妻樂氏　　二十歲育子,半載而夫亡,孝養翁姑,撫訓遺孤入庠。年八十一。

沈棟妻徐氏　　二十九歲夫亡,守志不渝,奉養孀姑張甚孝。郡守鄭宣以"婦姑雙節"表之[2]。

陸桂甫妻張氏　　夫亡,子殀,不飲酒茹葷,年七十二。

吳來朝妻倪氏　　夫早亡,晝夜撫棺,哭絕數四。撫周晬孤成立,蔬食終其身。

【校注】

[1]按:本《志》卷三十七《職官二·石門縣知縣》:"(嘉靖年)劉宗武貴縣舉人。"光緒《石門縣志》卷四《職官表》:"(嘉靖三十六年)劉宗武貴縣舉人,有傳。"同卷《名宦》:"劉宗武,廣西貴縣舉人。嘉靖間知縣事,精敏剛決,察民隱若神,築甕城,修公署,嘉惠學校,百廢具舉。陞興化同知。"民國《貴縣志》卷九《選舉·舉人》:"(嘉靖二十八年己酉)劉宗武。漳州(興化)同知。"卷十六《人物·列傳》:"劉宗武,嘉靖己酉舉人,任漳州(興化)同知。以廉明稱。解組歸田,值歲荒,盡出其家資,賑濟鄉里。"故疑"劉武宗"是"劉宗武"之誤。

[2]按:本《志》卷三十六《職官表一·崇禎年知府》:"鄭瑄侯官進士。"卷四十二《名宦一》:"鄭瑄,字鴻逵,福建人。崇禎進士,知嘉興府。"民國《閩侯縣志》卷三十八《選舉·明進士》:"(崇禎四年)鄭瑄,侯官人。日休子。"《南明史》卷一一九《畔臣二》:"鄭瑄,字漢奉,侯官人。崇禎四年進士。自户部郎中出爲嘉興府知府。"故"鄭宣"是"鄭瑄"之誤。

國　朝

范學醇妻陸氏　　二十四歲夫亡,毀容截髮,矢無二志。勤機杼,養舅姑。及歿,喪葬盡禮。守節五十八年。

黃中色妻楊氏　　十九歲夫亡,遺腹生子榮。有覬其家業,欲謀害其孤者,楊防護備至,卒能撫孤成立。守節四十一年。　　以上康熙十一年旌。

生員朱元凱妻費氏　二十五歲夫亡，止一女，矢志不二。事翁姑以孝聞，撫從子雯爲嗣，教之讀書，舉進士。守節四十二年。

姚寅麟妻梁氏　二十四夫亡，子斌方六齡，撫訓成立，又歿。撫孫琅，長爲安慶太守。矢節五十六年。　以上康熙十七年旌。

生員史廷驦妻湯氏　二十七歲夫亡，堅貞矢志。事舅姑，生養死喪，無失禮。方廷驦歿時，長子正甫四齡，次子標方六月，湯殫心撫教，卒能成立。康熙四十五年旌。

孫承睦妻楊氏　夫亡，撫從子爲嗣，翁姑老且病，敬侍湯藥。及歿，哀毀骨立。雍正六年旌。

田方來妻印氏　二十一歲夫亡，前妻遺二子均幼，印撫育成立。守節四十三年。雍正八年旌。

鍾信瑞妻馬氏，虞傳妻陳氏　馬二十五歲夫亡，無子。繼從子虞傳爲嗣，及長，娶婦陳氏，未半載虞傳亦亡，陳二十二歲。媌姑弱媳，一室煢煢，相依以老。馬守節三十五年，陳守節二十八年。

沈驊妻王氏　二十七歲夫亡，遺孤二，長僅四齡，次甫三月。復遭回禄，室廬盡毀，艱苦茹荼。守節六十二年。　以上雍正九年旌。

趙學恕妻王氏　二十二歲婚，二載夫亡，遺孤甫襁褓。翁以家貧年少，諭令改適，王矢守不二。事翁孝，教子嚴，翁亡，親負土以葬。苦節三十七年。雍正十年旌。

生員胡尊經妻吳氏　二十八歲夫亡，上有兩世尊嫜，下有二孤。家貧苦，吳力勤紡織，佐薪水，迨祖翁姑及姑歿，喪葬之事，靡不盡心經理。事舅益孝。謹教子家瑞、家修，俱爲名諸生。守節二十七年。

田澍妻王氏　二十三歲夫亡，無子。乃請於舅姑，擇應嗣者於襁褓中，撫育承桃。守節三十八年。

葉金枝妻鄭氏　二十八歲夫亡，遺子三日。勤女紅，養舅姑。及歿，力營窀穸。延師訓子，俾克成立，家業稍裕。守節二十五年。　以上雍正十二年旌。

沈昂妻吳氏　昂家貧，授徒在外。吳竭力事舅姑，姑歿，鬻簪珥殯殮。夫以哭母過哀卒，舅悲傷致疾，又卒。吳二十七歲叠遭三喪，衣資罄盡。服闋，攜孤至母家，紡織自給。子長，始歸。守節五十三年。雍正十三年旌。

錢謙妻申氏　夫亡，欲自刎，戚黨驚救之，遂截指以見志。

陸經濟妻張氏　夫亡，姑哭子過悲，張婉曲勸慰，人稱其孝。以上乾隆元年旌。

陸濟川妻張氏　二十七歲寡，二子俱幼。紡績養舅姑，既歿，喪葬盡禮。教子成立，及見曾孫。年九十六。

費繼元妻崔氏　事媌姑，撫三子。苦節五十三年。

王襄宸妻范氏　婚甫五月，夫病瘵，范侍湯藥，晝夜不懈。夫亡，慟絕復蘇者再。撫遺腹子，奉姑周至。

范道謙妻孫氏　夫亡，孝養舅姑，撫孤成立。

鍾文瞻妻費氏　夫多病，侍湯藥不懈。夫亡，哀慟絕食，因念子幼甚，不忍死，撫育得以成立。

沈啟明妻費氏　夫亡，家貧，奉姑，撫孤，俱藉十指。守節數十年。

范方廣妻姚氏　農家女，夫亡，撫育遺孤。以苦節終。

馬德玉妻吳氏　夫亡，撫一齡孤成立。及娶婦，而子卒，吳與媌婦共撫嗣孫，備嘗荼苦。婦亦以賢孝稱。

馬開宗妻姚氏　婚半載夫亡。歲歉，竭力孝養媌姑，自甘凍餒。　以上乾隆二年旌。

武生姚本大妻沈氏　夫亡，哀號，死而復蘇，撫從子爲嗣，教養倍至。子又早世，沈撫孫以老。乾隆三年旌。

貢生顧鈿妻吳氏　夫亡，舅姑年老，孝養弗息，撫孤成立。

顧潯妻周氏　夫亡，號泣欲殉，戚族勸慰乃止。孝奉祖姑，營葬三世，訓子嚴而有法。

羅松妻費氏　夫亡百日，遺腹生子。家素貧，仰事俯育，俱賴十指，苦節終其身。

吳允文妻祝氏　夫亡，絕粒求死。以舅姑年老，飲泣奉養。撫夫從子爲諸生。　以上乾隆四年旌。

生員莊鏞妻聞氏　夫亡，孝事媌姑，數十年不息。教子學濂成名。

生員吳永槐妻倪氏　夫亡,姑邁,子幼。倪持門戶,不辭勞瘁。父母無子,迎養於家,以孝行著。

范堅妻周氏　夫亡,盡典釵珥,爲喪葬資。養舅姑,撫弱子,艱苦備嘗,家業不墜。

陳文曾妻王氏　夫患痼疾,王晝夜奉侍,焚香籲天,願以身代。卒不起,煢煢子立。撫從子爲嗣。短布寒機,晝夜力作,數十年如一日。

馬璉妻沈氏　夫亡,子甫周晬。事姑,養葬俱盡禮。家貧,攜子依母家,以《詩》《書》授之。　以上乾隆五年旌。

聞學詩妻高氏　夫亡,撫從子成立,娶婦,舉四孫而子復殀。高偕孀婦撫孫成立。

馬漢欽妻沈氏　夫病,典釵珥,供醫藥,夫終不起。孝奉舅姑,撫孤不恤勞瘁。

胡燮妻蕭氏　二十六歲夫亡,孝事其姑,訓子灝讀書,爲諸生。　以上乾隆六年旌。

姚子齡妻夏氏　婚九月夫亡,遺腹子又殀。姑已衰老,夏積哀成疾,嘔血不止,不使姑知也。

祝開周妻方氏　夫亡,繼從子爲後,教養曲至。

舉人胡廷對繼妻顧氏　夫亡,奉舅姑,撫前氏三子二女,自幼以迄嫁娶,獨力支持,戚族稱之。

生員朱天倫妻倪氏　十六歲夫亡,孝敬舅姑,撫從子爲嗣,教養成立。終身居一小樓,人罕見之。

監生沈廷桂妻陳一作蔡氏　夫亡,奉姑,撫從子爲嗣。布衣蔬食終其身。

徐文明妻王氏　夫亡,家貧甚,以紡織所入,奉孀姑,撫二子一女。自食恒不飽。

曹鑣妻姚氏　夫亡,事舅姑孝。二姑相繼歿,乃撫從子爲嗣。　以上乾隆七年旌。

張秉衡妻費氏　夫亡,撫從子爲嗣。守節三十年。

陳耀如妻淩氏　夫亡,子在襁褓,愛護彌至,家極貧,勤紡績,以奉舅姑。

錢武卿妻沈氏　婚一載,夫病篤。泣云:"君如不諱,妾當繼以死。"武卿伏枕云:"父母在堂,惟爾是賴。我死,卿亦死,是重我不孝矣。"及武卿歿,奉舅姑,撫孤子,卒如所約。　以上乾隆八年旌。

孫秀公妻王氏　夫亡,嗣子早殀,復繼一孫,鞠育成立。

陳九皋妻金氏　夫亡,遺一子甫晬,撫之成立。姑年老,事之甚孝。既歿,拮据營葬。畢,歎曰:"我事已了,死亦瞑目矣。"旋一病而卒。

周之正妻屈氏　婚半載夫亡,勤習女紅,以奉舅姑。

沈德威妻吳氏　夫亡,翁姑繼逝,竭蹶營葬。訓子極嚴,有過輒箠撻之,而已啜泣終日。　以上乾隆九年旌。

沈溶妻范氏　夫亡,孝養舅姑。紡績所入,以營先兆。撫孤成立。乾隆十年旌。

監生吳鶴齡妾錢氏　生子彌月,鶴齡歿。嫡妻顧卧病十載,錢爲侍奉,寒暑無間。撫孤成立。

陸允嘉妻謝氏　夫亡,舅姑旋歿,長子亦殀,撫次子成立。　以上乾隆十一年旌。

吳昆池妻郭氏　夫亡,遺腹生子,撫之成立。舅姑衰病,竭力奉甘旨。

朱兼三妻沈氏　夫亡,遺孤五齡,撫育長成,舅姑猶及見其娶婦也。以上乾隆十二年旌。

陳永儀妻沈氏　夫亡,撫從子爲嗣,事舅姑甚謹,父母年老,迎養於家,頗以孝聞。

生員徐允升妻沈氏　夫亡,事舅姑孝,訓子嚴。父無後,迎養終身。　以上乾隆十三年旌。

吳玉賓妻朱氏　夫亡,孝養翁姑,撫從子成立。乾隆十五年旌。

陳襄仲妻張氏　夫亡,矢志不二,終身苦節。乾隆十六年旌。

張自誠妻吳氏　夫亡,欲以死殉,不果,截髮囓指,足不出戶,苦節終其身。乾隆二十年旌。

吳起麟妻鄭氏　夫病,力供醫藥。及歿,勤苦持家,先業不替。乾隆二十三年旌。

王嗣賢妻陳氏　夫亡,截髮誓守,始終不渝。乾隆二十四年旌。

唐世楷繼妻許氏　　二十八歲夫亡,事翁孝,撫孤慈,守節五十餘年。乾隆二十五年旌。

張承三妻朱氏　　夫亡,將以身殉,聞遺孤哀啼索乳,乃不忍死。終養舅姑,克盡婦道。

曹諾金妻沈氏　　夫亡,撫育嗣子,鍼黹度日。　以上乾隆二十六年旌。

蔡永熙妻勞氏　　夫亡,矢志苦節,蔬食終其身。乾隆二十七年旌。

徐學山妻沈氏　　夫亡,奉舅姑極孝,撫從子,以延夫祀。乾隆三十二年旌。

朱維熊妻鄭氏　　十六歲歸朱,未二載夫亡,事舅姑極孝,十指所入,悉營殯葬。乾隆三十五年旌。

姚寶珍妻鄭氏　　十八歲歸姚,甫四載夫亡,撫孤成立。

莊錦妻張氏　　夫早亡,一慟幾絕。家貧,薪水不足,紡績以自給。　以上乾隆三十六年旌。

鄭兆榮妻朱氏　　夫亡,事舅姑,撫遺孤,心力交瘁。乾隆三十八年旌。

蔡聖文妻陳氏　　夫亡,無子。家無遺產,賴鍼黹以供舅姑甘旨。姑病劇,陳刲股以進,及卒,盡哀盡禮。乾隆四十年旌。

湯廷槐妻周氏　　夫亡,舅姑衰老,竭力孝養,撫從子成立,延夫祀。乾隆四十一年旌。

張國英妻周氏　　婚甫四載夫亡,事翁生養死葬,撫從子爲嗣。

生員周名鑣妻陳氏　　夫好學,積勞成疾。陳調護多方,衣不解帶者累月。及歿,念子幼,飲泣矢志以撫之。　以上乾隆四十二年旌。

沈良佐妻鍾氏　　二十四歲夫亡,孝養舅姑,撫嗣子成立。

胡國榮妻沈氏　　夫亡,舅年老,朝夕不繼,沈力作奉養,并撫嗣,人皆憫其困苦。

吳廷獻妻沈氏　　夫亡,勤女紅以營葬事。撫孤成立。以上乾隆四十七年旌。

姚士魁妻張氏　　夫亡,誓以身殉。舅勸之曰:"殉死易,立孤難。況我已老,汝死,將誰依耶?"張慨然以仰事俯育自任。乾隆四十八年旌。

姚建中妻李氏　　二十五歲夫亡,孝養翁姑,撫孤成立。

陳嘉言妻范氏　　十七歲夫亡,事翁姑,甘旨無缺。撫夫從子爲嗣。　以上乾隆四十九年旌。

陳德固妻施氏　　十八歲夫亡,孝養翁姑,喪葬盡禮。

徐廷傑妻沈氏　　十八歲夫亡,奉姑勤勞,立嗣撫育。

陳夢熊妾沈氏　　二十七歲夢熊歿,撫孤,守節。　以上乾隆五十年旌。

吳廷桂妻盛氏　　十五歲夫亡,事姑,撫孤,克盡心力。

王永增妻陳氏　　二十一歲婚,半載夫亡,奉事孀姑,撫從子爲嗣。

呂世萊妻封氏　　二十七歲夫亡,孝事舅姑。　以上乾隆五十一年旌。

汪世梁妻蔡氏　　二十三歲夫亡,事舅姑,撫幼子。守節三十年。

姚承昌妻王氏　　二十二歲夫亡,事姑撫嗣,孝慈兼盡。

沈井梧妻史氏　　二十二歲夫亡,事翁姑孝。　以上乾隆五十二年旌。

金鍏妻葉氏　　十七歲夫亡,孝養舅姑。守節五十三年。

孫南侯妻沈氏　　二十歲夫亡,遺孤又殤。事舅姑,歷經磨折,卒爲立後。　以上乾隆五十三年旌。

范承恕妻夏氏　　十七歲夫亡,勤紡織,以事舅姑。撫幼孤成立。

謝邦年妻沈氏　　二十歲夫亡,哀慟屢絕,撫子成立。

姚世駪妻陳氏　　十九歲夫亡,勤苦事舅姑,尋遭凶喪,哀慟逾節,目遂瞽。　以上乾隆五十五年旌。

蔡哲人繼妻葉氏　　十八歲婚,一載夫亡。事翁盡孝,撫子成立。

陳瑼妻吴氏　十九歲夫亡,家貧,奉姑甚孝,撫育幼孤,不辭勞瘁。

陳琨妾張氏　十九歲琨亡,止生一女。嫡室勸令改適,張輒自盡,以救乃免。偕其女鍼黹度日。　以上乾隆五十八年旌。

周瑞麟妻沈氏　十七歲夫亡,奉舅姑,撫幼子,勤女紅以給薪水。乾隆五十九年旌。

吴高棟妻張氏　十九歲歸吴,甫二載夫亡,事舅姑盡孝,撫夫從子爲嗣。乾隆六十年旌。

胡鳴球妻沈氏　二十二歲夫亡,毁容截髮,守節以終。嘉慶三年旌。

張兆至妻談氏　十七歲婚,甫九月夫亡,誓以身殉,母諭止之。事舅姑,生養死葬盡禮。撫夫從子爲後。守節四十六年。

蔡宏禧妻陳氏　婚二載夫亡,遺腹生子,加意撫養。翁姑病,奉養甚謹。及歿,喪葬盡禮。守節二十二年。

沈秉良妻尤氏　二十四歲夫亡,勤鍼黹以事姑,撫幼孤。守節三十七年。　以上嘉慶四年旌。

沈衵妻薛氏　小字德裕,生員薛英女,德容兼備,善女工。年十六歸沈,甫三載夫亡,子女俱無,即欲身殉。兩姑勸止之勉。守喪三年,服闋遂病,絶藥餌,不食數日,卒。其訣詞曰:"無媿我夫子,疚心兩老姑。"

沈全麟妻李氏　二十四歲夫亡,遺孤紹豫甫百日,訓之爲諸生,早世。復撫兩孫成名。年八十。

沈培芳繼妻朱氏　夫游太學,卒於旅次。朱年二十八,撫子鑛、釪、釧成立。釧尤能文。

沈廷桂妻楊氏　父無子,贅廷桂爲壻,早亡。楊勵矢自守,督課三子俱成立。又能周邺戚黨,年七十一卒。直指表其門,里人鍾朗撰《墓銘》。

沈橘妻李氏　二十歲夫亡,飲泣四十年,未嘗見齒。辛勤紡織,孝事舅姑。邑令杜森表之。

徐鑣妻孫氏　二十三歲夫亡,上孝翁姑,下撫孤子。家酷貧,矢志不易。學使姜橚表之。

勞于銓妻徐氏　婚五載夫亡,孝慈勤儉,訓子斯清舉於鄉。年六十八。

勞佐銘妻許氏　十八歲婚,三載夫亡,撫二孤成立。苦節四十年。

陸秀公妻孫氏　二十一歲夫亡,遺一孤。家貧甚,日夜勤習女工,課子甫成立,又殀。夫叔士渠憐而贍養之。苦節四十年。

勞祖勳妻曹氏　十九歲夫亡,守節五十餘年。

郭升采妻吴氏　二十一歲夫亡,遺孤復殤。以舅姑在堂,躬代子職。未幾翁殁於京邸,吴與孀姑扶柩歸葬。禦外侮,保繼嗣。苦節五十餘年。

朱仙培妻吴氏　十八歲夫亡,遺腹生子,復殀。時鄉多盜警,嘗懷刃達旦。矢志貞操,學使顔表之。

生員沈國泓妻茅氏　二十五歲夫亡,堅苦自守。撫兄子廷模爲夫後。

吴汸妻費氏,槵妻曹氏　二十二歲夫亡,遺娠生子槵。竭志奉事舅姑。槵爲諸生,復早殁。偕孀婦曹氏撫孫文暐入泮,苦節五十餘年。邑令李灼表其門。

吴漢繼妻沈氏　二十歲夫亡,無子,以從子樹爲後,篝燈親課,讀書成進士,任常寧,迎養,卒於署。守節七十年。

吴濤妻王氏　二十九歲夫亡,撫育二孤。長師栻,登賢書,早世。遺一孫,備嘗荼苦。守節五十年。

曹有基妻沈氏　二十九歲夫亡,事姑盡孝。撫三齡遺孤諸金入泮,後又殁。與婦沈氏共勵苦節。

武舉吕琦妻陸氏　陸之濱女,及笄,適吕。二十四歲夫亡,養生送死,靡不合禮。學使表之。

朱灝妻吴氏　二十三歲夫亡,堂上無次丁。遺孤甫數月,未幾又殤。勸姑置媵得叔,舅姑即世,叔復未婚而殀,吴力營兩世窀穸。撫嗣子苦守。歷三十五年。邑令韓麒趾表之。

朱之陞妻曹氏　二十三歲夫亡,遺腹生子,復殀。舅姑相繼殁,拮據殯殮。家日落,紡織自給,饔飧時不能繼。苦節三十年。

沈銓妻施氏　二十七歲夫亡,生子淑甫三齡。施守死無二,教子治家,悉依禮法。守節五十餘年。

謝永昌妻沈氏　二十四歲夫亡,事繼姑,撫從子。矢志,守節三十四年。

鍾起鵬妻朱氏　十八歲婚,未幾夫亡,遺孤甚幼,撫之成立。邑令陳邦奇表其閭。

顧函三妻黃氏　十九歲歸顧,克修婦道。五載夫病瘵,黃籲天求代。刲股以療,卒不起。哀痛成疾,請於舅姑,立從子潯爲後。勵志矢節,同里勞之辨、顧鐔序其事。

姚鍔妻范氏　夫早亡,撫孤成立。年八十餘。

生員吳雲龍妻金氏,廷堅妻張氏　金三十歲夫亡,苦節四十年,撫子廷堅成立,又殀。金與婦張氏冰蘗共守,人稱一門雙節。

沈思忠妻陳氏　十九歲適沈,未週夫亡,遺腹五月生子文焕。勤紡績,孝舅姑。守節六十四年。邑令高士選詳請大吏給匾表之。

生員胡秉忠妻鍾氏　二十八歲夫亡。翁其敘爲江西新喻簿,聞子喪,告歸。鍾事翁以孝著。訓三孤漢儒、漢良、漢英以義方。脱簪珥供膳讀,三子俱爲諸生。邑令龔立本、學博陳祖法俱給額表之。年八十五。

胡獻忠妻呂氏　秉忠弟也。夫早亡,苦志訓子,稱一門雙節。

姚榮祖妻王氏　二十歲歸榮祖,不四載夫亡。時遺娠數月,即晨炊寒縷,恒不能給,宗黨罕見其面者四十年。邑令杜森表之曰“石齒冰心”。

邵啟棠妻徐氏　二十歲夫亡,煢煢孤苦,纖紙膳姑。姑歿,鬻産以營喪葬,苦節五十餘年。

胡鳴陽妻田氏　二十一歲夫患病,田奉湯藥不稍息。臨終,擬以身殉,翁姑慰止之。苦志砥節,以夫弟漢玉次子志珠爲嗣。上奉翁姑,下育幼子。訓志珠爲諸生,艱苦備嘗,不墜先業。年五十二。

陳文龍妻俞氏　二十九歲夫亡,事姑李盡孝,撫子成立。年七十二卒。邑令龔立本以“介節遐齡”表之,學道劉、禮科林咸表其閭。

張世禄妻孫氏　二十八歲夫亡,遺二孤,鞠育成立。事姑甚孝,里人誦之。年八十二。

聞昌言妻沈氏,昌允妻魏氏　二氏,妯娌也。沈二十四歲寡,魏二十二歲寡,事舅姑,皆能盡孝。教子咸以義方。魏生子僅百日,而育使成立,其荼苦更甚焉。沈年六十二卒,魏年六十七卒。學使張給匾表之曰“雙節維風”。

生員俞振麟妻談氏　夫患病,脱簪珥,供藥石,祈以身代。夫亡時二十七歲。舅姑早逝,家甚貧,勤紡績,甘粗糲,孝養庶姑趙氏,四十餘年不息。訓三齡孤應龍讀書,成諸生。苦節五十餘年。談之祖姑丁氏,先以節著,載郡邑《志》,人並稱之。

生員吳爾壯妻沈氏　沈戩穀女。二十歲夫亡,夫殮時,沈躍入棺中,諸姑伯姊哀號慰解,曰:“有姑及二女在,將若何?”談乃不殉死。於是手口拮據以膳姑,育女以及喪葬諸事,靡不循禮。家日落,勤苦三十年如一日。邑令杜森表之曰“冰玉垂芳”。

沈起龍妻衛氏　二十二歲寡,矢志不二。安貧纖紙,以事舅姑。撫孤孝慈兼盡。郡守、邑令俱給額表之。

范期龍妻許氏　二十九歲夫亡,荼苦自甘,課子入泮,苦節三十五年。司諭陳祖法表之曰“蘭心玉骨”。

生員勞儆昭繼妻虞氏　二十七歲夫亡,遺子大與、以定。大與前妻吳出,撫之逾於所生,旋登賢書。以定有聲庠序,早世。虞復撫其遺孤。家中落,舅姑在堂,敬養靡倦。生平不佞佛,周貧困,宗黨奉爲女師焉。

何繼源妻李氏　二十四歲夫病革時,囑曰:“我不幸,汝爲善養我母,無失婦道。”言而逝,李哀毁幾殞,拮據纖紙,奉養老姑,訓子永義成立。

沈神鑒妻游氏　二十八歲夫亡,事舅姑孝,教二子英、發皆成立。邑令徐旌其閭。

沈思孝妻張氏　事姑以孝聞。無出,勸夫置妾,生一子,方襁褓。夫病卒時,家惟二氂。歲歉家貧,辛苦備嘗。守節三十餘年。邑令謝旌其門曰“苦節可師”。

進士吴爾壎妻徐氏　進士徐在中女。二十六歲夫歿於維揚，徐聞訃，即欲赴水，從者力救得免，乃截髮屏處。事翁姑盡孝。遺孤震衢、震方尚在襁褓，訓育成名，震衢，明經；震方，丙辰進士。

生員吴爾篪妻翁氏　進士翁鴻業女。夫病，翁刲股進藥。二十四歲夫亡，無子，痛絶欲自盡，以舅姑老不忍。撫從子震方爲嗣。苦節終其身。

胡爾明繼妻劉氏　二十四歲夫亡，毁容截髮，辟纑紡苎，以奉病舅，撫稺叔[1]，備極艱苦。舅歿，喪葬以禮。苦節四十九年。

布政使勞永嘉妾許氏　淑慎端凝，舉止不苟。孕一女而永嘉歿，許年僅二十。去櫛毁容，足跡不出户。諸嫡子及宗族咸敬禮之。年五十七。

平海妻陸氏　二十五歲夫亡，撫子士元成立。家甚貧，備嘗艱苦，守節五十餘年。臬司金維藩表之曰"冰操風世"。與姑陸氏稱雙節。

黄國俊妻張氏　二十六歲夫亡，張數求死，姑泣止之。因勉起，持門户，足不踰閾。勤紡織以供甘旨，以餘貲命子治生。守節四十九年。

布政使顧元鏡妾楊氏　嫡先卒，楊操家政，深有力焉。元鏡於行賑饑、讞獄、禦寇等事，全活甚衆，楊隨往任所，爲之協佐，得遂其善。元鏡宦粤卒，楊二十七，攜幼子鴻雯奔喪，扶櫬間關七千餘里，乃克歸葬。訓鴻雯爲諸生。守節三十餘年。

魏國榮妻周氏　二十五歲夫亡，遺孤甫三齡，家貧乏。舅姑年老，周以十指孝養，苦節益貞，年踰七十。邑令張鎡表其門曰"操逾冰霜"。

生員吴錞妾徐氏　錞因嫡患病納徐爲側室，甫四載錞歿，錞之祖母胡、庶母高在堂。未幾嫡又歿，所生二女，撫如己出。奉事胡與高，喪葬合禮。遺腹生子履中在襁褓，多病。有覬覦者，徐堅矢靡他，釁隙潛消，終能課子成立，不失先業。主事季芷大以"瑶池冰雪"四字表之。年五十七衍[2]。

李炳妻陳氏　二十歲夫亡，飲泣撫孤，年逾九十。邑令杜森、學博管鳳來以"節壽"表之。至九十五無疾終。

沈大源妻朱氏　十八歲生子，甫一旬夫亡。家貧，以十指膳養翁姑，及歿，喪葬如禮。年將八十，猶紡織以率下。里人咸敬之。

章城妻顧氏　二十一歲夫亡，翦髮矢志，孤苦自勵，撫訓二子。年逾七十，閨範愈肅。

魏廷妻談氏　二十七歲夫亡，哀痛而絶，翁姑痛泣解免。竭孝養，且教其子爲諸生。邑令杜森以"冰玉同清"額表之。

生員徐允升妻沈氏　二十七歲夫亡，勤紡織以孝事舅姑。撫訓孤子陵讀書，爲諸生，家業不替。

姚鍔妻范氏　二十歲夫亡，舅姑年老，遺孤琦甫三齡，范晝夜紡織，以膳養二老。居喪盡哀，拮據窀穸。教子有法，琦克遵母訓，得爲諸生。

監生沈培芳繼妻朱氏　培芳才高學博，游太學，卒於旅次。朱二十八歲，遺子錭甫在襁褓。朱善於課子，錭亦以能文名。

沈天錫妻范氏　二十五歲夫亡，無子，族中又無應繼者，乃撫族子以爲後，辛勤教誨，不墮家業。

生員吴學洙妻邱氏　二十一歲夫亡，事翁姑，生養死葬盡禮。撫從子以承祧。年屆六十，隣無識，而以苦節終身。

姚之臣妻唐氏　二十六歲夫亡，家赤貧，無戚族可依。撫五齡孤成立。守節五十餘年。

沈調元妻陳氏　二十九歲夫亡，家甚貧。遺孤甫五齡，紡織以養姑黄氏，甘旨無缺。其母沈氏無子，迎養以終。訓子成立。年七十。

生員吴湘妻俞氏　司訓俞毓德女也。二十五歲夫亡，無子，止一女。矢志堅貞，紡績不輟。與夫弟同炊，不析産。從子甚幼，視如己子，倚以終身。苦節四十餘年。女適諸生葉臨。

衛武妻張氏　臨江府同知汝正孫女。二十歲適衛,二十九歲夫亡。家貧,勤織紝,以撫二子。次子效荊以高年善行賓於庠,孫琪肄業太學。張年六十九卒。

生員宋灝妻茅氏　舉人茅楷徵女。十八歲適宋,事繼姑以孝。甫四載夫亡,無子,舅姑歿,喪葬盡禮。生平坐臥一小樓,雖至戚罕覯其面。族黨餽遺,一無所受,日勤紡績以自給,五十年如一日。夫族弟廣大上其節於官,邑令廓給額曰"紊巾完璧"。邑人金濚爲之《記》。

生員胡煜妻沈氏　婚未及笄夫亡,時十八歲,哀慟欲殉,翁姑苦勸乃止。翁姑既歿,家業蕭然。依姪沈汝彙,敬事之。苦節四十餘年。

孫登明妻葉氏　生員葉德昌女。十六歲歸孫,夫已病劇,侍湯藥者彌月,夫遽歿,葉哀毀屢絕,姑姊曲爲解勸之。葉善事舅姑,撫從子爲夫後。嫠居五十餘年,未嘗著色衣,施膏沐。遇妯娌歲時歡笑,未嘗露齒,鄉黨稱爲純節。年七十卒。學使汪以"完節全歸"額表其門。

陸允中妻高氏　夫亡,事姑以孝,撫從子堂爲後,讀書爲諸生。未幾,堂又歿,姑婦守節,撫孫及曾孫成立。守節六十一年。

生員陸堂繼妻陳氏　二十三歲歸陸,僅四載夫亡,本生舅姑已逝,事繼姑高盡孝。撫前妻子成立,爲兩支延宗祀。守節三十九年。

監生蔡以觀妻姚氏　二十七歲夫亡,事姑孝,撫一子一女,勤苦紡績。守節三十一年。

藍士麟妻陸氏　夫病,百計療治罔效。二十九歲夫亡,姑老,子幼,教養兼至,喪葬盡禮。守節三十五年。

生員錢志恒妻許氏　夫臥病兩年,日夜侍奉,衣不解帶。夫亡,事姑孝,撫子慈,仍以次子爲夫弟後。守節四十年。

生員胡尊厚妻吳氏　二十三歲夫亡,家貧,力紡織以養舅,撫稚子克成家業。守節五十四年。

朱廣裕妻王氏　二十九歲夫亡,撫嗣子,長娶婦生孫,而子婦俱歿,又撫其孫成立。守節五十八年。

田建葵妻沈氏　十八歲歸田,四載夫亡,事舅姑盡孝養,拮据殯葬。苦節二十八年。

生員沈載勵妻郭氏　二十四歲歸沈,四載夫亡,訓課孤子,紡織度日。苦節四十四年。

姜世焘妻范氏　二十四歲婚,四載夫亡。事舅,生養死葬,拮据支辦。督課嗣子爲諸生。守節三十四年。

馬廷佐妻胡氏　生員胡景星女。二十五歲夫亡,勤鍼黹,養舅姑。撫二孤成立。苦節五十五年。

監生譚學藝妻胡氏　二十九歲寡,紡織自給,痛舅姑早歿,祭祀必誠。嗜讀書,撫子有洄爲諸生。

陸師庭妻曹氏　二十八歲夫亡,子歿。家貧,以十指奉姑,撫嗣子成立,及見二孫游庠。守節五十六年。

譚雲瞻妻朱氏　二十八歲夫亡,舅又歿,家極貧,拮据喪葬,晝夜紡織,督課嗣子讀書。守節四十四年。

呂策先妻勞氏　二十三歲寡,撫嗣子,長娶,後夫婦又歿。紡織奉舅姑,生養死葬盡禮。守節五十一年。

郭大徵繼妻沈氏　婚三載夫亡,時二十七歲。孝養其姑,撫孤成立,經營喪葬。守節六十三年。

吳士承妻沈氏　農家女,幼歸吳,年未三十夫亡。勤紡織,訓二子力農。年九十五,猶操作不衰。

舉人曹纘曾妻呂氏　二十九歲夫亡,事翁,撫孤,力營喪葬。

田翰臣妻曹氏　二十一歲歸田,夫亡,與孀姑周操作勤苦,矢志守節。

田鎮山妻姚氏　十八歲夫亡,撫孤成立。守節六十二年。

田省三妻周氏,文煥妻某氏　周二十歲夫亡,撫子文煥,娶後又殀,姑婦相依,共矢苦節。

莊咸升妻姚氏　婚兩月夫亡,時二十四歲。撫育嗣子,女紅度日。苦節五十七年。

姚汝奇妻倪氏　玉溪鎮人。二十七歲夫亡,撫孤讀書。守節五十餘年。

州同知沈紹仁妻朱氏,妾陳氏　訓導朱濂女。二十七歲夫亡,事舅姑孝,撫孤子成立。妾陳氏,紹仁歿時甫十八歲,事朱甚謹。朱守節五十三年,陳守節五十八年。

沈文正妻王氏　　二十一歲婚,半載夫亡,紡績度日,撫夫弟成立,以其子承夫祀。苦節七十三年。

生員沈斗瞻妻姜氏　　二十七歲婚,半月夫亡,慟絶者再,强起視含殮。既畢,躬自織紝,以撫嗣子。守節五十九年。

吳蘭容妻倪氏　　二十九歲夫亡,撫孤成立。守節二十五年。

姚尚文妻嚴氏　　玉溪鎮人。十八歲歸姚,二十六歲夫亡,子方六齡。貧無立錐,僦居伯氏一小樓,忍死守志。日買米十錢,呼兒采薪以炊。夜則勤女紅,至三更尚不自休。嘗冬夜操作,寒不能耐,乞敝絮以裹胸背及兩肩,如是者五十餘年。

高簡臣妻陸氏　　玉溪鎮人。二十七歲夫亡,家極貧,紡績自給。苦節六十年。

譚王氏　　十四歲婚,一載夫亡。舅老,幼叔又殀,請立嗣以延宗祀。以女紅所入,營辦殯葬。年六十一。

錢謙甫妻申氏　　二十歲婚,四載夫亡。子方周晬,申抱子以首觸棺幾死,長者勸止之。申曰:"吾身即不死,吾志不可不明。"遂截一指,納諸棺。性耐勞,日事紡績,以課孤子。年八十三。

朱行周妻羅氏　　婚三載夫亡,時二十四歲,遺一子。家日貧,事姑撫孤,紡織以給。守節三十一年。

朱越千妻徐氏　　十六歲歸朱。夫病,盡典衣飾,供醫藥。年二十五夫亡,族人逼其改適,徐攜二子歸母家,紡績自給,且殯葬翁姑,教二子成立。守節三十九年。

鄭宏嗣妻董氏　　十七歲婚,十七日夫亡,力營喪葬。苦節三十九年。

徐國士繼妻吳氏　　二十七歲婚,四十日夫亡,撫從子學詩爲嗣。守節三十年。

徐國本繼妻沈氏　　十九歲歸徐,二十二歲夫亡,生子學詩,爲夫兄國士後。沈與姒吳氏共撫成立。苦節二十五年。

錢永昌妻陳氏　　三十歲夫亡,子在襁褓。貧難存活,陳撫育辛勤以成立。守節五十餘年。

李起山妻吳氏　　三十歲夫亡,服滷求死,踰日復甦。守節終身。

夏公成妻陳氏　　三十歲夫亡,苦節四十一年。

生員倪永枋妻胡氏　　二十七歲夫亡,獨居飲泣,雙目俱盲。守節五十三年。

葉與三妻周氏　　二十八歲夫亡,遺孤甚幼,家極貧,朝夕不給。苦節四十年。

生員錢鉉妻周氏　　二十六歲夫咯血亡,子甫周晬。遭歲歉,家貧,周以蠶桑紡織,支持衣食。守節三十七年。

費成霨妻金氏　　十九歲歸費,二十四歲夫亡,撫從子邦組。後邦組刻苦力學,得爲諸生,未幾病殁,金感傷成疾,卒。守節三十七年。

蔡道立妻方氏　　二十歲歸蔡,踰月夫亡,毀容矢志,撫夫從子爲後,教養兼至。

顧恂妾陳氏　　恂幕游徐州,納之侍疾,浹旬恂卒,時陳十八歲。父母欲奪其志,陳以死拒,卒扶柩回里,饘粥無怨言。

吳寶寧妻沈氏　　二十七歲夫亡,子將冠而殀,銜悲成疾,卒,守節二十七年。

程繼章妻董氏　　十九歲婚,四載夫亡,撫夫從子爲嗣。守節四十九年。

蔣聖舒妻陸氏　　二十三歲夫亡,翁姑已逝,撫二子成立。守節四十八年。

沈子乾妻羅氏　　十八歲歸沈,二十四歲夫亡,撫育嗣子,紡績以佐賽殯。守節四十一年。

許自衡妻唐氏　　慈溪廩人唐之祥女。二十二歲婚,九月夫亡,勤紡織以殯舅姑。撫嗣子。守節五十年。

贈朝議大夫胡依永妻鍾氏　　二十八歲夫亡,孝養舅姑,撫訓嗣子成立。年四十三卒。

陸義方妾駱氏　　玉溪鎮農家女。二十九歲義方亡,止一女,晝夜紡績不輟,矢志不易。守節三十一年。

車鳴球妻沈氏　　二十八歲夫亡,無子,截髮矢志,紡織自給。

沈士連妻朱氏　　二十四歲夫亡,撫幼叔成立,爲之婚娶,以其子爲嗣。守節四十年。

沈成琭繼妻范氏　二十四歲歸沈，踰年夫亡，復遭舅喪，殫心殯葬，撫遺腹子，奉姑以老。

金在公妻曹氏　十八歲婚，二十五歲夫亡，事舅姑以孝，撫嗣子，教養成立。

曹子嘉妻陳氏媳某氏　十九歲婚，四載夫亡，嗣子既娶，生孫而殀，與婦共矢苦節。年八十餘。

沈維翰妻金氏　二十五歲夫亡，孝事舅姑，撫四齡孤成立。守節五十年。

沈心臧繼妻程氏，掄書繼妻姚氏　二十五歲夫亡，嗣子掄書又早逝，其繼妻姚氏時二十八歲，撫前妻子成立。程年六十四卒，姚年七十卒。

陸汝楫妻陳氏　夫亡，遺二子三女，紡績爲生，經營婚嫁，絲毫不以累人。年九十六卒。

宋巨山妻費氏　二十八歲夫亡，事姑盡孝。

查大文妻胡氏　十六歲婚，二十九夫亡，事姑訓子。年至八十卒。

楊師傳繼妻吴氏　十八歲婚，二十四歲夫亡，縞衣茹素，守節三十年。

生員楊光大妻沈氏　二十七歲夫亡，遺孤三齡，事舅姑盡禮，訓子爲諸生。

徐邦懷妻陳氏　二十六歲夫亡，孝養舅姑，喪葬盡禮。撫嗣子成立。守節六十八年。

監生孫國隆妻周氏　二十九歲夫亡，勤苦持家，事孀姑，訓子女，撫夫從子二人如己出，爲之授室。年八十六卒。

朱永和妻章氏　二十歲婚，四載而寡，旋遭舅姑喪，撫繈褓兩幼叔婚娶，以其子爲嗣。守節三十三年。

徐熙妻費氏　十九歲夫亡，無子，獨居一樓，勤紡績，以事舅姑。守節三十七年。

徐麟兮妻程氏　十八歲歸徐，二十五夫亡，課嗣子讀書成名。苦節二十六年。

蔡以恒妻胡氏　二十四歲夫亡，遺孤宗濂在繈褓，女淑貞遺腹所生。宗濂既娶，生一子而夫婦俱歿。胡復撫孤孫成立。苦節三十年。

宋禹範妻曹氏　二十三歲寡。翁老，家貧，紡織以養。撫五齡幼叔成立，即以其子爲嗣。守節四十八年。

沈敏求妻吴氏　十九歲歸沈，一載夫亡，訓嗣子讀書爲諸生。事舅姑以孝。苦節三十一年。

監生徐大有妾沈氏　十八歲婚，二十七歲大有亡，遺孤八齡，盡心撫養。苦節三十五年。

袁東亭妻劉氏　二十六歲夫亡，無子女，欲自盡，念翁邁姑老，乃力織以孝養。姑歿，嘔血成疾，卒。

生員鄭丕基妻許氏　許安女。二十八歲夫亡，吞金不死，立夫從子爲後。苦節五十年。

葉本義妻方氏　二十九歲夫亡，家貧，以十指給薪水，夫弟有子，撫之爲後。守節三十餘年。

高立三妻費氏　二十六歲夫亡，以首觸棺求死。姑以有遺腹，勸之曰："汝不思撫孤事大耶?"後舉一子，教之成立。守節六十六年。

楊聖臣妻羅氏　二十九歲夫亡，無子，遺一女亦殤。守節六十一年。

生員譚之照妻曹氏　二十一歲夫亡，素服長齋，不下樓者十餘年。

生員徐自濬妻馬氏　中書馬俊良之姊。二十七歲夫亡，姑已逾七旬，子女皆在繈褓中。子殤，以外孫爲孫。守節二十八年。

章憲文妻聞氏　二十二歲夫亡，孝養舅姑，撫遺腹子成立，紡績自給，備受飢寒。

田文標妻沈氏　二十四歲夫亡，遺腹生子，撫之成立。守節四十六年。

李惠時妻吴氏　十九歲夫亡，一慟幾絶，水漿不入口，姊、姒守之得不死。事姑盡孝，爲父母營葬，立夫從子爲嗣。年八十二。

孫鴻度妻范氏　二十六歲夫亡，無子，脱簪珥爲舅姑營葬。年八十七。

葉用琳妻高氏　二十二歲歸葉，四載夫亡，絶粒數日。念舅姑老，且有遺娠，忍死以養教之。晚年子殀，復撫孫成立。年七十五。

生員朱光世繼妻王氏，汝舟妻某氏　王二十四歲婚，二十九夫亡，撫前妻子汝舟成立。汝舟又殀，婦年二十一歲，事姑撫孤，人稱一門雙節。

朱恒芳妻錢氏　二十一歲夫亡，遺孤一齡，撫之成立。事舅姑以孝。守節十七年。

鍾育祥妻王氏　十九歲婚，甫四月夫亡，孝養舅姑。及姑殁，以悲慟成疾，卒。

金鏞妻莫氏　幼聰慧，讀書明大義。母病，割股二寸以進，母果愈。夫早亡，子又殀，莫事姑極孝。年六十四。

生員勞治繼妻許氏　舉人許紹乾女。二十九歲夫亡，紡績課子，爲諸生。守節二十餘年。

朱孝標妻張氏　二十六歲夫亡，以從子爲嗣，復早殀，又撫孫成立。守節三十一年。

楊昌年妻曹氏，運乾妻沈氏，維熊繼妻陸氏　曹二十九歲夫亡，上事舅姑，撫七齡孤運乾成立。娶婦沈氏，而運乾又殀；繼子維熊娶朱氏，繼娶陸氏，未幾維熊又殁，以外孫顧承祀。三世孀居，曹守節五十三年，沈守節三十三年，陸旌時已守十餘年。

楊履勝妻許氏　二十六歲夫亡，無子，依姒婦曹、姪婦沈以居。守節二十餘年。

楊士豪妻包氏　夫早亡，無子，戚族逼之嫁，氏堅執不從。有強暴凌之，包鳴於鄰里，其人服罪，于是無敢窺其面者。

方軼群妻蔡氏　蔡起庸女。二十七歲適方，二十九夫亡，孝養舅姑，喪葬盡禮。家極貧，乃依母以居，母病劇，蔡刲左股以療之。父病，又刲右股以進。父母俱愈。苦節四十三年。

黃子擎妻沈氏　二十三歲適黃，未期年夫亡，哀慟屢絶。翁姑病，典衣以供藥餌。及殁，喪葬盡禮。守節三十餘年。

唐民表妻范氏　二十八歲夫亡。家貧甚，或勸之嫁，擬以死殉，戚族勸止。教子成立。守節三十二年。

高廷槐妻顧氏　二十歲婚，二十四夫亡，翁姑俱殁，孑立無依，撫從子爲嗣。守節二十八年。

生員曹誦芬妻沈氏　夫遠館於外，沈女紅自活。及夫抱病歸，氏禱天請代。夫亡，隕絶，復甦。撫二孤成立，守節幾三十年。

陸蓮忠妻劉氏　十八歲歸陸，三載夫亡，生子又殀。善事翁姑，撫夫從子爲嗣。守節三十餘年。

史積忠妻陸氏　二十二歲寡，家極貧，姑殁，竭力喪葬。舅老，必奉以甘旨。撫夫從子爲嗣，苦節三十年。

生員錢繼臨妻楊氏　二十一歲適錢，二十四夫亡，嗣子早世。撫二孫成立。守節四十七年。

王國賢妻潘氏，媳顏氏　潘二十八歲夫亡，孝事舅姑，立嗣，撫養既長，娶婦顏氏而子卒。潘復與孀婦撫孫成立。守節五十年。

沈學芹妻夏氏　二十八歲夫亡，毀容矢志，養姑葬舅，教三子成立。苦節三十餘年。

顧廷玉妻傅氏　二十五歲夫亡，事翁姑，撫嗣子。苦節四十餘年。

張皋年妻顧氏　十八歲婚，踰年夫亡，毀容誓守，撫訓嗣子成立。守節三十餘年。

譚玉如妻朱氏　二十五歲夫亡，家貧，紡織爲活。撫子三齡及長成婚，子殀，又撫孫成立。守節五十年。

張允恭妻沈氏　夫亡，守節五十年。年八十一。

顏世仁妻馬氏　二十五歲夫亡，誓不再適，以養翁姑，撫夫從子美思爲嗣。守節三十三年。

莊汶洛妻王氏　二十九歲夫亡，撫子成立。守節五十餘年。

譚文來妻李氏　二十九歲夫亡，孝養其姑，以從孫爲嗣。旌年八十餘。

錢耀乾妻蔣氏　十八歲適錢，二十三夫亡，子甫二齡。事翁姑盡孝，訓子成立。守節六十餘年。

周汝爲妻朱氏　二十五歲夫亡，孝事舅姑，撫幼子成立。守節五十餘年。

莊士英妻俞氏　二十九歲夫亡，績麻自養。守節五十餘年。

楊修傳妻蔡氏　二十三歲歸楊，二十七夫亡。事舅姑，克盡孝養，喪葬亦盡禮。撫夫從子。守節五十年。

張履安妻胡氏　二十九歲夫亡，守節。旌年六十六。

趙崧生繼妻張氏　二十五歲適趙，二十九夫亡。事姑至孝，撫嗣子有成。守節四十餘年。

田東皋妾鍾氏　十七歲歸田，二十八而寡，無子，與其嫡誓死不二，共操作，不言勞苦。嫡亡，竭力營葬。

蔣繼麟妻徐氏　二十九歲夫亡，紡績養姑，撫孤以長。苦節四十餘年。

徐倬雲妻嚴氏　二十歲于歸，二十四夫亡，事舅姑孝，撫從子爲後。年踰七十，苦節彌篤。

武生胡廷鑣妻吳氏　二十八歲夫亡，事舅姑以孝，撫三齡孤。貧無燈火，常於月下紡績。風霜勞苦，年踰七十，猶不自逸。

生員周樹庭妻鍾氏　二十七歲夫亡，事舅姑克孝，撫夫從子爲後。旌時已守四十年。

宋世相妻黃氏　三十歲夫亡，撫兩子成立。旌時已守四十年。

監生吳九成妻孫氏　十八歲婚，二十九夫亡，子幼甚，事舅姑盡孝。旌時已守四十年。

陳瑚璉妻孫氏，汝可妻胡氏，在金妻沈氏　孫十七歲歸陳，二十五歲夫亡。孝養舅姑，撫二子汝可、在金成立。汝可娶胡氏，二年而殀，時胡十八歲，撫夫從子爲後。在金娶沈氏，甫一載亦病歿，沈年二十，與姒胡奉姑矢志。里人稱一門三節。

范開宗妻顧氏　二十九歲夫亡，上有兩世老翁，下遺兩姑，仰事俯育，賴十指以給。

宋炳黃妻陳氏　二十八歲夫亡，事孀姑，撫子女，慈孝兩盡。守節三十餘年。

陳載岐繼妻范氏　二十九歲夫亡，事老翁盡孝，撫前氏子逾於己出。守節三十餘年。

馬元良妻魏氏　二十一歲歸馬，二載夫亡，撫遺腹子成立。事舅姑得其歡心。苦節四十餘年。

寧化典史沈瑞凝妻周氏　周向濤女。瑞凝任福建寧化典史，向濤送女往閩成婚。甫二載瑞凝卒於官，周時二十九歲，扶柩回里。舅姑相繼歿，喪葬盡禮。守節三十餘年。

沈成賢妻楊氏　幼養於沈。二十四歲夫亡，撫子女。養姑葬舅，皆藉女紅所入。守節四十年。

田雲龍繼妻徐氏　二十七歲婚，兩載夫亡，撫夫從子爲後。家貧，矢志守節三十餘年。

陸東山妻湯氏　二十二歲夫亡，奉舅姑以孝聞，撫夫從子爲後。守節四十三年。

沈國祥妻潘氏　十七歲歸沈，二十八夫亡，事舅姑以孝聞，撫一子成立。守節三十五年。

吳誠中妾俞氏　爲誠中家婢，適主母歿，納以爲妾。二十九歲誠中病歿，生二子二女，及嫡所生二子，俱鞠育成立，經營婚嫁。旌時已守三十餘年。

生員鄭師錫妻吳氏　三十歲夫歿於山左幕館，訃至，吳絕粒數日，旋服毒，俱以救免。敬養其姑，兼營喪葬。守節三十餘年。

監生蔡維賢妻吳氏　二十一歲婚，二十五夫亡，生二女。初，蔡氏昆弟齟齬。吳處姒娣間，以樸誠相感，同室無間言。守節三十餘年。

馬廷佐妻許氏　二十歲歸馬，甫一載夫亡。生子僅數旬，撫養成立。孝養舅姑。旌時已守四十餘年。

錢大宗妻沈氏　二十四歲夫亡，一無可倚。鄰里强之嫁，沈赴水，以救免，乞食度日。苦節三十餘年。

生員費鯨妻施氏　二十九歲夫亡，奉翁及繼姑盡孝，撫夫從子，慈嚴兼盡。苦節三十年。

周禹傳妻沈氏　二十五歲夫亡，二子亦殀。夫兄弟三人，惟一從子。伯叔俱負販遠出。以鍼黹佐薪水，訓從子甚嚴。從子病，焚香籲天，謂"周氏三支，惟此一綫，願以未亡人代。"聞者悲之。守節三十餘年。

吳榮光妻徐氏，鎬妻徐氏　二十四歲夫亡，撫遺腹子鎬爲諸生，又殀，其婦徐氏奉姑矢志。人稱雙節。

范楚雲妻王氏　二十四歲夫亡，遺孤僅三月，撫之成立，事舅以孝。守節三十餘年。

生員吳經妻徐氏　二十八歲夫亡，止遺二女。家貧無寸土，徐日勤紡績，五更初即起操作，至三更猶未止，勞瘁終身。葬舅姑,辦婚嫁,皆取給於此。守節三十餘年。

田開宗妻程氏　婚七年夫亡,養姑,撫子。守節三十年。

陳士玉妻沈氏　二十二歲夫亡,子方彌月。紡績以食,雙目成瞽。其子傭工養之。苦節三十餘年。

張正方妻沈氏　二十七歲夫亡,撫孤成立。守節三十餘年。

周椿妻范氏　二十歲歸周,二十六夫亡,孝事舅姑,撫五齡孤成立。守節三十餘年。

鄭廷珠妻楊氏　十九歲適鄭,二十五夫亡,教養遺孤,持家勤儉。苦節三十年。

沈近玉妻馬氏　二十一歲夫亡,奉姑盡孝,紡績不輟。守節三十餘年。

葉兆鼎繼妻范氏　二十四歲夫亡,止一女,撫夫從子爲後。守節三十年。

黃瑞清妻費氏　二十二歲婚,三載夫亡,子又殤。奉姑孝養,撫夫從子爲後。苦節三十年。

生員朱華妻程氏　二十九歲夫亡,事舅姑孝敬,鬻簪珥以營窀穸。撫夫從子爲後,守節二十餘年。

范价藩妻錢氏　婚三載夫亡,時二十三歲。遺孤三月,撫育成立。紡績以奉舅姑。旌時已守三十年。

徐方成妻許氏　二十一歲婚,方五月夫亡,訓嗣子成立。鍼黹所入,營舅姑喪葬。苦節。旌時已守三十年。

孫元章妻陳氏　十九歲夫亡,撫夫從子爲後。奉孀姑沈,同矢苦志三十年。人稱雙節。

監生馬文煥妻沈氏　二十四歲夫亡,事翁姑盡孝。守節三十餘年。并以銀全方氏節。

徐方氏　少寡,族人欲奪其志,方不從。賴文煥妻沈氏以白銀十兩賂族人,乃守節以終。

袁春星繼妻周氏　二十八歲夫亡,勤十指以養舅姑,撫孤成立,營葬兩世。守節四十年。

湯煌妻周氏　二十六歲夫亡,無子,依兄周錦高。以紡績自給,餘貲營葬翁姑。立從子爲後。旌年六十。

朱世英妻江氏　二十三歲夫亡,止一女。撫嗣子久榮成立。旌年五十五。

范友笙妻吳氏,紹芳妻吳氏　姑二十四歲夫亡,撫孤紹芳成立,娶吳氏,二十九歲而寡。姑婦共撫孫秉權。姑守節五十二年,婦守節三十三年。　以上伊《志》。

唐民表妻范氏　二十八歲夫亡,茹荼矢守,撫孤成立。旌年七十二,嘉慶五年旌。

曹繼麟妻徐氏　二十九歲夫亡,子模甫三齡。四壁蕭然,徐養舅姑,克盡婦道。及歿,拮据殯殮。教子有法,弱冠游庠。年八十卒。

徐方成妻許氏　二十歲適徐,五月夫亡。以姪鍾英爲嗣,授室,旋卒。二孫俱稚,復撫育成立。守節四十一年。　以上嘉慶十年旌。

朱宗耀妻章氏　二十四歲夫亡,撫三齡孤廷元爲嗣,後入成均。孫品衡、品佳皆入泮。旌年七十五,嘉慶十三年旌。

貤贈奉直大夫胡榛妻朱氏　二十九歲夫亡,孝事翁姑,撫五齡孤子成立,入泮。以夫弟枚貴貤贈宜人。守節四十二年,嘉慶十五年旌。

生員顧煐妻魏氏　十九歲婚,遭翁姑喪,鬻衣飾以營喪葬。夫病,籲天請代,終不起,時二十八歲,憑棺痛哭,誓不獨生。戚族勉以大義,始以養姑撫子自任,終身縞素,足不踰閫。守節四十六年,嘉慶二十年旌。

許錦峰妻蔡氏　三十歲夫亡,撫遺腹子成立。旌年七十,嘉慶二十四年旌。

楊修傳妻蔡氏　二十七歲夫亡,事舅姑暨祖翁盡孝,撫從子家駒成立。苦節五十一年。

沈禹昌繼妻陳氏　二十二歲夫亡,遺襁褓孤,撫訓有成。值夫兄家中落,獨孝事舅姑,膳飲醫藥等。及歿,喪葬盡禮。子早世,復撫孫成立。年八十。

曹壽年妻李氏　二十六歲夫亡,遺孤時鍾甫八月,含哀忍死。孝奉寡姑十六年,歿後,喪葬盡禮。時鍾秉質孱弱,氏殫心撫字成立,後入成均。守節二十八年。

田敬初妻陳氏　夫亡,事姑孝,撫子厚載成立。旌時已守五十年。　以上嘉慶二十五年旌。

胡廷櫟妻李氏　十九歲夫亡,事姑。守節四十二年。

田毓英妻沈氏　二十一歲婚,甫一載夫亡,孝事舅姑,養生送死,禮無不盡。茹荼矢志,守節三十一年。

張耀宗妻茅氏　二十九歲夫亡,撫嗣子甚慈。守節三十二年。　以上道光元年旌。

盛譽妻王氏　十九歲夫亡,孝事舅姑,撫嗣子成婚。守節三十一年。道光二年旌。

馬願良妻胡氏　三十歲夫亡,飲蘗茹荼,苦節五十二年。道光三年旌。

姚瑜妻高氏　二十八歲夫亡,上事翁姑,下撫孤子,艱苦備嘗。守節四十四年。道光六年旌。

訓導蔡載升妻徐氏　二十九歲夫亡,侍姑盡孝,撫孤成立。道光十三年旌。

陳世烈妻沈氏　二十九歲夫亡,養姑撫子。年六十三。道光十五年旌。

陳汝鳳妻沈氏　二十三歲夫亡,備歷艱苦,守節二十九年。

沈繼鳳妻顧氏　二十一歲夫亡,無子,事舅姑孝。守節四十五年。

金學曾妻陸氏　二十九歲夫亡,養姑,撫子。堅貞不渝,守節二十八年。　以上道光十六年旌。

庠生胡源妾鍾氏

監生李鳳鳴妻蔡氏

庠生費朝梓妻曹氏

庠生費拱辰妻鍾氏

楊洵遠妻計氏　二十歲夫亡,誓以身殉,戚族救免。茹荼飲蘗,艱苦備嘗。守節三十餘年,學使何世璂以"松操可鑄"額表之。

吏部郎中吳震起妾李氏　從震起官京師,侍之甚謹。二十九而寡,撫四子一女,不辭勞瘁。守節二十七年。

楊孔嘉妻錢氏　二十四歲夫亡,撫遺腹孤成立。守節四十年。金令輝以"冰霜勁節"表之。

勞廷鑾妻吳氏　二十一歲夫亡。孝事姑嬋,撫訓嗣子,守節數十年。親族欲爲請旌,吳泣辭曰:"從一而終,婦人之常。吾忍以夫死求名耶?"年六十二。

徐得時妻朱氏　二十歲適徐,生子八月,夫歿。貧無以生,村人強其改適,朱矢志甚堅,而力不能拒,遂以桑筐貯孤,乘夜負之投戚陳某,陳搆廬使避焉。織紝自給,苦節三十餘年。鈕庶常汝驥以"節協冰霜"匾贈之。

生員楊永嘉妻吳氏　三十歲夫亡,矢志撫孤,持家嚴肅。守節三十餘年。

生員朱方明妻胡氏　事舅姑以孝聞。二十四歲夫亡,遺孤在襁褓,撫之成立。年八十二。

生員姚萬禧妻李氏　二十歲夫亡,無子,毀容截髮,足不越户,撫從子爲嗣,教養備至。年五十餘。

姚萬石妻吳氏　二十六歲夫亡,撫姪爲嗣。持身嚴肅,笑語不苟。守節三十二年。

范飛道妻朱氏　二十七歲夫亡,子二俱幼,撫育成立。守節四十餘年。

張士英妻姚氏　二十二歲夫亡,撫三齡孤成立。苦節六十八年。

范致雲妻徐氏　二十歲夫亡,哀號欲殉,姑涕泣救止。家貧,以女紅自給,撫姪爲嗣。守節三十餘年。

姚元妻周氏　二十五歲夫病革,周泣曰:"設有不諱,義不獨生。"夫曰:"奈弱息何?爲吾忍死撫孤。"周如夫命,宗祀克延。年五十七。

方天壽妻姚氏　十八歲夫亡,苦節撫孤。年至八十。

方茂芳妻周氏,文煥妻曹氏　夫早亡,遺孤文煥,辛勤撫育。積鍼黹餘貲,爲之婚娶,未幾子又殀,周率孀婦曹氏,茹荼苦守。一門雙節。

程詠妻許氏　完節撫孤,備嘗荼苦。戴學博一鴻以"矢志栢舟"表其門。

貢生田方生繼妻沈氏　二十九歲夫亡,子甫周晬,撫訓有成。守節三十一年。

田印氏　　方生弟媳也。少寡，矢守。稱一門雙節。

翟美秀妻顧氏　　二十四歲夫亡，侍奉孀姑，撫育孤子，備極茶苦，守節四十二年。學使寶光鼐以"節孝可風"表之。

方士英妻徐氏　　夫早世，徐毀容去櫛，矢志堅貞。訓遺孤嚴而有法。

方君佐妻李氏　　二十歲夫亡，子有德尚在襁褓，矢志柏舟，撫訓成立。

俞惠疇妻王氏　　夫早亡。孝事舅姑，喪葬盡禮。撫三子一女，拮據婚嫁。年八十二。

平聖儀妻沈氏　　二十歲夫亡，撫三齡孤成立，守節三十九年。

勞克濟妻呂氏　　十八歲夫亡，備嘗茶苦，撫姪廷棟爲嗣。守節二十七年。

郭西羲妻鍾氏　　二十三歲夫亡，撫遺腹孤成立。守節四十八年。

翟文龍妻鍾氏　　十九歲夫亡，生子甫五月，孝事孀姑，織紝以供甘旨。守節六十七年。

翟尚禮妻王氏　　二十二歲夫亡，遺孤方九月，撫訓成立。孝事七旬外舅姑。終身茹素。守節三十八年。

生員姚元和妻馬氏　　二十歲夫亡，竭力撫孤成立。年六十三卒。

姚元枝妻范氏　　元和弟也。范少寡，無子，安貧守志，年六十三。

姚萬和妻陳氏　　二十三歲夫亡，守節五十年。

姚元椿妻曹氏　　婚未久，姑與夫相繼歿，子又殤，時曹十九歲，煢煢孑立，賴女紅自給。苦節三十九年。

姚之雍妻范氏　　二十四歲夫亡，無嗣，慟欲身殉，舅姑諭止。竭誠孝養，諸娣姒無間言，苦節四十年。

姚之賢妻王氏　　二十七歲夫亡，遺孤在襁褓，家赤貧，王且哺且織，淚漬機杼。撫二子，訓以義方，皆克成立。苦節五十八年。

姚聖嗣妻章氏　　二十二歲夫亡，無子。家貧甚，僅田二畝，躬自耕耨，境苦節堅。年八十三。

姚懋敬妾俞氏　　二十九歲懋敬亡，無子，戚族有勸之嫁者，泣謝曰："身雖微賤，亦知大義。"投繯數次，俱以救免。守節四十六年。

候選主簿陳斌妾周氏　　二十二歲寡，飲泣撫孤。勤女紅以助正室營葬三世。年六十一。

徐三英妻吳氏　　三英貧不能娶，贅於婦家。婚兩載，值歲歉，遠游謀食，客死河南。吳聞，即欲自戕，賴救免。事母，撫弟，不辭勞苦。年六十一。

姚之芳妻張氏　　二十五歲夫亡，苦志撫孤，拮據喪葬。年七十一。

朱汝梁妻李氏　　二十九歲夫亡，養孀姑，撫嗣子。守節三十二年。

范漢表妻李氏　　二十八歲夫亡，飲泣撫孤，持家有法。守節五十八年。

衛方中妻俞氏　　二十九歲夫亡，奉舅姑，撫孤子。晝夜操作，不辭艱苦。年六十一。

張永年妻馬氏　　二十一歲夫亡，遺孤甚幼，勤女紅以撫育。年五十六。

蔡守本妻方氏　　十八歲歸蔡，匝月夫亡，扃戶欲殉，以救免。守節三十一年。

吳明揚妾湯氏　　二十六歲明揚亡，無子，姑命改適，湯守志不二。事姑及嫡甚謹。年六十一。

生員沈志鴻妻錢氏　　二十七歲夫亡，事姑孝，撫孤成立。守節五十五年。

生員沈志清妻吳氏　　二十六歲夫亡，遺子松甫周晬，撫育成立。守節二十三年。

陳萬鍾妻鄭氏　　二十七歲夫亡，事舅姑孝，撫五齡孤成立。苦節三十二年。

陸嵩高妻顧氏　　二十七歲婚，一載夫亡，遺孤未月，含哀鞠育，備歷艱辛。年七十三。

朱壽康妻湯氏　　二十二歲夫亡，無子，撫姪孫延祀。年六十一。

監生徐學誠妻姚氏　　二十七歲夫亡，孝事舅姑，子女成立。守節二十八年。

陸世燮妻郁氏　二十六歲夫亡，撫姪爲嗣。守節二十九年。

沈廷鑑繼妻戴氏，學海妻勞氏，貢生弈槐妻徐氏　戴二十五歲夫亡，撫前子學海成立，娶勞氏，生子弈槐而寡。戴與媳婦共撫遺孤，長，入成均，授室徐氏，未久又殀。徐年二十八，撫三子一女，備極辛勤。戴守節五十二年，勞守節三十一年，徐旌年七十一。三世媚居，貞心勁節，鄰里咸敬之。

沈鶴林妻金氏　二十三歲夫亡，遺子甫周晬。舅姑已老，金仰事俯育，茶苦備嘗。守節四十二年。

陳正卿妻王氏　二十一歲夫亡，撫兩齡孤成立。守節四十八年。

盛雄三妻沈氏，繼忠妻沈氏　姑媳雙節。姑二十四歲夫亡，撫一歲孤繼忠成立，授室而殀，同矢冰操。姑守節五十二年，沈旌時已守四十二年。

顧和德妻葉氏　二十六歲夫亡，撫一齡孤成立。守節四十餘年。

陸恒山妻吳氏　十七歲于歸，一載夫歿，撫嗣子成立。守節六十五年。

倪康侯妻潘氏　二十九歲夫亡，苦節五十一年。

李德修妻呂氏　二十歲夫亡，撫孤游泮。守節五十二年。

徐文嘉妻吳氏　二十二歲夫亡，竭紡績餘貲爲叔婚娶，冀得男以延宗祀。未幾叔復殀，止遺二女，吳益窮窘。年七十四，孤苦無聊，投河死。朱司訓芬爲作傳。

倪震皋妻沈氏　二十四歲夫亡，苦節四十八年。

金聚山妻徐氏　二十歲夫亡，生子甫三月，含泣撫字。守節三十四年。

徐浩然妻蔣氏　二十八歲夫亡，遺孤三齡，織作撫養。守節五十四年。

朱照臨妻趙氏　二十四歲夫亡，苦節二十六年。

董之柄妻蔣氏　十九歲歸董，僅十八日而夫歿，慟不欲生，舅姑解慰始止。撫嗣子游庠。年六十六。

錢廷元妻沈氏　二十八歲夫亡，守節三十三年。

蔡治安妻朱氏　二十九歲夫亡，撫姪爲嗣。守節五十七年。

金義仁妻范氏　二十五歲夫亡，織紝養姑，撫一齡孤成立。苦節五十年。

生員顧槃繼妻曹氏　十七歲于歸，未久夫亡，事舅姑孝，撫姪熿爲嗣。年六十八。

生員胡善徵妻勞氏　夫亡，矢志茹茶，數十年如一日。

胡際隆妻李氏　二十五歲夫亡，守節四十一年。

吳倬雲繼妻糜氏　二十四歲夫亡，守節六十一年。

蔣世珍妻邱氏，鳳鳴妻蔡氏　邱二十六歲寡，撫孤鳳鳴，長娶邱氏[3]，亦早寡，與姑共矢節。

貢生費允中妾宋氏　三十歲夫亡，事姑孝，持家勤，訓子嚴而有法。守節四十四年。

馮錚妻陳氏　夫早亡，苦節終身。學使彭啟豐以"栢節松齡"表之。

監生鄭兆彪妾顧氏　十八歲夫亡，子錫霑甫三月，撫訓游庠，旋殀。復撫孫成立。守節五十八年。

勞仲卿妻李氏　二十二歲夫亡，撫孤成立。守節六十三年。王令善橚贈"冰節遐齡"額。

陸瑞玉妻王氏　二十二歲夫亡，撫姪成婚。事姑盡禮，竭力營先人葬。守節三十五年。

鄭錫三妻王氏　二十五歲夫亡，撫四齡孤成立。守節三十三年。

徐長庚妻戴氏　本學司諭戴一鴻女。二十六歲夫亡，孝奉舅姑，撫從子爲嗣。年五十七。

徐長年妻章氏　二十歲夫亡，家貧，無子，伶仃孤苦，里人稱爲隱節。

沈成祿妻莊氏　二十七歲夫亡，撫二子士良、士奇成立。守節四十四年。

武生徐坤妻陳氏　二十三歲夫亡，守節十九年。

俞秀麒妻徐氏　二十七歲夫亡,守節三十八年。

程自芳妻王氏　二十六歲夫亡,守節十八年。

沈文學妻范氏　婚未期,夫亡,茹苦安貧,撫嗣子成立。守節五十五年。

李運開妻蓋氏　二十五歲夫亡,守節二十年。

朱鼎元妻朱氏　二十四歲夫亡,守節三十一年。

陳士林妻朱氏　二十四歲夫亡,守節三十二年。

陳士宏妻沈氏　二十七歲夫亡,撫孤成立。守節五十一年。

生員曹謙妻鄭氏　十八歲適曹,兩月夫亡,撫從子爲嗣,復殀。苦節二十餘年。

沈志仁妻沈氏　二十五歲夫亡,家貧,無子,以姪爲嗣,撫訓入泮。守節二十五年。

張秉衡妻費氏　二十三歲夫亡,撫從子爲後。守節三十年。

生員沈師浩妻聞氏　二十二歲夫亡,撫九月孤成立。守節五十一年。

徐方琪妻李氏　二十八歲夫亡,織紝奉姑,訓三子成立。守節四十二年。

章啟文妻方氏　二十三歲夫亡,子生方百日,慟欲身殉,舅姑諭以撫孤爲重,乃止。守節五十三年。

謝元愷妻朱氏　二十一歲夫亡,無子,備紉糊口。苦節四十六年。

曹瑛妻陳氏　二十二歲婚,半載夫亡。持家務,葬翁姑。撫姪雲逵成立,即以其子爲孫。守節三十七年。

徐良祖妻方氏　二十七歲夫亡,夫兄逼嫁,不從。饗殯不給,矢死靡他。苦節二十三年。

華元公妻楊氏　夫患痼疾,無力醫治,割股以療,卒不起。矢志撫孤,備歷茶苦。守節三十三年。

監生洪世棻妻方氏　二十六歲夫亡,訓子煒游庠。守節三十二年。

汪繼祖妻朱氏　二十八歲夫亡,撫孤成立,守節五十五年。

生員姚世麟妻鍾氏　二十六歲夫亡,撫孤成立。守節三十二年。

吳履仁妻孫氏　二十歲夫亡,守節五十八年。

沈林妻朱氏　二十五歲夫亡,慟絕,復蘇,撫二子成立。守節三十四年。

監生鄭宏基妾俞氏　三十歲宏基亡,撫嫡子爲諸生。守節四十一年。

周齊誠妾陶氏　二十四歲齊誠亡,撫三齡孤成立。守節二十年。

沈鳳來妻吳氏　三十歲夫亡,家貧,養姑,撫子,賴織紝以給。苦節五十四年。

俞履祥妻程氏　二十二歲夫亡,遺子弈宗在襁褓,輔翼成立。苦節三十七年。

朱文煜妻蔣氏　二十五歲夫亡,事姑孝,撫嗣子成立。守節六十二年。

姚士林妻倪氏　二十歲適姚,七月夫亡,撫遺腹子成立。守節六十五年。

倪大章妻潘氏　二十三歲夫亡,家貧,日夜織作,事舅姑,撫孤子。顛危百出,矢志靡他。年六十四。

王煜繼妻陳氏　二十五歲夫亡,撫前氏子三人成立。守節三十餘年。

吳令聞妾陳氏,德昭妻袁氏,永芳妻倪氏　陳二十八歲令聞亡,時嫡先歿,子德昭、永芳婚後皆早世,惟遺少子衍高爲陳所出。陳立志撫孤,與德昭妻袁氏、永芳妻倪氏共矢冰蘗。陳年八十六卒。袁二十三歲夫亡,守節四十三年。倪十七歲夫亡,守節六十五年。時稱一門三節。

吳封山妻費氏　二十八歲夫亡,以姪爲嗣。守節四十四年。

俞廷勷妻俞氏　二十六歲夫亡,孝事舅姑,撫二齡孤成立。守節四十三年。

呂受正妻王氏　二十五歲夫亡,撫姪如松爲嗣。守節五十四年。

生員高永思妻徐氏　二十七歲夫亡,事舅姑,撫遺孤,孝慈兩盡。守節五十五年。

周學幹妻張氏　二十六歲夫亡，撫從子爲後。守節五十四年。

費璵梅妻閔氏　二十三歲夫亡，孝事舅姑，撫孤成立。守節三十一年。

生員周光大妻沈氏　二十九歲夫亡，誓以身殉，姑泣勸止。居恒勤操作，尤善訓子，五歲就傅，不使曠一日功。子炳垣未冠即游泮食餼，試輒冠軍，有文名。人謂母之苦節，有以鼓勵之也。年四十七。

平兆廷妻周氏　二十九歲夫亡，撫孤成立。年七十一。

吳元熙繼妻沈氏　二十七歲夫亡，撫遺腹子成立。守節三十一年。

生員趙靜山妻姚氏　十八歲夫亡，撫從子爲嗣。守節三十三年。

方鳴鑾妻孫氏　二十五歲夫亡，孝事媥姑，撫遺腹子成立。年五十九。

沈觀文妻沈氏　二十一歲夫亡，守節四十二年。

監生蔡守綱妻曹氏　三十歲夫亡，撫子，授室得孫，後子婦並歿。撫孫，將婚又夭，拮據營葬。苦節三十餘年。

周淇妻范氏，樹基妻趙氏　范二十八歲夫亡，撫姪樹基爲嗣，長娶趙氏。二十九歲亦寡，姑媳相依，勤苦勵節。范年七十卒，趙旌年六十六。

金元龍妻王氏　二十七歲夫亡，守節五十一年。

陸進英妻沈氏　二十五歲夫亡，子成謨未彌月日，勤鍼黹，撫以成立。守節四十二年。

范松年妻錢氏　二十一歲夫亡，家貧，子幼，織作度日。苦節六十四年。

生員田昌辰妻馬氏　二十五歲夫歿於客，訃至，慟哭欲殉，戚族勸止。撫孤成立。守節二十三年。

程公度妻沈氏　三十歲夫亡，無子，苦節五十五年。

戚子良妻林氏　二十二歲夫亡，辛勤操作，教子成立。守節三十三年。

姜虎臣妻高氏　十九歲婚，三月夫亡，立嗣承桃。甘貧守節，鄉里賢之。

沈維翰妻金氏　二十四歲夫亡，守節四十三年。

魏成蘭妻潘氏　二十九歲夫亡，撫孤士林成立。守節三十九年。

范承天妻田氏　婚一載而寡，無子，矢志守節。族人欲奪其志，號泣不從，以姪載華爲嗣。年七十四。

張文彪妻方氏　二十九歲夫亡，撫子成立。守節五十年。

吳漢榮妻徐氏　三十歲夫亡，無子，安貧守節。年八十六。

趙璠妻沈氏　二十二歲夫亡，號慟欲殉，戚族以有遺娠勸止。舉子後，勤織紝撫之。積勞成疾，年三十八。

趙廷楨妻王氏　二十七歲夫亡，撫孤成立。守節三十一年。

曹權妻范氏　二十四歲夫亡，無子，苦節四十五年。

張伯元妻朱氏，承美妻沈氏，紹塤妻王氏　朱十六歲婚，二載夫亡，撫遺腹孤承美，授室沈氏，生子紹塤而承美卒，沈二十四歲。上奉媥姑，下撫稚子。紹塤娶王氏，二十三歲亦寡，遺腹生子鑲，鞠育成立。朱守節七十五年，沈守節四十一年，王守節五十年。

沈起鳳妻徐氏　二十一歲夫亡，毀容屏飾，紡績撫孤。守節三十四年。

陸圻妻楊氏　二十九歲夫亡，苦節五十一年。

監生吳嵩齡妻沈氏　二十二歲夫亡，紡績撫孤。苦節四十二年。

莊文英妻姚氏　二十七歲夫亡，子瑞珍甫六齡，國華方十月，撫俱成立。守節三十三年。

余景周妻沈氏　二十六歲夫亡，守節五十五年。

監生費邦紳妾沈氏　二十八歲邦紳亡，操作勤儉，持家嚴肅，撫四子成立。苦節三十五年。

董永齡妻倪氏　二十八歲夫亡,日理耕耘,夜勤紡績,事舅姑,撫孤子,孝慈兼盡。守節四十三年。

湯仲珍妻程氏　二十八歲夫亡,撫孤成立。守節四十七年。

輔兆鶴妻鍾氏　十八歲夫亡,扃户紡績,撫嗣子成立。守節五十四年。

夏李文妻湯氏　二十一歲夫亡,守節三十五年。

生員湯煜妻徐氏　二十三歲夫亡,守節五十五年。

范性睿妻陳氏　二十四歲夫亡,守節五十五年。

譚文瑞妻吳氏　二十三歲夫亡,撫遺腹子成立。守節四十年。

王烈妻章氏,錫齡妻陳氏　章三十歲夫亡,撫一齡孤錫齡成立,娶陳氏未久而錫齡歿,無嗣。章以姪吉符爲嗣,勤學游庠,悉秉母訓。以姪孫銓爲陳氏子。章年八十卒,陳旌年五十八。

沈鑲妻顧氏　婚一載夫亡,泣血矢志,織紝以養舅姑。中年益貧窘,糠粃充飢,苦節四十二年。

姚維翰妻曹氏　二十三歲夫亡,守節五十五年。

陳文相妻戴氏　二十五歲夫亡,無子,舅姑俱逝。遺幼叔文斌,戴以嫂代母,撫育成婚。守節三十八年。

屠大祥妻吳氏　婚二載夫亡,撫孤成立。年六十餘。

費永高妻吳氏　早寡,訓二子有法。年六十餘。

吳廷堅妻張氏

李光亨妻沈氏　二十七歲夫亡,事姑甚孝,撫子成立。守節三十五年。

鍾可法妻王氏　二十四歲夫亡,子心道方四月,拮據撫訓。守節四十三年。

沈開基妻蔡氏　二十七歲夫亡,守節三十八年。

生員朱衞周妻蔡氏　二十四歲夫亡,家貧,上奉下撫,賴十指以給,苦節六十年。

趙衞之妻潘氏　二十一歲夫亡,苦節四十八年。

屠祥甫妻吳氏　二十八歲夫亡,事姑以孝聞,撫二齡孤成立。守節五十年。

劉封九妻姚氏　二十七歲夫亡,孝事舅姑,以姪其穎爲嗣,撫訓入庠。守節三十七年。

周起宗妻沈氏　二十九歲夫亡,守節三十二年。

范斗南妻沈氏,斗文妻祝氏　沈二十歲夫亡,守節三十八年。夫弟斗文娶祝氏,二十三亦孀,守節四十八年。人稱妯娌雙節。

顏駞懷妻鍾氏　二十二歲成婚,兩月夫亡,守節三十五年。

生員周蔚皋妻張氏　二十四歲夫亡,守節二十年。

鄭瑞年妻周氏　二十四歲夫亡,撫孤。守節三十八年。

顧宗錫妻姚氏　二十六歲夫亡,守節三十一年。

顧漢妻吕氏　二十七歲夫亡,守節三十八年。

貢生吳景梁妻平氏　三十歲夫亡,養老撫孤,孝慈兼盡。舅姑歿,拮據營葬。子婦相繼歿,撫姪緯爲嗣。守節四十四年。

薛茂良妻魏氏　雅淡貞靜,有古名媛風。二十三歲夫亡,事舅姑,曲盡婦道。守節四十九年。

高旦華妻譚氏　二十五歲夫亡,撫孤成立。守節三十二年。

陳廷周妻陳氏　二十二歲夫亡,善事姑嬸,撫嗣子成立。守節三十四年。

李采彰妻沈氏　二十二歲夫亡,守節四十三年。

朱永昌妻張氏　二十一歲夫亡,矢志撫孤。苦節四十五年。

生員費邦組妻陳氏　二十歲歸費，甫百日夫亡。屏絕容飾，紡績膳姑。守節三十一年。

吳廷鍵妻曹氏　二十歲夫亡，布縞終身。事媚姑盡禮，撫從子學源成立。年四十七。

吳廷鉁妻諸氏　性端重，寡言笑。二十七歲夫亡，慟絕而甦，蔬食縞衣，足不踰閫。事舅姑盡禮，撫姪宏聲爲嗣。年五十。

戴惠洲妻王氏　二十五歲夫亡，撫姪大勳爲嗣。守節四十四年。

姚子侯繼妻孫氏　二十歲夫亡，撫二子成立。年九十八。

陳泰巖妻汪氏　十九歲夫亡，守節二十八年。

徐觀濤妻卜氏　二十九歲夫亡，苦志自矢，善事媚姑，四十餘年如一日。撫子秉義成立。

生員吳江永妻呂氏　二十八歲夫亡，無子，依姪朝陽以老。守節五十二年。

談省菴妻余氏　二十三歲夫亡，守節四十二年。

陳魯瞻繼妻王氏　二十四歲夫亡，守節四十一年。

王起周妻黃氏　二十四歲夫亡，守節五十四年。

程廷章妻沈氏　二十四歲夫亡，守節四十三年。

曹蔡金妻楊氏　二十五歲夫亡，守節五十一年。

章端本妻曹氏　二十六歲夫亡，守節四十八年。

鍾鍠妻申氏　二十六歲夫亡，守節三十七年。

范承隆妻章氏　二十七歲夫亡，守節四十年。

聞養廉妻周氏　二十八歲夫亡。守節三十九年。

孫廷元妻王氏　二十八歲夫亡，守節三十二年。

范士豪妻錢氏　二十八歲夫亡，守節四十一年。

聞君楊妻周氏　二十九歲夫亡，守節二十年。

豐介仁妻錢氏　二十九歲夫亡，守節五十六年。

錢廷璉妻王氏　二十九歲夫亡，守節四十年。

聞禮宗妻黃氏　二十九歲夫亡，守節三十一年。

蔡士熊妻吳氏　二十九歲夫亡，守節三十四年。

薛雲章妻郭氏　二十三歲夫亡，紡織以養舅姑，撫孤成立。旌年六十七。

曹丹佩妻范氏　二十五歲夫亡，遺子四齡，女二齡，撫育有成。脫簪珥治舅姑喪葬。旌年六十二。

生員范文煥妾朱氏　二十三歲文煥亡，旌時已守三十餘年。

盛繼忠妻沈氏　二十歲夫亡，無出，與媚姑共守。旌年六十四。

王廷柱妻沈氏　二十四歲夫亡，旌時已守五十餘年。

王粲英妻張氏　二十二歲夫亡，撫孤一齡成立。旌年六十。

楊方大妻沈氏　婚三載夫亡，撫襁褓孤成立。旌年七十八。

費岐山妻高氏　二十七歲夫客死，二子俱幼。家貧甚，或勸改適，泣曰："餓死事小，失節事大。"刻苦撫孤，迄於成立。旌年六十九。

孫用賓繼妻陳氏，媳某氏　二十七歲夫亡，撫前子如己出。婚後早世，遺三孫。陳與婦同心鞠育，訓枋、梧二孫入泮。旌年八十。

李嵩年妻范氏　二十九歲夫亡，事姑盡孝，撫孤有成。旌年六十七。

沈金張妻徐氏　　二十三歲夫亡，旌年六十六。

朱詠鳳妻施氏　　二十九歲夫亡，事姑孝，撫遺腹子成立。旌年六十六。

屈景揚妻徐氏　　二十六歲夫亡，旌年五十九。

張雍建妻章氏　　二十八歲夫亡，旌年六十七。

徐翼岐妻徐氏　　二十一歲夫亡。織紝膳姑，及歿，竭力殯葬。撫嗣子成立。旌年五十六。

胡廷良妻李氏　　十九歲婚，三月夫亡，以鍼黹所入奉姑。旌年五十九。

陳肇基妻范氏，秀林妻徐氏　　范二十五歲夫亡，撫姪秀林爲嗣。娶徐氏，二十二歲亦寡。同矢苦節。范旌年六十五。

葛世賢妻朱氏　　二十二歲夫亡，旌年六十三。

沈許元妻戚氏　　二十七歲夫亡，撫孤守志，夫弟逼之嫁，誓死不從。冰蘗之操，鄉里共欽。旌年六十九。

徐大松妻鍾氏　　二十九歲夫亡，家貧，操作不倦，撫子有成。旌年九十二。

衞鶴皋妻朱氏　　二十七歲夫亡，旌年五十七。

金廷長妻王氏　　二十五歲夫亡，旌年六十八。

曹鳳池妻范氏　　二十七歲夫亡，子女皆幼，撫育婚嫁。旌年六十一。

范鶴千妻蔡氏　　歸范七月夫亡，時二十一歲。夫兄思奪其志，誓死不從。旌年六十五。

吳天來妻范氏　　二十五歲夫亡，子甫四齡。織作撫字，成婚後旋卒，復撫遺孫。旌年七十九。

周學禮妻計氏　　二十七歲夫亡，勤女紅以供甘旨，撫姪爲子。旌年六十六。

勞昂霄妻方氏　　二十七歲夫亡，截髮矢志，家貧，賴鍼黹自給，撫姪爲嗣。旌年六十五。

張堉妻陳氏　　二十六歲夫亡，撫孤成立。旌時已守三十四年。

張舜範妻邢氏　　二十九歲夫亡，旌時已守三十一年。

孫臨照妻胡氏，廷贊妻李氏　　胡二十九歲夫亡，撫姪廷贊爲嗣。娶李氏，二十九歲亦寡。奉孀姑，撫孤子，喪葬婚娶，經營盡瘁。胡守節二十餘年，李旌時已守四十三年。

王學恕妻陳氏　　二十六歲夫亡，無子，紡績自給。旌年五十九。

吳師賢妻王氏　　二十二歲夫亡，撫兩齡孤成立。旌年五十九。

楊經元妻李氏　　二十八歲適楊，半載夫亡。旌時已守三十五年。

倪君德妻沈氏　　二十九歲歸倪，五月夫亡。旌年六十。

楊世震妻田氏　　二十八歲夫亡，守節三十年。

沈鳳高妻范氏　　二十五歲夫亡，撫姪爲嗣。旌時已守四十年。

顏明備繼妻丁氏　　二十五歲歸顏，未期而寡。孝事舅姑，撫嗣子成立。旌時已守三十五年。

陸有章妻沈氏　　二十七歲夫亡，苦志撫孤。旌年八十一。

蔡朝銓妻朱氏　　歸一載夫亡，孝養舅姑，撫夫姪爲嗣。旌時已守三十三年。

生員吳潤妻范氏　　二十九歲夫亡，家貧，織紝以撫二子。旌年六十。

姚履端妻楊氏　　二十八歲夫亡，守節，撫孤。旌年六十三。

史積中妻陸氏　　二十二歲夫亡，撫姪爲嗣。旌時已守三十二年。

陸永奇妻盛氏　　二十九歲夫亡，家貧，力作撫孤，守節，旌時已守三十六年。

生員錢學涵繼妻吳氏　　婚一載夫亡，時二十八歲，撫姪爲嗣。旌年五十九。

生員鄭鍾岳妻許氏　　陝西宜君令許克家女。三十歲夫亡，家貧，藉十指自給。訓二子澧、灝爲諸生。兩女嫁後亦寡，家俱貧，歸依母家，共矢冰操。邑人稱爲母女三節。許旌年七十六。

沈瑞莖妻鄭氏　　許長女，二十九歲夫亡，旌年六十一。

葉長震妻鄭氏　　許次女，二十五歲夫亡，旌年五十四。

沈松妻沈氏　　二十八歲夫亡，家徒壁立，紡織養姑，撫二子成立。旌年六十八。

王錫齡妻陳氏

監生曹暾妾徐氏　　二十七歲暾亡。或勸改適，誓死不從。旌時已守三十三年。

馬宜章妻葉氏　　夫亡，無子。撫姪爲嗣，復殀。事舅姑，存殁盡禮。旌時已守三十八年。

周張鼎妻金氏　　二十二歲夫亡，旌年五十九。

生員鄭昌期妻沈氏　　三十歲夫亡，撫姪爲嗣。旌年六十五。

夏嗣賢妻費氏　　二十一歲適夏，夫瞀，旋卒。冰蘖自矢，恩撫嗣子。旌年六十。

聞譽彰妻沈氏　　二十九歲夫亡，撫二子成立。旌年七十二。

生員鄭晉錫妻莊氏　　二十六歲夫亡，撫遺腹子學濂游庠。旌年六十九。

夏世昌妻錢氏　　二十九歲夫亡，繼姪紹璉。守節三十六年。

姜大有繼妻徐氏　　二十六歲夫亡，事舅姑孝，撫前子成立。旌年六十五。

范自新妻徐氏　　二十六歲夫亡，孝事舅姑，操作不倦。旌年六十六。

張廷楣妻朱氏　　二十七歲夫亡，撫姪爲嗣。旌年六十九。

汪璵妻盛氏　　二十九歲夫亡，旌時已守三十九年。

范調良妻陳氏　　二十五歲夫亡，撫姪琦爲子，課讀游庠。旌時已守三十年。

徐士忠妻施氏　　二十二歲夫亡，遺孤早殀。旌時已守三十六年。時因立嗣，備陳事實，呈請於官，欲爲請旌施以茹荼守節，分所當然，涕泣力辭，人皆賢之。

吳鳴山妻杜氏　　二十三歲夫亡，家貧，拮据操作，撫五月孤成立。旌年八十六。

顏大昆妻吳氏　　二十六歲夫亡，撫從子爲後。旌年七十一。

生員顏昌基妻費氏　　二十三歲夫亡，撫嗣子成立。旌年五十五。

生員沈瑞五妻沈氏　　二十九歲夫亡，守節。旌年六十一。

沈覲玉妻馬氏　　三十歲夫亡，舅姑未葬，鬻衣飾營窀穸。旌年六十八。

馬文煥妻顧氏　　歸馬二載夫亡。奉邁姑，育孤女，賴鍼黹以給。旌年六十六。

生員吳日豐妻沈氏　　三十歲夫亡，事舅姑孝，撫姪爲嗣。守節四十年。

譚怡增妻莫氏　　二十六歲夫亡，孝事舅姑，訓子以義方。旌時已守四十年。

李運昌妻姚氏　　二十六歲夫亡，事舅姑，喪葬如禮。教子家斌入泮。旌年六十三。

錢學高妻孫氏　　二十五歲夫亡，事孀姑，撫嗣子，孝慈兼盡。旌年六十。

監生汪世雄繼妻周氏　　二十九歲夫亡，撫孤成立。旌年七十三。

曹巽妻朱氏　　二十七歲夫亡。旌時已守三十八年。

胡廷鉉繼妻金氏　　二十七歲夫亡，事舅姑孝，撫五歲子、三歲女，婚嫁如禮。旌年六十七。

沈文元妻張氏　　二十五歲夫亡，撫遺孤體乾成立。嚴肅律己，勤儉持家。旌年七十五。

吳禮中妻錢氏　　二十四歲夫亡，子魯良方二齡，撫以成立。旌年五十八。

朱正林妻周氏　　二十八歲夫亡，旌時已守三十八年。

陳康年妻王氏　　二十六歲夫亡，撫孤成立。旌年六十七。

楊桂華妻王氏　　二十三歲夫亡,撫子錦書成立。旌年六十一。

楊彩華妻陳氏　　二十歲夫亡,撫訓遺孤。與桂華妻王氏共矢冰操。旌年五十七。

吳德相妻徐氏　　二十歲夫亡,家貧,饘粥不繼,誓死靡他。撫遺腹孤成立。旌年五十九。

屠正豪妻芮氏　　二十五歲夫亡,旌時已守四十四年。

顧乾林妻申氏　　二十四歲夫亡,旌時已守五十五年。

朱炳妻鮑氏　　二十五歲夫亡,撫從子為嗣。旌時已守四十七年。

傅尚延妻郭氏　　二十一歲夫亡,撫襁褓孤成立。旌年五十四。

武生孟士貴妻于氏　　婚十日夫亡,時二十歲,撫姪德芳為嗣。旌年七十一。

朱君瑞妻金氏　　三十歲夫亡,撫孤授室。旌年六十一。

沈繼龍妻姚氏　　二十四歲夫亡,撫遺腹子啟正成立。旌年五十五。

姚士芳妻黃氏　　二十五歲夫亡,撫姪玉書為嗣。旌年七十四。

陸坤妻錢氏　　十七歲婚。陸素貧,幕游江左,歸而暴亡。錢時二十七歲,哀慟欲殉。念子鬖幼,忍死撫育,課之游庠。旌年六十七。

毛美中妻盛氏　　二十二歲夫亡,撫遺腹孤成立。旌時已守三十一年。

錢有發妻馬氏　　二十六歲夫亡,撫子士豪成立。旌年六十七。

唐毓書妻田氏　　二十一歲夫亡,旌時已守三十九年。

王嗣孝妻費氏　　二十四歲夫亡,孝養舅姑,撫孤成立。旌時已守四十六年。

鍾萬城妻吳氏　　十八歲婚,未久夫亡。紡績以養舅姑,撫姑之姪孫為嗣。旌年六十一。

王乾昌妻湯氏　　二十三歲夫亡,撫姪為嗣。旌年六十七。

生員陳昌妻施氏　　二十五歲夫亡,撫二子,未及冠俱殤。依叔度日。旌年五十九。

蔡忠英妻葉氏,太原妻沈氏,啟承妻范氏　　葉二十五歲夫亡,撫未週歲太原成立,娶沈氏,又殀。沈撫遺子啟承,娶范氏。范事二姑孝。三世苦節。葉年七十九,沈年六十三,范旌年五十四。

胡廣才妻錢氏　　二十四歲夫亡,無子。族人勸其改適,矢志不從,紡績自給。旌年六十五。

范載華妻沈氏,承天妻田氏　　沈二十七歲夫亡,與夫兄承天妻田氏並矢清操。稱一門雙節焉。沈旌年六十四。

沈端宸妻顧氏　　二十八歲夫亡,撫遺孤延祀。旌時已守五十年。

陳拱元繼妻沈氏　　二十九歲夫亡,撫夫族姪錫昌為後。旌時已守三十九年。

朱霞妻鮑氏　　二十三歲夫亡,事舅姑孝,撫從子為嗣。旌年七十四。

監生薛士周妻顧氏　　二十九歲夫亡,撫孤成立。旌年六十二。

徐永山妻朱氏　　二十六歲夫亡,家貧,仍孝事其舅。撫遺腹子玉琦成立。旌年七十二。

徐宏山妻王氏　　二十一歲夫亡,事舅姑孝,撫嗣子如己出。旌年七十五。

錢士發妻張氏　　二十一歲夫亡,旌時已守四十八年。

沈大德妻李氏　　二十二歲夫亡,旌年五十七。

栢文忠妻錢氏　　二十八歲夫亡,撫八月孤成立。旌年七十五。

武生韓浩繼妻張氏　　二十七歲夫亡,旌時已守三十四年。

沈有勇妻朱氏　　二十四歲夫亡,慟絕而蘇,撫孤成立。旌年八十三。

李位高妻李氏　　早歲夫亡,茹荼操作。兄某謀奪其志,通夫族為強劫計。李聞,將衣袴密紉,誓以死守。鄰婦憐之,穴其東壁。一夕,兄率眾至而李已先逸,得全其貞。旌年七十一。

李長年妻周氏　二十五歲夫亡,撫三齡孤載元成立。旌年七十七。

陸志祖妻倪氏　二十歲于歸,兩載夫亡。家貧,無子,紡織奉姑,矢志苦節。旌年五十二。

監生胡濼繼妻費氏　三十歲夫亡,撫五子成立,俱入庠。守節四十一年。

徐國昌妻孫氏　二十歲夫亡,事姑純孝,撫嗣子如己出。守節二十一年。

吳源妻馬氏　二十六歲夫亡,事姑盡孝。旌年五十七。

楊榮如妻朱氏　二十九歲夫亡,撫一齡孤艱苦成立。守節五十五年。

張承美妻沈氏

張紹壎妻王氏

姜文鍔妻鍾氏　歸姜三月夫亡,旌時已守三十二年。

朱廷相妻呂氏　十八歲歸朱,七月夫亡,旌時已守五十三年。

李雲環妻鍾氏　二十歲夫亡,旌時已守三十四年。

童宗翰妻嚴氏　二十二歲夫亡,旌時已守六十四年。

鍾調元妻顏氏　二十二歲夫亡,旌時已守四十年。

盛有恭妻董氏　二十二歲夫亡,旌時已守三十九年。

李錦春妻沈氏　二十三歲夫亡,旌時已守六十二年。

芮龍門妻錢氏　二十三歲夫亡,旌時已守五十五年。

姚允琇妻錢氏　二十三歲夫亡,旌時已守四十一年。

沈起鳳妻李氏　二十三歲夫亡,旌時已守三十七年。

費永高妻屠氏

甘三明妻王氏　二十四歲夫亡,旌時已守三十七年。

沈發妻陳氏　二十五歲夫亡,旌時已守四十三年。

鄭德嘉妻蔣氏　二十五歲夫亡,旌時已守三十八年。

沈結文妻許氏　二十六歲夫亡,旌時已守五十二年。

沈士龍妻屈氏　二十六歲夫亡,旌時已守三十四年。

屈顯宗妻沈氏　二十七歲夫亡,旌時已守五十八年。

曹祿保妻鍾氏　二十七歲夫亡,旌時已守四十七年。

錢正華妻華氏　二十七歲夫亡,旌時已守三十三年。

顧埰繼妻勞氏　二十八歲夫亡,旌時已守三十九年。

倪壽昌妻陳氏　二十八歲夫亡,旌時已守三十六年。

監生蔣世卿妻程氏　二十八歲夫亡,旌時已守三十三年。

潘光祖妻程氏　二十八歲夫亡,旌時已守三十二年。

沈用九妻張氏　二十九歲夫亡,旌時已守五十五年。

鄭錦章妻陳氏　二十九歲夫亡,旌時已守四十四年。

曹禹恒妻蔡氏　二十九歲夫亡,旌時已守四十三年。

王壽來妻彭氏　二十九歲夫亡,旌時已守四十年。

張相周妻聞氏　二十九歲夫亡,旌時已守四十年。

孫琦璜妻方氏　二十九歲夫亡,旌時已守三十九年。

胡用治妻朱氏　二十九歲夫亡,旌時已守三十六年。

湯廷輝妻趙氏　二十九歲夫亡,旌時已守三十四年。

于大興妻朱氏　二十九歲夫亡,旌時已守三十三年。

陸聖元妻張氏　二十九歲夫亡,旌時已守三十二年。

沈萬嗣妻屈氏　二十九歲夫亡,旌時已守三十一年。

陸桂方妻周氏　二十二歲夫亡,家貧,夙夜紡績,孝事舅姑,撫嗣子念曾成立,使承先業。旌年五十八。

沈聖乾妻淩氏　二十四歲夫亡,孝事翁姑,撫孤,守節。旌年五十八。

錢敬天妻高氏　二十二歲夫亡,孝事舅姑。旌年五十二。

湯成章妻胡氏　三十歲夫亡,撫五齡孤國豐成立,勤苦持家。旌年六十二。

湯炳章妻胡氏　即胡氏之姊。二十五歲夫亡,遺子克明方二齡,亦茹蘗撫訓以成立。旌年六十一。

李崑來妻周氏　二十三歲夫亡,無子,繼嫡姪尚賢爲嗣,撫養成立,以綿宗祀。年六十五。

沈通源妻朱氏　二十四歲夫亡,無子。誓不欲生,號泣不食。姑叔苦勸,勉進粥飲。終以哀慟不釋,距夫故七十日而亡。

徐宏山妻王氏　二十七歲夫亡,無子,守節五十八年。

監生徐岡妻沈氏　二十五歲夫亡,守節二十七年,與王氏爲妯娌。俱無子,撫姪爲嗣。

庠生陸鉉妻邱氏　二十六歲夫亡,事舅姑孝,撫訓四齡遺孤,督以義方,早歲入泮。旌年五十四。

王慶餘妻陳氏　二十五歲夫亡,勤紡織,孝養舅姑三十年。教子孫力田,處妯娌甚和。旌年五十五。

范仁妻趙氏　十七歲于歸,十餘日夫亡,喪葬盡禮。家貧,克勤克儉,繼姪爲嗣,如己出,業婚配。年八十九。

勞家珍妻費氏　婚三載夫亡,時二十八歲。苦志守貞,勤儉自給,族黨俱稱善焉。繼堂姪竹筠爲後,撫訓成立。旌年五十三。

張維周繼妻費氏　于歸未及一載,夫亡,哀慟欲殉,念舅姑在乃止。家貧,紡織以盡孝養。舅病經年,憂勤侍奉,夜不安枕,旋以積勞成疾,卒。苦節十餘年。

沈配天妻許氏　夫經商往江南,遭颶風,溺於江。氏聞耗絕粒,暈而復甦,時二十九歲。撫遺孤成立。守節四十六年。

劉朝相妻蔡氏　十九歲婚,十月寡。翁姑命撫姪兆文爲嗣,娶媳生孫,仰事俯育,艱苦備嘗。旌年七十。

王顏氏　庠生王錫榮之母。教子入泮,守節五十年。

譚文彩妻蕭氏　二十八歲夫亡,撫姪守志。年八十三。

周汝璋妻葉氏　二十七歲夫亡,撫子廷模成立。旌年五十九。

監生朱人鳳妻王氏

監生吳廷欽妻潘氏

蔡宗英妻葉氏

胡獻忠妻呂氏

陳兆熊妻袁氏

李鼎鐘妻祝氏

費繩武妻某氏

陸行恕妻楊氏　二十九歲夫亡,撫子成立。旌年六十二。

沈錦川妻楊氏　二十九歲夫亡,無子,撫女。旌年五十一。

趙魯傳妻沈氏　二十二歲夫亡,遺腹生子嗣宗,教以游庠。苦節一生。

陳之鏈繼妻嚴氏　三十歲夫亡,上事翁姑,下撫孤子。苦節三十七年。

尤孝思妻李氏　三十歲夫亡,姑七旬,遺孤甫六月。養撫皆藉操作,艱苦備嘗。旌時已守二十五年。

范子豪妻姚氏　二十五歲夫亡,撫姪爲嗣。旌年七十。

陳德鳳妻俞氏　二十九歲夫亡,守節三十三年。

車嵩年妻范氏　二十五歲夫亡,守節三十四年。

陳丹鳳妻張氏　二十六歲夫亡,守節四十三年。

陳卜元妻宋氏　三十歲夫亡,守節三十七年。

監生范淵妻沈氏　三十歲夫亡,守節四十年。

楊漢榮妻王氏　二十八歲夫亡,守節五十年。

孫肯堂妻郭氏　二十六歲夫亡,守節二十三年。

生員沈萬凝妻葉氏　十八歲夫亡,守節三十八年。

戚錦堂妻周氏　二十八歲夫亡,守節三十九年。

陳潤江妻方氏　二十六歲夫亡,守節四十五年。

聞健天妻王氏　二十八歲夫亡,守節三十七年。

張士豪妻陸氏　二十五歲夫亡,守節五十一年。

李廷鉉妻鍾氏　二十一歲夫亡,守節三十二年。

生員朱鑾妻鍾氏　二十六歲夫亡,守節三十五年。

周鳴高妻沈氏　二十九歲夫亡,家貧子立,止一女。以姪爲嗣,守節四十年。

陸萬春妻蔡氏　三十歲夫亡,遺腹子鳳峙,教之讀書游庠,里黨稱之。旌年五十五。

章浚源妻馬氏　二十七歲夫亡,一女數歲而殤。姑媳相依,含冰茹蘗二十四年。

莊廣瑚妻陳氏　二十八歲夫亡,椎髻敝衣,撫二孤成立。秉性嚴厲,未嘗偶一露齒。旌年五十一。

陳金璋妻莊氏　二十五歲夫亡,無子。旌時已守二十六年。

蔡維翰妻王氏　二十九歲夫亡,守節。旌年七十二。

蔡天林妻鍾氏　二十八歲夫亡,守節五十年。

監生沈韜妻王氏　二十七歲夫亡,撫孤成立。治家有法。旌年五十二。

蔡長發妻沈氏　二十六歲夫亡,撫孤,守節。旌年六十三。

蔡穎翰妻沈氏　二十六歲夫亡,矢志,守節二十七年。

蔡錦堂妻沈氏　二十九歲夫亡,旌時已守二十二年。

范茂椿妻鍾氏　二十八歲夫亡,守節三十六年。

藍儒宗妻李氏　二十九歲夫亡,撫姪爲嗣,經營婚娶。苦節四十二年。

生員馬文杰妻田氏　二十六歲夫亡,慟欲殉,姑勸諭再三乃止。無子,撫姪煥辰成立。旌年五十。

沈宏魁妻馬氏　二十一歲夫亡,守節三十一年。

沈宏冠妻葛氏　二十八歲夫亡,守節四十八年。

朱鳳洲妻章氏　二十五歲夫亡,守節五十二年。

監生周映堂妻孫氏　二十七歲夫亡,守節二十三年。

生員錢森妻程氏　二十九歲夫亡，姑性嚴，孝事能得其歡心。訓六齡孤爕游庠。旌年五十六。

田詩敦妻范氏　二十四歲夫亡，旌時已守苦節三十七年。

田經雅妻沈氏　二十九歲夫亡，旌時已守三十四年。

田詩泳妻沈氏　二十九歲夫亡，仰事邁姑，撫育孤子子復成立。守節以終。

生員周登瀛妻盛氏　二十四歲夫亡，遺孤纔七月，撫以成立。氏疾，不肯服藥以卒。

監生唐鶴廷繼妻鍾氏　婚一載夫亡，時二十六歲，無子，撫前氏子如己出。守節三十四年。

何永年妻王氏　三十歲夫亡，撫孤延祀。旌時已守四十年。

傅成連妻沈氏　二十歲歸傅。成婚一夕，夫暴病亡。備嘗艱苦。守節二十年。

顏泉妻黃氏　二十六歲夫亡，旌時已守五十二年。

鍾自新妻孫氏　二十七歲夫亡，旌時已守二十六年。

淩發祥妻姚氏　二十二歲婚，八載夫亡，無子，矢志苦節。旌時已守二十一年。

楊錦章妻施氏　夫亡，家赤貧。撫週歲孤，紡績支吾。事姑極孝。旌時已守四十五年。

沈慶妻沈氏　二十七歲夫亡，撫子女，以迄婚嫁，備極艱辛。旌時已守三十一年。

沈尚義妻顧氏　二十八歲夫亡，撫姪仙耕為嗣，以養以教，名列太學。旌時已守三十七年。

蔡武周妻吳氏　三十歲夫亡，撫二子孫、曾，具克成立。旌時已守三十七年。

監生鍾鑒妻王氏　二十八歲夫亡，守節二十五年。

生員金純熙妻沈氏，妾徐氏　純熙亡，沈二十九歲，徐二十四。矢志偕守苦節。沈年九十一，徐年五十八。

張映書妻沈氏　二十四歲夫亡，守節五十五年。

譚世璜妻鍾氏　二十九歲夫亡，勤十指以度日，素服茹蔬，持躬有則。旌時已守二十九年。

蔡德潮妻楊氏　二十九歲夫亡，前氏遺二子一女，幼者甫六齡，氏生子方數月。撫子女，畢婚嫁。以教以養，次子載和有聲庠序。旌時已守二十九年。

顧景崧妻潘氏　二十五歲夫亡，奉翁姑，撫繼子，屏華食素。自知殁期，無疾而逝。守節二十四年。

朱舜來妻胡氏　二十三歲夫亡，撫孤。守節年七十三。

生員程汝敬妻孫氏　二十七歲夫亡，撫孤成立。年四十二。

錢公新妻孫氏　十九歲婚，八載夫亡，守節二十七年。

董禹範妻朱氏　二十歲夫亡，旌時已守五十一年。

呂其焜妻沈氏，和塤妻王氏　沈二十七歲夫亡，撫遺腹子和塤成立，娶媳王氏，十八歲而寡。沈慰恤備至，勤儉荼苦。旌時已守四十三年。

衛鶴齡妻朱氏，南榮妻錢氏，長春妻畢氏　朱二十七歲夫亡，撫姪南榮為嗣，授室而殁，媳錢氏時三十歲。撫遺腹子長春，亦授室而殁，孫媳畢氏時二十四歲。一門苦節，朱年七十二，錢旌年六十一。

朱佩璜妻邱氏　二十八歲夫亡，撫姪錫齡為嗣。年四十九。

吳楠妻袁氏　二十七歲夫亡，撫遺腹子炳文成立。旌年五十九。

邱宏業妻顏氏　二十七歲夫亡，撫姪孫陵為嗣。旌年七十三。

朱景崧妻倪氏　二十三歲夫亡，撫姪珣為嗣。旌年五十五。

吳文魁妻董氏　二十五歲夫亡，撫孤成立。旌年五十三。

金大鏞妻吳氏　十九歲夫亡，撫姪桂馨為嗣。旌年五十七。

沈瑞徵妻潘氏　二十八歲夫亡，守節四十八年。

汪運昌妻吳氏　二十九歲夫亡,守節二十年。

生員唐瑾妻浦氏　二十九歲夫亡,守節年四十七。

生員史之良妻姚氏　二十八歲夫亡,苦志守節,孝事翁姑。子福田入太學,璜爲諸生,足徵母教焉。旌年五十六。

李世熙妻胡氏　二十九歲夫亡,守節。旌年六十九。

吳湄妻馬氏　二十九歲夫亡,守節。旌年七十。

武生胡林妻施氏　二十五歲夫亡,守節。旌年四十五。

生員吳攀龍妻朱氏　二十九歲夫亡,撫孤成立。守節二十一年。

生員吳寶森妻沈氏　二十八歲夫亡,撫孤成立。旌年五十一。

錢永孝妻曹氏　二十四歲夫亡,旌時已守五十年。

職員顧政妻倪氏　二十五歲夫亡,含哀矢志,持家勤苦。旌時已守四十二年。

張壽龍妻陳氏　二十歲夫亡,撫遺腹子遺珠成立。旌年六十三。

盛繼文妻汪氏　二十一歲適盛,九月夫亡。撫遺腹子凝周成立。守節四十二年。

盛珠崖妻沈氏　二十七歲夫亡,以姪撫音爲子,子歿,復撫孫。旌年六十七。

盛漢良妻金氏　二十六歲夫亡,孝事舅姑,獨任喪葬,紡織以供。旌年六十二。

生員盛師可妻王氏　二十二歲夫亡,無子,以姪爲嗣。年四十二。

生員孫炯妻宋氏　二十二歲夫亡,事姑以孝聞,撫嫡姪爲嗣。旌年六十一。

孫曹福妻朱氏　二十八歲夫亡,甘貧苦守,撫四齡孤成立。旌年六十六。

徐端書妻葛氏,克先妻張氏　葛三十歲夫亡,子二,克先、克明,撫以成立。克先娶張氏,二十七歲孀居,姑媳同守苦節。葛年八十三,張旌年五十三。

陸世瑞妻沈氏　二十二歲夫亡,撫三齡遺孤成立。旌年五十八。

祝祥龍妻范氏　二十五歲夫亡,撫孤,守節。旌年八十。

祝繼昌繼妻陸氏　二十九歲夫亡,撫孤,守節。旌年五十五。

金桂生妻李氏　二十八歲夫亡,撫孤,守節。旌年五十九。

陳逢年妻宋氏　二十八歲夫亡,撫姪爲嗣。旌年六十六。

徐士俊妻范氏　二十八歲夫亡,事翁姑以孝。撫子,婚娶後又歿。復撫孫成立。旌年五十八。

方廷楗妻范氏　歲貢際華女。二十一歲歸方,善事孀姑。二十九歲寡,撫孤成立。旌時已守三十九年。

周漣妻丁氏　二十七歲夫亡,撫三月遺孤世釗,旋以瘵疾卒。氏抑鬱成疾,勉事兩世姑嫜,克循婦道。以姪世修爲嗣。苦節四十二年。

鄭培妻施氏　十七歲贅培,生一子一女,子幼殤。越三載,培歸省親,渡河溺死。氏去櫛毀容,茹茶齒雪者三十餘年。年五十七。

邱雲祥妻歸氏　二十八歲夫亡,安貧撫孤。守節五十一年。

吳茂生妻沈氏　二十六歲夫亡,立志撫孤。旌年五十六。

趙立群妻陳氏　二十九歲夫亡,守節二十六年。

顧星緯妻汪氏　二十五歲夫亡,守節四十一年。

金德音妻李氏　二十八歲夫亡,守節四十二年。

沈鳳超妻陸氏　二十五歲夫亡,守節二十六年。

顧星朗妻葉氏　二十九歲夫亡,守節三十四年。

監生沈濤妻楊氏　二十一歲夫亡,守節三十八年。

蔡咸闔妻范氏　二十六歲夫亡,守節二十七年。

嚴震寰妻王氏　二十八歲夫亡,守節二十一年。

姚壽良妻顏氏　二十六歲夫亡,守節二十五年。

嚴福茂妻顧氏　二十歲夫亡,守節二十一年。

馬俊良妾董氏　二十九歲俊良亡,守節二十八年。

羅懷榮妻沈氏　三十歲夫亡,守節四十九年。

馬起封妻程氏　二十三歲夫亡,撫遺腹子。苦志守節四十五年。

沈蔭嘉妻平氏　二十八歲夫亡,守節二十一年。

陳公益妻沈氏　二十九歲夫亡,守節五十三年。

朱紀明妻高氏　二十九歲夫亡,旌時已守三十年。

盛植愷妻胡氏　二十九歲夫亡,旌時已守三十年。

倪雷妻沈氏　二十六歲夫亡,孤方五齡,遺腹又生子,俱撫以成立。守節二十年。

鍾繼善妻曹氏　二十八歲夫亡,撫四齡孤成立。守節三十一年。

監生鍾元輝妾某氏　二十二歲元輝亡,守節四十四年。

李丙義妻王氏　二十二歲夫亡,旌時已守四十二年。

郭鳳標妻孫氏　二十五歲夫亡,撫遺腹子福慶成立。旌時已守二十四年。

陳賜福妻盛氏　十九歲夫亡,事祖翁姑及翁姑,勤紡織以佐甘旨。撫姪良元爲嗣。守節二十五年。

陳瑞昌妻顧氏　二十三歲夫亡,撫襁褓孤成立。旌時已守二十五年。

徐德高妻孫氏　二十二歲夫亡,茹荼苦矢志。旌時已守二十一年。

郭弈年妻郭氏　二十歲夫亡,孝事翁姑,婦兼子職。旌時已守二十一年。

胡塤妻吳氏　副貢福田女。十七歲婚,兩載夫亡。事翁姑,擇繼嗣,甚勤劬。旋即絕粒而死。守節二十餘年。

汪程鶴妻楊氏　二十五歲夫亡,拮據喪葬,紡織以給。守節三十一年。

錢禮周妻楊氏　二十四歲夫亡,家徒壁立。翁老孤幼,含哀支持。苦節二十八年。

陳士雲妻周氏　二十四歲夫亡,守節二十七年。

汪德權妻陳氏　二十歲夫亡,旌時已守五十一年。

蔡鏞妻王氏　二十六歲夫亡,守節三十七年。

彭鳴鏐妻沈氏　二十六歲夫亡,守節二十四年。

沈尚忠妻姚氏　二十五歲夫亡,守節四十四年。

嚴順發妻郭氏　二十四歲夫亡,守節二十六年。

朱國鈞妻曹氏　二十六歲夫亡,守節四十七年。

周世昌妻陸氏　二十六歲夫亡,守節二十七年。

陳大昌妻顧氏　二十九歲夫亡,守節五十二年。

李正宗妻章氏　二十七歲夫亡,遺二孤幼,撫養成立。嗣兩子媳相繼歿,諸孫在襁褓。氏艱苦撫訓,俱游庠。苦節五十九年。

李秀如妻顧氏　二十四歲夫亡,無子,以姪承祧。翁姑先後棄世,竭力以營喪葬。旌時已守二十七年。

胡維城妻黃氏　二十六歲夫亡,以螟蛉爲嗣。守節三十九年。

沈佑人妻蔡氏　二十八歲夫亡,奉翁姑,撫幼孤。守節三十七年。

吳壽元妻王氏　二十二歲夫亡,姑欲奪其志,攜孤歸依母家,績紙自給。姑病,仍歸侍湯藥,人稱其孝。年七十三。

鍾繼順妻錢氏　二十一歲婚,四十三日夫亡,號慟誓殉,戚族以立嗣勸之,乃撫姪爲嗣。年七十三。

沈思範妻姚氏　二十八歲夫亡,撫二孤成立。娶婦後,相繼歿。婦改適。姚依姪以居。旌年六十五。

唐振山妻仰氏　二十三歲夫亡,無子,誓不再適,茹荼終身。年八十五。

唐克明妻李氏　二十五歲夫亡,撫孤。守節五十二年。

唐鳳林妻施氏　二十三歲夫亡,甘貧誓守。旌年五十一。

鍾孔堦妻胡氏　二十五歲夫亡,撫遺孤成立。旌年五十六。

章瑞祥妻沈氏　十九歲夫亡,母以其年少,無子,勸改適。痛哭不從,撫姪以承夫祀。年六十三。

倪瑞文妻朱氏　二十三歲夫亡,撫遺腹子成立。年七十二。

倪瑞清妻高氏　二十七歲夫亡,與朱氏爲姒娌。苦節共矢,垂三十載。年五十六卒。人稱一門雙節。

陸大成妻駱氏　二十二歲夫亡,家貧,奉翁姑,撫遺孤。年五十三。

陳永秀妻孫氏　二十歲結褵,甫四月夫亡。無子,事翁姑,撫繼姪,備歷艱辛。年七十七。

沈繼元妻李氏　二十八歲夫亡,遺孤方彌月,撫以成立。卒年五十二。

李文彬妻諸氏　二十五歲夫亡,矢志,守節。年七十九。

邱士豪妻周氏　二十五歲夫亡,守節四十二年。

倪興宗妻戴氏　二十五歲夫亡,守節二十三年。

陸鳳山妻徐氏　二十二歲夫亡,守節四十五年。

沈雲峰妻倪氏　二十五歲夫亡,守節五十五年。

沈兆元妻謝氏　二十六歲夫亡,無子,撫姪承祧。守節四十八年。

陳士章妻褚氏　二十九歲夫亡,守節四十八年。

鍾廷貴妻羅氏　二十九歲夫亡,矢志守貞。年六十九。

褚成瑞妻鍾氏　十七歲夫亡,無子,撫姪成立。家貧,茹苦。旌年六十九。

倪鳳岐妻沈氏　二十三歲夫亡,撫遺腹子成立。旌年五十。

姚文秀妻姚氏　二十五歲夫亡,旌年六十六。

胡廣年妻馬氏　二十三歲夫亡,守節五十五年。

錢懋德妻倪氏　二十八歲夫亡,守節。旌年五十八。

沈良發妻沈氏　二十九歲夫亡,守節二十四年。

沈永思妻宋氏　二十四歲夫亡,守節三十九年。

吳茂祥妻陳氏　二十八歲夫亡,撫姪承祧。守節四十四年。

王廷貴妻費氏　二十六歲夫亡,家貧甚,或勸改適,誓死不從,苦志自守,女紅以給。旌年六十七。

陸壽臧繼妻沈氏　二十二歲夫亡,撫三齡遺孤成立。旌時已守二十五年。

胡發良妻虞氏　二十七歲夫亡,守節三十二年。

沈瑞祺妻謝氏,媳沈氏　謝二十四歲夫亡,撫遺腹子成立,復早卒。媳沈氏時二十九歲,謹遵姑訓,茹苦甘貧,人稱雙節。謝年六十三,沈年五十九。

姚永鳳妻褚氏，文忠妻陳氏，德雲妻徐氏　褚二十九歲夫亡，子文忠娶陳氏，二十三歲文忠又亡。孫德雲娶徐氏，二十九歲亦寡。褚守節三十四年，陳守節五十四年，徐守節十七年。人稱一門三節。

周玉錪妻金氏　二十三歲夫亡，無子，孝養翁姑，及歿，罄家營三世窀穸。繼母沈氏孀居，憐其伶仃，挈以歸，母女相依。年八十一。

屠允年妻倪氏　二十二歲夫亡，守節五十八年。

張廷棟妻鍾氏　二十二歲夫亡，撫遺腹子成立。守節三十五年。

張元烈妻盛氏　二十四歲夫亡，守節二十二年。

沈有年妻李氏　二十六歲寡，家貧，以紡績事翁姑。撫姪爲嗣，又殀，依壻沈惜三以終。守節四十五年。

朱大章妻費氏　二十五歲夫亡，守節二十六年。

胡文學妻錢氏，媳沈氏　姑二十四歲夫亡，守節四十八年。媳二十三歲寡，同苦守。年三十八。

李明才妻俞氏　二十九歲夫亡，撫孤成立。守節四十五年。

李明福妻李氏　二十三歲夫亡，遺孤三，賴十指所入，以供晨夕。守節三十七年。

潘楚珩妻沈氏　二十二歲夫亡，無子，撫姪蕙田爲嗣，後游庠。旌年六十二。

張德宜妻謝氏　三十歲夫亡，遺腹子鳳山，撫以成立。年七十六。

沈承祖妻沈氏　二十七歲夫亡，遺孤甫二齡，冰蘖自矢，撫以成立。守節三十五年。

蔣聖才妻朱氏　三十歲夫亡，家貧，勤女紅以自給。旌時已守三十年。

章天喜妻李氏　二十九歲夫亡，守節四十年。

監生胡青照繼妻吳氏　三十歲夫亡，事姑，撫孤。守節二十九年。

夏滄飛妻朱氏　三十歲夫亡，守節五十餘年。

錢陽生妻姚氏　二十五歲婚，一載夫亡。絕粒兩日，誓不欲生，以姑勸諭，勉進漿水。茹荼七年，終不食而死。一時士紳如吳文照、施嵩等重其苦志，爲咏《節香集》焉。

盛一飛妻張氏　二十六歲夫亡，勺水不入口，緣念上有老姑，下有幼孤，勉從勸進食，然含哀神傷，未幾竟卒。年二十七。

姚咸若繼妻楊氏　二十六歲夫亡，欲以身殉，因羅守縈周，勸諭者切，得不死。遺腹舉一子，含哀撫之，終以哀毀過傷而卒。

譚玉麟妻方氏　二十九歲夫亡，無子，煢煢獨守。年三十五。

王萬楚妻陳氏　二十三歲夫亡，事衰翁，撫幼子。守節十五年。

王廷槐妻陳氏　二十三歲夫亡，守節十一年。

施兆昌妻朱氏　十八歲夫亡，或勸以年少改適，氏誓以死守而卒。苦節十五年。

夏拱辰妻張氏　二十九歲夫亡，苦節二十餘年。

倪孔昭妻黃氏　二十七歲夫亡，守節四十八年。

黃河清妻沈氏　二十九歲夫亡，守節三十七年。

沈應龍妻高氏　二十九歲夫亡，守節三十六年。

莊紹學妻楊氏　二十七歲夫亡，守節四十九年。

范錦春妻車氏　二十二歲夫亡，守節四十七年。

廩生余汝諧妻勞氏　二十四歲夫亡，無子，孝事邁翁，喪葬如禮。茹荼飲蘗，苦節以終。

朱啟祥妻宋氏　二十二歲夫亡，撫姪爲嗣。年六十二。

朱孝廣妻陳氏　二十九歲夫亡,二孤尚幼,撫以成立。年五十八。

湯鎔妻淩氏　二十七歲夫亡,撫孤,守節。旌年五十九。

洪鏡寰妻曹氏　二十八歲夫亡,守節。旌年七十一。

孫樹本妻昌氏　二十八歲夫亡,守節二十一年。

胡掌銓妻李氏　二十五歲夫亡,守節三十九年。

周永昌妻潘氏　二十一歲夫亡,守節。旌年五十九。

屠壽林妻姚氏　二十五歲夫亡,守節。旌年五十一。

薛起茂妻莫氏　二十九歲夫亡,守節四十四年。

薛觀理妻朱氏　二十九歲夫亡,守節。旌年七十二。

王錫源妻吳氏　二十二歲夫亡,守節五十八年。

李紹祖妻周氏　二十八歲夫亡,守節四十四年。

姚懷瑜妻高氏

勞杰妻沈氏　夫早亡,撫孤成立。年八十餘卒。　以上于《志》。

儒童金應榴妻蔡氏　道光二十六年旌。

蔡某妻范氏　道光二十七年旌。

豐樹屏妻馬氏　二十八歲夫亡,守節二十七年。

監生錢坤妻邱氏　以上道光二十九年旌。

儒童湯如源妻汪氏

監生吳爾謙妻陳氏　二十八歲夫亡,守節二十五年。

生員胡凝熙妻章氏　二十一歲夫亡,守節三十五年。　以上咸豐二年旌。

鍾楹妻陸氏　二十三歲夫亡,守節二十五年。

生員蔡載晉妻李氏

監生沈如椿妻蔡氏　以上咸豐五年旌。

周際斐妻李氏　咸豐六年旌。

吳學洪妻施氏　二十七歲夫亡,守節三十六年。同治十年旌。

沈菜妻范氏　二十三歲夫亡,現年六十二。

陳泗妻談氏　二十歲夫亡,現年五十七。

鍾秀妻徐氏

吳學湧妻周氏

鍾文光妻田氏

胡仁安妻謝氏

徐克順妻朱氏

吳錫鳳妻葉氏

生員鍾之彥妻蔡氏　二十五歲夫亡,守節二十八年。

生員譚尚元妻鍾氏　二十七歲夫亡,守節十九年。

監生史二西繼妻王氏　二十九歲夫亡,現年六十四。

監生錢椿妻顏氏　二十六歲夫亡,守節三十五年。

生員吳桂生繼妻周氏　二十歲夫亡,撫孤成名。現年五十六。

監生鍾杙妻沈氏　二十八歲夫亡,現年六十一。

生員鍾棠妻孫氏　二十八歲夫亡,現年五十五。

生員鍾炳妻張氏　三十歲夫亡,守節二十一年。

監生譚長鞏妻胡氏　二十九歲夫亡,撫嗣子成名。守節十八年。

監生馬汝楞妻沈氏　二十四歲夫亡,現年六十八。

生員陸純熙妻徐氏　二十七歲夫亡,守節四十四年。

生員陸賓鴻妻沈氏　二十六歲夫亡,守節二十四年。

生員李心純妻沈氏　二十九歲夫亡,守節二十二年。

監生竇日頤妻劉氏　二十六歲夫亡,守節二十八年。

生員楊傅卿妻錢氏　二十九歲夫亡,現年七十五。

生員徐學江妻蔡氏　三十歲夫亡,守節十九年。

監生馬玉書妻蔡氏　二十歲夫亡,守節十一年。

生員錢王鑒妻吳氏　二十九歲夫亡,守節三十年。

監生田芹妻沈氏　三十歲夫亡,守節四十三年。

監生李堃妻馬氏　二十八歲夫亡,守節二十一年。

監生徐汝錫妻李氏　三十歲夫亡,現年六十八。

廩生馬煥猷妻夏氏　三十歲夫亡,撫子成名。守節三十六年。

提舉銜江蘇候補通判蔡錫祺妻朱氏　二十六歲夫亡,撫子成名。守節十年。

武生田方成妻沈氏　三十歲夫亡,撫子成名。守節二十七年。

生員吳訥言妻蔡氏　二十四歲夫亡,守節二十八年。

生員孫澄妻沈氏　二十七歲夫亡,守節十七年。

監生胡文墀妻宋氏　二十一歲夫亡,現年六十六。

監生胡關福妻盛氏　二十五歲夫亡,守節五十一年。

監生胡書勳妻呂氏　二十八歲夫亡,守節三十一年。

監生胡時煊妻談氏　二十六歲夫亡,守節二十五年。

監生勞宗燦妻徐氏　三十歲夫亡,守節十三年。

生員勞光憲妻葉氏　三十歲夫亡,守節二十四年。

職員鄭璋妻陸氏　二十四歲夫亡,事孀姑極孝,撫姪爲嗣。守節三十八年。

陳鈞妻商氏　二十四歲夫亡,守節二十八年。

陳瑚妻朱氏　二十歲夫亡,守節二十一年。

陳祚妻朱氏　二十九歲夫亡,守節三十二年。

徐圻妻周氏　二十五歲夫亡,現年七十五。

方瑞祥妻陳氏　二十一歲夫亡,現年五十八。

田方樞妻汪氏　二十六歲夫亡,現年五十七。

竇繩儼妻陸氏　二十五歲夫亡,撫子成名。守節二十六年。

儒童汪元厚妻田氏　二十三歲夫亡,現年六十二。

儒童田德華妻錢氏　　二十六歲夫亡,守節十年。

黃禮忠妻范氏　　二十八歲夫亡,守節三十三年。

吳錫瑲妻胡氏　　二十四歲夫亡,守節三十四年。

朱福椿妻蔣氏　　二十八歲夫亡,守節十六年。

沈正文妻徐氏　　二十八歲夫亡,守節五十一年。

姚惠方妻李氏　　二十九歲夫亡,守節三十二年。

姚元標妻沈氏　　二十五歲夫亡,守節四十五年。

倪德宗妻盛氏　　二十七歲夫亡,守節二十四年。

沈清妻范氏　　二十九歲夫亡,現年七十三。

范壽增妻徐氏　　二十八歲夫亡,現年六十九。

朱福慶妻諸氏　　二十二歲夫亡,守節十年。

張學升妻談氏　　三十歲歸張,甫二旬而寡。誓以身殉,翁姑密伺之,爲解懸纓者再,勉成喪禮。撫嗣子成立。守節三十年。

沈上齡妻徐氏　　二十九歲夫亡,守節四十七年。

姚壽康妻王氏　　二十六歲夫亡,現年四十九。

韓士俊妻陶氏　　二十二歲夫亡,現年七十四。

張琴諧妻王氏　　二十三歲夫亡,現年五十一。

沈銓妻鄭氏　　二十九歲夫亡,現年六十七。

姚大陞妻曹氏　　二十三歲夫亡,守節五十三年。

馮萬金妻包氏　　二十八歲夫亡,守節三十一年。

周嘉壽妻蔡氏　　二十八歲夫亡,守節四十年。

姚景春妻蔡氏　　二十七歲夫亡,現年五十六。

陳際唐妻沈氏　　二十二歲夫亡,守節五十三年。

陸達璋妻蔡氏　　二十歲歸陸,甫兩月夫亡。撫姪爲嗣。守節四十二年。

朱祥芳妻沈氏　　二十七歲夫亡,現年六十八。

呂袞沛妻姜氏　　二十九歲夫亡,現年四十九。

汪宇清妻沈氏　　十八歲夫亡,現年七十五。

孫銘中妻顧氏　　二十二歲夫亡,現年七十四。

吳錫恭妻陳氏　　二十八歲夫亡,現年五十五。

金俊山妻王氏　　二十八歲夫亡,守節四十九年。

吳恒南妻王氏　　二十八歲夫亡,守節四十八年。

朱國昌妻王氏　　二十五歲夫亡,現年六十三。

錢維壎妻沈氏　　二十二歲夫亡,現年七十三。

曹悅亭妻陳氏　　二十二歲夫亡,現年五十二。

王景昌妻李氏　　二十五歲夫亡,守節十一年。

李鼎梅妻鄧氏　　二十一歲夫亡,守節五十年。

沈永華妻章氏　　二十四歲夫亡,守節四十七年。

張茂堂妻屈氏　十八歲夫亡,守節二十五年。

李昭觀妻陳氏　二十八歲夫與翁俱殉粵匪難。遺孤四齡殤,戚族爲立嗣,又殤。復立其弟而撫之。現年四十五。

屈玉琳妻唐氏　二十七歲夫亡,守節五十年。

沈某妻張氏　二十九歲夫亡,守節三十年。

倪鳴球妻鍾氏　二十七歲夫亡,守節五十一年。

朱俊名妻朱氏　三十歲夫亡,守節二十九年。

朱鑾後妻余氏　二十八歲夫亡,撫前氏子成立。現年六十八。

徐光明妻莊氏　二十八歲夫亡,撫訓嗣子成名。現年五十二。

陸純秀妻張氏　二十九歲夫亡,現年五十七。

胡惠元妻高氏　二十八歲夫亡,守節四十一年。

費某妻蔡氏　二十歲夫亡,現年七十一。

呂某妻范氏　二十五歲夫亡,守節十六年。

唐某妻沈氏　二十歲夫亡,現年七十六。

錢某妻沈氏　二十七歲夫亡,現年六十八。

嚴以祥妻許氏　三十歲夫亡,現年七十三。

錢桂妻陳氏　三十歲夫亡,咸豐庚申,子復被擄,媳又故。陳上奉九旬老姑,下挈兩雛孫避寇,扶持保抱,卒賴以安。現年七十四。

章大友妻張氏　三十歲夫亡,現年六十七。

鍾學敏妻徐氏　二十七歲夫亡,現年六十六。

儒童施贊清妻朱氏　二十三歲夫亡,守節三十四年。

儒童胡祖望妻章氏　二十八歲夫亡,現年七十二。

儒童胡爾虎妻沈氏　二十七歲夫亡,現年五十五。

施瑞妻金氏　十九歲夫亡,守節四十一年。

夏立功妻沈氏　二十六歲夫亡,守節三十一年。

張茂山妻鄧氏　三十歲夫亡,守節二十二年。

陳瑞堂妻凌氏　二十七歲夫亡,守節三十三年。

湯學先妻孫氏　二十四歲夫亡,守節二十七年。

周鳳岐妻沈氏　二十九歲夫亡,現年五十三。

姚茂松妻周氏　二十六歲夫亡,撫孤成立。孤曾爲族惡所凌,幾危,得神祐而甦,咸謂苦節之報云。現年四十九。

武生李人龍妻沈氏　二十九歲夫亡,撫孤成名。嗣子媳偕亡,又撫雛孫成立。守節六十四年。

監生曹均妻黃氏　二十九歲夫亡,現年四十六。

監生蔡錫九妻李氏　三十歲夫亡,現年四十五。

豐兆鑾妻莫氏　二十三歲夫亡,現年四十八。

鍾棟妻王氏　二十九歲夫亡,現年六十二。

朱九松妻宋氏　二十七歲夫亡,現年六十二。

鍾樑妻宋氏　　二十六歲夫亡,守節十二年。

胡芬妻程氏　　二十九歲夫亡,現年六十一。

沈士連妻許氏　　二十歲歸沈,未合巹而士連卒。氏泣稟翁姑,易服,請立後,勉成喪禮。守貞三十七年。

鍾桂妻徐氏

馬文杰妻田氏

錢椿妻顧氏

朱學傳妻徐氏

魏善烈妻田氏　　以上同治十三年旌。

凌齡妻楊氏　　十七歲歸凌。咸豐壬子,夫隨翁差委湖北,楊奉姑避寇。嗣聞翁死,夫不知下落。乙卯奉姑歸里。庚申城陷,姑赴水死,氏鍼黹度日。自壬子迄今,守節已二十六年。

陸普颺妻葉氏　　二十九歲夫亡,守節四十四年。

【校注】

　[1] 撫欅叔:光緒《石門縣志》卷九《節婦》:"胡爾明繼妻劉氏:年二十四夫亡,截髮矢志,事病舅,撫稚叔,備曆艱苦,守節四十九年。""欅叔"是"稚叔"之誤。

　[2] 衍:當作"卒"。

　[3] 按:光緒《石門縣志》卷九《節婦》:"蔣世珍妻邱氏年二十夫亡,撫孤鳳鳴成立,授室蔡氏。鳳鳴亦早卒,蔡與姑皆以苦節終。""長娶邱氏"是"長娶蔡氏"之誤。